Fabian Niemann, Jörg-Alexander Paul (Hrsg.)
Rechtsfragen des Cloud Computing
De Gruyter Praxishandbuch

Rechtsfragen des Cloud Computing

Herausforderungen für die unternehmerische Praxis

Herausgegeben von
Dr. iur. Fabian Niemann, Rechtsanwalt, Partner, Bird & Bird LLP, Frankfurt am Main/Düsseldorf
Jörg-Alexander Paul, Rechtsanwalt, Partner, Bird & Bird LLP, Frankfurt am Main

Bearbeitet von
Dr. rer. pol. Nicolai Bieber, PwC Strategy& (Germany) GmbH, München; **Anne Federle**, LL.M., Rechtsanwältin, Partnerin, Bird & Bird LLP, Brüssel; **Dr. iur. Henning Frase**, LL.M., Rechtsanwalt, Steuerberater und Fachanwalt für Steuerrecht, Bird & Bird LLP, Frankfurt am Main; **Dr. iur. Philip Hällmigk**, LL.M., Lic. en Droit, Rechtsanwalt, Solicitor (England and Wales), Bird & Bird LLP, München; **Sven-Erik Heun**, Rechtsanwalt, Partner, Bird & Bird LLP, Frankfurt am Main; **Dr. iur. Fabian Niemann**, Rechtsanwalt, Partner, Bird & Bird LLP, Frankfurt am Main/Düsseldorf; **Jörg-Alexander Paul**, Rechtsanwalt, Partner, Bird & Bird LLP, Frankfurt am Main; **Prof. Dr. iur. Jan Dirk Roggenkamp**, Polizeiakademie Niedersachsen, Nienburg/Weser; **Dr. iur. Fabian Schäfer**, Rechtsanwalt, SAP Deutschland AG & Co. KG, Walldorf; **Dr. rer. nat. Germar Schröder**, PwC Strategy& (Germany) GmbH, Frankfurt am Main; **Prof. Dr. iur. Patrick Sinewe**, Steuerberater und Fachanwalt für Steuerrecht, Partner, Bird & Bird LLP, Frankfurt am Main; **Prof. Dr. iur. Marc Strittmatter**, Hochschule für Technik, Wirtschaft und Gestaltung, Konstanz; **Andreas Weiss**, EuroCloud Deutschland_eco e.V., Köln; **Horst Westerfeld**, Staatssekretär a. D., Goethe-Universität Frankfurt am Main; **Oliver Zöll**, Rechtsanwalt und Fachanwalt für Arbeitsrecht, Bird & Bird LLP, Frankfurt am Main

DE GRUYTER

Zitiervorschlag: Niemann/Paul/*Bearbeiter*, Kap. 3 Rn 25.

Hinweis:
Alle Angaben in diesem Werk sind nach bestem Wissen unter Anwendung aller gebotenen Sorgfalt erstellt worden. Trotzdem kann von dem Verlag und den Autoren keine Haftung für etwaige Fehler übernommen werden.

ISBN 978-3-11-028356-3
e-ISBN 978-3-11-028364-8

Bibliografische Information der Deutschen Nationalbibliothek
Die Deutsche Nationalbibliothek verzeichnet diese Publikation in der Deutschen Nationalbibliografie; detaillierte bibliografische Daten sind im Internet über http://dnb.d-nb.de abrufbar.

Einbandabbildung: Lisa-Blue/iStock
Datenkonvertierung/Satz: fidus Publikations-Service GmbH
Druck: CPI books GmbH, Leck
♾ Gedruckt auf säurefreiem Papier
Printed in Germany

www.degruyter.com

Vorwort

„Cloud“ in der Kombination mit „Computing“, „Dienste“, „Services“ oder Ähnlichem ist seit einiger Zeit eines der Buzz-Words, wenn nicht das Buzz-Word der IT-Industrie. Und tatsächlich: Inzwischen ist Cloud Realität. Cloud-Dienste werden von vielen Unternehmen angeboten und von sehr vielen Unternehmen und Verbrauchern genutzt – Letzteres gelegentlich, ohne davon überhaupt zu wissen. Als auf IT, Outsourcing und Datenschutz spezialisierte Rechtsanwälte sahen wir uns bereits sehr früh mit Fragestellungen zum Cloud Computing konfrontiert. Zunächst handelt es sich dabei, wie bei IT-technischen Innovationen geradezu üblich, um Sachverhalte mit angelsächsischem Hintergrund. Amerikanische Anbieter boten ihren deutschen Kunden die Nutzung ihrer neu entwickelten Cloud-Angebote an. Wie häufig in solchen Situationen passten die Vorstellungen zu geeigneten vertraglichen Regelungen, aber auch zum regulatorischen Rahmen nicht in jeder Hinsicht zueinander. Das hinderte den Erfolg der Technologie jedoch nicht.

Wir haben diese technische (R)evolution bereits 2008 und 2009 zum Anlass genommen, Cloud Computing aus rechtlicher Sicht aufzuarbeiten, durch Mandantenveranstaltungen und Publikationen. Unser Fachaufsatz „Bewölkt oder wolkenlos?“[1] war einer der ersten Beiträge, die sich juristisch detailliert mit Cloud Computing beschäftigt hat. Seitdem haben sich viele Autoren das Thema Cloud Computing auf die Agenda geschrieben und es findet in der Literatur eine umfassende Auseinandersetzung statt. Was bislang fehlte, war eine konsolidierte Darstellung aller wesentlichen Fragestellungen, die sich nicht nur an den hochspezialisierten, wissenschaftlich orientierten Juristen wendet, sondern auch an Praktiker, die mit oder ohne juristische Vorbildung mit Rechtsfragen des Cloud Computings in Berührung kommen. Diese Lücke soll das vorliegende Werk schließen.

Das Werk richtet sich dementsprechend an Anbieter und Nutzer von Cloud Computing-Leistungen. Es ist überwiegend von Juristen verfasst, richtet sich jedoch nicht nur an diese. Adressaten sind vielmehr neben Mitgliedern der Rechtsabteilung auch Mitglieder der Geschäftsleitung und des Managements, die über die Beschaffung von Cloud-Leistungen nachdenken oder im Vertrieb solcher Leistungen tätig sind. Auch die für Compliance, Datenschutz und IT-Sicherheit Zuständigen werden von der Lektüre profitieren.

Unser Dank gilt insbesondere den Autoren des Werkes und deren Familien. Für die Autoren gesellte sich die Arbeit an ihrem jeweiligen Beitrag zu ihrem ohnehin bereits enormen Arbeitspensum hinzu und ging so zulasten ihrer freien Zeit oder Zeit mit ihrer Familie. Den Mitarbeitern des De Gruyter-Verlages verdanken wir, dass aus der bloßen Idee das vorliegende Werk wurde. Auch die Koordination und Organisation durch unsere Sekretariate, Renate Barucha und Katharina Schirmer, verdienen

1 In K&R 2009, 444 ff.

einen besonderen Dank. Schließlich danken wir Nils Loelfing für die Erstellung des Stichwortverzeichnisses, eine häufig unterschätzte Arbeit.

Das Werk hat den Stand Mai 2014. Es berücksichtigt jedoch bereits die Umsetzung der Verbraucherrechte-Richtlinie, die im Juni 2014 in Kraft tritt.

Wir wünschen Ihnen eine gute Lektüre und hoffen, dass Ihnen das Werk die praktische Arbeit bei Fragen rund um das Cloud Computing erleichtert. Für Fragen und Anregungen stehen Ihnen die Autoren und Herausgeber gerne zur Verfügung. Sie finden unsere Kontaktdaten in der Cloud.

Frankfurt, im Juni 2014 — Fabian Niemann & Jörg-Alexander Paul

Inhaltsübersicht

Kapitel 5
Datenschutz in der Cloud

Kapitel 6
Urheberrecht

Kapitel 7
IPR und IZPR des Cloud Computing

Kapitel 8
Vertragsgestaltung

Kapitel 11
Übersicht Readiness Check im Cloud Computing

Inhaltsverzeichnis

Kapitel 6
Urheberrecht

Kapitel 7
IPR und IZPR des Cloud Computing

Kapitel 8
Vertragsgestaltung

Abkürzungsverzeichnis

%	Prozent
€	Euro
§	Paragraph
a.A.	andere Ansicht
a.a.O.	am angegebenen Ort
a.E.	am Ende
a.F.	alte Fassung
Abb.	Abbildung
Abs.	Absatz
AEUV	Vertrag über die Arbeitsweise der Europäischen Union
AG	Amtsgericht/Aktiengesellschaft
AGB	Allgemeine Geschäftsbedingungen
AGPL	Affero General Public License
AktG	Aktiengesetz
Alt.	Alternativ/e
AMG	Arzneimittelgesetz
AnwZert ITR	AnwaltZertifikatOnline – IT-Recht
AO	Abgabenordnung
Aob	Any other business
AP	Arbeitsrechtliche Praxis
ArbG	Arbeitsgesetz
ArbZG	Arbeitszeitgesetz
Art.	Artikel
ASP	Application Service Provider
AStG	Außensteuergesetz
Aufl.	Auflage
AWG	Außenwirtschaftsgesetz
AW-Prax	Außenwirtschaftliche Praxis (Zeitschrift)
AWS	Amazon Web Services
AWV	Außenwirtschaftsverordnung
B2B	Business to Business
B2C	Business to Consumer
BAFA	Bundesamt für Wirtschaft und Ausfuhrkontrolle
BaFin	Bundesanstalt für Finanzdienstleistungsaufsicht
BAG	Bundesarbeitsgericht
BayVBl.	Bayerische Verwaltungsblätter
BB	Der Betriebs-Berater (Zeitschrift)
BBG	Bundesbeamtengesetz
BC	Zeitschrift für Bilanzierung, Rechnungswesen und Controlling
BCR	Binding Corporate Rules
BDSG	Bundesdatenschutzgesetz
BeamtStG	Beamtenstatusgesetz
BeckRS	Beck-Rechtsprechung
Beschl.	Beschluss
BetrVG	Betriebsverfassungsgesetz

BfDI	Bundesbeauftragter für den Datenschutz und die Informationsfreiheit
BFH	Bundesfinanzhof
BFH/NV	Bundesfinanzhof/Nicht veröffentlicht
BFHE	Bundesfinanzhof Entscheidungen
BGB	Bürgerliches Gesetzbuch
BGBl.	Bundesgesetzblatt
BGH	Bundesgerichtshof
BGHZ	Entscheidungen des Bundesgerichtshofs in Zivilsachen
BI	Business Intelligence
BMWi	Bundesministerium für Wirtschaft und Technologie
BPaaS	Business Process as a Service
BSI	Bundesamt für Sicherheit in der Informationstechnik
BStBl.	Bundessteuerblatt
BT-Drucks.	Bundestags-Drucksache
BtMG	Betäubungsmittelgesetz
BVerfG	Bundesverfassungsgericht
BVerfGE	Entscheidungen des Bundesverfassungsgerichts
BYOD	Bring Your Own Device
bzgl.	bezüglich
BZSt	Bundeszentralamt für Steuern
bzw.	beziehungsweise
c.i.c.	culpa in contrahendo
CCZ	Corporate Compliance Zeitschrift
CISG	Convention on the International Sale of Goods
CNIL	Commission nationale de l'informatique et des libertés
Co. KG	Compagnie Kommanditgesellschaft
CR	Computer und Recht (Zeitschrift)
CRM	Customer-Relationship-Management
CSA	Cloud Security Alliance
DaaS	Data as a Service
DB	Der Betrieb (Zeitschrift)
DBA	Doppelbesteuerungsabkommen
DDoS	Distributed Denial of Service
DIS	Deutsche Institution für Schiedsgerichtsbarkeit
DMS	Dokumentenmanagementsystem
Doppik	Doppelte Buchführung in Konten
DRiZ	Deutsche Richterzeitung (Zeitschrift)
DRM	Digital Rights Management
DS-GVO	Datenschutz-Grundverordnung
DSRITB	Tagungsband DSRI-Herbstakademie
DStRE	Deutsches Steuerrecht
DuD	Datenschutz und Datensicherheit (Zeitschrift)
DVBl.	Deutsche Verwaltungsblätter (Zeitschrift)
DVD	Digital Versatile Disc
EAI	Enterprise Application Integration
EFG	Entscheidungen der Finanzgerichte (Zeitschrift)

EG	Europäische Gemeinschaft
Einl.	Einleitung
ERP	Enterprise-Resource-Planning
EStG	Einkommenssteuergesetz
etc.	et cetera
ETSI	European Telecommunications Standards Institute
EU	Europäische Union
EuG	Europäisches Gericht
EuGH	Europäischer Gerichtshof
EuGHE	Europäischer Gerichtshof-Entscheidungssammlung
EuGVVO	Verordnung des Rates über die gerichtliche Zuständigkeit und die Anerkennung und Vollstreckung von Entscheidungen in Zivil- und Handelsrechtssachen
EWR	Europäischer Wirtschaftsraum
EWS	Europäisches Wirtschafts-und Steuerrecht (Zeitschrift)
F&E	Forschung und Entwicklung
f./ff.	folgende/fortfolgende
FAZ	Frankfurter Allgemeine Zeitung
FKVO	Fusionskontrollverordnung
Fn	Fußnote
FR	Finanz-Rundschau (Zeitschrift)
FRAND	Fair, Reasonable and Non-Discriminatory
GBO	Grundbuchordnung
GDPdU	Grundsätze zum Datenzugriff und zur Prüfbarkeit digitaler Unterlagen
GDV	Gesamtverband der Deutschen Versicherungswirtschaft
gem.	gemäß
GewO	Gewerbeordnung
GewStG	Gewerbesteuergesetz
GG	Grundgesetz für die Bundesrepublik Deutschland
ggf.	gegebenenfalls
GmbH	Gesellschaft mit beschränkter Haftung
GPL	General Public License
GWB	Gesetz gegen Wettbewerbsbeschränkungen
h.M.	herrschende Meinung
HGB	Handelsgesetzbuch
HomER	Homomorphic Encryption Realization
HR	Human Resources
Hs.	Halbsatz
HZD	Hessische Zentrale für Datenverarbeitung
i.H.v.	in Höhe von
i.S.d.	im Sinne des/der
i.V.m.	in Verbindung mit
IaaS	Infrastructure as a Service
ICC	International Chamber of Commerce
IDS	Intrusion Detection System
IDW	Institut der Wirtschaftsprüfer

IKS	Internes Kontrollsystem
IKT	Informations- und Kommunikationstechnik
IP	Internet Protocol
IPR	Internationales Privatrecht
IPS	Intrusion Prevention System
ISDN	Integrated Services Digital Network
ISO	International Organization for Standardization
IStR	Internationales Steuerrecht (Zeitschrift)
IT	Informationstechnologie
IT-NetzG	Gesetz über die Verbindung der informationstechnischen Netze des Bundes und der Länder
ITRB	IT-Rechts-Berater (Zeitschrift)
IZPR	Internationales Zivilprozessrecht
JIPITEC	Journal of Intellectual Property, Information Technology and E-Commerce Law (Zeitschrift)
jurisPK	juris PraxisKommentar
K&R	Kommunikation und Recht (Zeitschrift)
Kap.	Kapitel
KBS	Kaufmännisches Bestätigungsschreiben
KIT	Karlsruher Institut für Technologie
KrWG	Kreislaufwirtschaftsgesetz
KStG	Körperschaftsteuergesetz
KWG	Kreditwesengesetz
LAG	Landesarbeitsgericht
LDSG	Landesdatenschutzgesetz
m.w.N.	mit weiteren Nachweisen
m.z.N.	mit zahlreichen Nachweisen
MaRisk	Mindestanforderungen an das Risikomanagement
Mio.	Million
MMR	MultiMedia und Recht (Zeitschrift)
Mrd.	Milliarde
MRRG	Melderechtsrahmengesetz
MwStSystRL	Mehrwertsteuer-Systemrichtlinie
N.B.	Nota Bene
Nds. SOG	Niedersächsisches Gesetz über die öffentliche Sicherheit und Ordnung
NIST	National Institute of Standards and Technology
NJW-RR	Rechtsprechungsreport der Neuen Juristischen Wochenschrift (Zeit-schrift)
Nr.	Nummer
NSA	National Security Agency
NStZ	Neue Zeitschrift für Strafrecht
NVwZ	Neue Zeitschrift für Verwaltungsrecht
NWVBl.	Nordrhein-Westfälische Verwaltungsblätter
NZA	Neue Zeitschrift für Arbeitsrecht

o.ä.	oder ähnlich
OCC	Open Cloud Consortium
OFD	Oberfinanzdirektion
OHG	Offene Handelsgesellschaft
OSI	Open Systems Interconnection
OSS	Open Source Software
OWiG	Ordnungswidrigkeitengesetz
p.a.	per anno
PaaS	Platform as a Service
PC	Personal Computer
PDF	Portable Document Format
PersR	Der Personalrat (Zeitschrift)
PSTN	Public Switched Telephone Network
RL	Richtlinie
Rn	Randnummer
ROI	Return on Investment
S.	Seite/Satz
s.o.	siehe oben
SaaS	Software as a Service
SCC	Standard Contract Clause
SCL	Society for Computers and Law (Zeitschrift)
SecaaS	Security as a Service
SGB I	Sozialgesetzbuch Erstes Buch – Allgemeiner Teil
SGB X	Sozialgesetzbuch Zehntes Buch – Sozialverwaltungsverfahren und Sozialdatenschutz
SGB	Sozialgesetzbuch
SLA	Service-Level-Agreement
Slg.	Sammlung
SQL	Structured Query Language
SSL	Secure Socket Layer
StGB	Strafgesetzbuch
StPO	Strafprozessordnung
TK	Telekommunikation
TKG	Telekommunikationsgesetz
TKÜV	Telekommunikations-Überwachungsverordnung
TR-TKÜV	Technische Richtlinie – Telekommunikations-Überwachungsverordnung
Tz.	Textziffer
u.a.	unter anderem
u.U.	unter Umständen
UKlaG	Gesetz über Unterlassungsklagen bei Verbraucherrechts- und anderen Verstößen
ULD	Unabhängiges Landeszentrum für Datenschutz Schleswig-Holstein
UMS	Unified Messaging Services
UrhG	Urheberrechtsgesetz
Urt.	Urteil
US	United States
US-$	US-Dollar

USB	Universal Serial Bus
UStG	Umsatzsteuergesetz
usw.	und so weiter
v.	vom/von
VBlBW	Verwaltungsblätter für Baden-Württemberg
VDA	Verband der Automobilindustrie
VG	Verwertungsgesellschaft
vGA	verdeckte Gewinnausschüttung
vgl.	vergleiche
VgV	Verordnung über die Vergabe öffentlicher Aufträge
VK	Vergabekammer
VO	Verordnung
VoIP	Voice over IP
VOL/A	Vergabe- und Vertragsordnung für Leistungen – Teil A
VPN	Virtual Private Network
vs.	versus
W	Watt
WaffG	Waffengesetz
XaaS	Anything as a Service
z.B.	zum Beispiel
z.T.	zum Teil
ZD	Zeitschrift für Datenschutz
ZEuS	Zeitschrift für Europarechtliche Studien
ZPO	Zivilprozessordnung
ZSE	Zeitschrift für Staats- und Europawissenschaften
ZUM	Zeitschrift für Urheber- und Medienrecht

Literaturverzeichnis

Artikel-29-Datenschutzgruppe, Stellungnahme 05/2012 zum Cloud Computing v. 1.7.2012, abrufbar unter http://ec.europa.eu/justice/data-protection/article-29/documentation/opinion-recommendation/files/2012/wp196_de.pdf (zit.: Artikel-29-Stellungnahme)

Ballhausen, Miriam, IT-Einsatz in der Justiz, Stuttgart 2011 (zit.: *Ballhausen*)

Bechtold, Rainer, Kartellgesetz: GWB, 7. Aufl., München 2013 (zit.: *Bechtold*)

Bechtold, Stefan/Jickeli, Joachim/Rohe, Mathias, Recht, Ordnung und Wettbewerb, Festschrift zum 70. Geburtstag von Wernhard Möschel, Baden-Baden 2011 (zit.: *Bearbeiter* in FS Möschel)

Beck'scher Online-Kommentar BGB, Stand: 1.2.2014, München (zit.: BeckOK BGB/*Bearbeiter*)

Berscheid, Ernst-Dieter/Kunz, Jürgen/*Brand*, Jürgen/*Nebeling, Martin*, Praxis des Arbeitsrechts, 4. Aufl., Münster 2013 (zit.: Berscheid/Kunz/Brand/Nebeling/*Bearbeiter*)

Bieneck, Klaus, Handbuch des Außenwirtschaftsrechts mit Kriegswaffenkontrollrecht, 2. Aufl., München 2005 (zit.: Bieneck/*Bearbeiter*)

Blaha, Ralf/Marko, Roland/Zellhofer, Andreas/Liebel, Helmut, Rechtsfragen des Cloud Computing, Wien 2011 (zit.: Blaha/Marko/Zellhofer/Liebel/*Bearbeiter*)

Blümich, Walter, EStG, KStG, GewStG, Loseblatt, 121. Aufl., München, Stand: 10/2013 (zit.: Blümich/*Bearbeiter*)

Böer, Jürgen, Praxis der US-(Re-)Exportkontrolle, Köln 2008 (zit.: Böer/*Bearbeiter*)

Boos, Karl-Heinz/Fischer, Reinfrid/Schulte-Mattler, Hermann, Kreditwesengesetz, Kommentar, 4. Aufl., München 2012 (zit.: Boos/Fischer/Schulte-Mattler/*Bearbeiter*)

Bräutigam, Peter, IT-Outsourcing und Cloud-Computing, 3. Aufl., Berlin 2013 (zit.: Bräutigam/*Bearbeiter*)

Bundesamt für Wirtschaft und Ausfuhrkontrolle, Handbuch der deutschen Exportkontrolle – Nationales und internationales Exportkontrollrecht, Loseblatt, Köln, Stand: 4/2012 (zit.: *BAFA*, Haddex)

Byok, Jan/Jaeger, Wolfgang, Kommentar zum Vergaberecht, 3. Aufl., Frankfurt/M. 2011 (zit.: Byok/Jaeger/*Bearbeiter*)

Däubler, Wolfgang/Kittner, Michael/Klebe, Thomas/Wedde, Peter, BetrVG – Betriebsverfassungsgesetz, 13. Aufl., Frankfurt/M. 2012 (zit.: Däubler/Kittner/Klebe/Wedde/*Bearbeiter*)

Dreier, Thomas/Schulze, Gernot, Urheberrechtsgesetz, 4. Aufl., München 2013 (zit.: Dreier/Schulze/*Bearbeiter*)

Ferrari, Franco/Kieninger, Eva-Maria/Mankowski, Peter/Otte, Karsten/Saenger, Ingo/Staudinger, Ansgar, Internationales Vertragsrecht, 2. Aufl., München 2012 (zit.: Ferrari/Kieninger/Mankowski u.a./*Bearbeiter*)

Fitting, Karl, Betriebsverfassungsgesetz, 26. Aufl., München 2012 (zit.: *Fitting*)

Geppert, Martin/Schütz, Raimund, Beck'scher TKG-Kommentar, 4. Aufl., München 2013 (zit.: BeckTKG-Komm/*Bearbeiter*)

Giedke, Anna, Cloud Computing: Eine wirtschaftsrechtliche Analyse mit besonderer Berücksichtigung des Urheberrechts, München 2013 (zit.: *Giedke*)

Glock, Christoph/Broens, Micheal, Verwaltung 2030, Managementkonzepte für die Verwaltung von morgen, Würzburg 2013 (zit.: Glock/Broens/*Bearbeiter*)

Gola, Peter/Schomerus, Rudolf, BDSG Bundesdatenschutzgesetz, 11. Aufl., München 2012 (zit.: *Gola/Schomerus*)

Hauschka, Christoph, Corporate Compliance, 2. Aufl., München 2010 (zit.: Hauschka/*Bearbeiter*)

Herrmann, Carl/Heuer, Gerhard/Raupach, Arndt, Einkommensteuer- und Körperschaftsteuergesetz, Loseblatt, 261. EGL, Köln, Stand: 1/2014 (zit.: Herrmann/Heuer/Raupach/*Bearbeiter*)

Heun, Sven-Erik, Handbuch Telekommunikationsrecht, 3. Aufl., Köln 2014 (zit.: Heun/*Bearbeiter*)

Hilber, Marc, Cloud Computing, Köln 2014 (zit.: Hilber/*Bearbeiter*)
Hocke, Ernst/Friedrich, Klaus, Außenwirtschaftsrecht, Gesetze, Verordnungen und Erlasse zum Außenwirtschaftsrecht mit Kommentar, Loseblatt, München, Stand: 12/2013 (zit.: Hocke/Friedrich/*Bearbeiter*)
Höllwarth, Tobias, Cloud Migration, 3. Aufl., Heidelberg 2013 (zit.: *Höllwarth*)
Immenga, Ulrich/Mestmäcker, Ernst-Joachim, Wettbewerbsrecht, 5. Aufl., München 2012 (zit.: Immenga/Mestmäcker/*Bearbeiter*)
Klein, Franz, Abgabenordnung, 11. Aufl., München 2012 (zit.: Klein/*Bearbeiter*)
Koch, Harald/Magnus, Ulrich/Winkler von Mohrenfels, Peter, IPR und Rechtsvergleichung, 4. Aufl., München 2010 (zit.: *Koch/Magnus/Winkler von Mohrenfels*)
Kulartz, Hans-Peter/Marx, Friedhelm/Portz, Norbert/Prieß, Hans-Joachim, Kommentar zur VOL/A, 3. Aufl., Köln 2014 (zit.: Kulartz/Marx/Portz/Prieß/*Bearbeiter*)
Lehmann, Michael/Meents, Jan Geert, Handbuch des Fachanwalts Informationstechnologierecht, 2. Aufl., Köln 2011 (zit.: Lehmann/Meents/*Bearbeiter*)
Leible, Stefan/Sosnitza, Olaf, Onlinerecht 2.0 Alte Fragen – neue Antworten?, Stuttgart 2011 (zit.: Leible/Sosnitza/*Bearbeiter*)
Lenski, Edgar/Steinberg, Wilhelm, Kommentar zum Gewerbesteuergesetz, Loseblatt, 108. EGL, Köln, Stand: 11/2013 (zit.: Lenski/Steinberg/*Bearbeiter*)
Leupold, Andreas/Glossner, Silke, Münchener Anwaltshandbuch IT-Recht, 3. Aufl., München 2013 (zit.: Leupold/Glossner/*Bearbeiter*)
Liebers, Hans-Joachim, Formularbuch des Fachanwalts Arbeitsrecht, Frankfurt/M. 2011 (zit.: Liebers/*Bearbeiter*)
Loewenheim, Ulrich, Handbuch des Urheberrechts, 2. Aufl., München 2010 (zit.: Loewenheim/*Bearbeiter*)
Marly, Jochen, Softwareüberlassungsverträge, 4. Aufl., München 2004 (zit.: *Marly*)
Münchener Kommentar zum Bürgerlichen Gesetzbuch, 5. Aufl., München 2010 (zit.: MüKo-BGB/*Bearbeiter*)
Münchener Kommentar zum Europäischen und Deutschen Wettbewerbsrecht, Band 1 Europäisches Wettbewerbsrecht, München 2007 (zit.: MüKo-EuWettbR/*Bearbeiter*)
Münchener Kommentar zum Europäischen und Deutschen Wettbewerbsrecht, Band 2 Gesetz gegen Wettbewerbsbeschränkungen, München 2008 (zit.: MüKo-GWB/*Bearbeiter*)
Münchener Kommentar zur Zivilprozessordnung, 4. Aufl., München 2013 (zit.: MüKo-ZPO/*Bearbeiter*)
Musielak, Hans-Joachim, Kommentar zur Zivilprozessordnung, 10. Aufl., München 2013 (zit.: Musielak/*Bearbeiter*)
Plath, Kai-Uwe, Bundesdatenschutzgesetz (BDSG), Köln 2013 (zit.: Plath/*Bearbeiter*)
Pottmeyer, Klaus, Der Ausfuhrverantwortliche – Aufgaben und Haftung im exportierenden Unternehmen, 3. Aufl., Köln 2007 (zit.: *Pottmeyer*)
Rau, Günter/*Dürrwächter, Erich*, Kommentar zum Umsatzsteuergesetz, Loseblatt, 156. EGL, Köln, Stand: 12/2013 (zit.: Rau/Dürrwächter/*Bearbeiter*)
Rauscher, Thomas, Europäisches Zivilprozess- und Kollisionsrecht EuZPR/EuIPR, München 2011 (zit.: Rauscher/*Bearbeiter*)
Reinermann, Heinrich/von Lucke, Jörn, Electronic Government in Deutschland, Speyerer Forschungsbericht Nr. 226, 2. Aufl., Speyer 2002 (zit.: *Reinermann/v. Lucke*)
Reithmann, Christoph/Martiny, Dieter, Internationales Vertragsrecht, 7. Aufl., Köln 2010 (zit.: Reithmann/Martiny/*Bearbeiter*)
Rosenbaum, Joseph, Transcending the Cloud – A Legal Guide to the Risks and Rewards of Cloud Computing, New York 2010, abrufbar unter http://www.reedsmith.com/files/Publication/1887e671-5504-47bb-878f-a29c1b09e0a3/Presentation/PublicationAttachment/

c74319bd-77be-4bcd-9565-20749276ea88/Cloud%20Computing%20white%20paper%20-%20ALL%20Chapters.pdf (zit.: Rosenbaum/*Bearbeiter*)
Sachs, Michael, Grundgesetz, 6. Aufl., München 2011 (zit.: Sachs/*Bearbeiter*)
Säcker, Franz Jürgen, TKG Telekommunikationsgesetz, 3. Aufl., Frankfurt/M. 2013 (zit.: Säcker/*Bearbeiter*)
Schmidt-Bens, Johanna, Cloud Computing Technologien und Datenschutz, Oldenburg 2012 (zit.: *Schmidt-Bens*)
Schubert, Annegret, Privatisierung des eGovernment, Stuttgart 2009
Simitis, Spiros, Bundesdatenschutzgesetz, 7. Aufl., Baden-Baden 2011 (zit.: *Simitis*)
Spindler, Gerald/Schuster, Fabian, Recht der elektronischen Medien, 2. Aufl., München 2011 (zit.: Spindler/Schuster/*Bearbeiter*)
Stein, Friedrich/Jonas, Martin, Kommentar zur Zivilprozessordnung, 22. Aufl., Tübingen 2013 (zit.: Stein/Jonas/*Bearbeiter*)
Taeger, Jürgen, Law as a Service (LaaS) – Recht im Internet- und Cloud-Zeitalter, Tagungsband DSRI-Herbstakademie, Edewecht 2013 (zit.: Taeger/*Bearbeiter*, DSRITB 2013)
Taeger, Jürgen/*Gabel, Detlev*, Kommentar zum BDSG, 2. Aufl., Frankfurt/M. 2013 (zit.: Taeger/Gabel/*Bearbeiter*)
Taeger, Jürgen/*Wiebe, Andreas*, Tagungsband Herbstakademie 2009, Inside the Cloud, Edewecht 2009 (zit.: Wiebe/Taeger/*Bearbeiter*)
Tamm, Marina/Tonner, Klaus, Verbraucherrecht, Baden-Baden 2012 (zit.: Tamm/Tonner/*Bearbeiter*)
Ulmer, Peter/Brandner, Erich/Hensen, Horst-Diether, AGB-Gesetz, 11. Aufl., Köln 2011 (zit.: Ulmer/Brandner/Hensen/*Bearbeiter*)
v. Westphalen, Friedrich Graf/Thüsing, Gregor, Vertragsrecht und AGB-Klauselwerke, 34. Aufl., München 2013, Stand: 10/2013 (zit.: v. Westphalen/Thüsing/*Bearbeiter*)
Wandtke, Artur-Axel/Bullinger, Winfried, Praxiskommentar zum Urheberrecht: UrhR, 3. Aufl., München 2009 (zit.: Wandtke/Bullinger/*Bearbeiter*)
Wassermeyer, Franz, Doppelbesteuerung, Loseblatt, 124. Aufl., München, Stand: 10/2013 (zit.: Wassermeyer/*Bearbeiter*)
Wiese, Günther/*Kreutz, Alfons/Oetker, Hartmut/Raab, Thomas/Weber, Christoph/Franzen, Martin*, GK-BetrVG – Gemeinschaftskommentar zum Betriebsverfassungsgesetz, 9. Aufl., Köln 2010 (zit.: GK-BetrVG/*Bearbeiter*).
Willemsen, Josef/Hohenstatt, Klaus-Stefan/Schweibert, Ulrike/Seibt, Christoph, Umstrukturierung und Übertragung von Unternehmen, 4. Aufl., München 2011 (zit.: Willemsen/Hohenstatt/Schweibert/Seibt/*Bearbeiter*)
Wolffgang, Hans-Michael/Simonsen, Olaf/Tietje, Christian, AWR-Kommentar, Kommentar für das gesamte Außenwirtschaftsrecht, Loseblatt, Köln, Stand: 11/2013 (zit.: Wolffgang/Simonsen/Tietje/*Bearbeiter*)
Wybitul, Tim, Handbuch Datenschutz im Unternehmen, Frankfurt/M. 2011 (zit.: *Wybitul*)
Zimmermann, Reimar/Hottmann, Jürgen/*Kiebele, Sabrina/Schaeberle*, Jürgen/*Scheel, Thomas*, Die Personengesellschaft im Steuerrecht, 11. Aufl., Achim 2013 (zit.: Zimmermann u.a./*Bearbeiter*)

Bearbeiterverzeichnis

Nicolai Bieber, Dr. rer. pol., Jg. 1976; Mitglied der Geschäftsleitung bei PwC Strategy& (Germany) GmbH. Mitglied der Digital Business & Technology Practice. Branchenschwerpunkt im Bereich Public Services, Financial Services und Health. Davor Vorstand bei der Administration Intelligence AG. Umfassende Projekterfahrung im Bereich IT-Strategie, IT-Architekturen und IT-Großprojektmanagement. Autor diverser Studien zum Thema Cloud Computing, IT-Sicherheit, IT Consumerization.

Anne Federle, LL.M., Jg. 1960; Studium der Rechtswissenschaften an den Universitäten Passau, Freiburg im Breisgau und Toulouse, LL.M. im Europarecht an der K.U. Leuven (Belgien); Rechtsanwältin; 1998-2010 Partnerin bei Linklaters LLP; seit 2010 Partnerin bei Bird & Bird LLP im Bereich EU- & Kartellrecht. Schwerpunkte: deutsche, europäische und internationale Fusionskontrolle, Kartell- und Missbrauchsverfahren, kartellrechtliche Aspekte von Kooperations-, Vertriebs- und Lizenzverträgen, Entwicklung und Umsetzung kartellrechtlicher Compliance-Programme. Langjährige Beratung von Unternehmen im Telekommunikations- und IT-Sektor, Mitglied der internationalen Cloud Computing-Gruppe und Big Data-Gruppe von Bird & Bird.

Henning Frase, Dr. iur., LL.M., Jg. 1977; Rechtsanwalt, Steuerberater und Fachanwalt für Steuerrecht; Studium und Rechtsreferendariat u.a. in Italien, Genf und Brüssel. 2007 Steuerabteilung einer Wirtschaftsprüfungsgesellschaft; seit 2010 Rechtsanwalt/Steuerberater bei der Kanzlei Bird & Bird LLP; Schwerpunkt steuerrechtliche Beratung von national und grenzüberschreitend tätigen Unternehmen und natürlichen Personen einschließlich streitiger Rechtsdurchsetzung.

Philip Haellmigk, Dr. iur., LL.M., Lic. en Droit, Jg. 1975; Rechtsanwalt und Solicitor (England and Wales); Studium und Referendariat in Deutschland, Frankreich, Schweiz, Schottland, USA; 2007-2009 Anwalt bei der Kanzlei Taylor Wessing; seit 2009 bei der Kanzlei Bird & Bird LLP, dort seit 2013 Councel; Schwerpunkt der Beratung in den Bereichen Außenwirtschafts- und Exportkontrollrecht, Commercial and Compliance.

Sven-Erik Heun, Jg. 1964; Studium der Rechtswissenschaften an der Johann Wolfgang Goethe-Universität, Frankfurt am Main. Seit 1993 als Rechtsanwalt mit Schwerpunkt in den Bereichen IT- und Telekommunikationsrecht tätig, zuletzt seit 2009 als Partner bei Bird & Bird LLP. Herausgeber sowie Autor des „Handbuch Telekommunikationsrecht" (Verlag Dr. Otto Schmidt KG). Seit 1992 zahlreiche Artikel und Beiträge über Rechtsfragen aus den Bereichen IT, Telekommunikation und elektronischer Geschäftsverkehr in Fachzeitschriften wie „Computer und Recht" (deren Schriftleitung er angehört), Sammelwerken wie dem „Handbuch des Fachanwalts Informationstechnologierecht" und Kommentaren wie dem „Auernhammer" zum Datenschutzrecht (Neuauflage 2014). Co-Sprecher des Arbeitskreises Telekommunikationsrecht bei der Deutschen Gesellschaft für Recht und Informatik (DGRI) und Mitglied im Fachbeirat des EuroHandelsinstitut e.V. (EHI) für Fragen zur Zertifikation von Online-Shops unter http://www.shopinfo.net.

Fabian Niemann, Dr. iur., Jg. 1969; Studium der Rechtswissenschaften und Referendariat in Bonn, Köln und den USA, Promotion über „Urheberrecht und elektronisches Publizieren" in Bonn und London; Rechtsanwalt; seit 2006 Partner bei Bird & Bird LLP im Bereich Information Technology. Schwerpunkte: IT, Technologietransaktionen, Digitale Medien, Cloud Computing, Urheber- und Datenschutzrecht. Co-Leiter der internationalen Cloud Computing-Gruppe von Bird & Bird und Co-Autor der Cloud Computing, Datenschutz & Compliance Richtlinien des Verbands der deutschen Internetwirtschaft e.V. (eco). In Legal Directories regelmäßig als führender Anwalt im Bereich Cloud Computing und Datenschutz empfohlen.

Jörg-Alexander Paul, Jg. 1965; Studium der Rechtswissenschaften an der Rheinischen Friedrich-Wilhelms-Universität Bonn; Rechtsanwalt; 1994-2007 Associate und Partner bei Linklaters LLP und Vorgängerkanzleien; seit 2007 Partner bei Bird & Bird LLP im Bereich Information Technology. Schwerpunkte: komplexe Business Process Outsourcing (BPO) und IT Outsourcing (ITO) Transaktionen sowie Datenschutz, IT-Vertragsrecht und IT-bezogenes Urheberrecht. Vortragstätigkeit: Gastdozent an der GGS, Heilbronn. Veröffentlichungen.

Jan Dirk Roggenkamp, Prof. Dr. iur., Jg. 1976; Studium der Rechtswissenschaften an der Humboldt Universität zu Berlin; 2005-2008 wissenschaftlicher Mitarbeiter am Lehrstuhl für Öffentliches Recht und Internetrecht von Professor Heckmann (Universität Passau), dort Promotion; 2008-2010 Rechtsanwalt bei Bird & Bird LLP im Bereich Information Technology; 2010-2012 Referent im Bundesministerium der Justiz (Projektgruppe Elektronische Akte in Strafsachen); seit 2012 Professor für Öffentliches Recht und Datenschutzrecht an der Polizeiakademie Niedersachsen. Zahlreiche Veröffentlichungen im Bereich IT-Recht, u.a. in: Plath, BDSG-Kommentar; Kilian/Heussen, Computerrechts-Handbuch; Heckmann, Internetrecht.

Fabian Schäfer, Dr. iur., Jg. 1977; Studium der Rechtswissenschaften an der Albert-Ludwigs-Universität Freiburg und der Westfälischen Wilhelms-Universität Münster; 2007-2009 Rechtsanwalt bei Beiten Burkhardt Rechtsanwälte; 2009-2012 Rechtsanwalt bei Bird & Bird LLP; seit 2012 Rechtsanwalt bei SAP Deutschland AG & Co. KG.

Germar Schröder, Dr. rer. nat., Jg. 1971; Mitglied der Geschäftsleitung bei PwC Strategy& (Germany) GmbH in der Digital Business & Technology Practice. Branchenschwerpunkt im Bereich IT Service Provider, Telekommunikation und Medien. Fokus ICT Produktentwicklung und Wachstumsstrategien, IT-Effizienz, IT-Architektur und Infrastrukturstrategien. Führungsmitglied des strategy& „Fit for Growth" Center of Excellence in Europa. Autor diverser Studien zum Thema ICT Marktentwicklung („ICT50"), Cloud Computing, IT-Effizienz. Davor Promotion und Studium der Physik an der Universität Hamburg/am Max-Planck-Institut Potsdam.

Patrick Sinewe, Prof. Dr. iur., Jg. 1972; Steuerberater, Fachanwalt für Steuerrecht und Fachberater Internationales Steuerrecht; Partner bei Bird & Bird LLP; Tätigkeitsschwerpunkte: steuerliche Beratung von Unternehmen bei Unternehmenskäufen und Umstrukturierungen unter Einbezug von immateriellen Wirtschaftsgütern.

Marc Strittmatter, Prof. Dr. iur., Jg. 1968; Rechtsanwalt; Studium der Rechtswissenschaften in Konstanz, Hamburg und Montpellier (Frankreich); seit 2011 ordentlicher Professor für Wirtschaftsrecht mit den Schwerpunkten Bürgerliches Recht, Handelsrecht, Informationstechnologierecht und verwandte Rechtsgebiete an der Hochschule für Technik, Wirtschaft und Gestaltung, Konstanz; Of Counsel bei Vogel & Partner, Stuttgart. Beratend tätig im IT-Recht mit Schwerpunkt Vertrags- und AGB-Gestaltung, Outsourcing-Verträge, Internationales Wirtschaftsrecht, Datenschutzrecht, regulatorische Fragen der Compliance, E-Commerce, Internetrecht, Social Media Policy, Urheberrecht und gewerblicher Rechtsschutz.

Andreas Weiss, Jg. 1963; ist seit der Gründung 2009 als Direktor des Cloud Computing Fachverbandes EuroCloud Deutschland_eco e.V. und seit 2013 als Managing Director des Dachverbandes EuroCloud Europe tätig. Er hat maßgeblich die Entwicklung des EuroCloud Star Audit als erstes Cloud-spezifisches Zertifizierungssystem geleitet und ist Co-Autor des Buches „Der Weg in die Cloud" zu den Themen Qualitätsanforderungen und Auswahlkriterien und Mitverfasser des EuroCloud-Leitfadens „Cloud Computing Recht, Datenschutz & Compliance".

Horst Westerfeld, Staatssekretär a.D., Jg. 1951; ist Lehrbeauftragter an der Goethe-Universität Frankfurt am Main im Bereich Wirtschaftsinformatik. In der Zeit von 2008 bis 2014 war er Staatssekretär im Hessischen Finanzministerium und CIO des Landes Hessen. In dieser Funktion war er auch Mitglied des IT-Planungsrates. Seinen Weg dorthin begann er mit einer Schlosserlehre, dem Maschinenbau- sowie Mathematik- und Physikstudium. Von 1978 bis 2008 war er u.a. bei Control Data, Computervision und Siemens beschäftigt. Dabei war er in leitenden Positionen u.a. im Marketing, Development, Vertrieb, Projektmanagement, Service und Consulting tätig. Westerfeld ist Mitbegründer der Forschungsvereine E-Finance Lab, ISPRAT, NEGZ und House of IT sowie Herausgeber und Autor zahlreicher Veröffentlichungen u.a. zur IT in der öffentlichen Verwaltung.

Oliver Zöll, Jg. 1973; Rechtsanwalt und Fachanwalt für Arbeitsrecht; tätig bei Bird & Bird LLP; u.a. Autor in einem Kommentar zum Beschäftigtendatenschutz und von verschiedenen Fachbeiträgen zum IT-Arbeitsrecht; Referendariat am OLG Frankfurt am Main mit Station in London; Studium in Berlin, Aberdeen (Schottland) und Freiburg im Breisgau.

Kapitel 1
Themenkomplexe der Cloud

A. Bewölkt oder wolkenlos?

1 „Bewölkt oder wolkenlos?" – diese Frage warfen die Herausgeber dieses Werkes im Jahr 2009 in einem der ersten rechtlichen Fachaufsätze zum Thema Cloud Computing[1] auf. Fünf Jahre danach kann Cloud Computing nun sicherlich nicht mehr als „[r]elativ neu und in Europa noch weniger bekannt"[2] bezeichnet werden. Vielmehr nutzten 2013 bereits 40 % der deutschen Unternehmen diese Technologie.[3] Nichtsdestotrotz gehören Unklarheiten hinsichtlich der Rechtslage zu den „Top 3 Bedenken" von Unternehmen.[4]

2 Diese Unklarheiten soweit wie möglich zu beseitigen und Unternehmen **praktikable Handlungsanweisungen** an die Hand zu geben, ist Ziel dieses Werkes, wobei sowohl die **Anbieter- als auch die Nutzersicht** beleuchtet wird. Die Betonung liegt hierbei auf der Praktikabilität: Die Autoren setzen sich zwar mit den in Literatur und Rechtsprechung vertretenen Auffassungen auseinander, eine bis in die feinsten dogmatischen Verästelungen führende wissenschaftliche Aufarbeitung der Rechtsfragen zum Cloud Computing kann und möchte dieses Werk aber nicht leisten. Im Folgenden beschreiben die Herausgeber – korrespondierend mit den einzelnen Buchkapiteln, in denen sie vertieft werden – die rechtlichen Herausforderungen und Implikationen, die mit Cloud Computing verbunden sind.

B. Diffuse Wolke – Was ist Cloud Computing?

3 In der Diskussion um Cloud Computing wird häufig die fehlende Fassbarkeit des Begriffs bemängelt. Die Wolke – „Cloud" – gehört dabei zu den **ältesten Sinnbildern** in der Informatik: Seit Jahrzehnten symbolisiert sie in schematischen Darstellungen ein (fremdes) Netzwerk, dessen Innenleben dem Ersteller unbekannt ist.[5] Doch wie lässt sich der Begriff sinnvoll eingrenzen? Was sind diejenigen Charakteristika, die Cloud Computing von anderen Spielarten von IT-Leistungen wie beispielsweise Outsourcing oder Application Service Providing (ASP) abgrenzen? Diese Fragen nach dem technologischen Wesensgehalt und den Unterscheidungsmerkmalen sind essen-

---

1 *Niemann/Paul*, K&R 2009, 444.
2 *Niemann/Paul*, K&R 2009, 444, 444.
3 Vgl. http://www.bitkom.org/de/markt_statistik/64086_78524.aspx.
4 Vgl. http://www.bitkom.org/de/markt_statistik/64086_78524.aspx.
5 Vgl. http://online.wsj.com/article/SB123802623665542725.html.

ziell, um eine sinnvolle rechtliche Auseinandersetzung mit Cloud-bezogenen Aspekten führen zu können.

4 Der Beantwortung dieser Fragen widmen sich *Horst Westerfeld* in Kapitel 2 und *Andreas Weiss* in Kapitel 3. Sie erörtern aus unterschiedlichen Blickwinkeln beispielsweise, was unter den im Cloud-Kontext häufig genutzten Abkürzungen SaaS, PaaS und IaaS zu verstehen ist und wie sich Public, Private und Community Clouds definieren (lassen). Während *Horst Westerfeld* die Perspektive der Nutzer von Cloud-Diensten insbesondere aus der öffentlichen Hand einnimmt, betrachtet *Andreas Weiss* Cloud-Computing aus technischer Sicht. Die beiden Kapitel versuchen also Licht zu bringen in das Diffuse oder Unbekannte, das dem Cloud Computing häufig anhaftet.

C. Die Ökonomie der Cloud

5 An die Beleuchtung der technischen Gegebenheiten schließt sich die für die rechtliche Betrachtung nicht weniger wichtige Frage nach den **wirtschaftlichen Hintergründen** an. Wie sind die ökonomischen Beziehungen zwischen den einzelnen Akteuren in der Cloud? Welche Vergütungsmodelle sind für die verschiedenen Delivery-Modelle möglich und üblich? Wann macht es für welchen Nutzertyp Sinn, mit bestimmten Prozessen „in die Cloud zu gehen“? In Kapitel 4 gehen die Autoren von Strategy& diesen Fragen auf den Grund.

D. Datenschutzrecht und die Cloud

6 Das Datenschutzrecht wird häufig als **größtes Hindernis** für eine Auslagerung in die Cloud genannt. Doch ist dieser Befund **wirklich richtig**? Wann sind überhaupt personenbezogene Daten betroffen? Welche Anforderungen müssen Nutzer an den Cloud-Anbieter stellen, um die Konformität mit datenschutzrechtlichen Vorgaben sicherzustellen?

7 Diese und andere Fragestellungen behandelt *Fabian Niemann* in Kapitel 5 des Werkes. Ausgehend von den Grundbegriffen des Datenschutzrechts erörtert er die rechtlichen Voraussetzungen für eine Auslagerung personenbezogener Daten in die Cloud. Wann gilt überhaupt deutsches Datenschutzrecht? Ist aus Sicht des Datenschutzrechts etwa nur eine „Deutschland“- oder „EU“-Cloud denkbar? Welche Rolle spielen die Möglichkeiten zum Datenzugriff in Drittländern? Insbesondere die letzte Fragestellung ist seit den sog. Snowden-Enthüllungen rund um die Zugriffsmöglichkeiten von US-Geheimdiensten virulent geworden. Wann kann Cloud Computing als **privilegierte Auftragsdatenverarbeitung** angesehen werden, und wann ist von einer Funktionsübertragung und damit von einer Übermittlung im datenschutzrechtlichen Sinne auszugehen?

Schließlich ist auch die geplante **EU-Datenschutz-Grundverordnung** (EU-DS-GVO) Thema. Über deren Schicksal und konkrete Ausgestaltung herrschte zwar auch bei Redaktionsschluss dieses Werkes noch keine Klarheit. Jedoch wird die Verordnung, wann und in welcher Form auch immer sie in Kraft treten wird, die Datenschutz-Gesetzgebung der Union und damit auch die Ausgestaltung von Cloud-Diensten, die sich an Nutzer in der EU richten, auf Jahre, wenn nicht Jahrzehnte hinaus prägen. Beiden Seiten, Nutzern und Anbietern, kann daher nur empfohlen werden, sich möglichst frühzeitig mit dieser Materie zu beschäftigen, um bereits im Vorfeld entscheidende Weichenstellungen vornehmen zu können. 8

E. Urheberrecht

Neben dem Datenschutzrecht kann insbesondere das Urheberrecht für rechtliche Unsicherheit bei Cloud-Nutzern und Cloud-Anbietern gleichermaßen sorgen. Die Ubiquität der Dienste und die häufig **weltweit verteilten Datacenter** stellen den Rechtsanwender vor dem Hintergrund des **traditionellen Territorialitätsprinzips** im Urheberrecht vor Herausforderungen. Wie lassen sich die Risiken für Anbieter und Nutzer minimieren? Welche Nutzungsrechte werden in und für die Cloud benötigt? Welche dienstespezifischen Besonderheiten sind zu beachten? 9

Fabian Schäfer erörtert in Kapitel 6 anhand ausgewählter Beispiele, welche Verwertungsrechte beim Cloud Computing betroffen sind und welche Nutzungsrechte der Anbieter und der Nutzer für die Nutzung der unterschiedlichen Cloud-Modelle benötigt. Wer begeht überhaupt urheberrechtlich relevante Handlungen in der Cloud? Ist eine Vervielfältigung dem Nutzer oder dem Anbieter zuzurechnen? Gibt es Besonderheiten bei der Nutzung von Open Source Software? Was muss der Cloud-Nutzer beachten, wenn er nicht selbst hergestellten Content in die Cloud auslagern möchte? 10

F. Internationale Aspekte

Die Internationalität ist vielen Cloud-Modellen immanent. Doch was hat das für Folgen? Welches Recht ist im Verhältnis zwischen Cloud-Anbieter und Cloud-Nutzer anwendbar, wenn keine (wirksame) Rechtswahl erfolgt ist? Was ist mit deliktischen Ansprüchen? Welche Aspekte sind einer Rechtswahl entzogen? Was gilt es, bei der Beteiligung von Verbrauchern zu beachten? Welche Gerichte sind zuständig? 11

Antworten auf die hier aufgeworfenen Fragen liefert – in erster Linie – *Marc Strittmatter* in Kapitel 7, doch auch im Rahmen der einzelnen Themengebiete weisen die Autoren auf international-rechtliche Problemstellungen hin. 12

G. Vertragsgestaltung für die Cloud

13 Wie bei anderen IT-Projekten ist die Vertragsgestaltung auch beim Cloud Computing oft der rechtlich folgenreichste, zeitaufwändigste und fehleranfälligste Aspekt, mit dem sich der Rechtsanwender zu befassen hat. Doch es gibt einen entscheidenden Unterschied zu klassischen Outsourcing-Projekten: Während der Realisierung „herkömmlicher" Outsourcing-Vorhaben häufig ein monatelanger Verhandlungsmarathon vorausgeht, sind Cloud-Dienste (und damit auch die zugrunde liegenden Verträge zwischen Anbieter und Nutzer) jedenfalls **in der Regel auf Standardisierung** ausgelegt. Welche Folgen hat dies für die Wirksamkeit solcher Standardverträge und wie lassen sich die Hürden des **AGB-Rechts** effektiv umkurven?

14 Um diese Fragen zu beantworten, zeigt *Jörg-Alexander Paul* im Rahmen von Kapitel 8 zunächst die Vertragsbeziehungen zwischen den einzelnen Akteuren und die ihnen zugrunde liegenden Vertragsmodelle auf. Wie lassen sich die üblichen Cloud-Verträge vertragstypologisch einordnen? Welche Rolle spielt das sog. Service Level Agreement (SLA), und welche Gestaltungsmöglichkeiten gibt es? Worauf sollten Anbieter einerseits und Nutzer andererseits bei Standardverträgen achten? Bei welchen Punkten ist ein Nachverhandeln zu empfehlen?

15 Daneben behandelt der Autor weitere Aspekte der Vertragsgestaltung. Unter anderem geht er darauf ein, wie datenschutzrechtliche und urheberrechtliche Problemstellungen vertraglich angegangen werden sollten, und wie sinnvolle vertragliche Regelungen beispielsweise zu Kündigung, Exit und Geheimhaltung ausgestaltet werden können.

H. Öffentliche Hand

16 Die öffentliche Hand ist in IT-Fragen oft strengeren regulatorischen Vorgaben ausgesetzt als andere Wirtschaftsteilnehmer. Doch was für Konsequenzen ergeben sich hieraus für die Nutzung von Cloud-Diensten? Kann eine Gemeinde Cloud Computing überhaupt rechtskonform einsetzen? Welche Modelle sind hierbei möglich, was ist zu beachten und wie lassen sich die regulatorischen Vorgaben bestmöglich erfüllen?

17 *Jan Dirk Roggenkamp* beleuchtet im 9. Kapitel neben diesen Fragen insbesondere folgende: Wie lässt sich Cloud Computing mit dem Amtsgeheimnis und anderen Verschwiegenheitsverpflichtungen vereinbaren? Aber auch: Stehen einer Cloud-Nutzung per se verfassungs- und einfachrechtliche Hinderungsgründe entgegen? Wie lassen sich die vergaberechtlichen Vorgaben bei der Beschaffung von Cloud-Leistungen umsetzen? Gilt es besondere Vorgaben im Bereich der Mischverwaltung zu beachten?

I. Berührungspunkte mit anderen Rechtsgebieten

Die oben dargestellten Rechtsbereiche können regelmäßig – je nach konkretem Einsatzmodell – als „Kernrechtsgebiete“ für Cloud-Anbieter und Cloud-Nutzer gleichermaßen angesehen werden. Bei ihnen besteht für den Rechtsberater in der Regel der größte Prüfungs- und Beratungsbedarf. Aber eine Auslagerung in die Cloud hat auch Berührungspunkte mit zahlreichen anderen rechtlichen Aspekten zur Folge. Die Autoren von Kapitel 10 behandeln die wichtigsten dieser Fragestellungen. 18

Welche Auswirkungen hat die Nutzung von Cloud-Diensten aus **arbeitsrechtlicher** Sicht? In welchen Fällen sind beispielsweise Mitbestimmungsrechte der Arbeitnehmervertreter zu beachten? Was ist bei einer Auslagerung kompletter Prozesse, die vorher von Arbeitnehmern im Unternehmen erledigt wurden, zu beachten? Wann liegt ein Betriebsübergang im Sinne des Arbeitsrechts vor? Antworten auf diese Fragen gibt *Oliver Zöll* in Kapitel 10 A. 19

Oder **Steuerrecht**: In Kapitel 10 B stellen *Patrick Sinewe* und *Henning Frase* dar, welche steuerlichen Themen beim Cloud Computing eine Rolle spielen und wie damit umzugehen ist. Sie betrachten unter Berücksichtigung internationaler Konstellationen die Besteuerung der Cloud-Anbieter und der Cloud-Kunden unter ertragsteuerlicher, umsatzsteuerlicher und gewerbesteuerlicher Sicht. Dabei behandeln sie auch folgende Fragen: Kann – und, wenn ja, unter welchen Umständen – durch die Nutzung von Cloud Computing eine Betriebsstätte begründet werden, was Auswirkungen auf die Besteuerung hätte? Unter welchen Umständen dürfen steuerrechtlich relevante Dokumente oder Vorgänge in die Cloud ausgelagert werden? Gibt es Beschränkungen für die Auslagerung bestimmter Prozesse? Müssen besondere vertragliche Regelungen zwischen Nutzer und Anbieter vereinbart werden, um beispielsweise die Prüfungsrechte der Finanzbehörden sicherzustellen? 20

Und **Telekommunikationsrecht**: Was hat Cloud Computing mit Telekommunikation zu tun? Bietet der Cloud-Anbieter auch Telekommunikationsleistungen etwa in Form von Konnektivität an? Unterliegen die Inhalte, die in der Cloud verarbeitet werden, dem strengen Regime des Telekommunikationsrechts? Diese und weitere Fragen klärt *Sven-Erik Heun* in Kapitel 10 C. 21

Ein weiteres, den Cloud-Anbieter potenziell tangierendes Rechtsgebiet ist das **Kartellrecht**. Welche Grenzen setzt es für die Ausgestaltung seines Dienstes? Darf sich ein Cloud-Anbieter mit anderen Cloud-Anbietern abstimmen? Und was ist mit dem Austausch von Informationen? Gibt es auch insoweit Beschränkungen? Stellt das Kartellrecht Anforderungen in Bezug auf Standardisierung sowie auf die Gewährleistung von Interoperabilität? *Anne Federle* beantwortet diese Fragen in Kapitel 10 D. Außerdem erläutert sie die bei einem geplanten Zusammenschluss von Unternehmen zu beachtenden Themen aus dem Blickwinkel der Fusionskontrolle. 22

Das **Exportkontrollrecht** kann im grenzüberschreitenden Cloud-Kontext bedeutsam werden. Der Transfer von Technologie, Software oder elektronischen Daten ins Ausland unterliegt diesem. Beim Cloud Computing kommt es fast immer 23 zum Transfer von Daten, sodass der Anwendungsbereich des Exportkontrollrechts eröffnet ist. Doch welche Exportkontrollregeln können durch eine Auslagerung in die Cloud betroffen sein? Folgt hieraus vertraglicher Regelungsbedarf? Das ist der Gegenstand von Kapitel 10 E von *Philip Haellmigk*.

J. Cloud und Recht: heiter bis wolkig

24 Um im bei Cloud-Themen so beliebten Bild zu bleiben: Die rechtlichen Rahmenbedingungen für Cloud Computing in Deutschland lassen sich so zusammenfassen, dass der Cloud-Himmel weder gänzlich „bewölkt“ noch „wolkenlos“ ist. Je nach Delivery-Modell, konkreter Ausgestaltung des Dienstes und den branchenspezifischen Restriktionen des Cloud-Nutzers dürfte der Befund eher lauten: „heiter bis wolkig“. Eine intensive Beschäftigung mit den rechtlichen Rahmenbedingungen – wobei auch die zusammenfassenden Praxishinweise in Kapitel 11 unterstützen sollen – kann jedenfalls dafür sorgen, dass am rechtlichen Horizont höchstens Quellwolken auftauchen.

Kapitel 2
Chancen und Fragestellungen

A. Einleitung

„Atmosphärische Phänomene – so Himmelsanblick und Wolkengestalt, Gewitter, Sturm und Regen – nehmen im dichterischen Werk Johann Wolfgang von Goethes (1749–1832) von Anbeginn einen bedeutenden Platz ein. Meteorologische Erscheinungen, wie Morgen- und Abendröte, Dunst und Nebelstreifen helfen in seiner Lyrik, Naturstimmung und Seelenzustand zu charakterisieren. Bildhafte, eindringliche Wolkenschilderungen sind in Goethes Prosaschriften, Briefen und Reisebeschreibungen enthalten." ... „Entscheidender Ausgangspunkt für Goethes bis zum Lebensende fortgesetzte Beschäftigung mit der Meteorologie aber war die Bekanntschaft mit Howards Schrift *On the Modifications of Clouds* ..., die im Jahre 1803 in den Nummern 62, 64 und 65 von *Tilloch's Philosophical Magazine* erschienen war und die Grundlage der heutigen internationalen Wolkenklassifikation bildet".[1] 1

Nach dem Karlsruher Wolkenatlas sind die zehn Haupttypen von Clouds: Cirrus, Cirrocumulus, Cirrostratus, Altocumulus, Altostratus, Stratocumulus, Stratus, Nimbostratus, Cumulus und Cumulonimbus. Diese Klassifikation hat allerdings keine Anwendung in die nachfolgende Definition des Begriffs Cloud Computing gefunden. 2

I. Begriffsdefinition Cloud Computing

Cloud Computing als Begriff aus dem Bereich der Informationstechnologie (IT) wurde in den letzten Jahren nicht nur in der Fachpresse intensiv diskutiert, sondern auch überdurchschnittlich häufig in Medien ohne technischen Schwerpunkt. Gerade bei der Diskussion in den Massenmedien erscheint häufig unklar, was Cloud Computing genau ist und welche Technologien es beinhaltet. Häufig wurde daher die Frage gestellt, ob Cloud Computing nicht „alter Wein in neuen Schläuchen" sei. Ein weiterer dominanter Aspekt in der Diskussion um Cloud Computing, bemerkenswerterweise meist außerhalb der Fachpresse, ist die überdurchschnittliche Warnung vor Sicherheitsrisiken. Um der Antwort auf die Frage, was Cloud Computing ist, näher zu kommen, ist es sinnvoll, den Begriff zunächst zu beschreiben. Die Begriffsdefinition ist nicht trivial, wie eine wissenschaftliche Untersuchung zeigt, in der die Vielfalt der bisherigen Definitionen untersucht wird. Als guten Ansatz, der alle Aspekte ausrei- 3

1 *Bernhardt, Karl-Heinz*, Johann Wolfgang von Goethes Beziehungen zu Luke Howard und sein Wirken auf dem Gebiet der Meteorologie, 2004, S. 2, abrufbar unter http://www.meteohistory.org/2004proceedings1.1/pdfs/03bernhardt.pdf.

chend umfasst, hat sich die **Definition** des National Institute of Standards and Technology (NIST) herausgestellt. Cloud Computing wird dort definiert als

> *„Selbstverwaltung von benötigten Ressourcen auf Anforderung des Benutzers, die über ein Netzwerk bezogen werden und eine hohe Elastizität aufweisen (Virtualisierung der Ressourcen). Dabei werden die Ressourcen (institutionsübergreifend) zusammengefasst, um mehrere Benutzer gleichzeitig bedienen zu können. Der Mengenverbrauch wird von einem automatischen System erfasst und anschließend üblicherweise mittels des **Pay-per-use-Prinzips** abgerechnet."*

4 Würde diese Definition des Cloud Computings als Maßstab an die derzeit unter dem Namen Cloud angepriesenen Dienste der Wirtschaft gelegt werden, wären viele dieser Dienste **qua definitionem** keine Cloud-Dienste. Vor allem die beiden Kriterien Pay-per-use-Prinzip sowie Leistungsbezug in Selbstverwaltung (on demand) weisen viele der angebotenen Produkte nicht auf. Schon zu Beginn der Diskussion über Cloud Computing haben Autoren festgestellt, dass der Begriff des Cloud Computings „nebulös" sei. Diese Feststellung scheint sich in Hinblick auf die Verwendung des Begriffes in der Werbewelt der Produktanbieter im Jahre 2012 zu bestätigen. Viele IT-Dienstleister bieten Lösungen wie Online-Datenspeicher, E-Mail-Dienste, Synchronisation von Endgeräten sowie Sicherheitslösungen unter der Bezeichnung Cloud an, die in der Regel nicht den Kriterien der oben stehenden Definition des Cloud Computing entsprechen. Gleiches zeigte auch die IT-Messe CeBit 2012. Hier wurden unzählige Produkte mit dem Werbebegriff Cloud Computing versehen, die in vielen Fällen wenig mit dem eigentlichen Konzept gemein haben. Dennoch muss hier erwähnt werden, dass einige Kriterien (aber nicht alle!) der oben genannten Definition auf die angebotenen Produkte zutreffen.

5 Diese **inflationäre Verwendung des recht scharf abgrenzbaren Begriffs des Cloud Computing** führt unweigerlich zu der Frage, ob jetzt „alles Cloud ist", was modern auftritt und entsprechend beworben wird. Im Nachfolgenden soll vor dem Hintergrund der Breite der am Markt als Cloud-Produkte angebotenen Dienste nicht zwingend die strikte NIST-Definition angewendet werden. Auch wenn Dienste nicht alle Bestandteile der Definition aufweisen, kann von einem Cloud-Angebot gesprochen werden. Dennoch ist es vor dem Hintergrund der inflationären Benutzung des Begriffs Cloud sinnvoll, die aus Sicht der Autoren stimmige Definition des Cloud Computing der NIST als Grundlage einer Abgrenzung zu anderen Angeboten heranzuziehen.

II. Diensteklassen und Kategorien des Cloud Computings

Cloud Computing kann in folgende **Diensteklassen** – oft auch **Servicemodelle** genannt – kategorisiert werden:[2] 6

- **Infrastructure as a Service (IaaS)**
  Bei IaaS werden IT-Ressourcen wie z.B. Rechenleistung, Datenspeicher oder Netze als Dienst angeboten. Ein Cloud-Kunde kauft oder mietet diese virtualisierten und in hohem Maße standardisierten Services und baut darauf eigene Dienste zum internen oder externen Gebrauch auf. So kann ein Cloud-Kunde z.B. Rechenleistung, Arbeitsspeicher und Datenspeicher anmieten und über ein Netzwerk darauf ein Betriebssystem mit Anwendungen seiner Wahl ablaufen lassen. 7
- **Platform as a Service (PaaS)**
  Ein PaaS-Anbieter stellt eine komplette Infrastruktur bereit und bietet dem Kunden auf der Plattform standardisierte Schnittstellen an, die von Diensten des Kunden über ein Netzwerk genutzt werden. So kann die Plattform z.B. Mandantenfähigkeit, Skalierbarkeit, Zugriffskontrolle, Datenbankzugriffe und anderes mehr als Service zur Verfügung stellen. Der Kunde hat keinen Zugriff auf die darunterliegenden Schichten (Betriebssystem, Hardware), er kann aber auf der Plattform eigene Anwendungen ablaufen lassen, für deren Entwicklung der Anbieter in der Regel eigene Werkzeuge anbietet. 8
- **Software as a Service (SaaS)**
  SaaS beinhaltet Applikationen, die von einem Cloud-Anbieter betrieben und vom Kunden über ein Netzwerk benutzt werden. Dem Angebotsspektrum sind hierbei keine Grenzen gesetzt. Populäre Beispiele dafür sind Kontaktdatenmanagement, Customer Relationship Management, Finanzbuchhaltung, Textverarbeitung oder Kollaborationsanwendungen. 9
  Ein weiterer wichtiger Punkt der Unterscheidung von **Kategorien** des Cloud Computing ist die Abgrenzung verschiedener **Cloud-Organisationsformen** – oft ist auch von **Betriebsmodellen** die Rede – in Abhängigkeit des Benutzerkreises. Üblicherweise wird unterschieden zwischen Private, Community,Public und Hybriden Clouds. 10
- **Private Cloud**
  Bei der Private Cloud haben nur fest definierte Personenkreise eines Unternehmens ein Nutzungsrecht. Die Cloud ist insofern privat, sodass der Inhaber über die Nutzung durch Einzelne entscheiden kann und ihm diese Personen bekannt sind. 11

2 *Mell, Peter/Grance Timothy*, The NIST Definition of Cloud Computing, Recommendations of The National Institute of Standards and Technology, 2011, abrufbar unter http://csrc.nist.gov/publications/nistpubs/800-145/SP800-145.pdf.

- **Community Cloud**

12 Innerhalb einer Community Cloud haben fest definierte Personen aus einer abgegrenzten Gemeinschaft mit gleichen Interessen Zugriff, beispielsweise mehreren Verwaltungen, die durch Kooperationen Synergieeffekte erzielen wollen.

- **Public Cloud**

13 Dem entgegen steht eine Public Cloud jedem Benutzer offen, üblicherweise der Allgemeinheit. Besitzer der Cloud sowie deren Kunden kennen sich in der Regel nicht, abgesehen von ggf. hinterlegten Zahlungsinformationen.

- **Hybrid Cloud**

14 Eine Hybrid Cloud ist eine Kombination aus einer Private/Community Cloud sowie einer Public Cloud, die durch unterschiedliche Organisationen betrieben werden. Zweck der Kombination ist beispielsweise eine Daten- und Anwendungsinteroperabilität. So können bei erhöhten Nachfragen in der Private Cloud Lastspitzen durch eine in die Hybrid Cloud integrierte Public Cloud abgedeckt werden.

B. Cloud Computing in der öffentlichen Verwaltung

I. Chancen des Cloud Computing für die öffentliche Verwaltung

15 Die öffentliche Verwaltung in Deutschland ist aufgrund ihrer **föderalen Strukturen relativ komplex**, zumindest verglichen mit zentralistischen Staaten. Die Gesamtzahl der öffentlichen IT-Dienstleister in Deutschland ergibt sich nicht einfach nur aus der Summe der Verwaltungen. In vielen Fällen existieren z.B. innerhalb einer Landesverwaltung mehrere parallel agierende IT-Dienstleister, wenn beispielsweise einzelne Ressorts jeweils eigene IT-Dienstleister haben.

16 Auf kommunaler Ebene ist die Situation noch vielfältiger und kleinteiliger, obwohl durch die begonnene Konsolidierung der kommunalen IT-Dienstleister schon einige Fortschritte erzielt wurden. Dennoch beläuft sich die Anzahl der IT-Dienstleister für die öffentlichen Gebietskörperschaften in Deutschland auf eine zu hohe Zahl, sodass kaum Synergien in großem Umfang realisiert werden können. Dies und das Folgende gilt prinzipiell auch für die Nutzung der IT in der mittelständigen Wirtschaft.

17 Die Anzahl der in öffentlicher Hand betriebenen Rechenzentren in Deutschland kann derzeit auf etwa 400 geschätzt werden, in denen etwa 12.000 Applikationen betrieben werden, die in vielen Fällen aus Fachsicht gesehen eine hohe Redundanz aufweisen.[3] Abgesehen von der Vielfalt bei Bund, Ländern und Kommunen ist es betriebswirtschaftlich gesehen nicht schlüssig, warum z.B. jede Hochschule oder jede Stadt ein eigenes Rechenzentrum benötigt. Die Vielzahl von IT-Dienstleistern führt dazu, dass alle öffentlichen IT-Dienstleister eine **unterkritische Größe** aufweisen.

3 Glock/Broens/*Westerfeld/Blumenberg*, S. 163 ff.

Die Entwicklung der Rechenzentren in der Wirtschaft, etwa der Zusammenschluss der Finanz-IT mit der Sparkassen-Informatik, zeigt in Bezug auf die Ausnutzung von Synergien und Skaleneffekten, die Nutzung von Standardisierungsgewinnen oder weiteren Bündelungseffekten bezüglich Know-hows und anderer Ressourcen dramatisch den Abstand der IT in der Industrie zur IT in der öffentlichen Verwaltung.

Hieraus ergeben sich große Chancen durch die **stärkere Kooperation zwischen den öffentlichen Verwaltungen** mittels Cloud Computing bei gleichzeitiger Reduzierung von Sicherheitsrisiken. Durch eine verbesserte Zusammenarbeit können Server (Server-Virtualisierung), Applikationen (Vermeidung von Mehrfachentwicklungen) und Rechenzentren (Verbesserung der Sicherheitsstandards und der CO_2-Bilanz) zusammengefasst und somit erhebliche Kosten eingespart werden. Neben den reinen Einsparungen von Kosten wird zusätzlich die Umwelt geschont, da Rechenzentren einen hohen Stromverbrauch aufweisen, der bei einer Zusammenfassung von Kapazitäten deutlich reduziert wird. 18

Wie notwendig eine Reduktion der IT-Kosten ist, zeigt ein Blick auf die Gesamt-IT-Kosten der Verwaltung in Deutschland, die auf mehr als 18 Mrd. € geschätzt werden. Es kann davon ausgegangen werden, dass seit 2005 die IT-Kosten um weitere 5 Mrd. € gestiegen sind. Abschätzungen sind vor allem deswegen nötig, da viele Körperschaften über die eigenen Kostenstrukturen keine ausreichende Auskunft geben (können). Dies hängt insbesondere mit der unterdurchschnittlich entwickelten Ausprägung von IT-Governance in der öffentlichen Verwaltung und demzufolge fehlenden IT-Controlling-Strukturen zusammen. Umso mehr können die Verrechnungsmodelle von Cloud Services zur Transparenz beitragen. 19

II. Herausforderungen der Nutzung von Cloud Computing durch die Rahmenbedingungen der Verwaltungen in Deutschland

Die Verwaltung sieht sich teilweise mit anderen **Rahmenbedingungen** als die Wirtschaft konfrontiert. Nachfolgend sollen die wichtigsten Rahmenbedingungen für den Einsatz des Cloud Computings aufgezeigt werden. 20

Eine der wesentlichen Veränderungen der letzten Jahre im Haushaltsbereich der öffentlichen Gebietskörperschaften stellt die Einführung der **„Schuldenbremse“**[4] dar. Wurden vor allem mit Beginn der stärkeren IT-Entwicklung der Verwaltung im Rahmen von E-Government ab Ende der 1990er Jahre in den öffentlichen Haushalten durchaus ansehnliche Budgets eingestellt, so ergibt sich durch die „Schuldenbremse“ ein Bedarf des Umdenkens. Die „Schuldenbremse“ verlangt von Bund und Ländern eine Reduktion der Nettoneuverschuldung auf null bis spätestens 2020 und hat somit auch einen Einfluss auf die Mittelzuweisung für IT sowie Organisation und 21

4 Abrufbar unter http://www.bundestag.de/dokumente/analysen/2009/schuldenbremse.pdf.

deren effiziente Nutzung in den Verwaltungsprozessen. Damit unterliegt die IT dem notwendigen Sparzwang zur Sanierung der Haushalte. Diese Mittelknappheit erfordert ein Umdenken bei der bisher kameralen Mittelzuweisung für die IT hin zu mehr betriebswirtschaftlich gesteuertem Wirtschaften, z.B. auch von ROI-Betrachtungen. Die Schuldenbremse stellt somit einen fördernden Faktor für das Cloud Computing dar, da die Einsparpotenziale des Cloud Computing einen Beitrag zur Konsolidierung des Haushalts liefern können.

22 Die Reduktion von Mitteln bei mindestens gleichbleibenden Leistungen erfordert die stringentere Anwendung von Prinzipien der **IT-Governance**,[5] um eine ausreichende Steuerung von IT-Projekten, IT-Verfahren, deren Zielerreichung sowie deren IT-Mittel zu gewährleisten. In diesem Bereich hat die Verwaltung gegenüber der Wirtschaft großen Nachholbedarf. Zwar wurden ab Ende der 1990er Jahre in allen Verwaltungen Initiativen der Verwaltungsmodernisierung mit den Zielen des Bürokratieabbaus sowie der verbesserten Steuerung beschlossen und bis heute vereinzelt auch einhergehend mit der Einführung der Doppik umgesetzt, dennoch ist die Kultur der betriebswirtschaftlich geprägten IT-Steuerung in der Verwaltung bisher noch gering und stellt somit eine Herausforderung bei der Einführung von Cloud Computing dar.

23 Die Struktur der Länder sowie des Bundes sieht eine in den Verfassungen festgeschriebene **Ressorthoheit**[6] vor. Diese besagt u.a., dass jeder Minister seinen Geschäftsbereich selbstständig und unter eigener Verantwortung führt. Dies ist in Hinblick auf Fachaufgaben unbestritten und sinnvoll, führt aber bei Querschnitts-Aufgaben und -Prozessen immer wieder zu Veränderungswiderständen, nicht nur bei der IT. Vor allem die nicht leicht zu definierenden Grenzen zwischen Querschnitts- und Fachaufgaben erschweren die teilweise organisatorisch notwendige zentrale Steuerung von Querschnitts- oder ressort-übergreifenden Aufgaben wie der IT sowie der IT-gestützten Querschnittsprozesse. Die Ressorthoheit wird gelegentlich auch als „Totschlagargument" genutzt, um eigentlich querschnittliche Sachverhalte vollständig der eigenen Zuständigkeit zuzuordnen. Die Umsetzung des Cloud Computing-Gedankens mit der Nutzung von Skaleneffekten, Bündelung und Professionalisierung des IT-Betriebs und den damit verbundenen Kosteneffizienzen wird durch diese Argumentation oft schon innerhalb einer öffentlichen Gebietskörperschaft erschwert. Eine Ebenen übergreifende Zusammenarbeit im Bereich des Cloud Computing, z.B. in horizontaler Richtung wie der Kooperation über Ländergrenzen hinweg, oder sogar in vertikaler Richtung, also zwischen kommunaler und Länder- oder Bundesebene, wird häufig durch Egoismen erschwert, die kulturell noch stärker manifestiert sind als bei verschiedenen Geschäftsbereichen eines Unternehmens oder Teilkonzernen eines Konzerns.

---

5 Vgl. http://www.itgi.org.

6 Vgl. Artikel 65 GG.

Weitere Rahmenbedingungen der öffentlichen Verwaltung, wie beispielsweise das **Datenschutzrecht**,[7] das vorwiegend in der nichtfachlichen Presse sehr stark gegen Cloud-Lösungen interpretiert werden kann, stellen eine weitere Herausforderung bei der Nutzung im öffentlichen Sektor dar. 24

III. CloudReadiness der Verwaltung

Zur Nutzung der Chancen des Cloud Computings in der öffentlichen Verwaltung müssen noch einige Anstrengungen unternommen werden. Um zu zeigen, welche Bereiche dies besonders betrifft, werden nachfolgend Erfahrungen aus Hessen entlang der oben genannten Kriterien der Cloud Computing-Definition dargestellt. 25

– **Elastizität der Ressourcen**

  Die Elastizität von Ressourcen wird beim Cloud Computing im Wesentlichen über die Technologie der Virtualisierung von Serverkapazitäten erreicht. Die Hessische Zentrale für Datenverarbeitung (HZD) ist ein Beispiel dafür, dass unter der Voraussetzung, dass die Rechnersysteme nicht in verteilten Zuständigkeiten sind, ein Server-Virtualisierungsgrad von rund 90 % erreicht werden kann. Über 1.000 Server konnten eingespart und Reinvestitionskosten in Höhe von 2,2 Mio. € gesenkt werden, weil eine ausreichende „Virtualisierungmasse" von rund 3.000 Geräten unter einem „Dach" zur Verfügung stand. Neben den wirtschaftlichen Vorteilen trägt die Virtualisierung auch deutlich zum schonenden Umgang mit der Umwelt bei. Seit Beginn der Server-Virtualisierung sank der CO_2-Ausstoß der HZD um 1,25 Mio. Tonnen. Bezogen auf die „Virtualisierungsmasse" von rund 300.000 Servern in den öffentlichen Gebietskörperschaften in Deutschland kann das Effizienzpotenzial entsprechend extrapoliert werden. Leider sind diese Server noch auf tausende Stellen verteilt. Neben der Server-Virtualisierung können auch die zu nutzenden Applikationen angepasst werden. Hier ist in der Verwaltung weitere Arbeit nötig, um bestehende Verfahren mit hohen Leistungsschwankungen in eine virtualisierte Umgebung zu bringen. Nicht alle Verfahren eignen sich dafür. In einigen Bereichen sind teilweise sehr alte Verfahren im Einsatz, deren Transformation auf eine virtualisierte Umgebung aufwändig ist. 26

  Der hohe Verteilungsgrad der Server, vielfach in nicht professionell gesicherten Rechnerräumen, stellt ein wesentlich größeres IT-Risiko für die Verwaltungen dar als das oft substanzlos zitierte Risiko der Cloud. Das Risiko der IT-Sicherheit außerhalb von professionellen Cloud Services ist ebenfalls in der mittelständigen Industrie hoch. 27

– **Zusammenfassung der Ressourcen**

7 Vgl. Artikel 10 GG.

28 Am Beispiel der IT der hessischen Landesverwaltung wird deutlich, welche Vorteile das Prinzip **Shared Service Center** bietet. Mit der HZD betreibt seit 2003 ein zentraler IT-Dienstleister für alle Ressorts die großen Anwendungen des Landes. Zuvor wurden an vielen Stellen der Landesverwaltung eigene, kleine und verteilte Rechenzentren betrieben, die weitestgehend zur HZD zusammengefasst wurden. Die Zentralisierung von IT-Leistungen in der Verwaltung ist im Vergleich zur Wirtschaft keine Selbstverständlichkeit. Viele Länder haben mehrere IT-Dienstleister, oft getrennt nach Ressorts. Neben der landesinternen Zentralisierung gibt es auch viele bestehende Kooperationen mit anderen Ländern. So betreiben Hessen und Rheinland-Pfalz in Mainz ein gemeinsames Rechenzentrum, die Steuersoftware KONSENS/ELSTER[8] wird von fünf Ländern für alle entwickelt, intensive Kooperationen im Bereich der Justiz sowie der Polizei werden gepflegt und viele weitere Applikationen für andere Länder betrieben (z.B. das Kabinettsinformationssystem für Rheinland-Pfalz und Nordrhein-Westfalen).

– **Leistungsbezug über ein Netzwerk**

29 Alle IT-Leistungen des zentralen IT-Providers HZD werden der Landesverwaltung über Netzwerke bereitgestellt. Das Corporate Network des Landes ist ein sicheres Netzwerk, über das auf alle Verfahren, die dazugehörigen Rechner, Datenspeicher oder elektronischen Archive zugegriffen werden kann. Kommunikationsanwendungen wie E-Mail, Verzeichnisse, Dokumentenmanagementsysteme (DMS) oder Kollaborationsplattformen sind selbstverständlich. Damit ist der Zugriff auf alle zentralen Dienste über Netzwerke gegeben.

– **Messung des Ressourcenverbrauchs**

30 Die Bemessung des Ressourcenverbrauchs und die damit verbundene Berechnung nach Pay-per-use-Modellen ist in der öffentlichen Verwaltung noch gering ausgeprägt. Hessen hat wesentliche Angebote auf Basis von Managed Service-Modellen bereits umgestellt. Dazu zählen die Angebote für standardisierte Büroapplikationen (E-Mail, DMS, Portal), standardisierte Arbeitsplatz-PCs (Desktop-PCs, Laptops, Thin Client) sowie Services auf Basis von Portpreisen z.B. Telefonie oder Videokonferenz. Druck- und Scanner-Services kommen dazu.

– **Selbstverwaltung der benötigten Ressourcen**

31 Bisher sind nur wenige Services in der öffentlichen Verwaltung realisiert, bei denen der Anwender seine Leistungen selbst auswählen, konfigurieren und sofort beziehen kann. Denkbar ist deren Umsetzung bei Standard-Leistungen wie Entwicklungs- und Schulungsumgebungen. Aber auch bestehende Anwendungen in Hessen wie das Schulmanagementsystem oder das Antragsmanagementsystem sind so angelegt, dass sie parametrierbar und individuell anpassbar sind.

8 Aufrufbar unter http://www.bundesfinanzministerium.de/Content/DE/Monatsberichte/Standardartikel_Migration/2011/06/analysen-und-berichte/b02-Vorhaben-KONSENS/Vorhaben-KONSENS.html.

Entsprechend der Cloud Computing-Definition ist die Mehrzahl der Elemente, die 32
Cloud Computing ausmachen, am Beispiel Hessen in Grundzügen bereits erfolgreich im Einsatz. Somit ist das Land Hessen auf einem guten Weg, die Vorteile des Cloud Computing noch stärker zu nutzen.

C. Cloud als „Sicherheitsbedrohung“ für die Verwaltung

Die Sicherheit stellt einen entscheidenden Aspekt in Überlegungen zum Einsatz des 33
Cloud Computing dar. Entgegen vieler negativer Meinungen in den Massenmedien sind die damit verbundenen Risiken bekannt und beherrschbar. Die beim Cloud Computing eingesetzten **Sicherheitstechnologien** sind im Wesentlichen seit Jahren erprobt (z.B. Firewalls, Intrusion Detection, Virtual Private Networks) und bieten einen nach dem aktuellen Stand des Wissens guten Schutz. Die gleichen Technologien werden in bestehenden Rechenzentren der öffentlichen Verwaltungen sowie der Wirtschaft erfolgreich eingesetzt.

Neuartig am Cloud Computing ist die Form der **Serviceerbringung**. Die damit 34
verbundenen sicherheitsrelevanten Fragen (Verlust der Steuerungsmöglichkeit, Lock-in-Effekte bei Wahl eines Dienstleisters, eventuell fehlende Kontrolle über den Umgang mit den Daten beim Dienstleister sowie Compliance-Risiken) sind bei der Nutzung einer Cloud-Infrastruktur eines Dritten von Bedeutung. Aus Verwaltungssicht sind diese Fragen nur nachgelagert relevant, da eine Nutzung von externen (Public-)Cloud-Anbietern vorrangig nicht vorgesehen ist.

Die **Sicherheit der Abgrenzung von virtuellen Maschinen** auf einer Server- 35
landschaft ist ein seit geraumer Zeit intensiv erforschter und praxisbewährter Bereich der IT-Sicherheit, der zudem vorher die Umgehung der bestehenden Sicherheitssysteme wie Firewalls erfordert und deutlich komplexer ist als der Angriff auf ein Betriebssystem eines einzelnen Servers. Die dagegen eingesetzten Sicherheitsmechanismen haben einen sehr hohen Reifegrad und werden zudem intensiv weiterentwickelt, sodass diese ebenfalls einen guten Schutz gewährleisten.

Entgegen der häufig in der öffentlichen Diskussion undifferenzierten Darstellung, 36
dass mit Cloud Computing unverhältnismäßig hohe Sicherheitsrisiken verbunden sind, ist die **Zusammenfassung von Servern mit immensen Vorteilen gegenüber dezentralen Strukturen** verbunden. Durch den gleichen Einsatz von Investitionen in IT-Sicherheit können bei Cloud-Dienstleistungen aufgrund der Zusammenfassung und Professionalisierung deutlich bessere und umfassendere Schutzmaßnahmen ergriffen werden als bei dezentralen Systemen. Gleichzeitig erlaubt Skalierbarkeit von Ressourcen beim Cloud Computing im Falle eines externen Angriffs (z.B. eines sog. Distributed Denial Of Service-Angriffs mit dem Ziel, ein Rechenzentrum nicht mehr erreichbar zu machen) eine gezieltere Schadensverhütung als bei dezentralen Servern, z.B. bei der Filterung von Anfragen.

37 Die **Sicherheitsvorteile einer Zentralisierung von Ressourcen** werden vor allem vor dem Hintergrund der dargestellten **Verwaltungsstruktur in Deutschland** deutlich. Die zergliederte Landschaft von IT-Dienstleistern sowie ein regelmäßig noch anzutreffender Eigenbetrieb von Verfahren von Dienststellen („unter dem Schreibtisch oder in der Besenkammer") kann in den meisten Fällen nicht mit dem Sicherheitsniveau eines zentralen Cloud-Betriebs in einem professionellen Rechenzentrum verglichen werden. Zwar sind in den letzten Jahren vermehrt Zentralisierungsanstrengungen der IT-Provider der Verwaltungen zu beobachten (z.B. HZD, ekom21 oder dataport), dennoch gibt es genug Beispiele des äußerst unbedarften Umgangs mit den bezogenen Daten außerhalb dieser Rechenzentren. So wurden im Jahr 2011 aus einer kommunalen Dienststelle eines Landratsamts aus dem offensichtlich nicht ausreichend gesicherten Server-Raum die Hälfte der Server entwendet und somit ein Sachschaden in sechsstelliger Höhe verursacht. Der zuständige Landesdatenschutzbeauftragte hat in seinem jährlichen Bericht festgestellt, dass anschließend Maßnahmen zur künftigen Absicherung getroffen worden sind, wie Alarmierung, Datensicherung, Verschlüsselung sowie Videoüberwachung. Fälle wie diese demonstrieren, dass die Nutzung von professionellen Rechenzentren mit Cloud-Leistungen einen erheblichen finanziellen und sicherheitstechnischen Vorteil gegenüber einem weniger professionellen Eigenbetrieb darstellt.

38 Zusammenfassend sei erwähnt, dass alle genannten IT-Sicherheitsmechanismen, unabhängig ob über ein Servicekonzept wie dem Cloud Computing oder in Bezug auf ein einzelnes Rechenzentrum, naturgemäß niemals einen 100 %igen Schutz vor Angriffen darstellen können. Der gezielte Einsatz dieser Sicherheitstechnologien, deren kontinuierliche Wartung, Weiterentwicklung und Pflege sowie die Schulung der damit betrauten Mitarbeiter stellen eine gute Basis dar, um den Schutz vor Angriffen bestmöglich zu gewährleisten. Grundsätzlich können diese Maßnahmen in professionellen, zentralisierten Rechenzentren bei gleichem Mittelaufwand effektiver eingesetzt werden als in einer Vielzahl von dezentralen Rechenzentren ohne professionellen Betrieb.

39 Das BSI kommt in seinen „Sicherheitsempfehlungen für Cloud Computing Anbieter"[9] zum Schluss, dass *„die Herausforderungen [des Cloud Computing] gemeistert werden können, wenn entsprechende infrastrukturelle, organisatorische, personelle und technische Maßnahmen zum Schutz der bereitgestellten Dienste umgesetzt werden."* Die gleichen Anforderungen gelten ohnehin schon länger für die ähnlich gelagerten Outsourcing-Themen.

9 Abrufbar unter https://www.bsi.bund.de/DE/Themen/CloudComputing/Eckpunktepapier/Eckpunktepapier_node.html.

D. Offene Fragen des Cloud Computing

Der Einsatz von Cloud Computing ist mit vielen noch offenen Fragen verbunden. 40

Grundsätzlich werden beim Cloud Computing Daten vom Kunden an den Cloud-Anbieter übertragen. Das Datenschutzrecht trennt zwischen der **Übermittlung personenbezogener Daten** sowie der **Auftragsdatenverarbeitung**. Die Unterscheidung, ob es sich um eine Übermittlung oder eine (weniger problematische) Auftragsdatenverarbeitung personenbezogener Daten handelt, ist aufwändig und für den Laien nicht einfach zu treffen.[10] 41

Wird Cloud Computing als Möglichkeit der verwaltungsübergreifenden Zusammenarbeit eingesetzt, stellen sich Fragen des **Verwaltungskooperationsrechts**, wie z.B. die Wahl der idealen Rechtsform einer Kooperation sowie die Frage des Verbots der „Mischverwaltung“, genauer das Verbot der „vertikalen Kooperation“.[11] Unter „Mischverwaltung“ versteht man die Wahrnehmung von Verwaltungsaufgaben auf der unteren Ebene eines föderalen Systems durch Behörden der oberen Ebene und umgekehrt. Grundsätzlich ist Mischverwaltung gemäß eines Beschlusses des BVerfG nicht zulässig, es gibt allerdings ausdrückliche Ausnahmeregelungen im Grundgesetz, z.B. Art. 108 Abs. 4 GG oder Art. 91a-91c GG. 42

Innerhalb einer Verwaltungskooperation stellen sich wiederum **vergaberechtliche Fragen**. Können durch Ausschreibung zustande gekommene Verträge in einer gemeinsamen Gesellschaft durch neue Mitglieder genutzt werden? Wenn nein: Können Ausschreibungen so ausgestaltet werden, dass dies möglich ist? Darüber hinaus ist die Frage, ob es sich bei Geschäften untereinander in einer Verwaltungskooperation um **In-House-Geschäfte** handelt, die keiner Ausschreibung bedürfen, ebenfalls nicht trivial.[12] 43

Berücksichtigt man dann noch **spezialgesetzliche Materien**, wie die Anwendung des Abgabe- und Steuerrechts bei Verwaltungskooperationen im Bereich Cloud Computing oder die gesetzlichen Anforderungen an IT-Verwaltungskooperationen für Justiz, Polizei oder die Steuerverwaltung, wird die Komplexität der Fragestellungen im Zusammenspiel deutlich.[13] 44

10 Siehe hierzu Kap. 5 Rn 7 ff.
11 Siehe hierzu Kap. 9 Rn 15 ff.
12 Siehe hierzu Kap. 9 Rn 53 ff.
13 Siehe hierzu Kap. 9 Rn 22 ff.

Kapitel 3
Cloud Computing – Technischer Hintergrund

1 **Cloud Computing** wird heute für fast jeden IT-Service oder jedes Produkt verwendet, das neu auf den Markt kommt oder neu im Markt positioniert werden soll. Daher ist es notwendig, die Einordnung anhand **grundlegender Definitionen** durchzuführen, die von führenden **Standardisierungsgremien** und marktneutralen Institutionen verwendet werden. Dabei bleibt dennoch recht viel Raum für individuelle Auslegung, da Cloud Computing ein fach- und technikübergreifendes Thema ist und eine Einordnung der konkreten Szenarien in generelle Definitionen nicht immer eindeutig ist.

2 Ein Grund für das hohe Interesse an Cloud Computing ist die Aussage, dass die **Cloud IT-Leistungserbringung preiswerter** und **effizienter** abgewickelt werden soll – bei **maximalem Automatisierungsgrad** und **hoher Flexibilität.** Dies wird kombiniert mit der Bezugsmöglichkeit einer bedarfsgerechten Leistung in gewünschter Qualität für einen bestimmten Zeitraum, wobei sich die **Bezahlung** an dem **individuell gemessenen Verbrauch** orientiert.

3 Das innovative Element des Cloud Computing ist somit die Kombination einer schon langjährig etablierten **Virtualisierungstechnologie** mit einer **Abstraktion der IT-Bereitstellung** als **standardisierten Service** zur **bedarfsgerechten** Nutzung.

A. Definition von Cloud Computing

4 Als erste Orientierung ist Cloud Computing wie folgt zu verstehen:

> *„Cloud Computing ist ein Modell, das es erlaubt bei Bedarf, jederzeit und überall über ein Kommunikationsnetzwerk auf eine geteilte Bereitstellung von konfigurierbaren Rechnerressourcen (z.B. Netze, Server, Speichersysteme, Anwendungen und Dienste) zuzugreifen, die schnell und mit minimalem Managementaufwand oder geringer Serviceprovider-Interaktion zur Verfügung gestellt werden können.“*[1]

5 Folgende fünf Eigenschaften charakterisieren gemäß der NIST-Definition[2] einen Cloud Service:

– **On-Demand Self Service**: Die **Provisionierung** der Ressourcen (z.B. Rechenleistung, Storage) läuft automatisch ohne manuelle Interaktion mit dem Service Provider ab.

---

1 In Anlehnung an https://www.bsi.bund.de/DE/Themen/CloudComputing/Grundlagen/Grundlagen_node.html.

2 Abrufbar unter http://csrc.nist.gov/publications/nistpubs/800-145/SP800-145.pdf.

- **Broad Network Access:** Die Services sind mit Standard-Mechanismen über das **Netz verfügbar** und nicht an einen bestimmten Client gebunden.
- **Resource Pooling:** Die Ressourcen des Anbieters liegen in einem **Pool** vor, aus dem sich viele Anwender bedienen können (**Multi-Tenant Model**). Dabei wissen die Anwender nicht zwingend, wo die Ressourcen sich befinden, sie können aber vertraglich den Speicherort festlegen, also z.B. Region, Land oder Rechenzentrum.
- **Rapid Elasticity:** Die Services können **schnell** und **elastisch** zur Verfügung gestellt werden, in manchen Fällen auch automatisch. Aus Anwendersicht scheinen die Ressourcen daher unbegrenzt zu sein.
- **Measured Services:** Die Ressourcennutzung kann **gemessen** und **überwacht** werden und entsprechend bemessen auch den Cloud-Anwendern zur Verfügung gestellt werden.

B. Abgrenzungen zu anderen Technologien

Cloud Computing ist eine Weiterentwicklung bekannter Technologien und Konzepte 6
und ihre Erweiterung um den Begriff der Elastizität. Im Folgenden wird es mit Grid Computing, Outsourcing und Application Service Providing (ASP) verglichen.

Grid Computing hat seine Wurzeln im wissenschaftlichen Bereich, wo rechen- 7
und oft auch datenintensive Probleme, z.B. Wettervorhersage oder Materialforschung, über mehrere Institutionen hinweg mittels loser Kopplung heterogener und geografisch verteilter Ressourcen gelöst werden. Zum heutigen Cloud-Begriff fehlten dem Grid Computing die zentrale Ressourcenkontrolle und die wesentlich einfachere Bedienung.

Outsourcing, auch Auslagerung genannt, bezeichnet einen Vorgang, bei dem die 8
Verantwortung für eine Leistungserbringung an einen externen Anbieter abgegeben wird. Damit ist Cloud Computing eine besonders flexible Form des Outsourcings, die folgende Eigenschaften besitzt:
- kürzere Vertragslaufzeiten (Stunden oder Monate),
- Elastizität (bedarfsorientiertes Hinzufügen von Ressourcen),
- keine Vorfeldkosten (Investitions-, Servicekosten und Installation werden in die Gebühr einberechnet).

Application Service Providing (ASP) entstand Ende der 1990er und bezeichnet das 9
Anbieten von Software über das Internet, wobei der Anbieter das Hosting und die Administration übernimmt. Das Cloud-Angebot Software as a Service (SaaS) ist eine Erweiterung der ursprünglichen ASP-Idee in mehrfacher Hinsicht:
- von Drittsoftware (des Kunden) hin zum Vertrieb eigener Software (des Anbieters);

- von Applikationen, die einen lokal installierten Gegenpart benötigen (Client/Server) hin zu webbasierten Anwendungen, die mit einem Standardbrowser bedient werden können;
- von separaten Instanzen pro Nutzer zu mandantenfähigen Umsetzungen.

C. Cloud-Betriebsmodelle

10 Es erscheint wesentlich, an dieser Stelle nochmals hervorzuheben, dass Cloud Computing kein Produkt, keine Technologie und schon gar kein Standard ist, sondern eine Methode der Bereitstellung von flexiblen, gemeinsam genutzten IT-Services im weiteren Sinne.

11 Unter diesem Gesichtspunkt bzw. Kontext erscheint es verständlich, dass man unter „Cloud" eine Vielzahl von Aspekten zu betrachten und zu strukturieren hat. Um einzelne Services genauer einordnen zu können, wurde Cloud Computing schon bald in zwei typische Erscheinungsformen unterteilt, die jeweils bestimmte Eigenschaften oder Charakteristika gemeinsam haben: **„Private"** und **„Public"** Cloud Computing. Neuere Publikationen nennen neben den zwei Urformen noch andere „deployment models", also andere Bereitstellungsmodelle, wie z.B. die **„Hybrid Cloud"** oder auch die **„Community Cloud"**. Die typischen Unterscheidungsmerkmale und Attribute dieser Bereitstellungsmodelle sind Folgende:

I. Public Cloud

12 Oft wird der Begriff „die Cloud" als Synonym des „Public Cloud"-Begriffs verwendet. Entsprechend der NIST-Definition bedeutet das, dass Public Clouds ihrer Natur nach **geteilte Ressourcen** sind und dass sich aus dieser Teilung Fragen der **Sicherheit**, des **Rechts** und der **Verfügbarkeit** ergeben.

13 Darauf ist vor allem deswegen zu achten, weil damit implizit oft auch alle Nachteile bzw. Vorteile dieses Bereitstellungsmodells übernommen werden, die meist eine sachliche Diskussion der vorgeschlagenen Lösung wesentlich behindern (z.B. Sicherheit, Verfügbarkeit etc.).

14 Unter **Public Cloud Computing** versteht man eine „off-premises", also eine **nicht im Unternehmen** liegende Serviceumgebung als Bereitstellungsmodell. Sie stellt eine Auswahl von Services (Geschäftsprozesse, Geschäftsabläufe, Anwendungen und Infrastrukturen) auf einer variablen **„Pay-per-Use-Basis"** grundsätzlich für jedermann gleichzeitig (**Multimandantenfähigkeit**) über öffentliche Netze zur Verfügung. Alle relevanten Anwendungen befinden sich außerhalb der Unternehmensfirewall. Die Services werden oft als Abonnement oder Subskription angeboten. Die dazu notwendigen Betriebsmittel befinden sich im Eigentum des Providers und

werden durch diesen betrieben. Der Kunde **mietet** sozusagen implizit die Ausrüstung. Die Nutzer sind organisatorisch untereinander nicht verbunden.

Eines der wesentlichsten Unterscheidungsmerkmale einer Public Cloud ist, dass 15 der Anwender hier keinerlei Einfluss darauf nehmen kann (weder technisch noch vertraglich), wer noch alles diesen oder andere Services des Anbieters nutzt. Eine Anpassung an **spezifische Anwenderanforderungen** ist üblicherweise nur **sehr eingeschränkt** möglich und erwünscht bzw. steht den Skalierungs- und Effizienzinteressen des Betreibers gegenüber. Die Cloud-Nutzer teilen sich (unwissentlich oder im Ausmaß und Umfang unbekannt) die zugrunde liegende Infrastruktur, die aber vom Anwendungslayer komplett abstrahiert wird. Im reinen idealen Cloud-Modell werden alle dem konkreten Service dienenden Ressourcen und Infrastrukturen für den Benutzer nicht einzeln zugeordnet. Eine Lokalisierung der Ressourcen ist oftmals nicht gegeben bzw. nicht Bestandteil der Liefervereinbarung. Gerade in diesem Punkt wird es in Zukunft am ehesten zu Anpassungen der derzeitigen Bedingungen kommen müssen, um rechtliche Gegebenheiten marktkonform abzubilden. Eigentümer und Betreiber einer Public Cloud ist immer seltener ein IT-Dienstleister, sondern eine Lieferkette mit vielen beteiligten Partnern.

II. Private Cloud

Unter **Private Clouds** versteht man die Bereitstellung von Cloud-Services in einem 16 **geschlossenen Netzwerk** wie z.B. innerhalb eines Firmen-Intranets oder auch über einen speziell vertraglich gebundenen IT Dienstleister im Sinne des klassischen IT-Outsourcings. Private Clouds sind exklusiv verfügbare Ressourcen, unabhängig vom Standort und in Fragen der Sicherheit, des Rechts und der Verfügbarkeit eher der traditionellen IT zuzurechnen.

Der Kunde kauft die technische Ausstattung (IT-Komponenten Hardware, Soft- 17 ware etc.), um innerhalb seines Unternehmens Cloud Services mittels einer nach Cloud Design-Kriterien erstellten effizienten, standardisierten, virtualisierten und sicheren IT-Betriebsumgebung bereitzustellen. Diese Infrastruktur dient im Allgemeinen **ausschließlich unternehmensinternen** Zwecken. Das Unternehmen hat die volle Kontrolle, wer, wie und wann Services aus dieser Infrastruktur nutzen darf. „Private Cloud“ bezeichnet also die Bereitstellung von Cloud Computing-Leistungen nur für vorab definierte Nutzer und ist eben nicht öffentlich.

Management und Betrieb werden innerhalb eines Unternehmens oder einer 18 gemeinsamen Organisation abgewickelt. Alle Services werden innerhalb der Unternehmens-Domain in eigenen Netzwerken innerhalb der Firewalls angeboten. Die Ressourcen können aber auch durch einen unabhängigen Anbieter am Unternehmensstandort oder auch außerhalb, vom Standort unabhängig betrieben werden, die Anbindung der Benutzer erfolgt dann mittels verschlüsselter (virtueller) privater Netzwerksegmente.

19 Die Vorteile dieses Modells sind:

- Private Clouds **erlauben individuelle Anpassungen** und können z.B. die Sicherheits- und Compliance-Nachteile von Public Clouds kompensieren, erreichen aber nicht deren Skaleneffekte.
- Das Private Cloud-Betriebsmodell unterstützt im Unternehmenskontext mobile Benutzer und Einsatz der eigenen Geräte, wie zum Beispiel PC, Notebook, Tablet und Smartphone („BYOD – Bring your own Device").

20 Die Nachteile dieses Modells sind:

- Wesentlichster Nachteil einer Private Cloud-Lösung ist, dass die vorab zu leistenden Investitionskosten bei diesem Modell nicht komplett in Betriebskosten umgewandelt werden können, da das Unternehmen ja Private Cloud-Komponenten vorab erwerben und/oder aufbauen muss und diese Kosten auch nicht mit der tatsächlichen Nutzung und Auslastung skalieren. Es fällt damit ein Teil der Kostenvorteile des Cloud Computings weg.

21 Es muss an dieser Stelle noch einmal darauf hingewiesen werden, dass die Benennung der Betriebsmodelle keine Definitionen im technischen und rechtlichen Sinn beinhalten und daher von den Cloud-Anbietern für den angebotenen Cloud-Service nicht konsistent verwendet werden. Die im Cloud-Angebot enthaltene „Privatheit" muss sich nicht mit den Ansprüchen des Cloud-Nutzers decken. Daher ist es angeraten, diese Cloud Services auf ihre Entsprechung zu prüfen. In den nachfolgenden Kapiteln zum Recht wird auf diesen Aspekt noch weiter eingegangen.

III. Hybrid Cloud

22 Hybrid Clouds stehen für die Kombination sog. Public Cloud Services mit denen einer Private Cloud, aber auch Services herkömmlicher Datenverarbeitungslösungen, die mittels standardisierter Schnittstellen oder Produkte verschiedener Anbieter verbunden werden. Mit dieser Mischform von Services soll eine Lösung entstehen, die den konkreten Anforderungen des jeweiligen Unternehmens am besten gerecht wird. Abhängig von der jeweiligen Sicherheitsanforderung werden Anwendungen innerhalb oder außerhalb der Firewall gehalten. So können die Sicherheitsvorgaben erfüllt und gleichzeitig Einsparmöglichkeiten und Skalierungseffekte genutzt werden. Die meisten Analysten erwarten, dass in nächster Zukunft gerade die **hybriden Cloud-Implementierungen** den weitaus größten Anteil der eingesetzten Clouds ausmachen werden, da damit die Unternehmen ihre Services modular je nach Priorität und Sensibilität der Anforderung aus beiden Welten, der Private oder der Public Cloud, beziehen können. Die Aufteilung ergibt sich entsprechend den **definierten Richtlinien oder Geschäfts- und IT-Anforderungen** und den daraus jeweils entstehenden Kosten.

Typischerweise erfordert die Implementierung eines solchen Modells ein besonders sorgfältiges Design und wird im Allgemeinen deutlich komplexer als die jeweils reinen Modellansätze sein. Wesentlich für den Einsatz und Erfolg hybrider Cloud-Lösungen werden zwei Faktoren sein: 23

- die transparente Integration verschiedenster Servicekomponenten, sodass der Endbenutzer weder einen Unterschied oder Übergänge zwischen den einzelnen Modulen bemerken noch ihre Quellen feststellen kann;
- die durchgängige Integration der einzelnen Komponenten zu einer Gesamtlösung aus einem Guss mithilfe einer zentralen Managementlösung. Das heißt im Idealfall, dass unabhängig von der Rolle, die die einzelnen Komponenten spielen, und woher sie bezogen werden (also aus Public Services oder Private Cloud-Modulen), diese völlig gleichartig zu administrieren und zu überwachen sind. So ist das Management von Zugriffsberechtigungen und deren Überwachung in gleicher Art und Weise zu bedienen und greift auf die gleichen Stammdatensätze für Policies, Regeln, Auditlogs etc. zu.

Eine solche integrierte Lösung wäre beispielsweise die Nutzung öffentlicher Cloud-Ressourcen zur Lösung sporadisch oder saisonal auftretender, komplexer, rechenintensiver Analyseaufgaben in anonymisierter oder verschlüsselter Form als Spitzenlastausgleich. 24

Die Vorteile dieses Modells sind: 25

- Die **Hybrid Cloud** bietet die Kombination aus der **Flexibilität** einer **Public Cloud** und gleichzeitig der **Verlässlichkeit einer Private Cloud**.
- Eine Differenzierung der **Sicherheits- und Vertraulichkeitsanforderungen** für Daten wird ermöglicht, indem sensitive Daten im Firmennetz oder einer extern betriebenen Private Cloud und weniger sensitive Daten in einer Public Cloud verarbeitet werden.
- Das Unternehmen kann damit sehr **elastisch** und **dynamisch** auf alle Systembelastungszustände reagieren und bewahrt trotzdem die **Kontrolle** in allen wesentlichen Bereichen.
- Eine Hybridlösung ist ein sehr pragmatischer, an die Unternehmenssituation angepasster **gleitender Übergang** herkömmlicher, traditioneller Landschaften in die neue Cloud-Umgebung.
- Sie erlaubt auch **unterschiedliche Modelle für die Datenhaltung** einerseits und Rechnerleistung andererseits, solange die Datentransferraten und Anforderungen nicht zu groß werden.

Die Nachteile dieses Modells sind: 26

- Es erhöht sich mit der Komplexität der Lösung auch die Herausforderung für das Thema „Service Management“.

– Der Endbenutzer ist meist bereit, im privaten Umfeld viele verschiedene Services mit unterschiedlichen Benutzernamen und Passwörtern zu benutzen (Gmail, Twitter, Facebook, iTunes, Dropbox etc.). Der gleiche Benutzer will aber im geschäftlichen Umfeld nur eine Identität verwalten.

IV. Spezielle Ausprägungsformen von Betriebsmodellen

27 Das Synonym „Cloud“ steht für die Bereitstellung von IT-Leistungen als Service. Neben den oben beschriebenen grundlegenden Betriebsmodellen (Public, Private, Hybrid) bestehen bereits jetzt weitere Cloud-Betriebsformen, die zwar auf gleichartiger Basisarchitektur beruhen, jedoch je nach Einsatzgebiet hinsichtlich der gebotenen Funktionalitäten unterschiedlich ausgeprägt sind. Die nachstehenden Beispiele sollen dies exemplarisch verdeutlichen:

1. Regional Clouds

28 Das Internet ist ein globales Netzwerk, insofern können Cloud Services über das Internet auch global bereitgestellt werden. Diese Option ist jedoch nicht zwingend. Oftmals ist es durchaus sinnvoll, Cloud Services mit **geografisch eingegrenzter Reichweite** aufzubauen. In diesem Fall spricht man von „Regional Clouds“.

29 Regional Clouds zielen in der Regel darauf ab, spezielle Services für Bürger, Berufstätige und Besucher einer bestimmten Region anzubieten. Die Bandbreite gebotener Funktionalitäten ist riesig, sie reicht von Informations- und Buchungssystemen des regionalen Nahverkehrs, touristischen Services wie virtuellen, audio- und videogestützten Städteführern über Car Sharing Services bis hin zu Healthcare Services. Regionale Dienstleistungen, behördliche Serviceportale für Bürger und regionale Unternehmen etc. zählen ebenfalls dazu.

2. Government Clouds

30 Was für den privaten Nutzer und für Unternehmen aller Branchen gilt, ist auch für öffentliche Einrichtungen relevant. Auch wenn im öffentlichen Sektor oftmals **besondere gesetzliche Rahmenbedingungen** gelten und **Datenschutzanforderungen** über das normale Maß hinausgehen, so ist auch hier die Vielfalt möglicher Einsatzgebiete nahezu unbegrenzt.

31 In Government Clouds kann die Effizienz öffentlicher Rechenzentren massiv gesteigert werden. Behördliche Abläufe und Verwaltungsvorgänge können in einer geschlossenen Government Cloud effizienter und kostengünstiger gestaltet werden, die Vernetzung zwischen unterschiedlichen Behörden vereinfacht Datenfluss und Arbeitsprozesse. So können Cloud Services einen erheblichen Beitrag zur Entlastung

des Staatsbudgets leisten. In Zeiten knapper Haushaltskassen eine willkommene Option.

Auch das Zusammenspiel zwischen Bürgern, Unternehmen und Behörden kann durch die Cloud erheblich vereinfacht werden. Das Beispiel der Kfz-Zulassung in der Cloud macht dies deutlich: Der Prozess einer Fahrzeugzulassung tangiert neben dem Käufer das Autohaus, die behördliche Zulassungsstelle und die jeweilige Kfz-Versicherung – ein Prozess, der leicht in der Cloud abgebildet werden kann und für alle Beteiligten zu einer erheblichen Vereinfachung führt. Angesichts der Zulassungszahlen pro Jahr handelt es sich um einen sehr sinnvoller Dienst am Bürger. 32

3. Community Clouds (Branchenspezifische Clouds)

Wer als Cloud-Kunde unterschiedliche Cloud Services einzelner Anbieter bezieht, 33 sieht sich der Herausforderung gegenüber, sich bei jeder Nutzung eines einzelnen Services jeweils individuell anmelden zu müssen. Ein Datenaustausch zwischen einzelnen Cloud Services ist in diesem Fall nicht gegeben.

Am Markt etablieren sich jedoch zunehmend Anbieter sog. Community Clouds. 34 Derartige Community Cloud Services verfügen über ein gemeinsames Login (Single Sign-on) und erlauben einen pro Kunde **individuellen Datenaustausch zwischen den gewählten Cloud Services**, beispielsweise zwischen einem CRM- und ERP-Cloud Service. Zudem sind Community Cloud Services oftmals auf den Bedarf individueller Benutzergruppen wie Steuerberater, Dachdecker oder Stahlhändler zugeschnitten.

D. Cloud-Servicemodelle

Wenn man die gängigsten Definitionen von Cloud Computing heranzieht, lässt sich 35 Cloud Computing nach drei prinzipiellen Serviceebenen kategorisieren:
- **IaaS** – Infrastructure as a Service,
- **PaaS** – Platform as a Service,
- **SaaS** – Software as a Service.

Diese Serviceebenen bauen in einer hierarchischen Struktur aufeinander auf, weswegen sich auch der Begriff „Serviceplattform“ für die jeweiligen Ebenen eingebürgert hat.

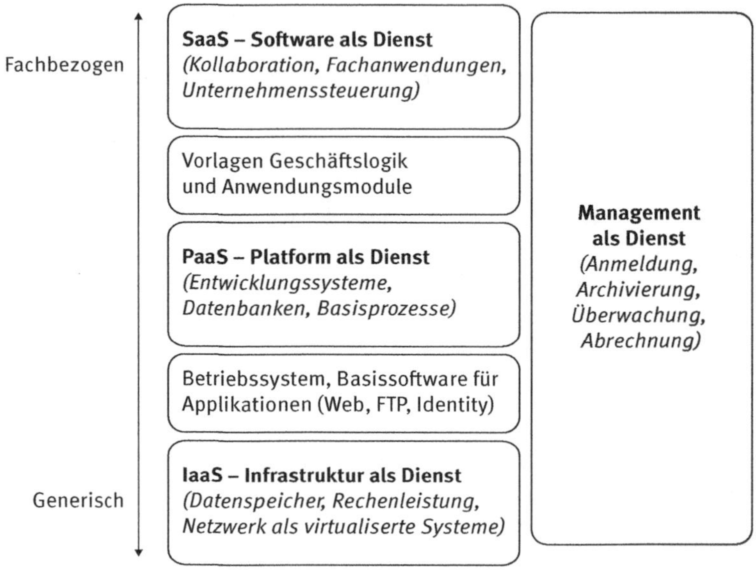

Abb. 1: Übersicht der typischen Cloud Service-Bereiche[3]

36 Die jeweiligen unternehmerischen Bedürfnisse bestimmen letztlich, welche Cloud Services genutzt werden sollen.

37 Im Wesentlichen haben sich drei durch ihren Funktionslevel charakterisierte Servicemodelle herauskristallisiert:

- **Infrastructure as a Service (IaaS)**: Ein ideales Szenario für Unternehmen, die nicht in eigene IT investieren wollen und gleichzeitig Kosten sparen möchten. Damit können vorab Investitionen vermieden werden bzw. je nach Nutzung in Betriebskosten gewandelt werden. Die Kontrolle über die Prozesse ist bei diesem Modell noch sehr hoch.
- **Platform as a Service (PaaS)**: Hier wird auf einer höheren Ebene ein Service bezogen. Der Lieferant stellt hier neben der virtuellen Hardware auch die Entwicklungs- und Ablaufumgebung für den Service. Die Kosten werden hier weiter reduziert, weil der Kunde sich nicht mehr um Dinge wie Webserver, Datenbanken oder Backup kümmern muss. Plattformdienste beinhalten zunehmend auch Basiskomponenten für die Abbildung von Geschäftslogik als standardisierte Softwarekomponenten. Diese sind dann wiederum Vorstufen von Anwendungssystemen im Sinne einer Software as a Service.

3 In Anlehnung an Cloud Computing für die öffentliche Verwaltung – ISPRAT-Studie November 2010, abrufbar unter http://www.cloud.fraunhofer.de/de/publikationen/isprat_cloud.html.

- **Software as a Service (SaaS)**: Hier wird die fertige Anwendung (Service) gekauft. Die lokale IT nimmt die Stellung eines Brokers ein. Die Kosten werden weiter reduziert. Dieses Betriebsmodell ist in der Regel bezüglich Nutzer und punktuellem Ressourcenbedarf extrem flexibel und elastisch.

I. Infrastructure as a Service (IaaS)

Der Kunde kann auf Subskriptionsbasis die IT-Infrastruktur wie Platz, Klimaanlage, Netzwerk, Server bis zum Betriebssystem und dem zugehörigen Betriebs-Monitoring anmieten. Er kann darauf seine jeweiligen Anwendungsumgebungen frei implementieren. Man könnte IaaS auch als eine im Wesentlichen virtualisierte Rechenzentrumsressource auffassen. Virtualisierungstechnologien und große verfügbare Netzwerkbandbreiten haben als die wichtigsten Basistechnologien den Grundstein für die Cloud gelegt. 38

Einer der ersten Dienste für IaaS im Sinne der Cloud Computing-Definition ist Amazons Elastic Compute Cloud (AWS). Mittlerweile gibt es ein umfangreiches Angebot internationaler und nationaler Angebote, die sich aus dem klassischen IT-Outsourcing und Web-Hosting entwickelt haben. 39

II. Platform as a Service (PaaS)

Wie in oben abgebildeter Grafik veranschaulicht, baut PaaS auf den Infrastrukturressourcen auf und wird oft auch als „Middleware" bezeichnet. Man versteht darunter alle notwendigen Laufzeitumgebungen, Anwendungen, Tools, Datenbanken, Webservices usw., Komponenten also, die letztendlich für die eigentlich zum Einsatz kommenden Anwendungen als standardisierte Basis dienen und modular zusammengestellt werden können. Diese Angebote erlauben es Cloud-Nutzern und Softwarefirmen, Individualsoftware zu erstellen oder zu implementieren. Beispiele für PaaS sind Googles App Engine, IBMs Rational Portfolio, Salesforce force.com und Microsofts Azure. 40

III. Software as a Service (SaaS)

Die Anwendungs- oder auch Applikationsebene ist der derzeit am häufigsten angebotene und diskutierte Cloud Service. Das „Software as a Service"-Vertriebsmodell existiert schon lange am IT-Markt und wurde erst später in das Serviceebenenmodell aufgenommen. Den Anspruch als Cloud Computing Service erfüllt es allerdings nur dann, wenn das Angebot massiv skalierbar, mehrmandantenfähig und elastisch flexibel ist und auch anderen Cloud Computing-Attributen entspricht. Der Kunde nutzt 41 eine Software nach dem „Pay as you go"-Modell und muss sich um zugrunde liegende Basistechnologien (wie Infrastruktur oder Plattform) nicht kümmern. Alle darunter liegenden Komponenten sind mit einem Preis abgedeckt und in der Regel für den Benutzer nicht im direkten Zugriff. Beispiele für SaaS sind die Angebote Google Gmail, IBMs LotusLive oder CRM von Salesforce.com.

IV. X as a Service (XaaS)

42 Darüber hinaus werden weitere spezialisierte Servicebereiche verwendet, die sich nur bedingt in die drei vorgenannten Kategorien einordnen lassen wie z.B.:

- **Desktop as a Service (DaaS)**: Bei dieser Art einer Cloud Computing-Plattform können Unternehmen beispielsweise einen kompletten Arbeitsplatz aus der Cloud beziehen. Der Nutzer kann auf Anwendungen, Inhalte und Services über alle gängigen Endgeräte zugreifen. Insbesondere der Mobilitätsaspekt spielt für die Überlegungen vieler Unternehmen eine immer größer werdende Rolle, da dieses Modell fast automatisch Zugriff auf Unternehmensanwendungen (unabhängig von der Lokation) ermöglicht.
- **Business Process as a Service (BPaaS)**: Hierbei handelt es sich um die Abbildung von Geschäftsprozessen in der Cloud. Diese Servicevariante wird zunehmend an Bedeutung gewinnen, um eine Vielzahl von Cloud Services in einen abgestimmten Prozess zu integrieren.
- **Security as a Service (SecaaS)**: Durch die Segmentierung von Fachanwendungen ist eine kontinuierliche Sicherheitsüberwachung der Komponenten bezüglich der bekannten Angriffe (DDoS, Malware, SQL inject usw.) notwendig und wird ebenfalls zunehmend aus der Cloud zur Verfügung gestellt.

V. Cloud Service-Marktplatz

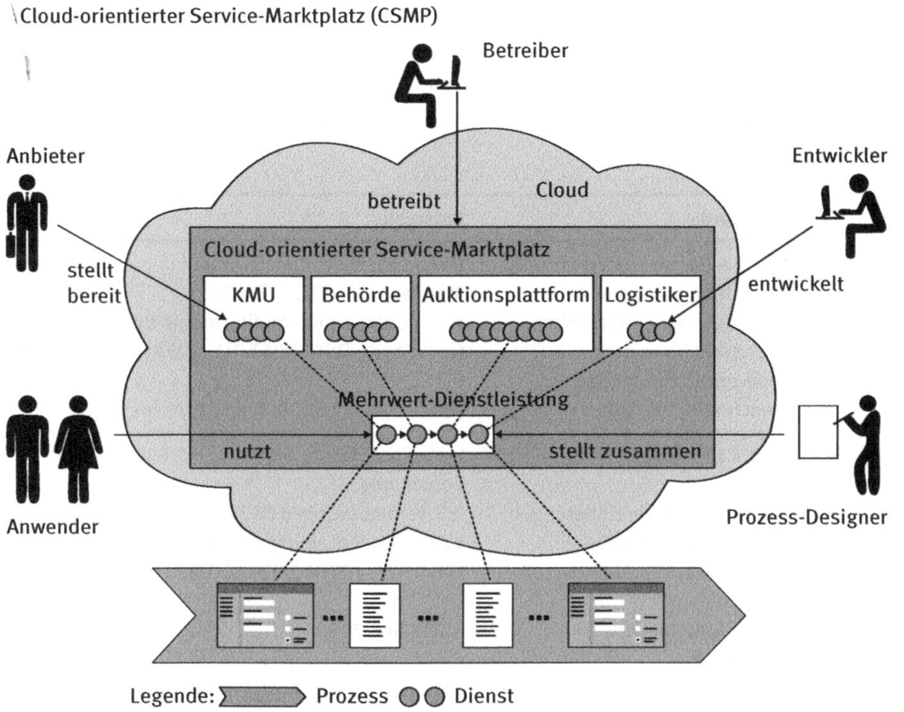

Abb. 2: Fraunhofer ISST – Cloud Service-Marktplatz[4]

Unterschiedliche Institutionen bieten Ihre Leistungen über einen gemeinsamen **Marktplatz** und ggf. auch eine gemeinsame Ausführungsplattform in der Cloud an. Diese Dienste können wiederum zur Unterstützung von Geschäftsprozessen zu **komplexeren Mehrwert-Dienstleistungen** gebündelt werden. Neben den Anbietern und Abnehmern von diesen Diensten, sowie den Entwicklern der Dienste und den Prozess-Designern, die die Mehrwert-Dienstleistungen zusammenstellen, kommt dem Betreiber des Marktplatzes als **Lösungsanbieter** oder **Reseller** eine zentrale Rolle zu. 43

4 Fraunhofer ISST, Cloud-orientierte Service-Marktplätze – Integrationsplattformen für moderne Dienstleistungen und IT-Dienste, abrufbar unter http://www.isst.fraunhofer.de/content/dam/isst/de/documents/Technologiefelder/CloudComputing/Fraunhofer-ISST_CSMP-Whitepaper_www.pdf.

E. Relevante Cloud-Standards in Hinsicht auf Compliance-Betrachtungen

44 Im Kontext Cloud Computing sind es die Bereiche Technologie, Management und Recht, zu denen allgemeine Vorgaben zu erfüllen sind, die zumeist nicht Cloud-spezifisch, sondern generell in den Bereichen IT-Outsourcing und Interoperabilität zu berücksichtigen sind:

	Standards	Beispiele
Technologie	Datei & Austauschformate	OVF, EC2, USDL, CIM, SVM, EDI ...
	Programmierungsmodelle	MapReduce, JAQL, PIG, HIVE
	Protokolle & Schnittstellen	OCCI, CDMI, Cloud Audit, Google DLF ...
	Standardkomponenten & Referenzarchitekturen	OpenStack, OSGI, NIST RM, IBM RM, DMTF, CTP ...
	Benchmarks & Tests	Benchmarking Suits, Security Assessment ...
Management	Geschäftsmodelle	IaaS, PaaS, SaaS operating models, Hybrid, Community
	Service-Level-Vereinbarungen	WS-Vereinbarungen (W3C), Business SLAs ...
	Vertragsbedingungen	EVB-IT, EU SVK, Komponenten von T&C, EULA
	Management-Modelle & Prozesse	ISO 27001 / 27002, ITIL, COBIT ...
	Controlling-Modelle & Prozesse	SSAE, SAS 70 ...
	Richtlinien	BSI-Anforderungen, NIST UC, EuroCloud LDP&C
Recht	Gesetzliche Anforderungen	EU Datenschutz Vorschriften, nationale Vorschriften, Safe Harbor
	Freiwillige Verpflichtung	Open Cloud Manifesto ...
	Unternehmensleitlinien	interne Leitlinien ...

Source Analyse by Booz & Company and FZI (2012) – http://www.trusted-cloud.de/documents/BMWI_Cloud_Standards_Studie_e_web.pdf

Abb. 3: Überblick Standards

45 Zumindest auf dieser Ebene existieren eine Vielzahl von Standardisierungsinitiativen, die bei der zukünftigen Gestaltung von Cloud Services zu beachten sind. Zur Vermeidung von „**Lock In**"-Situationen – also der Inkompatibilität von kundenspezifischen Daten bei einer möglichen Migration auf einen anderen Cloud Service oder der Rückübeführung in die selbstgeführte IT-Verarbeitung – ist besonderes der Bereich **Interoperabilität** zu beachten. Ein valider Ansatz ist der Einsatz von Open Source-Technologien, die schon vom Grundkonzept darauf ausgelegt sind, eine breite Integration zu unterstützen.

46 Eine weitere Möglichkeit ergibt sich durch den Einsatz von **„Cloud-Brokern"**, die den Zugriff auf unterschiedliche Cloud Services vereinheitlichen. Dabei werden

proprietäre Schnittstellen auf eine einheitliche Schnittstelle zusammengeführt. Wir kennen diese Konzepte aus dem Bereich der Enterprise Application Integration (EAI). Generell entwickelt sich ein Markt „Migration as a Service", bei der Daten zwischen unterschiedlichen Anwendungen überführt werden können. Solche Services können z.B. gesamte E-Mail-Konten von Unternehmen in die Cloud oder von einem Cloud Service zum nächsten überführen.

I. Qualität

Die besondere Herausforderung für den Anwender besteht nun in der qualitativen 47
Bewertung eines Cloud Services und des Anbieters, über den der Service bezogen wird. Der Begriff Qualität lässt sich gemäß ISO 9000 beschreiben als *„ein Grad in dem ein Satz objektiv messbarer Merkmale definierte Anforderungen erfüllt."* Das hört sich etwas sperrig an, sagt aber letztendlich aus, ob die Eignung anhand vorher festgelegter Anforderungen gegeben ist.

Bei der Vielzahl der angebotenen Cloud Services ist es eine enorme Herausforde- 48
rung, den geeigneten Anbieter zu wählen. Für das klassische IT-Outsourcing konnte man entweder eine langjährige Reputation, den direkten Kontakt zum Anbieter oder in vielen Fällen auch die regionale Erreichbarkeit der IT-Standorte des Anbieters berücksichtigen. All diese Kriterien sind bei Cloud Computing zunächst nicht gegeben. Es wird in erster Linie ein Service gemietet und die Art und Weise der Serviceerbringung durch den Anbieter kann sehr komplex und völlig losgelöst von regionalen Betrachtungen sein.

So ist etwa zu prüfen, ob ein Softwaredienst eines nationalen Anbieters Teile der 49
Erbringung (z.B. die Rechner und Speicherkapazitäten) aus dem Ausland bezieht und sich somit besondere Anforderungen aus dem Datenschutz- und Steuerrecht ergeben. Eine Vielzahl von Services wird mittlerweile auch über Marktplätze und Portale angeboten, zum Teil auch als Eigenmarke. Auch hier ist zu hinterfragen, wer der eigentliche Leistungserbringer ist.

II. Compliance

Unter dem Begriff Compliance wird **die Einhaltung von Gesetzen und Richtlinien** 50
des Unternehmens für eine ordnungsgemäße Betriebsführung verstanden. Für den Bereich Cloud Computing erreicht man die Prüfbarkeit der Compliance-Anforderungen nur durch eine ausreichende Transparenz der externen Serviceerbringung – die konkrete **Bestimmung der Datenorte**, der **Leistungserbringer und ihrer Funktionen** sowie die **vertragliche Prüfung aller notwendigen Leistungsgarantien**. Hinzu kommt die **Anzeigepflicht** eventueller **Änderungen in der Leistungserbringung**, die dann auch zu einem außerordentlichen Kündigungsrecht führen muss und

bei der im Vorfeld auch eine ordnungsgemäße Rückführung der Daten an den Anwender vorgesehen wird.

III. Prüfanforderungen

51 Es gibt schon eine Reihe von **Auditierungsschemen** für IT-Outsourcing, die sich allerdings sehr auf die Themen Sicherheit und korrekte Transaktionsdurchführung beziehen. Für den komplexen Bereich des Cloud Computing müssen aber alle kritischen Bereiche im Sinne der Compliance-Anforderungen geprüft werden.

52 Es ist sehr hilfreich, zunächst die eigenen **Anforderungen zu klassifizieren** und je nach Service eine **Gewichtung** bezüglich des notwendigen **Erfüllungsgrads** zu erstellen. Dies sind in erster Linie die Bereiche

- Sicherheit,
- Transparenz,
- Skalierbarkeit,
- Kontrollmöglichkeiten,
- Integrationsfähigkeit und -aufwand,
- Flexibilität,
- Wirtschaftlichkeit und
- Compliance.

53 Die Anforderungen können je nach **fachlicher Nutzung** und **Risikoeinschätzung** der zu verwaltenden Daten unterschiedlich gesehen werden. Es ist zu empfehlen, für jeden geeigneten IT-Service, der aus der Cloud bezogen wird, eine **Scorecard** zu entwickeln, in der neben den jeweiligen Anforderungen auch eine Problemeinschätzung durchgeführt wird. Dabei sind die Fachanforderungen sehr unterschiedlich und können sehr stark variieren, je nach Cloud Service.

54 Die Prüfung darf sich auch nicht monolithisch in diesen Bereichen bewegen, sondern muss auch die **Zusammenhänge** untersuchen. So ist etwa die Zusage einer Verfügbarkeit von 99,9 % einer SaaS-Anwendung nicht viel wert, wenn der Infrastrukturlieferant im Innenverhältnis nur eine Verfügbarkeit von 99,5 % zusichert und keine geeigneten Redundanzverfahren eingerichtet sind.

55 Die Anforderung der Kontrolle eines externen IT-Anbieters wird im Bereich Cloud Computing zunehmend zu Problemen führen. Gerade in manchen Datenschutzbestimmungen wird die **Vor-Ort-Prüfung** des Anbieters eingefordert. Es stellt sich aber die Frage: Wo ist denn „vor Ort“? Beim Vertragsgeber, beim Rechenzentrumdienstleister oder beim Betreiber des Softwareangebots? Und wenn man einmal vom Standort der Daten ausgeht, muss man sich auch die Frage stellen, welche Informationen man aus einem persönlichen Besuch eines Rechenzentrums erhalten kann. Ohne eine intensive Überprüfung durch **geschulte Personen** aus dem Bereich **Datenschutz, Datensicherheit, Betriebsführung und ggf. Softwareentwicklung** erhält man im

besten Fall einen subjektiven Eindruck, ob das Gesehene einen ordentlichen Eindruck macht, allerdings ohne qualitative Aussage zur Umsetzung der **technischen und organisatorischen Maßnahmen**.

Daher wird die Anwendung von Zertifizierungen durch anerkannte Prüfstellen 56
eine immer wichtiger werdende Funktion für den Nachweis von Kontrollpflichten sein.

Im Bereich Cloud Computing wird diese Eignung zunächst an den fachlichen 57
Anforderungen validiert und erst im Weiteren die Bereiche Sicherheit, Datenschutz, Integrationsfähigkeit und Compliance als fachübergreifende Anforderungen geprüft. Um eine solche Prüfung durchzuführen, bedarf es allerdings Kriterien und Prüfanforderungen, und zwar besonders in Bereichen, die nicht bei der fachlichen Betrachtung erkennbar sind. Da solche Prüfungen in der Regel aufwendig sind und besondere Expertise bei der Prüfung benötigen, gibt es Zertifizierungen.

IV. Zertifizierung

Es wird zwischen den drei Arten der Zertifizierungen im Cloud-Umfeld unterschieden 58
und zwar:

- Zertifizierung von **Cloud-Services**, wie z.B. EuroCloud Star Audit, Trust in Cloud oder ISO 27001;
- Zertifizierung von **Cloud-Experten**, wie z.B. CCSK (Certification in Cloud Security Knowledge) von CSA, Certified Cloud-Professional (CCP) der Cloud-Schule, CompTIA Cloud Essentials oder EMC Cloud Architect Certification;
- Zertifizierung von **Partnern und Anbietern**, wie z.B. Microsoft Private Cloud-Zertifizierung oder SAP-zertifizierter Anbieter von Cloud-Services.

Eine Selbst-Zertifizierung nach Safe Harbour im Bereich Datenschutz mit Anbietern aus den USA reicht nach Meinung von vielen Experten nicht aus.[5]

Derzeit befindet sich eine Reihe von Cloud-IT-Zertifizierungen im Aufbau. So 59
arbeitet BSI gegenwärtig an den neuen Grundschutzbausteinen „Cloud Management" und „Cloud Nutzung", um welche der bestehende IT-Grundschutz erweitert wird. Im Rahmen der ISO wird ebenfalls an spezifischen Vorgaben für Cloud Computing-Umgebungen gearbeitet und zwar werden die neuen Standards ISO 27017 „Information technology – Security techniques – Information security management – Guidelines on information security controls for the use of cloud computing services based

5 ULD, Vertrauenswürdiges Cloud Computing – ein Widerspruch?, abrufbar unter https://www.datenschutzzentrum.de/sommerakademie/2011/sak2011-ib7-Vertrauenswuerdiges-Cloud-Computing-folien.pdf.

on ISO/IEC 27002“[6] und ISO 27018 „Information technology – Security techniques – Code of practice for data protection controls for public cloud computing services“[7] gerade entwickelt.

V. Cloud IT-spezifische Auditierungen

60 Derzeit befinden sich eine Reihe von Cloud-IT-Zertifizierungen im Aufbau. Eine Anlehnung an bestehende internationale Zertifizierungen aus dem Bereich ISO, IDW und nationaler Prüfsysteme macht durchaus Sinn. Allerdings ist es gerade bei einem Klassiker wie der **ISO 27001** gar nicht so klar, was denn überhaupt geprüft wurde. Es wird gerne mit dieser Zertifizierung geworben und es ist unstrittig, dass damit ein relevanter Nachweis der Professionalität des Anbieters erfolgt. Bei dieser Zertifizierung muss aber vorher der **Anwendungsbereich** (Scope) festgelegt werden, auf den geprüft wird, und dieser muss nicht zwingend den Anforderungen der Compliance-Betrachtung entsprechen. In gleicher Weise ist auch die beliebte Zertifizierung **SSAE16/ISAAE 3420** (vormals SAS 70 II) zu sehen, die in erster Linie die korrekte Durchführung von Transaktionen in Bezug auf buchhaltungsrelevante Vorgänge testiert.

61 Die folgende Tabelle gibt einen Überblick über die zurzeit relevanten Zertifikate von Cloud Services:

Zertifizierung	Cloud Kontext	Abdeckung/ Reichweite	Anbieter/ Zertifizierer	Auditprozess	Dauer der Zertifizierung	Prüfungsumfang
Euro-Cloud Star Audit	explizit	Europäisch	EuroCloud	Dokumentenreview und Vor-Ort-Audit	24 (12) Monate	Anbieterprofil, Vertrag und Compliance, Sicherheit, Betrieb und Infrastruktur, Betriebsprozesse, Anwendung, Implementierung

6 Abrufbar unter http://www.iso.org/iso/catalogue_detail.htm?csnumber=43757.
7 Abrufbar unter http://www.iso27001security.com/html/27018.html.

Zertifizierung	Cloud Kontext	Abdeckung/ Reichweite	Anbieter/ Zertifizierer	Auditprozess	Dauer der Zertifizierung	Prüfungsumfang
Trust in Cloud	explizit	National (DE)	SaaS-Eco-System	Self-Assessment, Dokumenten-review	12 Monate	Referenzen, Datensicherheit, Qualität der Bereitstellung, Entscheidungssicherheit, Vertragsbedingungen, Service-Orientierung, Cloud-Architektur
„Trusted Cloud"	explizit	Europäisch (mind. DACH)	TÜV Trust IT GmbH (Austria)	Vor-Ort-Audit (TÜV)	24 Monate	Sicherheit
TÜV Cloud Security	explizit	National (Deutschland)	TÜV Rheinland	Dokumentenreview, Vor-Ort-Audit (TÜV)	k.A.	Sicherheit
TRUSTed Cloud Data Privacy Zertifizierung	explizit	international (wichtig für CSPs, welche in der EU operieren	TRUSTe	TRUSTe Review und Evaluation	12 Monate	Datenschutz, Bescheinigung der Safe Harbor Compliance
CSA STAR	explizit	international	CSA	Self-Assessment	12 Monate	Sicherheit
FedRaMP	explizit	USA	FedRaMP General Services Administration; Akkredierte Zertifizierungsorganisation	Self-Assessment	12 Monate	Sicherheit

Zertifizierung	Cloud Kontext	Abdeckung/ Reichweite	Anbieter/ Zertifizierer	Auditprozess	Dauer der Zertifizierung	Prüfungsumfang
EuroPrise (European Privacy Seal)	implizit	EU	Unabhängiges Landeszentrum für Datenschutz Schleswig Holstein (ULD), Zwei akkredierte Experten (Recht und IT)	Vor-Ort-Audit	24 Monate	Datenschutz
ISAE 3402/ SSAE 16 Typ II	implizit	international	Diverse zertifizierte Organisationen, z.B. PWC	Vor-Ort-Audit	6–12 Monate	interne betriebliche Kontrollen (IKS)
ISO 27001	implizit	international	Diverse, s.o.	Vor-Ort-Audit	36 (12) Monate	Sicherheit
BSI IT-Grundschutz	implizit	National (DE)	BSI, Zertifizierte Auditoren	Dokumentenreview, Vor-Ort-Audit	36 (12) Monate	Sicherheit

Tabelle 4: Übersicht der Zertifizierungen im Cloud-Umfeld

Durch die ENISA wird eine Übersicht von Zertifizierungen für den Bereich Cloud Computing aufgeführt und in einen direkten Vergleich gebracht.[8]

8 Abrufbar unter https://resilience.enisa.europa.eu/cloud-computing-certification.

Kapitel 4
Cloud Economics – Wie sich Cloud Computing kommerziell vorteilhaft nutzen lässt

In den letzten Jahren sind vielfältige Betriebs- und Service-Modelle für Cloud Computing entstanden. Der Trend ist auf eine ganze Reihe von Entwicklungen zurückzuführen: Die Verbreitung des Internets, die Entstehung hoch skalierbarer und hoch verfügbarer Infrastrukturen, eine ständig weiter wachsende Rechenleistung, Virtualisierungstechnologien sowie die Mandanten- bzw. Mehrbenutzerfähigkeit von Anwendungen machen Cloud-Lösungen flexibel verwendbar und abrechenbar. Doch es sind die wirtschaftlichen Vorteile der **bedarfsgerecht bereitgestellten IT Services**, die sowohl im privaten als auch im geschäftlichen Markt immer mehr Anwender anziehen. Cloud Computing steht für die **flexible Nutzung von Ressourcen**, ohne diese selbst beschaffen zu müssen. Nur die in Anspruch genommene Leistung muss gezahlt werden. Damit gehen zahlreiche Vorteile wie die **Entlastung von Fixkosten**, stabile Servicequalität und der Zugriff auf modernste Technik zu transparenten Kosten einher. Insbesondere unterstützen Cloud-Lösungen Unternehmen dabei, flexible, **schlanke Organisationen** aufzubauen, die schnell auf veränderte Marktgegebenheiten reagieren können. Ein Wachstumsimpuls wird langfristig auch durch den Generationenwechsel in Unternehmen ausgelöst werden: Junge Mitarbeiter sind es aus ihrem privaten Umfeld gewöhnt, Cloud- und Internet-Services für die Organisation fast aller Lebensbereiche einzusetzen. Sie setzen diesen unkomplizierten Support zunehmend auch im geschäftlichen Umfeld voraus, um ihr volles Produktivpotenzial entwickeln zu können. 1

Zu welchen Bedingungen sich Cloud Computing für Unternehmen lohnt, ist von Einzelfallbetrachtungen abhängig. Dabei ist der **wirtschaftliche Vorteil eines Cloud-Nutzungsmodells stets gegenüber strategischen und sicherheitstechnischen Risiken abzuschätzen**. Der folgende Beitrag zeigt die entsprechenden Nutzeneffekte und Risiken von Cloud Computing auf und veranschaulicht sie anhand von Beispielen aus Anwender- und Anbieterperspektive. 2

A. Wachstumsmarkt Cloud Computing

Auch wenn nach der anfänglichen Euphorie der „Hype“-Phase das Interesse an Cloud Computing abgeflaut ist, gehört es zu den am stärksten wachsenden Segmenten des IT-Marktes. Eine Untersuchung der Experton Group aus dem Jahr 2013 im Auftrag des Branchenverbands BITKOM rechnet die Cloud-Marktentwicklung in Deutschland bis zum Jahr 2016 hoch und kommt auf ein **Volumen von mehr als 20 Mrd. €,** ausge- 3 hend von 5,3 Mrd. € im Jahr 2012.[1] Damit gehen die Projektionen von einem durchschnittlichen **jährlichen Wachstum von ca. 40 %** aus.

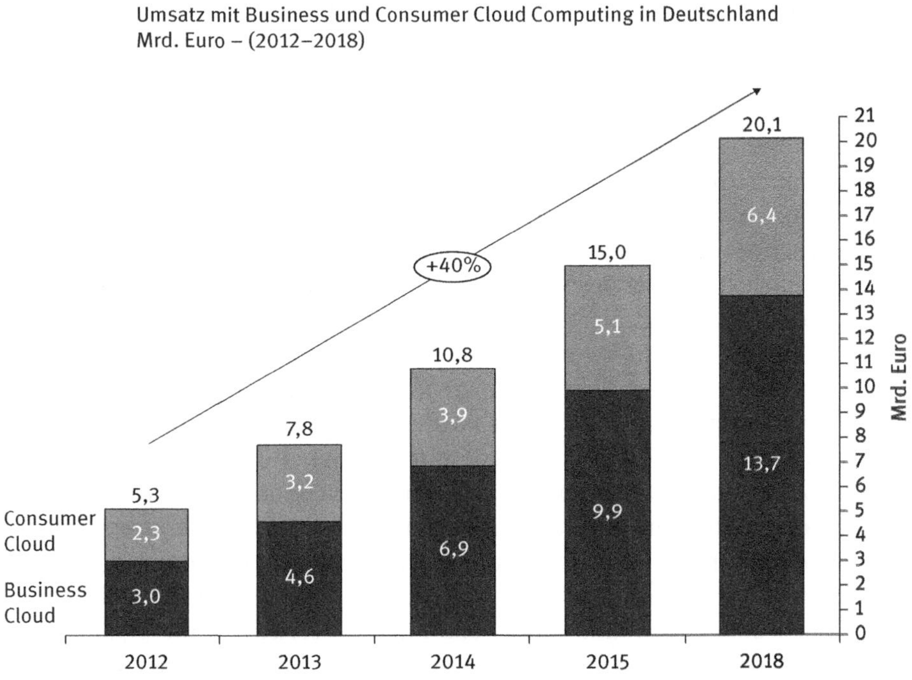

Abb. 1: Umsatz mit Business und Consumer Cloud

4 Das Wachstum betrifft dabei sowohl das Geschäft mit Privatkunden („Consumer Cloud") also mit Geschäftskunden („Business Cloud"), wobei die **Business Cloud ganz klar der stärkere Wachstumstreiber** ist. Dieser Bereich wird sich bis 2016 mehr als vervierfachen (Faktor 4,5), das Privatkundengeschäft dabei nicht ganz verdreifachen (Faktor 2,7). Beide Segmente erscheinen somit äußerst attraktiv.

5 Was macht Cloud Computing so interessant? Ein Blick auf Anwendungsszenarien der Betriebs- und Servicemodelle zeigt, wie sich die Services wirtschaftlich nutzen lassen.

6 Anbieter stellen IT-Services wie Software, Infrastruktur oder Plattformen – je nach Kundenanforderungen – in unterschiedlichen Betriebsmodellen bereit. Der vorliegende Beitrag bezieht sich wesentlich auf die Cloud-Betriebsmodelle Public Clouds, Private Clouds, Virtual Private Clouds und Hybrid Clouds. Als Servicemodelle

1 Experton Group/BITKOM e.V., Studie zu Wachstum des Cloud Marktes, 2013, abrufbar unter http://www.bitkom.org/de/markt_statistik/64086_75301.aspx.

werden Infrastructure as a Service (IaaS), Platform as a Service (PaaS) und Software as a Service (SaaS) betrachtet.[2]

I. Public Cloud

Etwa 70 % des gesamten Cloud-Umsatzes entfallen heute auf das Marktsegment Public Cloud. Dabei nutzen Kunden zum größten Teil Softwareanwendungen wie z.B. E-Mail, Office-Applikationen oder Videokonferenzen/Webmeetings.[3] 7

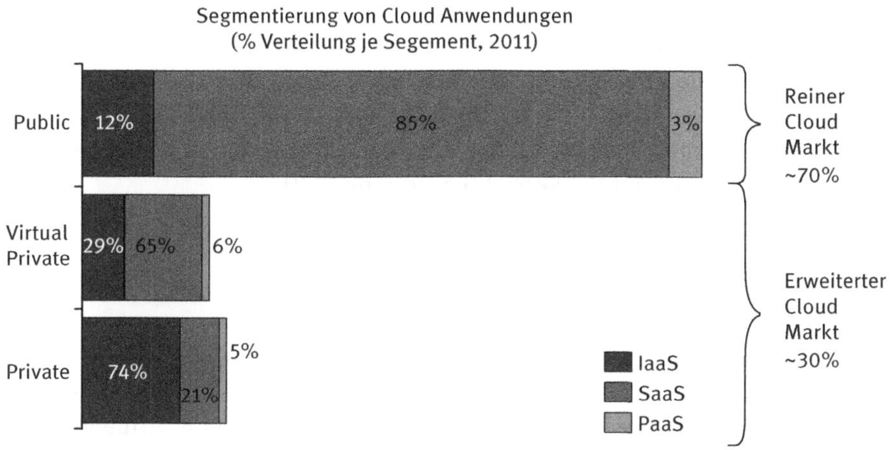

Abb. 2: Segmentierung

Das Marktforschungsunternehmen Forrester z.B. hat das Marktvolumen dieses Segments mit 25,5 Mrd. US-$ in 2011 berechnet und prognostiziert ein **Wachstum auf 159,3 Mrd. US-$ bis 2020**. Die Services aus der Public Cloud werden über das Internet als Self Service-Angebote bereitgestellt. Der bei Weitem **größte Anteil des Marktvolumens wird dabei mit Software as a Service** erwirtschaftet. Im Jahr 2011 waren es 21,2 der insgesamt 25,5 Mrd. US-$. SaaS verspricht Forrester zufolge auch die größten und am längsten anhaltenden Wachstumsoptionen mit schätzungsweise 92,8 Mrd. 8

2 Die Definition und Charakteristika dieser Modelle sind im Beitrag von *Andreas Weiß* in diesem Buch nachzulesen, Kap. 3 Rn 38 ff.

3 Forrester Research, Sizing the Cloud – Understanding and Qualifying The Future of Cloud Computing, 2011, abrufbar unter http://www.forrester.com/Sizing+The+Cloud/fulltext/-/E-RES58161

US-$ in 2016. Danach dürfte der Markt allmählich eine Sättigungsgrenze erreicht haben und langsamer wachsen.[4]

9 Aus Anwendersicht gilt grundsätzlich, dass SaaS aus der Public Cloud in der Regel stark standardisiert sind und wenig Raum für kundenspezifische Anpassungen lassen.

II. Private Cloud-Angebote

10 Hier geht es hauptsächlich um Infrastruktur und zu einem geringeren Teil auch um Applikationen, die innerhalb eines Unternehmensnetzes oder Rechenzentrums dediziert für einen bestimmten Anwender betrieben werden. Die Kunden haben **vollständige Kontrolle über die Infrastruktur, die verfügbare Kapazität und zugelassene Nutzer** der Services. Der Zugriff erfolgt über gesicherte Verbindungen. Forrester hat das Private Cloud-Segment im Jahr 2011 mit 7,8 Mrd. US-$ Volumen berechnet und geht von einem Wachstum auf **15,9 Mrd. US-$ im Jahr 2020** aus.

III. Virtuelle Private Clouds

11 Ebenfalls enormes Potenzial sprechen die Marktforscher IT-Services aus der virtuellen privaten Cloud zu. In diesem Modell werden IT-Ressourcen von einem Service Provider auf dessen Infrastruktur mit einer virtuellen Abtrennung (z.B. virtuelle Netzwerke, virtuelle Rechnerinstanzen) gegenüber Ressourcen anderer Nutzer betrieben. Vielfach wird Virtual Private Cloud Computing daher als **Weiterentwicklung des klassischen Outsourcings** bezeichnet. Vermarktet werden diese Angebote z.B. als sog. Dynamic Infrastructure Services und als Dynamic Application Services. Forrester erwartet nach 7,5 Mrd. US-$ im Jahr 2011 ein Umsatzwachstum auf **rund 66,4 Mrd. US-$ im Jahr 2020**.

IV. Hybrid Clouds

12 Das als Hybrid Cloud bezeichnete Betriebsmodell ist ebenfalls eine **Mischform aus Public und Private Cloud**. Hierbei handelt es sich nunmehr nicht um ein eigenes Marktsegment, sondern die kombinierte Nutzung von Public Cloud-Angeboten mit existierenden Strukturen. In Hybrid Clouds lassen sich somit Ressourcen des eigenen Rechenzentrums durch Ressourcen aus der Public Cloud ergänzen, **um bestimmte**

4 Forrester Research, Sizing the Cloud – Understanding and Qualifying The Future of Cloud Computing, 2011, abrufbar unter http://www.forrester.com/Sizing+The+Cloud/fulltext/-/E-RES58161.

Anforderungen flexibel abzudecken. Dabei kann es sich z.B. um Lastspitzen handeln, wie sie im Bereich Forschung und Entwicklung vorkommen, oder auch um die Abdeckung fehlender fachlicher Funktionen. Ein Beispiel für diesen Fall ist das Angebot von SAP für den Bereich Personalwirtschaft: Während die Grundfunktionalitäten meist im eigenen Rechenzentrum zur Verfügung stehen, bietet SAP darüber hinausgehende Funktionen wie Talent Management oder Mitarbeiterbewertung ergänzend als IT-Service aus der Cloud an. Hybride Clouds verbinden die Vorteile von Public Clouds – z.B. **geringe Kapitalbindung** und **unbeschränkte Skalierbarkeit** – mit denen der Private Cloud (mehr **Kontrolle über die eigenen Daten** und **bessere Integrierbarkeit** in die bestehende IT-Landschaft). Wie attraktiv dieses Modell ist, zeigt sich an einer Befragung der SAP AG hinsichtlich der geplanten Nutzung verschiedener Modelle. Während die Verbreitung des Hybrid Cloud-Ansatzes mit 16 % noch vergleichsweise gering ist, so planen oder erwägen immerhin 62 % der Befragten einen Einsatz (siehe nachfolgende Abbildung).[5]

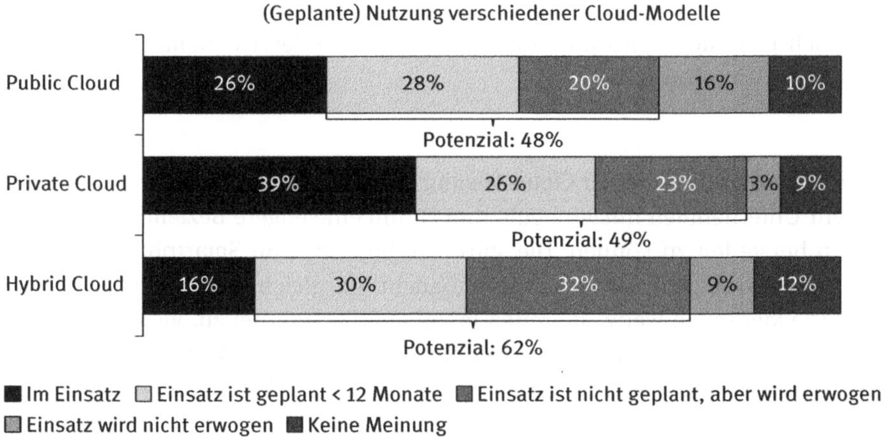

Abb. 3: Nutzung von Cloud-Modellen

Der wachsende Cloud-Markt hat mittlerweile eine ganze Reihe von Angeboten hervorgebracht, die sich an eine bestimmte Gruppe von Anwendern mit ähnlichen Anforderungen richtet und so eine interessante Option für Cloud-Anbieter darstellen. Ein Beispiel sind **Community Clouds** mit IT-Services für alle Stellen der öffentlichen Verwaltung auf Bundesebene. 13

5 TNS Infratest Online Survey Q1 2012 im Auftrag der SAP. Befragt wurden 601 Experten von Großunternehmen, abrufbar unter http://global.sap.com/campaigns/2012_02_mining-metals/assets/SAP_MiningMetals_Forum_2012_C7_SAP_Cloud_Solutions.pdf.

B. Nutzen und Hürden beim Einsatz von Cloud-Lösungen

I. Typische Nutzen-Kategorien

14 Ob der Einsatz von Cloud Computing für ein Unternehmen lohnt, ist von verschiedenen Faktoren abhängig. Dabei lässt sich der Nutzen von Cloud-Lösungen unter **strategischen, technischen und ökonomischen Aspekten** betrachten.

15 Viele Unternehmen verfolgen die Strategie, sich weitestgehend auf ihre Kernkompetenzen zu konzentrieren und dafür erforderliche Dienstleistungen von außen zu beziehen. Auf diese Weise bündeln und steuern sie ihre Ressourcen so, dass sich Produkte und Services schneller bereitstellen lassen und eine flexiblere Reaktion auf Marktwünsche möglich wird. Ökonomischer Nutzen entsteht durch die höhere operative Effizienz einer Cloud-Lösung und durch nutzungsbasierte Preismodelle. In diese Betrachtung sind natürlich auch die finanziellen Auswirkungen der strategischen und technischen Effekte einzubeziehen. Die skalierbare Infrastruktur einer Cloud-Lösung spart die Kosten großzügig dimensionierter Infrastruktur, die nicht kontinuierlich gebraucht wird und erlaubt eine bessere Servicequalität durch eine stets moderne IT-Umgebung.

1. Der strategische Nutzen einer Cloud-Lösung

16 Immer mehr Unternehmen nutzen heute ihre IT, um eine engere Beziehung zu ihren Endkunden herstellen zu können. Die starke Verbreitung von Smartphones fordert derartige neue Strategien heraus und ermöglicht sie gleichzeitig auch: Mehr als eine Milliarde Menschen weltweit greifen mobil auf das Internet zu, viele von ihnen nutzen Social Media und lokale Services, kaufen Online ein. **Mobile Breitbandnetze, ständige Konnektivität**, Cloud Computing und damit verbundene IT-Trends transformieren die Art und Weise, wie Menschen leben, arbeiten, kommunizieren und konsumieren. Diese „**Digitization**" hat zudem zur Folge, dass es bereits im Jahr 2020 eine Generation an Berufstätigen geben wird, die in einer digitalisierten Welt aufgewachsen sind.

a) Fokus auf Kernkompetenzen

17 Im Zuge dieses „digitalen Imperativs" widmen Unternehmen ihrem Kern-Business Know-how, Zeit und Geld. Mit dem **Leitbild digitaler Effizienz** verschlanken sie ihre Organisationen und Infrastrukturen, z.B. auch durch den Einsatz von Cloud-Lösungen.

18 Die Skaleneffekte der Cloud-Anbieter kommen dieser Entwicklung entgegen: Ihre **Spezialisierungsvorteile** im Bereich dedizierter IT-Lösungen und ihre Fachkompetenz sind ein klarer Pluspunkt für Unternehmen, die Cloud-Lösungen einsetzen. Nur

in den wenigsten Fällen könnten diese sich Vorteile auf gleichem Niveau intern selbst verschaffen.

b) Schnellere Bereitstellung

Neben der Möglichkeit, einen stärkeren Fokus auf Kernkompetenzen zu legen, 19 punkten Cloud Services auch mit Geschwindigkeit: Ohne eigene größere Investitionen in IT, ohne Hardware- und Software-Beschaffung, ohne eigene Netzkonfigurationen lassen sich **IT-Ressourcen aus der Cloud** viel schneller bereitstellen. Softwareentwicklungen werden durch Cloud-basierte Tools beschleunigt, weil moderne Plattformen als **PaaS (Platform as a Service)** bedarfsgerecht und schnell einsetzbar sind. Wartung und Weiterentwicklung werden durch den Provider übernommen. Investitionsstaus werden so vermieden, da sich die neuen Infrastrukturen ohne Zeitverzug nutzen lassen, was wiederum die Produkt- und Servicequalität der Unternehmen verbessert. Gleichzeitig ist zu beachten, dass Unternehmen sich in die **Abhängigkeit der in der Cloud bereitgestellten Funktionen** und ggf. auch von der Innovations-Roadmap des Anbieters begeben.

2. Ökonomischer Nutzen

Aus ökonomischer Sicht ergibt sich in zweierlei Hinsicht ein direkter Nutzen: 20

a) Operative Effizienz

Bei großen Cloud-Lösungen kommen **Skaleneffekte** besonders zum Tragen. Die 21 gemeinsame Nutzung von Ressourcen ermöglicht erhebliche **Preis- und Effizienzvorteile**. Betreiber großer Clouds kommen in den Genuss von Vorteilen bei der Beschaffung der Ressourcen, die sie je nach Wettbewerbsintensität des Marktsegments an ihre Kunden weitergeben. Die Betreiber können ihre **Ressourcen optimal auslasten** und in ausoptimierten Prozessen arbeiten, wie es einzelnen Unternehmen in einem vergleichbaren eigenen IT-Umfeld nicht möglich wäre.

b) Flexiblere Preismodelle

Da nur **geringe oder gar keine Anfangsinvestitionen** erforderlich sind, verschaffen 22 sich Unternehmen finanzielle Freiräume im Vergleich zur Investition in eine eigene IT-Infrastruktur. Da Cloud-Lösungen theoretisch eine **beliebige Skalierbarkeit** bei konstanten Stückkosten ermöglichen, haben Unternehmen die Chance, die Nutzung der IT-Ressourcen in einem **„Pay-as-you-grow"-Modell** entsprechend ihrem Wachstumsverlauf flexibel anzupassen. Die Abrechnung der genutzten IT-Ressourcen erfolgt verbrauchsbezogen und passt sich in einem **„Pay-as-you-use"-Modell** auch Nachfrageschwankungen an.

23 Unternehmensintern bieten Cloud-Lösungen den Vorteil, dass sich entstandene IT-Kosten innerbetrieblich besser zuordnen und korrekt weiterberechnen lassen. Somit kann die IT-Nutzung dem wirklichen Bedarf entsprechend gesteuert werden. Wie hoch der wirtschaftliche Nutzen wirklich ausfällt, lässt sich nur anhand eines detaillierten Business Case für den Einzelfall ermitteln. Beispiele hierfür finden sich in Kapitel 3.

c) Exkurs: Ökonomische Effekte von Virtualisierungstechnologien

24 Grundlegend für das Verständnis der ökonomischen Nutzeneffekte sind die Effizienzgewinne, die durch Virtualisierungstechnologien ermöglicht werden.

25 **Virtualisierung** ist ein Verfahren in der IT, Ressourcen zwischen mehreren Nutzern zu teilen. Eine hochgradige Virtualisierung und Standardisierung im Sinne einer „**Infrastruktur-Fabrik**" gilt durch die bessere Auslastung und gemeinsame Nutzung von IT-Infrastruktur als Haupttreiber für Kosteneinsparungen. Je nach Kundenszenario sind erhebliche Einsparungen möglich, die bei Anwendung von **„On-Demand"-Preismodellen** von Anbietern an die Nutzer weitergegeben werden können.

Kosteneffekte durch Virtualisierungstechnologien
Durchschnittskosten für eine Windows Instanz in EUR

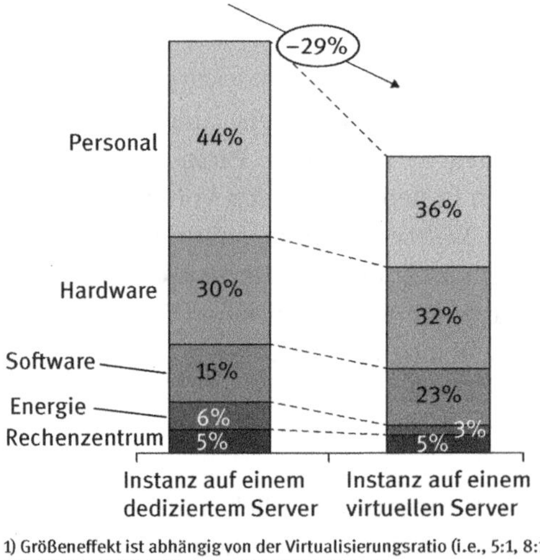

Kostenpunkt	Net Effekt/Instanz[1) Niedrig]	Net Effekt/Instanz[1)] Hoch
Personal	-30%	-50%
Hardware	-10%	-40%
Software	+15%	-10%
Energie	-50%	-70%
Rechenzentrum	-20%	-50%

1) Größeneffekt ist abhängig von der Virtualisierungsratio (i.e., 5:1, 8:1 ...?), Typ der virtuellen Plattform, Grad der Standardisierung, Stromverbrauch & Aufbau des Rechenzentrums etc

Abb. 4: Kosteneffekte durch Virtualisierungstechnologien

26 Im oben dargestellten anonymisierten Kundenbeispiel wurden die Kosten für Windows-Server als dedizierte Instanzen inklusive eigener Hardware mit virtualisierten Instanzen auf gemeinsamer Hardware verglichen. Im Beispiel schlagen insbesondere

folgende Kostenarten zu Buche: Personal, Hardware, Software, Energieverbrauch sowie Rechenzentrumskapazitäten. Wird eine **virtuelle Server-Architektur** anstelle dedizierter Server eingesetzt, sinken die Kosten je Windows-Instanz in Summe um insgesamt 29 %.[6]

Die höchsten Einsparungen werden im Bereich der **Personalkosten** und des **Energieverbrauchs** erzielt. So können im klassischen Betriebsmodus 20 bis 40 Server pro Fachkraft betreut werden. Wird eine virtualisierte Umgebung genutzt, kann diese Zahl auf 150 bis 500 Server steigen. Der Nettoeffekt liegt zwischen 30 % und 50 %. Eindrucksvoll lesen sich auch die Einsparungen bei den Energiekosten, die von 300 W bis 500 W pro Einzelserver im herkömmlichen Betrieb auf durchschnittlich 100 W je virtueller Servereinheit sinken. Der Nettoeffekt liegt zwischen 50 % und 70 %. 27

Die Grafik zeigt auch, dass es von den jeweiligen **Lastanforderungen** abhängig ist, ob sich die Nutzung von Cloud-Ressourcen lohnt. Grundsätzlich gilt, dass Applikationen mit sehr **volatiler Auslastung**, wie sie bei einer Website mit stark schwankenden Besucherzahlen vorkommen, hohe Einspareffekte durch Cloud Computing erzielen können, da bei dedizierten Ressourcen die Systeme immer auf „Lastspitzen" ausgelegt werden müssen und somit im Durchschnitt Leerstand entsteht. Bei virtuellen Instanzen im Serververbund kann hingegen die Gesamtlast flexibler und übergreifend optimiert werden. Applikationen mit **konstantem Ressourcenbedarf** und einer 24 x 7 Verfügbarkeit profitieren hingegen deutlich weniger von der flexiblen Nutzung der Ressourcen. 28

Grundsätzlich lassen sich Virtualisierungstechnologien auch im eigenen Rechenzentrum bzw. der eigenen Private Cloud einsetzen. Cloud Provider nutzen diese **Virtualisierungseffekte in weitaus größeren Dimensionen** und machen auf diese Weise die Cloud-Nutzung für Anwender attraktiv. 29

3. Technischer Nutzen

Der technische Nutzen von Cloud-Lösungen zeigt sich in einer besser skalierbaren Infrastruktur sowie in besserer Servicequalität. 30

a) Skalierbarkeit der Infrastruktur

Bislang hat die Entscheidung für eine eigene Infrastruktur immer erforderlich gemacht, die Kapazitäten der **IT-Ausstattung nach der theoretischen Spitzenlast** auszulegen, um Engpässe zu vermeiden. Das bedeutete in der Regel, dass Unternehmen die meiste Zeit des Monats oder des Jahres brachliegende IT-Ressourcen finanzierten, da Spitzenlasten nur (unregelmäßig) temporär auftraten. Cloud-Lösungen ermöglichen heute dagegen die **elastische Anpassung der Ressourcen** an den 31

6 Booz & Company, Erfahrung aus diversen Klientenprojekten 2011–2013.

Bedarf – und oft auch schon in Echtzeit. Das kommt besonders zum Tragen, wenn Geschäftsverläufe einen stark saisonalen Charakter aufweisen oder es periodisch zu rechenintensiven Auswertungen kommt. Im Rahmen der Softwareentwicklung bzw. -einführung entsteht z.B. unregelmäßig auch der Bedarf an Entwicklungs-, Test- oder Simulationsumgebungen, die aus der Cloud bereitgestellt werden können.

b) Verbesserte Servicequalität

32 Man kann davon ausgehen, dass Cloud-Anbieter durch die Konzentration auf ihre Kernkompetenzen über eine hohe **IT-Expertise** verfügen und durch den Charakter der Cloud-Idee in hohem Maße Skaleneffekte nutzen können. Aus Sicht der Anwender sind Service Level möglich, die nur größere Unternehmen bei eigenem Betrieb der IT-Umgebung erreichen können. In der Regel sind Betrieb und Support der IT-Lösungen aus der Cloud an **sieben Tagen in der Woche rund um die Uhr** möglich, ohne eigene Mitarbeiter im Schichtbetrieb einsetzen zu müssen. Gibt der Cloud-Anbieter Skaleneffekte weiter, ist das zu deutlich besseren Bedingungen möglich. Auch die für Cloud-Lösungen typische **redundante, ausfallsichere Auslegung** trägt dazu bei, dass gerade kleine und mittlere Unternehmen ihren Kunden eine deutlich höhere Service-Fähigkeit bieten können.

33 Besondere Vorteile bieten Cloud-Lösungen entgegen gängiger Meinungen im Hinblick auf die **IT-Sicherheit**: Gerade für kleine und mittlere Unternehmen, in denen es im eigenen Haus oft an Know-how und Kapazitäten z.B. für Sicherungs- und Überwachungsmechanismen fehlt, bietet die Nutzung von Cloud-Lösungen deutlich mehr IT-Sicherheit.

II. Typische Hürden bei der Nutzung von Cloud Computing

34 Was Risiken und Hürden der Nutzung von Cloud-Lösungen betrifft, steht die Abwägung eventueller **Sicherheitsbedenken** im Vordergrund. Außerdem muss die **Integrationsfähigkeit** mit vorhandenen Prozessen und Lösungen gesichert sein und die Einhaltung **gesetzlicher Vorschriften** und eine umfängliche **Vertragsgestaltung** bedacht werden. So stehen der breiten Nutzung von Cloud-Diensten trotz der signifikanten Nutzeneffekte heute auch einige Hürden im Weg.

1. Informationssicherheit

35 Die Anforderungen an Informationssicherheit unterscheiden sich je nach Branche und Unternehmensgröße z.T. erheblich voneinander. Als besonders kritisch sind sie z.B. im **öffentlichen Dienst**, im **Gesundheitswesen** und in **forschungsintensiven Industrien** einzuschätzen. Viele Unternehmen fürchten das Risiko des Kontrollverlusts, wenn sich sensitive Daten wie **Geschäftsgeheimnisse oder Kundendaten**

außerhalb des eigenen Einflussbereichs befinden. Daher sind präzise vertragliche Regelungen erforderlich, ggf. auch die Einräumung von Kontrollrechten und ein selektives Vorgehen bei der Auslagerung von Daten in die Cloud.[7] Ob am Ende die Daten in der Cloud oder im eigenen Rechenzentrum faktisch sicherer sind, hängt maßgeblich von den eigenen Sicherheitsstandards ab. So können Cloud-Anbieter z.B. aufgrund ihrer Größe andere Sicherheitskategorien realisieren als viele kleinere Unternehmen.

2. Einhaltung gesetzlicher Vorschriften wie z.B. Datenschutz

Die Einhaltung von Datenschutzvorschriften kann im Cloud-Kontext eine Herausfor- 36
derung darstellen, insbesondere wenn sich die Cloud Provider zusätzliche flexible Kapazitäten bei anderen **Anbietern in verschiedenen Rechtsordnungen** sichern. Zudem sind viele Anbieter international tätige Unternehmen mit verteilten Produktionsstandorten, bei denen der Nutzer ggf. im Unklaren ist, wo seine Anwendungen produziert und Daten gehalten werden. Die datenschutzrechtlichen Herausforderungen sind jedoch, wenn sie richtig angegangen werden, in den allermeisten Konstellationen lösbar.[8]

3. Inkompatibilitäten und Lock-In-Effekte

Sorgfältige Überlegung ist auch die Option wert, möglicherweise einmal von einem 37
Cloud-Anbieter zu einem anderen wechseln zu wollen. Die zu stellenden Fragen gehen in Richtung **Interoperabilität** und **Portabilität** der Cloud-Lösungen verschiedener Anbieter. Es kann geschehen, dass die Migrations- und Wechselkosten so hoch sind, dass ein Unternehmen aus wirtschaftlichen Gründen an einen Cloud-Anbieter gebunden bleiben müsste. Dieses Risiko entsteht insbesondere dann, wenn **Insellösungen** außerhalb von Industrie- oder de facto-Standards genutzt werden.[9]

4. Standardisierung der internen Prozesse

Nicht zu unterschätzen ist auch der Aufwand für die Standardisierung der internen 38
Prozesse, die erforderlich sein kann, damit eine **standardisierte, hochskalierte**

---

7 Siehe auch *Niebuhr, Holt/Aichberger, Rosiello*, Cloud Computing: An Information Security Perspective, abrufbar unter http://www.booz.com/global/home/what-we-think/reports-white-papers/article-display/cloud-computing-information-security-perspective.

8 Dazu und zum Thema Datenschutz im Einzelnen siehe den Beitrag von *Fabian Niemann* in diesem Buch, Kap. 5 und im Besonderen Rn 106 f.

9 Siehe auch *Bernnat, Bieber/Zink, Strach*, Standardizing the Cloud: A Call to Action, abrufbar unter http://www.booz.com/global/home/what-we-think/reports-white-papers/article-display/standardizing-cloud-call-action.

Cloud-Lösung überhaupt nutzbar wird. Dennoch macht eine Standardisierung durchaus Sinn und kann positiv sein, denn der mit SaaS-Angeboten für ERP, CRM oder BI einhergehende Aufwand zur Anpassung veraltet mit einem neuen Bereitstellungsmodell nicht, sondern bringt weiterhin standardbedingte Vorteile. Trotzdem ist zu beachten, dass die **individuellen Freiheitsgrade** einer Cloud-Lösung sicher geringer sind als bei individueller Nutzung der gleichen Lösung als lokale Installation des Unternehmens.

5. Ungeklärte Verantwortlichkeiten

39 Je nach Unternehmens-Policy kann es möglich sein, dass Cloud-Lösungen von einzelnen Mitarbeitern oder Fachbereichen eines Unternehmens bezogen werden und dann **nicht der zentralen Steuerung der IT unterliegen**. Hier besteht die Gefahr des Aufbaus einer **„Schatten-IT“**, die sowohl die Harmonisierungs- und Standardisierungsbemühungen als auch die Budgetsteuerung unterlaufen. Das würde viele Vorteile der Cloud-Nutzung zunichtemachen.

6. Lücken in der Vertragsgestaltung

40 Auseinandersetzungen zwischen dem Cloud-Anbieter und dem Cloud-Lösungen nutzenden Unternehmen können ein problematisches Ausmaß annehmen, da sie nicht nur eine **juristische Dimension**, sondern meistens auch eine praktische, auf die IT-Nutzung bezogene haben. Weitere Ausführungen zu juristischen Aspekten finden sich in den weiteren Kapiteln dieses Buches.

41 Vielfältige Faktoren spielen also bei der Entscheidung eines Unternehmens für oder gegen den Einsatz von Cloud-Lösungen eine Rolle. Das folgende Kapitel zeigt einige beispielhafte Überlegungen und Berechnungen.

C. Beispielrechnungen für einige Cloud-Modelle

42 Bei der Entscheidung für, gegen oder zwischen bestimmten Cloud-basierten Angeboten sollten dem möglichen Nutzen auch die Kosten und Risiken möglichst quantitativ gegenübergestellt und die Ergebnisse in einen **Gesamt-Business-Case** eingebracht werden. In den folgenden Abschnitten dieses Kapitels wird anhand von vier Beispielen das typische Vorgehen vereinfacht dargestellt:
- **Beispiel 1: IaaS** – Optimale Nutzung von reservierten und flexiblen Instanzen
- **Beispiel 2: SaaS** aus der Public Cloud am Beispiel E-Mail
- **Beispiel 3: Dynamic Service**s – SAP Hosting
- **Beispiel 4: Hybride Clouds** am Beispiel Netflix

I. Beispiel 1: IaaS – Optimale Nutzung von reservierten und flexiblen Instanzen

Unternehmen werden die finale Entscheidung für einen Cloud-Ansatz sinnvollerweise auf Basis einer detaillierten **Wirtschaftlichkeitsberechnung** treffen. Dabei steht nicht nur die Entscheidung für oder gegen die Cloud im Vordergrund. Es geht auch um die Ausgestaltung der Cloud-Nutzung im Detail. Hierbei ist essenziell das **Preismodell des Anbieters** zu verstehen. Typischerweise wird zwischen flexibel nutzbaren **„On-Demand"-Ressourcen** und vorausbezahlten **„Reserved"-Ressourcen** unterschieden. Cloud-Anbieter gewähren in der Regel einen signifikanten Preisnachlass auf im Voraus reservierte Ressourcen, weil ihnen dieses Vorgehen selbst konstante Umsätze, Liquidität für Investitionen und größere Planungssicherheit verschafft. 43

Vergleich der Kosten in zwei unterschiedlichen Szenarien: 44

Auf Basis eines Modells von Forrester Research lassen sich für die beiden Szenarien mit flexibler oder konstanter Lastverteilung verschiedene Varianten rechnen:[10]

- **Szenario 1: „Flexible Workload"** – Der Bedarf an Rechenressourcen ist starken Schwankungen unterworfen, z.B. beim Betrieb einer Website, die nur zu bestimmten Saison- oder gar Tageszeiten genutzt wird. Im Rechenbeispiel wird angenommen, dass die Spitzenlast nur in 25 % der Zeit benötigt („Peak") wird.
- **Szenario 2: „Konstante Auslastung"** – Der Bedarf an Ressourcen ist konstant, die Spitzenlast wird in 80 % der Zeit erreicht.

Vergleich der Kosten relativ zur Ausgangssituation „Betrieb auf eigener Infrastruktur" (basierend auf den Amazon AWS Preisen in 2012)

	Szenario 1: Flexible Workload (Spitzenlast zu 25 % der Zeit)	Szenario 2: Konstante Auslastung (Spitzenlast zu 80 % der Zeit)
Betrieb auf eigener Infrastruktur	**0 % (Ausgangssituation)** 298.646 US-$ p.a.	
Traditionelles Hosting	**+7,4 %** 320.800 US-$ p.a.	
Cloud Nutzung – 0 % reservierte Ressourcen	**–38,2 %** 184.486 US-$ p.a.	**+13,4 %** 338.767 US-$ p.a.
Cloud Nutzung – 50 % reservierte Ressourcen	**–25,2 %** 223.498 US-$ p.a.	**0,7 %** 300.639 US-$ p.a.

10 Forrester Research, Understanding The True Cost of Cloud Services, 2012, abrufbar unter http://www.forrester.com/Understand+The+True+Cost+Of+Cloud+Services/fulltext/-/E-RES61608.

	Szenario 1: Flexible Workload (Spitzenlast zu 25 % der Zeit)	Szenario 2: Konstante Auslastung (Spitzenlast zu 80 % der Zeit)
Cloud Nutzung – 50 % reservierte Ressourcen – 3-Jahres-Vertrag	**–27 %** 219.999 US-$ p.a.	**–1,2 %** 295.140 US-$ p.a.
Cloud Nutzung – 80 % reservierte Ressourcen – 3-Jahres-Vertrag	**–24 %** 226.947 US-$ p.a.	**–13,7 %** 257.803 US-$ p.a.

45 Als Ausgangsszenario wird der Betrieb im eigenen Rechenzentrum angenommen (Mehrkosten = 0 %). Wird der Workload im Sinne eines traditionellen Hostings an einen Dienstleister ausgelagert, entstehen Mehrkosten in Höhe von 7 %. Dies liegt insbesondere in den Zuschlägen des Dienstleisters (Marge, Risiko, Vertrieb) begründet.

46 Die Nutzung **völlig flexibler Ressourcen** aus der Cloud führt im Szenario mit flexibler Workload erwartungsgemäß zu signifikanten Einsparungen (38,2 %). Dies wird vor allem aus den wegfallenden Kosten für das Vorhalten der Ressourcen außerhalb der Lastzeiten getrieben. Die erklärt auch, wieso im Szenario „konstante Workload" Mehrkosten in Höhe von 13,4 % entstehen. In diesem Fall kommen die Vorteile der Virtualisierung im Cloud Computing weniger zum Tragen, da hier auch im Eigenbetrieb eine konstant hohe Auslastung der Ressourcen möglich ist, ohne die Marge des Cloud-Anbieters mittragen zu müssen. Auch bei relativ konstantem Lastprofil lassen sich Einsparungen erzielen, indem z.B. 50 % der Ressourcen im Sinne einer „Vorauskasse" für einen Zeitraum von drei Jahren festgebucht werden.

47 Das Beispiel zeigt sehr deutlich, dass **Flexibilität seitens der Anbieter mit Preisaufschlägen versehen** wird. Es ist daher essenziell unter genauer Beachtung des jeweiligen Preismodells nur das Maß an Flexibilität zu erwerben, das benötigt wird.

II. Beispiel 2: SaaS aus der Public Cloud am Beispiel E-Mail

48 Software as a Service aus einem Public Cloud-Modell sind Gegenstand der folgenden Betrachtung. Sie sind insbesondere für kleine und mittlere Unternehmen von großem wirtschaftlichem Interesse, da sie z.B. Investitionen in Lizenzen, andere IT-Kosten, Aufwand für Sicherheit und Energiekosten vermeiden oder reduzieren. In den letzten Jahren haben aber auch Großunternehmen für bestimmte Lösungen Interesse an Public Clouds gezeigt.

49 Die Wirtschaftlichkeitsüberlegungen lassen sich anhand der für öffentliche Cloud-Angebote typischen **Beispielanwendung „E-Mail"** anschaulich darstellen. Neben den klassischen, lizenzbasierten Server-Systemen wie **Microsoft Exchange** und **Lotus Notes** gibt es schon seit geraumer Zeit flexibel nutzbare, Cloud-basierte

Angebote wie **Google G-Mail** und **Microsoft Office365**. Anstatt Lizenzen in großer Zahl für alle Mitarbeiter zu kaufen, wird die Mail-Nutzung gemietet. Das ist besonders bei einer hohen Volatilität der Mitarbeiterzahlen interessant, weil das An- und Abmelden von Benutzern vergleichsweise wenig aufwendig ist und keine auf fünf Jahre abzuschreibende Lizenz erworben werden muss.

So können Kostenvorteile bei einer genauen Abwägung zwischen Mietmodell 50
oder Kauflizenz offen realisiert werden. Zudem ergeben sich bei der Cloud-/Mietvariante Einsparungen durch den **Wegfall von administrativem Aufwand** oder durch **niedrigere Lizenzkosten**, wie das Beispiel des Schweizer Konzerns Roche zeigt. Das Unternehmen hat 2012 den kompletten E-Mail-Verkehr für seine Mitarbeiter auf eine Cloud-Lösung umgestellt. Das Preismodell des Anbieters sieht **40 € pro Jahr und Nutzer** vor: Die Entscheidung rechnet sich für Roche durch Lizenz- bzw. Mietkosten für alle 90.000 Mitarbeiter, die konzernweit **umgerechnet rund 16 Mio. € niedriger** sind als die bisherige Lösung. Die oben angesprochenen Ausspähungen haben dennoch in Forscherkreisen Sicherheitsbedenken ausgelöst, sodass relevante Informationen eher nicht mehr über E-Mail ausgetauscht werden.

Ein ähnliches Beispiel sind Standard-Office-Applikationen wie Textverarbeitung, 51
Tabellenkalkulation und Präsentationprogramme aus der Cloud. Hier lässt sich auf Basis der Lizenzkosten bzw. monatlichen Nutzungsgebühren recht leicht errechnen, nach welcher Zeit ein **Break-Even** erreicht ist. Je nach Einzelfall und Unternehmenspräferenzen kann sich der Erwerb der klassischen Lizenz oder die Cloud-Lösung lohnen. Der **Nachteil der Lizenzversion** sind generell die hohen Investitionen zu Beginn der Nutzung, welche in der Regel über fünf Jahre abzuschreiben sind und somit wenig Flexibilität aufweisen. Bei langfristiger Nutzung kann die Lizenzversion aber insgesamt günstiger sein. Zu beachten sind neben den Kosten aber auch weitere Aspekte. So ist die **Flexibilität** beim Einsatz einer Cloud-Lösung zu berücksichtigen – eine einmal erworbene Lizenz ist hingegen nur sehr schwer wieder veräußerbar. Zwar besitzen die heutigen Cloud-basierten Office-Lösungen noch **nicht den gleichen umfassenden Funktionsumfang**, dieser wird aber auch nur von wenigen sog. Power-Usern benötigt. Es sind also Modelle sinnvoll, in denen für den Großteil der Nutzer günstige Cloud-basierte Office-Anwendungen genutzt werden und nur wenige spezifische Anwender die teureren Desktop-Varianten benutzen.

III. Beispiel 3: Dynamic Services – SAP Hosting

Cloud-basierte Modelle eignen sich nicht nur für vergleichsweise einfache Dienste 52
wie E-Mail. Sie können auch im Bereich komplexer Business-Software wie **Enterprise Resource Planning (ERP)** relevant werden. Zum einen existieren Angebote der großen Softwareanbieter selbst (z.B. SAP oder Oracle), die sich aber hier bisher hauptsächlich an kleine/mittlere Unternehmen richten bzw. das vorhandene **On-Premise-Lösungsportfolio** ergänzen. Andererseits sind auch die etablierten IT-Dienst-

leister aus dem klassischen Hosting-Geschäft in diesem Feld tätig, die gerade auch das Segment der Großunternehmen adressieren. So werden z.B. SAP-Applikationen von T-Systems flexibel aus der Cloud als **„Dynamic Services“** angeboten und lassen sich dem Geschäftsverlauf eines Unternehmens individuell anpassen.

53 Ob die Nutzung von Dynamic Services für ein Unternehmen lohnt, ist von der Betrachtung der **Gesamtbetriebskosten (TCO Total Cost of Ownership)** abhängig. Mit Dynamic Services können Unternehmen ein standardisiertes Hosting von SAP-Software in einem „On-Demand“-Preismodell nutzen. Es werden **Einmalkosten** wie die Bereitstellungsgebühr (Provisioning Charge, System Charge) erhoben, ansonsten fallen **Kosten nach Nutzung** an. Dies sind insbesondere:
- Kosten in Abhängigkeit der benötigen Rechenleistung gemessen in der SAP eigenen Recheneinheit SAPS (SAP Application Performance Standard);
- Kosten für die benötigte Speicherkapazität gemessen in Gigabyte.

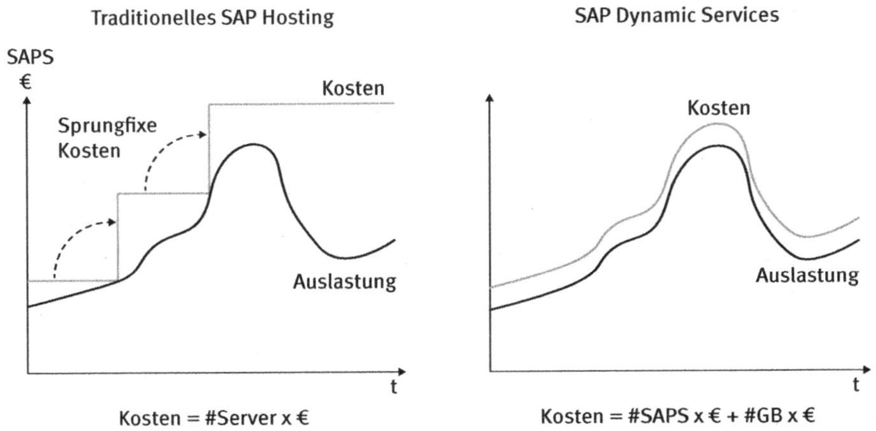

Abb. 5: Betriebskostenvergleich, SAP Dynamic Services

54 Im Vergleich der beiden Preismodelle zeigen sich die Vorteile sehr deutlich (siehe obige Abbildung): Während im **klassischen Modell** steigende Anforderungen (z.B. Rechenlast oder Speicherplatzbedarf) in **sprungfix steigenden Kosten** resultieren, folgt der Kostenverlauf im **dynamischen Modell** sehr eng den Anforderungen. Dies gilt auch bei rückläufigem Bedarf. Je nach Ausgestaltung kann hier eine Anpassung „nach unten“ eventuell nur mit erheblichem Zeitverzug erfolgen.

IV. Beispiel 4: Hybride Clouds am Beispiel Netflix

Netflix ist ein in den USA **führender Online-Streaming-Anbieter**, auf deren Platt- 55
form Nutzer eine Vielzahl von Videos abrufen können. Somit ist das Geschäftsmodell von Netflix auf eine hohe Agilität und Robustheit seiner IT-Infrastruktur ausgerichtet.

Aus diesem Grunde adaptierte das Unternehmen einen **Hybrid Cloud-Ansatz**, 56
um so folgende Kernanforderungen an die IT-Infrastruktur abzubilden. Zum einen muss die Darstellung von Videoinhalten auf einer Vielzahl von Geräten mit heterogenen Anforderungen (Tablets, Konsolen, Smartphones etc.) sichergestellt werden. Zum anderen bedarf es einer **agilen Ausrichtung der IT-Plattform**, um Lastspitzen durch den Abruf von populären Videos zügig und verlässlich gewährleisten zu können.

Unter Berücksichtigung dieser Anforderungen wählte Netflix eine Hybrid-Lösung, 57
um die **„On-Premise"-Ressourcen** (vor Ort beim Unternehmen) mit **„On-Demand"-Ressourcen** (vom Dienstleister aus der Cloud) geschickt miteinander kombinieren. Dabei wird die Grundlast mit den Ressourcen der eigenen, privaten Cloud abgedeckt und Lastspitzen flexibel durch Inanspruchnahme von Public Cloud-Ressourcen abgefedert. Konkret bedeutet dies, dass Netflix zum Codieren von Filmmaterial bei Lastspitzen automatisch virtuelle Kapazitäten von **Amazon Web Services (AWS)** hinzubucht. Auch wird eine effiziente Aussteuerung der heterogenen Nachfrage von Filmen sichergestellt, da weniger stark nachgefragte Dateien auf einen Speicher bei Amazon ausgelagert werden.

Folgende Darstellung veranschaulicht die mit dem Hybrid Cloud-Modell impli- 58
zierten Kosteneffekte:

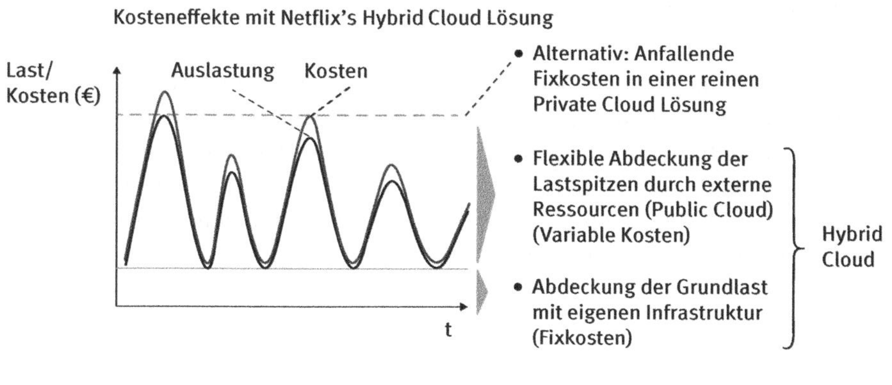

Abb. 6: Kosteneffekte, Netflix Hybrid Cloud

Die Basis-IT-Ressourcen werden in Form einer Private Cloud abgebildet, für die fixe 59
Kosten für Netflix entstehen. Bei Eintreten von Lastspitzen, beispielsweise durch das zügige Codieren von Filmneuheiten, werden externe Ressourcen von einer Public Cloud (AWS) in Anspruch genommen, die je nach Bedarf vergütet werden. Dieses **variable Vergütungsmodell** ermöglicht Potenziale für Kostenersparnisse im Ver-

gleich zu einer Lösung, in der die Lastspitzen durch eine größere Private Cloud abgebildet werden und auf die permanente Fixkosten entfallen.

60 Eine effiziente Verwaltung und Auswertung der Datenmengen, um individuelle Empfehlungen an die Nutzer auszuspielen, stellt einen entscheidenden Wettbewerbsvorteil von Netflix dar. Daher werden zur **Echtzeit-Analyse von Kundeninteraktionen** auf der Website mithilfe einer Big-Data-Architektur elastische Ressourcen für die Verarbeitung von **Big Data aus der Cloud** hinzugezogen.

61 Die elastische Nutzernachfrage und Notwendigkeit zu einer agilen Skalierbarkeit, um steigende Volumina der Streaming-Anfragen und Nutzerzahlen sicherzustellen, führte dazu, dass Netflix **vier- bis fünfmal so viele externe wie eigene Systeme** in seine IT-Infrastruktur integriert hat.[11]

D. Cloud Economics für Anbieter

62 Welche ökonomische Attraktivität besitzt das Cloud Business für die Anbieter? Sie müssen substantielle Wirtschaftlichkeitsbetrachtungen durchführen, damit sich das Geschäft lohnt. Für Anwenderunternehmen kann es für ihre Anbieterauswahl und die Vertragsverhandlungen von Vorteil sein, diese Betrachtungen und wirtschaftlichen Rahmenbedingungen zu verstehen. Generell lassen sich zwei grundlegende Charakteristika des Cloud-Marktes formulieren. Zum einen ist der Markt gekennzeichnet von einer **geringen Gewinnmarge**, die sich aufgrund des **steigenden Wettbewerbs** und der strategischen Ausrichtung auf ein Massengeschäft nicht grundlegend ändern wird. Zum anderen kann von einer gewissen **Marktreife** ausgegangen werden, in der sich verschiedene **Key-Player etabliert** haben und einen Großteil des Bedarfs abdecken.

63 Als Beispiel für die niedrige Margenstruktur des Public Cloud-Markts lohnt es sich, einen Blick in die **GuV des Cloud-Geschäftes von Amazon** zu werfen. Amazon erreicht als einer der führenden Anbieter z.B. lediglich eine Umsatzrendite (EBIT) von 1,8 % im IT Services Cloud-Geschäft. Die Folge davon sind ein sehr hoher Effizienzdruck und die Notwendigkeit zur Skalierung sowie damit einhergehend die ständige Optimierung der Prozesse im Sinne einer „Industrialisierung".[12]

11 *Randy Bias*, Cloud Innovators: Netflix Strategy Reflects Google Philosophy, Cloudscaling v. 23.11.2010, abrufbar unter http://cloudscaling.com/blog/cloudcomputing/cloud-innovators-Netflix-strategy-reflects-google-philosophy.

12 Booz-Studie v. 2013, Builders of the Digital Ecosystem – The 2013 Booz & Company Global ICT 50 Study, abrufbar unter http://www.booz.com/media/file/BoozCo_Builders-of-the-Digital-Ecosystem.pdf.

Ein weiteres Beispiel, an dem die Margen- und Kostenstruktur im Public Cloud-Umfeld erläutert werden kann, sind **E-Mail-Services als SaaS-Produkt** (siehe nachfolgende Abbildung): 64

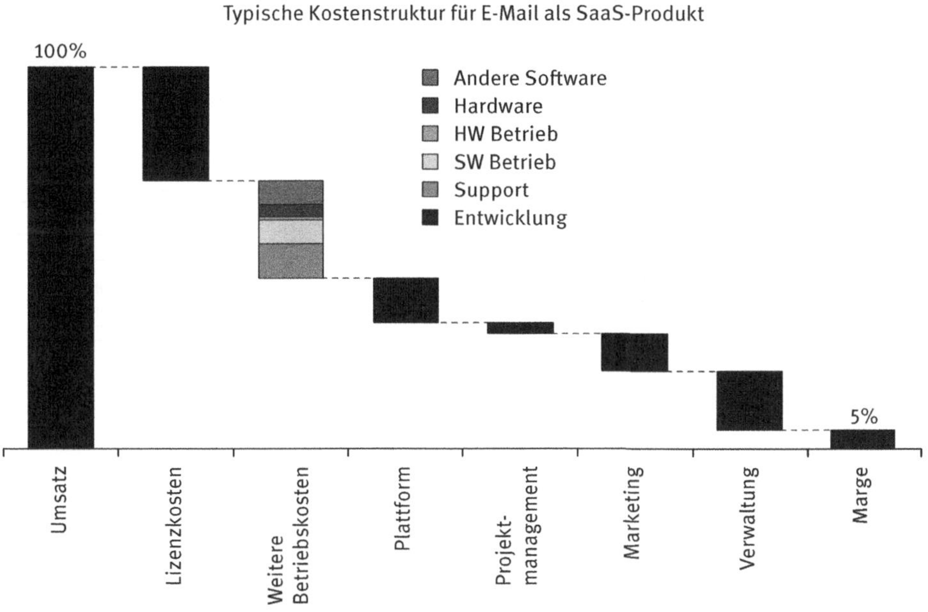

Abb. 7: Kostenstruktur, E-Mail als SaaS-Produkt

Lizenzkosten (in diesem Beispiel MS Exchange), **Betriebs- und Verwaltungskosten** 65 stellen die größten Kostenblöcke dar und machen mehr als zwei Drittel des Umsatzes aus. Wenn es sich bei dem Anbieter um einen Software-Hersteller handelt, befindet er sich durch die **höhere Marge der eigenen Software** sicherlich in einer besseren Position als in diesem Beispiel. Für viele Public Cloud-Anbieter, die einen E-Mail-Service betreiben, bieten sich aufgrund der regelmäßigen Nutzung des Services durch den Kunden eine ideale Reichweite, um Marketingmaßnahmen auszusteuern. **Online-Marketing** stellt für diese Anbieter somit einen wichtigen Umsatztreiber dar.

Auch wenn der Cloud-Markt, wie anfangs erwähnt, in den nächsten Jahren ein 66 starkes Wachstum verzeichnen wird, so hat sich ein **Ökosystem mit einem gewissen strukturellen Reifegrad** entwickelt. Aus Sicht der Anbieter stellt sich hier sicherlich die Frage, inwieweit sich (weitere) Investitionen in diesem Markt lohnen. Angesichts einer **Amortisationsdauer von zwei bis drei Jahren** ist ein Return on Investment im schnelllebigen Cloud-Geschäft durchaus mit erheblichen Risiken behaftet. Folgende

Abbildung[13] stellt die verschiedenen Akteure im Cloud Computing-Markt vor und bietet Beispiele von Unternehmen, die schon eine gewichtige Rolle in ihrem Segment spielen.

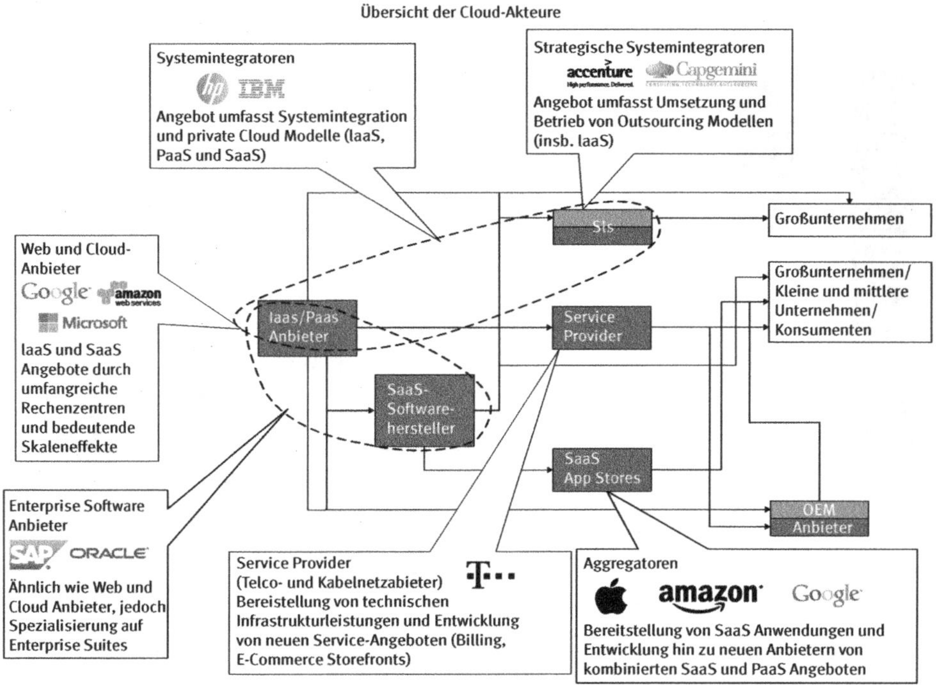

Abb. 8: Cloud-Akteure

67 Die Entwicklung des Cloud-Ökosystems wird zu einer weiteren **Konsolidierung und Standardisierung** von Cloud-Angeboten führen, sodass viele Unternehmen eher eine partizipative Rolle im Cloud-Markt einnehmen werden. Aufgrund der Natur des Cloud-Geschäfts, geprägt durch hohe initiale und Steuerung der Betriebskosten durch Skalierungseffekte, ist absehbar, dass der Markt in Zukunft besonders für das **Massengeschäft** durch eine überschaubare Anzahl von Akteuren dominiert wird. Es ist jedoch denkbar, dass sich für **Anbieter jenseits des Massenmarktes** mögliche Geschäftsmodelle ergeben. Hierbei wird es interessant zu beobachten sein, ob die jüngsten Erkenntnisse zur Datensicherheit für die Nutzer eine Rolle bei der Auswahl von Cloud-Anbietern spielen werden.

---

13 Booz-Studie v. 2011, Seeing Through the Clouds – Navigating the Evolving Technology Ecosystem, abrufbar unter http://www.booz.com/media/file/BoozCo-Navigating-Evolving-Technology-Ecosystem.pdf.

E. Fazit

Unternehmen und Privatpersonen können heute Cloud-Dienste in **verschiedenen Betriebs- und Serviceformen** nutzen. Das Angebot für den **Massenmarkt und interessante Nischen** unterscheidet viele Funktions- und Leistungsabstufungen. Gleichzeitig wird die Diskussion um Sicherheit und Vertraulichkeit von Daten und Programmen in der Cloud durch aktuelle Ereignisse immer wieder angeheizt. 68

Daher sind Entscheidungen für eine Cloud-Lösung nicht generell als „Cloud: Ja oder Nein"-Optionen zu treffen, sondern fallweise zu betrachten. Oft macht eine Kombination aus Standard-Anwendungen aus der Cloud mit traditionellen „On-Premise"-Lösungen Sinn. Die eine Entscheidung maßgeblich beeinflussenden Kriterien bewegen sich in der Regel zwischen Kostenvorteilen, Flexibilität und Qualität/Neuheit einerseits sowie Sicherheits- und Datenschutzbedenken andererseits. Der **sorgfältige Vergleich der Modelle** einzelner Anbieter und ihre Vorteile in Bezug auf die **Rahmenbedingungen im Unternehmen** ist die Voraussetzung dafür, Kosteneinsparungen und Flexibilität erzielen zu können. 69

Kapitel 5
Datenschutz in der Cloud

A. Einleitung

1 Facebook zeigte 2013 in einem Fall auf, welche Gefahren für personenbezogene Daten in der Cloud drohen können. Aufgrund falscher Datenbankeneinstellungen seitens Facebook wurden nicht für die Öffentlichkeit bestimmte Kontaktdaten von sechs Millionen Facebook-Nutzern für andere Nutzer sichtbar.[1] Facebook hat nach Kenntnis des Vorfalls reagiert und das Sicherheitsleck behoben. Der Fall demonstriert gut das Dilemma von Cloud-Angeboten, die personenbezogene Daten umfassen. Kommt es zum Datenleck, sind potenziell sehr viele Personen betroffen. Andererseits kommen Datenlecks in den professionellen Umgebungen der Cloud-Anbieter weitaus seltener vor als bei unternehmensinternen Anwendungen. Solche internen Datenlecks finden aber sehr viel seltener ihren Weg in die **Presse und Wahrnehmung** der breiten Öffentlichkeit. Es bleibt bei vielen das **(in der Regel unrichtige) Bild**, dass Daten in der **Cloud besonders unsicher** seien.

2 Verstärkt wird der Argwohn gegen (US-basierte) Cloud-Anbieter durch die im Sommer 2013 ausgelösten Diskussionen um die Spionageprogramme insbesondere der amerikanischen und britischen Geheimdienste und die **Abhörtätigkeiten der NSA.**[2] Auch die deutschen und europäischen Datenschützer und -behörden sind besorgt, dass personenbezogene Daten in der elektronischen Datenwolke besonderen Risiken ausgesetzt sind. Daher haben sich die Datenschutzbehörden verstärkt dem Thema Cloud Computing gewidmet. In letzter Zeit erschienen zum Themenkomplex Cloud Computing u.a. eine Orientierungshilfe der deutschen Datenschutzbehörden (**„DSB Orientierungshilfe“**),[3] ein Arbeitspapier der International Working Group on Data Protection in Telecommunications (sog. Berlin Group) vom 24.4.2012 (**„BG**

1 PC-Magazin v. 24.6.2013, abrufbar unter http://www.pc-magazin.de/news/facebook-datenleck-kontaktdaten-6-millionen-nutzer-1517736.html.

2 Die deutschen Datenschutzbehörden bezweifeln derzeit sogar, dass wegen der Tätigkeiten der NSA Datentransfers in die USA ohne Weiteres noch auf Safe Harbor oder Standardvertragsklauseln gestützt werden können, Pressemitteilung der Konferenz der Datenschutzbeauftragten des Bundes und der Länder v. 24.7.2013, abrufbar unter http://www.bfdi.bund.de/DE/Home/homepage_Kurzmeldungen2013/PMDerDSK_SafeHarbor.html?nn=408908. Das ist allerdings auf Basis geltenden Rechts überzogen. Tatsächlich ist dies nach wie vor möglich, siehe i.E. unten unter Rn 95 ff.

3 Arbeitskreise Technik und Medien der Konferenz der Datenschutzbeauftragten des Bundes und der Länder, Orientierungshilfe Cloud Computing (Version 1.0, Stand 26.9.2011), abrufbar unter http://www.bfdi.bund.de/DE/Themen/TechnologischerDatenschutz/TechnologischeOrientierungshilfen/Artikel/OHCloudComputing.html?nn=409206.

Arbeitspaper"),[4] das Cloud Computing-**Eckpunktepapier des BSI**,[5] zwei Stellungnahmen des Unabhängigen Datenschutzzentrums Schleswig-Holsteins[6] und vor allem am 1.7.2012 eine Stellungnahme der Artikel-29-Datenschutzgruppe, der Vereinigung europäischer Datenschützer („**Artikel-29-Stellungnahme**").[7]

Viele Einwände und Anforderungen der Datenschutzbehörden sind übertrieben und von **technischen Fehlvorstellungen** geleitet (dazu im Einzelnen später in diesem Kapitel). So besteht das Risiko eines Passworthackings und eines Datenverlusts (auch ohne Hacking) im Zweifel in höherem Maße am heimischen PC oder in der internen IT-Infrastruktur eines durchschnittlichen Unternehmens, wie die meisten Menschen aus eigener leidvoller Erfahrung wissen dürften. Auch die Artikel-29-Datenschutzgruppe konstatiert in ihrer Stellungnahme, dass Cloud Computing gerade bei kleinen und mittleren Unternehmen dazu führen kann, dass ein Sicherheitsniveau erreicht wird, die sich die Unternehmen ansonsten finanziell gar nicht leisten könnten.[8] Dennoch ist nicht zu bestreiten, dass Cloud Computing Strukturen schafft bzw. voraussetzt, die zu teilweise anders gelagerten Risiken führen und bei Unternehmen und Nutzern zu Ängsten und Unsicherheit bezüglich der Sicherheit ihrer Daten führen. Aktuelle Studien belegen das ungebrochen große Wachstumspotenzial bei Cloud Computing-Diensten.[9] Nach wie vor werden aber die rechtlich unklare Lage und die **Bedenken bei Datenschutz** und IT-Sicherheit **als große Hemmschuhe** angesehen. Insbesondere gelten Datenschutz und IT-Sicherheit regelmäßig als die größten Risiken.[10] Diese Ängste müssen adressiert werden – nicht durch praxisferne, übertriebene und in der Lebenswirklichkeit nicht erfüllbare Anforderungen, sondern durch einen **modernen Datenschutz**, der sinnvolle Strukturen und Maßnahmen schafft und einfordert. 3

Die Publikationen der Datenschutzbehörden werden dem nur bedingt gerecht. 4
Die jüngeren Veröffentlichungen (jedenfalls bis zu den Enthüllungen von Edward Snowden, siehe Fn 2) bewegen sich aber im Vergleich zu älteren Äußerungen[11] von

4 WP on Cloud Computing – Privacy and data protection issues (Sopot Memorandum), abrufbar unter http://www.datenschutz-berlin.de/attachments/873/Sopot_Memorandum_Cloud_Computing.pdf.

5 Abrufbar unter https://www.bsi.bund.de/SharedDocs/Downloads/DE/BSI/Mindestanforderungen/Eckpunktepapier-Sicherheitsempfehlungen-CloudComputing-Anbieter.pdf?__blob=publicationFile.

6 Vgl. https://www.datenschutzzentrum.de/cloud-computing.

7 WP 196, Stellungnahme 05/2012 zum Cloud Computing v. 1.7.2012.

8 Artikel-29-Stellungnahme, S. 4.

9 Vgl. hierzu die Studie „Cloud Vendor Benchmark 2013" der Experton Group, abrufbar unter http://www.experton-group.de/press/releases/pressrelease/article/cloud-vendor-benchmark-2013-der-kampf-um-den-kunden-wird-haerter.html.

10 Vgl. etwa die PwC Cloud-Anbieterstudie 2013, nach der Datenschutz und IT-Sicherheit als größte Probleme gesehen werden, abrufbar unter http://www.cio.de/bild-zoom/2909071/1/697011/EL_13630775159335852928761.

11 So waren für *Thilo Weichert*, Landesdatenschutzbeauftragter von Schleswig Holstein, 2010 globale Clouds grundsätzlich unzulässig: „Cloud Computing und Datenschutz" v. 17.6.2010, abrufbar

Datenschutzbehörden, die Cloud Computing teilweise grundsätzlich als datenschutzwidrig betrachtet haben, in die richtige Richtung. Das gilt insbesondere für das wichtigste Papier, die Artikel-29-Stellungnahme. Den neueren Publikationen ist zudem gemein, dass sie das Thema **Cloud Computing als Notwendigkeit** in einer global agierenden Wirtschaft anerkennen, aber gleichzeitig die **Schutzbedürftigkeit** personenbezogener Daten hervorheben. Dieses **Spannungsfeld** zwischen wirtschaftlichen Bedürfnissen und dem Schutz der Daten des Einzelnen ist Grunddilemma des Datenschutzes und an sich nicht Cloud Computing-spezifisch. Jedoch gibt es nur wenige Felder, in denen das Spannungsfeld so stark und die wirtschaftliche Bedeutung so groß ist.

5 Dabei sind die europäischen und nationalen Datenschutzbestimmungen nicht nur von den Cloud-Anbietern, sondern auch und als „Herren der Daten" sogar noch mehr von den Kunden selbst zu beachten. Dieses Kapitel soll dabei helfen, **Kunden, aber auch Anbietern** einen **Überblick** über die Problemfelder zu verschaffen und **praxistaugliche Lösungen** für eine datenschutzkonforme Übermittlung von personenbezogenen Daten in die Cloud an die Hand zu geben. Dabei wird – (nur) soweit notwendig – zwischen den verschiedenen Cloud-Diensten und -Formen, insbesondere zwischen **Private und Public Clouds**, unterschieden.

B. Relevanz des Datenschutzrechts

6 Bei der Diskussion über Cloud Computing wird das Thema Datenschutzrecht stets mitgenannt. Dies ist zunächst nur insoweit richtig, als dass Datenschutzrecht nach § 1 Abs. 2 Nr. 3 BDSG nur einschlägig ist, wenn es sich um die Erhebung, Verarbeitung oder Nutzung personenbezogener Daten im Sinne des BDSG handelt, also **„personenbezogene Daten"** in der Cloud **erhoben, verarbeitet und/oder genutzt** werden. In den meisten Fällen des Cloud Computings ist dies jedoch der Fall.

I. Personenbezogene Daten

7 Die Bestimmungen des BDSG sind anwendbar, wenn personenbezogene Daten in Deutschland erhoben, verarbeitet oder genutzt werden.[12] In § 3 Abs. 1 BDSG sind per-

---

unter https://www.datenschutzzentrum.de/cloud-computing/20100617-cloud-computing-und-datenschutz.html; noch strikter im Tätigkeitsbericht 2008/2009 des Landesdatenschutzbeauftragten Brandenburg: *„Vor dem Hintergrund der hohen Internationalisierung und Globalisierung der Clouds, inkl. der unterschiedlichen Qualitätsstandards bezüglich Datensicherheit und Datenschutz, ist zurzeit an eine datenschutzgerechte Datenverarbeitung in der Wolke nicht zu denken."*

12 Leupold/Glossner/*Stögmüller*, Teil 5 Rn 346, 349; *Becker/Nikolaeva*, CR 2012, 170, 172 f.; *Niemann/Paul*, K&R 2009, 444, 448; *Opfermann*, ZEuS 2012, 121, 128; *Schulz/Rosenkranz*, ITRB 2009, 232, 235.

sonenbezogene Daten als *„Einzelangaben über persönliche oder sachliche Verhältnisse einer bestimmten oder bestimmbaren natürlichen Person"* definiert. Nur wenn ein solcher Personenbezug bei den Daten existiert, ist das BDSG einschlägig. Von der Datenübertragung und -verarbeitung können also etwa **Angestellte oder Kunden des Cloud-Nutzers** betroffen sein.

Nach der derzeit herrschenden Auffassung, und insbesondere der Auffassung der 8
Datenschutzbehörden, bleibt das BDSG auch dann anwendbar, wenn die Dateien verschlüsselt sind: **Auch verschlüsselte Dateien** behielten ihren personenbezogenen Charakter.[13] Außerdem sei es technisch nicht möglich, verschlüsselte Daten in der Wolke zu verarbeiten mit der Folge, dass die Cloud-Nutzung sich auf die bloße Speicherung beschränken müsste.[14]

II. Relevante Handlung

Jegliche digitale Erhebung, Speicherung, Kopie oder Zurverfügungstellung stellt 9
nach der weiten Legaldefinition von Erheben, Verarbeiten und Nutzen in § 3 Abs. 3–5 BDSG eine relevante Handlung dar. Im Bereich des Cloud Computing ist damit **jede (zusätzliche) Speicherung** bzw. Kopie relevant, ob aufseiten des Cloud-Anbieters oder -Nutzers. Im Zusammenhang mit digitalen Technologien ist es besonders wichtig zu beachten, dass es für eine eigenständige Verarbeitung in Form der Weitergabe ausreicht, wenn einem Dritten die **Zugangsmöglichkeit** eingeräumt wird. Es ist nicht notwendig, dass diese anderen Personen tatsächliche Herrschaft über die Daten erlangen. Das bedeutet, dass auch Cloud Computing-Infrastrukturanbieter wie etwa ein Rechenzentrum relevante Handlungen vornehmen können, wenn sie Kontrolle über die Server und tatsächliche Zugangsmöglichkeit zu den darauf befindlichen Daten haben. Reines Housing bzw. Colocation genügt natürlich nicht. Im Ergebnis sind damit insbesondere relevant und bedürfen einer datenschutzrechtlichen Legitimation:

- das Zusammenführen von Kundendaten in der Weise, dass der eine Kunde Daten des anderen einsehen kann;
- möglicher personenbezogener Zugang zu Daten des Kunden durch den Cloud-Anbieter oder dessen Subunternehmer.

Es ist nicht notwendig, dass der Dritte die Daten tatsächlich einsieht oder nutzt. 10

Vgl. aber *Nägele/Jacobs*, ZUM 2010, 281, 289 f., die für das Adressatenprinzip plädieren: Das deutsche Datenschutzrecht sei anwendbar, wenn sich ein Cloud-Anbieter erkennbar an deutsche Nutzer wende.

13 *Opfermann*, ZEuS 2012, 121, 132.

14 Vgl. dazu *Wagner/Blaufuß*, BB 2012, 1751.

C. Anwendbares Datenschutzrecht

11 Außer bei rein deutschen Sachverhalten (nationaler Kunde, nationaler Anbieter mit Servern nur in Deutschland) ist in der Praxis bereits die Bestimmung des bzw. der **relevanten Datenschutzregime(s)** ein Problem. Nach dem **Territorialprinzip** des europäischen Datenschutzrechts[15] gilt im Grundsatz das Recht des Staates, in dem die Daten von dem Verantwortlichen erhoben, verarbeitet bzw. genutzt werden. Das **deutsche Datenschutzrecht** gilt demnach, wenn personenbezogene Daten – also gem. § 3 Abs. 1 BDSG solche, die einer bestimmten oder bestimmbaren Person zugeordnet werden können – **in Deutschland erhoben, verarbeitet oder genutzt** werden. Dies folgt zwingend aus dem Territorialitätsprinzip, das nicht nur für das Datenschutzrecht, sondern für das öffentliche Recht allgemein maßgeblich ist, und auch im Umkehrschluss aus § 1 Abs. 5 S. 1 BDSG, und ist praktisch einhellige Meinung.[16]

12 Die Anwendbarkeit des deutschen Datenschutzrechts ist für Cloud-Anbieter und -Nutzer deshalb problematisch, weil Cloud-Leistungen durch ihre **Internationalität** geprägt sind. Die deutschen Datenschutzbestimmungen zeichnen sich aber durch eine **Regelungsdichte** aus, die in zahlreichen Staaten nicht vorzufinden ist, sodass die dort agierenden Anbieter das deutsche Datenschutzniveau nicht ohne Weiteres erreichen. Die Situation wird sich in Zukunft ändern, falls und wenn die geplante **EU-Datenschutzgrundverordnung** Realität wird, die einen einheitlichen, EU-weit direkt geltenden Datenschutzrechtsrahmen schaffen möchte.[17] Ob, wann und mit welchen Regelungen dieser Rechtsrahmen Realität wird, steht aber noch nicht fest. Es ist aber derzeit davon auszugehen, dass die Verordnung kommt, wahrscheinlich aber **frühestens ab 2016**, eher 2017 oder 2018 zu beachten ist und dann den Datenschutzrechtsrahmen verschärfen wird.[18]

---

15 Vgl. Art. 4 RL 95/46/EG sowie §§ 1, Abs. 2, 4b BDSG.

16 Vgl. zum Cloud Computing beispielsweise Leupold/Glossner/*Stögmüller*, Teil 5 Rn 346, 349; *Becker/Nikolaeva*, CR 2012, 170, 172 f.; *Niemann/Paul*, K&R 2009, 444, 448; *Opfermann*, ZEuS 2012, 121, 128; *Schulz/Rosenkranz*, ITRB 2009, 232, 235. Anders nur *Nägele/Jacobs*, ZUM 2010, 281, 289 f., die für das Adressatenprinzip plädieren: Das deutsche Datenschutzrecht sei anwendbar, wenn sich ein Cloud-Anbieter erkennbar an deutsche Nutzer wende. Dies erscheint auf Basis des geltenden Rechts nicht vertretbar, kann aber nach der geplanten EU-Datenschutzgrundverordnung (siehe Fn 18) Realität werden.

17 Siehe dazu unter Fn 18.

18 Die Bestrebungen um eine EU-weit einheitliche „Datenschutzgrundverordnung", die dann unmittelbar und direkt gleichermaßen in allen Mitgliedstaaten gilt, dürften bis zur Umsetzung (wenn es dazu kommt, was nicht sicher ist), noch mindestens 1–2 Jahre dauern. Vgl. zum Stand jeweils http://ec.europa.eu/justice/newsroom/data-protection/news/120125_en.htm.

I. Kundenperspektive

Ein in Deutschland ansässiger Cloud-Nutzer muss bei der Auswahl des Cloud-Anbieters zunächst immer darauf achten, dass das jeweilige Cloud-System den deutschen datenschutzrechtlichen Vorgaben entspricht.[19] Denn nach herrschender und richtiger Auffassung ist beim Cloud Computing im Regelfall der **Kunde der Verantwortliche** i.S.d. deutschen und europäischen Datenschutzrechts.[20] Damit ist zunächst einmal der Sitz des Kunden für das materielle Datenschutzrecht relevant, also insbesondere für die Frage, ob die Daten überhaupt in die Cloud ausgelagert werden dürfen und wie sie dort genutzt werden dürfen. Für deutsche Kunden gilt somit **deutsches Datenschutzrecht** (ggf. aber nicht nur – dazu zugleich). 13

Viele Cloud-Auslagerungen insbesondere international tätiger Unternehmen betreffen aber auch Daten und Datenverarbeitungsvorgänge aus dem Ausland. Nach dem Territorialitätsprinzip wäre damit für den Kunden das Recht jedes Staates relevant, aus oder in dem der Kunde Daten mithilfe der Cloud-Anwendung erhebt, verarbeitet oder nutzt. Für europäische Unternehmen schafft das **Sitzlandprinzip** der Datenschutzrichtlinie 95/46/EG Abhilfe. Danach gilt nur der Sitz des „Herren der Daten" auch bei ausländischen Vorgängen.[21] Da es aber im europäischen Datenschutzrecht (jedenfalls bisher) **kein Konzernprivileg** gibt und es immer auf die konkrete Gesellschaft oder (selbstständig handelnde) Zweigniederlassung ankommt,[22] hilft das Sitzlandprinzip nicht, soweit – wie häufig – Tochtergesellschaften, verwandte Unternehmen und (selbstständig handelnde) Zweigniederlassungen vor der Auslagerung für die Erhebung, Verarbeitung oder Nutzung der von einem Cloud Computing-Projekt betroffenen personenbezogenen Daten verantwortlich waren, also „Herren dieser Daten" sind. In diesen Fällen ist – bezüglich der jeweils betroffenen Daten – **auch** das Recht des betroffenen Landes relevant. 14

Hier ist zu beachten, dass zwar in der EU das Datenschutzrecht zu einem gewissen Grade insbesondere durch die Datenschutzrichtlinie 95/46/EG vereinheitlicht ist, aber bisher **keine Vollharmonisierung** stattgefunden hat und mit ihr zumindest kurzfristig auch nicht zu rechnen ist (siehe oben, Rn 12). Es bestehen daher (teilweise substantielle) **lokale Unterschiede**, auch bei der Beurteilung von Cloud Computing.[23] Beispielsweise sind nach Ansicht der französischen Datenschutzbehörde CNIL Cloud-Anbieter und Cloud-Kunde in vielen Fällen gemeinsam als Verantwortliche anzusehen (**„Joint Controller"**), in Spanien gelten besondere Sicherheitsanforderun- 15

---

19 Zur Rechtslage in Österreich vgl. Blaha/Marko/Zellhofer/Liebel/*Zellhofer/Liebel*, S. 65 ff.

20 Dazu im Einzelnen zugleich unter Rn 24 ff.

21 Vgl. Art. 4 RL 95/46/EG sowie § 1 Abs. 5 BDSG.

22 Art. 4 (1) a) RL 95/46/EG.

23 Vgl. den Überblick zur Datenschutz- und sonstigen Rechtslage in EU-Mitgliedstaaten von *Roger Bickerstaff* und *Fabian Niemann* unter http://www.twobirds.com/en/sectors/information-technology/cloud-computing.

gen und die ungarischen Aufsichtsbehörden sind besonders streng bei Auslagerungen an Auftragsdatenverarbeiter (also Cloud-Anbieter) außerhalb des EWR.[24]

II. Anbieterperspektive

16 Da der Cloud-Anbieter naturgemäß einen rechtskonformen Dienst anbieten und seinen Kunden verkaufen möchte, sind für Cloud-Anbieter, die den deutschen Markt anvisieren, die Ausführungen unter Rn 13 ff. gleichermaßen bedeutsam.

17 Zudem kann für sie ihr **Sitz** von Bedeutung sein. Denn erstens kann je nach Dienst im Einzelfall keine Auftragsdatenverarbeitung, sondern eine Datenübermittlung vorliegen, sodass auch der Anbieter nach dem an seinem Sitz geltenden Recht als „Herr der Daten" angesehen werden kann und damit für ihn auch das materielle Datenschutzrecht seines Landes relevant wird (allerdings dann nur für die Handlungen des Anbieters, nicht des Kunden). Ferner wird die Einschätzung, ob Cloud Computing **Auftragsdatenverarbeitung** ist und damit nur der Sitz des Kunden relevant ist, nicht in jedem Land von den gleichen Kriterien beurteilt (siehe etwa das Beispiel Frankreich im vorherigen Abschnitt).

18 Soweit das Recht des Anbieters relevant wird und soweit – wie vielfach und insbesondere in Reinform – der Anbieter Server in mehreren Staaten und Kontinenten nutzt, lässt sich nicht immer feststellen, wann genau sich welche Daten auf welchen Servern befinden. Für den Betrieb von Clouds durch EU-Anbieter, die nur Server innerhalb der EU verwenden (**„EU-Clouds"**), schafft die Modifizierung des Territorialprinzips durch das **Sitzlandprinzip** Erleichterung, da in diesen Fällen lediglich das Recht des Staates des Anbieters für die Handlungen des Anbieters gilt (für die Handlungen des Kunden ist der eigene Sitz entscheidend, siehe oben).

19 Schließlich sind für den Anbieter datenschutzrechtlich auch die Rechtsordnungen relevant, in denen die Server liegen, allerdings nicht für das anwendbare materielle Datenschutzrecht. Jedoch sind möglicherweise **zusätzliche Sicherheitsstandards** einzuhalten (neben dem, was die Rechtsordnungen verlangen, in denen Kunde und Anbieter sitzen). Ferner können sich aus dem Sitz der Server zusätzliche Anforderungen nach deutschem und europäischem Datenschutzrecht ergeben. Der Nutzung von Cloud-Servern **außerhalb des EWR** stehen einige Datenschutzbehörden kritisch gegenüber (zu Unrecht – dazu im Einzelnen unter Rn 76 ff.).

---

24 Siehe, auch zu weiteren Unterschieden http://www.twobirds.com/en/sectors/information-technology/cloud-computing.

Beispiel 1
Unternehmen A mit (i) Sitz in Deutschland, (ii) ohne Tochtergesellschaften und Zweigniederlassungen im Ausland und (iii) Kunden im In- und Ausland möchte sein bisher internes CRM-System durch eine Cloud-Lösung eines deutschen Anbieters B mit Rechenzentren nur in Deutschland ersetzen.
In diesem Fall findet ausschließlich deutsches Datenschutzrecht Anwendung. Die Tatsache, dass auch Daten ausländischer Kunden betroffen sind, spielt keine Rolle, da datenschutzrechtlich nur die Orte der Verarbeitung und der Sitz des Verantwortlichen A, **nicht** aber die **Nationalität** der Datensubjekte relevant sind.

Beispiel 1A
Unternehmen A mit (i) Sitz in Frankreich, (ii) ohne Tochtergesellschaften und selbstständig handelnde Zweigniederlassungen in Deutschland und (iii) Kunden sowie Mitarbeitern in Deutschland möchte sein bisher internes CRM-System durch eine Cloud-Lösung eines deutschen Anbieters B mit Rechenzentren nur in Deutschland ersetzen.
In diesem Fall findet nur französisches Datenschutzrecht Anwendung. Die Tatsache, dass auch Daten deutscher Mitarbeiter und Kunden betroffen sind, spielt keine Rolle, da datenschutzrechtlich nur die Orte der Erhebung und Verarbeitung und der Sitz des Verantwortlichen A, **nicht** aber die **Nationalität** der Datensubjekte relevant sind. Die Tatsache, dass Daten in Deutschland erhoben werden, ist gemäß dem Sitzlandprinzip ebenfalls irrelevant.

Beispiel 1B
Unternehmen A mit (i) Sitz in den USA, (ii) ohne Tochtergesellschaften und selbstständig handelnde Zweigniederlassungen in Deutschland und (iii) Kunden sowie Mitarbeitern in Deutschland möchte sein bisher internes CRM-System durch eine Cloud-Lösung eines deutschen Anbieters B mit Rechenzentren nur in Deutschland ersetzen.
In diesem Fall findet (auch) deutsches Datenschutzrecht Anwendung. Zwar spielt wie in Beispiel 1A die Tatsache, dass auch Daten deutscher Mitarbeiter und Kunden betroffen sind, keine Rolle. Relevant wird jetzt aber die Tatsache, dass Daten von Kunden und Mitarbeitern in Deutschland erhoben werden, da das **Sitzlandprinzip** für Verantwortliche **außerhalb des EWR nicht** greift.

Beispiel 2
Unternehmen A mit (i) Sitz in Deutschland und (ii) Tochtergesellschaften in Frankreich, Großbritannien und den USA möchte seine E-Mail-Applikationen und -Server durch eine Cloud-Lösung eines deutschen Anbieters B unter Einsatz von Rechenzentren nur in Deutschland ersetzen.
In diesem Fall findet deutsches, französisches, englisches und ggf. amerikanisches[25] Datenschutzrecht Anwendung (siehe aber auch unten die Ausführungen zur Kettenauslagerung), da datenschutzrechtlich für die betroffenen Kunden- und Arbeitnehmerdaten Verantwortliche (auch) die **jeweiligen Tochtergesellschaften** von A sind.

25 Dies hängt von dem genauen Sitz ab. Auch in den USA gibt es – neben bereichsspezifischen, landesweit geltendem Datenschutz etwa im Gesundheitsbereich – in einigen Bundesstaaten umfassende Datenschutzregeln. Diese weichen teilweise stark voneinander ab. Besonders detailliert/streng sind die Regeln in Kalifornien und Massachusetts.

Beispiel 2A
Wie 2, aber unter Einsatz von Rechenzentren auch in den USA, den Niederlanden und den Philippinen. Dies bedeutet keinen Unterschied. Der Ort der Rechenzentren beeinflusst die formellen und materiellen Anforderungen des jeweils gültigen Datenschutzrechts in der EU,[26] nicht aber die Frage des anwendbaren Rechts.

Beispiel 3
Unternehmen A mit (i) Sitz in Deutschland und (ii) Tochtergesellschaften in Spanien, Italien und Polen möchte seine HR-Software durch eine Cloud-Lösung eines englischen Anbieters B unter Einsatz von Rechenzentren nur in der EU ersetzen.
In diesem Fall findet deutsches, spanisches, italienisches und polnisches Datenschutzrecht Anwendung (siehe aber auch unten die Ausführungen zur Kettenauslagerung), da wiederum datenschutzrechtlich für die betroffenen Kunden- und Arbeitnehmerdaten Verantwortliche die jeweiligen Tochtergesellschaften von A sind. Die Tatsache, dass B Engländer ist, spielt für das anwendbare Recht keine Rolle. Etwas anderes würde nur gelten, wenn B nach englischem Recht als Verantwortlicher anzusehen wäre. Davon dürfte bei einer HR-Lösung aber nicht ausgegangen werden. Im Übrigen würden die englischen Regelungen dann nur für B gelten.

Beispiel 3A
Wie 3, aber B ist amerikanischer statt englischer Anbieter.
Dies bedeutet keinen Unterschied. Dass B außerhalb der EU sitzt, spielt für das anwendbare Recht keine Rolle, wenn ein Fall der Auftragsdatenverarbeitung vorliegt.

III. Kettenauslagerungen

20 Soweit mehrere Landesgesellschaften betroffen sind und die Daten nicht direkt und unter einer eigenen (datenschutzrechtlichen) Vereinbarung von der jeweiligen Landesgesellschaft zu dem Cloud-Dienstleister gelangen, stellt sich die Frage, für welche Daten welches Recht Anwendung findet. Einerseits könnte davon ausgegangen werden, dass jede Landesgesellschaft unter ihrem eigenen Datenschutzrecht die Auslagerung an den Cloud-Dienstleister prüfen und mit ihm die notwendigen (Auftragsdatenverarbeitungs-)Verträge schließen muss. Dies wäre bei einer Vielzahl von Landesgesellschaften sehr aufwendig und in der Praxis – sowohl der Einkaufsabteilung des auslagernden Kunden als auch der Cloud-Anbieter – nicht sehr realistisch. Die **praxisnahe und -taugliche Alternative** ist, von einer Auslagerung der jeweiligen **Landesgesellschaften** zur **Konzernmutter** auszugehen, die dann wiederum den **Cloud-Anbieter als Unterauftragnehmer** beauftragen. Diese Alternative ist insbesondere dann naheliegend, wenn bereits vorher die auszulagernde Leistung zentral

26 Siehe Rn 76 ff.

von der Konzernmutter für ihre Töchter erbracht wurde (z.B. E-Mail-Applikationen und -Server).

Bei einer solchen Kettenauslagerung müsste dann jede Landesgesellschaft unter ihrem Recht die Voraussetzungen für eine Cloud-Auslagerung an die Muttergesellschaft unter Einsatz eines Subunternehmers (ggf. außerhalb der EU) prüfen und die Muttergesellschaft dann die Auslagerung an den Cloud-Dienstleister. Materiell-rechtlich dürfte sich dadurch an der Prüfung nicht viel ändern. Jedoch gibt es einen entscheidenden Unterschied. Lediglich die **Konzernmutter** muss den Vertrag mit dem **Cloud-Anbieter** abschließen. Daneben sind **lediglich konzerninterne Auftragsdatenverarbeitungsverträge** notwendig, die aber die jeweiligen nationalen Anforderungen erfüllen müssen. 21

Des Weiteren ist zu beachten, dass die **Kettenauslagerung** als solche keine Rechtfertigung für einen verstärkten Datenzugriff der Konzernmutter auf die personenbezogenen Daten ihrer Tochtergesellschaften darstellt. Die Konzernmutter agiert als Verantwortlicher und „Herr der Daten" nur bezüglich ihrer eigenen Daten. Sie ist Auftragsdatenverarbeiter bezüglich der Daten ihrer Töchter, d.h. sie darf über diese nur im Rahmen der Weisung ihrer Töchter zugreifen. Neue (Cloud-)Anwendungen eröffnen vielfach **zusätzliche Zugriffs- und Analysemöglichkeiten**. In der Praxis ist zu beobachten, dass in vielen Konzernen die Muttergesellschaften von diesen neuen Möglichkeiten im Rahmen einer Cloud-Auslagerung Gebrauch machen möchten. Manchmal sind diese Möglichkeiten sogar einer der Treiber für die Auslagerung. Datenschutzrechtlich ist hier aber strikt zwischen der Cloud-Auslagerung und einem verstärkten Zugriff zu trennen. Für die Zulässigkeit der Cloud-Auslagerung kommt es alleine auf die Rolle der Mutter als weisungsabhängiger Auftragsdatenverarbeiter ihrer Töchter an. Ob darüber hinaus die Muttergesellschaft Zugriff auf Daten nehmen darf bzw. die Töchter der Mutter Zugriff nach dem jeweiligen Recht gewähren dürfen, ist für jeden **Einzelfall** gesondert und unabhängig zu prüfen. Wichtig ist nur, dass diese Prüfung erfolgt und nicht – wie in der Praxis oft – im Rahmen der Diskussion um das Cloud Computing an sich vergessen wird. 22

Beispiel 4

Unternehmen A mit (i) Sitz in Deutschland und (ii) Tochtergesellschaften in 20 EU- sowie 25 Nicht-EU-Staaten möchte seine bisher zentral von A für den Konzern betriebene Entwicklungsplattform (auf der auch Kunden- und Arbeitnehmerdaten, also personenbezogene Daten liegen) durch ein Cloud-Angebot eines amerikanischen Anbieters B ersetzen.

In diesem Fall müssten unter dem jeweils geltendem nationalen Recht Auftragsdatenverarbeitungsverträge zwischen A und ihren EU-Töchtern sowie ggf. – bei Vorliegen eines entsprechenden nationalen Datenschutzrechts – ihrer Nicht-EU-Töchter bereits vorliegen, da die E-Mail-Applikation konzernintern bereits auf A ausgelagert wurde. In dem Fall wäre nur die ggf. notwendige Anpassung der **konzerninternen Auftragsdatenverarbeitungsverträge** auf die neue Situation (Unterauslagerung von A an Cloud-Anbieter B in den USA) zu prüfen. Soweit irrtümlich bisher keine Auftragsdatenverarbeitungsverträge innerhalb des Konzerns vorlagen,[27] ist dies unter Berücksichtigung der neuen Situation schnellstmöglich nachzuholen. Daneben muss A unter ihrem nationalen Recht sowohl die für sie geltenden (IT-Sicherheits-bezogenen) Anforderungen als Auftragsdatenverarbeiter prüfen als auch die Auslagerung der eigenen Daten an B sowie einen Vertrag mit B abschließen, der den nationalen und europäischen Anforderungen genügt.

IV. Zwischenergebnis

23 Im Ergebnis können also durchaus eine **Reihe von Rechtsordnungen** Anwendung finden. Aber auch in solchen Fällen eignet sich das **deutsche Recht als Ausgangspunkt** meistens besonders gut, da es in Deutschland zum einen besonders detaillierte und strenge Regeln für die Auftragsdatenverarbeitung gibt und zum anderen die datenschutzrechtlichen Anforderungen an Cloud Computing schon relativ lange und differenziert diskutiert werden. Auf Basis einer nach deutschem Recht erreichten **praxistauglichen Compliance**[28] einer Cloud-Auslagerung kann dann geprüft werden, ob ggf. noch zusätzliche Anforderungen in anderen Ländern bestehen. Dies kann insbesondere bei sensitiven Daten oder Cloud-Anbietern mit Rechenzentren außerhalb der EU der Fall sein.

D. Cloud Provider als Auftragsdatenverarbeiter

24 Findet im Rahmen des Cloud Computings ein Umgang mit personenbezogenen Daten statt, ist dessen Rechtmäßigkeit zu prüfen. Grundlegende Bedeutung erlangt hier die Frage, ob der Cloud-Anbieter als eigenständiger **„Herr der Daten"** oder als vom Kunden abhängiger **Auftragsdatenverarbeiter** i.S.v. § 11 BDSG fungiert.

25 Liegen die Voraussetzungen für eine Auftragsdatenverarbeitung vor, müssen „nur" die formalen Anforderungen an die Auftragsdatenverarbeitung erfüllt sein („nur" in Anführungszeichen, weil deren Erfüllung im Cloud-Umfeld nicht einfach und die Voraussetzungen im Einzelnen unklar und umstritten sind, dazu unter Rn 38 ff.). Eine Weitergabe von Daten an den Auftragsdatenverarbeiter und der Umgang mit den Daten durch ihn sind datenschutzrechtlich **privilegiert.** Sie stellen **keine Übermittlung** und Verarbeitung im Sinne des Datenschutzrechts dar, für die es einer besonderen Rechtfertigung bedarf.

26 Liegt dagegen keine Auftragsdatenverarbeitung vor, dann ist der Cloud-Anbieter selbst Verantwortlicher („Herr der Daten") im Sinne des Datenschutzrechts. Die Über-

27 In der Praxis wird dies bei konzerninternen Auslagerungen sehr häufig vergessen. Datenschutzrechtlich notwendig ist es hier aber gleichermaßen.
28 Siehe Rn 38 ff., insbesondere 65 ff.

mittlung der Daten an ihn durch den Kunden und die Verarbeitung der Daten durch den Anbieter bedarf dann einer **Einwilligung** der Datensubjekte oder einer anderen **datenschutzrechtlichen Rechtfertigung**. Eine Einwilligung ist in der Regel aber nicht praktikabel und eine andere datenschutzrechtliche Rechtfertigung dürfte in den meisten Fällen nicht einschlägig sein oder jedenfalls von den Datenschutzbehörden nicht akzeptiert werden (dazu im Einzelnen unter Rn 70 ff.).

Daher ist es für die Prüfung der Rechtmäßigkeit einer Cloud-Auslagerung **entscheidend**, ob ein Fall der **Auftragsdatenverarbeitung** vorliegt. Wie im Folgenden gezeigt wird, ist dies regelmäßig der Fall. Ferner wird dargestellt, dass eine angemessene, dem technischen Fortschritt Rechnung tragende Gesetzesauslegung bei Cloud Computing in Bezug auf die formalen Anforderungen der Auftragsdatenverarbeitung unumgänglich, rechtlich aber auch möglich ist und eine datenschutzrechtlich zulässige Cloud-Auslagerung im Regelfall ermöglichen (dazu unter Rn 65 ff.). 27

I. Unterscheidung Auftragsdatenverarbeitung – Funktionsübertragung

Bei der Beurteilung, ob die Datenweitergabe an und deren Umgang durch einen Dienstleister eine privilegierte Auftragsdatenverarbeitung darstellt oder ob datenschutzrechtliche Rechtfertigungen bedürfende Handlungen (Weitergabe, Verarbeitung) vorliegen, wird üblicherweise unterschieden zwischen der **Auftragsdatenverarbeitung** gem. § 11 BDSG und einer sog. **Funktionsübertragung**, bei der der Dienstleister in eigenem Ermessen die Daten verarbeitet und die Privilegierung des § 11 BDSG nicht greift, sondern eine Rechtfertigung für die Weitergabe der Daten an den Dienstleister erforderlich ist. 28

Bei einer typischen Auftragsdatenverarbeitung übt der Auftragnehmer nur eine Hilfsfunktion aus, während er bei einer Funktionsübertragung eigenständig agiert. Die Abgrenzung ist im Einzelnen streitig. Wie die neueren Kommentarautoren zum BDSG[29] zutreffend ausführen, kommt es nicht darauf an, welche Aufgabe/Funktion übertragen wird (insofern ist der Begriff „Funktionsübertragung" missverständlich), sondern in welcher Weise der Auftrag bzw. die Funktion ausgeführt wird. Eine Funktionsübertragung liegt demnach vor, wenn der Auftragnehmer die Aufgabe in eigenem **Ermessen** ausüben kann, ihm also die Funktion zur **eigenen Kontrolle** übertragen wird. Dagegen liegt Auftragsdatenverarbeitung vor, wenn die (Hilfs- oder Haupt-) Funktion auf **Anweisung** und für den Auftraggeber ausgeführt wird. 29

29 Beispielsweise Taeger/Gabel/*Gabel*, § 11 Rn 16; Plath/*Plath*, § 11 Rn 27 ff.

Beispiel 1
Unternehmen A beauftragt Mailingdienstleister B mit dem Versand von Kundenschreiben, deren Inhalt von A vorgegeben ist, an von A gegebene Adressaten.
Hier hat B **keinerlei Ermessen** bezüglich des Umgangs mit den Daten und führt nur nach klarem Schema eine rein technische Leistung aus. Auftragsdatenverarbeitung liegt vor.

30 Auch die reine Zurverfügungstellung von Speicherplatz in Form des Hostings ist, sofern datenschutzrechtlich überhaupt relevant,[30] ein klares Beispiel für Auftragsdatenverarbeitung.

Beispiel 2
Unternehmen A beauftragt Mailingdienstleister B mit Werbung und Kundenakquise und gibt B dazu Adressdaten. B ist frei dabei, welche Adressaten es in welcher Form (E-Mail, Telefon, Post etc.) und mit welchen Mitteln (Gewinnspiel, reines Informationsschreiben etc.) kontaktiert.
Hier hat B **umfassendes Ermessen**. Es liegt eine Funktionsübertragung und keine Auftragsdatenverarbeitung vor.

II. Einordnung des Cloud Computings

31 Cloud Computing lässt sich nicht ohne Weiteres in eine der vorgenannten beiden klassischen Gruppen einordnen. Einerseits sind Cloud-basierte Dienste in der Regel Dienste, die mit **wenig Ausführungsermessen** und einem Rückgriff auf **standardisierte Prozesse** verbunden sind. Andererseits widerspricht (zumindest scheinbar) das technische Prinzip (global) verteilter Ressourcen sowie das Prinzip standardisierter Dienste beim Cloud Computing dem in § 11 BDSG enthaltenen Prinzip der **individuellen Beherrschbarkeit** und **Kontrolle** von Daten durch den jeweiligen einzelnen Auftraggeber.[31]

32 Der Widerspruch ist aber nur scheinbar und auflösbar. Letztlich entscheidend für die Einordnung als Auftragsdatenverarbeitung oder Funktionsübertragung ist der **Charakter des Dienstes** als solcher in Bezug auf die personenbezogenen Daten. So stellt auch die WP 29 für die Einordnung von „für die Verarbeitung Verantwortlicher" und „Auftragsverarbeiter" maßgeblich darauf ab, dass es darum geht,

> *„zu bestimmen, wer für die Einhaltung der Datenschutzbestimmungen verantwortlich ist und wie die betroffenen Personen ihre Rechte in der Praxis ausüben können. Anders ausgedrückt: Er dient dazu,* ***Verantwortung zuzuweisen****."*[32]

30 Z.B. nicht beim Housing, siehe oben Rn 9.
31 *Niemann/Hennrich*, CR 2010, 686.
32 Artikel-29-Stellungnahme, S. 9.

Beim Cloud Computing legt 33

> *„der Cloud-Anwender den letztendlichen Zweck der Verarbeitung fest und entscheidet über die Auslagerung dieser Verarbeitung und die Delegierung von allen oder Teilen der Verarbeitungstätigkeiten an eine externe Organisation. Folglich fungiert der* ***Cloud-Anwender*** *als für die Datenverarbeitung* ***Verantwortlicher.***"[33]

Dagegen spricht auch nicht, dass der Kunde die Art und Weise der konkreten technischen und organisatorischen Maßnahmen, die ein konkreter Cloud-Anbieter zur Sicherheit der Daten ergreift, regelmäßig nicht beeinflussen kann. Vielmehr kann (und muss[34]) der Kunde seiner notwendigen **Kontrolle und Wahlfreiheit** in Bezug auf die erforderlichen Maßnahmen bereits bei der **Auswahl des Cloud-Anbieters** nachkommen.[35] Der Kunde muss vor dem Vertragsschluss mit einem Cloud-Anbieter prüfen, ob dieser die für die Sicherheit der Daten im konkreten Fall notwendigen Maßnahmen trifft. Es ist eine **„Wahl durch Auswahl"**. 34

So sagt auch die WP 29 ausdrücklich, dass 35

> *„der Cloud-Anwender [...] den Cloud-Anbieter damit beauftragen [kann], die Methoden und die technischen oder organisatorischen Maßnahmen für das Erreichen der Zwecke des für die Verarbeitung Verantwortlichen auszuwählen."*[36]

Beispiel 3
Unternehmen A möchte seine E-Mail-Applikationen und -Server durch eine Cloud-Lösung des Anbieters B ersetzen. B bietet eine einheitliche (IT-Sicherheits-)Infrastruktur für Kunden an, mit standardisierten Service Levels und unter Verweis auf eigene AGBs.
Es liegt ein Fall der Auftragsdatenverarbeitung vor, da die **Auswahl** der verarbeiteten Daten, deren Nutzung und der Zweck der Nutzung **durch den Kunden** festgelegt werden. Die Tatsache, dass standardisierte Sicherheitsmaßnahmen, SLAs und AGBs zum Einsatz kommen, ändert daran nichts. Allerdings muss der Kunde vor Vertragsschluss im **Auswahlprozess** überprüfen, ob das (technische und rechtliche) Angebot des Anbieters den Anforderungen der anwendbaren Datenschutzbestimmungen entspricht.[37]

---

33 Artikel-29-Stellungnahme. S. 9; die Meinungen in der Literatur sind geteilt, vgl. *Niemann/Hennrich*, CR 2010, 686; Spindler/Schuster/*Spindler*, § 11 BDSG Rn 7; *Schulz/Rosenkranz*, ITRB 2009, 232, 235; *Wagner/Blaufuß*, BB 2012, 1751, 1752; Leupold/Glossner/*von dem Bussche/Schelinski*, Teil 1 Rn 366; *Schmidt-Bens*, S. 37; Leupold/Glossner/*Stögmüller*, Teil 5 Rn 350; *Gaul/Koehler*, BB 2011, 2229, 2232; *Opfermann*, ZEuS 2012, 121, 135 ff.; *Schuster/Reichl*, CR 2010, 38, 41; *Weichert*, DuD 2010, 679, 683. Maßgeblich ist aber die (zutreffende) Auffassung der Artikel-29-Datenschutzgruppe. Auch in der Praxis gehen die Cloud-Anbieter und die Cloud-Verträge jedenfalls mittlerweile regelmäßig von Auftragsdatenverarbeitung aus. Diesem Ansatz ist zuzustimmen.

34 Artikel-29-Stellungnahme, S. 10 f.

35 Artikel-29-Stellungnahme, S. 10 f.; *Niemann/Hennrich*, CR 2010, 686.

36 Artikel-29-Stellungnahme, S. 10.

37 Dazu unten Rn 38 ff.

III. Zwischenergebnis

36 Datenschutzrechtlich liegt daher im Ergebnis **regelmäßig eine Auftragsdatenverarbeitung** nach § 11 BDSG und keine Funktionsübertragung vor.[38]

37 Es kann aber auch Konstellationen geben, in dem auch oder nur der Anbieter der Verantwortliche und „Herr der Daten" ist. Das ist der Fall, wenn der Anbieter personenbezogene Daten nicht nur für Zwecke des Kunden, sondern auch für seine **eigenen Zwecke** verarbeitet.

Beispiel 4
Unternehmen A möchte seine E-Mail-Applikationen und -Server durch eine Cloud-Lösung des Anbieters B ersetzen. B bietet besonders günstige Konditionen an, möchte aber dafür die IP-Adressen derjenigen, die A E-Mails schicken, für eigene (Analyse-, Marketing-, Werbe-)Zwecke auswerten.
Wenn man mit den Datenschutzbehörden (und entgegen unserer Ansicht) davon ausgeht, dass IP-Adressen personenbezogene Daten sind, liegt kein reiner Fall der Auftragsdatenverarbeitung vor, da die Nutzung der IP-Adressen durch B **eigenständig für eigene Zwecke** erfolgt. Zumindest bezüglich der IP-Adressen liegt damit keine Auftragsdatenverarbeitung mehr vor.

IV. Anforderungen bei Auftragsdatenverarbeitung (Regelfall)

38 Das angesprochene **Spannungsfeld** zwischen **standardisierten Services** und **(global) verteilter Ressourcen** und dem in § 11 BDSG enthaltenen **Prinzip der Beherrschbarkeit und Kontrolle** von Daten beim Cloud Computing muss bei den verschiedenen Anforderungen der Auftragsdatenverarbeitung in datenschutzkonformer und praxistauglicher Weise gelöst werden. Dazu werden im Folgenden zunächst einige **Grundprinzipien** aufgezeigt und anschließend die verschiedenen Anforderungen und **Lösungsvorschläge** für diese dargestellt.

1. Grundprinzipien

39 Als Ausgangspunkt muss zunächst auf eine eigentlich selbstverständliche, im Datenschutz aber von manchen Seiten oftmals vergessene Regel der Rechtsauslegung und Rechtsanwendung verwiesen werden: Recht und Gesetz sind nicht statisch, sondern im Lichte **technischer und gesellschaftlicher Entwicklungen** auszulegen. Das ist beispielsweise im Urheberrecht (dem Rechtsgebiet, das neben dem Datenschutz wahrscheinlich am meisten von dem stetigen technischen Wandel betroffen ist)

---

38 Klare herrschende Meinung auch in der Literatur, vgl. u.a. *Schulz/Rosenkranz*, ITRB 2009, 232, 235; *Heidrich/Wegener*, MMR 2010, 803, 805; *Niemann/Hennrich*, CR 2010, 686, 687; *Pohle/Amman*, CR 2009, 273, 276; *Schulz*, MMR 2010, 75, 78; *Splittgerber/Rockstroh*, BB 2011, 2179, 2181; *Rath/Rothe*, K&R 2013, 623, 625; *Funke/Wittmann*, ZD 2013, 221, 227; Plath/*Plath*, § 11 Rn 49.

selbstverständlich, allgemein anerkannt und gefestigte Rechtsprechung des Bundesgerichtshofs.[39] Im Datenschutzrecht, in dem es grundsätzlich nur **wenige Gerichtsurteile** gibt, fehlt dieses Selbstverständnis bzw. wird insbesondere von einigen Datenschutzbehörden nur einseitig im Sinne immer weitergehender Forderung nach mehr Datenschutz verstanden.

Die erforderliche **Anpassung** des Rechts, nicht nur bei grundlegenden Änderun- 40
gen de lege ferenda, sondern auch de lege lata bei **Rechtsauslegung** und -anwendung im Rahmen technischen und gesellschaftlichen Wandels kann und muss in **beide Richtungen** gehen. Verhaltensweisen und Geschäftsmodelle, die von Nutzern und Unternehmen allgemein anerkannt und gewünscht sind, sollten nicht durch Datenschutzrecht verhindert werden. Das bedeutet nicht, dass der Datenschutz und geltendes Recht negiert werden. Dies bedeutet aber, dass im Rahmen der möglichen Spanne der Rechtsauslegung und -anwendung ein möglichst praxistauglicher, nicht dogmatisch überzogener Ansatz gewählt wird. Eine solche Vorgehensweise ist natürlich insbesondere dann angezeigt, wenn der Nutzer selbst Datensubjekt ist, also bei B2C-Angeboten beispielsweise im Bereich der Social Media oder auch bei bestimmten Cloud-Dienstleistungen wie E-Mail-Dienste für private Nutzer (Letztere werden anders als weniger sensitive E-Mail-Cloud-Dienste für Unternehmen daher interessanterweise, aber auch zu Recht datenschutzrechtlich nicht hinterfragt). Sie ist aber auch dann angezeigt, wenn der Nutzer selbst nicht Datensubjekt ist, wie regelmäßig bei Cloud-Angeboten im B2B. Denn das Recht hat die Aufgabe, **widerstreitende Interessen** in einen **Ausgleich** zu bringen und dabei alle schützenswerten Interessen zu berücksichtigen.

Was für die Rechtsprechung des BGH (nicht nur) im Urheberrecht auszeichnet, 41
nämlich das Streben, im Rahmen des rechtlich Möglichen und Sinnvollen praxistaugliche Lösungen zu erreichen, muss auch Maßstab der Rechtsauslegung und -anwendung im Datenschutzrecht sein.

Auch die **Datenschutzbehörden** und insbesondere die Artikel-29-Datenschutz- 42
gruppe erkennen mittlerweile die **gesellschaftliche Bedeutung** und Sinnhaftigkeit von Cloud Computing an und halten Cloud Computing-Angebote für **datenschutzrechtlich zulässig** darstellbar.[40] Bei der Ausgestaltung der einzelnen Anforderungen geht die Artikel-29-Datenschutzgruppe bei vielen Punkten in die richtige Richtung. Allerdings bleiben Unschärfen; es fehlt an einigen Stellen an konkreten Aussagen, wie Anforderungen praxistauglich umgesetzt werden sollen. Zudem gehen die Anforderungen an manchen Stellen nach wie vor über das hinaus, was in einer Auslegung nach den oben genannten Grundsätzen angemessen und damit rechtlich richtig ist.

---

39 Siehe beispielsweise BGH, Urt. v. 11.7.2002 – I ZR 255/00 – Rn 24 „Elektronischer Pressespiegel": *„... infolge technischer Fortentwicklung veralten kann. Dem muss gegebenenfalls durch extensive Auslegung Rechnung getragen werden."*
40 Siehe Artikel-29-Stellungnahme.

Im Folgenden wird daher der Versuch unternommen, eine **konkrete, praxistaugliche und rechtskonforme** Darstellung der Anforderungen darzulegen. In einem ersten Schritt ist es dafür erforderlich, zunächst die gesetzlichen Anforderungen aufzulisten, deren Auslegung und Ausgestaltung es bedarf.

2. Anforderungen

43 Hier sollen zunächst die Anforderungen zum einen nach **deutschem Recht** und zum anderen nach europäischem Recht aus Sicht der **Artikel-29-Datenschutzgruppe** dargestellt werden und diese dann interpretiert und zu einem praxistauglichen Anforderungs- bzw. Prüfungskatalog für Cloud-Anbieter und -Kunden zusammengefasst werden.

a) Anforderungen nach dem BDSG

44 Die Anforderungen einer Auftragsdatenverarbeitung sind nach deutschem Datenschutzrecht in **§ 11 BDSG** normiert. Der Cloud-Anwender ist im Rahmen der Auftragsdatenverarbeitung datenschutzrechtlich verantwortlich.[41]

45 Er hat zunächst gem. § 11 Abs. 2 S. 1 BDSG den Cloud-Anbieter unter besonderer Berücksichtigung der Eignung der von ihm getroffenen **technischen und organisatorischen Maßnahmen** im Rahmen einer Erstkontrolle **sorgfältig auszuwählen.**[42]

46 Der Cloud-Anwender hat ferner mit dem Cloud-Anbieter einen **schriftlichen Auftragsdatenverarbeitungsvertrag** i.S.d. § 11 Abs. 2 S. 2 BDSG zu schließen. In diesem Vertrag sind die in **§ 11 Abs. 2 S. 2 BDSG aufgeführten Kriterien** festzulegen. Der Vertrag muss demnach folgende Bestimmungen mindestens enthalten:

- den **Gegenstand** und die **Dauer** des Auftrags (Nr. 1);
- den **Umfang, die Art und den Zweck** der vorgesehenen Erhebung, Verarbeitung oder Nutzung von Daten, die **Art der Daten** sowie den **Kreis der Betroffenen** (Nr. 2);
- die nach § 9 BDSG zu treffenden **technischen und organisatorischen Maßnahmen** (Nr. 3);
- die **Berichtigung**, **Löschung** und **Sperrung** von Daten (Nr. 4);
- die nach § 11 Abs. 4 BDSG bestehenden Pflichten des Cloud-Anbieters, insbesondere die von ihm vorzunehmenden **Kontrollen** (Nr. 5);
- die etwaige Berechtigung zur Begründung von **Unterauftragsverhältnissen** (Nr. 6);
- die **Kontrollrechte** des Cloud-Kunden und die entsprechenden Duldungs- und Mitwirkungspflichten des Cloud-Anbieters (Nr. 7);

41 Artikel-29-Stellungnahme, S. 9.

42 *Simitis*, § 11 Rn 57.

- die Verpflichtung des Cloud-Anbieters, **Datenverstöße** mitzuteilen (Nr. 8);
- den Umfang der **Weisungsbefugnisse**, die sich der Cloud-Anwender gegenüber dem Cloud-Anbieter vorbehält (Nr. 9) und
- die Rückgabe überlassener Datenträger und die **Datenlöschung** nach Beendigung des Auftrags (Nr. 10).

Neben der sorgfältigen Auswahl und den vorgeschriebenen Vertragsinhalten hat sich darüber hinaus der Cloud-Anwender vor Beginn der Datenverarbeitung und sodann **regelmäßig** von der Einhaltung der beim Cloud-Anbieter getroffenen technischen und organisatorischen Maßnahmen im Rahmen von Regelüberprüfungen **zu überzeugen** und das Ergebnis zu dokumentieren, § 11 Abs. 2 S. 4, 5 BDSG.[43] Mit Ausnahme von temporären Cloud Computing-Verträgen ergibt sich daraus eine Pflicht zur kontinuierlichen Prüfung, wobei starre und gesetzlich normierte Fristen hierfür nicht vorgesehen sind.[44]

Schließlich regelt § 11 BDSG in Abs. 3 und 4 zusätzlich formelle Pflichten, die den Cloud-Anbieter als Auftragsdatenverarbeiter direkt treffen. So darf dieser die Daten u.a. gem. § 11 Abs. 3 S. 1 BDSG nur nach den Weisungen des Cloud-Anwenders erheben, verarbeiten oder nutzen. Der Cloud-Anbieter wiederum muss sicherstellen, dass nur weisungsgemäße Verarbeitungen oder Nutzungen stattfinden. Er ist nach § 11 Abs. 3 S. 2 BDSG auch verpflichtet, den Cloud-Kunden unverzüglich hinzuweisen, wenn er der Meinung ist, eine Weisung verstößt gegen geltendes Datenschutzrecht. Jedoch ist Letzterer nicht an den Hinweis des Cloud-Anbieters gebunden, wohingegen der Auftragnehmer den gerügten Auftrag gleichwohl auszuführen hat. Hinsichtlich der Auftragsabwicklung selbst ist der **Cloud-Anbieter lediglich** an diejenigen Regelungen gebunden, die in seinen Verantwortungsbereich fallen, § 11 Abs. 4 BDSG.[45] Darunter fällt u.a. die Pflicht, **technische und organisatorische Maßnahmen** nach § 9 BDSG zu gewährleisten und das **Datengeheimnis** nach § 5 BDSG zu wahren. Weitere Anforderungen wie beispielsweise die Einhaltung der Buß- und Strafvorschriften nach §§ 43, 44 BDSG ergeben sich aus § 11 Abs. 4 BDSG. 47

b) Anforderungen nach der Artikel-29 Datenschutzgruppe

Auch die Artikel-29-Datenschutzgruppe hat sich in ihrer Stellungnahme[46] intensiv mit Cloud Computing und Auftragsdatenverarbeitung auseinandergesetzt und ebenfalls 48

43 *Gola/Schomerus*, § 11 Rn 21; *Simitis*, § 11 Rn 61.

44 *Simitis*, § 11 Rn 61. Wie die Prüfungspflichten praxistauglich erfüllt werden können, dazu unten Rn 69.

45 *Gola/Schomerus*, § 11 Rn 27.

46 WP 196, Stellungnahme 05/2012 zum Cloud Computing v. 1.7.2012.

Kriterien sowohl für den Cloud-Anwender als auch für den Cloud-Anbieter aufgestellt.[47]

49 In diesem Zusammenhang führt sie zunächst an, dass Ausgangspunkt für die Anforderungen die klassischen Ziele der Datensicherheit dreierlei seien:
- **Verfügbarkeit**,
- **Integrität** und
- **Vertraulichkeit**.

50 Aber das Datenschutzrecht sei nicht auf diese Ziele einzugrenzen, sondern auf die spezifischen Datenschutzziele
- **Transparenz**,
- **Isolierung**,
- **Intervenierbarkeit** und
- **Portabilität**

auszuweiten, um das in Art. 8 der Charta der Grundrechte der Europäischen Union verankerte Recht des Einzelnen auf Datenschutz zu stärken.[48] Daraus ergeben sich mithin **sieben Grundprinzipien** bzw. Ziele.

51 Die Artikel-29-Datenschutzgruppe ist der Ansicht, dass diese sieben Ziele (Verfügbarkeit, Integrität, Vertraulichkeit, Transparenz, Isolierung, Intervenierbarkeit und Portabilität) bei jeder Datenverarbeitung und damit auch stets beim Cloud Computing vorliegen müssen.[49] Im Auftragsverhältnis zwischen Cloud-Anwender und Cloud-Anbieter haben sie sich deshalb widerzuspiegeln. Die **größten Risiken** sieht die Artikel-29-Datenschutzgruppe wenig überraschend in möglicher **fehlender Transparenz** – unzureichende Informationen über die Datenverarbeitung – und **fehlender Kontrolle** des Auftraggebers (Cloud-Anwender) über die notwendigen technischen und organisatorischen Maßnahmen zur Sicherstellung der genannten Datenschutzziele Verfügbarkeit, Integrität, Vertraulichkeit, Transparenz, Isolierung, Intervenierbarkeit und Portabilität.[50]

52 Im Folgenden werden die von der Artikel-29-Datenschutzgruppe in ihrer Stellungnahme aufgestellten Anforderungen sowohl an den Cloud-Anbieter als auch an den Cloud-Anwender dargestellt.

47 Artikel-29-Stellungnahme, S. 9 ff.
48 Artikel-29-Stellungnahme, S. 6.
49 Artikel-29-Stellungnahme, S. 6.
50 Artikel-29-Stellungnahme, S. 6 ff.

aa) Vertragliche Ausgestaltung

Die Datenschutzanforderungen in dem Verhältnis Cloud-Anwender und Cloud-Anbieter hängen neben den klassischen und spezifischen Datenschutzzielen auch von der Einhaltung der Grundprinzipien der europäischen Datenschutzbestimmungen ab. Der Cloud-Anwender hat den Transparenzgrundsatz gegenüber dem Betroffenen zu wahren, Zweckbestimmung und Zweckbegrenzung müssen beachtet sowie die Löschung von personenbezogenen Daten bei Wegfall der erforderlichen Aufbewahrung muss garantiert werden. Um dies zu gewährleisten, haben die Parteien einen **förmlichen Vertrag** in schriftlicher oder anderer Form zu schließen.[51] 53

In dem Vertrag müssen die folgenden, von der Artikel-29-Datenschutzgruppe in WP 196 herausgearbeiteten Punkte vereinbart werden:[52] 54

- genaue vertragliche Spezifikation von konkreten **technischen und organisatorischen** Maßnahmen (zu diesen im nächsten Abschnitt);
- **Anweisungen** des Cloud-Anwenders inklusive entsprechender Sanktionen bei Nichtbefolgung;
- **Umfang, Art und Zweck** der Datenverarbeitung sowie **Gegenstand** und **Zeitraum** des durch den Cloud Provider zu erbringenden Cloud-Dienstes;
- genaue Angaben hinsichtlich der **Rückgabe oder Zerstörung** personenbezogener Daten;
- eine **Vertraulichkeitsklausel**, die den Cloud-Anbieter und all diejenigen Angestellten, die Zugang zu den personenbezogenen Daten haben, zur Vertraulichkeit verpflichtet (dabei ist zu beachten, dass die personenbezogenen Daten ausschließlich befugten Personen zugänglich gemacht werden dürfen);
- Verpflichtung des Cloud-Anbieters, den Cloud-Anwender dahingehend zu **unterstützen**, dass die Betroffenen ihre Rechte auf Zugang, Berichtigung und Löschung ihrer Daten leichter ausüben können;
- die Pflicht des Cloud-Anbieters, den Cloud-Anwender im Falle einer **Datenschutzverletzung** zu informieren;
- die Pflicht des Cloud Providers, eine Liste zur Verfügung zu stellen, auf der all diejenigen **Standorte** aufgelistet sind, an denen die personenbezogenen Daten möglicherweise erhoben und verarbeitet werden;
- das Recht des Cloud-Kunden auf **Überwachung** sowie die Verpflichtung des Cloud-Anbieters zur Zusammenarbeit;
- die **Unterrichtung** des Cloud-Anwenders über wichtige **Änderungen** bei den jeweiligen Cloud-Diensten – so beispielsweise, wenn neue Funktionen implementiert werden;

51 Artikel-29-Stellungnahme, S. 15.

52 Die im Text genannten Stichpunkte sind zu finden unter: Artikel-29-Stellungnahme, S. 15 ff.; die vielen Anforderungen der WP 29 betreffen vielfach im Ergebnis dieselben Punkte, sodass die Liste länger klingt, als sie in der Praxisumsetzung ist; dazu im nächsten Abschnitt.

- **Protokollierung** und Prüfung der relevanten Verarbeitungstätigkeiten an personenbezogenen Daten;
- Verpflichtung des Cloud-Anbieters, den Cloud-Anwender über alle rechtlich verbindlichen Ersuche einer **Strafverfolgungsbehörde** auf Datenweitergabe zu informieren, sofern diese Pflicht nicht gegen anwendbares Recht verstößt (ein Verbot zur Weitergabe kommt bei einem strafrechtlichen Verbot zur Wahrung des Untersuchungsgeheimnisses bei strafrechtlichen Ermittlungen in Betracht);
- grundsätzliche Verpflichtung des Cloud Providers, sicherzustellen, dass seine **interne Organisation** und seine Maßnahmen zur Datenverarbeitung – und ggf. die seiner Unterauftragsverarbeiter – die nationalen und **internationalen rechtlichen Anforderungen** und **Standards** einhalten sowie
- **Verbot der Offenbarung** von personenbezogenen Daten einem Dritten gegenüber.

55 In Bezug auf den **Unterauftragnehmer** hat der Vertrag festzulegen, dass seine Beauftragung nur mit **Einwilligung** des Cloud-Anwenders zu erfolgen hat, wobei diese **pauschal** erteilt werden kann. Diesbezügliche Änderungen muss der Cloud-Anbieter den Cloud-Kunden mitteilen, damit er die Möglichkeit hat, diesen zu widersprechen oder den Vertrag zu beenden. Dem Cloud-Anbieter muss durch Vertrag auferlegt werden, alle beauftragten Unterauftragnehmer konkret mit Namen zu benennen. Erforderlich ist, dass der Unterauftragnehmervertrag die Vertragsregelungen zwischen Cloud-Anwender und Cloud-Anbieter widerspiegelt. Es ist ferner zu gewährleisten, dass Cloud-Anbieter und alle Unterauftragnehmer ausschließlich auf Weisung des Cloud-Anwenders handeln.

bb) Technische und organisatorische Maßnahmen

56 Hinsichtlich der Anforderungen an den technischen Datenschutz unterscheidet die Artikel-29-Datenschutzgruppe nach ihren zuvor festgelegten Datenschutz- und Sicherheitszielen der Verfügbarkeit, Integrität, Vertraulichkeit, Transparenz, Isolierung, Intervenierbarkeit sowie Portabilität und ergänzt noch den übergeordneten Begriff der „Rechenschaftspflicht“.[53]

- **Verfügbarkeit**

57 Im Hinblick auf die Verfügbarkeit, also die Sicherstellung eines Zugangs zu den personenbezogenen Daten, hat der Cloud-Anwender als der für die Verarbeitung Verantwortliche angemessene Maßnahmen zu ergreifen, um ein diesbezügliches **Störungsrisiko** entgegenzutreten. Als solche Maßnahmen können beispiels-

53 Artikel-29-Stellungnahme, S. 17 ff.

weise **Backup-Internet-Netzwerkverbindungen**, redundante Speicherung und wirksame Mechanismen zum **Daten-Backup** gesehen werden.[54]

- **Integrität**
  Die Integrität erfordert, dass die Verarbeitung personenbezogener Daten auf den 58
  verwendeten Systemen unverändert bleibt. Ob eine Änderung personenbezogener Daten vorgenommen worden ist, kann durch Mechanismen der **kryptographischen Authentifizierung** wie Message Authentication Codes oder Signaturen herausgefunden werden. Intrusion Detection und Intrusion Prevention Systeme (**IDS/IPS**) dienen dazu, Störungen der Integrität von IT-Systemen in der Cloud zu entdecken bzw. zu verhindern. Insbesondere relevant sind solche Mechanismen bei der Art offener Netzwerkumgebungen, in der Clouds grundsätzlich betrieben werden.[55]
- **Vertraulichkeit**
  Die Verschlüsselung in der Cloud-Umgebung kann bei richtiger Ausführung 59
  entscheidend zu der Erreichung des Datenschutzziels der Vertraulichkeit personenbezogener Daten beitragen. Dies ist auch dann der Fall, wenn die Verschlüsselung personenbezogener Daten nicht unwiderruflich anonymisiert erfolgt. Zu beachten ist, dass die Datenschutzrichtlinie 95/46/EG in ihrem Erwägungsgrund 26 ausführt, dass die Schutzprinzipien keine Anwendung auf Daten fänden, die derart anonymisiert seien, dass die betroffene Person nicht mehr identifizierbar ist.[56] Nichtsdestoweniger führen die technischen **Datenfragmentierungsprozesse**, die im Rahmen der Bestimmungen von Cloud Computing-Diensten genutzt werden können, **nicht** zu einer **unwiederbringlichen Anonymisierung** der Daten und implizieren folglich nicht, dass die Datenschutzvorschriften keine Anwendung finden. Darüber hinaus ist wichtig, dass personenbezogene Daten während des Transits stets, und ruhende Daten sofern möglich, verschlüsselt sind. Ein solches Vorgehen ist insbesondere für den Cloud-Anwender von Bedeutung, der eine Übermittlung von Daten, die dem Berufsgeheimnis unterliegen, oder sensibler Daten nach Art. 8 der Datenschutzrichtlinie 95/46/EG in die Cloud plant. Neben der Verschlüsselung kommen als weitere technische Maßnahmen Autorisierungsmechanismen und die sichere Authentifizierung wie die Zwei-Faktor-Authentifizierung in Betracht.[57]

---

54 Artikel-29-Stellungnahme, S. 18.
55 Artikel-29-Stellungnahme, S. 18.
56 Zu den Auswirkungen von Kryptografie auf den Personenbezug in der Cloud, vgl. *Kroschwald*, ZD 2014, 75, 77 ff.
57 Artikel-29-Stellungnahme, S. 18.

- **Transparenz**

60 Im Rahmen der Transparenz dienen die technischen und organisatorischen Maßnahmen insbesondere dazu, das Datenschutzziel zu unterstützen, damit eine **Überprüfung ermöglicht** wird.[58]

- **Isolierung**

61 Die Cloud-typischen Ressourcen wie Netzwerke, Aufbewahrung und Speicher werden oftmals von den Cloud-Anwendern geteilt. Nach der Stellungnahme der Artikel-29-Datenschutzgruppe birgt dies jedoch neue Risiken bezüglich der Offenlegung oder Weiterverarbeitung von Daten zu illegalen Zwecken, weshalb das Ziel der Isolierung und Zweckbegrenzung dem entgegenwirken soll. Um eine solche Isolierung jedoch zu erzielen, ist zum einen eine **angemessene Kontrolle** der Rechte und Rollen für den Zugang zu den personenbezogenen Daten unumgänglich. Aufgrund dessen ist die Vermeidung von neuen Funktionen mit vielen Privilegien geboten. Dies hat zur Folge, dass insbesondere kein Cloud-Anwender oder Administrator für die gesamte Cloud zugangsberechtigt sein sollte. Vielmehr sollen sie nur Zugang zu den Informationen erlangen können, die sie für die rechtmäßige Zweckerfüllung benötigen, sog. **Least Privilege-Prinzip**. Zum anderen ist die Isolierung auch an technische Maßnahmen wie dem Verstärken der Hypervisoren sowie an einer richtigen Verwaltung gemeinsam genutzter Ressourcen gebunden. Dies ist dann der Fall, wenn virtuelle Maschinen verwendet werden, um physische Ressourcen gemeinsam mit verschiedenen Cloud-Anwendern zu nutzen.[59]

- **Intervenierbarkeit**

62 Gemäß Art. 12 und 14 der Datenschutzrichtlinie 95/46/EG hat der Betroffene das Recht auf **Auskunft, Berichtigung, Löschung, Sperrung und Widerspruch**. Um diese Rechte ausüben zu können, muss der Cloud-Anwender kontrollieren, dass der Cloud-Anbieter diese Anforderungen nicht durch technische oder organisatorische Hindernisse erschwert (sog. Intervenierbarkeit) – auch dann nicht, wenn die Daten von Unterauftragnehmern weiterverarbeitet werden.[60]

- **Portabilität**

63 Bislang besteht wenig Portabilität und Interoperabilität zwischen den einzelnen Cloud-Diensten der einzelnen Cloud-Anbieter. Die Konsequenz daraus ist, dass es dem Cloud-Anwender oftmals verwehrt bleibt oder zumindest erschwert wird, von einem Cloud-Anbieter zu einem anderen zu wechseln (sog. **Vendor Lock-in**). Für den Cloud-Kunden kann das Bestehen von Portabilität und Interoperabilität gleichwohl ein maßgeblicher Faktor sein.[61]

---

58 Artikel-29-Stellungnahme, S. 19.
59 Artikel-29-Stellungnahme, S. 19.
60 Artikel-29-Stellungnahme, S. 20.
61 Artikel-29-Stellungnahme, S. 20.

– **Rechenschaftspflicht**
Die Rechenschaftspflicht ist die Möglichkeit einer Partei, nachzuweisen, dass sie angemessene Schritte zur Umsetzung der genannten Datenschutzgrundsätze unternommen hat. Im Cloud-Bereich ist es folglich von größter Bedeutung, eine verlässliche Überwachung und verständliche **Protokollierungsmechanismen** zu bieten. Cloud-Anbieter sollten zudem den Nachweis erbringen, dass sie die Datenschutzgrundsätze mittels angemessener und effektiver Maßnahmen umgesetzt haben. Als Maßnahmen kommen insbesondere in Betracht ein Verfahren zur Sicherstellung der Identifizierung aller Datenverarbeitungsschritte, die Zuweisung von Ressourcen einschließlich der Ernennung von **Datenschutzbeauftragten** sowie die Beantwortung von Auskunftsersuchen.[62] 64

cc) Anforderungen für die Praxis

Der vorherige Abschnitt zeigt, dass die in **§ 11 BDSG** genannten Anforderungen und die von der **Artikel-29-Datenschutzgruppe** aufgestellten Anforderungen nicht voneinander abweichen, sondern **ähnlich sind**.[63] Auch berühren viele Anforderungen die gleichen Punkte, sie sind auch teilweise redundant, sodass die Anforderungen sich praxisgerecht zusammenfassen lassen. 65

In der Praxis ist es zunächst jedoch vielfach so, dass Provider von Cloud-Diensten Standarddienste sowie **Standardverträge** für potenzielle Cloud-Kunden bereitstellen. Der für die Verarbeitung Verantwortliche sieht sich in der Regel einem Standardformat für die Datenverarbeitung ausgesetzt. Die Konsequenz ist ein Ungleichgewicht in der Vertragsposition zwischen dem oftmals kleinen Cloud-Anwender und dem großen Dienstleister als Cloud-Anbieter. Nichtsdestoweniger darf eine solche **Disparität** nicht eine Rechtfertigung für den Cloud-Anwender sein, Vertragsklauseln und Vertragsbedingungen zu akzeptieren, die gegen geltendes Datenschutzrecht verstoßen. Er muss vielmehr die bestehenden deutschen sowie europarechtlichen datenschutzrechtlichen Anforderungen einhalten, wenngleich auch die Besonderheiten des Cloud Computings Berücksichtigung finden müssen. 66

Um demnach sowohl den Kriterien des § 11 BDSG als auch denen der Stellungnahme der Artikel-29-Datenschutzgruppe zum Cloud Computing gerecht zu werden, sind die sich wie folgt zusammenfassen lassenden Anforderungen zu beachten. 67

Aus der datenschutzrechtlichen Einordnung sowohl auf deutscher als auch auf europäischer Ebene ergibt sich zunächst, dass Cloud-Anbieter und Cloud-Anwender einen **schriftlichen Vertrag** abzuschließen haben, in dem die nachfolgend aufgeführten **zehn Punkte** festzulegen sind: 68

---

62 Artikel-29-Stellungnahme, S. 20.
63 *Schröder/Haag*, ZD 2012, 495, 497.

Praxistipp

1. **Beschreibung der Daten(-nutzung)**: Der Gegenstand des Cloud Computing-Dienstes sowie Umfang, Art und der Zweck der vorgesehenen Erhebung, Verarbeitung oder Nutzung personenbezogener Daten durch den Cloud-Anbieter sind festzulegen, inklusive der Art der zu verarbeitenden personenbezogenen Daten (Aufzählung bzw. Beschreibung der Datenkategorien; ggf. Hervorhebung der Nutzung sensitiver Daten) sowie der Kreis der betroffenen Personen. Die Benennungen sind so **konkret wie möglich** zu fassen; Pauschalangaben – wie „Kontaktdaten" für den Kreis der Betroffenen – erfüllen die Anforderungen nicht.[64] Andererseits sind die Anforderungen auch nicht zu überspannen. Kategorisierungen/Gruppierungen sind zulässig[65] und die Beschreibung sollte nicht so eng gefasst werden, dass kleinste Veränderungen im Alltag eine Vertragsanpassung erfordern.
2. **Laufzeit**: Die Dauer (Vertragslaufzeit) des Cloud Computing-Dienstes, inklusive **Kündigungsrecht**, sind festzulegen. Ein Kündigungsrecht ist insbesondere vorzusehen, wenn der Anbieter eine datenschutzrechtlich erforderliche Weisung des Kunden nicht umsetzen kann oder will.
3. **Datenherrschaft**: Die Befugnis des Cloud-Nutzers zur **Berichtigung, Löschung und Sperrung** von personenbezogenen Daten während der Vertragszeit sowie die **Rückgabe bzw. Löschung** beim Cloud-Anbieter gespeicherter Daten nach Beendigung sind zu regeln (Ausnahme der Löschungs-/Rückgabepflicht für diejenigen Daten, die einer gesetzlichen Speicherpflicht des Cloud-Anbieters unterliegen[66]). Dabei ist zu berücksichtigen, dass „digitale Daten" nicht so gelöscht werden können wie analoge (wenn man die Server nicht vernichtet, was natürlich nicht verlangt werden kann). Verlangt wird die Anwendung von **State of the Art-Datenlöschungsmethoden und -zeiträumen**.
4. **Weisungen**: Der Umfang der Weisungsbefugnisse des Cloud-Anwenders als Auftraggeber gegenüber dem Cloud-Anbieter sowie Sanktionen (insbesondere Kündigung) bei Nichteinhaltung der vertraglich geregelten Weisungen sind festzuhalten. Die Weisung erstreckt sich insbesondere auf die mit der Datenherrschaft verbundenen Punkte sowie auf die **Zugriffsrechte** zu den Daten. Sie erstreckt sich nicht auf die vorgegebene IT-Infrastruktur des Cloud-Anbieters. Hier hat der Kunde vorab (vor Vertragsschluss) selbst die Auswahl zu treffen und einen Anbieter mit einer datenschutzkonformen Infrastruktur auszuwählen. Bei den Sanktionen geht die WP 29 eindeutig zu weit, wenn sie **Vertragsstrafen** verlangt. Dies ist eine Frage der Vertragsfreiheit der Parteien und wird auch bei normalen Outsourcings, die teilweise datenschutzrechtlich viel sensitiver sind, nicht als datenschutzrechtliche Pflicht gesehen. Eine entsprechende Pflicht lässt sich weder aus der Datenschutzrichtlinie noch dem BDSG ableiten. Sie besteht **nicht**.
5. **Kontrolle und Audits**: Ebenfalls zu regeln sind die Kontrollrechte des Cloud-Anwenders wie das Recht auf Überwachung und die korrespondierende Mitwirkungspflicht des Auftraggebers, z.B. damit die Betroffenen ihr Recht auf Zugang, Berichtigung und Löschung einfacher ausüben können. Hier kann vereinbart werden, dass die **Kontrolle durch Dritte (Experten, zertifizierte Dienstleister)** und **Zertifikate** erfüllt wird.[67] Zumindest bei Massenapplikationen wäre es für die Sicherheit und den Datenschutz geradezu kontraproduktiv, wenn sich die Kunden zwecks Kontrolle „die Klinke in die Hand geben". Zudem fehlt den Kunden in aller Regel auch die technische Fähigkeit zur Kontrolle. Experten und Zertifizierungen machen hier in jeder Hinsicht mehr Sinn.[68] Für Extremfälle kann aber immer noch ein persönliches Zugangsrecht vereinbart werden.

---

64 *Simitis*, § 11 Rn 68 ff.

65 Taeger/Gabel/*Gabel*, § 11 Rn 43.

66 *Simitis*, § 11 Rn 82.

67 Artikel-29-Stellungnahme, S. 27; vgl. auch *Niemann/Hennrich*, CR 2010, 686, 688 ff.; Tamm/Tonner/*Polenz*, § 6 Rn 139; *Schmidt-Bens*, S. 34 ff.; *Gaul/Koehler*, BB 2011, 2229, 2232; *Opfermann*, ZEuS 2012, 121, 135 f.

68 *Selzer*, DuD 2013, 215, 216 ff.

6. **Sicherheit**: Eine Darlegung und Konkretisierung der **technischen und organisatorischen Sicherheitsmaßnahmen**, die der Cloud-Anbieter einzuhalten hat, muss erfolgen. Insbesondere muss hierbei die **Protokollierung** und Überprüfung der maßgeblichen Datenverarbeitungshandlungen, die sowohl von den Cloud-Anbietern als auch von deren Unterauftragnehmern vorgenommen werden, festgelegt werden. Wenn dadurch die Sicherheitslage verändert wird (oder anderweitig die Datenschutzrechte des Kunden beeinträchtigt werden), hat der Cloud-Anbieter den Cloud-Anwender über entsprechende Änderungen hinsichtlich der Cloud-Dienste wie die Einführung neuer Funktionen zu benachrichtigen. Zu weitgehend ist es, eine solche Benachrichtigungspflicht grundsätzlich datenschutzrechtlich zu verlangen, unabhängig von ihrer datenschutzrechtlichen Relevanz. Denn was datenschutzrechtlich nicht relevant ist, kann natürlich auch nicht unter Rückgriff auf Datenschutzrecht verlangt werden.
7. **Unterauftragnehmer**: Eine Offenlegung personenbezogener Daten des Cloud-Anwenders gegenüber Dritten, die keine Unterauftragnehmer sind, ist vertraglich zu regeln, wenn nicht gar vertraglich auszuschließen. Im Falle der Hinzuziehung von Unterauftragnehmer hat der Vertrag festzulegen, dass der Cloud-Anbieter sämtliche derzeitigen sowie bereits bekannten zukünftigen Unterauftragnehmer zu **benennen** und über **Änderungen** den Cloud-Anwender zu **informieren** hat. Das gilt natürlich nur für Unterauftragnehmer, die (realistischerweise) Zugang zu personenbezogenen Daten haben können. Eine Beauftragung eines solchen Unterauftragnehmers sollte nur auf Grundlage einer Einwilligung möglich sein, die auch pauschal und im Voraus erteilt werden kann. Zu berücksichtigen ist auch, dass der zwischen Cloud-Anbieter und Unterauftragnehmer geschlossene Vertrag die Bestimmungen des Cloud Computing-Vertrags zwischen Cloud-Anwender und Cloud-Anbieter reflektiert und gänzlich zum Ausdruck bringt. Das bedeutet, dass der Unterauftragnehmer von **denselben vertraglichen Verpflichtungen** abhängt wie der Cloud-Anbieter gegenüber dem Cloud-Anwender. Sowohl jegliche Unterauftragnehmer als auch der Cloud-Anbieter haben ausschließlich auf Weisung des Cloud-Anbieters zu handeln.
8. **Orte der Server**: Der Cloud-Anbieter hat darüber hinaus all diejenigen **Standorte**, an denen möglicherweise eine Datenverarbeitung stattfindet, aufzuzählen. Änderungen der Orte sind **ohne Zustimmung** des Kunden möglich, soweit damit **keine Verlagerung in neue Länder oder gar Regionen** verbunden ist.
9. **Vertraulichkeit und Rechtskonformität**: Dies beinhaltet zunächst eine **Vertraulichkeitsklausel**, die für den Cloud-Anbieter samt seiner Mitarbeiter, die Zugang zu den personenbezogenen Daten des Cloud-Anwenders haben, gelten soll. Überdies ist zu vereinbaren, dass die Daten ausschließlich für berechtigte Personen zugänglich sein sollen. Ferner erforderlich ist die Zusicherung des Cloud-Anbieters, dass bei der **internen Organisation** sowie bei seinen Maßnahmen zur Verarbeitung personenbezogener Daten und bei denen seiner Unterauftragnehmer – falls vorhanden – geltende deutsche sowie internationale rechtlichen Anforderungen und Standards beachtet werden. Hierbei ist anzumerken, dass es sich lediglich um die Beachtung der europäischen Datenschutzprinzipien sowie die vertraglich vereinbarten Pflichten des Cloud-Anbieters handeln kann, nicht jedoch auch formelle Bestimmungen, die den Verantwortlichen treffen, vom Cloud-Anbieter beachtet werden müssen. Dies hätte nämlich u.a. zur Folge, dass zahlreiche lokal kundige Datenschutzbeauftragte aufseiten des Cloud-Anbieters eingestellt werden müssten, auch wenn der Cloud Provider nur in einem Land sitzt, und würde auch darüber hinaus ihn vor sehr große – oftmals schwer zu bewältigende – Herausforderungen stellen. Dies schießt ganz offensichtlich über das Ziel hinaus.
10. **Informationspflicht**: Dazu gehört erstens eine Mitteilungspflicht des Cloud-Anbieters/des Auftragnehmers bei **Datenschutzverstößen**, (nur) soweit diese für den jeweiligen Kunden maßgeblich sind. Darunter fällt zweitens die grundsätzliche Pflicht des Cloud-Anbieters, über alle rechtlich verbindlichen, den Kunden betreffenden Ersuche einer **Strafverfolgungsbehörde** auf Datenweitergabe den Cloud-Anwender zu informieren. Dieses Thema ist vor dem Hintergrund der

Snowden-Enthüllungen gerade für amerikanische und britische Anbieter virulent. Ausnahmsweise kann eine solche Pflicht entfallen, wenn die Benachrichtigung gesetzlich untersagt ist. Dies ist beispielsweise bei einem strafrechtlichen Verbot der Fall, durch den bei strafrechtlichen Ermittlungen das Untersuchungsgeheimnis geschützt werden soll. Die Mitteilungspflicht kann aber nur ausnahmsweise entfallen und nicht grundsätzlich.

---

69 Neben den vertraglich festzulegenden Bedingungen hat sich der Cloud-Anwender als Auftraggeber vor Beginn der Verarbeitung personenbezogener Daten und anschließend „regelmäßig" von der Einhaltung der beim Cloud-Anbieter und Auftragnehmer getroffenen technischen und organisatorischen Maßnahmen zu überzeugen und die Ergebnisse zu dokumentieren. Die Kontrollpflicht divergiert in der Praxis stark von der tatsächlichen Kontrollmöglichkeit des Cloud-Kunden direkt beim Cloud-Anbieter. Zum einen ist die Praxis der großen Cloud-Anbieter oftmals gekennzeichnet durch eine globale Verteilung der Cloud-Infrastruktur und damit der genaue Ort der Datenverarbeitung kaum feststellbar.[69] Zum anderen ist es für den Cloud-Anwender und Auftraggeber **kaum möglich**, bei komplexeren Cloud-Infrastrukturen eine **Überprüfung** der konkreten Sicherheitsmaßnahmen durchzuführen.[70] Diesen Problemen kann der Cloud-Anwender wie dargelegt am besten durch die Übertragung der Kontrolle an einen **unabhängigen kompetenten Dritten**, wie ein **Anbieter von externen Audits oder Zertifizierungen**, begegnen.[71] Dieser kann, soweit objektiv, verlässlich und anerkannt, auch für alle Kunden einheitlich vom Cloud-Anbieter vorgegeben werden.

V. Übermittlung

70 Liegt **ausnahmsweise** keine Auftragsdatenverarbeitung vor, dann ist die Datenweitergabe an den Cloud-Anbieter bzw. dessen (potenzieller) Datenzugriff eine Übermittlung im Sinne des BDSG, die einer Rechtfertigung bedarf. Greifen die Bestimmungen des BDSG ein und liegt keine Auftragsdatenverarbeitung nach § 11 BDSG vor, geht § 4 Abs. 1 BDSG davon aus, dass die Erhebung, Verarbeitung oder Nutzung personenbezogener Daten grundsätzlich unzulässig ist. Etwas anderes gilt nur dann, wenn die von der Datenverwendung betroffene Person ihre **Einwilligung** erteilt (§ 4a BDSG) oder eine **gesetzliche Ausnahme** vorgesehen ist (etwa in § 28 BDSG).

71 Die **Einwilligungslösung** ist bei einem Cloud-System mit **erheblichen Schwierigkeiten** verbunden: § 4a BDSG setzt voraus, dass der Betroffene alle Informationen erhalten muss, die ihm eine überlegte Einwilligungsentscheidung ermöglichen, z.B.

---

69 *Niemann/Hennrich*, CR 2010, 686, 690.
70 *Niemann/Hennrich*, CR 2010, 686, 690.
71 *Niemann/Hennrich*, CR 2010, 686, 690; *Gola/Schomerus*, § 11 Rn 21; *Simitis*, § 11 Rn 59; ebenso Artikel-29-Stellungnahme, S. 27 ff.

welche Daten erhoben und verarbeitet werden oder wie der Verarbeitungsprozess verläuft. Dem Cloud-Nutzer als Verantwortlichem im Sinne des BDSG wird es aber **häufig unmöglich** sein, etwa über die Server zu **informieren**, auf denen personenbezogene Daten gespeichert werden: Wie bereits oben geschildert, zeichnen sich Cloud-Systeme gerade dadurch aus, dass die Cloud-Anbieter die Datenbestände flexibel zwischen unterschiedlichen Servern verschieben. Auch ist es problematisch, dass Cloud-Anbieter bei entsprechendem Bedarf Sub-Unternehmen einschalten können, um eine optimale Serverauslastung zu erreichen. Dies ist aber für den Cloud-Nutzer nicht zu erkennen, wenn er eine Einwilligung einholt.[72] Schließlich hat die Einwilligungslösung das Manko, dass Einwilligungen **stets widerruflich** sind. Sie sind daher für Massenanwendungen (wie es Cloud-Dienste typischerweise sind) regelmäßig nicht oder nur beschränkt geeignet.[73]

Von den gesetzlichen Ausnahmen kommt **regelmäßig nur die Interessensabwägung** in Betracht. Insbesondere entspricht eine Cloud-Auslagerung praktisch nie dem Zweck des Vertrags mit dem Datensubjekt (also dem Vertrag zwischen dem Cloud-Kunden und etwa den betroffenen Kunden und Mitarbeitern – der Vertrag zwischen Cloud-Kunde und Cloud-Anbieter ist hier irrelevant), da die Cloud-Auslagerung zu diesem Vertrag in keinem Bezug steht. § 28 Abs. 1 Nr. 1 BDSG spielt damit regelmäßig keine Rolle. 72

Es bleibt nur § 28 Abs. 1 Nr. 2 BDSG. In diesem Zusammenhang dreht sich die Diskussion vor allem um die Interessenabwägung: Es ist zu fragen, ob und inwieweit das Interesse des Cloud-Nutzers an Datenübertragung das Interesse der betroffenen Personen – also etwa Angestellter und Kunden – am Datenschutz überwiegt und die Datenübermittlung erforderlich ist. Eine Ansicht stellt sich dabei auf den Standpunkt, die Interessenabwägung und die Erforderlichkeitsprüfung seien im Sinne eines wirksamen Datenschutzes stets restriktiv zu handhaben.[74] Eine solche Sichtweise ist jedoch zu pauschal und verkennt, dass eine zu strenge Handhabung des § 28 Abs. 1 Nr. 2 BDSG ein wünschenswertes Geschäftsmodell verhindern kann. Aus diesem Grund ist eine Beurteilung im Einzelfall angebracht: Wenn eine der Auftragsdatenverarbeitung vergleichbare Situation vorliegt, fällt die Interessensabwägung jedenfalls dann zugunsten der Auslagerung aus, wenn die **Anforderungen an eine Cloud-Auslagerung** (insbesondere die Fixierung der zehn Punkte, siehe oben) vorliegen. Handelt es sich um einen seriösen Cloud-Anbieter, der sich vertraglich zum angemessenen Datenschutz vergleichbar einem Auftragsdatenverarbeiter verpflichtet, kann das Interesse des Cloud-Nutzers überwiegen, seine Kosten zu sparen, um die 73

72 Vgl. *Schmidt-Bens*, S. 29.
73 So auch *Rath/Rothe*, K&R 2013, 623, 624.
74 So etwa *Gaul/Koehler*, BB 2011, 2229, 2232; *Opfermann*, ZEuS 2012, 121, 138.

Wettbewerbsfähigkeit und Flexibilität zu erhöhen.[75] § 28 Abs. 1 Nr. 2 BDSG kann daher dann als Rechtfertigung dienen, wenn aus irgendeinem Grund eine Auftragsdatenverarbeitung verneint werden muss.

VI. EU/EWR-Clouds

74 Ob eine Datenübermittlung ins Ausland zulässig ist, richtet sich nach § 4b BDSG. Die Zulässigkeit ist nach § 4b Abs. 1 BDSG **grundsätzlich zu bejahen**, wenn die Datenübermittlung in einen **Mitgliedstaat der EU oder des EWR** erfolgt. In einem solchen Fall geht der Gesetzgeber davon aus, dass das Datenschutzniveau im Zielstaat den deutschen Vorgaben entspricht. Daraus folgt, dass der Nutzer grundsätzlich auf Cloud-Angebote zurückgreifen kann, die auf Servern in den Staaten der EU oder des EWR basieren.

75 Im Rahmen der Vertragsgestaltung sollten sich Cloud-Nutzer daher vergewissern, in welchen Ländern ihre Daten gespeichert werden. Um datenschutzrechtliche Komplikationen zu vermeiden, können die Cloud-Anwender darauf hinwirken, dass ihre Daten nur auf Servern gespeichert werden, die sich innerhalb der EU oder des EWR befinden (soweit dies angeboten wird). Viele Cloud-Anbieter sind auch bereits dazu übergegangen, sog. **Availability Zones** einzurichten, indem sie **vertraglich zusichern**, dass die Daten nur auf Servern gespeichert werden, die innerhalb der EU verortet sind.[76]

VII. Globale Clouds

76 Zusätzliche datenschutzrechtliche Anforderungen stellen sich, wenn im Rahmen des Cloud Computings auch Daten außerhalb des EWR gespeichert werden, also Cloud Computing-Anbieter mit **Servern nicht nur im EWR** genutzt werden. Entgegen manchen Vorurteilen ist dies im Regelfall ohne Weiteres **datenschutzrechtlich möglich**, wenn die allgemeinen, ganz normalen Anforderungen für Auftragsdatenverarbeitungen außerhalb des EWR eingehalten werden. Nach anfangs grundsätzlichen Bedenken[77] gegen außerhalb des EU/EWR-Raums angesiedelte Cloud Compu-

75 *Niemann/Paul*, CR 2009, 444, 449; *Schmidt-Bens*, S. 39 ff.; Leupold/Glossner/*Stögmüller*, Teil 5 Rn 351.

76 Dazu *Becker/Nikolaeva*, CR 2012, 170; *Pohle/Ammann*, CR 2009, 273, 277; *Schuster/Reichl*, CR 2010, 38, 42.

77 *Weichert*, Cloud Computing und Datenschutz, Gliederungspunkt 11, abrufbar unter https://www.datenschutzzentrum.de/cloud-computing.

ting Services erkennen auch die deutschen Datenschutzbehörden ein solches Modell mittlerweile an.[78]

Jedoch verlangt das europäische Datenschutzrecht bei Übermittlung von personenbezogenen Daten an bzw. deren Speicherung auf Servern außerhalb des EWR die Sicherung eines „***angemessenen Datenschutzniveaus***", also eines Schutzes der Daten durch **bestimmte Instrumente** (dazu zugleich), die einen vergleichbaren Schutzstandard wie die Datenschutzgesetze im EWR sicherstellen sollen. Dies gilt unabhängig davon, ob der Cloud Computing-Dienstleister als Auftragsdatenverarbeiter oder als verantwortliche Stelle tätig wird. 77

1. Hintergrund

Die Übermittlung personenbezogener Daten an Staaten außerhalb der EU und des EWR ist gem. § 4b Abs. 2, 3 BDSG ohne weitere Einschränkungen bzw. Voraussetzungen dann nur zulässig, wenn das jeweilige Land ein angemessenes Datenschutzniveau gewährleistet.[79] Dies ist nach Feststellungen der Europäischen Kommission etwa in **Argentinien, Australien, Israel und der Schweiz** der Fall.[80] Die meisten (insbesondere im IT- und Cloud-Umfeld) wirtschaftlich relevanten, außereuropäischen Staaten gehören nicht dazu. Nicht nur die **USA**, sondern beispielsweise auch **Indien, Japan, Russland, Brasilien und China** haben **kein angemessenes Datenschutzniveau** (zumindest nach den bisherigen Feststellungen der Europäischen Kommission). Insbesondere der Datenschutz in den USA wird immer wieder heiß diskutiert (der in China, Indien oder Russland – wenig konsequent – aber weniger). Die USA gewährleisten nach europäischem Verständnis kein angemessenes Datenschutzniveau. Dabei ist eine Vielzahl großer Cloud-Anbieter in den Vereinigten Staaten ansässig. Deshalb stellt sich für deutsche Cloud-Nutzer die Frage, wie sie einen datenschutzrechtlich unbedenklichen Cloud Computing-Vertrag mit einem US-amerikanischen Anbieter ausgestalten können, der die Daten auf Servern speichert, die sich in Staaten außerhalb der EU und des EWR befinden, die von der Europäischen Kommission nicht als datenschutzrechtlich sicher eingestuft wurden. Jedoch stellen sich hier keine Cloud-spezifischen Probleme. Vielmehr kann auf allgemeine Instrumente zum Transfer von Daten in sog. Drittländer (also Daten außerhalb des EWR) nach § 4b Abs. 2, 3 BDSG zurückgegriffen werden. 78

---

78 Arbeitskreise Technik und Medien der Konferenz der Datenschutzbeauftragten des Bundes und der Länder, Orientierungshilfe Cloud Computing (Version 1.0, Stand 26.9.2011), S. 10 ff., abrufbar unter http://www.bfdi.bund.de/DE/Themen/TechnologischerDatenschutz/TechnologischeOrientierungshilfen/Artikel/OHCloudComputing.html?nn=409206.

79 Einzelheiten bei *Opfermann*, ZEuS 2012, 121, 142.

80 Die vollständige Liste befindet sich unter http://ec.europa.eu/justice/data-protection/document/international-transfers/adequacy/index_en.htm.

79 Diese sind insbesondere:
- **„EU-Standardvertragsklauseln“** (abzuschließen zwischen dem deutschen Kunden und dem ausländischen Anbieter oder zwischen dem deutschen Kunden und seiner ausländischen Mutter, die dann wiederum mit dem Anbieter eine Datenschutzvereinbarung trifft, dazu zugleich);
- bindende Unternehmensrichtlinien (sog. **Binding Corporate Rules – BCR**), die aber nur für konzerninterne Datenübermittlungen und damit nur für konzerninterne Private Clouds relevant sein können;[81]
- nur für Übermittlungen in die USA: die Inanspruchnahme des **Safe Harbor**-Privilegs, wenn sich der Anbieter den Safe Harbor-Regeln unterworfen hat (dies beinhaltet insbesondere die Verpflichtung, europäische Datenschutzstandards einzuhalten).

80 Auf die Verwendung dieser Instrumente im Rahmen des Cloud Computings wird im Folgenden eingegangen. Kaum praktikabel (Einwilligung des Datensubjekts, siehe oben) bzw. nicht einschlägig sind beim Cloud Computing regelmäßig die Ausnahmen zu § 4b Abs. 2, 3 BDSG nach § 4c BDSG.

2. EU-Standardvertragsklauseln

81 Bei globalen Clouds wird im Regelfall auf die Standardvertragsklausel der Europäischen Kommission zum internationalen Datentransfer (sog. **Standard Contract Clauses – SCC**) zurückrückgegriffen.[82] Es gibt unterschiedliche SCC für den Datentransfer von einem Datenverantwortlichen zu einem anderen Datenverantwortlichen und für die Datentransfers von einem exportierenden Herren der Daten (**„Data Controller“** oder schlicht „Controller“) und einem importierenden Dienstleister, der die Daten im Auftrag des Controllers verarbeitet (**„Data Processor“** oder „Processor“). Letzteres ist beim Cloud Computing regelmäßig relevant.[83] Über die Nutzung der Standardvertragsklauseln der EU-Kommission für die Übermittlung personenbezo-

81 Zwar wurde der Anwendungsbereich von BCRs insoweit erweitert, als dass nicht nur – wie in der Vergangenheit – konzerneigene Daten verarbeitet werden dürfen, sondern Auftragsdatenverarbeiter auch konzernfremde Daten verarbeiten dürfen (sog. Processor-BCRs), vgl. WP 195 und 204 der Artikel-29-Datenschutzgruppe v. 6.6.2012 und 19.4.2013. Jedoch können BCRs nie den Transfer von einem Unternehmen zu einem anderen rechtfertigen und damit von dem Cloud-Anwender zu dem Cloud-Anbieter. Relevant werden können Sie aber in Zukunft für „Onward“-Transfers innerhalb des Konzerns des Cloud-Anbieters, dazu Rn 103 ff.

82 Vgl. Leupold/Glossner/*von dem Bussche/Schelinski*, Teil 1 Rn 367; *Schmidt-Bens*, S. 59 ff.; Spindler/Schuster/*Spindler*, § 4b BDSG Rn 13; Leupold/Glossner/*Stögmüller*, Teil 5 Rn 354; *Becker/Nikolaeva*, CR 2012, 170, 173; *Gaul/Koehler*, BB 2011, 2229, 2233; *Nägele/Jacobs*, ZUM 2010, 281, 290; *Opfermann*, ZEuS 2012, 121, 140 f., 145 f.; *Pohle/Ammann*, CR 2009, 273, 277; *Wagner/Blaufuß*, BB 2012, 1751, 1752.

83 Siehe oben Rn 24 ff.

gener Daten an Auftragsverarbeiter in Drittländern kann das angemessene Datenschutzniveau gewährleistet werden.

In diesen Controller-Processor-Standardvertragsklauseln hat die Kommission 82
Regelungen festgelegt, wie ein Auftragnehmer die ihm anvertrauten Daten zu behandeln hat.[84] Im Rahmen von Vertragsverhandlungen ist zu beachten, dass die Klauseln der Kommission **weder abgeändert, noch zum Nachteil der Datensubjekte ergänzt** werden dürfen, wenn die Parteien den europäischen datenschutzrechtlichen Vorgaben entsprechen wollen.[85] Ohne die mit der Nutzung der Standardvertragsklauseln verbundene Privilegierung zu verlieren, ist es – auch nach Ansicht der Datenschutzbehörden – aber **zulässig**, das Regelwerk der EU-Kommission Cloud-spezifisch **zu ergänzen**, soweit diese Ergänzungen nicht den Standardvertragsklauseln zum Nachteil des Datensubjekts widersprechen, was im Einzelfall geprüft werden muss.

Über die Vereinbarung der Standardvertragsklauseln hinaus verlangen die deut- 83
schen Datenschutzbehörden teilweise auch den Abschluss eines den **Anforderungen von § 11 Abs. 2 BDSG** entsprechenden Auftragsdatenverarbeitungsvertrags. Das bedeutet aber nicht, dass der Abschluss eines zweiten Datenschutzvertrags verlangt werden kann. Vielmehr ist nur sicherzustellen, dass die Angaben in den Anlagen zu den SCC den (verschärften) Detailanforderungen des deutschen Datenschutzrechts bezüglich der technischen und organisatorischen Maßnahmen entsprechen.

Die SCC haben den Vorteil, dass sie als Standardverträge mit **vergleichsweise** 84
geringem Aufwand abgeschlossen werden können, da sie zum einen allgemein bekannt und anerkannt sind und zum anderen bei ihnen jeweils nur der Anhang der Standardverträge bearbeitet werden muss (der individuelle Angaben zu technischen und organisatorischen Schutzmaßnahmen sowie nähere Angaben zur Datenverarbeitung enthält).

Komplexer werden SCC jedoch oft in **internationalen und flexiblen Cloud** 85
Computing-Konstrukten, in die Server von mehreren Konzernunternehmen des Cloud-Anbieters und/oder von Subunternehmern eingesetzt werden. In diesen Fällen ist regelmäßig eine Vielzahl von Verträgen erforderlich bzw. müssen bestehende Verträge oft erst geändert werden, um alle Datenverarbeitungsvorgänge und alle beteiligten Unternehmen zu erfassen und so ein adäquates Datenschutzniveau für den geänderten Dienst bereitzustellen. Ebenfalls komplexer sind Situationen, in denen nicht nur eine Rechtspersönlichkeit, sondern (wie bei großen, internationalen Unternehmen üblich) eine Reihe von juristischen Personen aus verschiedenen Ländern auf Kundenseite Daten in die Cloud auslagern. Es liegt auf der Hand, dass in einem Verhältnis mit vielen Rechtspersonen auf beiden Seiten mehr oder jedenfalls komplexere

84 Vgl. Beschluss der Kommission v. 5.2.2010 über Standardvertragsklauseln für die Übermittlung personenbezogener Daten an Auftragsverarbeiter in Drittländern nach der Richtlinie 95/46/EG des Europäischen Parlaments und des Rates, ABl. EG 2010 Nr. L 39/5.

85 *Schmidt-Bens*, S. 61; *Opfermann*, ZEuS 2012, 121, 145.

Verträge notwendig sind als in einem Verhältnis zwischen zwei Parteien. Dennoch müssen sich die Parteien dieser Aufgabe stellen, wenn – was bei Global Clouds die Regel ist – die Cloud nicht auf den EWR beschränkt ist und auch nicht anderweitig ein angemessenes Schutzniveau hergestellt wird.

Beispiel 1
Unternehmen A aus Deutschland möchte die E-Mail-Anwendungen nur der deutschen Gesellschaft auf einen US-Cloud-Anbieter B auslagern, der nur unternehmensinterne Server benutzt (auch keine von verwandten Unternehmen).
Notwendig ist nur ein (**Cloud-spezifischer**, den Anforderungen des BDSG genügender) Auftragsdatenverarbeitungsvertrag im Form der SCC zwischen den beiden Parteien.

Beispiel 2
Wie 1, aber A hat Töchtergesellschaften in anderen Ländern, die teilweise innerhalb, teilweise außerhalb der EU liegen. Es gibt **drei Möglichkeiten.**
Erstens: Wieder wird nur **ein** (Cloud-spezifischer, den Anforderungen des BDSG genügender) **Auftragsdatenverarbeitungsvertrag** in Form der SCC abgeschlossen, den B, A, alle seine EU-Töchter und ggf., soweit (ausnahmsweise) in dem betroffenen Nicht-EU-Land erforderlich, seine anderen Töchter unterzeichnen müssen.
Zweitens: A und alle seine relevanten Töchter schließen einen **eigenen Vertrag** mit B, der **gleichlautend** sein, aber auch nationale Besonderheiten reflektieren kann (wobei Letzteres durch ein möglichst international taugliches Musterdokument vermieden werden sollte, da es sowohl bei den Verhandlungen als auch bei dem Vertragshandling bei Änderungen in der Zukunft zu Schwierigkeiten führen kann).
Drittens: Alle relevanten Töchter schließen einen (Cloud-spezifischen, den Anforderungen des BDSG genügenden) Auftragsdatenverarbeitungsvertrag im Form der SCC mit A als **konzerninternen, zentralen Dienstleister**, der dann wieder einen Vertrag mit B als Subdienstleister hat.

Praxistipp
Letzteres bietet sich insbesondere an, wenn A bereits vorher zentral für den Konzern die E-Mail-Anwendungen gehostet und verwaltet hat. In der Praxis ist diese **Kettenlösung meistens die einfachste Variante**, da nur ein Vertrag zwischen A und B verhandelt und unterzeichnet werden muss und der Rest konzernintern abläuft. Als rechtlich problematisch in der Alternative könnte angesehen werden, dass die EU SCC Controller-Processor voraussetzen, dass der Controller in der EU und der Processor außerhalb der EU sitzen. In den Verträgen in der Kette sitzen aber Controller und Processor oftmals beide in der EU und nur **zwischen Processor und Subprocessor findet ein Transfer aus der EU** statt. Dies **kann** aber **keinen Unterschied** machen. Die EU hat bereits in den neuen SCC Controller-Processor anerkannt, dass eine Kettenauslagerung möglich ist.[86] In welchem Land welches Glied der Kette beheimatet ist, kann keine Rolle spielen, solange die Vorgaben der SCC Controller-Processor auf allen Ebenen eingehalten werden. Wichtig ist nur, dass dadurch keine nationalen Besonderheiten (soweit diese EU-rechtskonform sind) übergangen werden, die bei einem Direkttransfer von den Töchtern von A an einen Cloud-Anbieter außerhalb der EU zu erfüllen wären.

---

86 EU-Kommissions-Entscheidung 2010/87/EU v. 5.2.2010.

Beispiel 3
Wie 1, aber B nutzt Serverkapazitäten oder IT-Unterstützungsleistungen, die mit Datenzugriffsmöglichkeiten verbunden sind, von Tochtergesellschaften oder Subdienstleistern. Wieder gibt es **drei Möglichkeiten.**
Erstens: Ein Vertrag zwischen A einerseits und B und seinen Töchtern und Subdienstleistern andererseits.
Zweitens: Parallele Verträge zwischen A einerseits und B, seinen Töchtern und Subdienstleistern. Beides ist aufwendig und nicht besonders praktikabel und wird von Cloud-Anbietern meist auch gar nicht angeboten.
Drittens: Es bleibt die praxisnahe Möglichkeit: A schließt mit B einen Vertrag und B stellt sicher, dass seine Töchter und Subdienstleister das angemessene Schutzniveau einhalten, etwa durch Subprocessor SCC. Der Cloud-Dienstleister sollte diese Verträge mit seinem **Subprocessor** in ausreichend allgemeiner Form vorhalten, sodass er diese nicht erst (jedes Mal) neu abschließen muss. Eine Alternative können hier in Zukunft für das Verhältnis B und seine Töchter auch die Processor-BCRs sein.[87]

Beispiel 4
Kombination aus 2 und 3, wie bei großen Anwendern und globalen Clouds regelmäßig.
Hier bestehen die Möglichkeiten aller Kombinationen aus den Optionen unter 2 und 3. Am praxistauglichsten ist es, die **dreistufige Kette** Tochtergesellschaften von A zu A, A zu B und B zu ihren Töchtern/Subdienstleistern jeweils durch ausreichende, die nationalen Erfordernisse einhaltende Verträge auf Basis von SCC abzudecken (oder Processor-BCRs auf der letzten Stufe, soweit konzernintern).

Praxistipp
Wichtig zu erwähnen ist in diesem Zusammenhang, dass natürlich nur solche Subdienstleister und Töchter des Cloud-Anbieters beachtet werden müssen, die **realistischerweise** die technische Möglichkeit haben, auf **personenbezogene Daten zuzugreifen**, also beispielsweise nicht etwa ein Housing-Provider.

Erwägenswert – aber noch nicht höchstrichterlich abgesichert – ist überdies die Vereinbarung **sonstiger vertraglicher Bestimmungen** zwischen dem Cloud-Anbieter und -Nutzer, die ein angemessenes Datenschutzniveau nach europäischem Vorbild gewährleisten sollen.[88] Dies bedarf aber in den meisten EU-Ländern der **Vorabkontrolle** der Datenschutzbehörden. Daher werden in der Praxis regelmäßig SCCs vorgezogen. 86

87 Siehe Rn 103 ff.
88 *Wagner/Blaufuß*, BB 2012, 1751, 1752. Vgl. auch *Schmidt-Bens*, S. 59.

3. Sonderfall: Sensitive Daten – Auftragsdatenverarbeitung außerhalb des EWR

87 Wie dargelegt wird der Cloud-Provider im Regelfall grundsätzlich als Auftragsdatenverarbeiter tätig. Nach **Ansicht der deutschen Datenschutzbehörden**[89] kann es sich bei der Datenverarbeitung durch Cloud Computing-Anbieter, die Daten an Orten verarbeiten, die **außerhalb des EU/EWR-Raums** belegen sind, jedoch **nicht** um privilegierte **Auftragsdatenverarbeitung** nach § 11 BDSG handeln, da **§ 3 Abs. 8 BDSG** nur in dem EWR ansässige Auftragsdatenverarbeiter privilegiere und nicht als Dritte ansehe. Auftragnehmer außerhalb des EWR sind nach ihrer Ansicht immer **„Dritte"**, auch wenn sie wie ein Auftragsdatenverarbeiter agieren. Demnach würde die Übermittlung an diese Cloud-Anbieter den Vorschriften über die (internationale) Datenübermittlung unterliegen.[90] Die Folge wäre, dass stets eine datenschutzrechtliche Rechtfertigung erforderlich wäre.[91]

88 Damit gehen die dies vertretenden Datenschutzbehörden – freilich auf der Grundlage des Wortlauts des § 3 Abs. 8 BDSG – einen **europäischen Sonderweg**, der sich mit den **Vorgaben der Datenschutzrichtlinie** 95/46/EG, die im Rahmen ihrer Begriffsdefinitionen von „Auftragsverarbeiter" und „Dritter" keine Differenzierung nach dem Ort der Auftragsdatenvereinbarung vorsieht, **nicht vereinbaren** lässt. Richtigerweise ist das BDSG **richtlinienkonform** so auszulegen, dass auch eine Auftragsdatenverarbeitung außerhalb des EU/EWR-Raums von § 11 BDSG privilegiert wird, sodass dessen Grundsätze bei Vorliegen eines angemessenen Datenschutzniveaus regelmäßig sowohl als **Mindestanforderung** (da für die Nutzung außereuropäischer Anbieter keine geringeren Standards als für die Nutzung europäischer Anbieter gelten können) als auch als **Höchstanforderung** für die Übermittlung von Daten gelten müssen.[92]

89 In der Praxis wirkt sich die strenge, europarechtswidrige[93] Ansicht nur aus, wenn es sich um besondere Arten personenbezogener Daten i.S.v. **§ 3 Abs. 9 BDSG** handelt (**„sensitive Daten"**, d.h. insbesondere Gesundheitsdaten, aber auch Daten in Bezug auf rassische und ethnische Herkunft, politische Meinungen, religiöse oder philosophische Überzeugungen, Gewerkschaftszugehörigkeit und Sexualleben). Bei einer

---

89 Siehe zuletzt Beschluss des Düsseldorfer Kreis v. 11./12.9.2013 zur Datenübermittlung an Drittstaaten, abrufbar unter http://www.bfdi.bund.de/SharedDocs/Publikationen/Entschliessungssammlung/DuesseldorferKreis/12092013DatenuebermittlungInDrittstaaten.pdf;jsessionid=5330D578F03F809F8C4F9F79C578534B.1_cid354?__blob=publicationFile.

90 Arbeitskreise Technik und Medien der Konferenz der Datenschutzbeauftragten des Bundes und der Länder, Orientierungshilfe Cloud Computing (Version 1.0, Stand 26.9.2011), S. 11 f., abrufbar unter http://www.bfdi.bund.de/DE/Themen/TechnologischerDatenschutz/TechnologischeOrientierungshilfen/Artikel/OHCloudComputing.html?nn=409206.

91 Vgl. z.B. Taeger/*Becker*, DSRITB 2013, 343, 354 ff., der dies am Beispiel von Patientendaten darstellt; ferner Taeger/*Sädtler*, DSRITB 2013, 251, 258.

92 Vgl. *Niemann/Hennrich*, CR 2010, 686, 688.

93 So auch Funke/Wittmann, ZD 2013, 221, 227.

etwa durch Standardvertragsklauseln, bindende Unternehmensregeln oder Safe Harbor-Zertifizierungen (dazu jeweils unten) gedeckten Auftragsdatenverarbeitung außerhalb des EU/EWR-Raums wenden die deutschen Datenschutzbehörden bei der im Rahmen der Prüfung der Rechtmäßigkeit der Übermittlung nach § 28 Abs. 1 Nr. 2 S. 1 BDSG erforderlichen Interessenabwägung die Maßstäbe des § 11 BDSG an, sodass regelmäßig keine Ergebnisse erzielt werden sollten, die dem Gedanken der Datenschutzrichtlinie 95/46/EG widersprechen. Werden in der Cloud allerdings besondere Arten personenbezogener Daten i.S.v. § 3 Abs. 9 BDSG verarbeitet, scheidet eine Rechtfertigung über die in § 28 Abs. 1 Nr. 2 S. 1 BDSG vorgesehene Interessenabwägung aus, da diese Daten von diesem Rechtfertigungstatbestand nicht erfasst werden.

Nach Ansicht einiger deutschen Datenschutzbehörden führt in diesen Fällen kein 90
Weg an der Einholung einer **Einwilligung** der Betroffenen vorbei, was beim Cloud Computing in der Praxis regelmäßig nicht realisierbar ist.

Diese Ansicht ist aber **europarechtswidrig**. Der **EuGH**[94] hat entschieden, 91
dass die **Datenschutzrichtlinie 95/46/EG** *„nicht auf eine Mindestharmonisierung beschränkt"*, sondern zu *„einer **grundsätzlich umfassenden Harmonisierung**"* führt.[95]

Im konkreten Fall hat der EuGH entschieden, dass die Art. 7 der Datenschutz- 92
richtlinie aufgezählten Voraussetzungen an die Zulässigkeit einer Verarbeitung von personenbezogenen Daten (wozu etwa die Weitergabe an Dritte gehört) abschließend ist und das nationale Recht keine schärferen Bedingungen stellen kann.[96] Wenn aber bereits die Frage, unter welchen Bedingungen eine Verarbeitung zulässig ist, keinen schärferen Bedingungen als denen der Richtlinie unterliegen darf, dann gilt dies naturgemäß erst recht für die Frage, ob überhaupt eine datenschutzrechtlich relevante Verarbeitung (wie eine Weitergabe) vorliegt. Und genau um diesen Punkt dreht es sich: Folgt man dem Wortlaut des BDSG, wäre der Auftragsdatenverarbeiter außerhalb des EWR Dritter und die Weitergabe der Daten an ihn bedürfe einer Rechtfertigung nach Art. 7f der Datenschutzrichtlinie. Nach der **Datenschutzrichtlinie** ist aber ein **Auftragsdatenverarbeiter außerhalb des EWR** auch **kein Dritter**. Eine Rechtfertigung nach Art. 7f der Datenschutzrichtlinie wäre gar nicht erst zu prüfen. Mit anderen Worten: Wenn schon das „Wie"/„Wann" der Zulässigkeit der Übermittlung harmonisiert ist, gilt dies erst recht für die Frage, „ob" überhaupt eine Übermittlung vorliegt. Natürlich fällt gerade diese Frage unter die vom EuGH geforderte Vollharmonisierung.

Ebenfalls hat der EuGH in demselben Urteil entschieden, dass in Fällen der man- 93
gelnden Harmonisierung die nationale Vorschrift nicht anzuwenden ist, sondern viel-

94 EuGH, Urt. v. 24.11.2011 – C-468/10 – u. – C-469/10 –.
95 EuGH, Urt. v. 24.11.2011 – C-468/10 – u. – C-469/10 – Rn 29.
96 EuGH, Urt. v. 24.11.2011 – C-468/10 – u. – C-469/10 – Rn 31 ff.

mehr die betreffende Vorschrift aus der **Datenschutzrichtlinie unmittelbar gilt.**[97] Dementsprechend ist für die Frage, wer Dritter und wer Auftragsdatenverarbeiter ist, nicht § 3 Abs. 8 BDSG maßgeblich, sondern Art. 2e, f der Datenschutzrichtlinie. Es steht daher außer Zweifel, dass auch **sensitive Daten grundsätzlich an Auftragsdatenverarbeiter außerhalb des EWR** ausgelagert werden können, wenn die Voraussetzungen für die Auftragsdatenverarbeitung vorliegen. Weitere Voraussetzungen sind nicht zu stellen. Auch der BGH hat jüngst (1 StR 32/13, Urt. v. 4.6.2013, dort Rn 70 ff.; veröffentlicht in NJW 2013, 2530) die EuGH-Rechtsprechung als bindende und umfassende Vorgabe für deutsches Recht bestätigt und ausdrücklich ausgeführt: *„Eine Erhöhung der Zulässigkeitsanforderungen [für die Datenverarbeitung] im Recht der Mitgliedsstaaten gegenüber der Richtlinie schließt die Rechtsprechung des EuGH aber gerade aus“* (BGH, a.a.O., Rn 80) sowie, dass solche erhöhten Anforderungen des nationalen Rechts nicht gültig sind, sondern die Richtlinie *„unmittelbar anwendbar“* (BGH, a.a.O., Rn 74) ist. Umso überraschender ist es, dass (einige) Datenschutzbehörden und weite Teile der Literatur eine andere Auffassung vertreten. Für die Praxis relevant ist aber die von EuGH und BGH.

94 Allerdings zeigt ein Blick auf die bisherige **Vollzugspraxis**, dass die deutschen Datenschutzbehörden sich der praktischen Undurchführbarkeit ihres Ansatzes bewusst zu sein scheinen. Denn mehr als bloße Meinungsäußerungen, insbesondere tatsächliche Vollzugsmaßnahmen (wie Unterlassungsverfügungen), die speziell auf die geschilderte (europarechtswidrige) Ansicht der deutschen Datenschutzbehörden gestützt sind, sind bisher (Stand März 2014) nicht bekannt geworden. Daher kann in der Praxis durchaus **auch bei sensitiven Daten (insbesondere im Gesundheitsbereich) auf SCC zurückgegriffen** und das Auftragsdatenverarbeitungsprivileg in Anspruch genommen werden;[98] auch hier sind also globale Clouds zulässig.

4. Sonderfall 2: Auslagerung in die USA

95 Es kommt bei SSC nicht darauf an, in welchem Land der Auftragnehmer (Cloud-Provider) sitzt. Die wohl auch politisch motivierte Ansicht der deutschen Datenschutzbehörden vom 24.7.2013 (siehe Fn 2), das für **US-Anbieter verschärfte Anforderungen** gelten, steht in ihrer Pauschalität nicht im Einklang mit dem deutschen und europäischen Datenschutzrecht.

96 Infolge der Enthüllungen von **Edward Snowden** und des sog. **NSA-Skandals** haben die deutschen Datenschutzbehörden in einer Pressemitteilung auf der Konfe-

97 EuGH, Urt. v. 24.11.2011 – C-468/10 – u. – C-469/10 – Rn 50 ff.

98 Die SCC für Processor v. 5.2.2010, vgl. Fn 84, enthalten auch spezielle Regelungen für sensitive Daten, was keinen Sinn ergeben würde, wenn sie für diese nicht gelten würden.

renz der Datenschutzbeauftragten des Bundes und der Länder am 24.7.2013[99] erklärt, dass sie Datentransfers in die USA ohne weitere Sicherheitsgarantien nur auf Basis von SCCs oder Safe Harbor (dazu zugleich unter 5.) **nicht mehr genehmigen** werden. Hierzu ist zunächst festzuhalten, dass es einer **Genehmigung** der deutschen Datenschutzbehörden für einen solchen Datentransfer **nicht** bedarf, wenn der Transfer auf Safe Harbor basiert oder (unveränderte) SCC verwendet werden. Eine Zustimmung ist nur erforderlich, wenn eine andere Form, etwa abgewandelte SCCs oder eine andere Vereinbarung gewählt werden.

Jedoch kommt in der Stellungnahme zum Ausdruck, dass es die Ansicht der deut- 97
schen Datenschutzbehörden ist, dass die (eigentlich europaweit einheitlich geltenden!) SCC und Safe Harbor-Regeln für die USA nicht mehr gelten sollen. Begründet wird dies damit, dass berechtigte Zweifel darin bestünden, dass die Regeln von Safe Harbor und SCCs in der Praxis bei Transfers in die USA befolgt werden.[100] Tatsächlich ist nach den Vorgaben der EU zu **Safe Harbor und SCCs (2000/520/EU und 2002/16/EU)** bei einer **„hohen Wahrscheinlichkeit"** der Verletzung der Safe Harbor-Prinzipien bzw. SCCs eine „Aussetzung" durch Mitgliedstaaten möglich. Jedoch ist dies ein Akt, der nur dem **deutschen Gesetzgeber oder den Gerichten** zustehen kann, **nicht den Datenschutzbehörden**. Zudem ist dies eine Frage, auch wenn sie durch die Mitgliedstaaten entschieden wird, die naturgemäß EU-weit nur einheitlich beantwortet werden kann. Entweder liegt eine solche Verletzung vor oder nicht. Es obliegt daher auch der EU oder zumindest einem gemeinsamen Konsens der Mitgliedstaaten, Safe Harbor aufzukündigen und/oder SCCs (bezüglich der USA) nicht mehr zu akzeptieren.

Die politische Motivation zeigt sich auch darin, dass vergleichbare Initiativen im 98
Hinblick auf Länder wie **Russland und China**, wo kein Zweifel bestehen dürfte, dass ähnliche Überwachungstechniken angewandt werden, gar nicht diskutiert werden. So ist auch bisher (Stand Juni 2014) kein Fall bekannt, in dem die Aufsichtsbehörden tatsächlich wegen eines Transfers in die USA auf Basis von Safe Harbor oder SCCs eingeschritten wären. Sollten solche Transfers unterbleiben, würde auch ein nicht unerheblicher Teil der deutschen Wirtschaft lahmgelegt. Im Ergebnis bleibt es daher sowohl rechtlich, insbesondere europarechtlich, als auch in der Praxis dabei, dass **SCCs auch für die USA** nach wie vor gelten und dass **auch Safe Harbor** (dazu sogleich) noch in Kraft ist.

---

99 Die deutschen Datenschutzbehörden bezweifeln derzeit sogar, dass wegen der Tätigkeiten der NSA-Datentransfers in die USA ohne Weiteres noch auf Safe Harbor oder Standardvertragsklauseln gestützt werden können, Pressemitteilung der Konferenz der Datenschutzbeauftragten des Bundes und der Länder v. 24.7.2013, abrufbar unter http://www.bfdi.bund.de/DE/Home/homepage_Kurzmeldungen2013/PMDerDSK_SafeHarbor.html?nn=408908. Das ist allerdings auf Basis geltenden Rechts überzogen. Tatsächlich ist dies nach wie vor möglich.

100 Siehe Presseerklärung v. 24.7.2013.

5. Safe Harbor

99 Sofern sich der Ort der Datenverarbeitung in den USA befindet, ist die Gewährleistung des angemessenen Datenschutzniveaus auch durch eine **Safe Harbor-Zertifizierung** des Cloud Computing-Dienstleisters möglich.[101] Die EU-Kommission erkennt seit ihrer Entscheidung vom 26.7.2000 (2000/520/EG) diesen Weg uneingeschränkt an.[102] Die europäischen Datenschutzbehörden stehen der Nutzung von Safe Harbor für Cloud Computing jedoch kritisch gegenüber, da es an einer Adressierung von Cloud Computing-typischen Gefahren wie Verlust der Kontrolle über Daten oder nicht ausreichende Auditierung in den Safe Harbor-Grundsätzen fehle.[103] Nach Ansicht der **deutschen Datenschutzbehörden** reicht die **Zertifizierung allein nicht** aus. Erforderlich sei darüber hinaus, dass sich die Stelle, die die Daten exportiert, vom US-Unternehmen nachweisen lassen muss, dass die Safe Harbor-Zertifizierungen vorliegen, diese noch gültig sind und deren Grundsätze vom US-Unternehmen auch eingehalten werden. Darüber hinaus fordern die deutschen Datenschutzbehörden, dass sich die Daten exportierende Stelle nachweisen lässt, wie das US-Unternehmen den der Zertifizierung immanenten Informationspflichten gegenüber den Datensubjekten genügt.[104]

100 Für diese Verpflichtungen besteht jedoch **keine gesetzliche Grundlage**. Sie gehen über die von der EU-Kommission aufgestellten Voraussetzungen hinaus. Eine Auftragsdatenverarbeitung muss im gleichen Umfang wie in der EU möglich sein. Für die Gewährleistung des angemessenen Datenschutzniveaus durch Safe Harbor muss es deshalb genügen, wenn sich die Stelle, die die Daten exportiert, davon überzeugt, dass eine gültige Safe Harbor-Zertifizierung vorliegt, sowie dass die Safe Harbor-Grundsätze auch in der Praxis effektiv durchgesetzt werden können, wobei jedoch keine überspannten Anforderungen gestellt werden dürfen. **Darüber hinaus** gilt aber in jedem Fall, dass die Daten exportierende Stelle als verantwortliche Stelle innerhalb einer **Auftragsdatenverarbeitung** einer Kontrollpflicht nach **entsprechend § 11 Abs. 2 S. 3 BDSG** unterliegt. Diese betrifft allerdings ein anderes Feld, nämlich die vom Auftragnehmer getroffenen technischen und organisatorischen Maßnahmen.

---

101 Zum Inhalt vgl. *Schmidt-Bens*, S. 46 ff.; Leible/Sosnitza/*Söbbing*, S. 65 ff.

102 Entscheidung der Kommission v. 26.7.2000 gemäß der Richtlinie 95/46/EG des Europäischen Parlaments und des Rates über die Angemessenheit des von den Grundsätzen des „sicheren Hafens" und der diesbezüglichen „Häufig gestellten Fragen" (FAQ) gewährleisteten Schutzes, vorgelegt vom Handelsministerium der USA (2000/520/EG); zuletzt hat sich die EU-Kommission am 27.11.2013 für die Beibehaltung der Safe Harbor-Prinzipien entschieden, zugleich aber 13 Verbesserungsvorschläge ausgesprochen, vgl. Memo „Restoring Trust in EU-US data flows", http://europa.eu/rapid/press-release_MEMO-13-1059_en.htm.

103 Artikel-29-Stellungnahme, S. 18.

104 Arbeitskreise Technik und Medien der Konferenz der Datenschutzbeauftragten des Bundes und der Länder, Orientierungshilfe Cloud Computing (Version 1.0, Stand 26.9.2011), S. 11 f., abrufbar unter http://www.bfdi.bund.de/DE/Themen/TechnologischerDatenschutz/TechnologischeOrientierungshilfen/Artikel/OHCloudComputing.html?nn=409206.

Unberührt bleibt auch die Pflicht, eine Vereinbarung, die einem Auftragsdatenverarbeitungsvertrag entspricht, abzuschließen.

Aus diesem Grund sind (bei Anwendbarkeit deutschen Datenschutzrechts) in der 101
Praxis auch SCC vorzugswürdig bzw. es ist empfehlenswert, diese auch bei Safe Harbor zertifizierten US-Providern zu vereinbaren. Denn eine Auftragsdatenverarbeitung muss ohnehin geschlossen werden. Dafür eignen sich die (in Bezug auf Cloud Computing und die Anforderungen des deutschen Rechts modifizierten) SCC im internationalen Umfeld als bekanntes Regelwerk am besten.

Eine Einschränkung von Safe Harbor ergibt sich schließlich auch nicht aus der 102
Stellungnahme der deutschen Datenschutzbehörden vom 24.7.2013.[105]

6. Verbindliche Unternehmensregelungen (Binding Corporate Rules)

Durch vor allem von großen international tätigen Unternehmensgruppen[106] genutzte 103
„verbindliche Unternehmensregelungen" (**Binding Corporate Rules**) nach §4c Abs. 2 BDSG wird der Umgang mit personenbezogenen Daten innerhalb einer Unternehmensgruppe bindend festgelegt. Zu unterscheiden ist dabei seit 2012 zwischen **„normalen BCRs"** auf Grundlage der Artikel-29-Datenschutzgruppe-Entscheidungen **WP 153, 154 und 155** und **„Processor-BCRs"** auf Grundlage der Artikel-29-Datenschutzgruppe-Entscheidungen **WP 195 und 204** (siehe Fn 81). Die „normalen BCRs" erfassen nur die Verarbeitung **konzerninterner Daten**, während bei den „Processor-BCRs" Auftragsdatenverarbeiter innerhalb ihres Konzerns **auch Daten ihrer Kunden** weitergeben können. Beiden BCRs ist aber gemein, dass sie nur konzernintern wirken.

Die Gewährleistung des angemessenen Datenschutzniveaus durch verbindliche 104
Unternehmensregelungen (BCRs) ist daher nur dann möglich, wenn der Cloud-Dienstleister in die Konzernstruktur der verantwortlichen Stelle eingebunden ist. Dann hat sie allerdings den Vorteil, dass mit ihrer Hilfe auch komplexe Cloud Computing-Konstrukte, die sonst eine Vielzahl von auf Standardvertragsklauseln basierenden Verträgen erfordern würden, abgedeckt werden können. Auch kann über die Lösung über verbindliche Unternehmensregelungen unter Umständen **flexibler** auf Änderungen im Datenfluss und in der Unternehmensstruktur reagiert werden, weil nicht zunächst ein neuer Standardvertrag abgeschlossen werden muss. Auf der anderen Seite ist der **Aufwand** der Implementierung von verbindlichen Unternehmensregelungen jedoch – unabhängig von der Verwendung für Cloud Computing-Umgebungen – ver-

---

105 Siehe dazu die Ausführungen im vorherigen Punkt zu SCC.

106 Eine Liste von Unternehmen, die dieses Instrument nutzen, ist unter http://ec.europa.eu/justice/data-protection/document/international-transfers/binding-corporate-rules/bcr_cooperation/index_en.htm abrufbar.

gleichbar hoch, da weitreichende Vorgaben der EU-Kommission bestehen[107] und die Implementierung mit den Datenschutzbehörden aller betroffenen Staaten[108] entsprechend den jeweils dort geltenden Datenschutzvorgaben abgestimmt werden müssen.

105 Processor-BCRs können in Zukunft für **„Onward"-Transfers** innerhalb des Konzerns des Cloud-Anbieters relevant werden. Für große Cloud-Anbieter mögen sich Processor-BCRs und der damit verbundene Aufwand[109] lohnen, da sie dann für „Onward"-Transfers von Kundendaten in ihrem Konzern keine weiteren Vereinbarungen mehr benötigen. Zudem können sich die (aufwendigen und durch Datenschutzbehörden testierten) Processor-BCRs als eine Art **Datenschutz-Gütesiegel** entwickeln und den Anbietern, die sie vorweisen können, einen Wettbewerbsvorteil verschaffen. Ob dies tatsächlich geschieht, ist aber derzeit noch unklar, da Anfang 2014 noch keine Processor-BCRs das Prüfungsverfahren vollständig durchlaufen haben und am Markt kommuniziert wurden.

7. Einwilligung des Datensubjekts

106 Liegt eine wirksame **Einwilligung** des Cloud Computing-Nutzers in die Datenverarbeitung im Cloud Service vor, ist das angemessene Datenschutzniveau ebenfalls gewährleistet. Der Weg über die Einholung einer Einwilligung ist jedoch aus mehreren Gründen in der Praxis **kaum gangbar**.

107 Für die Gültigkeit der Einwilligung ist erstens erforderlich, dass diese auf einer informierten Grundlage (sog. **informierte Einwilligung**) erteilt wird. Das setzt voraus, dass der Cloud Computing-Anwender **sowie** dessen Kunden und Arbeitnehmer, soweit sie die betroffenen Datensubjekte sind, über die Umstände der Datenverarbeitung möglichst genau informiert werden, was der vom Cloud Computing Service Provider gewünschten Flexibilität entgegenläuft. Soweit sich – wie in der Praxis oft der Fall – Veränderungen ergeben, wäre zweitens jedes Mal eine **erneute Einholung** einer Einwilligung erforderlich. Drittens ist die einmal erteilte Einwilligung auch **jederzeit von jedem einzelnen Datensubjekt widerruflich**. Insgesamt ist damit die Einwilligung als (rechtlich ausreichende und verlässliche) Grundlage für die Datenverarbeitung in der Cloud nicht geeignet.

---

107 Einen Überblick über diese Vorgaben bietet die EU-Kommission im Internet unter http://ec.europa.eu/justice/data-protection/document/international-transfers/binding-corporate-rules/index_en.htm.

108 Dabei übernimmt die Datenschutzbehörde eines Staates die Führung und koordiniert die Prüfung durch die anderen beteiligten Datenschutzbehörden.

109 Zu ihren Voraussetzungen siehe WP 195 und WP 204 (Fn 81).

8. Ausnahmefall: Cloud Computing-Anbieter als verantwortliche Stelle

Soweit der Cloud Computing-Dienstleister als verantwortliche Stelle handelt, liegt im 108
Datentransfer zu diesem in jedem Fall eine Datenübermittlung nach §3 Abs. 4 S. 2 Nr. 3 BDSG vor. Zur Sicherung eines angemessenen Datenschutzniveaus kann auf die im Rahmen der Auftragsdatenverarbeitung geschilderten Maßnahmen zurückgegriffen werden.[110] Für den Transfer von Daten zu einer anderen verantwortlichen Stelle existieren **spezielle Standardvertragsklauseln** der EU-Kommission, die als **„Set I" (2000)**[111] und **„Set II" (2004)**[112] bezeichnet werden. Dem Set II ist dabei grundsätzlich der Vorzug zu geben, da es mehr Flexibilität bietet und das Set I eine gesamtschuldnerische Haftung der datenverarbeitenden Stellen vorsieht, die zu einem unkalkulierbaren Risiko werden kann. Sollen allerdings Mitarbeiterdaten in einer Cloud auf Basis des Set II verarbeitet werden, verlangen die deutschen Datenschutzbehörden eine Ergänzung der vertraglichen Abrede um die Zusage des Arbeitgebers an die Mitarbeiter, neben dem Cloud Computing-Dienstleister für die Erfüllung der Mitarbeiterrechte auf Auskunft, Löschung, Berichtigung, Sperrung sowie Schadensersatz einzustehen.[113] Die Aufsichtsbehörden begründen ihre Ansicht mit der Notwendigkeit eines Ausgleichs für die mit dieser Konstruktion verbundene Aufteilung der Verantwortlichkeiten zwischen Arbeitgeber und Cloud Computing-Dienstleister. Diese Auffassung ist jedoch **nicht von den Vorgaben der EU-Kommission gedeckt**, die keine Unterscheidung zwischen Mitarbeiterdaten und sonstigen Daten vorsehen. Es ist damit zumindest zweifelhaft, ob sie zutreffend ist und auch vor Gericht Bestand haben würde.

---

110 Für verbindliche Unternehmensregelungen hat die Artikel-29-Datenschutzgruppe seit 2007 drei Arbeitsdokumente („Arbeitsdokument mit einer Übersicht über die Bestandteile und Grundsätze verbindlicher unternehmensinterner Datenschutzregelungen (BCR)" – WP 153; „Arbeitsdokument Rahmen für verbindliche unternehmensinterne Datenschutzregelungen (BCR)" – WP 154; „Arbeitsdokument zu ‚Häufig gestellten Fragen' über verbindliche unternehmensinterne Datenschutzregelungen (BCR)" – WP 155) sowie eine englischsprachige Empfehlung („Recommendation 1/2007 on the Standard Application for Approval of Binding Corporate Rules for the Transfer of Personal Data" – WP 133) vorgelegt.

111 Entscheidung der Kommission v. 15.6.2001 hinsichtlich Standardvertragsklauseln für die Übermittlung personenbezogener Daten in Drittländer nach der Richtlinie 95/46/EG (2001/497/EG).

112 Entscheidung der Kommission v. 27.12.2004 zur Änderung der Entscheidung 2001/497/EG bezüglich der Einführung alternativer Standardvertragsklauseln für die Übermittlung personenbezogener Daten in Drittländer (2004/915/EG).

113 Regierungspräsidium Darmstadt, Arbeitsbericht der ad-hoc-Arbeitsgruppe „Konzerninterner Datentransfer", S. 8, abrufbar unter https://www.ldi.nrw.de/mainmenu_Datenschutz/submenu_Datenschutzrecht/Inhalt/Personalwesen/Inhalt/5_Beschaeftigtendatenschutz_Konzern/arbeitspapier_ad_hoc_idv.pdf.

9. Neue EU-Datenschutz-Grundverordnung

109 Am 25.1.2012 hat die Kommission den endgültigen Entwurf einer neuen **EU-Datenschutz-Grundverordnung (DS-GVO)** vorgestellt,[114] die in der Folge Gegenstand zahlreicher Änderungsvorschläge insbesondere des Europäischen Parlaments war.

110 Sollte diese Verordnung schließlich verabschiedet und ratifiziert werden,[115] wäre diese – anders als die bisherige EU-Datenschutz-Richtlinie – **unmittelbar anwendbar und würde das deutsche BDSG ersetzen**. Die Verordnung würde das Prinzip der **Auftragsdatenverarbeitung in ähnlicher Weise** regeln, wie es bisher nach dem BDSG der Fall ist.

111 Der **Cloud-Anbieter** wäre nach **Art. 4 Abs. 6 DS-GVO ein Auftragsverarbeiter**, da es sich um eine juristische Person handelt, die personenbezogene Daten im Auftrag des für die Verarbeitung Verantwortlichen verarbeitet. Der Cloud-Nutzer bleibt die verantwortliche Stelle in datenschutzrechtlicher Hinsicht. Er wird in Art. 4 Abs. 5 DS-GVO als für die Verarbeitung Verantwortlicher definiert. Nach **Art. 26 DS-GVO** müsste der Cloud-Nutzer dafür Sorge tragen, dass der Cloud Anbieter durch geeignete **technische und organisatorische Maßnahmen** die Einhaltung der DS-GVO gewährleistet.

112 Welchen **Inhalt** ein Vertrag zwischen Cloud-Anbieter und -Nutzer beinhalten muss, wird in **Art. 26 Abs. 2 DS-GVO** dargestellt. Der Umfang der Vorschrift weicht von der bisherigen Praxis hinsichtlich § 11 Abs. 2 BDSG ab. Es muss sich **nicht mehr ausdrücklich um einen schriftlichen Vertrag** handeln, wenngleich dies aufgrund der vielen Kontrollpflichten, die in Art. 28 DS-GVO aufgeführt sind, auch weiterhin empfehlenswert ist. Gegenstand und Dauer des Auftrags sowie etwaige Kontrollrechte müssen ebenfalls nicht mehr vertraglich festgelegt werden.[116] Laut Art. 29 DS-GVO sollen sowohl Cloud-Nutzer als auch der Cloud-Anbieter mit der nationalen Datenschutzbehörde zusammenarbeiten. Inwiefern große Unternehmen dazu bereit sind, bleibt abzuwarten.

113 Begrüßenswert ist, dass in der Verordnung die **Übermittlung in Drittstaaten explizit** aufgeführt wird. Gerade im Hinblick auf die Cloud-Anbieter in den USA sind die Art. 40 ff. DS-GVO wichtig. Danach beurteilt die **Kommission**, ob ein entsprechendes Schutzniveau im Drittstaat vorherrscht, Art. 41 DS-GVO. Die Möglichkeiten für den Cloud-Nutzer, eine rechtskonforme Datenübermittlung zu erreichen, bleiben die gleichen wie zum jetzigen Zeitpunkt. Er kann entweder durch **Binding Corporate** Rules ein angemessenes Schutzniveau herstellen oder auf **Standardvertragsklau-**

---

114 Abrufbar unter http://www.europarl.europa.eu/meetdocs/2009_2014/documents/com/com_com(2012)0011_/com_com(2012)0011_de.pdf.

115 Zum Zeitpunkt des Redaktionsschlusses bestand noch keine Einigung über den genauen Verordnungstext zwischen EU-Kommission, EU-Parlament und EU-Rat.

116 Vgl. *Nebel/Richter*, ZD 2012, 407 ff., 411.

seln zurückgreifen. Zudem besteht die Möglichkeit, einen individuellen Vertrag zu schließen, sofern er von einer Datenschutzbehörde genehmigt wurde.[117]

Alles in allem wird die neue DS-GVO in ihrer jetzigen Fassung die Anforderungen 114
an deutsche Cloud-Nutzer **nicht grundlegend ändern**. Sofern die Cloud-Verträge die angesprochenen Punkte berücksichtigen, halten die Verträge auch dem DS-GVO-Entwurf stand. Jedoch sind Änderungen des Entwurfs nach wie vor zu erwarten, die ggf. auch praktische Auswirkungen auf Cloud Computing-Szenarien haben können.

10. Fazit

Europäisches **Datenschutzrecht** steht einer Erbringung von **Cloud Computing** 115
Services auch außerhalb des EU/EWR-Raums nicht entgegen.[118] Möglich ist die Nutzung einer **Safe Harbor-Zertifizierung** des Cloud Computing-Dienstleisters. Alternativ bieten sich insbesondere Vereinbarungen auf der Grundlage der **Standardvertragsklauseln** der EU-Kommission an. Schließlich können innerhalb eines Konzerns verbindliche Unternehmensregelungen (**Binding Corporate** Rules) eingesetzt werden, wobei die Auswahl zwischen diesen Instrumenten im Einzelfall anhand der tatsächlichen Gegebenheiten zu treffen ist. Das Vorgesagte gilt **auch**, wenn besondere Arten personenbezogener Daten **i.S.v. § 3 Abs. 9 BDSG** verarbeitet werden.

E. Readiness Check

Aus den Ausführungen wird deutlich, dass datenschutzkonformes Cloud Computing 116
mit den **bestehenden Instrumentarien möglich** ist. Dabei ist die Cloud nicht auf den EWR beschränkt, sondern kann – gemäß ihrer Grundkonzeption – **weltweit** eingesetzt werden.

Wie beschrieben sind hierbei nationale und europäische Vorgaben zu beachten 117
und etwaige **Haftungsrisiken** zu **umgehen**. Aus diesem Grund empfiehlt es sich, im Zuge der **Vorüberlegungen** der Auslagerung von Arbeitsprozessen in die Cloud bereits **anwaltliche Beratung** in Anspruch zu nehmen. Dadurch können selbst komplexe Datentransfers rechtssicher gestaltet werden. Sofern die angesprochenen Standards in diesen Kapiteln bei der Vertragsgestaltung berücksichtigt werden, sind auch bei Inkrafttreten der neuen Datenschutz-Grundverordnung lediglich geringe Anpassungen notwendig.

---

117 Vgl. *Wybitul/Fladung*, BB 2012, 509 ff., 513.
118 So auch *Rath/Rothe*, K&R 2013, 623, 629.

118 **Personenbezogene Daten: de facto immer** ☑

Anwendbares Datenschutzrecht ☑

1. Kunde
Sitz des Kunden oder einer Tochtergesellschaft des Kunden in Deutschland? ☑
Wenn ja, ist deutsches Datenschutzrecht immer anwendbar.
2. Anbieter
Sitz in Deutschland? ☑
Wenn ja, sind die Vorschriften, die an Auftragsdatenverarbeiter direkt adressiert sind, einschlägig.
3. Sitz der Server
In Deutschland? ☑
Grundsätzlich für anwendbares Recht nicht relevant, es sei denn, Kunde und Anbieter haben beide einen Sitz außerhalb der EU, aber die Server stehen in Deutschland.

Auftragsdatenverarbeitung oder Datenweitergabe ☑

Wird dem Cloud-Anbieter keine Möglichkeit gegeben, in eigenem Ermessen über Daten zu verfügen bzw. mit Ihnen umzugehen? ☑
Im Regelfall ist das nicht der Fall. Auftragsdatenverarbeitung ist zu bejahen. Wegen der zusätzlichen Komplikationen bei fehlender Auftragsdatenverarbeitung sollte dem Anbieter auch kein derartiges Ermessen eingeräumt werden, es sei denn, es gibt dafür einen zwingenden Grund.

Vendor – Due Diligence ☑

Sorgfältige Anbieterauswahl? ☑
Vor der Entscheidung für einen Anbieter: Überprüfung der datenschutzrechtlichen Compliance, insbesondere der vom Anbieter angebotenen (datenschutzrechtlichen) Verträge und der Dokumentation seiner Infrastruktur sowie die Bereitschaft, Auftragsdatenverarbeitungsverträge und SCCs abzuschließen und Auskunft für den Ort der Datenverarbeitung zu geben.

EU-Cloud oder globale Cloud ☑

Liegen die Server (teilweise) außerhalb des EWR oder benutzt der Cloud-Anbieter Subdienstleister außerhalb des EWR, die Zugang zu den Daten des Kunden haben? ☑
Wenn ja, sind die zusätzlichen Voraussetzungen für Transfer in Drittstaaten zu erfüllen; entweder SCCs oder Safe Harbor in der Praxis.

Auftragsdatenverarbeitungsvertrag ☑

Ausreichender Vertrag? ☑
Zu differenzieren zwischen EU- bzw. EWR-Cloud und Global Cloud.
1. EWR-Cloud: Auftragsdatenverarbeitungsvertrag notwendig, der die zehn Punkte enthält ☑
Beschreibung der Daten(-nutzung) ☑
Laufzeit ☑
Datenherrschaft ☑
Weisungen ☑
Kontrolle und Audits ☑
Sicherheit ☑
Unterauftragnehmer ☑
Orte der Server ☑

Vertraulichkeit und Rechtskonformität	☑
Informationspflicht	☑
2. Der Auftragsdatenverarbeitungsvertrag muss bei einer globalen Cloud die Form der SCC haben (wenn keine Safe Harbor-Zertifizierung vorliegt, aber selbst wenn ist es empfehlenswert); die oben genannten zehn Punkte müssen auch hier abgedeckt sein.	☑
Weitere Voraussetzungen	☑
Insbesondere Zertifizierung und Möglichkeit der Kontrolle (Letzteres zu ersetzen durch Third Party Audits)?	☑

Kapitel 6
Urheberrecht

A. Relevanz des Urheberrechts

1 In der öffentlichen Diskussion haben Fragen nach der urheberrechtlichen Relevanz von Cloud-Angeboten im Vergleich zu den datenschutzrechtlichen Themen bislang eher eine untergeordnete Rolle gespielt. Dabei stellt sich diese Frage sowohl aus Anbieter- als auch aus Kundensicht in gleicher Weise. Denn sämtliche Cloud-Angebote basieren zumeist auch auf einem **wesentlichen Einsatz von Software**, deren berechtigte Nutzung von der Einräumung entsprechender Nutzungsrechte durch den Rechtsinhaber abhängt.

2 Aus urheberrechtlicher Sicht geht es somit zuvorderst um die Frage, welche Nutzungsrechte der Anbieter und der Kunde bei der Nutzung von Software in der Cloud benötigen.

3 Aus Anbietersicht stellt sich insbesondere die Frage, ob er bestimmte Software für die Bereitstellung von Cloud-Angeboten verwenden kann (siehe Rn 8 ff.).

4 Aus Kundensicht ist neben der Frage, welche Nutzungsrechte er bei der Nutzung von Cloud-Angeboten benötigt (siehe Rn 32 ff.), zu klären, welcher Nutzungsrechte er für die Auslagerung bislang lokal eingesetzter Software in die Cloud bedarf (siehe Rn 47 ff.).

5 Oftmals völlig unberücksichtigt in der Diskussion bleiben zudem Fragen, welche sich aus dem Einsatz von Open Source Software (OSS) im Rahmen von Cloud-Angeboten ergeben. Kann beispielsweise ein Anbieter sein Cloud-Angebot auf modifizierter OSS aufbauen, ohne zugleich dazu verpflichtet zu sein, seine Modifikationen mit dem Kunden durch Offenlegung des Quellcodes zu teilen (siehe Rn 60 ff.)?

B. Relevante Beispiele dieses Kapitels

6 Ausgangspunkt jeder urheberrechtlichen Betrachtung ist sowohl aus Anbieter- als auch aus Kundensicht die Frage, ob und welche urheberrechtlich relevanten Nutzungshandlungen bei der Nutzung von Software in der Cloud erfolgen. Ausgehend von der Beantwortung dieser Frage müssen sowohl der Anbieter als auch der Kunde sodann klären, ob die ihnen eingeräumten Nutzungsrechte die beabsichtigte Nutzung gestatten.

7 Die urheberrechtlichen Grundfragestellungen sollen dabei vorliegend zunächst hinsichtlich eines SaaS-Angebots beantwortet werden, bevor sodann auf mögliche Unterschiede bei IaaS- und PaaS-Angeboten sowie Sonderfragen eingegangen wird.

Beispiel 1
Als Ausgangsfall soll ein klassisches SaaS-Angebot dienen, in dem der Anbieter dem Kunden zeitlich begrenzt Software zur Verfügung stellt, die der Kunde ohne zusätzliche Client-Software oder Applets über den Browser nutzen kann. Zur Vereinfachung soll in diesem Beispiel zudem davon ausgegangen werden, dass das Cloud-Angebot ausschließlich in Deutschland für den Kunden vorgehalten wird.

Beispiel 2
Abweichend von Beispiel 1 soll der Kunde für die Nutzung der Software auf Client-Software oder Applets angewiesen sein.

Beispiel 3
Der Kunde soll nun bislang lokal genutzte Software in der Cloud speichern.

Beispiel 4
Wie Beispiel 1. Allerdings betreibt der Anbieter seine Cloud auf Servern, die global verteilt aufgestellt sind.

Beispiel 5
Wie Beispiel 1. Allerdings setzt der Anbieter im Rahmen seines SaaS-Angebots OSS ein.

C. Urheberrechtliche Bewertung der Nutzung von Software im Zusammenhang mit Cloud-Angeboten

I. Software as a Service (SaaS)

1. Aus Anbietersicht

Aus Anbietersicht stellt sich im **Beispiel 1** die Frage, welche Nutzungsrechte der Anbieter für das SaaS-Angebot benötigt. 8

Dabei wird im weiteren Verlauf ausschließlich ein Augenmerk auf die Software gelegt, die der Anbieter dem Kunden zur Nutzung bereitstellt. Die übrige Software (beispielsweise Virtualisierungssoftware), auf die der Anbieter zur Erstellung des SaaS-Angebots angewiesen ist, bleibt außer Betracht. 9

Reicht es für eine solche Bereitstellung von Software aus, dass der Rechtsinhaber den Anbieter zur Nutzung der Software berechtigt hat, oder bedarf es für die Bereithaltung der Software im Rahmen eines SaaS-Angebots weitergehender Nutzungsrechte? 10

Im Ergebnis lässt sich zu diesen Fragen festhalten, dass es wohl **nicht ausreicht**, wenn der Rechtsinhaber den Anbieter **lediglich zur eigenen Nutzung** der Software **berechtigt** hat. Für das Bereitstellen der Software im Rahmen des SaaS-Angebots sollte der Anbieter sich vielmehr vom Hersteller **weitergehende Nutzungsrechte** 11 einräumen lassen. Am Besten erfolgt dies durch die ausdrückliche Einräumung entsprechender Nutzungsrechte – zumindest aber dadurch, dass aus dem Vertrag als Verwendungszweck für die Software deren Nutzung im Rahmen eines SaaS-Angebots hervorgeht.

a) Vervielfältigungsrecht

12 Der Anbieter benötigt das **Recht**, die im SaaS angebotene Software **zu vervielfältigen**. Eine Vervielfältigung erfolgt zunächst dadurch, dass der Anbieter diese zur Bereitstellung im SaaS-Angebot auf seinen Servern installiert. Für die während dieses Installationsvorgangs erfolgenden Vervielfältigungen bedarf der Anbieter einer entsprechenden Berechtigung. Über das Recht, die mit der Installation einhergehenden Vervielfältigungshandlungen vorzunehmen, wird der Anbieter jedoch gewöhnlich verfügen, da der Rechtsinhaber dem Anbieter dieses Recht bei der Überlassung der Software zur Nutzung (zumindest konkludent) einräumt.

13 Allerdings wird das Vervielfältigungsrecht in Lizenzverträgen häufig dahingehend beschränkt, dass die Vervielfältigungen nur zu einem eingeschränkten Zweck zulässig sind. So ist es beispielsweise denkbar, dass dem Anbieter nur die Vervielfältigungen gestattet sind, die dieser zur eigenen Nutzung der Software benötigt. In diesem Fall würden die dem Anbieter eingeräumten Nutzungsrechte die Vervielfältigung der Software zum Zweck der Bereithaltung in einem SaaS-Angebot nicht umfassen.

! **Praxistipp**

Eine Berechtigung zur eigenen Nutzung der Software reicht nicht aus, um solche Software im Rahmen eines SaaS-Angebots Kunden bereitzustellen.

Bei der Beurteilung der dem Anbieter vom Rechtsinhaber eingeräumten Nutzungsrechte ist immer darauf zu achten, ob sich ausdrücklich oder aus dem Gesamtzusammenhang des Lizenzvertrags eine Zweckbeschränkung entnehmen lässt. Im Zweifel sollte der Anbieter eine Klarstellung der ihm eingeräumten Rechte mit dem Rechtsinhaber anstreben.

---

14 Ein entsprechendes Recht zur Vervielfältigung benötigt der Anbieter auch in **Beispiel 2** für von ihm zum Download bereitgehaltene Applets oder Clients, da er diese durch den Upload auf den Server vervielfältigt. Allerdings wird er über dieses Recht im Zweifel verfügen. Die Bereithaltung der Applets und Clients auf einem Server zum Download wird in der Regel gerade deren Einsatzzweck entsprechen und sich daher zumindest konkludent in den entsprechenden Lizenzverträgen wiederfinden.

! **Praxistipp**

Bei Applets und Clients, die gerade für den Zugriff auf Cloud-Angebote ausgestaltet sind, wird der Anbieter in aller Regel über die erforderlichen Nutzungsrechte verfügen. Selbst wenn sich die einzelnen Rechte nicht ausdrücklich dem Lizenzvertrag entnehmen lassen, sind diese im Zweifel konkludent eingeräumt, da sie dem Vertragszweck entsprechen.

---

b) Verbreitungsrecht

Der Anbieter benötigt **kein Verbreitungsrecht** an der Software, die er im Rahmen des SaaS-Angebots dem Kunden zur Nutzung zur Verfügung stellt. 15

Das Verbreitungsrecht ist nach §69c Nr. 3 UrhG betroffen, wenn „*das Original eines Computerprogramms oder von Vervielfältigungsstücken*“ verbreitet wird. Gerade hieran fehlt es jedoch im klassischen SaaS-Szenario des **Beispiels 1**. Der Anbieter ermöglicht dem Nutzer lediglich die Nutzung der auf seinen Servern laufenden Software. Eine Übermittlung der eigentlichen Software findet nicht statt. 16

Dies gilt in aller Regel unabhängig davon, ob der Kunde auf das SaaS-Angebot mittels Browsers oder mittels Clients zugreift. Zwar erhält der Kunde häufig die Benutzeroberfläche der Software übermittelt. Hierin liegt jedoch **keine Verbreitung der eigentlichen Software**, da die Übermittlung der Benutzeroberfläche eben nicht zugleich auch die Übermittlung des der Software zugrundeliegenden Codes erfordert und die Benutzeroberfläche an sich urheberrechtlich nicht mit der Software gleichgesetzt werden kann.[1] Aus urheberrechtlicher Sicht wäre der Anbieter erst dann auf ein Verbreitungsrecht an der Software angewiesen, wenn zumindest urheberrechtlich geschützte Teile der Software an den Kunden übermittelt würden. 17

Praxistipp !

Der Anbieter benötigt kein Verbreitungsrecht, sofern er im Rahmen seines Angebots die eigentliche SaaS-Software nicht an den Kunden übermittelt. Allerdings muss der Anbieter zwischen der SaaS-Software und Applets und Clients differenzieren, die er dem Kunden überlässt.

Eine andere Bewertung mag indes bei der in **Beispiel 2** erfolgenden **Überlassung von Applets oder Clients** an den Nutzer geboten sein. 18

Sowohl Clients als auch Applets werden dem Kunden zur Nutzung überlassen und ihm somit übermittelt. Ob der Anbieter in diesen Fällen ein Verbreitungsrecht bezüglich der Clients oder Applets benötigt, hängt maßgeblich von der konkreten Ausgestaltung des SaaS-Angebots ab. Orientiert man sich an der jüngsten Entscheidung des EuGH zur Gebrauchtsoftware,[2] setzt eine Verbreitung neben der Überlassung der Software auch die **Einräumung eines unbefristeten Nutzungsrechts** voraus, woran es bei zeitlich befristeten Cloud-Angeboten in der Regel fehlen wird. Anders kann diese Wertung hingegen ausfallen, wenn an der Client-Software dauerhafte Nutzungsrechte eingeräumt werden, weil beispielsweise die Überlassung unentgeltlich und unabhängig vom Fortbestand der Inanspruchnahme des eigentlichen SaaS-Angebots erfolgt. 19

---

1 Zum urheberrechtlichen Schutz von Benutzeroberflächen siehe unten Rn 26.

2 EuGH, Urt. v. 3.7.2012 – C-128/11 – ZUM 2012, 661.

Praxistipp
Der Anbieter benötigt Verbreitungsrechte hinsichtlich Clients und Applets, wenn er diese dauerhaft an seine Kunden überlässt.

c) Recht zur öffentlichen Zugänglichmachung

20 Der Anbieter **benötigt** für im SaaS-Angebot enthaltene Software ein **Recht zur öffentlichen Zugänglichmachung**. Bietet der Anbieter dem Kunden die Software im Rahmen seines SaaS-Angebots zur Nutzung an, liegt hierin eine urheberrechtlich relevante öffentliche Zugänglichmachung, die nach § 69c Nr. 4 UrhG der Zustimmung des Rechtsinhabers bedarf.

21 Für eine öffentliche Zugänglichmachung i.S.d. § 69c Nr. 4 UrhG reicht es, wenn ein Programm Mitgliedern der Öffentlichkeit von Orten und zu Zeiten ihrer Wahl zugänglich ist. Das im Hinblick auf Cloud-Angebote insofern primär fragliche Kriterium der **Öffentlichkeit** ist bereits dann gegeben, wenn ein nicht mehr abgrenzbarer und nicht mehr persönlich verbundener Nutzerkreis erreicht wird, der durch ein gewisses Vertrauensverhältnis zueinander verbunden ist.[3] An dem zum Ausschluss der Öffentlichkeit erforderlichen Vertrauensverhältnis fehlt es bei einem Angebot gegenüber Kunden. Insofern bräuchte der Anbieter ein Recht zur öffentlichen Zugänglichmachung selbst dann, wenn der Anbieter die Software nur einem Kunden zur Verfügung stellt.

Praxistipp
Selbst wenn sich das SaaS-Angebot ausschließlich an Konzernunternehmen richtet, ist das Kriterium der Öffentlichkeit gegeben.

22 Soweit in der Literatur zum Teil vertreten wird, dass ein öffentliches Zugänglichmachen zudem **voraussetze**, dass das Programm oder wesentliche Teile desselben für den Nutzer im Quell- oder Objektcode **abrufbar** seien und insofern die reine Möglichkeit einer Onlinenutzung nicht ausreiche,[4] geht dies fehl. Zwar lässt sich den Erwägungsgründen der dem § 69c Nr. 4 UrhG zugrunde liegenden EU-Richtlinie[5] entnehmen, dass mit den entsprechenden Regelungen klargestellt werden sollte, dass alle Rechtsinhaber das ausschließliche Recht haben, urheberrechtlich geschützte Werke im Wege der interaktiven Übertragung auf Abruf für die Öffentlichkeit zugänglich zu

3 Wandtke/Bullinger/*Grützmacher*, § 69c Rn 54.

4 Wandtke/Bullinger/*Grützmacher*, § 69c Rn 53; *Grützmacher*, CR 2011, 697, 704.

5 RL 2001/29/EG des Europäischen Parlaments und des Rates v. 22.5.2001 zur Harmonisierung bestimmter Aspekte des Urheberrechts und der verwandten Schutzrechte in der Informationsgesellschaft.

machen.[6] Jedoch war es nicht die Intention, hiermit eine Einschränkung des diesbezüglich weiteren Wortlauts in Art. 3 RL 2001/29/EG vorzunehmen. Dieser setzt eben gerade keinen Abruf im Sinne eines Downloads voraus, sondern spricht einzig von einem Zugänglichmachen, was den Abruf im Sinne eines Downloads umfasst aber eben hierauf nicht beschränkt.

Ein Werk ist für den Nutzer daher auch **zugänglich, wenn** er es über das Internet **nutzen kann**, unabhängig davon, ob für die Nutzung des Werks zugleich auch dessen Download erforderlich ist.[7] 23

Praxistipp !
Ob von einem öffentlichen Zugänglichmachen erst dann ausgegangen werden kann, wenn für den Kunden die Möglichkeit des Downloads der Software besteht, ist umstritten. Eine klärende Gerichtsentscheidung fehlt bislang. Der Anbieter sollte daher von der für ihn ungünstigsten Variante ausgehen und sich ein Recht zur öffentlichen Zugänglichmachung einräumen lassen.

Sofern man an dieser Stelle mit einem Teil der Literatur die gegenteilige Ansicht vertritt, wonach eine öffentliche Zugänglichmachung nur in den Fällen in Betracht kommt, in denen die Nutzungsmöglichkeit zu einem Download der Software führt, würde dieses Ergebnis jedoch nicht zugleich bedeuten, dass man ein Recht zur öffentlichen Zugänglichmachung in keinem Fall in SaaS-Angeboten benötigen würde. 24

Vielmehr müsste man zum einen – wie im Fall des **Beispiels 2** – berücksichtigen, dass **für eine öffentliche Zugänglichmachung** nicht nur die Softwareanwendung an sich, sondern auch **Applets und Clients relevant** sein können, die dem Kunden zum Download bereitgehalten werden. Diese Applets und Clients werden in der Regel urheberrechtlich schutzfähig sein, weshalb der Anbieter für deren Bereitstellung unstrittig ein Recht zur öffentlichen Zugänglichmachung benötigt. 25

Praxistipp !
Der Anbieter benötigt ein Recht zur öffentlichen Zugänglichmachung hinsichtlich der Clients und Applets. Über dieses Recht wird der Anbieter im Zweifel verfügen, wenn die Clients und Applets gerade dazu bestimmt sind, auf Cloud-Angebote zuzugreifen. Selbst wenn die entsprechenden Lizenzverträge dies nicht ausdrücklich erwähnen, wird es in diesen Fällen zumeist aus dem Vertragszweck folgen.

Zum anderen müsste der Anbieter in jedem Einzelfall auch **prüfen**, ob nicht ausnahmsweise die an den Kunden **übermittelte Benutzeroberfläche urheberrechtlichen Schutz** genießt und der Anbieter insofern entsprechende Rechte zur öffentlichen Zugänglichmachung benötigt. Vor dem Hintergrund der jüngsten EuGH-Entscheidung zur Schutzfähigkeit von Benutzeroberflächen[8] ist zwar davon auszu- 26

---

6 RL 2001/29/EG v. 22.5.2001, Erwägungsgrund 25.
7 So auch *Marly*, Rn 566; *Jaeger*, CR 2002, 309, 311.
8 EuGH, Urt. v. 22.12.2010 – C-393/09 – ZUM 2011, 230.

gehen, dass Benutzeroberflächen **keinen Schutz als Software** nach §§ 69a ff. UrhG genießen. Jedoch ist damit noch nicht die Schutzfähigkeit als Werk nach § 2 UrhG ausgeschlossen, auch wenn diese in der Praxis **eher** die **Ausnahme** bleiben wird.

! **Praxistipp 1**
Der Anbieter benötigt in der Regel kein Recht zur öffentlichen Zugänglichmachung an der Benutzeroberfläche.

! **Praxistipp 2**
Der Anbieter sollte seinen Vertrag mit dem Rechtsinhaber der Software darauf prüfen, ob dieser ihm ein Recht zur öffentlichen Zugänglichmachung eingeräumt hat. Wenn die vom Rechtsinhaber überlassene Software nach dem Vertragszweck für den Einsatz in Cloud-Angeboten gedacht ist, kann der Anbieter davon ausgehen, über ausreichende Rechte sowohl an der Software als auch an der Benutzeroberfläche zu verfügen. Sofern die Software jedoch keinen spezifischen Cloud-Bezug aufweist und auch der Vertrag keine entsprechende Nutzung vorsieht, sollte der Anbieter sich Nutzungsrechte ausdrücklich einräumen lassen oder zumindest klarstellen, dass er zur Nutzung der überlassenen Software in Cloud-Angeboten berechtigt ist.

---

d) Vermietrecht

27 Der Anbieter benötigt **kein urheberrechtliches Vermietrecht** für die im Rahmen seines Cloud-Angebots bereitgestellte Software. Dies gilt selbst dann, wenn der Vertrag, auf dessen Grundlage die SaaS-Leistungen erbracht werden, schuldrechtlich als Mietvertrag zu typisieren ist.

28 Die schuldrechtliche Diskussion im Zusammenhang mit ASP-Verträgen, die der BGH als Mietverträge typisiert hat,[9] lässt sich insofern nicht zur Beurteilung der urheberrechtlichen Ebene heranziehen. Aus urheberrechtlicher Sicht **setzt** das Vermietrecht als Unterfall der **Verbreitung** eine Überlassung der Software **voraus.**[10] Da eine solche bei Cloud-Angeboten aber gerade nicht gegeben ist, benötigt der Anbieter kein urheberrechtliches Vermietrecht.

29 Eine andere Beurteilung kann sich nur in **Beispiel 2** und nur hinsichtlich der an den Kunden überlassenen Applets oder Clients ergeben.

30 Werden diese **entgeltlich und zeitlich befristet** an den Kunden **überlassen,** so benötigt der Anbieter hierfür das Vermietrecht vom Rechtsinhaber. Erfolgt die Überlassung hingegen dauerhaft, so ist einzig das Verbreitungsrecht betroffen.[11]

---

9 BGH Urt. v. 15.11.2006 – XII ZR 120/04 – MMR 2007, 243.
10 Siehe oben Rn 16.
11 Siehe oben Rn 19.

Praxistipp
Selbst wenn der zwischen Anbieter und Kunde geschlossene Vertrag als Mietvertrag einzuordnen ist, bedarf der Anbieter keines urheberrechtlichen Vermietrechts an der Software – wohl aber bezüglich der an den Kunden überlassenen Clients und Applets.

e) Bearbeitungsrecht

Der Anbieter **benötigt Bearbeitungsrechte** an der Software nur in den Fällen, in 31
denen er die Software bearbeiten muss, um sie im Rahmen des SaaS-Angebots nutzen zu können. Das Bearbeiten ist dabei von zustimmungsfrei zulässigen Anpassungen zu unterscheiden. Keine Bearbeitungsrechte benötigt der Anbieter, wenn er lediglich die der Software innewohnenden und vom Hersteller zu diesem Zweck implementierten Anpassungs- bzw. Customizing-Möglichkeiten nutzt.

Praxistipp
Für das Customizing der Software benötigt der Anbieter in der Regel keine Bearbeitungsrechte. Das Customizing lässt sich als Grundregel dadurch von der Bearbeitung unterscheiden, dass die Bearbeitung einen Eingriff in den Quellcode erfordert, das Customizing hingegen lediglich die Anpassung von Parametern umfasst, die gerade zu diesem Zweck vom Softwarehersteller in der Software enthalten sind.

2. Aus Kundensicht

Im Rahmen von SaaS-Angeboten nutzt der Kunde die vom Anbieter bereitgestellte 32
Software. Aus urheberrechtlicher Sicht kann bei einer reinen Nutzung von SaaS-Angeboten – **wie in Beispiel 1** –, in der es zu keiner Übermittlung der Software an den Kunden kommt, einzig das **Vervielfältigungsrecht** relevant werden.

Für den Kunden stellt sich in dieser Hinsicht die Frage, ob er bei der Nutzung 33
des SaaS-Angebots eigene urheberrechtlich relevante Vervielfältigungen vornimmt, zu denen ihn der Rechtsinhaber berechtigen müsste.

Ob der Kunde ein **eigenes Recht zur Vervielfältigung** der im SaaS-Angebot 34
bereitgehaltenen Software benötigt, hängt maßgeblich von der **technischen Ausgestaltung** beim Anbieter ab. In der Regel wird der Kunde jedoch **kein** eigenes Vervielfältigungsrecht benötigen, da er die durch die Nutzung des SaaS-Angebots erzeugten urheberrechtlich relevanten Vervielfältigungen der Software weder steuert, noch kontrolliert.

Nach der Videorecorder-Entscheidung des BGH[12] kommt es für die Beurteilung, 35
wer eine Vervielfältigung herstellt, darauf an, wer die körperliche Festlegung technisch bewerkstelligt und kontrolliert.

12 BGH, Urt. v. 22.4.2009 – I ZR 216/06 – CR 2009, 598.

36 Anbieter von SaaS-Angeboten werden ihre Systemarchitektur zumeist in einer ressourcenschonenden Art ausgestalten (beispielsweise Multi-Tenancy-Architektur). Kunden stehen daher **keine eigenen Software-Instanzen** zur Verfügung, die diese durch den Aufruf technisch bewerkstelligen und kontrollieren können und für die die Kunden somit als Hersteller der Vervielfältigung anzusehen wären.

37 Eine andere Wertung wird in der Regel selbst dann nicht geboten sein, wenn durch den Aufruf der Software durch den Kunden diese im Arbeitsspeicher des Servers vervielfältigt wird. Der Kunde hat **keine Möglichkeit** zu bestimmen, ob und welche Teile der Software auf welcher Hardware vervielfältigt werden. Dies hängt vielmehr einzig von der technischen Realisierung durch den Anbieter ab. Insofern dürfte es schwerfallen, in diesen Konstellationen dem Kunden die vom BGH geforderte **Steuerung und Kontrolle** über die Vervielfältigung zuzusprechen. Anders mag diese Wertung nur dann ausfallen, wenn dem Kunden dedizierte Hardware zugewiesen ist und er tatsächlich über die auf der Hardware erfolgenden Prozesse die Kontrolle ausübt. Eine solche Konstellation widerspricht jedoch klassischen Cloud-Angeboten und dürfte noch am ehesten im Umfeld von PaaS- und IaaS-, nicht aber im Rahmen von SaaS-Angeboten vorkommen.

! **Praxistipp**
Der Kunde benötigt in der Regel keine eigenen Vervielfältigungsrechte an der im SaaS-Angebot bereitgehaltenen Software. Eine Ausnahme kommt nur in Betracht, wenn der Anbieter dem Kunden dedizierte Hardware bereitstellt oder der Kunde technisch die Kontrolle über die in seinem Cloud-Angebot ablaufenden Software-Instanzen hat.

---

38 Selbst wenn der Kunde – **wie im Beispiel 2** – auf das SaaS-Angebot mittels Clients zugreift oder dieses in Applets ausgeführt wird, dürfte sich an der grundlegenden Einschätzung nichts ändern. Zwar wird der Kunde eindeutig als Hersteller der Vervielfältigung eben dieser Clients oder der Applets anzusehen sein. An der fehlenden Kontrolle über den Vervielfältigungsvorgang der eigentlichen SaaS-Software ändert dies jedoch nichts. Selbst wenn der Kunde über Clients oder Applets auf die bereitgestellte Software zugreift, bedeutet dies nicht zugleich, dass die Software im Client oder Applet in der Weise ausgeführt wird, dass die Software hierhin vervielfältigt wird. Technisch werden in aller Regel vielmehr lediglich einzelne Werte übermittelt und im Client oder Applet aufbereitet und dargestellt. Selbst wenn der Client oder das Applet einmal die vollständige Benutzeroberfläche der SaaS-Software auf dem Rechner des Kunden wiedergeben würde, läge hierin **keine Vervielfältigung der eigentlichen Software**, sondern nur der **Benutzeroberfläche**, die aber eben nur ganz ausnahmsweise einmal urheberrechtlich relevant sein dürfte.[13]

13 Siehe oben Rn 26.

Praxistipp
Wenn der Anbieter dem Kunden dedizierte Hardware bereitstellt oder der Kunde technisch die Kontrolle über die Software-Instanzen ausüben kann, sollte der Kunde auf eine Freistellungsvereinbarung hinwirken. Der Kunde kann nicht einschätzen, ob der Anbieter vom Rechtsinhaber ausreichende Nutzungsrechte eingeräumt bekommen hat, die ihn dazu berechtigen, Vervielfältigungen durch den Kunden ausführen zu lassen.

II. Platform as a Service (PaaS) und Infrastructure as a Service (IaaS)

1. Aus Anbietersicht

Vom Grundsatz her ergeben sich bei PaaS- und IaaS-Angeboten **keine wesentlichen** 39
rechtlichen Unterschiede zu den zu SaaS-Angeboten dargestellten. Zwar wird in der Literatur zum Teil undifferenziert vertreten, dass im Rahmen von PaaS- und IaaS-Angeboten keine urheberrechtlich relevanten Vorgänge stattfänden.[14] Dies trifft allerdings nur auf solche IaaS-Angebote zu, in denen dem Kunden lediglich Infrastruktur aber keine Software zur Verfügung gestellt wird. Bei PaaS-Angeboten, in denen der Kunde eine Plattform zur Verfügung gestellt bekommt, sowie bei IaaS-Angeboten, bei denen der Kunde die Infrastruktur mit vom Anbieter bereitgestellter Software administriert, trifft es nicht zu. Im Gegensatz zu SaaS-Angeboten handelt es sich bei dieser Software zwar häufig nicht um Applikationssoftware im eigentlichen Sinn, sondern um **Plattformen** und Software zur **Administration** der Infrastruktur. **Aus urheberrechtlicher Sicht** rechtfertigt dies jedoch **keine abweichende Beurteilung**. Sofern der Anbieter dem Kunden solche Software im Rahmen von PaaS- und IaaS-Angeboten bereitstellt, benötigt er hierfür neben dem Recht zur Vervielfältigung der Software im Rahmen der Installation auch das Recht zur öffentlichen Zugänglichmachung.

Praxistipp
In der Praxis wird sich an dieser Stelle jedoch regelmäßig kein Problem des Anbieters ergeben, da die Software, die für Plattformen und die Administration in Betracht kommt, im Zweifel gerade für die Nutzung in Cloud-Angeboten gedacht ist und der Anbieter insofern über ausreichende Nutzungsrechte verfügen wird.

Eine urheberrechtliche Besonderheit liegt bei PaaS- und insbesondere bei IaaS-Ange- 40
boten allerdings darin, dass der Kunde – **wie in Beispiel 3** – die Möglichkeit hat, **selbst Software** auf den vom Anbieter bereitgehaltenen Servern zu **installieren**. Hierdurch stellt sich für den Anbieter die Frage, wie sein Verhältnis zu der so auf seine Server hochgeladenen Software ist. Kann es ihm gleichgültig sein, ob der Kunde zur Nutzung der Software in Cloud-Angeboten berechtigt ist, oder benötigt der Anbieter sogar **eigene Nutzungsrechte** an der Software?

14 *Bierekoven*, ITRB 2010, 42, 43.

41 Der Anbieter benötigt **in Beispiel 3** regelmäßig **ein Recht zur Vervielfältigung** der vom Kunden auf seinen Servern hochgeladenen Software.

42 Zwar ist der Anbieter nicht Hersteller derjenigen Vervielfältigung, die beim Upload der Software durch den Kunden entsteht. Diese wird einseitig vom Kunden angestoßen und kontrolliert, sodass sie unter Zugrundelegung der vom BGH vorgegebenen Kriterien dem Kunden zuzurechnen ist.

43 Allerdings werden sich an diese Vervielfältigung in der Praxis regelmäßig weitere anschließen, die **einzig vom Anbieter gesteuert und kontrolliert** werden. Hierbei ist etwa an Vervielfältigungen zu denken, die der Anbieter im Rahmen des **Back-up-Prozesses** vornimmt, sowie an solche, die der **Leistungssteigerung** dienen oder der **Systemarchitektur** geschuldet sind und in deren Zuge die Software auf verschiedenen Rechnern innerhalb der Cloud vervielfältigt wird.

44 Ob der Anbieter hierbei bereits für den Back-up-Prozess eines eigenen Vervielfältigungsrechts bedarf, mag dabei in Einzelfällen zu diskutieren sein. Richtig ist sicherlich, dass der Kunde – als der zur Benutzung des Programms berechtigte i.S.v. § 69d Abs. 2 UrhG – Sicherungskopien der Software nicht nur selbst, sondern auch durch Dritte vornehmen lassen darf.[15]

45 Zweifel an der sich insofern aus § 69d Abs. 2 UrhG ergebenden Berechtigung können sich aber daraus ergeben, dass die Erstellung von Sicherungskopien nach dem Gesetzeswortlaut nur dann zulässig ist, wenn sie für die **Sicherung der künftigen Benutzung erforderlich** ist.

46 Ob aber ein Back-up in der Cloud auch dann zur Sicherung künftiger Benutzung erforderlich ist, wenn der Kunde vom Rechtsinhaber die Software auf einer DVD oder zusammen mit einer Sicherungskopie geliefert bekommen hat, ist nicht unumstritten.[16] Ebenso wenig ist es der Fall, in dem der Rechtsinhaber dem Kunden anbietet, jederzeit eine Sicherungskopie über den Hersteller beziehen zu können. Weiterhin stellt sich auch im Hinblick auf moderne Back-up-Prozesse die Frage, ob die hierbei regelmäßig erfolgenden zeitlich gestaffelten Back-ups noch vom § 69d Abs. 2 UrhG gedeckt sind, nachdem dieser vom Wortlaut nur die Herstellung „einer" Sicherungskopie vorsieht.

! **Praxistipp**

Für den Cloud Anbieter stellen sich gleich mehrere Probleme. Er kann nicht beurteilen,

- ob und welche Nutzungsrechte der Kunde an der in das Cloud-Angebot hochgeladenen Software hat und
- welche Regelungen der Kunde mit dem Hersteller zu Sicherungskopien im Vertrag getroffen hat oder ob der Hersteller an den Kunden sogar Sicherungskopien ausgeliefert hat.

15 Wandtke/Bullinger/*Grützmacher*, § 69d Rn 59.

16 Zum Meinungsstand bei Wandtke/Bullinger/*Grützmacher*, § 69d Rn 54.

Aus diesem Grund sollte der Anbieter sich gegenüber Ansprüchen vom Kunden freistellen lassen, die im Falle einer von ihm aufgrund seiner Cloud-Prozesse bedingten unberechtigten Nutzung der vom Kunden eingebrachten Software entstehen.

---

2. Aus Kundensicht

Der Kunde benötigt ein **Recht zur Vervielfältigung** der Software. Im Hochladen der Software in das Cloud-Angebot liegt eine Vervielfältigung, die der Kunde steuert und kontrolliert und diesem somit zuzurechnen ist. 47

Ob der Kunde zu dieser Vervielfältigung dadurch berechtigt ist, dass hierin eine bestimmungsgemäße Benutzung der Software liegt, hängt maßgeblich von dem Lizenzvertrag ab, auf dessen Grundlage der Kunde die Software erhalten hat. Ergibt sich aus dem Vertragszweck, dass ein Einsatz der Software in Cloud-Angeboten bezweckt ist, sind die Vervielfältigungshandlungen des Kunden bereits von der bestimmungsgemäßen Nutzung erfasst und bedürfen nach § 69d UrhG keiner Zustimmung des Urhebers und somit keiner gesonderten Rechtseinräumung. 48

Ergibt sich aus dem **Vertragszweck** jedoch, dass der Kunde die Software für den **Einzelplatz-, Netzwerk- oder Terminalbetrieb** erhält und fehlt es zugleich an klarstellenden Regelungen zum **Outsourcing, Hosting** o.ä., sollte der Kunde die Software nur nach vorheriger Rücksprache mit dem Rechtsinhaber in das Cloud-Angebot hochladen. 49

Praxistipp
Nicht jede Auslagerung zuvor lokal genutzter Software des Kunden in die Cloud ist zulässig. **!**

Zwar wird sich auch in diesen Fällen häufig vertreten lassen, dass eine **bestimmungsgemäße Benutzung** vorliegt, sofern sich an der Nutzung der Software nur insofern etwas ändert, als dass die Software nicht nur lokal, sondern in der Cloud gespeichert ist. Ob diese Voraussetzungen gegeben sind, dürfte für den Kunden jedoch häufig nicht ganz einfach zu beurteilen sein. Insbesondere ist zu berücksichtigen, dass die bestimmungsgemäße Benutzung bereits dann verlassen würde, wenn der Cloud-Anbieter Vervielfältigungen der Software vornimmt, die nicht lediglich dem Back-up dienen und sich somit ggf. nach § 69d Abs. 1 UrhG rechtfertigen lassen.[17] Zu denken ist in diesem Zusammenhang etwa an Vervielfältigungen, die dem Zweck dienen, gewisse **Service Level sicherzustellen** oder die quasi als **„Beiwerk" im Rahmen der Wartung** des PaaS- oder IaaS-Systems entstehen. 50

---

17 Siehe oben Rn 44.

Praxistipp

Der Kunde benötigt spätestens dann zusätzliche Nutzungsrechte, wenn die Leistungen des Cloud-Anbieters über die bloße Bereithaltung der vom Kunden in die Cloud hochgeladenen Software hinausgehen. Der Kunde muss den der Software zugrundeliegenden Lizenzvertrag somit daraufhin überprüfen, ob die Auslagerung der Software in die Cloud in der vorhergesehenen Weise zulässig ist.

51 Auch **geografische Nutzungsbeschränkungen** können für den Kunden bei der Nutzung „eigener" Software im Rahmen von Cloud-Angeboten relevant werden. Durch das Hochladen in eine globale Cloud, wie sie **Beispiel 4** zugrunde liegt, kommt es eben nicht nur in demjenigen Land zu einer Vervielfältigung der Software, in dem der Kunde die Software auf einen Server hochlädt. Vielmehr schließen sich durch die Verteilung der Software auf den global verteilten Servern Vervielfältigungsvorgänge in allen Ländern an, in denen diese Server stehen.

Praxistipp

Der Kunde benötigt weltweite Nutzungsrechte, wenn er Software in globale Cloud-Angebote hochlädt.

52 Zu denken ist im Zusammenhang geografischer Beschränkungen nicht nur an echte Nutzungsbeschränkungen, in denen der Kunde die Software aufgrund der urheberrechtlichen Beschränkungen ausschließlich in bestimmten Ländern nutzen darf und gegen die er beim Hochladen der Software in globale Cloud-Angebote verstoßen würde. Zu denken ist auch an **patent- und exportrechtliche Beschränkungen**, die in Verträgen oftmals nicht nur in direkten geografischen Nutzungsbeschränkungen zum Ausdruck kommen, sondern sich faktisch auch daraus ergeben können, dass für Gewährleistungsfälle jegliche Ansprüche ausgeschlossen sind, wenn diese bei der Nutzung der Software außerhalb bestimmter Länder entstehen.

Praxistipp

Der Kunde sollte die Nutzung geografisch beschränkter Cloud-Angebote nicht nur aus datenschutzrechtlichen Gesichtspunkten in Erwägung ziehen und insbesondere prüfen, ob er wirklich auf eine globale Cloud angewiesen ist. Eine solche Angewiesenheit wird zumeist nur in solchen Fällen gegeben sein, in denen der Kunde auf die in der Cloud liegende Software weltweit zugreifen möchte.

D. Urheberrechtliche Besonderheiten bei der Auslagerung in die Cloud – Globale Cloud und anwendbares Recht

53 In **Beispiel 4** soll nun davon ausgegangen werden, dass das SaaS-Angebot des Beispiels 1 nicht nur in Deutschland, sondern in einer globalen Cloud verteilt betrieben wird.

54 Aus Anbieter-, aber auch aus Kundensicht stellt sich in diesen Fällen die Frage, ob sich hierdurch an den dargestellten urheberrechtlichen Wertungen etwas ändert.

Eine Antwort auf diese Frage lässt sich **nicht pauschal** geben. Zwar wird die urheberrechtliche Wertung in vielen Ländern, so wie hier für Deutschland dargestellt, zumindest so ähnlich ausfallen. Allerdings kann eine abschließende **Antwort immer nur je Land** gegeben werden. Der Grund hierfür liegt am sog. **Territorialitätsprinzip** und dem daraus folgenden **Schutzlandprinzip**. Hiernach ist die Anwendbarkeit des nationalen Urheberrechts immer auf die jeweiligen Staaten begrenzt, weshalb die Frage nach der urheberrechtlichen Relevanz verschiedener Nutzungshandlungen sich immer nur nach dem Recht beurteilen lässt, in dem die relevante Handlung vorgenommen wurde. 55

Praxistipp !
Urheberrecht ist nationales Recht. Allerdings sind viele urheberrechtliche Wertungen in den meisten Ländern ähnlich.

Insofern lassen sich die oben dargestellten urheberrechtlichen Wertungen lediglich für urheberrechtliche Handlungen in Deutschland heranziehen. Sobald Handlungen außerhalb von Deutschland begangen werden, richtet sich deren urheberrechtliche Wertung einzig nach dem Recht des Landes, in dem sie begangen werden. 56

Dies hat für globale Cloud-Angebote zur Folge, dass für die Bewertung der urheberrechtlichen Sachlage neben dem deutschen Recht auch diejenigen Rechtsordnungen zur Anwendung gelangen, in denen urheberrechtlich relevante Handlungen vorgenommen werden. Dies dürften zunächst einmal **alle Länder** sein, in denen der Anbieter einen **Serverstandort** hat und es somit zu Vervielfältigungen der Software kommt. Da mitunter auch urheberrechtlich relevante Handlungen vom Kunden ausgehen, könnten zudem alle Länder in Betracht kommen, aus denen die **Kunden auf das Cloud-Angebot zugreifen**. 57

Praxistipp !
Cloud-Anbieter müssen sich zumindest in den Ländern über die urheberrechtliche Relevanz ihrer Handlungen bewusst sein, in denen sie ihre Server stationieren und aus denen sie ihren Kunden den Zugriff gestatten.

Es wird schnell ersichtlich, dass eine globale Cloud somit auch zur Anwendbarkeit unzähliger Rechtsordnungen führen kann, was eine sicherlich sehr unbefriedigende Situation für den Anbieter darstellt, die dieser jedoch hinsichtlich der urheberrechtlichen Wertung nicht ändern kann. 58

Einen Einfluss auf das anwendbare Recht können Anbieter und Kunden nur im Rahmen des zwischen ihnen geschlossenen Vertrags nehmen. Die hierin vorgenommene Rechtswahl ist jedoch ohne Auswirkung auf die urheberrechtliche Wertung. Die vertragliche Rechtswahl kann ausschließlich auf vertraglicher Ebene Auswirkung entfalten und bestimmt dort darüber, welchem Recht das Vertragsverhältnis unterliegt und welches Recht somit über die Auslegung des Vertrags, dessen Wirksamkeit 59 und ggf. darin enthaltener Lücken entscheidet. Im **unternehmerischen Verkehr** wird diese Rechtswahl nur in einem sehr eng begrenzten Bereich eingeschränkt. Gegenüber **Verbrauchern** kann der Cloud-Anbieter durch die Rechtswahl hingegen nicht bewirken, dass die im deutschen Recht enthaltenen verbraucherschützenden Vorschriften ausgehebelt werden. Sie entfalten auch bei der Vereinbarung ausländischen Rechts direkte Wirkung zugunsten von Verbrauchern, die ihren gewöhnlichen Aufenthalt in Deutschland haben.

! **Praxistipp**
Um die schier unüberblickbare Anwendbarkeit verschiedener Rechtsordnungen zu vermeiden, sollte der Anbieter jedenfalls im Vertrag eine Rechtswahl und im unternehmerischen Verkehr auch eine Gerichtsstandsvereinbarung vorsehen. Die Anwendbarkeit verschiedener nationaler Rechtsordnungen kann der Anbieter nur dadurch vermeiden, dass er seine Serverstandorte auf solche Länder beschränkt, in denen er auch die Rechtslage geprüft hat und ggf. auch den Zugriff von Kunden aus solchen Ländern sperrt, in denen der Anbieter urheberrechtliche Risiken kennt oder vermutet.

E. Open Source Software (OSS)

60 In **Beispiel 5** setzt der SaaS-Anbieter im Rahmen seines Angebots **OSS** ein. Es stellt sich somit die Frage, ob den Anbieter deshalb zusätzliche Pflichten treffen und er mitunter sogar dazu verpflichtet ist, den Quellcode der von ihm eingesetzten OSS unentgeltlich zugänglich zu machen.

I. Aus Anbietersicht

61 Eine **Antwort** hierauf lässt sich **nicht pauschal** geben. Unabhängig davon, welche OSS der Anbieter in seinem Angebot einsetzt, bestimmen sich seine Rechte und Pflichten nämlich **einzig nach dem Lizenzvertrag**, unter dem der Anbieter die OSS erworben hat. Entgegen einem immer noch häufig anzutreffenden Missverständnis ist nämlich **nicht jede OSS frei** und ohne Beschränkungen zu nutzen. Zwar gibt es OSS, die Lizenzen unterliegt, auf die diese Attribute zutreffen. Allerdings führen die Liste der 20 am häufigsten genutzten OSS-Lizenzen[18] andere Lizenztypen an. Sowohl an Platz 1 (**General Public License v. 2, GPL 2**) und 3 (**General Public License v. 3, GPL 3**) stehen Lizenzen, die über ein sog. **strenges Copyleft** verfügen. Hiernach trifft den Anbieter u.a. die Pflicht, die unter der GPL lizenzierte Software sowie vom Anbieter hieran vorgenommene Bearbeitungen unter derselben Lizenz **Dritten (auch im Quellcode) anzubieten**.

18 Abrufbar unter http://www.blackducksoftware.com/resources/data/top-20-open-source-licenses.

Allerdings besteht diese Pflicht nicht per se, sondern nur im Falle der Weitergabe der Software. In welchen Fällen die Lizenzen dabei von einer Weitergabe ausgehen, ist unterschiedlich. 62

Praxistipp

Die meisten Lizenzen von OSS knüpfen ihre Pflichten nur an den Fall der Weitergabe der Software. Die umfassende interne Nutzung der Software zu eigenen Zwecken ist zumeist ohne Beschränkungen zulässig.

Sowohl GPL 2 als auch GPL 3 setzen voraus, dass die Software an den Kunden weitergegeben wird oder dieser zumindest die Möglichkeit hat, eine **Kopie der Software zu erhalten**. Sofern diese Voraussetzung gegeben ist, greift das Copyleft und zwingt den Anbieter dazu, dem Kunden auch die Software sowie die vom Anbieter vorgenommenen Bearbeitungen der Software im Quellcode zu überlassen. Im Rahmen von SaaS-Angeboten sollte diese Situation jedoch einzig im Hinblick auf **Applets und Clients** in Betracht kommen, die an den Kunden übermittelt werden. 63

Wird die Software hingegen nicht an den Kunden übermittelt, greift das in der GPL 2 und 3 enthaltene Copyleft nicht. Der Anbieter ist damit in der Nutzung der Software weitgehend frei. 64

Praxistipp

Klassische OSS-Lizenzen entfalten keine oder nur geringfügige Verpflichtungen beim Einsatz der OSS in SaaS-Angeboten.

Um die hierdurch entstehende Lücke beim Einsatz von OSS zu schließen, gibt es jedoch in jüngster Zeit zunehmend auch Lizenzen für OSS, bei denen für das Copyleft **nicht an die Weitergabe** angeknüpft wird. Ein prominentes Beispiel hierfür ist die **Affero General Public License 3 (AGPL 3)**, die immerhin schon an Stelle 18 der am häufigsten verwendeten Lizenzen für OSS zu finden ist. Diese lässt es für das Eingreifen des Copyleft ausreichen, dass eine „Remote Network Interaction" vorliegt, wie er in SaaS-Angeboten gegeben ist. 65

Nutzt der Anbieter somit OSS, die unter der AGPL 3 lizenziert ist, hat er dem Kunden den **Quellcode** der OSS sowie den der von ihm hieran vorgenommenen Bearbeitungen **unentgeltlich zur Verfügung zu stellen**. 66

Praxistipp

Hat der Anbieter die im SaaS-Angebot genutzte OSS mit eigenem schützenswerten Know-how angereichert, muss er ein besonderes Augenmerk auf die verwendeten OSS-Lizenzen setzen, um das Risiko einer Offenlegungspflicht zu minimieren.

II. Aus Kundensicht

67 Für den Kunden hat OSS nur dann eigene rechtliche Relevanz, wenn er diese beispielsweise in PaaS- oder IaaS-Angebote einbringt und Dritten den Download oder die Nutzung der Software gestattet. Nutzt der Kunde lediglich die vom Anbieter im SaaS-Angebot eingesetzte Software, erwachsen ihm hieraus **keine zusätzlichen Pflichten**.

F. Readiness Check Urheberrecht

68

Anbieter	
Haben Sie die erforderlichen Nutzungsrechte an der im SaaS-Angebot enthaltenen Software?	☑
Vervielfältigungsrecht	☑
– Dürfen Sie die von Ihnen verwendete Software in Cloud-Angeboten bereithalten?	☑
– Gibt es im Lizenzvertrag sonstige Nutzungsbeschränkungen (bspw. geografische Beschränkungen)?	☑
Bearbeitungsrecht	☑
– Ist für die Bereitstellung der Software eine Anpassung erforderlich?	☑
– Beschränken sich die Anpassungen auf die vom Hersteller der Software dafür vorhergesehenen Einstellungsmöglichkeiten und Parameter oder ist ein Zugriff auf den Quellcode der Software erforderlich?	☑
Recht zur öffentlichen Zugänglichmachung	☑
– Dürfen Sie die Software ausdrücklich öffentlich zugänglich machen?	☑
– Ergibt sich aus dem Vertragszweck, dass Sie eine Nutzung der Software im Rahmen von Cloud-Angeboten beabsichtigen?	☑
Verbreitungsrecht	☑
– Benötigt der Kunde für den Zugriff auf Ihr Cloud-Angebot Applets oder Clients?	☑
– Erfolgt eine dauerhafte Überlassung der Clients?	☑
– Haben Sie die nötigen Verbreitungsrechte hinsichtlich dieser Applets und Clients?	☑
Nutzungsrechte an der vom Kunden hochgeladenen Software erforderlich?	☑
– Besteht die Möglichkeit, dass der Kunde eigene Software in das Cloud-Angebot hochlädt?	☑
– Verfügt Ihr Vertrag hinsichtlich der vom Kunden hochgeladenen Software über eine entsprechende Freistellungsvereinbarung?	☑
Verwenden Sie im Rahmen Ihres Cloud-Angebots Open Source Software?	☑
– Sind Sie zur Weitergabe des Quellcodes an den Kunden verpflichtet?	☑
– Treffen Sie sonstige Informationspflichten aus den Open Source-Lizenzen (Hinweis über Urheber, Downloadmöglichkeit, Lizenz etc.)?	☑

Kunde

- Erforderliche Nutzungsrechte an der eigenen Software? (Betrieb in der Cloud gestattet?) ☑
- Geografische Nutzungsbeschränkungen an der Software? ☑
- Patentrechtliche Beschränkungen zu beachten? ☑
- Gewährleistungsbeschränkungen zu beachten? ☑
- Liegt eine Freistellung des Anbieters bezüglich der Nutzung der SaaS-Software vor? ☑
- Liegt eine Freistellung des Anbieters bezüglich der Clients/Applets vor? ☑

Kapitel 7
IPR und IZPR des Cloud Computing

A. Bedeutung für die Praxis des Cloud Computing

1 Cloud Computing wirft durch seine per se von politischen Grenzen losgelöste technische Funktionsweise zahlreiche Fragen mit Bezug zum **Internationalen Privatrecht und Zivilprozessrecht** auf: Cloud-Anbieter nutzen nicht nur Server in einem bestimmten Land, sondern bedienen sich einer **weltweiten Infrastruktur**. Dadurch können die Daten des Cloud-Nutzers auf Servern gespeichert und verarbeitet werden, die sich in unterschiedlichen Ländern befinden. Gleiches gilt für Applikationsdienstleister, die im ersten Schritt nach rein betriebswirtschaftlichen Gesichtspunkten optimierte Standortentscheidungen für ihre Leistungserbringung treffen können.

2 Dies führt dazu, dass die Parteien eines Cloud Computing-Vertrags mit **verschiedenen Rechtsordnungen** in Berührung kommen. Vor diesem Hintergrund liegt die Bedeutung des Internationalen Privatrechts und des Zivilprozessrechts für die Praxis des Cloud Computing auf der Hand. Sowohl aus Anbieter- als auch aus Nutzersicht stellen sich in diesem Zusammenhang Fragen nach dem **Vertragsstatut** und dem **anwendbaren Recht im Fall deliktischer Verletzungen** wie z.B. der Schädigung gespeicherter Daten oder der Verletzung von Rechten Dritter durch in der Cloud gespeicherte Inhalte.

3 Vorwegzunehmen ist, dass einige gängige Cloud-Konstellationen in Bezug auf das IPR-rechtliche Vertragsstatut nur von eingeschränkter Relevanz sind. Teilweise betreffen sie qua geschäftlicher Konstruktion reine Inlandssachverhalte oder sie enthalten explizite, zweifelsfrei wirksame Rechtswahlklauseln.

4 Man kann nachfolgende Abschichtungen potenziell problematischer Konstellationen bilden (die IPR-Komplexität nimmt in absteigender Reihenfolge zu):

Nutzer im Inland und
- Private oder Public Cloud im Inland;
- Private oder Public Cloud im EU-Ausland;
- Private oder Public Cloud im Nicht-EU-Ausland;
- Private oder Public Cloud im Nicht-EU-Ausland mit Subunternehmern im gleichen oder einem Drittland.

Reine Inlandssachverhalte sind IPR-rechtlich unbeachtlich.[1] EU-Auslandssachverhalte sind zwar IPR-relevant, aber mithilfe der Rom I- und Rom II-Verordnungen meist

1 Die Tatsache, dass der Datenverkehr ggf. über das Ausland verläuft, führt nicht zu IPR-rechtlichen Anknüpfungspunkten, solange die primäre Leistung in den für Cloud-Angebote typischen Speicher- und Applikationsbereitstellungsdiensten liegt.

gut lösbar. Die Komplexität der Konstellation nimmt dann zu, wenn einerseits Leistungen von außerhalb der EU erbracht werden oder andererseits der Hauptanbieter zwar seinen Verwaltungssitz in der EU hat, er jedoch auf Drittanbieter zugreift, die ihren Sitz außerhalb der EU haben.

Schließlich sind diejenigen Konstellationen vertragsrechtlich meist unproblema- 5
tisch, in denen die Parteien zweifelsfrei wirksame, explizite Regelungen zum **Vertragsstatut** getroffen haben. Anders ist die Situation beim **Deliktsstatut**. Schon hier sei an die Zuordnung der vorvertraglichen Haftungstatbestände zur Rom II-VO erinnert.[2]

B. Vertragsstatut

I. Überblick über die Regelungen der Rom I-VO

1. Privatautonome Rechtswahl

a) Rechtsquellen

Für Verträge, die nach dem 17.12.2009 geschlossen wurden, ist die Frage nach dem 6
anwendbaren Vertragsrecht in der **Rom I-VO** geregelt.[3] Nach Art. 1 Abs. 1 Rom I-VO ist die Verordnung auf vertragliche Schuldverhältnisse anwendbar, die eine **Verbindung zum Recht verschiedener Staaten** aufweisen. Dabei greifen die europäischen Regelungen zum anwendbaren Recht nur dann ein, wenn ein Gericht innerhalb der EU die Streitigkeit zu entscheiden hat. Das nach den Regelungen der Rom I-VO einschlägige Recht ist gem. Art. 2 Rom I-VO auch dann anwendbar, wenn dieses nicht ein Recht eines Mitgliedstaates der EU ist (**Grundsatz der universellen Anwendung**).[4]

Weil Dänemark und das Vereinigte Königreich die Rom I-VO nicht angenommen 7
haben, bleibt es für Anknüpfungen bei Vertragsbeziehungen mit diesen und dritten Ländern bei der Anwendung des **Übereinkommens über das auf vertragliche Schuldverhältnisse anzuwendende Recht von 1980**, das am 25.7.1986 ratifiziert und in Form der Art. 27–37 ins EGBGB umgesetzt wurde.[5] Durch das Gesetz zur Anpassung der Vorschriften des Internationalen Privatrechts an die VO (EG) 593/2008 vom 25.6.2009[6] wurden diese Vorschriften des 4. Unterabschnitts allerdings durch die Rom I- und II-Verordnungen ersetzt und fielen damit im EGBGB weg.

---

2 Vgl. dazu *Koch/Magnus/Winkler von Mohrenfels*, § 5 Rn 41 und Art. 2 Abs. 1 und Art. 12 Rom II-VO.

3 Geht es dagegen um Verträge, die vor dem 17.12.2009 zustande kamen, sind in Cloud Computing-Fällen die Art. 27 ff. EGBGB anwendbar, vgl. *Niemann/Paul*, K&R 2009, 444, 446; *Nordmeier*, MMR 2010, 151, 152. Zum zeitlichen Anwendungsbereich der Rom I-VO vgl. Reithmann/Martiny/*Martiny*, Rn 79.

4 Reithmann/Martiny/*Martiny*, Rn 40.

5 Zur zeitlichen Übergangsregelung vgl. Art. 28 Rom I-VO.

6 BGBl. I 2009, S. 1574.

b) Rechtswahlfreiheit

8 Grundsätzlich bleibt es den Vertragsparteien gem. Art. 3 Rom I-VO unbenommen, **privatautonom** das anwendbare Recht selbst zu wählen. Dabei kann die Rechtswahl ausdrücklich oder konkludent erfolgen.[7] Auch ist eine **Teilrechtswahl** möglich, d.h. die Vertragsparteien können grundsätzlich einzelne Vertragsteile abspalten und unterschiedlichen Rechtsordnungen unterwerfen.[8] Nach Art. 3 Abs. 5 Rom I-VO i.V.m. Art. 11 Rom I-VO muss die Rechtswahl nicht in einer besonderen Form erfolgen.[9] Für Verträge zwischen einem Unternehmer und einem Verbraucher ist Art. 6 Abs. 2 Rom I-VO zu beachten, wonach die Rechtswahl nicht dazu führen kann, dass das **Verbraucherschutzniveau** unter den Standard sinkt, der ohne Rechtswahl gelten würde.[10]

9 Eine **schlüssige Wahl** des anwendbaren Rechts ergibt sich typischerweise aus den Umständen des Einzelfalls. So spielt es etwa eine Rolle, ob die Parteien einen einheitlichen Gerichtsstand vereinbart haben, der Vertrag auf Vorschriften einer bestimmten Rechtsordnung verweist oder AGB enthält, die auf einer bestimmten Rechtsordnung aufbauen.[11]

c) Grenzen

10 Die von den Parteien getroffene Rechtswahl bleibt punktuell außer Betracht, wenn zwingende Vorschriften des jeweiligen nationalen Rechts (sog. **Eingriffsnormen**) dem anwendbaren Recht entgegenstehen (Art. 9 Rom I-VO).[12] Eine Einzelvorschrift des an sich einschlägigen Rechts kann auch gem. Art. 21 Rom I-VO in Ausnahmefällen unanwendbar sein, wenn die Anwendung ausländischen Rechts zu Ergebnissen führt, die mit wesentlichen innerstaatlichen Rechtsgrundsätzen (**„ordre public“**) im Staat des aufgerufenen Gerichts unvereinbar sind.[13]

11 Schließlich ist die Reichweite des Vertragsstatuts inhaltlich begrenzt. Beispielsweise sind Ansprüche aus **culpa in contrahendo**, die nach deutschem Recht quasivertragliche Ansprüche sind (§ 311 Abs. 2 BGB), nach Art. 1 Abs. 2 lit. i Rom I-VO dem **Deliktsstatut** und damit der Rom II-VO (Art. 2 Abs. 1 und Art. 12) zugeordnet.[14]

12 Weil der **Online-Vertragsschluss** bei standardisierten Cloud-Leistungen weitgehend der Regelfall ist, besteht gem. Art. 10 Abs. 2 Rom I-VO eine weitere Grenze der

7 Zu den Einzelheiten der ausdrücklichen Rechtswahl vgl. Reithmann/Martiny/*Martiny*, Rn 85 ff.
8 Ausführlich Rauscher/*Thorn*, Art. 3 Rom I-VO Rn 73 ff.
9 Vgl. Reithmann/Martiny/*Martiny*, Rn 91; Rauscher/*Thorn*, Art. 3 Rom I-VO Rn 44.
10 Siehe etwa Reithmann/Martiny/*Martiny*, Rn 4203 ff.
11 Dazu Reithmann/Martiny/*Martiny*, Rn 113 ff.
12 Reithmann/Martiny/*Freitag*, Rn 491 ff.
13 Reithmann/Martiny/*Martiny*, Rn 225.
14 Vgl. *Koch/Magnus/Winkler von Mohrenfels*, § 5 Rn 41.

Rechtswahl im Bereich der Vertragswirksamkeit:[15] Ist beispielsweise gemäß dem Vertragsstatut ein Vertrag durch Schweigen auf ein **kaufmännisches Bestätigungsschreiben** („KBS") zustande gekommen, dieses Konzept aber am Recht des gewöhnlichen Aufenthaltsortes des Schweigenden nicht anerkannt,[16] ist die wirksame Wahl des Vertragsstatuts dann durchbrochen und finden damit diese Grundsätze bezüglich des Zustandekommens eines Vertrags gem. Art. 10 Abs. 2 Rom I-VO keine Anwendung.[17]

Beispiel
Ein Anbieter hat seinen Sitz in Deutschland, der gewerbliche Nutzer seinen in Frankreich, die Parteien haben deutsches Recht gewählt. Schweigt der französische Nutzer auf ein KBS und liegen die sonstigen Voraussetzungen eines Vertragsschlusses durch Schweigen auf ein KBS vor, kommt ein Vertrag nur zustande, wenn das Konzept auch im französischen Recht (am Ort des gewöhnlichen Aufenthalts des Cloud-Nutzers) anerkannt wäre. Dies ist in Frankreich nur eingeschränkt der Fall, nämlich dann, wenn kaufmännische Gepflogenheiten i.S.v. Art. 9 CISG vorliegen.

---

d) Fehlender Auslandsbezug

Weiter ist die Wirksamkeit der Wahl ausländischen Rechts strittig, wenn der **Auslandsbezug** fehlt. 13 Die im Einzelnen nachfolgend unter Rn 19 ff. dargelegten Grundsätze lassen sich dahingehend zusammenfassen, dass eine Rechtswahl ohne Auslandsbezug grundsätzlich eingeschränkt möglich ist, jedoch zwingendes inländisches Recht nicht aushebeln kann. Bei Cloud-Verträgen sollte außer bei **Private Clouds** mit ausschließlich inländischen Parteien und Niederlassungen und dediziert vereinbarter Inlandsdatenhaltung dieses Problem kaum auftreten (dazu unten Rn 19 ff.). Zudem liegt die Schwelle für einen Auslandsbezug niedrig.[18]

---

15 Art. 10 Abs. 2 Rom I-VO erlaubt einen Rückgriff auf das Recht des Staates, in dem die Partei ihren gewöhnlichen Aufenthalt hat, wenn es sich aus den Umständen ergibt, dass die Anknüpfung nach Art. 10 Abs. 1 Rom I-VO nicht gerechtfertigt wäre (sog. kollisionsrechtliche Zumutbarkeitsregel), vgl. dazu MüKo-BGB/*Spellenberg*, Art. 10 Rom I-VO Rn 208 ff.

16 Dies ist z.B. in England, Irland oder Griechenland der Fall, vgl. Ferrari/Kieninger/Mankowski u.a./*Ferrari*, Art. 10 Rom I-VO Rn 37.

17 BGH NJW 1972, 391, 394; Ferrari/Kieninger/Mankowski u.a./*Ferrari*, Art. 10 Rom I-VO Rn 37 f.; MüKo-BGB/*Spellenberg*, Art. 10 Rom I-VO Rn 278; v. Westphalen/*Thüsing*, Rechtswahlklauseln Rn 21.

18 Der Wortlaut der deutschen Übersetzung in Art. 1 Rom I-VO verlangt eine „Verbindung" zum Recht verschiedener Staaten. Nach *Martiny* wird die Auslandsberührung durch *„räumliche (gewöhnlicher Aufenthalt, Niederlassung der Parteien, Abschlussort) und persönliche Kriterien (Staatsangehörigkeit) vermittelt, die auch im Gegenstand des Geschäfts (grenzüberschreitende Leistungen, Belegenheit des Vermögens, Anlehnung an einen anderen Vertrag) oder anderen Bezügen des internationalen Geschäftsverkehrs liegen können"*, vgl. m.w.N. bei MüKo-BGB/*Martiny*, Art. 3 Rom I-VO Rn 21.

e) Rechtswahl eines Drittstaats und Gemeinschaftsrecht

14 Wegen Art. 4 Abs. 4 der Rom I-VO blendet die Wahl des Rechts eines Drittstaats bei reinen Binnenmarktsachverhalten das zwingende **(primäre) Gemeinschaftsrecht** nicht aus.[19] Im Ergebnis ist also das Recht des Drittstaats um die zwingenden Vorschriften des Gemeinschaftsrechts zu ergänzen, die parteiautonome Regelungen im konkret-spezifischen Regelungsbereich verdrängen.[20]

2. Mangels Rechtswahl anwendbares Recht

15 Haben die Parteien **weder ausdrücklich noch konkludent** ein bestimmtes Recht für anwendbar erklärt, greift Art. 4 Rom I-VO ein. In diesem Fall ist zunächst zu bestimmen, ob der fragliche Vertrag in den **Katalog des Art. 4 Abs. 1 Rom I-VO** fällt. Geht es also etwa um einen Kauf-, Dienst- oder Franchisevertrag, ist der Ort maßgeblich, an dem der Verkäufer, Dienstleister oder Vertriebshändler seinen gewöhnlichen Aufenthalt hat.[21]

16 Handelt es sich dagegen nicht um einen in Art. 4 Abs. 1 lit. a-f Rom I-VO aufgezählten Vertragstypus,[22] ist das Recht des Staates maßgeblich, in dem die Partei, welche die **nach dem Vertrag charakteristische Leistung** erbringen muss, ihren **gewöhnlichen Aufenthalt** hat.[23] Die charakteristische Leistung ist zwar in der Rom I-VO nicht legal definiert; es besteht jedoch eine weitgehende Einigkeit darüber, dass es sich um die Leistung handeln muss, die das **Vertragsgefüge prägt.**[24] Bei gegenseitigen Verträgen ist nicht die Zahlungspflicht, sondern die **originäre Leistungspflicht**

---

19 Eingehender MüKo-BGB/*Martiny*, Art. 3 Rom I-VO Rn 98.

20 Gängiges Beispiel ist die Handelsvertreterrichtlinie (RL 86/653/EWG des Rates v. 18.12.1986 zur Koordinierung der Rechtsvorschriften der Mitgliedstaaten betreffend die selbstständigen Handelsvertreter, ABl. EG Nr. L 382/86, S. 17). Steht einem Cloud-Absatzmittler bei Vertragsbeendigung durch den Leistungsanbieter ein Ausgleichsanspruch wegen Kundenstammübertragung gegen diese zu (Art. 17 Abs. 2 der Handelsvertreterrichtlinie und § 89b HGB analog), kann die Wahl eines Drittstaatenrechts diesen Anspruch bei einem reinen Binnenmarktsachverhalt nicht aushebeln. Dieser Anspruch besteht unabhängig von einer abweichenden vertraglichen Regelung oder der Wahl einer Rechtsordnung, welche diesen Anspruch nicht vorsehen.

21 Zu den Einzelheiten vgl. Reithmann/Martiny/*Martiny*, Rn 144 ff.

22 Die Vertragsbegriffe sind autonom europarechtlich auszulegen, was bei der Abgrenzung zu beachten ist. Deshalb können auch Werk- und Werklieferungsverträge ggf. unter Vertragstypen des Art. 4 Abs. 1 Rom I-VO fallen. Dazu im Zusammenhang mit internationaler Zuständigkeit OLG München, MMR 2010, 649 ff. Zum Meinungsstand *Mankowsky*, CR 2010, 138 f.

23 Zu bestimmen anhand Art. 19 Rom I-VO, siehe dazu auch Reithmann/Martiny/*Martiny*, Rn 153 ff.

24 Statt aller Ferrari/Kieninger/Mankowski u.a./*Ferrari*, Art. 4 Rom I-VO Rn 61; MüKo-BGB/*Martiny*, Art. 4 Rom I-VO Rn 147 f., jeweils m.w.N.

charakteristisch.[25] Bei der Ermittlung des gewöhnlichen Aufenthaltsortes ist Art. 19 Rom I-VO zu beachten.[26]

Die Bestimmungen in Art. 4 Abs. 1 und 2 Rom I-VO greifen indes nach Art. 4 Abs. 3 17
Rom I-VO nicht ein, wenn der Vertrag eine **offensichtlich engere Verbindung** zu einem anderen Staat aufweist. Maßgeblich sind alle Umstände des Einzelfalls, wie etwa die **Vertragssprache** oder der **Ort**, an dem der Vertrag abgeschlossen wurde.[27]

In allen Fällen des Art. 4 Rom I-VO unterliegt der **gesamte Vertrag** einer Rechts- 18
ordnung. Eine objektive Vertragsspaltung mit der Folge, dass die einzelnen Vertragsteile unterschiedlichem materiellem Recht unterliegen, ist wegen des **Grundsatzes der „materiellen Harmonie“** unzulässig.[28]

II. Gewerbliche Nutzung eines Cloud-Systems

1. Erfasste vertragliche Konstellation

a) Auslandsberührung

Damit die Rom I-VO zur Anwendung kommt, muss der Cloud Computing-Vertrag nach 19
Art. 1 Abs. 1 Rom I-VO eine Verbindung zum Recht verschiedener Staaten haben. Dies ist der Fall, wenn Cloud-Nutzer und Cloud-Anbieter ihren **Sitz in unterschiedlichen Ländern** haben. Nicht erfasst sind also reine Inlandssachverhalte; zwingende Vorschriften des inländischen Rechts können nach der Vorstellung der Autoren der Rom I-VO durch die Wahl ausländischen Rechts nicht umgangen werden.[29] Richtet der Anbieter dem Nutzer eine inländische sog. **Private Cloud** ein, bei der sich sowohl der Sitz des Anbieters als auch der des Abnehmers im Inland befinden (beispielsweise, weil der Anbieter dies aus geschäftspolitischen Gründen explizit wünscht), greifen die Regelungen der Rom I-VO nicht ein. In diesem Fall findet grundsätzlich das zwingende Recht des Landes Anwendung, in dem beide Vertragsparteien ihren Sitz haben.

b) EU-Mitgliedstaat und Drittstaaten

Soweit eine Partei ihren Sitz in einem Mitgliedstaat der EU hat und die Rechtsanwen- 20
dung nach der Rom I-VO erfolgt, gilt gem. Art. 2 Rom I-VO die Verweisung auf das jeweils anwendbare Recht auch dann, wenn der jeweilige Staat nicht der EU angehört.

---

25 So etwa Reithmann/Martiny/*Martiny*, Rn 156; *Sujecki*, K&R 2012, 312, 316.

26 Reithmann/Martiny/*Martiny*, Rn 208 ff.

27 Hierzu ausführlich Reithmann/Martiny/*Martiny*, Rn 169 ff.; Rauscher/*Thorn*, Art. 4 Rom I-VO Rn 139 ff. Vgl. dazu speziell im Hinblick auf Cloud-Verträge unter Rn 37 ff.

28 Vgl. Rauscher/*Thorn*, Art. 4 Rom I-VO Rn 21.

29 Siehe etwa *Koch/Magnus/Winkler von Mohrenfels*, § 5 Rn 12 und zur Diskussion der gegensätzlichen Auffassungen die Nachweise bei MüKo-BGB/*Martiny*, Art. 3 Rom I-VO Rn 5, insbesondere dort: Bericht *Giuliano/Lagarde*, BT-Drucks. 10/503, S. 50.

Beispiel
Ein Anbieter hat seinen Sitz in Kanada, der Nutzer in Deutschland. Ergibt sich nach den Prinzipien der Rom I-VO, dass kanadisches Recht Anwendung findet, ist diese Berufung zur Anwendung nach Art. 2 Rom I-VO bindend (sog. **universelle Anwendung der Rom I-VO**).

c) Neutrales Recht eines dritten Staates

21 Die Parteien sind auch frei darin, ein **neutrales Recht** eines dritten Staates zu wählen. Soweit es sich nicht um einen reinen Inlandssachverhalt handelt, der keinerlei Auslandsberührung hat (vgl. dazu Rn 13), ist die Rechtswahl auch ohne objektive Beziehung zum Vertragsverhältnis zulässig.[30]

Beispiel
Ein Anbieter hat seinen Sitz in England, der Nutzer in Deutschland. Die Rechtswahlklausel sieht schweizerisches Recht vor, ohne dass Lieferungen und Leistungen in der Schweiz erfolgen oder eine der Parteien dort ihren Sitz oder Niederlassungen unterhält. Die Rechtswahl ist zulässig.

2. Ausgestaltung der Rechtswahlklausel

22 Im Rahmen eines Cloud Computing-Vertrags gilt im Ausgangspunkt Art. 3 Rom I-VO: Die Vertragsparteien sind darin **frei**, das anwendbare Recht auszuwählen. Geht es um einen Vertrag zwischen zwei Unternehmen, empfiehlt es sich, eine entsprechende Regelung in das Vertragswerk aufzunehmen, um Problemen bei der Bestimmung des Vertragsstatuts vorzubeugen.[31] Dabei sollten die Parteien auf eine **ausdrückliche und eindeutige Formulierung** achten, um Streitigkeiten über das anwendbare Recht im Vorfeld zu vermeiden. Eine schlüssige Rechtswahl bringt eine erhebliche Rechtsunsicherheit mit sich: Im Konfliktfall muss die Partei, die sich auf eine konkludente Rechtswahl beruft, tatsächliche Umstände darlegen und Beweise vorlegen, die auf eine entsprechende Vereinbarung zwischen den Parteien schließen lässt.[32]

Beispiel
Ein Vertrag zwischen einem Cloud-Anbieter in Frankreich und einem Cloud-Nutzer in Deutschland enthält eine Gerichtsstandsklausel für das LG Frankfurt/Main, gewählte Vertragssprache ist Deutsch. Es liegt nahe, dass die Parteien auch deutsches Recht zur Anwendung berufen wollten.

---

30 MüKo-BGB/*Martiny*, Art. 3 Rom I-VO Rn 22. Zu Rechtswahlbeschränkungen in hier nicht interessierenden Bereichen vgl. Art. 5 und 7 Rom I-VO.

31 So auch *Giedke*, S. 117; Blaha/Marko/Zellhofer/Liebel/*Marko*, S. 45; *Sujecki*, K&R 2012, 312, 317.

32 Dazu *Sujecki*, K&R 2012, 312, 314.

Praxistipp
Auch Anhaltspunkte wie die explizite Bezugnahme auf die Vertragsregeln ergänzendes Gesetzesrecht sind Umstände, die auf eine konkludente Rechtswahl hindeuten (z.B. *„im Übrigen gilt § 640 BGB"*).

3. Rechtswahl in AGB

a) Grundregel des Art. 3 Abs. 5 i.V.m. Art. 10 Abs. 1 Rom I-VO

Die Rechtswahl ist auch in einer **AGB-Klausel** möglich.[33] Ob die Rechtswahlklausel 23
wirksam ist, richtet sich nach Art. 3 Abs. 5 i.V.m. Art. 10 Abs. 1 Rom I-VO. Aus dem Zusammenspiel dieser Normen folgt, dass sich das Zustandekommen und die Wirksamkeit des **Verweisungsvertrags** (also der Rechtswahlklausel) nach dem Recht beurteilen, das bei (unterstellter) Wirksamkeit der Rechtswahl anwendbar wäre. Die §§ 305 ff. BGB kommen hinsichtlich der Rechtswahlklausel also nur dann zur Anwendung, wenn die Parteien das deutsche Recht ausgewählt haben. Anderenfalls wird die Klausel anhand der ausgewählten ausländischen Rechtsordnung überprüft.[34]

b) Zumutbarkeitsregel des Art. 10 Abs. 2 Rom I-VO?

Trotz dieser – auf den ersten Blick klaren – Regelungsstruktur wird im Schrifttum die 24
Frage aufgeworfen, ob das deutsche AGB-Recht auch im Fall einer Anknüpfung an eine ausländische Rechtsordnung doch als **Vorfilter** der Rechtswahlklausel dienen kann. Die vor der Einführung der Rom I-VO ergangene Rechtsprechung hat sowohl das **Überraschungsverbot** (§ 305c Abs. 1 BGB) als auch die **Unklarheitenregel** (§ 305 Abs. 2 BGB) angewendet und eine **Inhaltskontrolle** (§§ 307 ff. BGB) durchgeführt.[35] Unter Geltung der Art. 3 ff. Rom I-VO haben sich die Gerichte jedoch noch nicht klar entschieden, ob und inwieweit sie an der alten Rechtsprechung festhalten.

Ein Teil des Schrifttums plädiert dafür, über Art. 10 Abs. 2 Rom I-VO (dazu bereits 25
Rn 10 ff.) zumindest die **Wertungen des § 305c Abs. 1 BGB** in die Prüfung der Rechtswahlklausel einfließen zu lassen: Art. 10 Abs. 2 Rom I-VO sei anzuwenden, wenn eine Partei geltend machen könne, dass sie nach ihrem Heimatrecht der Klausel nicht zugestimmt hätte. Es sei auch im unternehmerischen Verkehr überraschend und damit unzulässig, wenn die Rechtswahlklausel im Vertragstext **versteckt** sei oder sich auf ein Recht beziehe, zu dem kein oder nur **unwesentlicher Bezug** bestehe.[36]

---

33 Blaha/Marko/Zellhofer/Liebel/*Marko*, S. 45; Leupold/Glossner/*Stögmüller*, Teil 6 Rn 257, 359. Beispiele für Rechtswahlklauseln bei Leupold/Glossner/*Stögmüller*, Teil 6 Rn 275 ff.

34 MüKo-BGB/*Martiny*, Art. 3 Rom I-VO Rn 13; MüKo-BGB/*Wurmnest*, § 307 Rn 231. Dies gilt auch dann, wenn diese Rechtsordnung kein AGB-Recht kennt, vgl. MüKo-BGB/*Wurmnest*, § 307 Rn 231.

35 Vgl. die Nachweise bei MüKo-BGB/*Martiny*, Art. 3 Rom I-VO Rn 13; Rauscher/*Thorn*, Art. 3 Rom I-VO Rn 43.

36 So Ulmer/Brandner/Hensen/*H. Schmidt*, Teil 3 (7) Rechtswahlklauseln Rn 11, 6; Leupold/Glossner/*Stögmüller*, Teil 6 Rn 258 ff.

26 Dieser Ansatz überzeugt nicht im Hinblick auf die Entscheidung des europäischen Gesetzgebers, die Überprüfung der **privatautonomen Rechtswahl** abschließend am Maßstab der Art. 3 ff. Rom I-VO auszurichten. Diese Entscheidung ist zu respektieren. Überdies erscheint es überzeugender, die **logische Prüfungsreihenfolge** von Kollisionsnormen und sodann anzuwendenden Sachnormen einzuhalten. Die Anwendung der deutschen AGB-Regelungen auch in den Fällen, in denen die Rechtswahlklausel an eine fremde Rechtsordnung anknüpft, kann nicht durch die Hintertür des Art. 10 Abs. 2 Rom I-VO erfolgen.[37]

c) Keine Inhaltskontrolle

27 Selbst wenn die Parteien die Geltung des deutschen Rechts vereinbart haben, ist nach herrschender und zutreffender Auffassung **keine vollständige AGB-Kontrolle** nach §§ 305 ff. BGB durchzuführen. Vielmehr erfolgt nur eine **Einbeziehungskontrolle**, die sich auf die Frage beschränkt, ob sich die Vertragsparteien hinsichtlich der getroffenen Rechtswahl tatsächlich geeinigt haben.[38] Dagegen findet eine Inhaltskontrolle nicht statt.[39] Dies gilt auch für den **elektronischen Geschäftsverkehr**[40] und ist konsequent, denn der europäische Gesetzgeber wollte die Wirksamkeit der Rechtswahlklauseln gerade nur am (abschließenden) Maßstab der Art. 3 ff. Rom I-VO überprüfen lassen.

Beispiel
Ein Vertrag zwischen einem Cloud-Anbieter in Frankreich und einem Cloud-Nutzer in Deutschland enthält eine Rechtswahlklausel zugunsten des französischen Sachrechts. Weil diese in den AGB des Anbieters zwischen den Bestimmungen über die Kontaktpersonen und einen vorgeschalteten Streitschlichtungsmechanismus platziert ist, macht der deutsche Nutzer geltend, die Klausel sei wegen Verstoßes gegen Überraschungs- und Transparenzgebot unwirksam. Weil allein die Art. 3 ff. Rom I-VO Maßstab für die Zulässigkeit der Rechtswahl sind, finden die §§ 305 ff. BGB keine Anwendung. Die Klausel ist weder nach § 305c BGB (i.V.m. Art. 10 Abs. 2 Rom I-VO) noch nach § 307 Abs. 1 BGB unwirksam. Es ist jedoch eine Einbeziehungskontrolle nach französischem AGB-Recht durchzuführen.

---

37 So wohl auch MüKo-BGB/*Martiny*, Art. 3 Rom I-VO Rn 13. Vgl. ferner MüKo-BGB/*Spellenberg*, Art. 10 Rom I-VO Rn 167 und v. Westphalen/*Thüsing*, Rechtswahlklauseln Rn 23, die zwar – wie hier vertreten – die Wertungen des § 305c BGB nicht übernehmen wollen, aber im Einzelfall eine Willensübereinstimmung der Parteien verneinen, wenn die Rechtswahlklausel nicht erkennbar war.
38 MüKo-BGB/*Spellenberg*, Art. 10 Rom I-VO Rn 167; v. Westphalen/*Thüsing*, Rechtswahlklauseln Rn 23.
39 MüKo-BGB/*Spellenberg*, Art. 10 Rom I-VO Rn 166; Rauscher/*Thorn*, Art. 3 Rom I-VO Rn 43; MüKo-BGB/*Wurmnest*, § 307 Rn 237. A.A. etwa Ulmer/Brandner/Hensen/*H. Schmidt*, Teil 3 (7) Rechtswahlklauseln Rn 10, 4; Leupold/Glossner/*Stögmüller*, Teil 6 Rn 257 f.: Es sei die Inhaltskontrolle des § 307 BGB durchzuführen.
40 MüKo-BGB/*Spellenberg*, Art. 10 Rom I-VO Rn 166 m.w.N.

d) Kollidierende Rechtswahlklauseln

Schließlich ist das Problem der **kollidierenden Rechtswahlklauseln** im Auge zu behalten. Sehen die AGB des Cloud-Anbieters und des gewerblichen Nutzers **widersprechende Regelungen** zur Rechtswahl vor, ist eine ausdrückliche Einzelvereinbarung dringend zu empfehlen. Anderenfalls fehlt es am vertraglichen Konsens, sodass sich die Frage nach dem anwendbaren Recht nach Art. 4 Rom I-VO richtet (dazu Rn 32 ff.).[41] 28

Beispiel

Der Nutzer hat seinen Sitz in Deutschland; seine AGB sehen vor, dass das deutsche Recht auch dann anwendbar bleibt, wenn er IT-Leistungen im Ausland in Anspruch nimmt. Der französische Anbieter regelt in seinen AGB, dass auf den Cloud-Vertrag das französische Recht anwendbar ist. Eine ausdrückliche Individualvereinbarung hinsichtlich Rechtswahl wurde nicht getroffen; entscheidend ist die objektive Anknüpfung nach Art. 4 Rom I-VO.

---

4. Grenzen der Rechtswahl

Die Grenzen der Rechtswahl ergeben sich zunächst aus Art. 9 Rom I-VO. Danach bleiben zwingende nationale Vorschriften anwendbar, auch wenn nach den Bestimmungen der Rom I-VO eine andere Rechtsordnung für den jeweiligen Vertrag maßgeblich ist. Besondere Probleme ergeben sich im Hinblick auf deutsche **Datenschutzbestimmungen**. Sie werden unter Rn 78 ff. sowie im Kap. 5 behandelt. Auch das anwendbare **Urheberrecht** können die Parteien nicht privatautonom festlegen (dazu unter Rn 83 ff.). 29

Als nur theoretisch ist die Gefahr anzusehen, dass eine Streitigkeit im Zusammenhang mit einem Cloud Computing-Vertrag in den Anwendungsbereich des Art. 21 Rom I-VO (**„ordre public"**) fällt. Es ist nicht zu erwarten, dass eine Regelung, die einen Cloud Computing-Vertrag beeinflusst, der politischen, sozialen oder wirtschaftlichen Organisation eines Staates entgegensteht.[42] 30

Beispiel

Ein Cloud-Anbieter aus Deutschland und ein gewerblicher Cloud-Nutzer mit Sitz in Frankreich haben die Anwendung deutschen Rechts vereinbart. Die Frage der Wirksamkeit der Rechtswahlklausel bestimmt sich nach deutschem Recht, es sei denn, ein Ausnahmetatbestand im französischen Recht könnte eingewendet werden. Die Rechtswahlklausel ist daher in den Grenzen des deutschen Rechts wirksam, wenn der Nutzer einen Ausnahmetatbestand nicht vorbringen kann.

---

41 Vgl. MüKo-BGB/*Spellenberg*, Art. 10 Rom I-VO Rn 168 f.; Rauscher/*Thorn*, Art. 3 Rom I-VO Rn 43; MüKo-BGB/*Wurmnest*, § 307 Rn 232, jeweils m.w.N. zum Meinungsstand.

42 *Lejeune*, ITRB 2010, 66, 68.

31 Festzuhalten ist, dass (wie im Folgenden klar werden wird), eine Rechtswahl unter Beachtung der o.g. Rahmenbedingungen eine **dringend gebotene** Gestaltung ist.

5. Mangels Rechtswahl anwendbares Recht

a) Anknüpfung über Vertragstypologie, Art. 4 Abs. 1 und 2 Rom I-VO

32 Ist die Rechtswahl nicht erfolgt, ist Art. 4 Rom I-VO zur **objektiven Anknüpfung** anzuwenden. In diesem Zusammenhang stellt sich die Aufgabe, den jeweiligen Cloud Computing-Vertrag einem bestimmten **Vertragstypus** zuzuordnen, weil die vertragstypische Leistung die vertragstypologische Qualifikation bestimmt, die autonom erfolgt: Im Hinblick auf den **supranationalen Charakter** der Rom I-VO ist nicht auf die jeweiligen nationalen Unterscheidungskriterien zurückzugreifen; vielmehr ist eine **autonome Begriffsbildung** notwendig.[43] Diese ist bei Cloud-Leistungen insbesondere dann relevant, wenn Kauf- oder Dienstleistungsverträge geschlossen werden, weil diese nach Art. 4 Abs. 1 lit. a und b Rom I-VO besondere Anknüpfungszuweisungen haben (gewöhnlicher Aufenthalt von Verkäufer bzw. Dienstleister). Mietverträge und Mischverträge jedoch sind nach Art. 4 Abs. 2 Rom I-VO zu beurteilen (gewöhnlicher Aufenthalt der Partei, die die für den Vertrag charakteristische Leistung zu erbringen hat). Der Dienstleistungsbegriff der Rom I-VO ist weit; er umfasst auch Werke nach dem Verständnis des BGB.[44]

33 Um den Vertragstyp und damit das anwendbare Recht nach Art. 4 Rom I-VO zu bestimmen, ist zwischen verschiedenen **Erscheinungsformen** des Cloud Computings zu unterscheiden. Geht es um einen sog. SaaS-Vertrag (**Software as a Service**), erscheint die Einordnung als Mietvertrag sachgerecht: In diesem Fall erlangt der Nutzer die Möglichkeit, auf die vom Cloud-Anbieter zur Verfügung gestellte Software zurückzugreifen.[45] Bei einem sog. PaaS-Vertrag (**Platform as a Service**) oder einem IaaS-Vertrag (**Infrastructure as a Service**) kommen zu den mietrechtlichen Elementen dienst- und werkvertragliche Pflichten des Cloud-Anbieters hinzu, sodass es sich um einen typengemischten Vertrag handelt.[46] Cloud-Services auf reiner Dienstvertragsbasis nach deutschem Verständnis kommen allenfalls bei Supportleistungen in Betracht.[47]

---

43 Vgl. Reithmann/Martiny/*Martiny*, Rn 37 ff.

44 MüKo-BGB/*Martiny*, Art. 4 Rom I-VO Rn 26, 36 ff. m.w.N.

45 So auch *Giedke*, S. 122 f.; *Opfermann*, ZEuS 2012, 121, 152. Weitergehend *Wicker*, MMR 2012, 783, 785 ff., die alle Cloud-Verträge dem mietrechtlichen Regelungsregime unterstellen will.

46 Vgl. auch Leupold/Glossner/*Stögmüller*, Teil 6 Rn 358; *Giedke*, S. 114; *Opfermann*, ZEuS 2012, 121, 152 f.; *Pohle/Ammann*, CR 2009, 273, 274 f.; *Splittgerber/Rockstroh*, BB 2011, 2179; *Sujecki*, K&R 2012, 312, 316. Eine aufschlussreiche Aufzählung der unterschiedlichen Elemente und ihre vertragstypologische Einordnung bei *Giedke*, S. 122 ff.

47 Vgl. *Giedke*, S. 125; *Splittgerber/Rockstroh*, BB 2011, 2179.

Indes darf die rechtliche Einordnung des konkreten Cloud Computing-Vertrags aus international-privatrechtlicher Perspektive nicht überbewertet werden: Weder ein Mietvertrag über bewegliche Sachen noch ein typengemischter Vertrag sind im Katalog des Art. 4 Abs. 1 Rom I-VO enthalten, sodass die speziellen Anknüpfungsregeln keine Anwendung finden. Außerdem ist in vielen Fällen des Cloud Computing nicht nur ein einzelnes Merkmal allein für die vertragliche Beziehung prägend, sondern es liegen mietvertragliche, aber z.B. auch – wie bei PaaS oder IaaS – dienstvertragliche oder werkvertragliche Elemente vor. Auch aus diesem Grund ist eine sichere Zuordnung zu einem Vertragstyp nach Art. 4 Abs. 1 Rom I-VO nicht möglich. Dies hat zur Folge, dass sich die Frage nach dem anwendbaren Recht im Ausgangspunkt nach **Art. 4 Abs. 2 Rom I-VO** richtet.[48] 34

Entscheidend ist also regelmäßig der **gewöhnliche Aufenthaltsort** der Partei, welche die **vertragstypische Leistung** erbringt. Dies ist der **Cloud-Anbieter**, der in den meisten Fällen als eine Gesellschaft oder eine juristische Person organisiert ist. Daraus folgt, dass – unter Berücksichtigung des Art. 19 Abs. 1 Rom I-VO – das Recht des Staates anwendbar ist, an dem der Cloud-Anbieter seine Hauptverwaltung hat.[49] 35

Folgende Beispiele verdeutlichen das Zusammenspiel der Vertragstypologie und den Bestimmungen des Art. 4 Rom I-VO: 36

Beispiel 1

Vertrag 1: Ein Nutzer mit Sitz in Deutschland schließt eine Vereinbarung über die Überlassung von Speicherplatz und die Nutzung von Applikationssoftware für das Datenmanagement mit einem Unternehmen ab, das seinen Verwaltungssitz in den Niederlanden hat. Geschuldet ist jeweils nur die Gebrauchsüberlassung; der Vertrag ist mietvertraglich zu qualifizieren. Damit ist nach Art. 4 Abs. 2 Rom I-VO das Recht des gewöhnlichen Aufenthaltsortes des Dienstleisters anzuwenden (Niederlande).
Vertrag 2: Die Leistungen werden rein auf dienstvertraglicher Basis erbracht. Die Qualitätsmaßstäbe sind mittels Service Level-Vereinbarungen beschrieben, an denen jedoch keine vertraglichen Sanktionen geknüpft sind. Art. 4 Abs. 1 lit. b Rom I-VO findet Anwendung. Damit ist nach Art. 4 Abs. 1 lit. b Rom I-VO das Recht des gewöhnlichen Aufenthaltsorts des Dienstleisters anzuwenden (Niederlande). Das Ergebnis ist also trotz der abweichenden vertragstypologischen Einordnung identisch; die Anknüpfungsnorm variiert nur je nach Vertragsinhalt.

Beispiel 2

Ein Cloud-Anbieter mit Sitz in Deutschland und ein Cloud-Nutzer mit Sitz in Frankreich haben keine Rechtswahl getroffen, jedoch zwei verschiedene, voneinander unabhängige Verträge abgeschlossen: einen Vertrag über Cloud-Betreuungsleistungen (online Chatsupport als Teil eines Managementvertrags, IaaS: Dienstvertrag) und einen über Speicherleistungen (IaaS: Mietvertrag). Die objektive

48 So *Nordmeier*, MMR 2010, 151, 152.

49 So die h.M., vgl. Leupold/Glossner/*von dem Bussche/Schelinski*, Teil 1 Rn 400; *Giedke*, S. 114; Blaha/Marko/Zellhofer/Liebel/*Marko*, S. 46; Leupold/Glossner/*Stögmüller*, Teil 6 Rn 359; *Niemann/Paul*, K&R 2009, 444, 447; *Nordmeier*, MMR 2010, 151, 152; *Opfermann*, ZEuS 2012, 121, 150; *Schulz/Rosenkranz*, ITRB 2009, 232, 236.

Anknüpfung über den Vertragstyp führt über zwei unterschiedliche Normen wiederum zum gleichen Ergebnis, vgl. Art. 4 Abs. 1 lit. b Rom I-VO einerseits und Art. 4 Abs. 2 Rom I-VO andererseits (in beiden Fällen der Sitz des Cloud-Anbieters, also Deutschland).

b) Anknüpfung über Gesamtheit der Umstände, Art. 4 Abs. 3 Rom I-VO

37 Dennoch muss der Leistungsinhalt für den Fall genau analysiert werden, dass der Vertrag in der **Gesamtschau** Besonderheiten aufweist, die eine Anknüpfung aufgrund einer **offensichtlich engeren Beziehung** zu einem anderen Staat als dem des gewöhnlichen Aufenthalts des Leistungserbringers nahelegen. In dieser Situation greift Art. 4 Abs. 3 Rom I-VO ein, wonach diese engere Beziehung für die objektive Anknüpfung entscheidend ist.

38 Weil je nach **Vertragsgepräge** der Anbieter eine **Erfolgshaftung** übernommen haben kann, bei der beim Leistungsempfänger ein nach deutschem Verständnis werkvertraglich geprägtes Ergebnis abzuliefern ist, kann in diesem Fall der **Ort des Abnehmers** für die Bestimmung des Ortes der charakteristischen Leistung relevant sein (Beispiel: Fehlerbehebung mit Lösungszeitversprechen vs. Bereitstellung einer Hotline). In aller Regel werden aber Cloud-Anbieter in standardisierten Angeboten eine solche Ergebnisverantwortung gerade nicht übernehmen, auch im Lichte der allgemeinen Tendenz, Leistungen „as a service" anzubieten.

Beispiel
Ein Anbieter mit Sitz in Deutschland schließt eine Vereinbarung über die Überlassung von Speicherplatz und die Nutzung von Applikationssoftware für das Datenmanagement mit einem Nutzer, dessen Unternehmen seinen Verwaltungssitz in den Niederlanden hat. Die Leistungen dieser „Private Cloud" werden nach Nutzung abgerechnet; die Qualitätsmaßstäbe sind mittels Service Level-Vereinbarungen beschrieben, die eine klare Erfolgsverantwortung vorsehen (100 % Verfügbarkeit). Aufgrund im Unternehmen des Nutzers vorhandener interner Vorgaben und gegenüber Kunden des Nutzers eingegangener vertraglichen Vertraulichkeitsverpflichtungen zur Geheimhaltung erfolgt die Datenhaltung ausschließlich in den Niederlanden. Der deutsche Cloud-Anbieter nutzt zur Leistungserbringung ausschließlich Subunternehmer in den Niederlanden. Der vorliegende Sonderfall erlaubt die Anknüpfung über Art. 4 Abs. 3 Rom I-VO (niederländisches Recht wegen offensichtlich engerer Beziehung).[50]

50 Weiteres Beispiel bei *Giedke*, S. 114 f.: Es werden schwerpunktmäßig Server aus einem bestimmten geografischen Bereich eingesetzt.

III. Verbraucher als Cloud-Nutzer

1. Grenzen der Rechtswahl

Auch ein Cloud Computing-Vertrag, an dem ein **Verbraucher**[51] beteiligt ist, kann eine 39
Regelung über das anwendbare Recht treffen. Dabei ist jedoch auf die Besonderheiten des Art. 6 Abs. 2 Rom I-VO zu achten: Die Rechtswahl darf nicht dazu führen, dass das Verbraucherschutzniveau des Vertragsstatuts den Schutzstandard unterschreitet, der im Staat des Aufenthaltsortes des Verbrauchers gilt. Mit dieser Regelung soll der Verbraucher als die typischerweise **schwächere Vertragspartei** geschützt werden (sog. **Günstigkeitsvergleich**).[52]

Handelt es sich um ein Cloud-Angebot an private Nutzer, wird die Praxis regel- 40
mäßig **standardisierte Vertragswerke** heranziehen, statt alle vertraglichen Bestimmungen einzeln auszuhandeln. In einem solchen Fall müssen die **AGB** des Cloud-Anbieters den Vorgaben in Art. 6 Rom I-VO entsprechen.

Beispiel

Ein Nutzer in Deutschland will seine private Fotosammlung auf Diensten eines US-Anbieters speichern, um die Bilder seinen Freunden und Angehörigen mitteilen zu können. Der Vertrag sieht vor, dass das Recht des US-Bundesstaates Washington anwendbar ist, sofern der geltend gemachte Anspruch größer als 7.500 US-$ ist (Beispiel aus den AGB eines Anbieters). Die Rechtswahl ist wirksam, jedoch verliert der Verbraucher nicht die zwingenden Vorteile der Schutzvorschriften seines Heimatrechts, in Deutschland also insbesondere die verbraucherschützenden Vorschriften in §§ 305 ff., 312b ff. BGB.

---

2. Mangels Rechtswahl anwendbares Recht

Haben ein privater Cloud-Nutzer und ein gewerblicher Cloud-Anbieter keine Rege- 41
lung über das anwendbare Recht getroffen (was bei einem nicht nur unbedeutenden Vertrag relativ unwahrscheinlich ist), gilt Art. 6 Abs. 1 Rom I-VO. Danach ist das Recht des Staates anwendbar, in dem der **Verbraucher seinen gewöhnlichen Aufenthalt** hat, soweit der Anbieter die Cloud-Leistung in diesem Staat **zur Verfügung stellt**. In diesem Zusammenhang ist zu berücksichtigen, dass Internetseiten, über die man die Cloud-Dienste beziehen kann, regelmäßig **weltweit zugänglich** sind, es sei denn, sie sind auf bestimmte Länder dediziert oder bestimmte Länder sind ausgeschlossen.

---

51 Zum Verbraucherbegriff der Rom I-VO vgl. Tamm/Tonner/*Hoffmann*, § 39 Rn 5.

52 Tamm/Tonner/*Hoffmann*, § 39 Rn 17 f.; Blaha/Marko/Zellhofer/Liebel/*Marko*, S. 46; *Nägele/Jacobs*, ZUM 2010, 281, 283; *Lejeune*, ITRB 2010, 66, 68; *Opfermann*, ZEuS 2012, 121, 150; *Schulz/Rosenkranz*, ITRB 2009, 232, 236; *Sujecki*, K&R 2012, 312, 315.

Dies hat zur Folge, dass Art. 6 Abs. 1 Rom I-VO im Zweifel einschlägig ist, sobald ein Cloud Computing-Vertrag mit einem Verbraucher zustande kommt.[53]

42 Aus dem Umstand, dass der Verbraucher weltweit auf das Cloud-Angebot zugreifen kann, folgt nicht, dass **Art. 6 Abs. 4 lit. a Rom I-VO** anwendbar ist. Danach ist die Anknüpfung an den gewöhnlichen Aufenthaltsort ausgeschlossen, wenn es sich um einen Dienstvertrag handelt und die Dienstleistungen ausschließlich in einem anderen als dem Staat erfolgen müssen, in dem der Verbraucher seinen gewöhnlichen Aufenthalt hat.[54] Zum einen erscheint bereits die Einordnung des Cloud Computing-Vertrags als reiner Dienstvertrag bedenklich; bei den meisten Cloud-Diensten geht es um Paradebeispiele typengemischter Verträge.[55] Zum anderen liegt es nahe, dass der Verbraucher auf das Cloud-Angebot auch an seinem gewöhnlichen Aufenthaltsort zugreift, sodass es sich jedenfalls nicht um eine ausschließlich ausländische Dienstleistung handelt.[56]

Beispiel
Ein in Lörrach (Deutschland) wohnender Cloud-Nutzer arbeitet in der schweizerischen Stadt Basel. Er greift auf seine Daten sowohl von zu Hause aus als auch an seinem Arbeitsplatz zu. Daneben benutzt er die Cloud-Dienste, während er in Mulhouse (Frankreich) einkauft. Der Cloud Computing-Vertrag enthält keine Rechtswahlklausel. Nach Art. 6 Abs. 1 Rom I-VO gilt das deutsche Verbraucherschutzrecht, auch wenn der Verbraucher auf die Cloud-Dienste in Frankreich und in der Schweiz zugreift.

43 Will der Cloud-Anbieter nicht von belastenden Verbraucherschutzvorschriften eines bestimmten Staates betroffen sein, muss er dafür sorgen, dass sein Cloud-Angebot in jenem Staat nicht in Anspruch genommen werden kann. In diesem Zusammenhang bietet es sich an, das Angebot durch einen **Disclaimer** zu beschränken. Dabei muss der Anbieter sicherstellen, dass sein Angebot tatsächlich nur auf Staaten beschränkt ist, die im **Disclaimer** aufgezählt sind.[57]

---

53 So wohl auch Leupold/Glossner/*Stögmüller*, Teil 6 Rn 361; *Nägele/Jacobs*, ZUM 2010, 281, 283; *Nordmeier*, MMR 2010, 151, 152 f. A.A. *Sujecki*, K&R 2012, 312, 315: Es müssten weitere Anhaltspunkte vorliegen, die auf den Willen des Cloud-Anbieters hinweisen würden, seine Leistungen Verbrauchern eines konkreten ausländischen Staates anzubieten.

54 Vgl. dazu MüKo-BGB/*Martiny*, Art. 6 Rom I-VO Rn 17 ff.

55 Siehe dazu bereits unter Rn 32 ff.

56 *Nordmeier*, MMR 2010, 151, 153.

57 Dazu (auch im Hinblick auf den Gerichtsstand) *Sujecki*, K&R 2012, 312, 315.

Beispiel
Ein südkoreanischer Cloud-Anbieter will Streitigkeiten mit deutschen Verbrauchern vermeiden, weil sein Angebot den Anforderungen des deutschen Verbraucherschutzrechts nicht entspricht und er sein Geschäftsmodell nicht anpassen will. Er unterhält aber auch eine deutsche Version seiner Internetpräsenz; die Vergütung kann auch in € bezahlt werden. Da sich die Seite wegen der Sprache und der akzeptierten Währung auch an deutsche Verbraucher richtet, greift im Zweifel Art. 6 Abs. 1 Rom I-VO ein.

Praxistipp
Um die Anwendung deutschen Rechts auszuschließen, bietet es sich zunächst an, die Internetseite, über die das Cloud-Modell zugänglich ist, nicht in deutscher Sprache abzufassen. Dies zieht freilich die negative Folge nach sich, dass etwa deutschsprachige Schweizer Kunden nicht angesprochen werden. Darüber hinaus kann der Anbieter im **Disclaimer** darauf hinweisen, dass er mit deutschen Kunden nicht kontrahiert. Diese Bestimmung muss auch **tatsächlich „gelebt"** werden, d.h. der Anbieter muss durch technische Vorkehrungen sicherstellen, dass deutsche Kunden den Vertrag nicht abschließen können.

C. Deliktsstatut

I. Überblick über die Regelungen der Rom II-VO

Auch die Frage nach dem anwendbaren **Deliktsrecht** ist in der EU durch eine supranationale Verordnung geregelt: Für alle schadensbegründenden Ereignisse, die nach dem 11.1.2009 eingetreten sind, gilt die sog. Rom II-VO.[58] 44

Anders als die kollisionsrechtlichen Regelungen in Art. 40 EGBGB a.F., der grundsätzlich auf den Ort abgestellt hat, an dem die deliktische Handlung vorgenommen wurde,[59] knüpft Art. 4 Abs. 1 Rom II-VO bei der Bestimmung des anwendbaren Rechts an den **Erfolgsort** an. Dies hat zur Folge, dass der Ort des Staates maßgeblich ist, in dem der **Schaden eingetreten** ist.[60] Der Verordnungsgeber verspricht sich von einer solchen Regelung eine größere Rechtssicherheit. Dagegen spielt der Handlungsort für die Bestimmung des Deliktsstatuts keine Rolle mehr.[61] 45

58 Zum zeitlichen Anwendungsbereich der Rom II-VO vgl. Art. 31, 32 Rom II-VO.
59 Vgl. dazu nur Leupold/Glossner/*Stögmüller*, Teil 6 Rn 323.
60 Leupold/Glossner/*Stögmüller*, Teil 6 Rn 324.
61 Leupold/Glossner/*Stögmüller*, Teil 6 Rn 325; Stein/Jonas/*Wagner*, Art. 5 EuGVVO Rn 176.

II. Spezifische Probleme des Cloud Computing

1. Anknüpfung an das Recht des Erfolgsortes

a) Standort des Servers

46 Für die Bestimmung des Deliktsstatuts kommen folgende Anknüpfungspunkte in Betracht:
- Standort des Servers (Erfolgsort, Art. 4 Abs. 1 Rom II-VO);
- Standort des Nutzerrechners (Erfolgsort, Art. 4 Abs. 1 Rom II-VO);
- Status des Cloud-Vertrags zwischen Anbieter und Nutzer (Ausweichklausel des Art. 4 Abs. 3 Rom II-VO).

47 Legt man die Regelung in Art. 4 Abs. 1 Rom II-VO einem Schädigungsfall im Bereich des Cloud Computing zugrunde, bestimmt sich das Deliktsstatut nach dem Standort des Rechners, auf dem die Daten im Zeitpunkt der Schädigung gespeichert waren (sog. **Mosaikbetrachtung**).[62] Die Anknüpfung an das Recht des Ortes, an dem sich die jeweiligen Server befanden, kann jedoch wegen der **technischen Funktionsweise** des Cloud Computing zu Schwierigkeiten führen: Die Daten eines Nutzers befinden sich häufig nicht auf einem Rechner in einem bestimmten Staat, sondern sind auf mehreren Servern verteilt, die grenzüberschreitend betrieben werden. Dies ist durch das Bedürfnis des Cloud-Anbieters bedingt, die Daten kurzfristig zwischen Servern zu verschieben, um auf Nachfrageänderungen flexibel reagieren zu können (sog. **Load Balancing**) und eine optimale Auslastung zu erreichen.[63]

48 Aus **Nutzersicht** führt jedoch ein solches Verfahren zu einer gesteigerten **Unsicherheit im Schädigungsfall**: Es ist für den Cloud-Nutzer nicht erkennbar, ob und inwieweit der Cloud-Anbieter die Daten zwischen den Servern verlagert. Oft lässt es sich nur mit erheblicher Mühe bestimmen, auf welchen Servern sich die beschädigten Datenbestände im Zeitpunkt der Schädigung befanden.[64] Auch wenn diese Feststellung gelingt, steht der Nutzer einer **Vielzahl von Rechtsordnungen** gegenüber, aus denen sich seine Ansprüche möglicherweise ergeben. Es bleibt dem Zufall überlassen, welches Deliktsrecht im konkreten Schädigungsfall anwendbar ist. Durch diese Streuung wird die Rechtsverfolgung – entgegen der Zielsetzung der Rom II-VO – über Gebühr erschwert.[65]

---

62 Vgl. Blaha/Marko/Zellhofer/Liebel/*Marko*, S. 46; Leupold/Glossner/*Stögmüller*, Teil 6 Rn 363; *Nordmeier*, MMR 2010, 151, 153 ff.

63 Siehe dazu *Giedke*, S. 117 f.; *Nordmeier*, MMR 2010, 151, 152; *Opfermann*, ZEuS 2012, 121, 151.

64 Dazu Leupold/Glossner/*von dem Bussche/Schelinski*, Teil 1 Rn 401; Spindler/Schuster/*Pfeiffer/Weller/Nordmeier*, Art. 4 Rom II Rn 15; Leupold/Glossner/*Stögmüller*, Teil 6 Rn 364; *Nordmeier*, MMR 2010, 151, 152, 154.

65 So auch die berechtigten Einwände von Leupold/Glossner/*Stögmüller*, Teil 6 Rn 364; *Nordmeier*, MMR 2010, 151, 154; *Opfermann*, ZEuS 2012, 121, 151. A.A. *Giedke*, S. 119: Ziel der Rom II-VO sei es nicht,

Beispiel
Der Cloud-Nutzer hat seinen Sitz in Deutschland, der Anbieter in Frankreich. Es kommt zur Beschädigung einer großen Datenmenge durch einen Hackerangriff. Die Daten sind im Zeitpunkt der Schädigung auf den Servern in Südkorea und Brasilien gespeichert; der Anbieter hat auch Server in Japan, Singapur, Malaysia und Estland. Anwendbar ist das südkoreanische und brasilianische Deliktsrecht.[66]

Diese Folge muss jedoch de lege lata nicht hingenommen werden, sondern es ist – wie unter Rn 52 ff. näher ausgeführt wird – nach weiteren möglichen Anknüpfungen i.S.d. Art. 4 Rom II-VO zu suchen. 49

b) Standort des Nutzerrechners

Dagegen kommt es nicht in Betracht, gem. Art. 4 Abs. 1 Rom II-VO an das Recht des Ortes anzuknüpfen, an dem der Nutzer die Daten abruft und bearbeitet: Der Rechner des Nutzers, von dem der Datenzugriff erfolgt, ist nicht dadurch beeinträchtigt, dass die Daten in der Wolke beschädigt wurden. Der Umstand, dass die Daten nicht abgerufen werden können, stellt eine **indirekte Schadensfolge** dar, die im Rahmen des Art. 4 Abs. 1 Rom II-VO unberücksichtigt bleiben muss.[67] 50

Außerdem liegt es in Natur des Cloud Computing, dass **mehrere User** auf dieselben Daten von unterschiedlichen, weltweit verteilten Rechnern zugreifen können. Dies hat zur Folge, dass der Rechtsanwender bei der Bestimmung des Deliktsstatuts an zahlreiche Rechtsordnungen anknüpfen könnte, je nachdem, in welchen Ländern die Datennutzung erfolgt. Kommen aber mehrere Staaten in Betracht, in denen die Daten abgerufen wurden, ist nicht ersichtlich, wie zu entscheiden ist, welche Rechtsordnung im konkreten Schädigungsfall anzuwenden ist. 51

Beispiel
Wie Beispiel zuvor; die Daten werden hauptsächlich durch die spanische und argentinische Niederlassung des Nutzers benutzt. Auch hier ist das südkoreanische und brasilianische Deliktsrecht anwendbar.

2. Anknüpfung an das Statut des Vertrags zwischen Cloud-Anbieter und -Nutzer

Die wohl herrschende Auffassung im deutschen Schrifttum will die Anknüpfung an den Erfolgsort vermeiden, indem sie sich auf die **Ausweichklausel** des Art. 4 Abs. 3 S. 1 Rom II-VO stützt und das anwendbare Recht nach dem **Statut des Cloud-Vertrags** bestimmt: Die zufällige Verlagerung von Daten auf Servern in unterschiedlichen 52

eine einzige anwendbare Rechtsordnung zu garantieren, sondern nur klar vorhersehbar zu machen, wann nur eine und wann mehrere Rechtsordnungen zur Anwendung kommen könnten.

66 Vgl. auch den Beispielfall bei *Nordmeier*, MMR 2010, 151, 152.

67 Leupold/Glossner/*Stögmüller*, Teil 6 Rn 362; *Giedke*, S. 118; *Nordmeier*, MMR 2010, 151, 154.

Staaten sei durch die Eigenart des Cloud Computing bedingt. Daraus ergebe sich eine **enge Verbindung** zum Vertrag zwischen dem Cloud-Anbieter und -Nutzer. Es sei also das Recht des Staates anwendbar, an dem der Cloud-Anbieter seinen Sitz hat.[68]

Beispiel
Der Cloud-Nutzer hat seinen Sitz in Deutschland, der Anbieter in Frankreich. Der Vertrag enthält eine Rechtswahlklausel, wonach das deutsche Recht anwendbar ist. Die beschädigten Daten befinden sich auf polnischen, slowenischen und tschechischen Servern. Wegen Art. 4 Abs. 3 Rom II-VO i.V.m. Art. 3 Abs. 1 Rom I-VO ist das deutsche Deliktsrecht anwendbar.

---

3. Stellungnahme

53 Indes sind bislang **keine Gerichtsentscheidungen** ergangen, die diese Ansicht stützen. Deshalb ist nicht sicher, ob die Judikatur diesem (durchaus praktikablen) Ansatz folgen wird: Gegen eine Anknüpfung an das Statut des Vertrags zwischen dem Cloud-Anbieter und -Nutzer spricht etwa immerhin der **Wortlaut des Regelbeispiels** in Art. 4 Abs. 3 S. 2 Rom II-VO. Danach ist auf einen etwaigen Vertrag zwischen den Parteien – also zwischen dem Geschädigten (Cloud-Nutzer) und dem Schädiger – abzustellen. Die wohl herrschende Meinung will aber gerade an einen anderen Vertrag anknüpfen, nämlich den zwischen Cloud-Nutzer und -Anbieter.

54 Gleichwohl ist zu beachten, dass Art. 4 Abs. 3 S. 2 Rom II-VO nur ein **Regelbeispiel** aufstellt, das den unbestimmten Rechtsbegriff der „offensichtlich engeren Verbindung" i.S.d. Art. 4 Abs. 3 S. 1 Rom II-VO ausfüllt. Es ist der Praxis nicht verwehrt, **weitere Fallgruppen** zu bilden, in denen die Ausweichklausel einschlägig ist. Da in Cloud-Sachverhalten die Anknüpfung an das Statut des Vertrags zwischen Anwender und Nutzer zu durchaus praktikablen Ergebnissen führt, ist der herrschenden Literatur zu folgen. Dies ist insbesondere im Lichte des vom Verordnungsgeber verfolgten Zwecks, für mehr **Rechtssicherheit** zu sorgen, geboten. Knüpft man an das Vertragsstatut an, ist die Ermittlung des anwendbaren Rechts mit weniger Schwierigkeiten behaftet als die Anwendung des Art. 4 Abs. 1 Rom II-VO. Insbesondere ist der Verletzte nicht der Gefahr ausgesetzt, sich mit mehreren Rechtsordnungen beschäftigen zu müssen. Dabei ist die Anknüpfung an das Vertragsstatut nicht nur dann möglich, wenn die Parteien eine **Rechtswahl** getroffen haben, sondern auch, wenn die **objektive Anknüpfung** nach Art. 4 Rom I-VO erfolgt.

---

68 Vgl. grundlegend *Nordmeier*, MMR 2010, 151, 155 f. Dem folgend Leupold/Glossner/*von dem Bussche/Schelinski*, Teil 1 Rn 401; Spindler/Schuster/*Pfeiffer/Weller/Nordmeier*, Art. 4 Rom II Rn 15; Leupold/Glossner/*Stögmüller*, Teil 6 Rn 365; *Opfermann*, ZEuS 2012, 121, 151 f. Krit. hinsichtlich solcher Einschränkungen aber *Giedke*, S. 117 ff.

Beispiel
Der Cloud-Nutzer hat seinen Sitz in Belgien, der Anbieter in Frankreich. Der PaaS-Vertrag ist in deutscher Sprache verfasst und enthält eine Klausel, in der *„im Übrigen die Geltung der §§ 631 ff. BGB"* vereinbart wurde. Eine Rechtswahlklausel ist nicht vorhanden. Nach Art. 4 Abs. 2 Rom I-VO i.V.m. Art. 4 Abs. 3 Rom II-VO wäre wegen Anknüpfung an die vertragsspezifische Leistung das französische (Delikts-)Recht anwendbar. Da aber der Vertrag nach seiner Gesamtheit eine engere Verbindung zu Deutschland aufweist, ist Art. 4 Abs. 3 Rom I-VO einschlägig mit der Folge, dass über Art. 4 Abs. 3 Rom II-VO das deutsche Deliktsrecht anwendbar ist.

4. Steuerung des Deliktsstatuts durch Vertragsgestaltung

Wegen der **Rechtsunsicherheit** bei der Bestimmung des Deliktsstatus empfiehlt es 55 sich, das anwendbare Recht auch im deliktischen Bereich durch **Vertragsgestaltung** zu steuern. Teilweise wird im Schrifttum vorgeschlagen, von der Möglichkeit der **Rechtswahl** nach Art. 14 Abs. 1 lit. b Rom II-VO Gebrauch zu machen, wenn es sich um einen Cloud-Vertrag zwischen gewerblichen Parteien handelt.[69] Indes wird der Schädiger oft nicht zugleich der Vertragspartner des Cloud-Nutzers und meist unbekannt sein, sodass sich die Schwierigkeiten im Zusammenhang mit dem Deliktsstatut nicht durch die Rechtswahl nach Art. 14 Abs. 1 lit. b Rom II-VO umgehen lassen.

Dem Cloud-Nutzer steht jedoch offen, darauf hinzuwirken, dass seine Daten nach 56 den vertraglichen Bestimmungen (soweit es technisch möglich und wirtschaftlich zumutbar ist) nur in **bestimmten Ländern** gespeichert werden. Dadurch bereitet die Anknüpfung an das Recht des Erfolgsortes gem. Art. 4 Abs. 1 Rom II-VO keine Schwierigkeiten: Die Daten des Cloud-Nutzers sind in einigen Staaten **gebündelt**, sodass er im Schädigungsfall nicht mehreren Rechtsordnungen gegenübersteht.

Beispiel
Der Cloud-Vertrag zwischen einem spanischen Nutzer und deutschen Anbieter sieht keine Rechtswahlklausel vor. In § 7 ist aber bestimmt, dass *„der Anbieter nur Server an deutschen und polnischen Standorten einsetzen darf."* Der Anbieter hält sich an die Vertragsbestimmungen. Wendet man Art. 4 Abs. 1 Rom II-VO an, kann nur das deutsche und polnische Deliktsrecht angewendet werden, was für den Nutzer den Vorteil hat, dass er sich auf etwaige Rechtsstreitigkeiten in diesen Ländern einrichten kann.

Sollte sich die Rechtsprechung der (überzeugenden) Auffassung anschließen, es 57 sei über die **Ausweichklausel** in Art. 4 Abs. 3 S. 1 Rom II-VO auf das **Vertragsstatut** abzustellen,[70] kommt der privatautonomen (wirksamen!) Rechtswahl nach Art. 3

69 So etwa *Giedke*, S. 120; Blaha/Marko/Zellhofer/Liebel/*Marko*, S. 46; *Schulz/Rosenkranz*, ITRB 2009, 232, 236.
70 Vgl. bereits die Nachweise in Fn 68.

Rom I-VO im Rahmen von Vertragsverhandlungen zwischen dem Cloud-Nutzer und -Anbieter eine entscheidende Bedeutung auch für deliktische Sachverhalte zu.

D. Internationales Zivilprozessrecht

I. Überblick über die EuGVVO

58 Neben der Bestimmung anwendbaren Rechts spielt bei Cloud-Sachverhalten aufgrund der immanenten **Internationalität** die Frage nach der zuständigen Gerichtsbarkeit eine bedeutende Rolle: Der **Gerichtsstand** folgt nicht zwangsläufig dem **Sachrecht**. Da die jeweiligen nationalen Prozessordnungen stark divergieren können, ist die Bestimmung des Gerichtsstands für die Rechtsverfolgung ebenso wichtig wie die Ermittlung des anwendbaren materiellen Rechts. Die folgende Darstellung unterscheidet zunächst zwischen Verfolgung vertraglicher und deliktischer Ansprüche. Wie bereits im Zusammenhang mit dem Vertragsstatut wird auch hier zwischen der gewerblichen und der privaten Cloud-Nutzung differenziert.

59 Für die Bestimmung des Gerichtsstands haben die Regelungen in der EuGVVO[71] große Bedeutung. Da es sich bei Cloud-Sachverhalten um **Zivil- und Handelssachen** i.S.d. Art. 1 Abs. 1 EuGVVO handelt, ist der sachliche Anwendungsbereich der EuGVVO eröffnet.[72] Nach Art. 1 Abs. 3 EuGVVO fallen alle **EU-Mitgliedstaaten** mit Ausnahme Dänemarks in den Anwendungsbereich der EuGVVO. Indes wurde die Geltung der EuGVVO auch im Verhältnis zwischen EU und Dänemark durch ein Abkommen vereinbart,[73] sodass die Regelungen der EuGVVO faktisch auch für Dänemark gelten.[74]

60 Die internationale Zuständigkeit ist für die hier interessanten Sachverhalte nach den Regelungen der EuGVVO zu bestimmen, wenn:
- beide Parteien des Cloud-Vertrags ihren Sitz in einem EU-Mitgliedstaat haben:[75]
  - der Gerichtsstand bestimmt sich vorbehaltlich einer Gerichtsstandsvereinbarung nach Art. 2, 5 ff. EuGVVO;

---

71 VO (EG) Nr. 44/2001 des Rates über die gerichtliche Zuständigkeit und die Anerkennung und Vollstreckung von Entscheidungen in Zivil- und Handelssachen v. 22.12.2000, ABl. EG Nr. L 12/01.

72 Zur (autonomen) Auslegung des Begriffs „Zivil- und Handelssachen" vgl. MüKo-ZPO/*Gottwald*, Art. 1 EuGVVO Rn 1.

73 Abkommen über die gerichtliche Zuständigkeit und die Anerkennung und Vollstreckung von Entscheidungen in Zivil- und Handelssachen v. 19.10.2005, ABl. EG Nr. L 299/62, dessen Art. 2 Abs. 2 lit. a bestimmt, dass Art. 1 Abs. 3 EuGVVO nicht anwendbar ist. Vgl. dazu MüKo-ZPO/*Gottwald*, Art. 1 EuGVVO Rn 31.

74 Allerdings gilt die EuGVVO für die EFTA-Staaten (Island, Norwegen und Schweiz) nicht, sondern der zuständige Gerichtsstand bestimmt sich nach sog. Lugano-Übereinkommen (Übereinkommen über die gerichtliche Zuständigkeit und die Anerkennung und Vollstreckung von Entscheidungen in Zivil- und Handelssachen v. 30.10.2007), das der EuGVVO entsprechende Regelungen enthält.

75 MüKo-ZPO/*Gottwald*, Art. 2 EuGVVO Rn 29.

  - für Verbraucherverträge sind Art. 15 ff. EuGVVO zu beachten;
- der Beklagte seinen (Wohn-)Sitz in einem EU-Mitgliedstaat hat:[76]
  - es gilt Art. 2 EuGVVO;
  - international zuständig ist das Gericht am (Wohn-)Sitz des Beklagten;
- mindestens eine der Parteien ihren (Wohn-)Sitz in einem EU-Mitgliedstaat hat und eine Gerichtsstandsvereinbarung getroffen wurde:[77]
  - Art. 23 EuGVVO ist einschlägig;
  - der Gerichtsstand bestimmt sich nach dem Inhalt der Vereinbarung.

II. Vertragliche Ansprüche

1. Gewerbliche Nutzung

a) Gerichtsstandsvereinbarung

aa) Anforderungen des Art. 23 Abs. 1 S. 3 lit. a EuGVVO

Gerade bei gewerblicher Nutzung eines Cloud-Modells ist es empfehlenswert, die 61 internationale Zuständigkeit **vertraglich vorab zu klären.**[78] Handelt es sich um einen gewerblichen Cloud-Sachverhalt, sind die Grenzen einer **Gerichtsstandsvereinbarung** durch Art. 23 EuGVVO gezogen.[79] Danach kann eine solche Vereinbarung unproblematisch getroffen werden, wenn eine der Parteien ihren Sitz im EU-Mitgliedstaat hat und die Anforderungen an die **Form** der Vereinbarung beachtet wurden.

In formeller Hinsicht setzt Art. 23 Abs. 1 S. 3 lit. a EuGVVO **Schriftform** voraus, 62 d.h. es muss eine **schriftliche Erklärung** beider Cloud-Parteien – nicht notwendig in einer Urkunde – vorliegen, die grundsätzlich auch **unterschrieben** werden muss.[80] Eine Vereinfachung sieht aber Art. 23 Abs. 2 EuGVVO vor, wonach die **elektronische Form** der Schriftform gleichgestellt wird, soweit die Vereinbarung **dauerhaft gespeichert** werden kann (etwa in einem E-Mail-Postfach oder auf einem externen USB-Speicher).[81] Erforderlich ist, dass der Vertrag **ausgedruckt** werden kann.[82] Diese Voraussetzungen sind etwa erfüllt, wenn die Vertragsurkunden per E-Mail in einer PDF-Datei verschickt werden. Nicht ausreichend ist jedoch eine Bezugnahme auf eine

---

76 Eine Verbindung zu einem weiteren EU-Mitgliedstaat ist nicht notwendig, vgl. MüKo-ZPO/*Gottwald*, Art. 2 EuGVVO Rn 29.

77 MüKo-ZPO/*Gottwald*, Art. 2 EuGVVO Rn 29.

78 So auch *Giedke*, S. 112.

79 Der ausschließliche Gerichtsstand nach Art. 22 Nr. 1 EuGVVO stellt keine Schranke für eine Gerichtsstandsvereinbarung gem. Art 23 EuGVVO dar, denn bei einer Cloud handelt es sich nicht um eine unbewegliche Sache, vgl. *Giedke*, S. 88 f.

80 Näher dazu MüKo-ZPO/*Gottwald*, Art. 23 EuGVVO Rn 31; Rauscher/*Mankowski*, Art. 23 Brüssel I-VO Rn 15 f.; Stein/Jonas/*Wagner*, Art. 23 EuGVVO Rn 57.

81 Rauscher/*Mankowski*, Art. 23 Brüssel I-VO Rn 38.

82 MüKo-ZPO/*Gottwald*, Art. 23 EuGVVO Rn 46.

Internetseite, denn diese entspricht nicht den Anforderungen an die Dauerhaftigkeit.[83] Da komplexe gewerbliche Cloud-Verträge gelegentlich im Einzelnen ausgehandelt werden, ist das Schriftformerfordernis in diesen Fällen regelmäßig gewahrt oder es liegt zumindest ein Vertragsschluss in elektronischer Form vor.[84]

bb) AGB-rechtliche Probleme

63 Die Formanforderungen sind auch dann gewahrt, wenn die **Gerichtsstandklausel in AGB** enthalten ist. Dies setzt allerdings voraus, dass der Vertragstext auf die beigefügten AGB ausdrücklich **Bezug** nimmt. Nicht erforderlich ist jedoch, dass im Vertragstext oder in AGB auch auf die Gerichtsstandsvereinbarung hingewiesen wird.[85] Geht es um einen hier im Zentrum der Betrachtung stehenden gewerblichen Sachverhalt, ist es den Vertragsparteien zuzumuten, dass sie sich mit dem Inhalt der wirksam einbezogenen AGB sorgfältig auseinandersetzen, bevor sie den Vertrag unterschreiben. Bei der sorgfältigen Lektüre muss auch die Gerichtsstandsvereinbarung zur Kenntnis genommen werden. Eine **Einbeziehungs- und Inhaltskontrolle**, etwa nach §§ 305 ff. BGB, findet nicht statt; Art. 23 EuGVVO verdrängt insoweit die nationalrechtlichen Regelungen.[86]

64 Verwenden beide Parteien formell gültige, aber sich **widersprechende** Gerichtsstandklauseln, ist eine Gerichtsstandsvereinbarung mangels **Willensübereinstimmung** nicht zustande gekommen.[87] Der Gerichtsstand ist nach den allgemeinen Regeln zu bestimmen (dazu Rn 66 ff.).

cc) Formerleichterungen

65 Sollte die Vereinbarung im Einzelfall nicht schriftlich getroffen worden sein, ist gem. Art. 23 Abs. 1 S. 3 lit. a EuGVVO auch eine **mündliche Prorogation** möglich, wenn sie **schriftlich bestätigt** wurde. Für die Bestätigung gelten dieselben Anforderungen wie für eine ursprünglich schriftlich verfasste Vereinbarung.[88] Darüber hinaus kann eine Abweichung von der Schriftform nach Art. 23 Abs. 1 S. 3 lit. b EuGVVO zulässig sein, wenn die Form den **Gepflogenheiten** entspricht, die zwischen den Parteien entstan-

---

83 *Sujecki*, K&R 2012, 312, 314.

84 *Sujecki*, K&R 2012, 312, 313.

85 Im Einzelnen MüKo-ZPO/*Gottwald*, Art. 23 EuGVVO Rn 34 ff.; Rauscher/*Mankowski*, Art. 23 Brüssel I-VO Rn 16 ff.; *Sujecki*, K&R 2012, 312, 313; Stein/Jonas/*Wagner*, Art. 23 EuGVVO Rn 59 ff.

86 Rauscher/*Mankowski*, Art. 23 Brüssel I-VO Rn 39b.

87 Rauscher/*Mankowski*, Art. 23 Brüssel I-VO Rn 19; Stein/Jonas/*Wagner*, Art. 23 EuGVVO Rn 62.

88 Zu den Einzelheiten MüKo-ZPO/*Gottwald*, Art. 23 EuGVVO Rn 39 ff.; Rauscher/*Mankowski*, Art. 23 Brüssel I-VO Rn 22 ff.; Stein/Jonas/*Wagner*, Art. 23 EuGVVO Rn 64 ff.

den sind.[89] Dies kommt insbesondere in Betracht, wenn Cloud-Nutzer und -Anbieter eine **längere Geschäftsbeziehung** unterhalten und der Cloud-Vertrag einen Bruchteil dieser Beziehung ausmacht oder wenn es sich um die Verlängerung einer formwirksam getroffenen Vereinbarung handelt. Schließlich ist eine andere Form als Schriftform zulässig, wenn sie einem **Handelsbrauch** entspricht (dazu näher Art. 23 Abs. 1 S. 3 lit. c EuGVVO).[90]

b) Zuständigkeitsbestimmung gem. Art. 5 Nr. 1 EuGVVO

Haben die Cloud-Parteien keine Gerichtsstandsvereinbarung getroffen oder ist diese 66 aufgrund Formmangels unwirksam, kann der Vertragspartner gem. Art. 2 EuGVVO vor dem Gericht des Staates, in dem er seinen Sitz hat, verklagt werden (**allgemeiner Gerichtsstand**). Ansonsten ist auf Art. 5 Nr. 1 EuGVVO zurückzugreifen, der einen besonderen Gerichtsstand des Erfüllungsortes statuiert. Art. 5 Nr. 1 EuGVVO regelt die **internationale und örtliche Zuständigkeit** und verdrängt die nationalen Regelungen über den örtlichen Gerichtsstand (wie z.B. §§ 12 ff. ZPO).[91]

Im Rahmen des Art. 5 Nr. 1 EuGVVO ist – wie bereits bei der Bestimmung des 67 anwendbaren Sachrechts – entscheidend, ob der auf **Dienstleistungsverträge** zugeschnittene, speziellere Art. 5 Nr. 1 lit. b EuGVVO einschlägig ist oder ob sich die Zuständigkeit nach dem **allgemeinen** Art. 5 Nr. 1 lit. a EuGVVO richtet:[92]

- Nach Art. 5 Nr. 1 lit. b EuGVVO ist der Ort maßgeblich, an dem die geschuldete Dienstleistung erbracht wird, wenn dieser Ort in einem EU-Mitgliedstaat liegt.[93] Es handelt sich also um einen **einheitlichen Gerichtsstand**, der für alle Streitigkeiten aus dem Dienstleistungsvertrag gilt.[94] Maßgeblich ist, an welchen Ort die Dienstleistung **faktisch erbracht** wird; der rechtliche Erfüllungsort ist dagegen unbeachtlich.[95]
- Geht man dagegen nach Art. 5 Nr. 1 lit. a EuGVVO vor, ist der Erfüllungsort entscheidend. Um den Erfüllungsort zu bestimmen, sind die grundlegenden Aus-

---

89 Näher MüKo-ZPO/*Gottwald*, Art. 23 EuGVVO Rn 47; Rauscher/*Mankowski*, Art. 23 Brüssel I-VO Rn 26 ff.; Stein/Jonas/*Wagner*, Art. 23 EuGVVO Rn 71 ff.

90 Vgl. zu den Einzelheiten MüKo-ZPO/*Gottwald*, Art. 23 EuGVVO Rn 48 ff.; Rauscher/*Mankowski*, Art. 23 Brüssel I-VO Rn 28 ff.; Stein/Jonas/*Wagner*, Art. 23 EuGVVO Rn 75.

91 MüKo-ZPO/*Gottwald*, Art. 2 EuGVVO Rn 25; Musielak/*Stadler*, Art. 5 VO (EG) 44/2001 Rn 1.

92 Das Konkurrenzverhältnis ist in Art. 5 Nr. 1 lit. c EuGVVO geregelt, wonach lit. a gilt, wenn lit. b nicht anwendbar ist.

93 Liegt der Erfüllungsort der Dienstleistung in einem Drittstaat, richtet sich die Zuständigkeit nach der allgemeinen Regelung des Art. 5 Nr. 1 lit. a EuGVVO, vgl. MüKo-ZPO/*Gottwald*, Art. 5 EuGVVO Rn 16.

94 MüKo-ZPO/*Gottwald*, Art. 5 EuGVVO Rn 14.

95 MüKo-ZPO/*Gottwald*, Art. 5 EuGVVO Rn 15.

führungen des EuGH in den Entscheidungen **„de Bloos“**[96] und **„Tessili“**[97] zu berücksichtigen. Nach dem „de Bloos“-Urteil muss der **Erfüllungsort** für jede einzelne vertragliche Verpflichtung **gesondert festgestellt** werden.[98] Dies hat zur Folge, dass – anders als bei einem Dienstleistungsvertrag – **kein einheitlicher Gerichtsstand** für den gesamten Vertrag bestimmt werden kann, sondern nach der jeweiligen Verpflichtung zu differenzieren ist.[99] Nach dem „Tessili“-Urteil wird der Erfüllungsort – wiederum anders als beim Dienstleistungsvertrag – nach dem anwendbaren materiellen Recht bestimmt (sog. **kollisionsrechtliche Anknüpfung**).[100]

68 Im Fall eines Cloud-Modells ist für jedes Vertragswerk gesondert zu prüfen, welche Elemente den prägenden Charakter haben:[101]

- Bei einem **SaaS-Vertrag** stehen **mietrechtliche** Verpflichtungen im Vordergrund, sodass kein Dienstleistungsvertrag gegeben ist und die Zuständigkeit sich nach Art. 5 Nr. 1 lit. a EuGVVO richtet.[102] Der Vertrag muss zunächst in **Einzelteile** zerlegt werden, um sodann für jede einzelne Verpflichtung den Erfüllungsort nach dem anwendbaren Sachrecht zu bestimmen.
- Dasselbe Verfahren ist bei **PaaS- und IaaS-Verträgen** durchzuführen, wenn die mietrechtlichen Verpflichtungen den Gesamtcharakter des Vertrags prägen und die Dienstleistungselemente eine nur untergeordnete Rolle spielen.[103] Auf solche **typengemischten Verträge** ist Art. 5 Nr. 1 lit. a EuGVVO anwendbar.

Beispiel
Der belgische Cloud-Anbieter richtet für einen finnischen Nutzer, der weitere Standorte in Frankreich und in Deutschland hat, eine „SaaS-Private Cloud“ mit Servern in Finnland ein. Der Erfüllungsort der Cloud-Leistung bestimmt sich nach dem belgischen, der Erfüllungsort der Zahlungspflicht nach dem finnischen Recht (kollisionsrechtliche Anknüpfung nach der „Tessili“-Formel).

---

96 EuGH, Urt. v. 6.10.1976 – C-14/76 – EuGHE 1976, 1497.
97 EuGH, Urt. v. 6.10.1976 – C-12/76 – EuGHE 1976, 1473.
98 EuGH, Urt. v. 6.10.1976 – C-14/76 – EuGHE 1976, 1497 Rn 9/12. Hierzu Rauscher/*Leible*, Art. 5 Brüssel I-VO Rn 35 ff.; Stein/Jonas/*Wagner*, Art. 5 EuGVVO Rn 42.
99 Rauscher/*Leible*, Art. 5 Brüssel I-VO Rn 35.
100 EuGH, Urt. v. 6.10.1976 – C-12/76 – EuGHE 1976, 1473 Rn 13, 15. Dazu etwa Rauscher/*Leible*, Art. 5 Brüssel I-VO Rn 40 ff.
101 Dazu bereits oben im Zusammenhang mit Art. 4 Rom I-VO Rn 32 ff.
102 So auch *Sujecki*, K&R 2012, 312, 316. Mietverträge sind keine Dienstleistungsverträge i.S.d. Art. 5 Nr. 1 lit. b EuGVVO, vgl. etwa Rauscher/*Leible*, Art. 5 Brüssel I-VO Rn 50c.
103 Weiter *Sujecki*, K&R 2012, 312, 317, der bei PaaS- und IaaS-Verträgen wohl regelmäßig von einer Dienstleistung ausgeht. Zur Behandlung typengemischter Verträge Rauscher/*Leible*, Art. 5 Brüssel I-VO Rn 50e.

– Eine Einordnung als Dienstleistungsvertrag i.S.d. Art. 5 Nr. 1 lit. b EuGVVO kommt freilich auch bei PaaS- und IaaS-Modellen in Betracht, wenn nach dem **Gesamtgefüge** des Vertragswerks den mietrechtlichen Elementen eine nur untergeordnete Bedeutung zukommt und der **Dienstleistungscharakter** prägend ist. In dieser Situation muss der Ort bestimmt werden, an dem die Cloud-Leistung faktisch erbracht wird. Abzustellen ist auf den Parteiwillen im konkreten Fall.

Beispiel
Der Cloud-Anbieter sitzt in Deutschland, der Nutzer in den Niederlanden. Es wurden vertraglich keine Leitungsanbindung sowie ein vertraglicher Erfüllungsort, ein spezieller Übergabepunkt z.B. an einem inländischen Netzknoten oder einem Server des Nutzers vereinbart. In diesem Fall wird die Leistung am Sitz des Anbieters erbracht, sodass gem. Art. 5 Nr. 1 lit. b EuGVVO die deutschen Gerichte zuständig sind.

– Auch bei **reinen Supportleistungen**, die als **Dienstleistungen** zu qualifizieren sind, richtet sich die Zuständigkeit nach Art. 5 Nr. 1 lit. b EuGVVO, wobei der maßgebliche Ort im Zweifel am Sitz des Anbieters liegt.

c) Rügelose Einlassung

Schließlich kann auch ein nach EuGVVO unzuständiges Gericht gem. Art. 24 S. 1 69 EuGVVO international zuständig sein, wenn sich der Beklagte auf das Verfahren **einlässt.**[104] Die Ausnahme des Art. 24 S. 2 EuGVVO i.V.m. Art. 22 EuGVVO dürfte für Cloud-Sachverhalte weitgehend bedeutungslos sein.

2. Private Nutzung

a) Gerichtsstand bei Verbrauchersachverhalten

Steht die **private Nutzung** einer Cloud-Leistung im Raum, hat der Anbieter bei der 70 Vertragsgestaltung die **verbraucherschützenden Sonderregelungen** in Art. 15 ff. EuGVVO zu beachten. Die zentrale Zuständigkeitsnorm befindet sich in Art. 16 EuGVVO, der unter den Voraussetzungen des Art. 15 EuGVVO anwendbar ist. Ein Cloud-Vertrag fällt unter die Generalklausel des Art. 15 Abs. 1 lit. c EuGVVO, wenn der Anbieter seine Tätigkeit (auch) auf den Mitgliedstaat **ausrichtet**. Das Tatbestandsmerkmal **„Ausrichten"** ist weit auszulegen.[105] Erforderlich ist lediglich, dass *„der Unternehmer eine werbende Tätigkeit im Heimatstaat des Verbrauchers entfaltet hat."*[106]

---

104 Vgl. dazu MüKo-ZPO/*Gottwald*, Art. 24 EuGVVO Rn 1 ff.
105 Stein/Jonas/*Wagner*, Art. 15 EuGVVO Rn 42.
106 So Stein/Jonas/*Wagner*, Art. 15 EuGVVO Rn 39. Vgl. ferner Rauscher/*Staudinger*, Art. 15 Brüssel I-VO Rn 13.

71 Da der Vertrag in Cloud-Sachverhalten meist **online** geschlossen wird, sind im Ausgangspunkt Verbraucher **aller Staaten** angesprochen.[107] Hinzu kommt, dass eine Internetseite mit Cloud-Zugang **interaktiv** ausgestaltet ist, d.h. der Nutzer kann den Vertragsschluss durch eigene Eingaben in Online-Masken herbeiführen. Für diese Fälle ist die Anwendung des Art. 15 EuGVVO allgemein anerkannt.[108] Der Cloud-Anbieter kann aber die internationale Zuständigkeit steuern, indem er z.B. die Seite nur in **bestimmten Sprachen** verfasst oder ausgewählte **Zahlungsmodalitäten** zulässt. Ergibt sich aus den Gesamtumständen der Wille des Anbieters, seine Leistungen bestimmten Verbraucherkreisen nicht anzubieten, greift Art. 15 Abs. 1 lit. c EuGVVO nicht ein.[109] Wie bei der Bestimmung des materiellen Rechts nach Art. 6 Rom I-VO[110] können ferner die Folgen des Art. 15 EuGVVO umgangen werden, indem der Anbieter auf der Seite einen **Disclaimer** mit dem Hinweis einrichtet, dass mit Verbrauchern aus bestimmten Ländern nicht kontrahiert. An diesen Hinweis muss sich der Anbieter auch tatsächlich halten; eine bloße Behauptung reicht nicht aus.[111]

72 Liegen die Voraussetzungen des Art. 15 EuGVVO vor, ist innerhalb Art. 16 EuGVVO zwischen zwei Fällen zu unterscheiden:

- Der **Verbraucher auf Klägerseite** darf zwischen **zwei Gerichtsständen** auswählen:
  - Der Verbraucher kann vor den Gerichten des Staates klagen, in dem der **Unternehmer seinen Sitz** hat (Art. 16 Abs. 1 Alt. 1 EuGVVO); die örtliche Zuständigkeit bestimmt sich nach nationalem Recht, in Deutschland also nach §§ 12 ff. ZPO.[112]
  - Auch kann der Verbraucher vor dem Gericht des Ortes klagen, an dem er seinen **Wohnsitz** hat, wenn sein Vertragspartner seinen Sitz in einem EU-Mitgliedstaat hat (Art. 16 Abs. 1 Alt. 2 EuGVVO); geregelt ist damit zugleich die **örtliche Zuständigkeit**, sodass die nationalen Regelungen (z.B. §§ 12 ff. ZPO) verdrängt werden.[113]
- Steht der **Verbraucher auf der Beklagtenseite**, sind Gerichte des Staates international zuständig, in dem er seinen **Wohnsitz** hat (Art. 16 Abs. 1 EuGVVO); die **örtliche Zuständigkeit** bestimmt sich nach **nationalem Recht.**[114]

---

107 *Sujecki*, K&R 2012, 312, 315.

108 Zur Behandlung von „aktiven“ und „passiven“ Internetseiten vgl. etwa MüKo-ZPO/*Gottwald*, Art. 15 EuGVVO Rn 10; Rauscher/*Staudinger*, Art. 15 Brüssel I-VO Rn 14 f.; Stein/Jonas/*Wagner*, Art. 15 EuGVVO Rn 44.

109 *Sujecki*, K&R 2012, 312, 315.

110 Vgl. dazu oben im Zusammenhang mit Art. 6 Rom I-VO Rn 43.

111 Rauscher/*Staudinger*, Art. 15 Brüssel I-VO Rn 15; *Sujecki*, K&R 2012, 312, 315; Stein/Jonas/*Wagner*, Art. 15 EuGVVO Rn 44.

112 Rauscher/*Staudinger*, Art. 16 Brüssel I-VO Rn 3; Stein/Jonas/*Wagner*, Art. 16 EuGVVO Rn 1 f.

113 Rauscher/*Staudinger*, Art. 16 Brüssel I-VO Rn 4; Stein/Jonas/*Wagner*, Art. 16 EuGVVO Rn 1.

114 Rauscher/*Staudinger*, Art. 16 Brüssel I-VO Rn 7; Stein/Jonas/*Wagner*, Art. 16 EuGVVO Rn 8.

b) Einschränkung der Prorogation

Schließlich ist bei **Verbraucherverträgen** zu berücksichtigen, dass Art. 17 EuGVVO **Einschränkungen für Vereinbarungen** über die internationale Zuständigkeit vorsieht, sodass bei der Gestaltung von Cloud-Verträgen Vorsicht geboten ist. Nach Art. 17 EuGVVO ist Prorogation nur in drei Fällen zulässig: 73
- Die Vereinbarung kommt **nach Entstehung** der Streitigkeit zustande (Art. 17 Nr. 1 EuGVVO).
- Die Vereinbarung kommt **vor Entstehung** der Streitigkeit zustande, **erweitert** aber die **prozessualen Möglichkeiten** des Verbrauchers, indem sie im Vergleich zur gesetzlichen Regelung zusätzliche Gerichtsstände schafft (Art. 17 Nr. 2 EuGVVO).[115]
- Die Vereinbarung **schützt vor Wohnsitzwechsel** einer Vertragspartei (Art. 17 Nr. 3 EuGVVO).[116]

c) Rügelose Einlassung

Wurde ein nach Art. 16 f. EuGVVO **unzuständiges Gericht** angerufen, kann die internationale Zuständigkeit nach ganz herrschender Auffassung infolge **rügeloser Einlassung** nach Art. 24 EuGVVO begründet werden. Dem steht der verbraucherschützende Charakter der Art. 15 ff. EuGVVO nicht entgegen: Art. 24 EuGVVO ist ausweislich seines Wortlauts nur in den Fällen des Art. 22 EuGVVO (ausschließliche Gerichtsstände) nicht anwendbar.[117] 74

III. Deliktische Ansprüche

Steht ein geschädigter Cloud-Nutzer vor der Frage, vor welchem Gericht er den Schädiger verklagen soll, muss sich sein Blick neben Art. 2 EuGVVO (allgemeiner Gerichtsstand des Wohnsitzes) auf Art. 5 Nr. 3 EuGVVO richten, der die **internationale und örtliche Zuständigkeit**[118] bei **deliktischen Sachverhalten** regelt. Zuständig ist das Gericht des Ortes, an dem der Schaden eigetreten ist, d.h. sowohl der **Erfolgsort** (= Ort, an dem der Schaden entstanden ist) als auch der **Handlungsort** (= Ort des schadensstiftenden Geschehens).[119] 75

115 Einzelheiten bei MüKo-ZPO/*Gottwald*, Art. 13 EuGVVO Rn 3, Art 17 EuGVVO Rn 1.
116 Näheres bei MüKo-ZPO/*Gottwald*, Art. 17 EuGVVO Rn 2; Stein/Jonas/*Wagner*, Art. 17 EuGVVO Rn 6 ff.
117 Vgl. dazu Rauscher/*Staudinger*, Art. 17 Brüssel I-VO Rn 1; Stein/Jonas/*Wagner*, Art. 17 EuGVVO Rn 4.
118 Der Rückgriff auf §§ 12 ff. ZPO bleibt also verwehrt. Zur Reichweite des Art. 5 Nr. 3 EuGVVO vgl. etwa MüKo-ZPO/*Gottwald*, Art. 5 EuGVVO Rn 59.
119 MüKo-ZPO/*Gottwald*, Art. 5 EuGVVO Rn 69.

76 Im Fall eines **Internetdelikts** gilt als Ort des Schadenseintritts jeder Ort, an dem die **Website abgerufen** werden kann.[120] Gleichwohl geht es bei Cloud-Sachverhalten nicht so sehr um Delikte, die durch den Betreiber einer Internetseite begangen werden, sondern um Angriffe auf Server, um Daten zu löschen, zu verändern oder zu schädigen. Knüpft man an den Erfolgsort an, kann der Cloud-Nutzer gem. Art 5 Nr. 3 EuGVVO konsequenterweise zwischen allen Staaten auswählen, in denen sich die **betroffenen Server** zum Zeitpunkt des Angriffs befanden. Anders als bei der Bestimmung des Deliktsstatuts nach Art. 4 Abs. 1 Rom II-VO[121] hat diese Folge **keine negative Auswirkungen** (etwa wegen Rechtsunsicherheit), die zugunsten des Geschädigten korrigiert werden müssten. Darüber hinaus kann der Verletzte vor dem Gericht des Staates klagen, in dem der Angriff vorgenommen wurde (**Handlungsort**).

Beispiel
Der Cloud-Nutzer hat seinen Sitz in Deutschland, der Anbieter in Frankreich. Es kommt zur Beschädigung einer großen Datenmenge durch einen Angriff eines Hackers aus Palermo (Italien). Die Daten sind im Zeitpunkt der Schädigung auf den Servern in Alicante (Spanien) und Porto (Portugal) gespeichert. Der Nutzer kann auswählen, ob er gegen den Schädiger in Italien (örtlicher Gerichtsstand bestimmt sich nach italienischem Zivilprozessrecht), Spanien (örtlicher Gerichtsstand in Alicante) oder Portugal (örtlicher Gerichtsstand in Porto) vorgehen will.

---

77 Dagegen kommt der **Standort des Nutzerrechners** nicht in Betracht, um den Ort des Schadenseintritts zu bestimmen. Denn es ist – insoweit parallel zur Bestimmung des Deliktsstatuts – zu beachten, dass der Rechner des Nutzers nicht dadurch beeinträchtigt wird, dass die Daten auf dem Server beschädigt wurden. Es geht nur um **indirekte Folgen**, die bei Art. 5 Nr. 3 EuGVVO außer Betracht bleiben.[122]

E. Datenschutzrechtliche Besonderheiten

78 Die **datenschutzrechtlichen Aspekte** des Cloud Computing sind ein, wenn nicht sogar das Thema, welches im Zusammenhang mit Cloud Computing von zahlreichen Autoren diskutiert wird. Insbesondere stellt sich die Frage, wann die Cloud-Nutzung eine **Auftragsdatenverarbeitung** i.S.d. § 11 BDSG darstellt und was die Vertragsparteien beachten müssen, um die Vorgaben des § 11 BDSG einzuhalten (siehe Kap. 5 Rn 24 ff.). Aus international-privatrechtlicher Perspektive ist bedeutsam, ob und inwieweit personenbezogene Daten auf Servern gespeichert werden dürfen, die **nicht in einem Mitgliedstaat der EU** verortet sind. Dabei kommt es maßgeblich darauf

---

120 Zu den damit zusammenhängenden Problemen etwa Stein/Jonas/*Wagner*, Art. 5 EuGVVO Rn 173 ff.
121 Vgl. dazu bereits oben Rn 49.
122 Vgl. allgemein MüKo-ZPO/*Gottwald*, Art. 5 EuGVVO Rn 71.

an, ob die strengen Bestimmungen des BDSG auf die Cloud-Anbieter und -Nutzer anwendbar sind.[123]

Das deutsche Datenschutzrecht folgt im Ausgangspunkt dem **Territorialitätsprinzip**: Die Bestimmungen des Bundesdatenschutzgesetzes sind anwendbar, wenn personenbezogene Daten in Deutschland erhoben, verarbeitet oder genutzt werden.[124] 79

Eine Ausnahme von dem Territorialprinzip greift nur ein, wenn der **Verantwortliche** für die Datenverarbeitung (regelmäßig der **Cloud-Nutzer**[125]) seinen Sitz in einem Mitgliedstaat der EU oder des EWR hat. In einem solchen Fall gilt nach der Europäischen Datenschutzrichtlinie und § 1 Abs. 5 BDSG das sog. **Sitzstaatsprinzip**: Es ist das Datenschutzrecht des Staates anwendbar, in dem der Cloud-Nutzer seinen Sitz hat, auch in Bezug auf die Erhebung, Verarbeitung und Nutzung der Daten etwaiger deutscher Mitarbeiter und Geschäftspartner des Cloud-Nutzers, soweit dies nicht eigenverantwortlich durch eine deutsche **Niederlassung** des Kunden geschieht.[126] Das Sitzstaatsprinzip in Fällen mit ausschließlich europäischem Bezug ist aus datenschutzrechtlichen Gesichtspunkten unbedenklich, denn das **harmonisierte europäische Datenschutzrecht** gewährleistet einen **einheitlichen Mindestschutzstandard**. 80

Demnach gilt deutsches Datenschutzrecht grundsätzlich für alle Cloud-Nutzer, die in **Deutschland ansässig** sind. Daneben gilt es für Nutzer, die über die Cloud-Anwendung Daten deutscher Mitarbeiter oder Geschäftspartner in Deutschland erheben, es sei denn, der Cloud-Nutzer sitzt innerhalb des EWR und die Verarbeitung der Daten erfolgt nicht durch eine deutsche Niederlassung.[127] 81

Findet deutsches (oder ein anderes EU-) Datenschutzrecht Anwendung, ist aus internationaler Sicht ein Transfer in ein Land außerhalb des EWR problematisch. Dies ist der Fall, wenn entweder ein Cloud-Anbieter mit Servern oder Zugriffsrechten **außerhalb des EWR** genutzt wird oder durch die Cloud-Anwendung (neue) Zugriffsrechte von Konzernmitgliedern des Kunden außerhalb des EWR begründet werden. Im Ergebnis führt dies aber in den allermeisten Fällen nur zu zusätzlichen formellen und ggf. Sicherheitsanforderungen, nicht jedoch zur Unzulässigkeit der Cloud-Lösung. Auch **„globale Clouds“** können in den allermeisten Fällen rechtskonform genutzt werden.[128] 82

123 Zur Rechtslage in Österreich vgl. Blaha/Marko/Zellhofer/Liebel/*Zellhofer/Liebel*, S. 65 ff.
124 Siehe Kap. 5 Rn 11.
125 Siehe Kap. 5 Rn 13.
126 *Niemann/Paul*, K&R 2009, 444, 448 f.; *Weichert*, DuD 2010, 679, 682.
127 Vgl dazu im Einzelnen Kap. 5 Rn 11 ff.
128 Zum Ganzen siehe im Einzelnen die Ausführungen im Kap. 5 Rn 76 ff.

F. Urheberrechtliche Besonderheiten

I. Ausgangspunkt

83 Schließlich ist das Internationale Privatrecht und Zivilprozessrecht des Cloud Computing unter **urheberrechtlichen Gesichtspunkten** zu beleuchten. Die urheberrechtlichen Probleme zeigen sich in unterschiedlichen Konstellationen: Zum einen ist an das **Verhältnis zwischen Cloud-Anbieter und Softwarehersteller** zu denken, sobald der Anbieter fremde Computerprogramme in der Wolke bereitstellt. Zum anderen ist zu beachten, dass der Cloud-Anbieter Software nicht ausschließlich für sich in Anspruch nehmen will, sondern sie im Rahmen seiner Leistung dem Nutzer **zur Verfügung stellt**, wie etwa beim SaaS-Modell. Beide Sachverhalte werfen zahlreiche Fragen auf, die aufgrund des bereits oben angesprochenen staatsübergreifenden Charakters des Cloud Computings zwangsläufig Probleme des Internationalen Privatrechts und Zivilprozessrechts nach sich ziehen:
- In welchen Staaten entsteht das Urheberrecht an der in der Cloud eingesetzten Software?
- Welchen Inhalt und Umfang hat das Urheberrecht?
- Inwieweit kann das Recht übertragen bzw. eine Nutzungsmöglichkeit eingeräumt werden? Vor welchem Gericht werden Streitigkeiten in diesem Zusammenhang ausgetragen?
- Welches Recht gilt bei unberechtigter Softwarenutzung? Bei welchem Gericht kann der Urheber klagen?

84 Das Urheberrecht folgt auch in Cloud Computing-Sachverhalten dem herkömmlichen **Territorialitätsprinzip**: Der Urheber eines Computerprogramms kann sich auf sein Ausschließlichkeitsrecht in einem bestimmten Staat nur insoweit berufen, als der jeweilige Staat ihm dieses Recht einräumt; damit erlangt er ein **„Bündel der Urheberrechte“**.[129] Dieses Grundprinzip hat Auswirkungen auf die Behandlung internationaler Sachverhalte. Nach dem – aus dem Territorialitätsprinzip hergeleiteten – sog. **Schutzlandprinzip** ist das Recht des Staates anwendbar, für den der urheberrechtliche Schutz beansprucht wird (**lex loci protectionis**).[130] Daraus folgt, dass für ein nationales Urheberrecht nur eine Handlung maßgeblich ist, die auf dem Terri-

---

129 Zum Territorialitätsprinzip in Cloud-Sachverhalten *Giedke*, S. 293 f.; *Lehmann/Giedke*, CR 2013, 681, 687; *Nägele/Jacobs*, ZUM 2010, 281, 284; *Schulz/Rosenkranz*, ITRB 2009, 232, 236. Die Darstellung der Diskussion über die Geltung des Territorialitätsprinzips und die im Schrifttum hervorgehobenen Vorzüge des Universalitätsprinzips im Urheberrecht findet sich bei MüKo-BGB/*Drexl*, Int. Immaterialgüterrecht Rn 9.

130 H.M., vgl. nur Dreier/Schulze/*Dreier*, Vor § 120 Rn 28; Loewenheim/*Walter*, § 58 Rn 24. Zur wissenschaftlichen Diskussion über das Schutzlandprinzip und alternative Lösungsmöglichkeiten vgl. etwa MüKo-BGB/*Drexl*, Int. Immaterialgüterrecht Rn 15 ff.

torium des jeweiligen Staates vorgenommen wurde.[131] Gesetzlich festgeschrieben ist dies etwa in **Art. 8 Abs. 1 Rom II-VO**, wonach eine Urheberrechtsverletzung nur für den Staat geltend gemacht werden kann, in dem die Verletzungshandlung erfolgte (vgl. noch unter Rn 93 ff.).[132]

Da das Territorialitätsprinzip und das Schutzlandprinzip in der Rechtsprechung und im Schrifttum herrschend sind, werden sie trotz **wissenschaftlicher Kontroversen** in folgenden Ausführungen bei der Bestimmung des anwendbaren Rechts und des internationalen Gerichtsstands auch in Cloud-Fällen zugrunde gelegt. 85

II. Verhältnis zwischen Cloud-Anbieter und Softwarehersteller

1. Anwendung des Schutzlandprinzips

Geht es um das Verhältnis zwischen Cloud-Anbieter und Softwarehersteller, tritt die Frage, ob und inwieweit der Cloud-Anbieter die von ihm bereitgestellte Software **lizenzieren** muss, in den Vordergrund. Folgt man strikt dem Schutzlandprinzip, muss sich ein Cloud-Anbieter, der in seinem Cloud-System fremde Software bereitstellt, die Nutzungsrechte für alle Staaten einräumen lassen, in denen die Nutzung der Software erfolgt. Im Hinblick auf die internationale Ausrichtung der Cloud-Systeme kann dies im Extremfall einer **Public Cloud** zur Folge haben, dass er vom Softwarehersteller ein **weltweites Nutzungsrecht** verlangen muss.[133] Anderenfalls erfolgt die Softwarebenutzung (vorbehaltlich nationaler Eigenheiten) urheberrechtswidrig. 86

2. Einschränkung des Schutzlandprinzips?

Um dieses **Mosaikergebnis** zu vermeiden, wird im Schrifttum vorgeschlagen, das Schutzlandprinzip derart einzuschränken, als dass die maßgebliche Rechtsordnung durch interessensgerechte **Lokalisierung des Verletzungsortes** zu finden sei. Maßgeblich sei die **Ausrichtung** des Cloud-Angebots auf ein bestimmtes Land, wobei als Zuordnungskriterien etwa die Sprache, Präsentation, Kontaktadressen, Art der Top-Level-Domain oder ein Disclaimer in Betracht kämen.[134] 87

Dem ist jedoch entgegenzuhalten, dass eine solche Einschränkung des Schutzlandprinzips die **Unterscheidung** zwischen der Bestimmung des anwendbaren Rechts (**IPR-Frage**) und der Anwendung des Sachrechts (**materiell-rechtliche Frage**) nicht hinreichend beachtet. Die Ermittlung des einschlägigen Sachrechts in 88

---

131 Dreier/Schulze/*Dreier*, Vor § 120 Rn 31.
132 *Nägele/Jacobs*, ZUM 2010, 281, 284.
133 So auch *Splittgerber/Rockstroh*, BB 2011, 2179, 2180. Vgl. ferner Dreier/Schulze/*Dreier*, Vor § 120 Rn 31; *Nägele/Jacobs*, ZUM 2010, 281, 284.
134 Dazu *Nägele/Jacobs*, ZUM 2010, 281, 285.

einem ersten Schritt ist von dessen Anwendung in einem zweiten Schritt strikt zu trennen. Wollte man das Schutzlandprinzip durch eine Interessensabwägung einschränken, würde man die materiell-rechtlichen Gesichtspunkte – die zwischen den verschiedenen Staaten variieren können – auf die Ebene des Kollisionsrechts **vorverlagern**. Deshalb ist das Schutzlandprinzip auch in Cloud-Sachverhalten uneingeschränkt anwendbar.[135] Etwaige Einschränkungen sind, soweit durch das nationale Recht erlaubt, erst auf der materiell-rechtlichen Ebene vorzunehmen.[136]

Beispiel
Der deutsche Cloud-Anbieter stellt die Software eines finnischen Herstellers einem italienischen Nutzer in einer „Private Cloud" zur Verfügung. Der Nutzer hat neben dem Hauptsitz in Mailand (Italien) Zweigniederlassungen in Madrid (Spanien), Lyon (Frankreich), Mannheim (Deutschland), Amsterdam (Niederlande), Warschau (Polen) und Moskau (Russland), die alle Zugriff auf die „Private Cloud" haben. Dort hat der Cloud-Anbieter aus technischen Gründen Server angemietet, auf denen die Software läuft. Der Anbieter muss sich vom Hersteller die Nutzungsrechte für Italien, Spanien, Frankreich, Deutschland, Niederlande, Polen und Russland einräumen lassen.

Praxistipp
Im obigen Beispiel sind in Deutschland §§ 69a ff. UrhG zu beachten. Insbesondere muss der Cloud-Anbieter durch Gestaltung des Vertrags mit dem Softwarelieferanten sicherstellen, dass er fremde Applikationen nach Maßgabe des § 69c Nr. 1 UrhG **vervielfältigen** und gem. § 69c Nr. 3 UrhG **verbreiten** und **vermieten** kann. Nur so kann er dem Nutzer einen urheberrechtskonformen Zugriff auf die Software gewährleisten. Ginge es um eine „Public Cloud", stellt sich die Frage nach der **öffentlichen Zugänglichmachung** gem. § 69c Nr. 4 UrhG.[137] Auch ist zu fragen, ob die Zugänglichmachung der Software in der Cloud als eine eigenständige Nutzungsart i.S.d. §§ 31 ff. UrhG zu qualifizieren ist.[138] Diese Gesichtspunkte sind für alle Staaten zu berücksichtigen, in denen die Cloud-Lösung angeboten wird. Die Unterschiede können bei Einräumung von Rechten z.B. darin liegen, ob der jeweilige Staat dem **monistischen** (wie etwa Deutschland) oder dem **dualistischen** (wie etwa Frankreich) Konzept folgt.[139] Dies zieht freilich die Notwendigkeit nach sich, eine international ausgerichtete Rechtsberatung in Anspruch zu nehmen.

---

3. Gerichtsstand des Lizenzvertrags

89 Keine Besonderheiten gelten hinsichtlich der internationalen Zuständigkeit bei Streitigkeiten, in denen das Bestehen und die **Reichweite der Rechteeinräumung** im Fokus stehen. Die Parteien des Lizenzvertrags können zwischen dem allgemeinen

135 Vgl. *Giedke*, S. 255 ff., 264 ff.; *Lehmann/Giedke*, CR 2013, 681, 687 f.
136 Dazu ausführlich *Giedke*, S. 343 ff.
137 Zu diesen Fragen etwa Leupold/Glossner/*von dem Bussche/Schelinski*, Teil 1 Rn 392 ff.; Leupold/Glossner/*Doubrava/Münch/Leupold*, Teil 4 Rn 111 ff.; *Bisges*, MMR 2012, 574, 575 ff.; *Nägele/Jacobs*, ZUM 2010, 281, 286 ff.; *Niemann/Paul*, K&R 2009, 444, 448; *Zech*, ZUM 2014, 3, 6 f.
138 Dazu *Giedke*, S. 408; *Nägele/Jacobs*, ZUM 2010, 281, 288.
139 Siehe nur MüKo-BGB/*Drexl*, Int. Immaterialgüterrecht Rn 199.

Gerichtsstand nach Art. 2 EuGVVO und dem besonderen Gerichtsstand des Erfüllungsortes nach Art. 5 Nr. 1 EuGVVO wählen. Da es sich beim **Lizenzvertrag** nach der Rechtsprechung des EuGH weder um einen Kauf- noch um einen Dienstvertrag i.S.d. Art. 5 Nr. 1 lit. b EuGVVO handelt, bestimmt sich der Gerichtsstand nach Art. 5 Nr. 1 lit. a EuGVVO.[140] Maßgeblich ist also der **Erfüllungsort** der jeweils geltend gemachten Leistung (dazu bereits oben Rn 66 ff.). Es ist auf die **Verpflichtung des Softwareherstellers** abzustellen, dem Cloud-Anbieter die Rechte zur Softwarenutzung einzuräumen.

Im Hinblick auf das **Territorialitätsprinzip** erscheint es vorzugswürdig, den Erfüllungsort in dem Staat anzusiedeln, für den die **Softwarelizenz** eingeräumt wurde: Der Zweck des Art. 5 Nr. 1 EuGVVO liegt darin, den Gerichtsstand an einem Ort zu begründen, an dem die Leistung erbracht werden muss, denn dieser Ort weist eine gewisse **Sachnähe** zu der geschuldeten Leistung auf.[141] Da das Nutzungsrecht nur für einen bestimmten Staat eingeräumt werden kann, liegt auch der Gerichtsstand in diesem Staat.[142] Dies deckt sich mit der **„Tessili"-Formel** des EuGH, wonach sich der Erfüllungsort i.S.d. Art. 5 Nr. 1 lit. a EuGVVO nach dem anwendbaren materiellen Recht bestimmt (vgl. bereits oben Rn 66 ff.). 90

III. Verhältnis zwischen Cloud-Anbieter und -Nutzer

Auch im **Verhältnis zwischen dem Cloud-Anbieter und -Nutzer** stellt sich die Frage, nach welchem Recht die **Nutzungsberechtigung des Kunden** zu beurteilen ist.[143] Wie oben ist vom Territorialitäts- und Schutzlandprinzip auszugehen: Maßgeblich ist der Ort, an dem die **urheberrechtsrelevante Handlung** vorgenommen wird. Wie beim Verhältnis zwischen Cloud-Anbieter und Softwarehersteller ist also in **zwei Schritten** vorzugehen: Zunächst ist zu fragen, an welchem Ort der Cloud-Nutzer auf die Software in der Wolke zugegriffen hat. Sodann ist das Recht dieses Ortes heranzuziehen, um zu bestimmen, ob die Software dem urheberrechtlichen Schutz unterliegt, ob die Handlung des Nutzers eine urheberrechtliche Relevanz aufweist und ob sie ggf. aufgrund eines gesetzlichen Tatbestands oder einer Erlaubnis des Rechteinhabers gestattet ist.[144] 91

140 EuGH, Urt. v. 23.4.2009 – C-533/07 – NJW 2009, 1865 Rn 19 ff.; MüKo-ZPO/*Gottwald*, Art. 5 EuGVVO Rn 30.

141 Vgl. MüKo-ZPO/*Gottwald*, Art. 5 EuGVVO Rn 1. Zweifelnd Musielak/*Stadler*, Art. 5 VO (EG) 44/2001 Rn 1.

142 Ausführlich dazu *Giedke*, S. 251 f.

143 Vgl. *Nägele/Jacobs*, ZUM 2010, 281, 288 f.

144 Für die Anwendung des Schutzlandprinzips auch *Pohle/Ammann*, K&R 2009, 625, 630.

Beispiel
Ein US-amerikanischer Cloud-Anbieter stellt eine von ihm entwickelte Softwareumgebung weltweit zur Verfügung. Greifen Nutzer aus Deutschland, Russland und Griechenland zu, ist auch das Urheberrecht dieser Staaten für die Beurteilung der relevanten Handlungen der Nutzer heranzuziehen.
In Deutschland wird insbesondere diskutiert, ob der Zugriff auf ein Cloud-Angebot überhaupt eine urheberrechtlich relevante Handlung darstellt und – wenn ja – inwieweit § 44a UrhG oder § 69d Abs. 1 UrhG einschlägig sind.[145]

Praxistipp
Gerade in wirtschaftlich bedeutsamen Fällen der gewerblichen Cloud-Nutzung sollte sich der Nutzer – soweit möglich – bereits unter international-rechtlichen Gesichtspunkten vergewissern, ob und inwieweit der Anbieter die Nutzungsrechte an der zur Verfügung gestellten Software erworben hat und ob er diese Nutzungsrechte ggf. auch dem Cloud-Nutzer einräumen kann. Anderenfalls läuft er Gefahr, vom Softwarehersteller in Anspruch genommen zu werden.
Umgekehrt sollte sich der Anbieter ein einfaches Nutzungsrecht an Daten einräumen lassen, die der Nutzer in der Wolke speichert, um die den Cloud-Sachverhalten immanente Speicherung der Daten auf unterschiedlichen Servern zu gewährleisten (Speicherung als Vervielfältigungshandlung).[146]

92 Geht es um eine Streitigkeit im Zusammenhang mit der Rechteeinräumung, ist – wie beim Verhältnis zwischen dem Softwarehersteller und Cloud-Anbieter – entweder der Sitz des Beklagten (Art. 2 EuGVVO) oder der Staat, für den die Lizenz eingeräumt wurde (Art. 5 Nr. 1 lit. a EuGVVO – **Gerichtsstand des Erfüllungsortes**), maßgeblich (vgl. bereits oben Rn 89 f.).

IV. Urheberdeliktsrecht

1. Deliktsstatut

93 Geht es um **Verletzungen** des Urheberrechts an in der Cloud verwendeter Software, z.B. durch nicht lizenzierte Vervielfältigung oder Verwendung, wird im Geltungsbereich der Rom II-VO das anwendbare Urheberdeliktsrecht nach Maßgabe des Art. 8 Rom II-VO bestimmt. In Art. 8 Abs. 1 Rom II-VO hat der europäische Gesetzgeber das **Schutzlandprinzip** festgeschrieben, d.h. es ist das Urheberdeliktsrecht des Staates anwendbar, in dem die urheberrechtswidrige Nutzung der Software erfolgte.[147] Diese Folge kann gem. Art. 8 Abs. 3 Rom II-VO nicht durch eine (sonst nach Art. 14 Rom II-VO

145 Zur Diskussion vgl. etwa Leupold/Glossner/*von dem Bussche/Schelinski*, Teil 1 Rn 391; *Bisges*, MMR 2012, 574, 577 f.; *Lehmann/Giedke*, CR 2013, 681, 682 f.; *Nägele/Jacobs*, ZUM 2010, 281, 288 f.; *Niemann/Paul*, K&R 2009, 444, 448; *Pohle/Ammann*, K&R 2009, 625, 629; *Splittgerber/Rockstroh*, BB 2011, 2179 f.

146 Leupold/Glossner/*von dem Bussche/Schelinski*, Teil 1 Rn 390.

147 Leupold/Glossner/*Stögmüller*, Teil 6 Rn 344; *Giedke*, S. 288 ff., 301 ff.; *Lehmann/Giedke*, CR 2013, 681, 686; *Nägele/Jacobs*, ZUM 2010, 281, 284.

zulässige) Rechtswahl umgangen werden.[148] Auch sind keine Einschränkungen des Schutzlandprinzips vorzunehmen.[149]

Beispiel 1
Ein französischer Cloud-Anbieter richtet eine „Private Cloud“ für einen spanischen Kunden ein; die Server befinden sich ausschließlich in Spanien. Dabei stellt der Anbieter die Software eines deutschen Herstellers zur Verfügung, ohne sich ein Nutzungsrecht einräumen zu lassen. Es ist spanisches Urheberrecht anwendbar, Art. 8 Abs. 1 Rom II-VO.

Beispiel 2
Ein deutscher Anbieter einer „Public Cloud“ verwendet die Software eines belgischen Herstellers, wobei das Angebot in mehreren Sprachen – u.a. englisch, deutsch, französisch und spanisch– in Anspruch genommen werden kann und die Nutzer weltweit darauf zugreifen können. Da das Angebot wegen der Vielfalt der angebotenen Sprachversionen (insbesondere der Weltsprache Englisch) auf der ganzen Welt wahrgenommen werden kann, hat Art. 8 Abs. 1 Rom II-VO zur Folge, dass das Urheberdeliktsrecht eines jeden Staates zur Anwendung kommt, in dem die Software benutzt wird. Der belgische Softwarehersteller muss also darauf vorbereitet sein, dass er sich mit dem Urheberdeliktsrecht der deutsch-, französisch-, spanisch- und englischsprachigen Staaten auseinandersetzen muss, wenn er seine Ansprüche gegen den Anbieter und die Nutzer geltend machen will.

---

2. Gerichtsstand

Die **internationale** (und zugleich die **örtliche**) **Zuständigkeit** richtet sich nach Art. 5 Nr. 3 EuGVVO, d.h. es ist auf den **Erfolgs- und Handlungsort** abzustellen (vgl. bereits oben Rn 75 ff.). Da die Verletzung eines Urheberrechts in einer nicht legitimierten Handlung liegt,[150] ist im Rahmen des Art. 5 Nr. 3 EuGVVO der **Handlungsort** maßgeblich. Damit ist das Gericht des Ortes zuständig, an dem die in Anspruch genommene Person die **Verletzungshandlung** ausgeführt hat. Dagegen kommt der ausschließliche internationale Gerichtsstand nach Art. 22 Nr. 4 EuGVVO nicht in Betracht, denn diese Regelung bezieht sich nur auf Registerrechte, also gerade nicht auf das registerfreie Urheberrecht.[151] 94

Beispiel
Der Nutzer einer „Private Cloud“ hat seinen Sitz in Hamburg (Deutschland) und Zweigniederlassungen in Prag (Tschechien), Budapest (Ungarn) und Lissabon (Portugal). Die Mitarbeiter aller Niederlassungen benutzen bestimmte Module der durch den deutschen Cloud-Anbieter entwickelten Software, obwohl sie nach den Lizenzbestimmungen hierzu nicht ermächtigt sind. Aus datenschutzrechtlichen

---

148 Leupold/Glossner/*Stögmüller*, Teil 6 Rn 343; *Giedke*, S. 288; *Nägele/Jacobs*, ZUM 2010, 281, 284.
149 *Giedke*, S. 343 ff.; *Lehmann/Giedke*, CR 2013, 681, 687 f.
150 Vgl. dazu die anschaulichen Ausführungen von *Giedke*, S. 254 ff. und *Lehmann/Giedke*, CR 2013, 681, 684 f.
151 *Giedke*, S. 245; *Lehmann/Giedke*, CR 2013, 681, 684.

Gründen liegt die Cloud nur auf inländischen Servern in Deutschland ansässiger Subunternehmen. Der Anbieter kann gegen diese unberechtigte Nutzung in Deutschland, Tschechien, Ungarn und Portugal vorgehen (internationale Zuständigkeit), und zwar vor den Gerichten in Hamburg, Prag, Budapest und Lissabon (örtliche Zuständigkeit), Art. 5 Nr. 3 EuGVVO.

! **Exkurs**

Die **sachliche Zuständigkeit** richtet sich im obigen Fall nach dem jeweiligen **nationalen Zivilprozessrecht**. Nach Art. 8 Abs. 1 Rom II-VO ist das deutsche, tschechische, ungarische und portugiesische Urheberdeliktsrecht anwendbar. Ob die lizenzwidrige Softwarenutzung im jeweiligen Land eine Urheberrechtsverletzung darstellt, ist unabhängig von der Bestimmung des Gerichtsstands und des Deliktsstatuts zu ermitteln; das Bestehen eines Anspruchs wird nicht präjudiziert.

G. Readiness Check IPR

95 **Anwendbares Recht: Vertragsgestaltung aus Sicht des Cloud-Anbieters** ☑

- Was sind die Voraussetzungen wirksamer **Rechtswahlklauseln** für
  - Unternehmer;
  - Verbraucher
- in den Ländern, in denen ich als Cloud-Anbieter meine Leistungen anbiete? ☑
- Sind die rechtlichen Rahmenbedingungen solcher Rechtswahlklauseln unterschiedlich, wenn **Standardbedingungen (AGB)** verwendet werden gegenüber ausgehandelten Verträgen? ☑
- Unterliegt der Cloud-Anwender **Beschränkungen der Rechtswahlfreiheit**, die sich aus dem Recht seines Heimatlandes ergeben? ☑
- Besteht in der Wahl des Rechts eines **Drittstaates** eine rechtlich zulässige und inhaltlich attraktive Gestaltungsoption? ☑

Anwendbares Recht: Vertragsprüfung aus Sicht des gewerblichen Cloud-Nutzers ☑

- Enthält der Vertrag eine **Rechtswahlklausel**? ☑
- Ist das Recht eines **EU-Staates** oder eines **Drittstaates** gewählt? ☑
- Wenn ja, ist diese Rechtswahl günstig oder ungünstig für mich als Nutzer? ☑
- Ist diese **AGB** oder individuell ausgehandelt/verhandelbar? ☑
- Welchen **zwingenden** nationalen Vorschriften unterliege ich als Nutzer? ☑
- Liegt eine **Teilverweisung** oder eine **Vollverweisung** auf das jeweilige Recht vor? ☑
- Bestehen Anhaltspunkte für die **Unwirksamkeit** der Rechtswahlklausel (fehlender Auslandsbezug, überraschende oder intransparente Klausel)? ☑
- Falls keine Rechtswahlklausel: Bestehen Anhaltspunkte für eine **konkludente Rechtswahl** (Vertragssprache, Gerichtsstand, ergänzender Verweis auf lokales Recht)? ☑
- Falls nicht: Welcher Ort ist der Ort der **charakteristischen Leistung**? ☑
- Wo hat der Leistungserbringer seinen **gewöhnlichen Aufenthalt**?
- Welche Elemente **prägen** den Vertrag? ☑
- Hat das gesamte Leistungsgefüge trotz objektiver Anknüpfung gleichwohl einen eindeutig überwiegenden **Bezug** zu einem bestimmten Land und, wenn ja, aufgrund welcher Kriterien? ☑

Anwendbares Deliktsrecht	☑
– Welche Dateien sind betroffen?	
– Ist der **Schädiger bekannt**? Wenn ja: Lässt sich mit ihm eine Rechtswahl vereinbaren?	☑
– In welchen Staaten stehen die **Cloud-Server**, auf denen sich diese Dateien befanden?	☑
– Besteht eine **Vereinbarung** zwischen Cloud-Nutzer und -Anbieter über die **Serverstandorte**?	☑
– Welches **Vertragsstatut** gilt zwischen dem Cloud-Nutzer und -Anbieter?	☑
Gerichtsstand bei vertraglichen Ansprüchen	☑
– Hat eine Partei oder haben beide Parteien ihren Geschäftssitz in einem EU-Mitgliedstaat?	☑
– Ist der Cloud-Nutzer **Unternehmer** oder **Verbraucher**?	☑
– Gibt es eine **Gerichtsstandsvereinbarung**?	☑
– Wird der Vertrag in **Schriftform** oder **elektronischer Form** angeschlossen (Art. 23 EuGVVO)?	☑
– Gibt es **kollidierende AGB**, die zu einer „Neutralisierung" der Gerichtsstandsvereinbarungen führen?	☑
– Bei Verbraucherverträgen: Sind die Voraussetzungen der Art. 15 ff. EuGVVO erfüllt?	☑
– Bei Abwesenheit oder Unwirksamkeit einer Gerichtsstandsvereinbarung: Überwiegt der **Dienstleistungscharakter** des Vertrags?	☑
– Wenn ja (z.B. reine Supportleistung): An welchem Ort wird die Dienstleistung nach dem Willen der Parteien erbracht?	☑
– Wenn nein (typische Situation bei SaaS, PaaS und IaaS): Welche Leistung wird eingeklagt?	☑
– Zahlungspflicht: Wo liegt der **faktische Erfüllungsort** der Zahlungspflicht?	☑
– Cloud-Leistung: Wo liegt der **Erfüllungsort**?	☑
– Hat sich der Beklagte **rügelos eingelassen**?	☑
Gerichtsstand bei deliktischen Ansprüchen	☑
– Welche Dateien sind betroffen?	☑
– In welchen Staaten stehen die **Cloud-Server**, auf denen sich diese Dateien befanden?	☑
– Besteht eine **Vereinbarung** zwischen Cloud-Nutzer und Anbieter über die **Serverstandorte**?	☑
– Welcher dieser Staaten hat die aus meiner Sicht günstigste Rechtsordnung?	☑
– Hat sich der Beklagte **rügelos eingelassen**?	☑

Kapitel 8
Vertragsgestaltung

A. Einführung

1 Ein Kapitel über Vertragsgestaltung kann in einem Buch über Cloud Computing nicht fehlen. Die Vertragsgestaltung nimmt beim Cloud Computing jedoch einen **anderen Stellenwert** ein als beispielsweise bei großen Outsourcing- oder IT-Vorhaben. Während bei solchen Vorhaben typischerweise um jedes Wort und oft auch buchstäblich um jedes Satzzeichen gefeilscht wird, ist die Vertragsgestaltung beim Cloud Computing von **Standards** geprägt. Der Cloud-Anbieter bietet nicht nur seine standardisierte Leistung, sondern auch seinen standardisierten Vertrag an. Eine Vertragsverhandlung, die im Idealfall zu einem für beide Seiten passenden Vertrag führt, wird Seltenheitswert haben. Damit ist nicht gesagt, dass der Cloud-Anbieter die wirtschaftlichen Parameter nicht zur Disposition stellt und darüber auch verhandelt werden kann. Eine Verhandlung über das rechtliche Regelwerk insgesamt ist jedoch nur in Ausnahmefällen vorstellbar. Der Cloud-Anbieter wird womöglich einzelne Klauseln bewusst zur Verhandlung stellen, um zumindest insoweit einen individuell ausgehandelten Vertrag zu erreichen. Als Beispiel seien Haftungsregelungen genannt. Verhandlungen über das gesamte Vertragskonstrukt sind noch am ehesten möglich, wenn der Kunde eine Private Cloud wünscht. Dann ist der Unterschied zu einem klassischen Outsourcing-Vorhaben nicht mehr besonders groß und der Cloud-Kunde typischerweise in einer anderen Position als der Cloud-Kunde einer allgemein angebotenen Public Cloud.

2 Die Gestaltung eines Vertrags findet also in der Regel **im Vorhinein** statt, wenn der Cloud-Anbieter den Vertrag strukturiert und ausformuliert. Dabei wird es ihm insbesondere darum gehen, seinen Kunden gegenüber wirksame Regelungen vorzusehen. Das ist, jedenfalls wenn er deutsches Recht zugrunde legt, gar nicht so einfach. Schließlich ist die Vertragsfreiheit durch das Recht der Allgemeinen Geschäftsbedingungen erheblich eingeschränkt, und zwar nicht nur im Geschäftsverkehr mit Verbrauchern, sondern auch im Geschäftsverkehr zwischen Unternehmern. Dazu sogleich.

3 Auch der Cloud-Kunde sollte sich mit den rechtlichen Rahmenbedingungen der Vertragsgestaltung beschäftigen. Nur dann kann er die vom Cloud-Anbieter vorgegebenen Regelungen verstehen. Dieses Verständnis versetzt ihn in die Lage, auch wenn er nicht verhandeln kann, zumindest eine **Auswahlentscheidung** für den „richtigen" Cloud-Anbieter zu treffen. Jedenfalls bei standardisierten Leistungen, die heute von einer unüberschaubaren Zahl von Anbietern angeboten werden, hat er die Wahl. Seine Entscheidung sollte der Cloud-Kunde nicht alleine vom Preis abhängig machen, sondern auch von den angebotenen Vertragsbedingungen. Denn was nutzt

ein besonders günstiger Preis, wenn im Cloud Computing-Vertrag beispielsweise die Herausgabe der dem Cloud-Kunden zustehenden Daten nicht brauchbar geregelt ist?

Beim Cloud Computing gibt es eine Reihe **denkbarer Vertragsverhältnisse**. Zu nennen sind: 4
- Cloud-Anbieter und Cloud-Kunde;
- Cloud-Anbieter und Subunternehmer;
- Cloud-Anbieter und Vorlieferanten (Hardware, Software, Infrastruktur, Telekommunikationsleistungen etc.).

Die Übergänge zwischen Lieferant und Subunternehmer, der an der Leistung mitwirkt, sind fließend. Des Weiteren zu nennen sind:
- Cloud-Kunde und, wenn er es nicht selbst ist, Endkunde;
- Cloud-Kunde und Vorlieferant (Software, Content etc.).

Bereits die Vielzahl der Konstellationen zeigt, dass es **den** Cloud Computing-Vertrag 5 nicht geben kann. Auch innerhalb der Konstellationen gibt es bislang den Standardvertrag nicht, was nicht verwundert, da die verschiedenen Ausprägungen (Public, Private, Community, Hybrid) und Inhalte der Cloud-Angebote auch unterschiedliche Lösungen verlangen.

Im Folgenden geht es um die wesentlichen Regelungsbereiche in der **Konstel- 6 lation** Cloud-Anbieter und Cloud-(End-)Kunde. Die Erörterung erfolgt vor dem Hintergrund deutschen Rechts. Die Ausführungen können im Falle der Anwendbarkeit eines anderen Rechts als Checkliste und zur Plausibilisierung herangezogen werden. Sie können die Prüfung anhand des anwendbaren Rechts im Zweifelsfall nicht ersetzen.

B. Anwendbares Recht

Wirksamkeit und Reichweite der Regelungen eines Cloud-Vertrags hängen von dem 7 auf den Vertrag anwendbaren Recht ab. Gerade bei Cloud-Diensten, deren Internationalität geradezu in der Natur der Sache liegt, ist es keineswegs sicher, dass das wohlbekannte und vertraute Recht aus dem Land des jeweiligen Betrachters zur Anwendung kommt. Deshalb sollten sich die an einem Cloud-Vertrag Beteiligten **im Vorfeld** darüber im Klaren sein, welches Recht zur Anwendung kommt (zu den Einzelheiten vgl. Kap. 7).

I. Rechtswahl

Checkliste
Gesetzliche Ausgangslage:
- Rechtswahl ist zulässig
- Rom I-VO

Regelungsmöglichkeit:
- Rechtswahl, insbesondere bei grenzüberschreitenden Vertragsbeziehungen

Einschränkungen durch AGB-Recht:
- kein Klauselverbot
- muss transparent sein

8 Grundsätzlich steht es den Parteien offen, das Recht **selbst zu bestimmen**, dem der zwischen ihnen abgeschlossene Vertrag unterliegen soll.[1] Die Zulässigkeit der Rechtswahl und deren Grenzen bestimmen sich nach dem anwendbaren Internationalen Privatrecht. Das ist in der Regel das in dem Staat geltende internationale Privatrecht, in dem ein entsprechender Rechtsstreit geführt wird.

9 Innerhalb der EU ist das Internationale Privatrecht im Wesentlichen harmonisiert und in den sog. Rom-Verordnungen geregelt. Für vertragliche Sachverhalte gilt die **Rom I-Verordnung** (im Folgenden: Rom I-VO). Die freie Rechtswahl ist hier in Art. 3 Abs. 1 Rom I-VO verankert. Sie kann durch eine ausdrückliche Vereinbarung, aber auch konkludent erfolgen. Die freie Rechtswahl ist nur insoweit beschränkt, als sie zu einer Umgehung ansonsten zwingend geltenden Rechts führen würde (Art. 3 Abs. 3 Rom I-VO für innergemeinschaftliche Sachverhalte, Art. 3 Abs. 4 Rom I-VO für Drittstaaten betreffende Sachverhalte sowie Art. 9 Rom I-VO für sog. Eingriffsnormen). Auch in Verträgen zwischen Unternehmern und Verbrauchern ist eine Rechtswahl nach den in Art. 3 Rom I-VO niedergelegten Grundsätzen möglich. Die Rechtswahl darf allerdings nicht zum Entzug des Schutzes zwingender Verbraucherschutzvorschriften des Staates führen, in dem der Verbraucher seinen gewöhnlichen Aufenthalt hat (Art. 6 Abs. 2 Rom I-VO).

10 Eine wirksame Rechtswahl kann aus der Sicht des deutschen Rechts auch in **Allgemeinen Geschäftsbedingungen** erfolgen.[2] Das ist auch bei mit **Verbrauchern** abgeschlossenen Verträgen der Fall.[3] Voraussetzung ist lediglich, dass die Rechtswahl klar und deutlich und für den Vertragspartner nicht überraschend ist (§ 305c Abs. 1 BGB). Überraschend kann eine Rechtswahlklausel insbesondere dann sein, wenn das gewählte Recht keinerlei Bezug zu den Vertragspartnern und/oder dem Ort der Leistung aufweist.[4]

---

1 Vgl. Kap. 7 Rn 8 ff., 19 ff., 39 f.
2 BGHZ 123, 380, 383; siehe auch *v. Westphalen/Thüsing*, Rechtswahlklauseln Rn 6.
3 MüKo-BGB/*Spellenberg*, Art. 10 Rom I-VO Rn 170 ff.
4 MüKo-ZPO/*Patzina*, § 38 Rn 22 m.w.N.

Praxistipp
Überraschungen kann der Verwender von AGB dadurch vermeiden, dass er die Rechtswahlklausel an der Stelle im Aufbau des Vertrags platziert, an der sie typischerweise erwartet wird. Gegebenenfalls kann auch eine Hervorhebung helfen.

Das wird bei einem klar aufgebauten Vertrag allerdings in der Regel nicht erforderlich sein. In deutschen Verträgen findet sich die Rechtswahlklausel typischerweise am Ende. Denkbar wäre auch eine Platzierung am Anfang des Vertrags. Unklarheiten lassen sich durch klare, prägnante und kurze Formulierungen vermeiden. 11

Praxistipp
Sollen Teile eines Vertrags ausnahmsweise einem anderen Recht unterstellt werden als der Rest des Vertrags, sollte das auch in der allgemeinen Rechtswahlklausel ausdrücklich erwähnt werden, auch wenn für die ausgenommenen Teile eine Rechtswahl explizit vorgenommen wird.

II. Mangels Rechtswahl anwendbares Recht

Checkliste
Gesetzliche Ausgangslage:
- Rom I-VO

Regelungsmöglichkeit:
- besteht (s.o.), jedoch keine Regelung getroffen

Einschränkungen durch AGB-Recht:
- entfällt

Für den Fall, dass der Vertrag **keine Rechtswahl** vorsieht, enthält die Rom I-VO Regelungen für die Bestimmung des anwendbaren Rechts.[5] Sofern der betreffende Vertrag nicht einer der Spezialregelungen nach Art. 5 bis 8 Rom I-VO unterfällt, erfolgt die Bestimmung des anwendbaren Rechts 12
- anhand eines Katalogs von Vertragstypen (Art. 4 Abs. 1 Rom I-VO),
- anhand der vertragscharakteristischen Leistung, wenn der Vertragstyp nicht aufgezählt ist oder der Vertrag Elemente mehrerer Typen enthält (Art. 4 Abs. 2 Rom I-VO) oder
- anhand der engsten Verbindung zu einem Staat, wenn die Bestimmung weder anhand des Vertragstyps noch anhand der vertragscharakteristischen Leistung möglich ist (Art. 4 Abs. 4 Rom I-VO).

5 Vgl. Kap. 7 Rn 15 ff., 32 ff., 41 ff.

13 Darüber hinaus enthält die Verordnung ein **Korrektiv** für das so bestimmte anwendbare Recht. Wenn der Vertrag eine offensichtlich engere Verbindung zu einem anderen Staat als dem nach dem Vertragstyp oder der vertragscharakteristischen Leistung bestimmten Staat hat, findet das Recht dieses anderen Staates Anwendung (Art. 4 Abs. 3 Rom I-VO).

14 Die Spezialregelungen nach Art. 5 bis 8 Rom I-VO sind mit Ausnahme von Art. 6 Rom I-VO für Cloud-Angebote nicht einschlägig. Jedenfalls bislang ist es Cloud-Anbietern noch nicht gelungen, Beförderungsleistungen (Art. 5 Rom I-VO), Versicherungen (Art. 7 Rom I-VO) oder individuelle Arbeitsleistungen (Art. 8 Rom I-VO) als Cloud-Dienste in dem hier verstandenen Sinne anzubieten.

15 Art. 6 Rom I-VO sieht für Verträge zwischen **Verbrauchern** und Unternehmern vor, dass mangels Rechtswahl das Recht des Staates gilt, in dem der Verbraucher seinen gewöhnlichen Aufenthalt hat, wenn der Unternehmer in diesem Staat tätig wird oder seine Tätigkeit zumindest auch auf diesen Staat ausgerichtet hat. Cloud-Angebote, die ein Verbraucher wahrnimmt, werden in aller Regel solche sein, die sich an Kunden weltweit richten. Deshalb kann der Cloud-Anbieter, der mit Verbrauchern Verträge ohne Rechtswahl abschließt, ohne Weiteres davon ausgehen, dass stets das Recht des Staates zur Anwendung kommt, in dem der Verbraucher seinen gewöhnlichen Aufenthalt hat.

16 Die Bestimmung des anwendbaren Rechts anhand der von der Rom I-VO aufgestellten Kriterien birgt trotz der recht eingängigen Regelungen **Unwägbarkeiten**.

17 Die Bestimmung des anwendbaren Rechts anhand der Vertragstypen erscheint noch recht einfach. Dabei ist zu beachten, dass die in der Rom I-VO genannten Vertragstypen nicht mit der deutschen zivilrechtlichen Begrifflichkeit identisch sind. Vielmehr handelt es sich um eigenständige **europarechtliche Rechtsbegriffe**, die nicht vollständig mit der deutschen Vertragstypologie übereinstimmen.[6] Das erspart dem Rechtsanwender allerdings bei der Frage des anwendbaren Rechts vielfach die Zuordnung des Cloud Computing-Vertrags zu einem spezifischen Vertragstyp nach deutschem Recht oder auch die Entscheidung, welche Anteile beim sog. typengemischten Vertrag für die Bestimmung des anwendbaren Rechts maßgeblich sein sollen. Denn der europarechtliche Begriff des Dienstleistungsvertrags ist sehr weit. Er umfasst alle auf eine Tätigkeit gerichteten Verträge. Deshalb unterfallen Dienst- und Werkverträge, Aufträge und Geschäftsbesorgungsverträge nach deutschem Recht dem Dienstleistungsvertrag im europäischen Sinne.[7] Auf Dienstleistungsverträge ist nach Art. 4 Abs. 1 lit. b Rom I-VO das Recht des Staates anwendbar, in dem der Dienstleister seinen gewöhnlichen Aufenthalt hat. Auch SaaS-Verträge, die nach dem Verständnis des BGH unter deutschem Recht als Mietverträge anzusehen sein dürften,[8]

---

6 Palandt/*Thorn*, Rom I Art. 4 Rn 4.

7 Palandt/*Thorn*, Rom I Art. 4 Rn 8 ff.

8 So BGH, Urt. v. 15.11.2006 – XII 120/04 – K&R 2007, 91 zum ASP; siehe auch Rn 30 ff.

dürften unter den europäischen Begriff einer Dienstleistung fallen, sodass auch insoweit Art. 4 Abs. 1 lit. b Rom I-VO anwendbar sein sollte.[9]

Die Bestimmung des anwendbaren Rechts anhand der **vertragscharakteristischen Leistung** wird dagegen oft nur schwer und nicht ohne Konflikt möglich sein. Das Gleiche gilt für die Bestimmung anhand einer offensichtlich engeren Verbindung zu einem anderen Staat. 18

Praxistipp !

Auch wenn sich nach der Rom I-Verordnung auch ohne Rechtswahl immer das anwendbare Recht bestimmen lässt, sollten die Parteien eines Cloud-Vertrags eine Rechtswahl treffen. Nur so lässt sich von vornherein weitgehende Sicherheit über das anwendbare Recht gewinnen.

Die Empfehlung zur Rechtswahl gilt auch für Ansprüche des Kunden gegen den Anbieter aus **unerlaubter Handlung**. Stammen Anbieter und Kunde aus unterschiedlichen Ländern, so findet grundsätzlich das Recht des Staates Anwendung, in dem der Schaden eingetreten ist (Art. 4 Abs. 1 Rom II-VO bei innergemeinschaftlichen Sachverhalten und Art. 40 EGBGB bei Drittstaatenbezug). Das kann nach der sog. Mosaik-Betrachtung schwer zu bestimmen sein, wenn entweder der Speicherort nicht nachvollziehbar ist oder wenn die Daten in verschiedenen Ländern beschädigt wurden.[10] In der Literatur wird daher zu Recht vorgeschlagen, bei Cloud-Sachverhalten hinsichtlich unerlaubter Handlungen dasjenige Recht anzuwenden, das auch für die vertraglichen Ansprüche der Parteien gilt.[11] Diese Möglichkeit eröffnen Art. 4 Abs. 3 Rom II-VO sowie Art. 41 Abs. 2 Nr. 1 EGBGB bei Drittstaatenbezug. Um Unsicherheiten, welches Recht zur Anwendung gelangt, vorzubeugen, sollte von der jedenfalls im Unternehmensverkehr zulässigen Rechtswahl auch für mögliche deliktische Ansprüche (Art. 14 Abs. 1 lit. b Rom II-VO) Gebrauch gemacht werden. Eine solche vorsorgliche Rechtswahl ist allerdings nur im Anwendungsbereich der Rom II-VO möglich; bei Drittstaatenbezug ist lediglich eine nachträgliche Rechtswahl möglich, wie sich aus Art. 42 EGBGB ergibt. 19

III. Fokus der Darstellung – Andere Rechtsordnungen

Die Möglichkeiten der Rechtswahl und zur Bestimmung des mangels Rechtswahl anwendbaren Rechts anhand der von den Rom-Verordnungen aufgestellten Kriterien zeigen, dass grundsätzlich das Recht eines jeden beliebigen Staates zur Anwendung kommen kann. Der Versuch einer umfassenden Darstellung würde den Rahmen 20

---

9 Siehe zum Vorstehenden Leupold/Glossner/*Stogmüller*, Teil 6 Rn 359 ff.

10 Lehmann/Meents/*Meents*, Kap. 7 Rn 264.

11 Leupold/Glossner/*Stogmüller*, Teil 6 Rn 365; *Nordmeier*, MMR 2010, 151, 156.

dieses Kapitels sprengen. Deshalb beschränken wir uns im Folgenden auf die Darstellung des deutschen Rechts. Hinsichtlich anderer Rechtsordnungen sei nur so viel gesagt: In der EU ist vieles, aber **nicht alles harmonisiert**. Selbst in den harmonisierten Bereichen können, wenn die Harmonisierung auf einer Richtlinie beruht, die Umsetzungen in nationales Recht erheblich voneinander abweichen.

! **Praxistipp**
Beim Abschluss eines Vertrags sollten die Vertragsparteien ungeachtet der Rechtslage in Deutschland im Zweifel davon ausgehen, dass die im Vertrag getroffenen Regelungen im Rahmen des anwendbaren Rechts wirksam und auch durchsetzbar sind. Eine Vertragspartei sollte von einem Vertragsabschluss absehen, wenn die Risikoverteilung den eigenen Vorstellungen nicht entspricht. Dasselbe gilt, wenn wesentliche Bereiche, für die die Vertragspartei Regelungen erwartet, ungeregelt sind; es sei denn, die zweifelnde Vertragspartei kann aus zuverlässigen Quellen (z.B. konkreter Rechtsrat) entnehmen, was in diesem Bereich mangels Regelung gilt.

C. Vertragsstruktur/Zahl der Vertragspartner

21 Auch wenn das Bild der Wolke eine amorphe Struktur nahelegt, also eine Struktur, in der jeder Beteiligte mit jedem anderen Beteiligten in Beziehung steht und nicht immer klar ist, zwischen welchen Beteiligten Verträge geschlossen sind, liegen die Verhältnisse aus rechtlicher Sicht viel einfacher. Die für die Leistungen maßgeblichen Verträge schließt der Cloud-Kunde nicht etwa mit einem unbekannten Kreis nicht identifizierter Anbieter der von ihm nachgefragten Leistungen ab. Er schließt vielmehr **bilaterale Verträge** mit einem oder mehreren Vertragspartnern ab – Generalunternehmermodell oder Multi-Vendor-Modell.

22 Die Wahl des für den Cloud-Kunden geeigneten Modells hängt im Wesentlichen davon ab, ob er Cloud-Leistungen nur eines Cloud-Anbieters oder die Cloud-Leistungen unterschiedlicher Anbieter beziehen möchte. Beansprucht der Cloud-Kunde nur Leistungen aus dem Portfolio eines Cloud-Anbieters, wird er nur mit ihm in Vertragsbeziehungen treten. Bei diesem als „Single Point of Contact“ bezeichneten Geschäftsmodell bietet der Cloud-Anbieter den Kunden neben eigenen Produkten gegebenenfalls auch von den Kunden nachgefragte Cloud-Leistungen Dritter an. Dabei kontrahiert der Cloud-Kunde ausschließlich mit **einem Cloud-Anbieter** und erhält alle Leistungen – vertraglich gesehen – aus einer Hand. Dritte werden gegebenenfalls als Subunternehmer des Cloud-Anbieters tätig.

23 Möchte der Cloud-Kunde weitere, vom Cloud-Anbieter möglicherweise nicht angebotene Leistungen Dritter beziehen, kann er als Alternativmodell eine sog. Multi-Vendor-Strategie verfolgen. In diesem Fall tritt er nicht ausschließlich einem einzigen als Generalunternehmer agierenden Geschäftspartner gegenüber, sondern schließt separate Verträge mit jedem einzelnen Anbieter über die von ihm benötigten Cloud-Leistungen.

I. Single Point of Contact oder Multi-Vendor-Strategie

Das Generalunternehmermodell bringt einige rechtliche Vorteile mit sich.[12] Zum einen gestaltet es sich **weniger komplex** als eine Multi-Vendor-Strategie. Zum anderen entfällt das Risiko mangelnder Kompatibilität mehrerer Verträge. Ferner ist eine einfachere Absicherung regulatorischer Vorgaben genauso möglich wie die leichtere Feststellbarkeit der Verantwortlichkeiten im Falle einer Schlechtleistung. 24

Durch die Aufteilung der Leistung auf mehrere Cloud-Anbieter gewinnt der Kunde hingegen **Flexibilität**. Des Weiteren hat eine solche Vorgehensweise die Verringerung der Abhängigkeit von einem einzigen Anbieter zur Folge. 25

II. Einzelner Vertrag oder Rahmenvertrag

Sofern der Cloud-Kunde in den Beziehungen mit dem Cloud-Anbieter einen „gestalterischen Freiraum" hat, gilt es abzuklären, ob ein einzelner Vertrag für sämtliche Leistungen des Cloud-Anbieters oder ein Rahmenvertrag mit einzelnen Verträgen für die jeweiligen Leistungen geschlossen werden soll. 26

Diese Entscheidung kann weitreichende Folgen haben, insbesondere bei den Kündigungsmöglichkeiten oder der Wirkung einer Haftungsbegrenzung. 27

Die **Kündigung** eines unter einem Rahmenvertrag abgeschlossenen Einzelvertrags berührt grundsätzlich weder den Rahmenvertrag noch die anderen Einzelverträge. Etwas anderes kann sich nur ganz ausnahmsweise aus dem Wegfall der Geschäftsgrundlage gem. § 313 BGB ergeben.[13] Dementsprechend ist in diesem Punkt ein einzelner Vertrag für den Cloud-Kunden sinnvoller, da er sich im Falle von Leistungsstörungen leichter von dem Cloud-Anbieter lösen kann. 28

Nicht nur bei Cloud-Verträgen wird die Höhe des **Schadensersatzes** oder einer Vertragsstrafe, sofern eine solche überhaupt vereinbart ist, in der Regel am gesamten Vertragsvolumen bemessen.[14] 29

D. Vertragstypologische Einordnung von Cloud Computing-Verträgen

Die vertragstypologische Einordnung von Cloud Computing-Verträgen ist erforderlich, auch wenn die Verträge sehr umfangreich sind und zu vielen Fragestellungen Regelungen enthalten. Zum einen kommen die **gesetzlichen Regelungen** zu bestimmten 30

12 Vgl. *Niemann/Paul*, K&R 2009, 444, 446.
13 *Mann*, MMR 2012, 499, 500.
14 Vgl. *Mann*, MMR 2012, 499, 500.

Vertragstypen zur Anwendung, sofern ein Vertrag zu einzelnen Regelungsbereichen (doch) keine oder unwirksame Regelungen enthält. Zum anderen bedarf die Beurteilung, ob Regelungen in einem Vertrag mit dem Recht der Allgemeinen Geschäftsbedingungen vereinbar sind, der Feststellung, ob und gegebenenfalls welchem gesetzlichen Vertragstyp die Vereinbarung entspricht.

31 Die Einordnung der Cloud-Angebote unter bestimmte Vertragstypen fällt nicht leicht. Häufig werden die einzelnen Leistungsbestandteile eines Cloud-Dienstes unterschiedlichen Vertragstypen zuzuordnen sein. Das führt dazu, dass ein sog. **Typenkombinationsvertrag** (oder „typengemischter Vertrag") vorliegt.[15] In der Praxis gestaltet es sich bei einem solchen gemischten Vertrag schwierig, den für die AGB-rechtliche Beurteilung maßgeblichen Vertragstyp zu bestimmen.

32 Bei Typenkombinationsverträgen bieten sich zwei verschiedene Herangehensweisen an: Entweder wird der Schwerpunkt des Vertrags bestimmt und der Vertrag insgesamt einem Vertragstyp des Besonderen Schuldrechts zugeordnet. Die Regelungen für diesen Vertragstyp werden sodann auf den gesamten Vertrag angewendet; oder die Teilleistungen werden isoliert betrachtet und einzeln Vertragstypen zugeordnet. Bei Cloud-Diensten wird häufig aufgrund der Verschiedenartigkeit der Teilleistungen eine einheitliche Einordnung des Vertrags nach der prägenden Leistung nicht sinnvoll möglich sein,[16] wobei auch Konstellationen denkbar sind, bei denen sich die geschuldete Leistung vollständig einem konkreten Vertragstyp zuordnen lässt. In der Regel ist es aber sachgerecht, die Leistungen **gedanklich aufzuspalten** und für jede Leistung die Vorschriften des entsprechenden Vertragstyps heranzuziehen.[17]

33 Die typischen Cloud-Angebote können Elemente von **Miet-, Dienst- und Werkverträgen** enthalten. Über die Einordnung besteht in vielen Fällen keine Einigkeit. Sie ist anhand der konkret vereinbarten Leistung zu entscheiden, sodass die folgende Einstufung nur als Orientierung dienen kann:

34
- SaaS:
- Miete
  - Bereitstellung und Nutzung der Software – nach höchstrichterlicher Rechtsprechung zu ASP (Application Service Providing)[18] muss davon ausgegangen werden, dass die Überlassung von Anwendungssoftware an den Kunden als Miete zu qualifizieren ist, auch wenn dies im Wege von SaaS geschieht.
  - Speicherkapazität[19]
- Dienst

15 Wiebe/Taeger/*Preuß*, S. 181, 183; *Niemann/Paul*, K&R 2009, 444, 447.
16 *Niemann/Paul*, K&R 2009, 444, 447.
17 *Palandt/Grüneberg*, vor § 311 Rn 25 m.w.N.
18 BGH, Urt. v. 15.11.2006 – XII 120/04 – K&R 2007, 91.
19 Bräutigam/*Grapentin*, S. 177, 191.

  - Unterstützungsleistungen[20]
- Werk
  - Anpassungsleistungen („Customization“)
  - Datensicherung, sofern den Cloud-Anbieter die Verpflichtung trifft, Daten des Cloud-Kunden zu sichern
  - Datenmigration, wenn nicht nur die bloße Unterstützung geschuldet ist

IaaS: 35
- Miete
  - Speicherkapazität
  - Server
  - Hardwarekomponenten
- Dienst
  - Bereitstellen einer bestimmten Bandbreite, sofern dies als eigenständige Leistung geschuldet ist
  - Unterstützungsleistungen
- Werk
  - Datensicherung
  - Installation
  - Datenmigration

PaaS: 36
- Miete
  - Speicherkapazität
  - Bereitstellung und Nutzung von Entwicklungssoftware
  - Bereitstellung und Nutzung von Programmiersprachen
- Dienst
  - Unterstützungsleistungen
  - Pflege der von den Kunden auf der Plattform eingestellten Software
- Werk
  - Datensicherung
  - Installation

E. Allgemeine Geschäftsbedingungen

Im Bereich des Cloud Computing stellen die vertraglichen Regelungen in einer Vielzahl der Fälle Allgemeine Geschäftsbedingungen (AGB) i.S.d. §§ 305 ff. BGB dar. Das AGB-Recht schränkt die allgemeine Vertragsfreiheit insofern ein, als AGB einer 37

20 *Niemann/Paul*, K&R 2009, 444, 447.

Inhaltskontrolle unterliegen. Dies hat sowohl für Verwender der AGB als auch für deren Vertragspartner Konsequenzen. Der Verwender von AGB begibt sich mit der Verwendung von AGB auf „vermintes Terrain“, das es durch geschickte Vertragsgestaltung sicher zu durchschreiten gilt.

38 Dies gilt nicht nur für die Verwendung von AGB gegenüber Verbrauchern, sondern auch gegenüber anderen **Unternehmern**. Obwohl die Klauselverbote nach § 308 und § 309 BGB im Rechtsverkehr zwischen Unternehmern gem. § 310 Abs. 1 BGB keine Anwendung finden, legen die Gerichte im Rahmen der Inhaltskontrolle nach § 307 BGB auch an zwischen Unternehmern vereinbarte AGB **nahezu dieselben Maßstäbe** an. Ungeachtet der teilweise harschen Kritik an dieser Praxis verschwimmen die Grenzen zunehmend.[21] Deshalb gilt auch bei Verträgen zwischen Unternehmen: Weichen die vorgegebenen Bestimmungen zu weit vom gesetzlichen Leitbild ab, sind sie unwirksam. Hierauf hat sich der Verwender von AGB einzustellen.

39 An die Stelle einer solchen unwirksamen Regelung tritt automatisch die gesetzliche Regelung (§ 306 Abs. 2 BGB). Die entsprechende Regelung wird nicht im gerade noch zulässigen Maß aufrechterhalten; eine sog. geltungserhaltende Reduktion findet nicht statt.[22]

40 Im für den Verwender schlimmsten Fall kann die aufgrund eines Verstoßes gegen AGB-rechtliche Verbote unwirksame einzelne Bestimmung innerhalb eines Regelungskomplexes zur **Unwirksamkeit** der ganzen Klausel führen. So kann es beispielsweise passieren, dass aufgrund einer einzelnen unzulässigen Haftungsregelung die gesamte Haftungsbeschränkung hinfällig ist. Das hätte zur Konsequenz, dass der Verwender nach den gesetzlichen Regelungen haftet und damit die ursprüngliche Risikobewertung hinfällig wird.

! **Praxistipp**
Nicht nur aus diesem Grund, sondern auch wegen der potenziellen Gefahr von Abmahnungen und Unterlassungsklagen durch Verbraucherverbände (sofern sich die Leistungen an Verbraucher richten; vgl. § 1 UKlaG), sollte auf dem AGB-Recht ein besonderes Augenmerk bei der Vertragsgestaltung liegen. Nachfolgend kann nur auf die wichtigsten Klauseln und die mit ihnen verbundenen Stolpersteine eingegangen werden. Zu weiteren Klauseln, die auch in Cloud-Verträgen durchaus üblich sind, wird auf die allgemeine Literatur zum AGB-Recht verwiesen.

I. Standardisierte Verträge beim Cloud Computing

41 Im Bereich des Cloud Computing verwenden die Cloud-Anbieter meist **standardisierte Verträge**, die sie einer Vielzahl von Kunden gegenüber nutzen. Ausnahmen

---

21 Vgl. zum Meinungsstand *v. Westphalen*, NJW 2009, 2977.
22 Palandt/*Grüneberg*, § 306 Rn 6 m.z.N.

kann es dort geben, wo ein Cloud-Anbieter primär für einen Kunden tätig wird und etwa eine Private Cloud zur Verfügung stellt. Zudem kann die Verhandlungsmacht eines größeren Unternehmens zu einer individuellen Aushandlung des Vertrags oder von Teilen davon führen, sodass in diesen Fällen keine AGB vorliegen. An dieser Stelle sei aber darauf hingewiesen, dass der Cloud-Kunde mit dem Verzicht auf Standards Gefahr läuft, einen Teil der erhofften Effizienzen wieder zu verlieren. Hier lassen sich durchaus Parallelen zum klassischen Outsourcing ziehen. Führt das Ergebnis einer gegebenenfalls langwierigen Verhandlung oder die Verhandlung als solche zu einem Mehraufwand aufseiten des Cloud-Anbieters, macht sich dies möglicherweise auch in der veranschlagten Vergütung bemerkbar.

Bei standardisierten Verträgen handelt es sich **stets um AGB**. AGB liegen nach 42
der gesetzlichen Definition immer dann vor, wenn es sich um für eine Vielzahl von Verträgen vorformulierte Vertragsbedingungen handelt, die eine Vertragspartei der anderen Vertragspartei gegenüber bei Abschluss des Vertrags stellt (§ 305 Abs. 1 BGB). Dabei ist es gleichgültig, ob diese Vertragsbedingungen Bestandteil eines Hauptvertrags oder etwa Gegenstand eines separaten Dokuments sind.

Fettnapf !

Nicht nur die im Geschäftsverkehr für eine Vielzahl von Geschäften standardmäßig verwendeten und oft auch ausdrücklich als solche bezeichneten Allgemeinen Geschäftsbedingungen (der „Beipackzettel“ zum eigentlichen Vertrag) sind AGB im Sinne des Gesetzes. Vielmehr sind alle vorformulierten Texte mit regelndem Inhalt, die zum Bestandteil der Vertragsdokumentation werden, AGB. Eine AGB-Prüfung darf sich nicht auf den als solchen bezeichneten Vertragstext beschränken.

AGB liegen nicht vor, soweit die Vertragsbedingungen „im Einzelnen ausgehan- 43
delt sind“ (§ 305 Abs. 1 S. 3 BGB). Nach ständiger Rechtsprechung des BGH setzt ein „**Aushandeln**“ mehr als ein bloßes „Verhandeln“ voraus. Der Verwender muss die in seinen AGB enthaltenen Abweichungen von der gesetzlichen Grundregel inhaltlich ernsthaft zur Disposition stellen und dem Verhandlungspartner Gestaltungsfreiheit zur Wahrung eigener Interessen einräumen; der Vertragspartner muss die reale Möglichkeit erhalten, den Inhalt der Vertragsbedingungen zu beeinflussen.[23] Ein bloßes inhaltliches Erörtern oder Erläutern genügt diesen Kriterien nicht. Räumt der Verwender dem Vertragspartner hingegen einen Entscheidungsspielraum ein, innerhalb dessen er eigene Ergänzungen vornehmen kann, spricht dies für ein Aushandeln. Der BGH fordert, dass der Vertragspartner sich deutlich und ernsthaft zur gewünschten Änderung einzelner Klauseln bereit erklärt, was sich in aller Regel (erst) in erkennbaren Änderungen des vorformulierten Textes niederschlägt.[24]

23 BGH, Urt. v. 19.5.2005 – III ZR 437/04 –.
24 BGH, Urt. v. 3.11.1999 – VIII ZR 269/98 –.

44 Die bloße Möglichkeit der **Auswahl** zwischen alternativen Klauseln hebt die AGB-Eigenschaft nicht zwingend auf, ist jedoch ein Indiz dafür. Der BGH verlangt darüber hinausgehend, dass dem Gegenüber sogar die Möglichkeit eingeräumt werden muss, auch eigene Formulierungsvorschläge einzubringen.[25] Das ist jedenfalls für den unternehmerischen Verkehr überzogen.

! **Praxistipp**
Um ein individuelles Aushandeln einzelner Bestimmungen im Ernstfall auch nachweisen zu können, sollte der Verwender der ansonsten vorformulierten Texte die Vertragsverhandlungen lückenlos dokumentieren.

II. Kontrollfreier Raum

45 Nicht alle Regelungen innerhalb eines Vertrags unterliegen der Inhaltskontrolle, selbst wenn sie vom Verwender vorgegeben werden. In diesen **„kontrollfreien" Raum** fallen diejenigen Abreden, die unmittelbar die vertraglichen Hauptleistungspflichten beschreiben und weder von Rechtsvorschriften abweichen, noch diese ergänzen (§ 307 Abs. 3 S. 1 BGB). Dies sind insbesondere die **Leistungsbeschreibung**, die Art, Umfang und Güte der Hauptleistung festlegt, sowie die Vereinbarung über **Art und Umfang der Vergütung**.[26]

46 Leistungsbeschreibungen sind jedoch nicht in jedem Fall der AGB-Kontrolle entzogen. Insoweit ist große Vorsicht geboten. Eine Inhaltskontrolle findet dann statt, wenn die Hauptleistung durch die Klausel über die gesetzlichen Vorgaben hinaus oder entgegen dem Grundsatz von Treu und Glauben eingeschränkt, ausgestaltet oder modifiziert wird. Nach dem BGH ist letztlich nur der **enge Bereich** der Leistungsbezeichnungen der Inhaltskontrolle entzogen, ohne die mangels Bestimmtheit oder Bestimmbarkeit des wesentlichen Vertragsinhalts ein wirksamer Vertrag nicht mehr angenommen werden kann.[27]

47 Wird also vereinbart, dass die Leistung **abweichend vom gesetzlichen Leitbild** oder dem nach Treu und Glauben zu Erwartenden eingeschränkt wird, kann dies oft faktisch eine Einschränkung der Verantwortlichkeit des Verwenders der AGB darstellen. Rechtlich gesehen ist dies nichts anderes als die Einschränkung der Gewährleistung und/oder Haftung. Solche Regelungen müssen sich deshalb – auch wenn sie als Leistungsbeschreibung aufgefasst werden können – an den AGB-rechtlichen Vorgaben zu Klauselverboten (etwa § 309 Nr. 5 BGB) oder im unternehmerischen Verkehr an § 307 BGB (unangemessene Benachteiligung) messen lassen.

25 BGH, Urt. v. 17.2.2010 – VIII ZR 67/09 – Rn 18.
26 BGH, Urt. v. 29.4.2010 – Xa ZR 5/09 – Rn 20.
27 BGH, Urt. v. 29.4.2010 – Xa ZR 5/09 – Rn 20.

III. Individualverträge beim Cloud Computing

Neben den standardisierten Angeboten kann es selbstverständlich auch individuell verhandelte Cloud Computing-Verträge geben. Solche **Individualverträge** wird es insbesondere geben, wenn der Cloud-Kunde als größeres Unternehmen eine gewisse Marktposition und damit auch ein gewisses Verhandlungsgewicht hat, oder wenn der Cloud-Anbieter für einen Kunden bestimmte Sonderleistungen erbringt. Zwar sind individuell ausgehandelte Regelungen grundsätzlich wirksam und müssen sich nicht am engen Korsett des AGB-Rechts messen lassen. Aber selbst in individuell verhandelten Verträgen können Klauseln, die die Parteien nicht ernsthaft verhandelt haben, nach den oben genannten Kriterien AGB darstellen. In diesem Falle wäre der Vertrag insoweit der Inhaltskontrolle nach §§ 307 ff. BGB nicht entzogen. 48

IV. Bedeutung der vertragstypologischen Einordnung bei der Gestaltung von Cloud Computing-Verträgen

Nur auf der Basis einer vertragstypologischen Zuordnung[28] ist die Beurteilung möglich, ob eine unangemessene Benachteiligung des Vertragspartners vorliegt. Der Vertragspartner wird unangemessen benachteiligt, wenn eine Bestimmung der AGB mit den wesentlichen Grundgedanken der gesetzlichen Regelung nicht zu vereinbaren ist oder die sich aus der Natur des Vertrags ergebenden wesentlichen Rechte oder Pflichten so einschränkt, dass die Erreichung des Vertragszwecks gefährdet ist (§ 307 Abs. 2 BGB). Diese Beurteilung richtet sich bei typisierten Verträgen nach den für den jeweiligen Vertragstyp vorgesehenen gesetzlichen Regelungen. Auch die in §§ 308 und 309 BGB vorgesehenen Klauselverbote knüpfen z.T. an die Vertragstypen an. 49

Vor diesem Hintergrund erfordert eine **rechtssichere Gestaltung** der AGB eine differenzierte Betrachtung der einzelnen Klauseln im Hinblick auf die dort geregelten Leistungsbestandteile. Nur so kann der vertragsgestaltende Jurist erreichen, dass bei der Prüfung der AGB eine klare Zuordnung bestimmter Regelungen zu bestimmten Vertragstypen – und damit eine Prüfung anhand des entsprechenden gesetzlichen Leitbilds – erfolgen kann. 50

V. Allgemeine Gestaltungshinweise

Gegenstand der Allgemeinen Geschäftsbedingungen können **alle Regelungsbereiche** des Cloud Computing-Vertrags sein. Sofern AGB vorliegen, sind sie am Maßstab der §§ 305c bis 309 BGB zu messen. Dabei ist die zuvor getroffene vertragstypologi- 51

28 Siehe hierzu Rn 30 ff.

sche Einordnung des Cloud-Vertrags für die Bestimmung des gesetzlichen Leitbilds von zentraler Bedeutung; erst aufgrund dieser Einordnung lässt sich bestimmen, ob eine Regelung im Cloud Computing-Vertrag von wesentlichen gesetzlichen Grundgedanken abweicht (§ 307 Abs. 2 Nr. 1 BGB) und deshalb unwirksam ist.

52 Deshalb ist bei der **Übernahme von Vertragswerken** Vorsicht geboten, die vor dem Hintergrund einer anderen als der deutschen Rechtsordnung entworfen wurden. Überlässt der Cloud-Anbieter mit amerikanischem oder auch britischem Hintergrund die Lokalisierung seiner AGB einem Übersetzer anstatt eines Juristen, ist die zumindest teilweise Unwirksamkeit vorprogrammiert. Ein Risiko ergibt sich bereits aus der unterschiedlichen Strukturierung von Vertragswerken und der Hervorhebung wenig relevanter Passagen. Insoweit besteht die Gefahr, dass die Regelung überraschend i.S.v. § 305c BGB ist. Die unmittelbare Übertragung des englischsprachigen Vertragstextes kann aufgrund der anderen Schwerpunktbildung und Formulierungsgewohnheiten dazu führen, dass die Regelung nicht klar und verständlich ist (§ 307 Abs. 1 S. 2 BGB). Regelungen zur Beschränkung der Gewährleistung oder Haftung bergen dabei besondere Tücken. Insoweit sind nicht nur das gesetzliche Leitbild des gewählten Vertragstypus und das Verbot des Ausschlusses der Haftung für Vorsatz (§ 276 Abs. 3 BGB), sondern auch die Klauselverbote nach § 309 Nr. 7 und Nr. 8 BGB zu beachten.

! **Praxistipp**
Der Cloud-Anbieter sollte von der einfachen Übersetzung von Allgemeinen Geschäftsbedingungen, die für eine andere Rechtsordnung entwickelt worden sind, absehen; er sollte eine Übersetzung in jedem Falle von einem Juristen prüfen und anpassen lassen oder – besser – von vornherein für die betreffende Rechtsordnung entworfene AGB verwenden.

F. Verbraucherverträge: Fernabsatzrecht

! **Checkliste**
Gesetzliche Ausgangslage:
- Fernabsatzrecht, §§ 312c ff. BGB
- insbesondere Widerrufsrecht, § 312g BGB

Regelungsmöglichkeit:
- zwingendes Recht, Umgehungsverbot, §§ 312k Abs. 1, 361 Abs. 1 BGB

Einschränkungen durch AGB-Recht:
- entfällt

---

53 Cloud-Verträge im **Massenverkehr mit Verbrauchern** werden üblicherweise ausschließlich online (vgl. § 312c BGB) geschlossen. Daher müssen bei der Vertragsgestaltung auch die verbraucherschützenden Bestimmungen des Fernabsatzrechts im Blick behalten werden. Richtet sich das Cloud-Angebot an Verbraucher i.S.d. § 13 BGB, also an eine *„natürliche Person, die ein Rechtsgeschäft zu Zwecken abschließt,*

die überwiegend weder ihrer gewerblichen noch ihrer selbständigen beruflichen Tätigkeit zugerechnet werden können", hat der Anbieter die entsprechenden gesetzlichen Rahmenbedingungen zum Fernabsatzrecht zu beachten. Durch die Verbraucherrechterichtlinie (RL 2011/83/EU) wurde dieser Rechtsbereich in Europa vollharmonisiert. In Deutschland sind die entsprechenden Regelungen am 13.6.2014 in Kraft getreten.[29] In der folgenden Darstellung bleibt die bisherige Rechtslage außen vor. Außerdem beschränkt die Darstellung sich auf die spezifischen Fragen, die sich in Bezug auf Cloud-Angebote stellen.

I. Widerrufsrecht

Bei entgeltlichen (vgl. § 312 Abs. 1 BGB) Fernabsatzverträgen steht dem Verbraucher 54 grundsätzlich ein **zweiwöchiges Widerrufsrecht** nach §§ 312g Abs. 1, 355 ff. BGB zu. Der Widerruf hat zur Folge, dass weder Verbraucher noch Unternehmer an ihre auf den Abschluss des Vertrags gerichtete Willenserklärungen gebunden sind (§ 355 Abs. 1 BGB). Die empfangenen Leistungen sind grundsätzlich zurückzugewähren (§ 357 Abs. 1 BGB). Der Verbraucher hat dem Unternehmer unter weiteren Voraussetzungen den Wertverlust an der ihm übersendeten Ware zu ersetzen (§ 357 Abs. 7 BGB). Bei Dienstleistungen hat der Verbraucher dem Unternehmer den Wert der bereits erbrachten Dienste zu ersetzen, sofern er den Beginn der Dienstleistung vor Ablauf der Widerrufsfrist verlangt hat (§ 357 Abs. 8 BGB). Der Unternehmer geht dagegen leer aus, wenn Gegenstand des Fernabsatzvertrags die Online-Lieferung digitaler Inhalte war; der Verbraucher muss beim Widerruf eines solchen Vertrags keinen Wertersatz leisten (§ 57 Abs. 9 BGB).

Angesichts dieser Rechtsfolgen wird der Cloud-Anbieter in der Regel daran inte- 55 ressiert sein, eine Gestaltung zu wählen, bei der das **Widerrufsrecht nicht besteht** oder bereits mit Beginn der Erbringung der Leistung **erlischt:**

1. Cloud-Dienste als Waren- oder Software-Lieferung?

Zu denken wäre zunächst etwa an § 312g Abs. 2 Nr. 1 (Verträge zur Lieferung von nicht 56 vorgefertigten Waren) oder Nr. 6 (Verträge zur Lieferung von Software in einer versiegelten Verpackung). Eine Anwendung dieser Normen scheitert aber daran, dass im Zurverfügungstellen einer Cloud-Leistung **keine Warenlieferung** im Sinne des Fernabsatzrechts zu sehen ist. Es findet nämlich – anders als z.B. beim Erwerb von konventioneller Software – keine Überlassung eines Vervielfältigungsstücks statt. Charakterisierend für eine Cloud-Leistung ist nicht die Lieferung von Software (oder einer

29 Art. 15 Gesetz zur Umsetzung der Verbraucherrechterichtlinie und zur Änderung des Gesetzes zur Regelung der Wohnungsvermittlung vom 20.9.2013 (BGBl. I S. 3642).

sonstigen Ware nach § 312g Abs. 2 BGB), sondern in aller Regel das Bereitstellen des Ergebnisses der Benutzung einer Software.[30] Cloud-Leistungen können daher grundsätzlich nicht unter die entsprechenden Ausnahmevorschriften, die eine Warenlieferung voraussetzen, fallen.

57 Differenzierter mögen Fälle zu betrachten sein, in denen Cloud-Kunden zum Zugriff auf die Cloud-Lösung ein Applet oder eine sonstige **Client-Software in körperlicher Form** zur Verfügung gestellt wird; doch hierbei wird zum Eingreifen einer der Ausnahmevorschriften des § 312g Abs. 2 BGB zu fordern sein, dass sich die Entgeltlichkeit des Fernabsatzvertrags (§ 312 Abs. 1 BGB) ausschließlich auf das Applet/die Client-Software und nicht auf die Cloud-Leistung an sich bezieht. Ein solches Modell, das den Ausschluss des Widerrufsrechts auch für andere Leistungen ermöglichen würde, dürfte angesichts des Umgehungsverbots im Hinblick auf die verbraucherschützenden Normen des Fernabsatzrechts (§§ 312k Abs. 1 S. 2, 361 Abs. 1 S. 2 BGB) kaum rechtssicher zu realisieren sein.

2. Cloud-Dienste als Dienstleistungsverträge?

58 Eher schon dürfte ein Cloud-Vertrag als Dienstleistungsvertrag im Sinne des Fernabsatzrechts einzuordnen sein. Dies hilft einem Anbieter, der das Widerrufsrecht ausschließen (oder zum Erlöschen bringen) will, aber in der Regel nicht weiter. Denn § 356 Abs. 4 BGB sieht diese Möglichkeit bei Dienstleistungsverträgen zwar vor; allerdings ist Voraussetzung, dass der Anbieter „die **Dienstleistung vollständig erbracht** hat". Da Cloud-Angebote regelmäßig als Dauerschuldverhältnisse ausgestaltet sind, liegt eine vollständige Leistungserbringung in diesen Fällen nur vor, wenn das Vertragsverhältnis endet.[31] Daher kann diese Regelung – die noch von weiteren Voraussetzungen abhängig ist – sinnvoll nur für solche Cloud-Angebote fruchtbar gemacht werden, die eine Nutzung der Lösung auf Einzelzugriffsbasis ermöglichen. Der Widerruf wäre dann unter den übrigen Voraussetzungen des § 356 Abs. 4 BGB nach Beendigung des Nutzungsvorgangs ausgeschlossen. Dies gilt jedoch nicht, wenn der Vertrag nicht als ein solcher zur Lieferung digitaler Inhalte qualifiziert wird (vgl. Rn 59).

---

30 So die Formulierung des LG Hamburg, Urt. v. 31.1.2012 – 312 O 93/11 – (in Bezug auf die automatisierte Persönlichkeitsanalyse einer Partnervermittlung, die als SaaS-Lösung im weiteren Sinne verstanden werden könnte).

31 Hilber/*Intveen/Hilber/Rabus*, Teil 2 Rn 88 m.w.N. zur alten Rechtslage (§ 312d Abs. 3 BGB a.F.).

3. Cloud-Dienste als Verträge zur Lieferung digitaler Inhalte?

Interessanter für den Cloud-Anbieter wäre die Möglichkeit, das Widerrufsrecht mit 59 (ausdrücklicher) Zustimmung des Verbrauchers[32] bei Beginn der Vertragsausführung zum Erlöschen zu bringen (§ 356 Abs. 5 BGB). Hierzu müsste es sich bei dem entsprechenden Cloud-Vertrag um einen „Vertrag über die Lieferung von nicht auf einem körperlichen Datenträger befindlichen digitalen Inhalten" handeln, der – wie sich aus Erwägungsgrund 19 der Verbraucherrechterichtlinie ergibt – weder als Kauf- noch als Dienstleistungsvertrag im Sinne des Fernabsatzrechts zu behandeln ist. **Digitale Inhalte** sind nach der Legaldefinition in § 312f Abs. 3 BGB *„Daten, die in digitaler Form hergestellt und bereitgestellt werden"*. Zu digitalen Inhalten zählen u.a. Software, aber auch Spiele, Videos oder Texte.[33] Dabei ist unerheblich, ob sie zum Download oder zum „Herunterladen in Echtzeit", d.h. im Wege des Streamings, angeboten werden.[34] Nach dem Willen des (deutschen und europäischen) Gesetzgebers kommt es also nicht darauf an, dass dem Kunden ein (unkörperliches) Vervielfältigungsstück zur Verfügung gestellt wird, da dies beim Streaming grundsätzlich nicht der Fall ist. Oberflächlich betrachtet könnte man also auch Cloud-Lösungen allgemein als „digitale Inhalte" ansehen.

Fraglich erscheint allerdings, ob Cloud-Verträge im Grundsatz solche über die 60 **„Lieferung"** von digitalen Inhalten sind. Der Richtliniengeber hatte bei der Gestaltung der Vorschriften zu digitalen Inhalten wohl in erster Linie den klassischen Fall des Erwerbs (im Wege von Download oder Streaming) von „vorgefertigten" digitalen Inhalten vor Augen. Dies ist für Cloud-Angebote aber grundsätzlich nicht das charakteristische Merkmal. Zwar werden einzelne SaaS-Angebote ohne Weiteres als solche zur Lieferung digitaler Inhalte aufgefasst werden können; typischerweise werden aber keine Inhalte „geliefert", vielmehr kann sie der Cloud-Nutzer durch die Interaktion mit der Cloud-Lösung selbst generieren.

Andererseits kann man aus der englischen Fassung der Verbraucherrechtericht- 61 linie, deren Art. 16 lit. m von **„supply"** spricht, darauf schließen, dass auch Cloud-Angebote vom Begriff der digitalen Inhalte erfasst werden können. Das Wort „supply" ist von der Bedeutung her weiter als „Lieferung" und kann auch als „Bereitstellung" übersetzt werden.[35] Stellt man also auf das Cloud-Angebot selbst als digitalen Inhalt ab, liegt es jedenfalls bei SaaS- und PaaS-Lösungen durchaus nahe, dass der Anbieter einen digitalen Inhalt i.S.d. § 312f Abs. 3 BGB bereitstellt und damit – nach der

---

32 Dies kann beispielsweise durch eine mit einer entsprechenden Formulierung versehene Check-Box geschehen, die der Nutzer anklicken muss, vgl. *Schirmbacher/Creutz*, ITRB 2014, 44, 46.

33 Erwägungsgrund 19 Verbraucherrechte-RL; *Schirmbacher/Creutz*, ITRB 2014, 44, 44.

34 Erwägungsgrund 19 Verbraucherrechte-RL; BT-Drucks. 17/12637, S. 55.

35 Hierfür spricht auch, dass der europäische Gesetzgeber in der englischen Sprachfassung der Verbraucherrechte-RL in Erwägungsgrund 19 sowie in Art. 16 lit. m das Wort „supply" verwendet, während in der deutschen Sprachfassung in Erwägungsgrund 19 „bereitstellen" und in Art. 16 lit. m „geliefert" verwendet wird.

deutschen Terminologie – „liefert". Bei IaaS-Lösungen hingegen ist, da in der Regel lediglich die technische Infrastruktur und keinerlei Software bereitgestellt wird, nicht von „digitalen Inhalten" auszugehen.

4. Wertersatz im Falle von Dienstleistungsverträgen

62 Bei Dienstleistungsverträgen kann der Cloud-Anbieter das Widerrufsrecht zwar nicht durch vertragliche Vereinbarungen zum Erlöschen bringen; er kann aber bewirken, dass er das Entgelt für bis zum Widerruf erbrachte Leistungen anteilig als **Wertersatz** verlangen kann. Dafür ist lediglich erforderlich, dass der Cloud-Anbieter den Verbraucher ordnungsgemäß über sein Widerrufsrecht und seine Wertersatzpflicht informiert (§ 357 Abs. 8 S. 2 BGB i.V.m. Art. 246a § 1 Abs. 2 Nr. 1, 3 EGBGB) und er sich von dem Verbraucher ausdrücklich dazu anweisen lässt, bereits vor Ablauf der Widerrufsfrist mit der Leistung zu beginnen. Der Cloud- Anbieter kann in diesen Fällen das vereinbarte Entgelt für die Berechnung des Wertersatzes allerdings dann nicht zugrunde legen, wenn es „unverhältnismäßig hoch" ist (vgl. § 357 Abs. 8 BGB).

63 Der im Gesetz verwendete Begriff der Dienstleistung ist jedoch nicht klar. Eine Definition des **Dienstleistungsvertrags** findet sich im BGB nicht. Er lässt sich auch nicht unter einen der im BGB geregelten Vertragstypen subsumieren. Als Begriff aus der Richtlinie ist er in einem „europäischen Sinne" zu verstehen. Der in der Rom I-Verordnung verwendete Begriff des Dienstleistungsvertrags ist sehr weit. Er umfasst alle auf eine Tätigkeit gerichteten Verträge. Deshalb unterfallen Dienst- und Werkverträge, Aufträge und Geschäftsbesorgungsverträge nach deutschem Recht dem Dienstleistungsvertrag im Sinne der Rom I-Verordnung.[36] Die im Bereich der Cloud-Dienste, insbesondere aufgrund der Rechtsprechung des BGH zu ASP-Verträgen[37] so bedeutenden **Mietverträge** dürften ebenfalls als Dienstleistungsverträge in diesem Sinne verstanden werden.[38] Dafür spricht auch, dass § 312g Abs. 2 Nr. 9 BGB im Zusammenhang mit einer Ausnahme vom Widerrufsrecht ausdrücklich von Dienstleistungen im Bereich der Kraftfahrzeugvermietung spricht.

Praxistipp
Der Cloud-Anbieter sollte sich stets ausdrücklich bestätigen lassen, dass er bereits vor Ablauf der für Verbraucher geltenden Widerrufsfrist mit der Leistung beginnen soll. Dies kann beim Abschluss des Vertrags dadurch erfolgen, dass er dem Verbraucher eine Opt-In-Option zur sofortigen Leistungserbringung gewährt. Der Hinweis darauf, dass die sofortige Leistungsaufnahme bei Dienstleistungen dazu führt, dass die Leistungen auch im Falle eines Widerrufs vergütet werden müssen, ist nicht erforderlich, aber zumeist wohl sinnvoll.

36 Vgl. Rn 17.
37 BGH, Urt. v. 15.11.2006 – XII 120/04 –.
38 Vgl. Rn 17.

Um so frühzeitig wie möglich auch das Erlöschen des Widerrufsrechts zu erreichen, sollte der Cloud-Anbieter den Verbraucher darüber hinaus eine von den übrigen Erklärungen getrennte Erklärung abgeben lassen, wonach er sich darüber im Klaren ist, dass er durch seine Aufforderung, mit der Erbringung der Leistungen zu beginnen, sein Widerrufsrecht verliert, soweit es sich bei den Leistungen um die Lieferung digitaler Inhalte handelt.

Die vorgeschlagene Formulierung zum Erlöschen des Widerrufsrechts birgt das Risiko, 64
als nicht hinreichend konkret eingestuft zu werden, wenn **nicht deutlich** benannt wird, bei welcher Leistung es sich um die Lieferung digitaler Inhalte handelt. Womöglich ist diese Undeutlichkeit mit einer unrichtigen Widerrufsbelehrung gleichzusetzen. Im Gegensatz zur alten Rechtslage (§ 355 Abs. 4 S. 3 BGB a.F.) hätte dies nicht zur Folge, dass dem Nutzer ein „ewiges" Widerrufsrecht zusteht; vielmehr erlischt sein Widerrufsrecht in jedem Fall 12 Monate und 14 Tage nach Vertragsschluss oder Erhalt der Lieferung (Letzteres, sofern man den Cloud-Vertrag ausnahmsweise als Vertrag zur Lieferung von Waren oder Software ansieht), § 356 Abs. 3 S. 2 BGB. Andererseits sollte die ausdrückliche Bestätigung des Verbrauchers, dass der Cloud-Anbieter die Leistung bereits vor Ablauf der Widerrufsfrist aufnehmen soll, dem Cloud-Anbieter unter den soeben ausgeführten Umständen zumindest Anspruch auf den bis zum Widerruf angefallenen Anteil der Vergütung gewähren.

II. Informationspflichten

Wie jeder, der im Internet Waren oder Dienstleistungen anbietet, hat auch ein Cloud- 65
Anbieter Informationspflichten gegenüber Nutzern. Im Bereich des Fernabsatzrechts, also bei (auch) an Verbraucher gerichteten Cloud-Angeboten, sind dies insbesondere die Informationspflichten aus § 312d BGB i.V.m. Art. 246a EGBGB. Weiterhin müssen dem Verbraucher bestimmte Informationen nach Vertragsschluss erteilt werden, § 312f Abs. 2 BGB. Hierbei ergeben sich grundsätzlich keine Besonderheiten zu anderen Internetangeboten, sodass auf die allgemeine Literatur verwiesen wird. Auf nachfolgende Aspekte soll aber gesondert hingewiesen werden.

1. Besondere Informationspflichten bei digitalen Inhalten

Sofern man das Cloud-Angebot als Vertrag zur Lieferung digitaler Inhalte klassifiziert 66
(vgl. Rn 59), ist der Anbieter u.a. verpflichtet, den Verbraucher über „Beschränkungen der Interoperabilität und der Kompatibilität digitaler Inhalte mit Hard- und Software" zu informieren, soweit sie „wesentlich" und dem Anbieter bekannt sind, § 312d BGB i.V.m. Art. 246a § 1 Nr. 15 EGBGB.

Für **SaaS**-Angebote dürfte diese Anforderung nicht schwer zu erfüllen sein. Regel- 67
mäßig erfolgt der Zugriff auf das SaaS-Angebot über einen browserbasierten Zugang, sodass in den meisten Fällen die Angabe zur Browserkompatibilität ausreichen sollte.

Wird der Zugriff über eine Client-Software, Applets o.ä. bewerkstelligt, müssen – wie bei konventioneller Software auch – Angaben beispielsweise über das erforderliche Betriebssystem und die Hardwarevoraussetzungen gemacht werden.[39]

68 Bei **PaaS**-Lösungen gestalten sich die Informationspflichten etwas komplizierter. Der „digitale Inhalt" ist hier das Cloud-Angebot, in die der Nutzer eigene Software einbringen kann. Der Anbieter muss also im Rahmen des Möglichen darüber informieren, welche Software der Cloud-Nutzer in der Cloud-Lösung einsetzen kann (oder präziser – da „Beschränkungen" anzugeben sind – welche Software er nicht einsetzen kann). Nun kann der Anbieter naturgemäß nicht jede Software auf Kompatibilität mit seiner Lösung testen. Die Angabe zu Beschränkungen der Kompatibilität und Interoperabilität kann bei Cloud-Diensten nur abstrakt erfolgen, indem die technischen Spezifikationen und die Anforderungen der Plattformsoftware an die vom Nutzer eingebrachte Software (unterstützte Programmiersprachen etc.) angegeben werden.

69 Neben Informationen zu Kompatibilität und Interoperabilität digitaler Inhalte muss der Anbieter daneben Informationen zur deren **„Funktionsweise"** geben, wozu auch Informationen zu etwaigem Nutzertracking sowie zu DRM-Maßnahmen zählen, § 312d BGB i.V.m. Art. 246a § 1 Nr. 14 EGBGB. Die Beschreibung der „Funktionsweise" dürfte sich nicht von der allgemeinen Leistungsbeschreibung der Lösung unterscheiden. Bezüglich der Informationen zum Nutzertracking reicht es bei Cloud-Angeboten in der Regel aus, auf die Datenschutzerklärung zu verweisen; dort sollten sich die relevanten Informationen finden.

70 Auch hierbei ist zu beachten, dass diese Informationen dem Kunden (zusätzlich zur vorvertraglichen Information) **nach Vertragsschluss auf einem dauerhaften Datenträger** – wozu auch eine E-Mail zählt[40] – zu erteilen sind, § 312f Abs. 2 BGB.

2. Ausdrückliche Bestätigung der Zahlungsverpflichtung

71 Die in Deutschland bereits seit 2012 geltende sog. **Button-Lösung** (§ 312g Abs. 2 BGB a.F.) wurde nun auch auf europäischer Ebene übernommen. Nach § 312j Abs. 3 BGB muss der Anbieter die Bestellsituation so gestalten, dass der Nutzer ausdrücklich bestätigt, dass er eine kostenpflichtige Dienstleistung in Anspruch nimmt. Wird die Bestellung über den Klick auf eine Schaltfläche (Button) ausgelöst, so darf der Button nur mit den Worten „zahlungspflichtig bestellen" oder einer ähnlich eindeutigen Formulierung beschriftet sein, § 312j Abs. 3 S. 2 BGB. Diese Verpflichtung gilt auch für zunächst kostenlose Testzugänge, die sich anschließend automatisch in einen kostenpflichtigen Vertrag umwandeln.[41] Sie gilt aber auch dann, wenn der Verbraucher

---

39 Vgl. *Schirmbacher/Schmidt*, CR 2014, 107, 109.

40 Erwägungsgrund 23 Verbraucherrechte-RL.

41 Hilber/*Intveen/Hilber/Rabus*, Teil 2 Rn 48 ff.

online weitere Leistungen hinzubucht, sei es z.B. über eine gesonderte Website oder über Upgrade-Möglichkeiten innerhalb der Cloud-Lösung selbst.

Der Cloud-Anbieter sollte penibel auf die korrekte Umsetzung achten, da gem. 72
§312j Abs. 4 BGB ein Vertrag im Falle einer unrichtigen oder unterbliebenen Umsetzung **nicht zustande kommt**.

G. Leistungsbeschreibung und Service Level Agreements/ Bestimmung des Leistungsgegenstands

Der **Leistungsbeschreibung** kommt auch bei Cloud Computing-Verträgen her- 73
ausragende Bedeutung zu. Im Anwendungsbereich des Rechts der Allgemeinen Geschäftsbedingungen bietet die Leistungsbeschreibung die einzige Möglichkeit für den Cloud-Anbieter, seine Verantwortlichkeit durch sorgfältige Beschreibung seines Leistungsversprechens nachhaltig einzuschränken. Denn für das, was er nicht versprochen hat, ist er auch nicht verantwortlich. Dementsprechend muss der Cloud-Anbieter größte Aufmerksamkeit auf die Gestaltung seiner Leistungsbeschreibung legen und spiegelbildlich der Cloud-Kunde anhand der Leistungsbeschreibung genau prüfen, ob der Cloud-Anbieter ihm überhaupt das verspricht, was er erwartet.

Praxistipp !
Der Cloud-Anbieter sollte die Beschreibung seiner Leistungen so fassen, dass all das aus dem Leistungsgegenstand ausgenommen ist, für das er nicht einstehen kann oder will.[42]

In der Leistungsbeschreibung gilt es, Art und Umfang der einzelnen Leistungen, die 74
der Cloud-Anbieter gegenüber seinem Kunden erbringen soll, **präzise festzulegen**. Auf diese Weise wird die geschuldete Leistung konkretisiert und die vertragstypologische Einordnung[43] ermöglicht. Dies ist vor allem für die Bestimmung des anwendbaren Gewährleistungsregimes vor dem Hintergrund des AGB-Rechts von **entscheidender Bedeutung**. Kommt es zum Streit darüber, ob der Cloud-Anbieter die Leistung ordnungsgemäß, rechtzeitig und frei von Mängeln erbracht hat, gibt die Leistungsbeschreibung im Idealfall die passende Antwort.

Je genauer die Festlegungen im Vorfeld getroffen werden, desto geringer ist das 75
spätere Konfliktpotenzial. Dabei versteht es sich von selbst, dass je nach Komplexität der vom Cloud-Anbieter geschuldeten Leistung eine entsprechend umfangreiche Beschreibung erforderlich ist.

42 Siehe Beispiel Rn 91.

43 Zur Vertragstypologie siehe Rn 30.

Praxistipp
Die Leistungsbeschreibung sollte von vornherein unter Berücksichtigung der tatsächlichen oder gewünschten vertragstypologischen Einordnung gefasst werden. Sie sollte die einzelnen Leistungen klar differenzieren und unter Vermeidung von Überlappungen beschreiben. Dazu bietet sich ein klar gegliederter und modularer Aufbau an.

76 Die Leistungsbeschreibung erfolgt bei Cloud-Angeboten regelmäßig im Rahmen der sog. SLA. Ihnen kommt deshalb besondere Bedeutung bei der Vertragsgestaltung zu.

I. Begriff

77 Dabei wird die Bezeichnung SLA („Service Level Agreement") sehr uneinheitlich verwendet.[44] Auf der einen Seite wird die Bezeichnung für die reine Leistungsbeschreibung gewählt, auf der anderen Seite für die Beschreibung der geschuldeten Qualität. Daneben wird der Begriff auch für die Beschreibung eines Katalogs von Vertragsstrafen verwendet.

78 Unabhängig davon, wie der Begriff im Rahmen eines Vertrags über die Erbringung von Cloud-Diensten verwendet wird, sollte er innerhalb des Vertragswerks einheitlich verwendet werden. Im Folgenden wird der Begriff SLA **umfassend** verstanden: zum einen als Beschreibung der geschuldeten Leistung, die auch der vertragstypologischen Einordnung dient; zum anderen als Vereinbarung der Sanktionen, die der Kunde bei Leistungsabweichungen von dem Cloud-Anbieter verlangen kann.

II. Vereinbarung der Qualität der Leistung

79 In SLA finden sich häufig Regelungen zur Qualität der Leistung. Wenn die Leistung messbar ist, wird oft eine Relation, ausgedrückt in einem Prozentsatz, verwendet.

80 Die Festschreibung der Qualität der vereinbarten Leistung ist dann sinnvoll, wenn sich die geschuldete Qualität nicht bereits aus der Bezeichnung oder Beschreibung der Leistung klar ergibt. Denn in diesen Fällen schuldet der Cloud-Anbieter analog § 243 Abs. 1 BGB lediglich eine Leistung mittlerer Art und Güte. Die damit eröffnete Bandbreite wird in vielen Fällen für Kunden zu unsicher sein.[45] Diese Unsicherheit lässt sich durch die **Vereinbarung der Qualität** der Leistung vermeiden. Im Bereich des Cloud Computings kann die Reaktionszeit eines IT-Systems als Beispiel genannt werden. Die Reaktionszeit ist von einer Vielzahl Faktoren abhängig wie z.B. der Auslastung der eingesetzten Hardware oder der genutzten Telekommunika-

44 Vgl. dazu *Niemann/Paul*, K&R 2009, 444, 447.
45 Siehe dazu *Niemann/Paul*, K&R 2009, 444, 447.

tionsleitungen. Wenn die Leistungsbeschreibung zur Reaktionszeit keine weiteren Angaben enthält, schuldet der Cloud-Anbieter nur durchschnittliche Werte. Wem das als Kunden nicht genügt, der muss bei der Auswahl des Angebots darauf achten, dass der Cloud-Anbieter ausreichend kurze Reaktionszeiten verspricht.

Diese Unsicherheit besteht jedoch bei vielen im Zusammenhang mit Cloud Computing angebotenen Leistungen nicht. So ist beispielsweise bei den Angeboten von Software, Infrastruktur oder Plattform als Service u.a. deren Verfügbarkeit geschuldet, ohne dass es weiterer Angaben bedarf. Sind Software, Infrastruktur oder Plattform im Einzelfall nicht verfügbar, erbringt der Anbieter seine Leistung nicht vertragsgemäß. Ist die geschuldete Leistung ohne weitere Angaben klar definiert wie bei allen messbaren Leistungen, schuldet der Anbieter die beschriebene Leistung, und **zwar zu 100 %**. Das gilt beispielsweise für die Verfügbarkeit von Leistungen und für Angaben zum Datendurchsatz, zu Reaktionszeiten, zu Kapazitäten oder zu Bearbeitungszeiten. In diesen Fällen bedeuten die weitverbreiteten Vereinbarungen zur Qualität der Leistungen eine Einschränkung der eigentlich geschuldeten Qualität.[46] 81

Auch wenn Cloud-Anbieter in der Regel schwindelerregend hohe Prozentsätze als Qualität der Leistung versprechen, so darf der Kunde sich doch nicht darüber hinwegtäuschen lassen, dass gerade die Differenz zwischen dem versprochenen Wert und 100 % nicht geschuldet sein soll. Für eine Leistung, die an sich ständig zur Verfügung stehen soll, würde die Vereinbarung einer Verfügbarkeit von 99 % auf ein Jahr bezogen bedeuten, dass sie an mehr als dreieinhalb Tagen nicht zur Verfügung stehen muss. Auf einen Monat bezogen leistet der Cloud-Anbieter immer noch vertragskonform, wenn die Leistung nicht mehr als 7 Stunden in einem Monat ausfällt. 82

Eine Beschränkung der Leistungen durch die Vereinbarung von Service Levels ist selbstverständlich dann **sinnvoll**, wenn 100 % der versprochenen Leistung nur mit einem Aufwand zu erreichen wäre, den der Cloud-Anbieter nicht betreiben oder der Kunde nicht bezahlen will. 83

Da der Kunde die Qualität der von dem Cloud-Anbieter tatsächlich erbrachten Leistungen in der Regel nicht ohne Weiteres beurteilen kann, ist es mit der bloßen Vereinbarung bestimmter Qualitäten nicht getan. Um die vom Anbieter versprochene Leistungserbringung, insbesondere die Einhaltung der Service Level, zuverlässig nachvollziehen zu können, ist es für den Cloud-Kunden sinnvoll, den Anbieter vertraglich zur Bereitstellung von Berichten zu verpflichten (**„Reporting“**). Welche Daten in solchen Reports enthalten sein sollten, richtet sich nach dem konkreten Cloud-Dienst. Ziel sollte es sein, dass der Kunde aus ihnen ersehen kann, inwieweit der Anbieter seinen „messbaren“ vertraglichen Pflichten nachkommt. Häufig wird der Anbieter einen Echtzeitzugriff auf die entsprechenden Daten ermöglichen, wobei auch die Verpflichtung zur Bereitstellung von Berichten nach bestimmten Zeiträumen denkbar ist. 84

46 Siehe dazu *Niemann/Paul*, K&R 2009, 444, 447.

III. Sanktionen für Schlecht- und Nichterfüllung

85 In klassischen IT- und Outsourcing-Verträgen sehen SLAs häufig ein eigenes Regime von Sanktionen für Schlecht- und Nichterfüllung vor. Die Sanktionen sollen für den Anbieter einen Anreiz darstellen, die versprochenen Qualitäten auch einzuhalten. Selbstverständlich schuldet der Anbieter seine Leistungen auch ohne solche Maßnahmen in der vereinbarten Qualität. Die Sanktionen sollen insoweit verhindern, dass der Anbieter sich darauf verlässt, dass der Kunde seine Rechte nicht oder nur geltend macht, wenn die Vertragsverletzung ganz besonders gravierend ist. Die Sanktionen ersparen dem Kunden zugleich den **Nachweis**, dass ein Schaden entstanden ist.

86 Als Sanktionen stehen insbesondere Vertragsstrafen, pauschalierter Schadensersatz und standardisierte Minderung zur Verfügung. Bei an jedermann gerichteten Cloud-Diensten finden sich gelegentlich zumindest Ansätze für derartige Sanktionssysteme. Nicht unüblich ist eine **standardisierte Minderung** (oft Service Credit genannt). Der Nutzer darf danach die Vergütung der Leistungen um bestimmte Beträge herabsetzen, allerdings nicht selten nur für zukünftig fällige Beträge.[47] Ob diese Sanktion allerdings für einen Nutzer interessant ist, der gerade mit der Leistung des Anbieters nicht zufrieden ist, sei dahingestellt.

87 Für Anbieter von standardisierten Cloud-Diensten mag es ein weiteres Differenzierungskriterium sein, ihren Kunden ein attraktives Sanktionssystem anzubieten. Bei individuell vereinbarten Diensten, insbesondere der Private Cloud, steht das gesamte Spektrum zur Verfügung.

88 Von dem Cloud-Anbieter in seinen Vertragsbedingungen vorgesehene Sanktionen sind **grundsätzlich wirksam**. AGB-rechtlichen Bedenken begegnen sie nicht. Sie richten sich schließlich gegen den Verwender der AGB, der durch die vom AGB-Recht vorgesehene Klauselkontrolle nicht geschützt wird. Bedenklich sind sie nur, wenn sie dem Cloud-Kunden ansonsten zustehende Rechte abschneiden sollen.

IV. SLA als AGB

89 Aufgrund der Standardisierung der Cloud-Dienste sind die meisten SLA als AGB anzusehen, auf die die Regelungen der §§ 305 ff. BGB Anwendung finden. Die Leistungsbeschreibung ist dabei jedoch grundsätzlich der **Inhaltskontrolle entzogen**. Durch die Beschreibung der Leistung wird weder von Rechtsvorschriften abgewichen, noch werden diese ergänzt (§ 307 Abs. 3 S. 1 BGB). Vielmehr wird durch die Leistungsbeschreibung lediglich das „Ob“ sowie Gegenstand, Art, Umfang, Quantität und Qualität der vertraglichen Leistung festgelegt.[48]

---

47 So z.B. in den EC2 SLA von Amazon, abrufbar unter http://aws.amazon.com/de/ec2-sla.

48 Vgl. *Niemann/Paul*, K&R 2009, 444, 447.

Die „Leistungsbeschreibung" unterliegt aber dann der Inhaltskontrolle, wenn das Hauptleistungsversprechen quasi im gleichen Atemzug eingeschränkt wird. In derartigen Gestaltungen sieht die Rechtsprechung zu Recht **unzulässige** Haftungsbeschränkungen.[49] Darunter fallen insbesondere Regelungen in AGB, mit denen vereinbart wird, dass die versprochene Leistung nicht zu 100 % erbracht werden muss. 90

Fettnapf
Einschränkungen der Leistungen können unzulässige Haftungsbeschränkungen sein. Deshalb sollte der Anbieter darauf achten, dass er nicht an einer Stelle eine Leistung beschreibt, die er an anderer Stelle, beispielsweise im Zusammenhang mit Qualitätsbeschreibungen wieder einschränkt. Die Gestaltung einer dieses Risiko vermeidenden Leistungsbeschreibung ist nicht einfach. Der Anbieter sollte davon absehen, sich einfach gängiger Muster zu bedienen, insbesondere wenn sie für Verträge einer anderen Rechtsordnung gedacht waren.

V. Beispiel

Das folgende Beispiel soll illustrieren, welche Möglichkeiten zur Beschränkung der Risiken für den Cloud-Anbieter bestehen. Es sollte nicht ohne Weiteres übernommen werden. Vielmehr ist es auf die konkrete Situation zu übertragen. Außerdem muss stets die Rechtsprechung beobachtet werden, die im Zweifel den Spielraum für Beschränkungen immer mehr einschränkt. 91

Der Cloud-Anbieter sollte in jedem Falle vermeiden, sein eigentliches Leistungsversprechen wieder einzuschränken. 92

Beispiel Verfügbarkeit
– Schlecht:
Angabe in der Leistungsbeschreibung: *„Verfügbarkeit eines Dienstes rund um die Uhr – 24 Stunden am Tag"*; Regelung weiter hinten im Vertrag: *„Wartung – Der Dienst steht in den vereinbarten Wartungsfenstern nicht zur Verfügung. Das Gleiche gilt bei dringend erforderlichen Wartungsarbeiten."*
Noch weiter hinten eine Regelung zur Qualität: *„Der Dienst steht zu 99 % der Zeit zur Verfügung."*
– Besser:
Angaben in der Leistungsbeschreibung: *„Cloud-Anbieter stellt XY Dienst während der Betriebszeit in der vereinbarten Qualität zur Verfügung. Die Betriebszeit ist täglich rund um die Uhr mit Ausnahme der Wartungsfenster. Die Wartung erfolgt jeweils am Sonntag von 00:00 Uhr bis 04:00 Uhr und sofern Wartungsarbeiten zur Aufrechterhaltung des Betriebs dringend erforderlich sind[50] (Wartungsfenster). In der übrigen Zeit steht der Dienst in 99 % der Zeit zur Verfügung (vereinbarte Qualität)."*

---

49 BGH, Urt. v. 12.12.2000 – XI ZR 138/00 – K&R 2001, 217.
50 In dieser Regelung dürfte der unterstrichen gedruckte Teil die meisten Fragen aufwerfen.

H. Einseitige Leistungsänderungen durch den Cloud-Anbieter

! **Checkliste**
Gesetzliche Ausgangslage:
- keine spezifische Regelung – Grundsatz: pacta sunt servanda

Regelungsmöglichkeit:
- einseitiges Recht des Cloud-Anbieters, Änderungen der Leistungen vornehmen zu können

Einschränkungen durch AGB-Recht:
- Klauselverbot, § 308 Nr. 4 BGB
- Transparenzgebot zu beachten
- Änderungsrecht darf nicht überraschend sein

93 Nutzer einiger SaaS-Angebote kennen eine besondere Situation: Ein- oder zweimal im Jahr ändert der Cloud-Anbieter seine Software. Er kündigt typischerweise mit einigem Vorlauf seine jeweilige Frühjahrs- oder Herbstversion an, die dann ohne Weiteres an dem angekündigten Termin eingespielt wird. In dem hier zu betrachtenden Fall handelt sich dabei nicht etwa bloß um ein neues Release, mit dem in der Vergangenheit festgestellte Fehler behoben werden. Vielmehr enthält die neue Version **inhaltliche Änderungen** der Software. Dabei kann es sich um die Hinzufügung neuer Funktionen handeln, aber auch um das Entfernen bislang vorhandener. Während die Hinzufügung neuer Funktionalitäten keiner weiteren rechtlichen Betrachtung bedarf, solange sie nicht zu Nachteilen bei dem Cloud-Kunden führt, etwa weil mehr Rechenzeit benötigt oder mehr Speicherplatz verbraucht wird (geringere Performance und höhere Kosten), stellt sich die Frage, ob der Cloud-Anbieter ohne Weiteres bekannte Funktionen weglassen kann. Man stelle sich vor, eine exotische, aber lieb gewonnene Funktion fällt einfach weg.

94 Gesetzliche Regelungen, die dem Cloud-Anbieter eine einseitige Änderung seiner Leistungen erlaubten, bestehen nicht. Vielmehr hat er die Leistung **wie versprochen** zu erbringen. Im Bereich des Wohnraummietrechts gibt es eine Ausnahme. Danach hat der Mieter unter bestimmten Voraussetzungen Modernisierungsmaßnahmen des Vermieters zu dulden (§§ 555b, 555d BGB). Diese Ausnahmeregelungen lassen sich jedoch nicht verallgemeinern und auf Vertragsgestaltungen im Cloud Computing übertragen.

95 Andererseits ist die Bestimmung des Leistungsgegenstands allein Sache der Vertragsparteien. Dementsprechend ist es vertraglich ohne Weiteres möglich, einer Partei die **Konkretisierung der Leistungen** zu überlassen, auch nachdem der Vertrag längst abgeschlossen ist. §§ 315 ff. BGB bestätigen dies. Sie sehen Regelungen für den Fall vor, dass die Einzelheiten des Rechts, die Leistung zu bestimmen, nicht geregelt sind. Dementsprechend stehen derartigen Regelungen in Individualverträgen keinerlei Bedenken gegenüber. Entsprechende Regelungen in AGB sind jedoch leicht geeignet, den Vertragspartner des Verwenders unangemessen zu benachteiligen. Aus dieser Überlegung heraus sieht § 308 Nr. 4 BGB ein Verbot derartiger Klauseln vor,

wenn das Änderungsrecht dem anderen Teil unter Berücksichtigung der Interessen des Verwenders nicht zumutbar ist.

Eine einseitige Änderung ist nur zumutbar, wenn für sie ein **triftiger Grund** 96
vorliegt.[51] Des Weiteren muss die Klausel die triftigen Gründe für das einseitige Leistungsbestimmungsrecht nennen und in ihren Voraussetzungen und Folgen erkennbar die Interessen des Vertragspartners angemessen berücksichtigen.[52] Die Rechtsprechung hat diese Erfordernisse bislang bei Klauseln, mit denen die Verwender sich Änderungen aus technischen oder betrieblichen Gründen oder die Lieferung eines Nachfolgemodells vorbehalten hat, nicht als erfüllt angesehen.[53] Vor diesem Hintergrund erscheint es nahezu ausgeschlossen, in Cloud Computing-Verträgen, die auch an Verbraucher gerichtet sind, eine Gestaltung zu finden, die für zulässig erachtet wird. Denn der Wegfall einer Funktion, auf die es dem Cloud-Kunden ankommt, ist ihm nicht zumutbar.

Da es um eine Ausprägung des allgemeinen Rechtsgrundsatzes pacta sunt ser- 97
vanda geht, müssen auch Klauseln in Verträgen zwischen Unternehmern im Wesentlichen diesen Grundsätzen genügen.[54] Die Rechtsprechung hat zwar Klauseln in Vertragshändlerverträgen für wirksam erachtet, die dem Verwender den Modellwechsel gestatten,[55] diese Überlegungen lassen sich jedoch nicht auf Cloud Computing-Verträge übertragen. Denn im Gegensatz zu einem Vertragshändler, dem es zumutbar ist, die jeweils aktuell vom Hersteller angebotenen Modelle weiterzuverkaufen, ist es dem Cloud-Kunden im Zweifel **nicht zumutbar**, auf eine von ihm bislang genutzte Funktion zu verzichten. Dagegen wäre es zumutbar, Funktionen abzuschalten, die der betroffene Cloud-Nutzer bereits seit geraumer Zeit nicht mehr einsetzt.

Auch insoweit stellt sich die Frage, ob die Leistungsbeschreibung zur Einschrän- 98
kung des vom Cloud-Anbieter geschuldeten Leistungsumfangs dienen kann. Funktionen, die in den zur Leistungsbeschreibung heranzuziehenden Dokumenten nicht beschrieben sind, sind grundsätzlich auch nicht geschuldet. Die Leistungsbeschreibung könnte sich auf die Kernfunktionalitäten beschränken. Diese Argumentation wird jedoch allenfalls hinsichtlich gesperrter Funktionen verfangen, die der Cloud-Anbieter nach seinen Vorstellungen überhaupt nicht zur Verfügung stellt. Auf die Fortführung dieser Funktionalitäten kann sich der Cloud-Kunde nicht verlassen. Alle anderen in die Software integrierten und für den Cloud-Kunden frei zugänglichen Funktionalitäten sind zumindest konkludent zum Gegenstand des Leistungsversprechens geworden und können nicht ohne Weiteres abgeändert werden.

51 BGH, Urt. v. 23.6.2005 – VII ZR 200/04 – juris Rn 18.
52 BGH, Urt. v. 23.6.2005 – VII ZR 200/04 – juris Rn 18.
53 Vgl. MüKo-BGB/*Wurmnest*, § 308 Nr. 4 Rn 11.
54 MüKo-BGB/*Wurmnest*, § 308 Nr. 4 Rn 13.
55 BGH, Urt. v. 26.11.1984 – VIII ZR 214/83 – NJW 1985, 623, 627.

Praxistipp
Eine rein pragmatische Lösung dieser Fragestellung kann in der Synchronisation zwischen den Releases und den regulären Kündigungsterminen liegen. Der Cloud-Anbieter könnte die Ankündigung des jeweiligen Release mit einer Änderungskündigung hinsichtlich der Funktionalitäten verbinden.

I. Leistungs- und Vertragsänderungen – Änderungsverlangen des Kunden

Checkliste
Gesetzliche Ausgangslage:
- keine Regelung

Regelungsmöglichkeit:
- Recht, Änderungen der Leistungen und/oder des Vertrages verlangen zu können
- Verfahren für die Änderungen

Einschränkungen durch AGB-Recht:
- Transparenzgebot zu beachten

99 Klassische Outsourcing-Verträge und lang laufende (IT-)Projektverträge sehen in der Regel für beide Parteien die Möglichkeit vor, Änderungen der Leistungen oder des Vertrags zu verlangen. Die Ausgestaltung ist sehr unterschiedlich und hängt von den ausgelagerten Leistungen einerseits und den Bedürfnissen der Parteien andererseits ab. Die Rechte sind häufig **nicht synchron** geregelt, vielmehr darf oft der Anbieter Änderungsverlangen des Kunden nicht ablehnen, solange die Änderungsverlange sich im Rahmen des Vertragsgegenstandes bewegen und der Kunde bereit ist, die vom Anbieter verlangte oder nach Maßgabe weiterer vertraglicher Regelungen berechnete Vergütung zu zahlen. Die Regelungen sehen oft ein sehr formalisiertes Verfahren vor.

100 Für Cloud Computing-Verträge gilt grundsätzlich dieselbe Ausgangssituation. Die ökonomischen und rechtlichen Umstände der Auslagerung können sich so verändern, dass die vertraglichen Regelungen nicht mehr passen. Gleichwohl erscheint die **simple Übertragung** der aus Outsourcing-Verträgen bekannten Regelungen in vielen Fällen wenig praktikabel. Während solche Regelungen für die vertraglichen Vereinbarungen im Zusammenhang mit einer Private Cloud häufig passen werden, sind sie für die anderen Modelle des Cloud Computing wenig geeignet, zumindest wenn das Angebot auf eine standardisierte Leistung ausgerichtet ist.

I. Quantitativ – Mengenänderungen

101 Der häufigste Fall von Änderungen der Vertragsleistungen stellen Mengenänderungen dar.

So kann etwa im Rahmen von SaaS-Leistungen auf der Seite des Cloud-Kunden der Wunsch aufkommen, die Geschäftsanwendung mehr bzw. weniger Nutzern zugänglich zu machen oder bei IaaS-Leistungen den Umfang der Systemumgebung zu erweitern oder zu reduzieren. 102

Gerade im Hinblick auf solche Anforderungen sollte sich der wesentliche Mehrwert des Cloud Computing zeigen: die nahezu unbegrenzte Skalierbarkeit. 103

Vertraglich sollten diese Änderungen so einfach wie möglich umzusetzen sein. Das verbietet ein starres und aufwendiges Änderungsverfahren. Vielmehr sollte der Cloud Computing-Vertrag ein zwar formalisiertes, jedoch **einfaches Bestellverfahren** vorsehen. Das Bestellverfahren sollte dem Cloud-Kunden die Möglichkeit geben, auch sehr kurzfristig und gegebenenfalls auch nur für kurze Zeit weitere Leistungen hinzu zu bestellen (oder abzubestellen). 104

Da der Cloud-Anbieter im Zweifelsfalle **nicht unbeschränkt skalieren** kann, wird er Grenzen oder Fristen einziehen. Als Grenze bietet sich für äußerst kurzfristige Mehrmengen eine festgelegte Relation zu den bisher bestellten Mengen an. Für planbare Mehrmengen könnte der Vertrag eine Bestellfrist etablieren. Eine solche Regelung könnte beispielsweise vorsehen, dass eine Mehrmenge bis zu X % gegenüber der vereinbarten Menge jederzeit ohne Vorankündigung in Anspruch genommen werden kann und dass darüber hinausgehende Mehrmengen (bis zu Y absolut oder %) einer Vorankündigung von Z Tagen bedürfen. Außerdem könnte der Vertrag regeln, dass der Cloud-Kunde auch darüber hinausgehende Mehrmengen abrufen kann, der Cloud-Anbieter diese Mehrmengen jedoch nur bei bestehenden zusätzlichen Kapazitäten oder, was er anzeigen muss, lediglich nach bestem Wissen und Gewissen erbringt unter Ausschluss der Zusage bestimmter Qualitäten und der Gewährleistung, soweit anwendbar, und der Haftung für leichte Fahrlässigkeit. 105

Da der Cloud-Kunde nach dispositivem Recht keinen Anspruch auf eine Änderung der Vertragsleistungen hat, unterliegen diese Regelungen **keiner Inhaltskontrolle** nach § 307 Abs. 1 S. 1 BGB, soweit sie die bloße Möglichkeit des Mehrbezugs regeln. Sie müssen lediglich transparent sein (§ 307 Abs. 1 S. 2 BGB). Ob die oben zuletzt vorgeschlagene Regelung hinsichtlich des Ausschlusses bestimmter Qualitäten, der Gewährleistung und der Haftung für leichte Fahrlässigkeit von der Rechtsprechung für wirksam gehalten würde, lässt sich nicht bestimmt vorhersagen. Dafür spricht, dass der Cloud-Anbieter zur Erbringung dieser Leistung nach dem Vertrag nicht verpflichtet ist. Er höhlt durch den Ausschluss der Haftung für diese zusätzliche Leistung seine primären Leistungspflichten nicht aus. 106

II. Qualitativ – Änderungen der Leistungsinhalte oder des Vertrags

Eine Möglichkeit des Cloud-Kunden, qualitative Änderungen der Leistungen oder Änderungen des Vertrags zu verlangen, passt je nach **Grad der Standardisierung** der von dem Cloud-Anbieter erbrachten Leistungen nicht. Davon ausgenommen sind 107 die Leistungen im Rahmen einer Private Cloud; aber auch Leistungen einer Community Cloud könnte der Cloud-Anbieter auf Verlangen ohne Weiteres anpassen, vorausgesetzt, das Änderungsverlangen ist für die gesamte Community einheitlich.

108 Sofern der Cloud-Anbieter in seinem Angebot und seinen AGB die Möglichkeit, qualitative Änderungen zu verlangen, nicht vorsieht, bleibt dem Cloud-Kunden, sofern er auf die Änderungen angewiesen ist, nur die Kündigung des Vertrags oder der Leistung. Nur in Ausnahmefällen käme eine Vertragsanpassung nach dem Institut der Störung der Geschäftsgrundlage (§ 313 BGB) in Betracht. Auch deshalb sollte der Cloud-Kunde auf kurze Laufzeiten oder zumindest für ihn kurze Kündigungsfristen des Cloud Computing-Vertrags achten.

J. Subunternehmer

! **Checkliste**

Gesetzliche Ausgangslage:
- § 613 BGB
- § 631 BGB
- § 664 BGB

Regelungsmöglichkeit:
- Cloud-Anbieter erhält Recht, Dritten die Ausführung der Leistungen zu überlassen oder Dritte in die Ausführung des Vertrags mit einzubinden

Einschränkungen durch AGB-Recht:
- Inhaltskontrolle
- Regelung muss transparent sein

109 Im Cloud Computing wird sich der Cloud-Anbieter häufig, wenn nicht in der Regel, der Leistungen Dritter zur Erfüllung seiner vertraglichen Verpflichtungen bedienen wollen.

110 Nach allgemeinen rechtlichen Grundvorstellungen hat derjenige die vertragsgemäßen Leistungen zu erbringen, der den Vertrag abschließt (§ 613 BGB – Dienstvertrag, § 631 BGB – Werkvertrag, § 664 BGB – Auftrag). Der Cloud-Anbieter benötigt deshalb eine vertragliche **Erlaubnis**, die Leistungen auch mithilfe von Dritten erbringen zu dürfen.

111 Während in individualvertraglichen Regelungen alle möglichen Spielarten denkbar sind, hat sich eine Klausel in AGB an § 307 BGB messen zu lassen. Das Recht des Cloud-Anbieters darf den Cloud-Kunden nicht unangemessen benachteiligen. Daraus folgt vor allen Dingen, dass die **Kriterien für eine Weiterverlagerung** an einen Subunternehmer klar geregelt sein müssen und dass der Cloud Computing-Vertrag für den Fall des Einsatzes von Subunternehmern keine Abweichungen von den Leistungs- und Einstandspflichten des Cloud-Anbieters zum Nachteil des Kunden vorsehen darf. Im eigenen Interesse sollte der Cloud-Anbieter die von ihm gegenüber

dem Kunden übernommenen Pflichten spiegelbildlich im Vertrag mit dem Subunternehmer abbilden.

Soweit der Cloud-Kunde personenbezogene Daten durch den Cloud-Anbieter verarbeiten lässt oder einer regulierten Industrie angehört, muss er aus dem Datenschutzrecht oder der jeweiligen Regulierung folgende **Besonderheiten** berücksichtigen. Gegebenenfalls bedarf jede einzelne Weiterverlagerung, jedenfalls wesentlicher Tätigkeiten, der Zustimmung. Dementsprechend sollte der Cloud-Anbieter ein transparentes Verfahren für die Einschaltung von Subunternehmern vorsehen und sicherstellen, dass er dem Cloud-Kunden jederzeit Auskunft darüber erteilen kann, wer als Subunternehmer eingeschaltet ist.[56] 112

Für die Berechtigung des Subunternehmers, weitere Subunternehmer einzuschalten, gilt Entsprechendes. Die weitere Entfernung zu dem Cloud-Kunden darf nicht dazu führen, dass dieser von etwaigen im Verhältnis zwischen dem Subunternehmer und seinen Subunternehmern vereinbarten geringeren Anforderungen beeinträchtigt wird. 113

Deshalb sollte der Cloud Computing-Vertrag aus Sicht des Cloud-Kunden klare Regelungen zur Möglichkeit einer Weiterverlagerung durch Subunternehmer enthalten. 114

K. Vergütungs- und Abrechnungsmodelle

Checkliste !

Gesetzliche Ausgangslage:
- keine Vorgaben
- Auffangregelungen, wenn der Vertrag keine Vergütungsregelung enthält

Regelungsmöglichkeit:
- Vereinbarung der Vergütung für die vertragsgegenständlichen Leistungen
- oft nutzungsabhängig (Pay per Use)
- Pauschalen
- Differenzierung anhand der Leistungen
- Kombination verschiedener Modelle

Einschränkungen durch AGB-Recht:
- grundsätzlich keine Einschränkungen durch AGB-Recht
- Regelung muss transparent sein
- Nebenabreden zu Zahlungsmodalitäten oder Nebenleistungen unterliegen Inhaltskontrolle

56 Zu den datenschutzrechtlichen Aspekten der Leistungserbringung durch Subunternehmer siehe Kap. 5 Rn 20 und 55.

I. Ausgangspunkt

115 Ein großer Vorteil des Cloud Computings ist aus der Sicht des Cloud-Kunden die Möglichkeit, nur die Leistungen in Anspruch zu nehmen, die er gerade benötigt und auch nur dafür zu zahlen (Pay per Use). Diese Flexibilität ist im Vertrag umzusetzen.

116 In den meisten Fällen wird das Cloud Computing-Angebot eine nutzungsabhängige Vergütung vorsehen. Je nach zugrunde liegendem Cloud-Dienst (IaaS, PaaS oder SaaS) haben sich unterschiedliche Vergütungs- und Abrechnungsmodelle entwickelt.[57]

1. IaaS und PaaS

117 Die in der Praxis üblichen Vergütungs- und Abrechnungsmodelle für Infrastructure as a Service- und Plattform as a Service-Angebote sind weitestgehend gleichartig. Der Preis wird in der Regel anhand des Zusammenspiels folgender vier Faktoren[58] gebildet:

- **CPU-Leistung**, dem **Hauptspeicherausbau** oder der **Art des Betriebssystems** sowie nach der jeweiligen **Rechenzeit**
- genutzter **Speicherplatz** und **Datentransport von und zum virtuellen Speicher**
- **Datenverkehr von und zum Internet**
- Nutzung einer **speziellen Software** oder **spezieller Schnittstellen**

Pauschalen wird der Cloud-Anbieter insbesondere hinsichtlich der Bereithaltung der Angebote vorsehen, um eine gewisse Kostensicherheit zu erzielen.

2. SaaS

118 Bei Software as a Service-Angeboten gibt es einen bunten Strauß an Vergütungs- und Abrechnungsmodellen. In Abhängigkeit von der jeweiligen Anwendung (z.B. Collaboration, ERP oder CRM) divergieren diese sehr stark voneinander.[59]

119 Auch bei SaaS steht die Abrechnung nach Verbrauch im Vordergrund. Pauschalvergütungen und die Kombination zwischen verbrauchsabhängigen und pauschal verrechneten Elementen finden sich insbesondere bei geringem Nutzungsumfang

57 Vgl. BITKOM, Leitfaden Cloud Computing, S. 46 f., abrufbar unter http://www.bitkom.org/de/themen/36129_61111.aspx.

58 Vgl. BITKOM, Leitfaden Cloud Computing, S. 46 f., abrufbar unter http://www.bitkom.org/de/themen/36129_61111.aspx.

59 Siehe zu diversen Beispielen für Abrechnungsmodelle BITKOM, Leitfaden Cloud Computing, S. 47, abrufbar unter http://www.bitkom.org/de/themen/36129_61111.aspx.

oder kleineren Installationen. Die Vergütung kann beispielsweise aus einem **Preis pro Anwendung oder Nutzer** errechnet werden.[60] Ebenfalls möglich ist die **pauschale Abrechnung nach einem vorgegebenen Datenvolumen.**[61] Bei einer Überschreitung wird dann eine zusätzliche Vergütung entweder für die nächste pauschal vergütete Stufe oder nach Verbrauch berechnet.

II. Vertragsgestaltung

Vergütungsregelungen kann der Cloud-Anbieter **weitestgehend frei** vorgeben. 120

1. Allgemeine Grenzen

Materiell-rechtlich findet die Vertragsfreiheit ihre Grenzen im Wucherverbot (§ 138 121 Abs. 2 BGB). Diese Grenze ist theoretisch. Im Bereich des Cloud Computings ist zwar gut vorstellbar, dass Leistung und Gegenleistung in einem auffälligen Missverhältnis zueinander stehen. Dagegen ist aber kaum denkbar, dass der Cloud-Anbieter den Vertragsabschluss unter Ausnutzung einer Zwangslage, der Unerfahrenheit, des mangelnden Urteilsvermögens oder einer erheblichen Willensschwäche des Cloud-Kunden erreicht hat.

Auch eine Sittenwidrigkeit der Vergütung gem. § 138 Abs. 1 BGB aufgrund eines 122 besonders groben Missverhältnisses zwischen Leistung und Gegenleistung ist zwar grundsätzlich denkbar; ein solches bejaht die Rechtsprechung dann, wenn der Wert der Leistung den der Gegenleistung um mehr als 100 % übersteigt.[62] Für eine Sittenwidrigkeit ist daneben auch noch ein Handeln aus verwerflicher Gesinnung erforderlich, wofür im Verkehr zwischen Unternehmern und Verbrauchern eine tatsächliche Vermutung besteht.[63] Allerdings dürfte eine Sittenwidrigkeit in der Praxis bereits deshalb ausscheiden, weil für eine Cloud-Leistung ein objektiver „Wert" nicht angesetzt werden kann, da auch vergleichbare Cloud-Angebote sich durch zahlreiche wertbildende Merkmale unterscheiden (Service Level, Serverstandorte, Schnittstellen etc.). Bilden sich zukünftig allerdings standardisierte, hinsichtlich dieser Faktoren nahezu identische Cloud-Lösungen heraus, dürfte die marktübliche Vergütung für die Nutzung solcher Lösungen einen Referenzpunkt darstellen, der insbesondere im Verbraucherverkehr nicht derart überschritten werden darf, dass ein besonders grobes Missverhältnis vorliegt.

60 *Splittgerber/Rockstroh*, BB 2011, 2179, 2183.
61 *Splittgerber/Rockstroh*, BB 2011, 2179, 2183.
62 Palandt/*Ellenberger*, § 138 Rn 34a m. Nachweisen aus der BGH-Rechtsprechung.
63 Palandt/*Ellenberger*, § 138 Rn 34a.

2. AGB-Recht

a) Preisvereinbarung

123 Die Vertragsfreiheit wird durch das AGB-Recht bei Preisvereinbarungen nicht eingeschränkt. Es gibt keine gesetzlichen Regelungen zu Preisen oder zur Bildung von Preisen, von denen die Regelungen in den AGB abweichen könnten (§ 307 Abs. 3 S. 1 BGB).

124 Eine Unwirksamkeit der Regelung zu der Vergütung kann sich aber aus einem Verstoß gegen das **Transparenzgebot** ergeben (§ 307 Abs. 3 S. 2 BGB). Die Rechtsfolge der Unwirksamkeit der Vergütungsabrede wäre, dass der Cloud-Kunde eine im Wirtschaftsverkehr übliche Vergütung schuldet. Beim Dienst- und Werkvertrag ist dies ausdrücklich im Gesetz geregelt (§ 612 Abs. 2 BGB für den Dienstvertrag, § 632 Abs. 2 BGB für den Werkvertrag). Beim Mietvertrag sind diese Grundregeln entsprechend anzuwenden.[64] Die übliche Vergütung wäre durch einen Vergleich der am Markt angebotenen ähnlichen Leistungen zu ermitteln, wobei sich hierbei dieselben Probleme stellen wie bei der Bewertung eines objektiven Werts der Leistung (siehe Rn 122).

b) Vereinbarungen im Umfeld der Preisvereinbarung

125 Regelungen, die nur mittelbar auf den Preis einen Einfluss haben und an deren Stelle dispositives Gesetzesrecht treten könnte, unterliegen dagegen uneingeschränkt der Klauselkontrolle anhand des AGB-Rechts.

aa) Regelungen zur Fälligkeit

126 So weichen beispielsweise Regelungen zur Fälligkeit oft von den gesetzlichen Regelungen ab. Die Miete (§ 579 BGB), die Vergütung für Dienste (§ 614 BGB) und die Vergütung von Werkleistungen (§ 641 BGB) werden erst im Nachhinein fällig. Ob in der Abweichung eine unangemessene Benachteiligung liegt, lässt sich nicht pauschal beurteilen. Vielmehr ist das Gesamtgefüge des Vertrags zu bewerten. Insbesondere, wenn der Cloud-Kunde durch diese Regelung von der Geltendmachung anderer Rechte abgehalten wird, kann die Regelung unangemessen sein.

bb) Nichtinanspruchnahme von Leistungen – Mindestabnahme

127 Auch Regelungen, die die Abnahme einer Mindestmenge an Leistungen vorsehen und dem Anbieter eine Abrechnung unabhängig davon erlauben, ob der Cloud-Kunde die vorgesehene Menge abgenommen hat, werden in der Regel den Cloud-Kunden unangemessen benachteiligen und unwirksam sein. Durch eine solche Regelung weicht

64 BGH, Urt. v. 31.1.2003 – V ZR 333/01 –.

der Cloud-Anbieter von den Schadensersatzregelungen ab (§§ 280 ff. BGB).[65] Denn nach Schadensersatzrecht müsste der Cloud-Kunde nur die durch die Minderabnahme tatsächlich verursachten Vermögensnachteile ausgleichen. Außerdem müsste sich der Cloud-Anbieter anrechnen lassen, was er an Aufwendungen erspart oder anderweitig erwirbt.

Der Cloud-Anbieter kann dieses Risiko vermeiden, indem er Preise unabhängig von der tatsächlichen Abnahme von Leistungen gestaltet. 128

Praxistipp

Die Vereinbarung von Mindest- oder Pauschalvergütungen ist grundsätzlich unbedenklich. Auch die Vereinbarung von Pauschalen in Stufen, jeweils bis zum Erreichen bestimmter Mengen, ist denkbar. Der Cloud-Anbieter kann die Ausgewogenheit der Regelung dadurch herstellen, dass er dem Cloud-Nutzer in nicht zu langen Abständen den Wechsel von einem Pauschalbereich in den anderen ermöglicht.[66]

Fettnapf

Dieses Beispiel zeigt überdeutlich, wie vorsichtig AGB formuliert werden müssen. Wirtschaftlich stellt eine Regelung zur Mindestabnahme und einer Kompensationspflicht im Falle einer Minderabnahme dasselbe dar wie eine Mindest- oder Pauschalvergütung bis zur Abnahme bestimmter Mengen. Rechtlich ist jedoch ersteres eine mit AGB-Recht nicht vereinbarte Abweichung vom dispositiven Schadensersatzrecht, letzteres eine wirksame Regelung zum Preis.

cc) Preisänderung

Bei Preisänderungsklauseln ist ebenfalls Vorsicht geboten. Sie müssen nicht nur den Anforderungen des Preisklauselgesetzes genügen, sondern unterfallen ebenfalls der Inhaltskontrolle. Während Klauseln, die lediglich die Preisänderungen bei Kostenfaktoren weitergeben und dabei in einer Gesamtschau Preiserhöhungen und Preisminderungen berücksichtigen, in der Regel nicht zu beanstanden sind, sind Klauseln als unangemessen zu bewerten, die dem Cloud-Anbieter während der Vertragslaufzeit die Möglichkeit einer Gewinnsteigerung eröffnen.[67] 129

Praxistipp

Der Cloud-Anbieter sollte in Preisänderungsklauseln ausschließlich für seine Leistungen relevante Kostenfaktoren als Auslöser für Preisänderungen vorsehen. Außerdem sollte er nicht nur etwaige Kostensteigerungen für die Preisänderung kalkulieren, sondern auch sämtliche relevanten Minderkosten einbeziehen.

65 Vgl. BGH, Urt. v. 22.11.2012 – VII ZR 222/12 – Rn 21.
66 Ähnlich *Splittgerber/Rockstroh*, BB 2011, 2179, 2183.
67 BGH, Urt. v. 24 3.2010 – VIII ZR 178/08 – Rn 26.

c) Preise für Zusatzleistungen

130 Der Cloud-Anbieter ist bei der Gestaltung seiner Preise für Leistungen, die er zusätzlich oder neben seinen eigentlichen Leistungen anbietet, frei. Diese Freiheit besteht aber nur bei echten zusätzlichen Leistungen. Für Leistungen, die er bereits als Nebenpflichten zu seinen Hauptleistungen schuldet, kann er kein zusätzliches Entgelt in AGB vereinbaren.

131 Vorsicht ist insbesondere bei der Vereinbarung einer Vergütung für Wartungs-, Pflege- und Supportleistungen geboten. Eine Vergütung würde den Cloud-Kunden unangemessen benachteiligen, wenn der Cloud-Anbieter diese Leistungen ohnehin schuldet. Da die gesetzlichen Regelungen die Begriffe Wartung, Pflege und Support nicht kennen, ist die jeweilige Leistungsbeschreibung mit den gesetzlichen Regelungen für die Hauptleistung zu vergleichen. Sofern die als Wartung, Pflege oder Support bezeichneten Leistungen Elemente enthalten, die der Cloud-Anbieter bereits im Rahmen seiner Instandhaltungspflichten aus einem Mietvertrag oder Gewährleistungspflichten aus einem Werkvertrag schuldet, würde der Cloud-Kunde unangemessen benachteiligt, weil er zumindest für diese Leistungsbestandteile zweimal zur Kasse gebeten würde.

Praxistipp

Der Cloud-Anbieter muss vermeiden, sich bereits aus seinen Hauptpflichten ergebende Nebenpflichten als gesonderte Leistungen zu beschreiben und ein zusätzliches Entgelt dafür vorzusehen. Das gilt insbesondere für seine Instandhaltungs- oder Gewährleistungspflichten. Oft sind die als Wartung beschriebenen Zusatzleistungen mit diesen Pflichten inhaltsgleich. Der Cloud-Anbieter sollte gegebenenfalls das für die Wartung vorgesehene Entgelt in die Vergütung der Hauptleistungen einkalkulieren und, sofern er es zeigen möchte, als einen Bestandteil ausweisen.

---

3. Pflichten des Cloud-Kunden

Checkliste

Gesetzliche Ausgangslage:
- Pflicht zur Entrichtung der vereinbarten Vergütung
- Pflicht, Voraussetzungen zu schaffen und Hindernisse zu beseitigen, §§ 242, 642 BGB
- Pflicht zur Rücksichtnahme auf die Rechtsgüter und Interessen des Vertragspartners, § 241 Abs. 2 BGB

Regelungsmöglichkeit:
- Statuierung einzelner Pflichten des Cloud-Kunden
- Benennung von Obliegenheiten

Einschränkungen durch AGB-Recht:
- Inhaltskontrolle
- Pflichten des Cloud-Kunden dürfen eigentliche Leistungspflicht des Cloud-Anbieters nicht aushöhlen
- keine Überraschungen

Regelungen zu den Pflichten des Cloud-Kunden nehmen oft einen breiten Raum in Cloud Computing-Verträgen ein. Gegenstände können beispielsweise sein: 132
- Keine missbräuchliche Nutzung des Cloud-Dienstes, insbesondere
  - Keine rechts- oder sittenwidrigen Inhalte
- Beachtung von Urheberrechten und gewerblichen Schutzrechten Dritter
- Vertrauliche Behandlung von persönlichen Zugangsdaten
- Beachtung des Datenschutzrechts und der Persönlichkeitsrechte Dritter
- Keine Gefährdung der Systeme des Cloud-Anbieters
- Freistellung des Cloud-Anbieters, wenn diesem durch die Art und Weise der Nutzung des Cloud-Dienstes durch den Cloud-Kunden Verfahren drohen oder Schäden entstehen

Bei vielen dieser Regelungsgegenstände stellt sich die Frage, warum sie überhaupt einer Erwähnung bedürfen. Es handelt sich vielfach um **Selbstverständlichkeiten**, die sich unmittelbar aus der gegenseitigen Treuepflicht von Vertragspartnern aus § 242 BGB ergeben. Auch die Rechtsnatur der einzelnen Verpflichtungen ist nicht immer klar. Es kann sich um eigenständige vertragliche Pflichten des Cloud-Kunden handeln, auf deren Einhaltung der Cloud-Anbieter einen Anspruch hat und deren Verletzung einen Schadensersatzanspruch oder ein Kündigungsrecht des Cloud-Anbieters nach sich zieht; oft, vielleicht sogar meistens, handelt es sich um bloße **Obliegenheiten** des Cloud-Kunden, deren Verletzung nur im Zusammenhang mit der Frage zu berücksichtigen ist, ob der Cloud-Kunde einen ihm entstandenen Schaden durch die Verletzung der Obliegenheit mitverursacht hat (§ 254 BGB). 133

Während in individuell ausgehandelten Verträgen nahezu alle Gestaltungen möglich sind, muss der Gestalter von AGB stets darauf achten, das eigentliche Leistungsversprechen durch die Gestaltung der Pflichten des Cloud-Kunden nicht einzuschränken, da die Einschränkung als Beschränkung der Haftung gewertet werden kann und dann unwirksam wäre. 134

Gerade bei der Regelung von Pflichten des Cloud-Kunden besteht das Risiko, Regelungen zu treffen, die ungewöhnlich und überraschend sind und deshalb nicht Bestandteil der AGB werden (§ 305c BGB). 135

Praxistipp !

Selbstverständlichkeiten bedürfen keiner Regelung. Eine Information über allgemeine Rechtspflichten kann außerhalb des Vertragstextes erfolgen. Bei der Vertragsgestaltung ist insbesondere darauf zu achten, dass „besondere" Regelungen nicht zwischen Banalitäten versteckt werden und damit das Risiko der Unwirksamkeit wegen Überraschung (§ 305c Abs. 1 BGB) steigt.

L. Gewährleistungsklauseln

Checkliste
Gesetzliche Ausgangslage:
- Katalog von Gewährleistungsrechten im Miet- und Werkvertragsrecht
- keine Gewährleistung bei Dienstverträgen

Regelungsmöglichkeit für Kunden:
- Verpflichtung zur unbefristeten Fehlerbeseitigung durch Anbieter

Regelungsmöglichkeit für Anbieter:
- Beschränkung/Ausschluss der Gewährleistung (im Individualvertrag)
- insbesondere AGB-Leistungsbeschreibung dem anpassen, für das er einstehen will
- ggf. vorhandene Mängel offenbaren

Einschränkungen durch AGB-Recht:
- Mietrecht
- § 307 BGB
- keine Bestätigung der Mängelfreiheit
- Gewährleistungsausschluss bedingt möglich, AGB-Festigkeit zweifelhaft
- kein pauschaler Ausschluss des Minderungsrechts
- Ausschluss des Selbstvornahmerechts möglich
- Werkvertragsrecht
- §§ 307, 309 Nr. 8 lit. b BGB
- kein vollständiger Gewährleistungsausschluss
- Beschränkung auf Rücktrittsrecht denkbar

136 Das Gesetz gewährt Mängelrechte bei **Kauf-, Werk- und Mietverträgen**, nicht jedoch bei Dienstverträgen. Im Falle der Schlechterfüllung eines Dienstvertrages bleiben dem Cloud-Kunden ausschließlich Schadensersatzansprüche aufgrund von Pflichtverletzungen (§§ 280 ff. BGB).

137 Während die Parteien eines Cloud Computing-Vertrags im Rahmen von Individualvereinbarungen etwaige Mängelrechte des Cloud-Kunden vollständig ausschließen können, kann der Cloud-Anbieter die Mängelrechte der Cloud-Kunden durch AGB **kaum beschränken**. Die auch im Cloud Computing beliebten „As is"-Klauseln führen nicht zu einer Einschränkung der Gewährleistung, wenn der Zustand „As is" von dem aus der Leistungsbeschreibung zu entnehmenden Sollzustand abweicht.

138 Für Mängelrechte findet sich eine ausdrückliche Regelung mit zahlreichen Klauselverboten in § 309 Nr. 8 lit. b BGB. Sie schränkt die Vertragsfreiheit bei Kauf- und Werkverträgen weitgehend ein. Diese Regelung ist auch im unternehmerischen Verkehr über §§ 310, 307 BGB zu beachten. § 309 Nr. 8 lit. b BGB enthält allerdings keine Regelungen zu Mietverträgen, sodass insoweit ein etwas größerer Spielraum besteht.

Fettnapf
Soweit die Gewährleistung in AGB ausgeschlossen werden soll, ist zusätzlich zum nachfolgend Erörterten grundsätzlich darauf zu achten, dass die Haftung für Verletzung von Leben, Körper, Gesundheit und für grobe Fahrlässigkeit (§ 309 Nr. 7 BGB)[68] durch einen Gewährleistungsausschluss nicht umgangen werden darf.[69] Der AGB-Verwender wird hier auch insoweit besonders sorgsam formulieren müssen.

I. Miete

Mietvertragliche Elemente finden sich in nahezu allen Cloud-Angeboten. Auch hinsichtlich der als Service zur Verfügung gestellten Software bei SaaS- und PaaS-Angeboten muss man angesichts der Rechtsprechung des BGH zu ASP-Verträgen[70] von Miete ausgehen. 139

Da § 309 Nr. 8 lit. b BGB keine Regelungen zum Mietrecht enthält, bleibt es hinsichtlich Regelungen in AGB, die die Mängelrechte des Cloud-Kunden einschränken, bei der Inhaltskontrolle nach der Generalklausel des § 307 BGB. 140

Das Mietrecht legt dem Cloud-Anbieter im Wesentlichen zwei Verpflichtungen auf, über deren Beschränkung er nachdenken wird: 141
- Überlassung des Mietgegenstandes in einem zum vertragsgemäßen Gebrauch geeigneten Zustand
- Erhaltung dieses Zustands während der Mietzeit (§ 535 Abs. 1 BGB)

Als Rechtsfolge für die Nichteinhaltung dieser Pflichten sieht das Gesetz explizit Minderung (§ 536 Abs. 1 BGB) und Schadensersatz (§ 536a Abs. 1 BGB) sowie das Recht des Mieters vor, den Mangel selbst zu beseitigen (Selbstvornahme, § 536a Abs. 2 BGB). Die Verpflichtung des Cloud-Anbieters zur Mangelbeseitigung regelt das Gesetz dagegen nicht ausdrücklich. Die Verpflichtung ergibt sich vielmehr aus der Verpflichtung, den Mietgegenstand während der Mietzeit in einem zum vertragsgemäßen Gebrauch geeigneten Zustand zu erhalten (§ 535 Abs. 1 BGB). 142

1. Anfängliche Mängel

Damit stellt sich zunächst die Frage, ob der Cloud-Anbieter seine Haftung dafür ausschließen kann, dass seine Leistung zum Zeitpunkt der Überlassung mangelfrei ist (Haftung für anfängliche Mängel). Dafür sind zwei Wege denkbar: 143

68 Siehe hierzu Rn 171.
69 Siehe zuletzt BGH, Urt. v. 9.10.2013 – VIII ZR 224/12 –.
70 BGH, Urt. v. 15.11.2006 – XII 120/04 –.

a) Bestätigung der Mangelfreiheit

144 Zum einen könnte sich der Cloud-Anbieter in seinen AGB bestätigen lassen, dass die Software zum Zeitpunkt des Vertragsbeginns oder der Überlassung vertragsgemäß funktioniert.

145 Damit suggeriert der Cloud-Anbieter, dass dem Cloud-Nutzer etwaige Mängel der Software **bekannt** sind. Als pauschale Regelung funktioniert dieser Ansatz jedoch nicht.

146 Rechtlich zielt eine solche Regelung auf § 536b BGB ab. Danach kann der Cloud-Nutzer Mängelrechte nicht geltend machen, wenn er die Mängel bei Vertragsschluss kannte. Allerdings folgt aus der gesetzlichen Regelung, dass der Cloud-Anbieter als Vermieter die Beweislast dafür trägt, dass der Cloud-Nutzer die Mängel tatsächlich kannte. Die Klausel stellt also eine **Beweislastumkehr** dar.

147 Gegenüber Verbrauchern ist eine Beweislastumkehr durch die Bestätigung von Tatsachen aber unwirksam, § 309 Nr. 12 BGB. Im Verkehr zwischen Unternehmern gilt nach Auffassung der Rechtsprechung nichts anderes.[71] Dabei gilt gegenüber Unternehmen Folgendes: Regelungen zur Beweislastumkehr unterliegen der Inhaltskontrolle nach § 307 BGB. Angesichts der häufig prozessentscheidenden Bedeutung der Beweislast und der Schwierigkeit, die Tragweite der Klausel bei Vertragsabschluss abzuschätzen, liegt in der pauschalen Bestätigung der Mängelfreiheit eine unangemessene Benachteiligung des unternehmerischen Cloud-Kunden.

148 Der Cloud-Anbieter könnte sich deshalb nur durch die **konkrete Angabe** von Mängeln etwa in der Leistungsbeschreibung oder in den AGB von seiner Haftung freizeichnen, denn dann kennt der Cloud-Nutzer den Mangel (§ 536b BGB). Das gilt auch gegenüber Verbrauchern. Eine solche Vorgehensweise findet, abgesehen von der Schwierigkeit, mangelhafte Leistungen an den Mann zu bringen, ihre Grenze lediglich darin, dass die entsprechenden Regelungen transparent sein müssen (§ 307 Abs. 1 S. 2 BGB) und nicht überraschend sein dürfen (§ 305c Abs. 1 BGB).

! **Praxistipp**

Der Cloud-Anbieter kann sich von seiner Haftung für anfängliche Mängel freizeichnen, indem er die Mängel dem Cloud-Kunden vor Abschluss des Vertrags offenbart.

---

b) Gewährleistungsausschluss für anfängliche Mängel

149 Zum anderen könnte der Cloud-Anbieter die Gewährleistung für anfängliche Mängel ausschließen.

150 Nach herrschender Meinung[72] soll dies jedenfalls für die verschuldensunabhängige Mängelgewährleistung möglich sein. Dabei bezieht sich diese Meinung auf eine

---

71 OLG Frankfurt am Main, Urt. v. 7.6.1985 – 6 U 148 – NJW-RR 1986, 245, 246.

72 Z.B. v. Westphalen/Thüsing/*Hoeren*, IT-Verträge Rn 169.

gefestigte Rechtsprechung zum formularmäßigen Ausschluss der Sachmängelhaftung bei Gewerberaummiete.[73] Auf der anderen Seite soll ein vollständiger Ausschluss von Gewährleistungsrechten durch AGB nicht möglich sein.[74] Beides passt jedoch nicht zusammen. Der Ausschluss der verschuldensunabhängigen Haftung für anfängliche Mängel führt nämlich zu einem **vollständigen Ausschluss** der Gewährleistungsrechte für diesen Mangel. Der Cloud-Kunde als Mieter hätte keinen Anspruch auf die Beseitigung des Mangels. Er müsste den Mangel während der gesamten Mietzeit hinnehmen. Im Falle der Vermietung von Software, also bei SaaS-Angeboten, führte dies sogar zu einem vollständigen Gewährleistungsausschluss. Denn bei Software gibt es nur anfängliche Mängel. Schließlich ändert Software sich grundsätzlich im Laufe der Zeit nicht. Daran ändert die ständige Lieferung von Updates beispielsweise im Rahmen einer Pflege- und Wartungsverpflichtung nichts. Mängel der Updates können die Software nachteilig verändern. Sie sind anfängliche Mängel des Updates; sie können aber als nachträgliche Mängel der ursprünglichen Software gewertet werden, sofern sie die zuvor vorhandene (mangelfreie) Situation verändern. Ein Mangel, der sowohl in der ursprünglichen als auch in der neu gelieferten Software vorhanden ist, bleibt ein anfänglicher Mangel.

Damit würde die zentrale Verpflichtung des Cloud-Anbieters als Vermieter **ausgehöhlt**. Er müsste die Mietsache, die er mit einem Mangel überlassen hat, nicht in einen zum vertragsgemäßen Gebrauch geeigneten Zustand bringen. Dies dürfte mit den wesentlichen Grundgedanken des Mietrechts nicht zu vereinbaren sein und der Cloud-Anbieter müsste im Streitfall damit rechnen, dass ein Gericht den Ausschluss der Gewährleistung für anfängliche Mängel für unwirksam hält. Dabei kommt es im Zweifel auch nicht darauf an, ob sich der Ausschluss auf verschuldensunabhängige Mängelrechte beschränkt. 151

Anders wäre dies zu beurteilen, wenn der Vertrag hinsichtlich der Mängelrechte differenziert und sich auch bei anfänglichen Mängeln nicht auf den platten Ausschluss der Mängelrechte beschränkt. Solange der Cloud-Kunde die – **nachträgliche** – Beseitigung des Mangels verlangen kann, erscheint der Ausschluss anderer Mängelrechte, also des Minderungsrechts und auch des Rechts zur Selbstvornahme, in der Tat unbedenklich. 152

Praxistipp !

Auch wenn es eine herrschende Meinung gibt, die eine Freizeichnung für anfängliche Mängel allgemein für möglich erachtet, sollte eine entsprechende Regelung in AGB vorsehen, dass der Cloud-Kunde die Beseitigung des Mangels für die Zukunft verlangen kann. Der Ausschluss sollte sich auf das Minderungsrecht und das Recht zur Selbstvornahme beschränken.

73 BGH, Beschl. v. 4.10.1990 – XII ZR 46/90 –.

74 v. Westphalen/Thüsing/*Hoeren*, IT-Verträge Rn 167.

2. Nachträgliche Mängel

153 Nachträgliche Mängel sind Mängel, die erst während der Mietzeit, also nach Überlassung der Mietsache entstehen.

154 Nachträgliche Mängel setzen in den meisten Fällen eine **Veränderung** der Mietsache voraus. Nachträgliche Veränderungen sind bei Software als Gegenstand der Miete grundsätzlich ausgeschlossen. Software verändert sich im Gegensatz zu vielen anderen Gegenständen, die Gegenstand eines Mietvertrags sein können, nicht durch die Nutzung. Eine Abnutzung findet nicht statt. Ein Update, das keine Änderungen des von dem Mangel betroffenen Bereichs der Software beinhaltet, ändert daran nichts. Lediglich neue Mängel des Updates können als nachträgliche Mängel der ursprünglich insoweit fehlerfrei überlassenen Software gewertet werden.

155 Änderungen der Software können aber beispielsweise durch Parametrisierungen (Einstellungen) des Cloud-Kunden oder eines Dienstleisters, den der Kunde mit der Anpassung der Software beauftragt hat, entstehen. Software kann durch Parametrisierungen unbrauchbar werden, entweder weil die gesetzten Parameter fehlerhaft sind oder weil durch die Parametrisierung anfängliche Mängel zum Vorschein treten. Für vom Cloud-Kunden oder dessen Dienstleister falsch gesetzte Parameter ist der Anbieter – soweit dieser den Kunden ausreichend aufgeklärt oder die erforderliche Dokumentation zur Verfügung gestellt hat – nicht verantwortlich und die Haftung für anfängliche Mängel kann im Rahmen des soeben Erörterten ausgeschlossen werden. In diesen Fällen kann der Mieter keine auf das Vorliegen eines nachträglichen Mangels gestützten Rechte geltend machen.

156 Ein nachträglicher Mangel kann auch durch die **Veränderung des Umfelds,** etwa durch Gesetzesänderungen entstehen, wenn dadurch der vertragsgemäße Gebrauch der Mietsache beeinträchtigt wird. Ob dies der Fall ist, hängt von der konkreten Beschreibung des Mietgegenstandes ab.

157 Die Einordnung von während der Mietzeit zum Vorschein tretenden Mängeln erfolgt oft **nicht konsequent**. Für den Cloud-Kunden ergibt sich bei konsequenter Beantwortung der Frage, ob der Mangel anfänglich oder nachträglich aufgetreten ist, das Risiko, dass er die Beseitigung von Mängeln nicht oder jedenfalls nicht ohne zusätzliche Vergütung verlangen kann, weil im schlechtesten Fall alle Mängel anfängliche Mängel sind, für die die Haftung ausgeschlossen ist, wenn man entgegen dem vorstehend Dargelegten der herrschenden Meinung folgt.

! **Praxistipp**

Der **Cloud-Kunde** sollte sich auf die aus dieser akademischen Diskussion folgenden Risiken nicht einlassen. Es sollte deshalb darauf achten, dass das Cloud-Angebot eine permanente Fehlerbeseitigung im Rahmen von Wartung und Pflege enthält. An dem Umstand, dass der Cloud-Anbieter hierfür eine weitere Vergütung verlangt, muss er sich nicht stören.[75] Der Cloud-Anbieter würde diesen Teil der

75 Zur Wirksamkeit einer solchen Regelung vgl. Rn 131.

Vergütung, wenn er die Tätigkeiten im Rahmen der Mangelbeseitigung ausführen müsste, im Zweifel auf die vereinbarte Vergütung aufschlagen.

Der **Cloud-Anbieter** sollte, wenn er nicht der Hersteller der Software ist, darauf achten, dass er – soweit die Mängel die Software selbst und nicht etwa die Infrastruktur betreffen – seine Verpflichtungen zur Mangelbeseitigung auf die Weitergabe der Leistungen beschränkt, die er von dem Softwarehersteller erhält. Hierzu sollte er seine Haftung für anfängliche Mängel ausschließen und die von ihm angebotene Wartung und Pflege auf die Weitergabe der Vorleistungen des Softwareherstellers beschränken. Da der Cloud-Anbieter sich nicht auf die AGB-Festigkeit seiner haftungsbeschränkenden Regelungen verlassen kann, sollte er bereits sein Leistungsversprechen so formen, dass die von ihm nicht zu leistenden Elemente nicht enthalten sind.[76]

Sofern Speicher, Server oder eine bestimmte Infrastruktur Gegenstand der Leistungen des Cloud-Anbieters sind, kommt eine **Verschlechterung** während der Mietzeit ohne Weiteres in Betracht. 158

Die Erhaltung der Mietsache während der Mietzeit ist eine wesentliche Verpflichtung aus dem Mietvertrag. Der Cloud-Anbieter kann diese Verpflichtung weder vollständig ausschließen, noch wesentlich beschränken. Auch eine Übertragung der **Erhaltungspflicht** durch AGB auf den Cloud-Kunden ist nicht vorstellbar. Individualvertraglich wäre die Übertragung auf den Mieter zwar theoretisch möglich; da der Cloud-Kunde jedoch keinerlei unmittelbaren Zugriff auf die im Wege von Cloud-Diensten zur Verfügung gestellte Hardware hat, wäre ihm die Erhaltung überhaupt nicht möglich. Eine entsprechende Verpflichtung würde ihn unangemessen benachteiligen. 159

Die Abwälzung der Kosten für die Erhaltung der Mietsache erscheint dagegen, zumindest gegenüber Unternehmern, grundsätzlich denkbar, solange die Kosten für den Cloud-Kunden transparent und so bemessen sind, dass weder die gesamte Sachgefahr auf den Cloud-Kunden übergeht, noch Kosten entstehen können, die in keinem Verhältnis zum Wert der Cloud-Services stehen. Dementsprechend wäre gegen eine Kostenpauschale nichts einzuwenden. 160

3. Minderung

Der Cloud-Anbieter kann in seinen AGB das Recht des Cloud-Kunden nicht ausschließen, die Vergütung beim Vorhandensein von Mängeln gem. § 536 Abs. 1 BGB zu mindern. Das gilt sowohl gegenüber Verbrauchern als auch Unternehmern. Der vollständige Ausschluss des Minderungsrechts lässt sich mit dem wesentlichen Grundgedanken des Minderungsrechts nach § 536 Abs. 1 BGB nicht vereinbaren und wäre 161

---

76 Vgl. auch Rn 73 ff., 89 ff.

deshalb nach § 307 Abs. 2 Nr. 1 BGB unwirksam.[77] Eine Modifikation des Minderungsrechts dahin, dass die Minderung im Wege des Ausgleichs der bei dem Cloud-Anbieter eingetretenen Bereicherung geltend gemacht werden muss, wäre dagegen im unternehmerischen Verkehr in Abhängigkeit von der Fassung der Klausel denkbar.

! **Fettnapf**
Wenn der Cloud-Kunde den Mangel bei Vertragsschluss oder bei Annahme der Leistungen kennt, kann er nicht mindern; es sei denn, er behält sich im letzteren Fall dieses Recht bei Annahme vor (§ 536b BGB).

---

4. Selbstvornahme

162 Der Mieter kann nach § 536a Abs. 2 BGB etwaige Mängel der Mietsache auf Kosten des Vermieters selbst beseitigen, wenn der Vermieter mit der Beseitigung des Mangels in Verzug ist oder die umgehende Beseitigung zur Erhaltung der Mietsache erforderlich ist. Zwar wird pauschal vertreten, dass ein Ausschluss des Selbstvornahmerechts in AGB wegen eines Verstoßes gegen § 307 Abs. 1 Nr. 1 BGB unwirksam sei.[78] Für die hier betrachteten Cloud-Verträge muss aber anderes gelten: Der Cloud-Anbieter kann dieses Recht in seinen AGB **ausschließen**, soweit er seine Haftung für Vorsatz und grobe Fahrlässigkeit sowie die Verletzung von Leben, Körper oder Gesundheit dadurch nicht einschränkt. Das gilt auch gegenüber Verbrauchern. Denn der Cloud-Kunde ist nicht im Besitz der Mietsache und könnte deshalb den Mangel nicht ohne Weiteres beseitigen. Er müsste sich oder dem von ihm Beauftragten erst Besitz verschaffen, um den Mangel beseitigen zu können. Deshalb weicht der Cloud-Anbieter mit dem Ausschluss dieses Rechts des Cloud-Kunden nicht von wesentlichen Grundgedanken der gesetzlichen Regelungen i.S.v. § 307 Abs. 2 BGB ab; das Mietrecht geht schließlich grundsätzlich davon aus, dass die Mietsache im Besitz des Mieters ist.

II. Werk

163 Soweit Cloud-Angebote werkvertragliche Elemente enthalten, finden sich die Regelungen zu Mängelrechten in §§ 634 ff. BGB. Die Zulässigkeit der Beschränkung der Mängelrechte durch AGB richtet sich primär nach § 309 Nr. 8 lit. b BGB. Danach können Mängelrechte gegenüber Verbrauchern nur in engen Grenzen beschränkt werden. Die Spielräume sind im Verkehr zwischen Unternehmern kaum größer. Insoweit gelten im Wesentlichen dieselben Grundsätze gem. § 310 Abs. 1 BGB i.V.m. § 307 BGB. Im Einzelnen gilt Folgendes:

---

77 BGH, Urt. v. 23.4.2008 – XII ZR 62/06 – Rn 17 ff.
78 Palandt/*Weidenkaff*, § 536a Rn 7; MüKo-BGB/*Häublein*, § 536a Rn 31.

Der **vollständige Ausschluss** von Mängelrechten ist unzulässig (§ 309 Nr. 8b lit. aa BGB). Eine Beschränkung der Mängelrechte auf Rücktritt wäre aber möglich. Der Cloud-Kunde darf auch nicht auf Ansprüche gegen Dritte beschränkt werden; die AGB können jedoch vorsehen, dass der Cloud-Kunde sich zunächst außergerichtlich an Dritte, etwa Softwarehersteller oder IT-Dienstleister, zu halten hat, die der Cloud-Anbieter zur Erfüllung seiner Verpflichtungen gegenüber dem Cloud-Kunden hinzugezogen hat. Voraussetzung wäre insoweit, dass der Cloud-Anbieter seine Ansprüche gegen diese Dritten an den Cloud-Kunden abgetreten hat. 164

Der Cloud-Anbieter darf den Cloud-Kunden nicht auf die **Nacherfüllung** nach § 635 BGB beschränken (§ 309 Nr. 8b lit. bb BGB). Er muss dem Cloud-Kunden vielmehr für den Fall des Fehlschlagens der Nachbesserung das Recht zur Minderung oder zum Rücktritt einräumen. 165

Der Cloud-Anbieter darf außerdem dem Cloud-Kunden weder die für die Nacherfüllung erforderlichen Aufwendungen auferlegen, noch die Nacherfüllung von der vorherigen vollständigen Zahlung des Entgeltes abhängig machen (§ 309 Nr. 8b lit. cc, dd BGB). 166

Schließlich wären Klauseln in den AGB des Cloud-Anbieters unwirksam, die – gegenüber Verbrauchern – eine **Ausschlussfrist** für die Anzeige nicht offensichtlicher Mängel oder – sowohl gegenüber Verbrauchern als auch gegenüber Unternehmern – eine Verjährungsfrist vorsehen, die kürzer als ein Jahr ist (§ 309 Nr. 8b lit. ee, ff BGB). 167

M. Haftungsklauseln

Checkliste !

Gesetzliche Ausgangslage:
- Haftung für eigenes Verschulden, nämlich Vorsatz und Fahrlässigkeit (§ 276 Abs. 1 BGB)
- in gesetzlich besonders geregelten Fällen verschuldensunabhängige Haftung

Regelungsmöglichkeit:
- verschuldensabhängige Haftung individualvertraglich bis auf Vorsatz (§ 276 Abs. 3 BGB) einschränkbar

Einschränkungen durch AGB-Recht:
- Weitgehende Klauselverbote
- §§ 307, 309 Nr. 7 BGB
- Lösung über Leistungsbeschreibung

In individuell ausgehandelten Verträgen können die Parteien ihre Haftung **weitestgehend** ausschließen. Allein § 276 Abs. 3 BGB begrenzt diese Möglichkeit. Danach kann die Haftung für Vorsatz im Vorhinein nicht ausgeschlossen werden. Deshalb ist in einem Individualvertrag sogar der Ausschluss der Haftung für grobe Fahrlässigkeit möglich. Rein praktisch dürfte keine Vertragspartei den vollständigen Ausschluss 168 durchsetzen können. Beschränkungen der Haftung für grobe Fahrlässigkeit finden sich gelegentlich.

169 Der Cloud-Anbieter kann seine Haftung gegenüber dem Cloud-Kunden durch seine AGB jedoch allenfalls **theoretisch** einschränken.

170 Für Haftungsbeschränkungen durch AGB gegenüber Verbrauchern gilt § 309 Nr. 7 BGB. Diese Vorschrift verbietet die Beschränkung oder den Ausschluss der Haftung zum einen bei der Verletzung bestimmter Rechtsgüter und zum anderen bei grobem Verschulden.

171 Nach § 309 Nr. 7 lit. a BGB kann der Verwender der AGB die Haftung für die Verletzung von Leben, Körper oder Gesundheit weder für sich noch für seine gesetzlichen Vertreter oder Erfüllungsgehilfen einschränken. Auf den Grad des Verschuldens kommt es dabei nicht an.

! **Praxistipp**

Dass es beim Angebot von Cloud-Diensten zu einer Verletzung von Leben, Körper oder Gesundheit des Cloud-Kunden kommen kann, erscheint fernliegend.[79] Gleichwohl sollte eine in AGB aufgenommene Haftungsregelung diese Fälle von der Verletzung anderer Rechtsgüter differenzieren. Dies geschieht üblicherweise durch den Hinweis, dass der Verwender der AGB für die Verletzung von Leben, Körper oder Gesundheit unbeschränkt haftet. Anderenfalls besteht die Gefahr, dass eine im Übrigen wirksame Haftungsbeschränkung wegen des Fehlens dieser Differenzierung als insgesamt unwirksam angesehen wird.

---

172 In AGB ist auch eine Beschränkung der Haftung für grobe Fahrlässigkeit ausgeschlossen (§ 309 Nr. 7 lit. b BGB).

173 Lediglich die Haftung für **leichte Fahrlässigkeit** kann eingeschränkt werden. Die Rechtsprechung legt allerdings äußerst strenge Maßstäbe für Haftungsbeschränkungen in AGB an. Dabei lässt sie sich von dem allgemeinen Grundgedanken leiten, dass durch Regelungen in AGB nicht von dem Leitbild des Gesetzes abgewichen werden darf. Wenn eine Haftungsbeschränkung zu einer Aushöhlung des Leistungsversprechens des Verwenders führt, weil der Verwender letztlich nicht mehr – oder nur für wenig – einsteht, ist sie als unangemessene Benachteiligung des Vertragspartners unwirksam (§ 307 Abs. 2 Nr. 1 BGB). Auf dieser Grundüberlegung beruht die Rechtsprechung zur Unwirksamkeit der Beschränkung der Haftung bei der Verletzung von Kardinalpflichten.[80] Danach darf die Haftung für die wesentlichen, einen Vertrag bestimmenden Pflichten nicht in dem Maße eingeschränkt werden, dass der Verwender für die typischerweise zu erwartenden Schäden nicht haftet.

174 Da es schwer oder sogar unmöglich ist, im **Vorfeld** eines Schadenseintritts den typischerweise zu erwartenden Schaden summenmäßig zu bestimmen, ist eine sicher

---

79 Bei Cloud-Angeboten, die den medizinischen Bereich betreffen, mag die Gefährdung dieser Rechtsgüter denkbar sein.

80 Vgl. zum aktuellen Stand der Rechtsprechung: BGH, Urt. v. 18.7.2012 – VIII ZR 337/11 – Rn 38 ff.

wirksame Beschränkung der Haftung der Höhe nach nicht möglich. Entweder reicht der eingetretene Schaden an die vereinbarte Haftungssumme nicht heran oder die Haftungsregelung ist unwirksam.

Die Rechtsprechung legt diesen Maßstab auch im unternehmerischen Verkehr **ohne erkennbare Differenzierungen** an.[81] Die in AGB standardmäßig anzutreffenden Klauseln sind deshalb eigentlich Makulatur, auch wenn sie sehr fein ziseliert daherkommen. Deshalb muss der Cloud-Anbieter damit rechnen, dass die von ihm in AGB vorgesehenen Haftungserleichterungen im Falle eines Rechtsstreits für unwirksam erklärt werden und er damit Unternehmen gegenüber ebenso wie Verbrauchern gegenüber voll haftet. Der Cloud-Anbieter kann deshalb sein durchaus nachvollziehbares Anliegen, seine Haftung zumindest in Teilen auf ein erträgliches Maß einzuschränken, im Wege von AGB im Zweifel nicht erreichen. 175

Praxistipp !
Der Cloud-Anbieter kann versuchen, die Beschränkung der Haftung im Wege einer individuell ausgehandelten Vereinbarung zu erreichen. Dazu bietet es sich an, im Rahmen der Verhandlung über kommerzielle Rahmenparameter auch die Haftungsbeschränkung zur Diskussion zu stellen und zu vereinbaren. Ein weiterer, sehr effizienter Weg, die Haftung zu beschränken, ist die Leistungsbeschreibung. Denn was der Cloud-Anbieter nicht als Leistung verspricht, dafür steht er in der Regel auch nicht ein (vgl. Rn 73 ff., 89 ff.).

Neben dem Anbieter sollte sich auch der Cloud-Kunde Gedanken über die Beschränkung der eigenen Haftung machen. Ein mögliches Haftungsszenario wäre, dass der Kunde durch **unsachgemäße Nutzung des Dienstes** Schäden wie beispielsweise Verdienstausfälle beim Anbieter verursacht. Stellt der Cloud-Anbieter die AGB und sehen die AGB eine Haftungsbeschränkung für beide Vertragspartner vor, gelten oben dargestellte Klauselverbote für die Haftung des Kunden nicht, da sich der Verwender von AGB nicht zu seinen Gunsten auf eine Unwirksamkeit von Klauseln berufen kann (§ 307 Abs. 1 BGB). 176

N. Urheberrechtliche Regelungen

Checkliste !
Gesetzliche Ausgangslage:
- §§ 31 ff. UrhG, 276 Abs. 3 BGB

Regelungsmöglichkeit:
- Einräumung von Nutzungsrechten an Software und Inhalten, soweit für die Nutzung der Cloud-Dienste erforderlich

81 Z.B. BGH, Urt. v. 15.9.2005 – I ZR 58/03 – Rn 38.

– eventuell Darstellung von Konsequenzen aus Rechtsverletzungen

Einschränkungen durch AGB-Recht:
– keine Klauselverbote
– Inhaltskontrolle anhand des UrhG
– Grenzen für Haftungsbeschränkungen
– Transparenzgebot zu beachten

---

177 Bei Cloud-Diensten wird der Cloud-Kunde mit von dem Cloud-Anbieter zur Verfügung gestellten oder für die Leistungserbringung benutzten urheberrechtlich geschützten Werken und/oder der Cloud-Anbieter mit von dem Cloud-Kunden benutzten Werken in Berührung kommen. Die sich daraus ergebenden urheberrechtlichen Fragestellungen sind in Kap. 6 behandelt. Für die Vertragsgestaltung geht es nicht um die dogmatische Klärung der aufgeworfenen Fragen, sondern ganz pragmatisch um die Zuordnung von Verantwortlichkeiten und die Zuweisung von Risiken, die sich aus der Verwendung urheberrechtlich geschützten Materials ergeben.

I. SaaS

178 Charakteristisch für SaaS-Angebote ist es, dass der Cloud-Anbieter dem Cloud-Kunden die Nutzung einer Software ermöglicht. Ob der Cloud-Kunde urheberrechtliche Nutzungsrechte für die Benutzung der Software benötigt, hängt von der konkreten technischen Ausgestaltung des Angebots und unter Umständen auch von von der höchstrichterlichen Rechtsprechung noch nicht abschließend geklärten dogmatischen Fragen ab. Die technische Ausgestaltung ist dem Cloud-Kunden im Zweifel nicht bekannt. Abgesehen davon könnten selbst dann, wenn ihm die technischen Details bekannt wären, Zweifel an der Zuordnung eventueller urheberrechtlich relevanter Handlungen, insbesondere Vervielfältigungen bleiben.

! **Praxistipp**

Der Cloud-Vertrag sollte eine Regelung dahin enthalten, nach der der Cloud-Anbieter dem Cloud-Kunden und dessen Nutzern alle für die Nutzung des SaaS-Angebots erforderlichen Nutzungsrechte einräumt. In dem Fall, dass innerhalb des Cloud-Angebots durch den Cloud-Kunden seine „eigenen“ urheberrechtlich geschützten Werke verwendet werden können, sollte sich der Cloud-Anbieter im Gegenzug durch den Cloud-Kunden diejenigen Rechte einräumen lassen, die für den Betrieb des Angebots erforderlich sind.

---

179 Wenn die von dem Cloud-Anbieter eingeräumten Rechte nicht ausreichen und ein Dritter die Verletzung seiner Rechte gegenüber dem Cloud-Kunden geltend macht, wäre der Cloud-Anbieter dem Cloud-Kunden gegenüber schadensersatzpflichtig nach den allgemeinen Vorschriften (§ 280 BGB). Deshalb stellt sich für den Cloud-Kunden die Frage, ob eine eigenständige **Freistellungsklausel** zur Regelung des Falles erfor-

derlich ist, dass die vertragsgemäße Nutzung des SaaS-Angebots die Rechte Dritter verletzt.

Das ist zwar üblich, jedoch nicht erforderlich. Eine solche Regelung ist allenfalls **180**
zur Regelung eines geordneten Verfahrens sinnvoll. Sie könnte vorsehen, dass der Cloud-Anbieter zu informieren ist, und wie er zu beteiligen ist.

Bei der Gestaltung einer solchen Regelung ist für den Cloud-Anbieter darauf zu **181**
achten, dass er seine Haftung nicht über das zulässige Maß hinaus einschränkt. Die Gestaltung findet zum einen ihre Grenze in §276 Abs. 3 BGB, nachdem die Haftung für Vorsatz nicht im Vorhinein erlassen werden kann, zum anderen im Klauselverbot des §309 Nr. 7 BGB, nach dem die Haftung für grobe Fahrlässigkeit in AGB nicht ausgeschlossen werden kann. Darüber hinaus gehört die Verschaffung von Nutzungsrechten in ausreichendem Umfang zu den wesentlichen Vertragspflichten des Cloud-Anbieters, sodass er die allgemeinen Grenzen für die Beschränkung der Haftung in AGB beachten muss.[82]

II. PaaS und IaaS

PaaS- und IaaS-Angebote sind dadurch gekennzeichnet, dass der Nutzer selbst Soft- **182**
ware auf den Servern des Anbieters installieren und nutzen oder dort urheberrechtlich geschützte Inhalte abspeichern kann. Diese Vervielfältigungen sind in jedem Fall dem Cloud-Kunden zuzurechnen. Soweit der Cloud-Anbieter die Inhalte des Cloud-Kunden in seine Sicherungsroutinen mit einbezieht und er dementsprechend **Sicherungskopien** anfertigt, kommt es zu urheberrechtlich relevanten Vervielfältigungen, die dem Anbieter zuzurechnen sein könnten.

Sofern der Cloud-Anbieter eigene Nutzungsrechte an den von dem Cloud-Kunden **183**
in seinen Systemen abgelegten urheberrechtlich relevanten Materialien benötigt, ist eine entsprechende Regelung im Vertrag erforderlich. Für eine ebenfalls denkbare Freistellungsregelung gilt oben Ausgeführtes entsprechend.

Praxistipp !

Da der Cloud-Kunde sich der Erforderlichkeit von Nutzungsrechten für den Cloud-Anbieter im Zweifel nicht bewusst ist, sollte der Cloud-Anbieter auf das mögliche Erfordernis bereits in der Leistungsbeschreibung hinweisen, in dem er zum einen die von ihm vorgesehenen Sicherungsroutinen beschreibt und den Cloud-Kunden explizit darauf hinweist, dass es dadurch zu urheberrechtlich relevanten Vervielfältigungen kommen kann.

---

82 Siehe hierzu im Einzelnen Rn 168.

III. Nutzungsrechte in internationalen Cloud-Verträgen

184 Das deutsche Urheberrecht gilt ausschließlich in Deutschland (Territorialitätsprinzip). Deshalb muss die nach obigen Vorschlägen zur Einräumung von Nutzungsrechten verpflichtete Partei ihrerseits dafür sorgen, dass sie die erforderlichen Rechte für alle Jurisdiktionen innehat, in denen es aufgrund der Nutzung des jeweiligen Cloud-Angebots zu urheberrechtsrelevanten Handlungen, in der Regel Vervielfältigungen, kommen kann.

O. Datenschutz und Daten-/IT-Sicherheit

! **Checkliste**

Gesetzliche Ausgangslage:
- im Bereich der Auftragsdatenverarbeitung Vorgabe der im Vertrag zu regelnden Bereiche
- im Übrigen keine Vorgaben

Regelungsmöglichkeit:
- Beschreibung der im Zusammenhang mit Datenschutz und Datensicherheit erforderlichen Leistungen

Einschränkungen durch AGB-Recht:
- soweit Leistungsbeschreibung, keine Einschränkungen
- im Übrigen: keine Klauselverbote
- allgemeine Inhaltskontrolle

185 Regelungen zum Datenschutz und der Datensicherheit stellen elementare Bestandteile eines jeden Cloud Computing-Vertrags dar. Dabei bestehen im Bereich des Datenschutzes angesichts der Vorgaben des BDSG keine besonders großen Spielräume. Hinsichtlich der Datensicherheit kommt es in allererster Linie auf die Leistungsbeschreibung an.

I. Datenschutz

186 Der Cloud Computing-Vertrag hat den Anforderungen des Cloud-Kunden an den Datenschutz[83] zu genügen. Das gilt für alle Formen des Cloud Computing, wenn der Cloud-Kunde personenbezogene Daten in der Cloud verarbeiten möchte. Deshalb ist für die Anforderungen an den Vertrag das auf die Tätigkeit des Cloud-Kunden anwendbare Datenschutzrecht maßgeblich.

187 Das BDSG findet **Anwendung**, wenn der Cloud-Kunde

83 Zu den Einzelheiten datenschutzrechtlicher Implikationen des Cloud Computing siehe Kap. 5.

- mit Sitz in Deutschland in Deutschland, in der EU oder im EWR;
- als Nicht-EU/EWR-Ausländer in Deutschland oder
- mit Sitz in der EU/im EWR durch eine deutsche Niederlassung in Deutschland

personenbezogene Daten erhebt, verarbeitet oder nutzt (§1 Abs. 5 BDSG). Über die Einzelheiten der räumlichen Geltung – beispielsweise darüber, ob bereits das Setzen von Cookies auf dem Rechner eines deutschen Nutzers zur Anwendbarkeit des BDSG führen kann – herrscht Streit.[84] Im Folgenden wird unterstellt, dass das BDSG anwendbar ist.

Das Verhältnis zwischen Cloud-Anbieter und Cloud-Kunden ist in der Regel ein **Auftragsdatenverarbeitungsverhältnis.** Die Auftragsdatenverarbeitung wird vom BDSG besonders privilegiert. Das Privileg besteht insbesondere darin, dass der Datentransfer zum Auftragsdatenverarbeiter nicht als Übermittlung eingestuft wird und somit keine Rechtfertigung (Erlaubnistatbestand oder Einwilligung) hierfür erforderlich ist (vgl. §3 Abs. 8 S. 3 BDSG – Auftragsdatenverarbeiter kein „Dritter" i.S.d. BDSG). 188

Das BGSG stellt jedoch Anforderungen an die Ausgestaltung des Vertrags zwischen dem Auftraggeber und dem Auftragsdatenverarbeiter. Der Cloud-Kunde muss mit dem Anbieter einen **schriftlichen Auftragsdatenverarbeitungsvertrag** schließen, der die **Vorgaben des §11 Abs. 2 und 3 BDSG** erfüllt. Danach muss der Vertrag Regelungen zu folgenden Themen enthalten: 189

- Gegenstand und Dauer des Auftrags,
- Umfang, Art und Zweck der Datenverarbeitung,
- Art der Daten,
- Kreis der Betroffenen,
- zu treffende technische und organisatorische Maßnahmen,
- Berichtigung, Löschung und Sperrung von Daten,
- auf den Auftragnehmer anwendbare gesetzliche Regelungen und die von ihm insoweit durchzuführenden Kontrollen,
- Berechtigung zur Beauftragung von Subunternehmern,
- Kontrollrechte des Auftraggebers und korrespondierende Duldungs- und Mitwirkungspflichten des Auftragnehmers,
- Verstöße des Auftragnehmers oder dessen Mitarbeiter gegen Datenschutzrecht oder den Vertrag,
- Weisungsrechte des Auftraggebers,
- Rückgabe von Datenträgern und Löschung der Daten nach Beendigung des Auftrags.

Deutsche Datenschutzbehörden fordern zudem insbesondere, dass im Rahmen des Auftragsdatenverarbeitungsvertrags *„transparente, detaillierte und eindeutige ver-* 190

84 Siehe Kap. 5.

tragliche Regelungen der Cloud-gestützten Datenverarbeitung, insbesondere zum Ort der Datenverarbeitung und zur Benachrichtigung über eventuelle Ortswechsel, zur Portabilität und zur Interoperabilität" erfolgen.[85]

Praxistipp

Da der Cloud-Kunde in der Regel keine Vorgaben zur Vertragsgestaltung machen kann, sollte er bei der Auswahl des Cloud-Anbieters die Entscheidung auch davon abhängig machen, ob der Cloud-Anbieter ein zufriedenstellendes Angebot hinsichtlich der Auftragsdatenverarbeitung macht. Dabei sollte er besonderes Augenmerk auf die Angaben zu den Orten der Datenverarbeitung und dem geplanten Einsatz von Subunternehmern richten. Fehlen die Angaben oder sind sie unzureichend, muss er von einer Verarbeitung personenbezogener Daten bei diesem Cloud-Anbieter absehen.

Fettnapf

Während für Cloud Computing-Verträge keine Anforderungen an die Form bestehen, muss der Auftragsdatenverarbeitungsvertrag schriftlich abgeschlossen werden (§ 11 Abs. 2 S. 2 BDSG).[86]

Die Schriftform wird gerade bei online abgeschlossenen Cloud Computing-Verträgen selten beachtet. Der Kunde sollte darauf drängen, dass die Schriftform eingehalten wird. Dies hat er übrigens selbst in der Hand. Wenn die übrigen Voraussetzungen eingehalten sind, kann er dem Cloud-Anbieter einfach eine Auftragsbestätigung übersenden. Diese Auftragsbestätigung kann die Bemerkungen enthalten, dass der Kunde auf den Zugang der Annahme verzichtet. Der Vertrag kommt allerdings auch in diesem Fall nur zustande, wenn der Cloud-Anbieter den Auftrag unterschreibt; der Cloud-Kunde hat nur auf den Zugang verzichtet.

191 Besonderheiten ergeben sich, sobald der Cloud-Anbieter **Daten außerhalb der EU/des EWR verarbeitet**. Beim Cloud-Anbieter (und/oder im entsprechenden Staat, in dem die Daten verarbeitet werden) muss ein angemessenes Datenschutzniveau herrschen[87] oder hergestellt werden. Letzteres kann im Rahmen der Vertragsgestaltung durch die Vereinbarung von **EU-Standardvertragsklauseln**[88] erfolgen. Problematisch ist jedoch, dass die bloße Nutzung der EU-Standardvertragsklauseln auch

---

85 Beschluss der obersten Aufsichtsbehörden für den Datenschutz im nicht-öffentlichen Bereich (Düsseldorfer Kreis) v. 22./23.11.2011, abrufbar unter http://www.bfdi.bund.de/SharedDocs/Publikationen/Entschliessungssammlung/DuesseldorferKreis/23112011CloudComputing.pdf?__blob=publicationFile.

86 Vereinzelt wird vertreten, dass das Schriftformerfordernis keine Wirksamkeitsvoraussetzung sei; Taeger/Gabel/*Gabel*, § 11 BDSG Rn 54. Darauf sollten sich die am Cloud Computing-Vertrag Beteiligten nicht verlassen.

87 Vgl. die Liste der „sicheren Drittstaaten" der EU-Kommission, abrufbar unter http://ec.europa.eu/justice/data-protection/document/international-transfers/adequacy/index_en.htm.

88 Siehe dazu unter http://ec.europa.eu/justice/data-protection/document/international-transfers/transfer/index_en.htm.

im Zusammenspiel mit der Vereinbarung einer Auftragsdatenverarbeitung nach § 11 BDSG nicht ausreicht. Denn nach dem BGSG gelten die Privilegien für die Auftragsdatenverarbeitung nur für in der EU oder dem EWG ansässige Auftragsdatenverarbeiter. Nach § 3 Abs. 8 BDSG ist der in einem Drittland ansässige Auftragsdatenverarbeiter Dritter. Das hat zur Konsequenz, dass eine Übermittlung der Daten stattfindet, die eine datenschutzrechtliche Rechtfertigung erfordert.

Praxistipp !

Auch wenn eine Privilegierung der Auftragsdatenverarbeitung in einem Drittland nicht in Betracht kommt, sollten die Parteien ihre Vereinbarung an die Anforderungen des § 11 BDSG anlehnen. Die danach erforderlichen strengen Vorkehrungen zur Vermeidung einer Gefährdung der Daten und ihres Missbrauchs können bei der Abwägung nach § 28 Abs. 2 S. 1 Nr. 2 BDSG in die Waagschale geworfen werden. Die im Rahmen der Auftragsdatenverarbeitung zu treffenden Vorkehrungen sollten genügen, ein überwiegendes Interesse des von der Datenverarbeitung Betroffenen an dem Ausschluss der Verarbeitung zu verneinen.

Kommt eine Auftragsdatenverarbeitung ausnahmsweise nicht in Betracht, bedarf der 192
Cloud-Kunde für die Übermittlung der Daten an den Cloud-Anbieter einer **Rechtfertigung**. Auch insoweit gilt oben für die Auftragsdatenverarbeitung im Drittland Ausgeführtes. Die Vertragsgestaltung sollte sich an den Anforderungen an einen Vertrag für die Auftragsdatenverarbeitung i.S.d. § 11 BDSG orientieren. Das erleichtert die Abwägung zugunsten der Zulässigkeit maßgeblich.

II. Daten-/IT-Sicherheit

Im deutschen Recht gibt es bislang keine Regelungen, die konkrete Vorgaben über die 193
Ausgestaltung von IT-Systemen mit Blick auf die Datensicherheit machen.

Die Verpflichtungen ergeben sich vielmehr indirekt und abstrakt. Aus der Ver- 194
pflichtung der Geschäftsleitung nach **§ 91 Abs. 2 AktG**, ein Überwachungssystem zur Früherkennung von gesellschaftsgefährdenden Risiken einzurichten, wird allgemein gefolgert, dass die Geschäftsleitung einer Gesellschaft Vorkehrungen zur IT-Sicherheit zu treffen hat.[89] Aus **§ 9 BDSG** folgt, dass jeder, der personenbezogene Daten verarbeitet, in angemessenem Umfang technische und organisatorische Maßnahmen zum Schutz der Daten zu treffen hat. Einige grundsätzliche Vorgaben finden sich in der Anlage zu § 9 S. 1 BDSG. Diese Vorgaben beschränken sich aber auf die Angabe der zu regelnden Themenbereiche. Daraus folgt:

89 Hauschka/*Schmidl*, § 29 Rn 37 ff.

Fettnapf
Ohne konkrete Regelungen in dem Cloud Computing-Vertrag hat der Cloud-Kunde keinen Anspruch auf die Einhaltung von konkreten Vorkehrungen für die Datensicherheit. Er kann allenfalls aus allgemeinen Sorgfaltspflichten und dem Grundsatz von Treu und Glauben erwarten und verlangen, dass der Cloud-Anbieter sorgsam mit den ihm überlassenen Daten umgeht.

195 Deshalb kommt es maßgeblich auf das Angebot des Cloud-Anbieters an. Der Cloud-Kunde sollte das Angebot anhand der von ihm selbst definierten Bedürfnisse darauf prüfen, ob es ausreichende Maßnahmen vorsieht für
- die Sicherung der Daten vor Datenverlust
- die Aufrechterhaltung der Systeme in Notfällen (Stromausfall, Brand, Zerstörung des Rechenzentrums etc.)
- den Schutz vor Viren und sonstiger Schadsoftware.

196 Darüber hinaus sollte das Angebot aus Sicht des Cloud-Kunden klare Angaben (in Gestalt von vertraglichen Pflichten) dazu enthalten, wie der Cloud-Anbieter die Daten vor unbefugtem Zugriff oder Veränderung schützt.

197 Wenn der Cloud-Anbieter personenbezogene Daten (im Auftrag) verarbeitet, muss sein Angebot überdies **klare Angaben** darüber enthalten, wie er die personenbezogenen Daten schützt, für die der Cloud-Kunde verantwortlich ist. Dabei hat er konkrete Maßnahmen zur Ausfüllung der nach der Anlage zu § 9 S. 1 BDSG vorgegebenen Themen anzugeben. Dabei handelt es sich um die
- Zutrittskontrolle: nur Befugte erhalten Zugang zu den IT-Systemen;
- Zugangskontrolle: nur Befugte können die IT-Systeme nutzen;
- Zugriffskontrolle: ein Berechtigungssystem ist etabliert und das unbefugte Lesen, Kopieren, Verändern oder Entfernen von Daten wird verhindert;
- Weitergabekontrolle: die Daten können bei der Übertragung oder Speicherung auf einem Datenträger nicht unbefugt gelesen, kopiert, verändert oder entfernt werden und es ist dokumentiert, an welche Stellen eine Übermittlung der Daten vorgesehen ist;
- Eingabekontrolle: Dokumentation, wer die Daten eingegeben, verändert oder entfernt hat;
- Auftragskontrolle: Sicherstellung, dass die Daten weisungsgemäß verarbeitet werden;
- Verfügbarkeitskontrolle: Schutz vor zufälliger Zerstörung oder Verlust;
- Separation der Daten: nach Zwecken und verantwortlichen Stellen getrennte Datenhaltung.

Praxistipp
Der Cloud-Kunde kann in der Regel weder überprüfen, ob der Cloud-Anbieter die von ihm versprochenen Maßnahmen tatsächlich durchführt, noch ob sie wirksam sind. Deshalb sollte er zum einen darauf achten, dass sich die Sicherungsmaßnahmen des Cloud-Anbieters an allgemein anerkannten

Standards orientieren (beispielsweise BSI-Grundschutz oder ISO 27001)[90] und zum anderen darauf, dass der Cloud-Anbieter die Einhaltung und Wirksamkeit der Standards regelmäßig durch eine anerkannte Stelle überprüfen und zertifizieren lässt. Dazu sollte sich der Cloud-Anbieter auch vertraglich verpflichten.

P. Geheimhaltung

Checkliste !
Gesetzliche Ausgangslage:
- keine Regelung
- §§ 17 und 18 UWG behandeln Sonderfälle

Regelungsmöglichkeit:
- vertrauliche Behandlung ausgetauschter Informationen

Einschränkungen durch AGB-Recht:
- keine Klauselverbote
- keine Inhaltskontrolle
- Transparenzgebot zu beachten

Ob eine Vereinbarung zur Geheimhaltung erforderlich ist, kann man bezweifeln, 198 schließlich ist die Pflicht zur Geheimhaltung eine vertragliche Nebenpflicht,[91] deren Verletzung zum Ersatz des daraus entstehenden Schadens verpflichtet (§ 241 Abs. 2 BGB i.V.m. § 280 Abs. 1 BGB). Andererseits sind Vereinbarungen zur Geheimhaltung üblich und können dazu dienen, beiden Seiten ihre Pflichten vor Augen zu führen und die Pflichten zu konkretisieren.

Allerdings sind die **üblichen Differenzierungen wenig geeignet**: Aus Sicht des 199 Cloud-Kunden darf der Cloud-Anbieter auf die Daten des Cloud-Kunden nicht zugreifen; es sei denn, dies wäre für den Betrieb des Cloud-Dienstes erforderlich. Im Übrigen muss der Cloud-Anbieter sämtliche Informationen, zu denen er Zugang erhält, geheim halten. Für eine Differenzierung nach besonders gekennzeichneten oder erkennbar besonders vertraulichen Informationen gegenüber solchen, die weniger vertraulich sind oder bereits bekannt sind, gibt es keinen Anlass. Der Cloud-Anbieter muss den Informationen völlig neutral gegenüberstehen. Die Interessenlage des Cloud-Kunden ist der eines Kunden von Telekommunikationsleistungen vergleichbar.

90 Einen guten Überblick bietet der BITKOM Kompass der IT-Sicherheitsstandards, abrufbar unter http://www.bitkom.org/files/documents/Kompass_der_IT-Sicherheitsstandards_web.pdf.
91 Palandt/*Grüneberg*, § 280 Rn 28b.

Praxistipp
Die Geheimhaltungsvereinbarung sollte sich am Telekommunikationsgeheimnis orientieren (§ 88 Abs. 3 TKG). Dem Cloud-Anbieter sollte im Cloud Computing-Vertrag untersagt werden, sich oder Anderen Kenntnis vom Inhalt oder den näheren Umständen der Nutzung des Cloud-Dienstes durch den Cloud-Kunden zu verschaffen; es sei denn, die Kenntnis ist für die Erbringung des Cloud-Dienstes (einschließlich des Schutzes der für die Erbringung des Dienstes eingesetzten technischen Systeme) erforderlich. Eine Weitergabe der Kenntnisse an andere sollte nur in gesetzlich vorgesehenen Fällen oder aufgrund gerichtlicher oder auch behördlicher Verfügung zulässig sein. Der Cloud-Kunde wäre über jede Weitergabe – nach Möglichkeit im Vorhinein – zu informieren und der Cloud-Anbieter sollte verpflichtet werden, dem Cloud-Kunden stets frühzeitig die Möglichkeit zu geben, sich gegen die gerichtliche oder behördliche Verfügung zur Wehr zu setzen.

Fettnapf
In vielen Geheimhaltungsvereinbarungen finden sich Befristungen. So soll die Geheimhaltungsverpflichtung oft nur X Jahre nach Bekanntgabe des Geheimnisses oder Y Jahre nach Beendigung des Vertrags weitergelten. Der Cloud-Kunde sollte auf den Abschluss einer Vereinbarung verzichten, die eine derartige Befristung vorsieht. Es gibt keinen Grund, warum der Cloud-Anbieter berechtigt sein sollte, über eine geheime Information des Cloud-Kunden zu verfügen. Abgesehen davon sollte er verpflichtet werden, sämtliche Daten nach der Beendigung der Zusammenarbeit herauszugeben, zu löschen oder zu sperren.[92]

200 Aus Sicht des Cloud-Kunden ist die Vereinbarung einer **Vertragsstrafe** bei Verstößen gegen die Geheimhaltungsverpflichtung durch den Cloud-Anbieter oder dessen Erfüllungsgehilfen wünschenswert. Praktisch lässt sich eine solche Regelung selbst in direkten Verhandlungen selten durchsetzen. Der Cloud-Kunde sollte deshalb nicht erwarten, dass die AGB des Cloud-Anbieters eine Vertragsstrafenregelung vorsehen. Ohne Vertragsstrafenregelung bleibt es bei dem Anspruch auf Schadensersatz im Falle von Vertragsverletzungen (§ 280 BGB oder – bei personenbezogenen Daten – ggf. § 7 BDSG).

Q. Branchenspezifische Regulierungen/Besonderheiten

201 Sofern der Cloud-Kunde in einem Bereich tätig ist, der einer besonderen staatlichen Regulierung unterliegt, müssen diese regulatorischen Anforderungen im Cloud-Vertrag abgebildet werden.

202 Der einer Regulierung unterworfene Cloud-Kunde wird vor jeder Auslagerung von Prozessen und Aktivitäten in eine Cloud-Umgebung prüfen müssen, ob die Auslagerung überhaupt zulässig ist und, wenn sie zulässig ist, ob sie mit seiner eigenen

92 Zum Exit siehe Rn 237.

Risikobewertung vereinbar ist. Im Folgenden seien exemplarisch einige Bereiche behandelt.

I. Finanzdienstleistungen

Der Cloud-Anbieter, der mit Unternehmen aus dem Finanzdienstleistersektor ins Geschäft kommen möchte, muss insbesondere Folgendes beachten: **203**

Der Gesetzgeber stellt an die Auslagerung von für das auslagernde Institut wesentlichen Aktivitäten und Prozesse besondere Anforderungen (§ 25b KWG). **204**

Eine **Auslagerung** liegt gem. § 25b KWG i.V.m. den Mindestanforderungen an das Risikomanagement (MaRisk)[93] vor, wenn ein anderes Unternehmen mit der Wahrnehmung solcher Aktivitäten und Prozesse im Zusammenhang mit der Durchführung von Bankgeschäften, Finanzdienstleistungen oder sonstigen institutstypischen Dienstleistungen beauftragt wird, die das Institut sonst selbst erbringen würde. **205**

Ob eine Aktivität oder ein Prozess **wesentlich** ist, entscheidet das Institut selbst auf der Grundlage einer eigenen Risikoanalyse.[94] Zu beachtende Faktoren sind dabei im Wesentlichen die Komplexität der betreffenden Aktivitäten und Prozesse, die Eignung und Zuverlässigkeit des Anbieters in Bezug auf die Leistungserbringung, das Erfordernis einer raschen Verfügbarkeit des Anbieters, das Risiko des Ansehensverlustes bei einer Schlechtleistung, rechtliche Risiken oder das Risiko einer Insolvenz des Anbieters.[95] **206**

Bei unter Risikogesichtspunkten **nicht wesentlichen** Auslagerungen hat das Institut die allgemeinen Anforderungen an die Ordnungsmäßigkeit der Geschäftsorganisation gem. § 25a Abs. 1 KWG zu beachten. **207**

Der Cloud-Anbieter wird gelegentlich, vielleicht sogar häufig mit der Einschätzung des potenziellen Cloud-Kunden nicht einig sein, insbesondere wenn andere Institute zu einer anderen Einschätzung gekommen sind und eine Auslagerung an den betreffenden Cloud-Anbieter als für möglich erachtet haben. Dem Cloud-Anbieter stehen die Diskussionen und Verhandlungen mit dem Institut als potenziellem Cloud-Kunden offen. Sie dürften in den meisten Fällen jedoch fruchtlos bleiben. Denn wenn das Institut unter Berücksichtigung aller relevanten Tatsachen und Umstände im eigenen Prozess zur Einschätzung gekommen ist, dass die beabsichtigte Auslagerung wesentlich ist, wird es nicht umzustimmen sein. **208**

Der Cloud-Anbieter sollte stattdessen überlegen, ob er dem auslagernden Institut ein Angebot machen kann, das den aus der Einschätzung als wesentlich folgenden **209**

---

93 BaFin-Rundschreiben 10/2012, abrufbar unter https://www.bafin.de/SharedDocs/Veroeffentlichungen/DE/Rundschreiben/rs_1210_marisk_ba.html.

94 Boos/Fischer/Schulte-Mattler/*Braun/Wolfgarten*, § 25a Rn 894.

95 Boos/Fischer/Schulte-Mattler/*Braun/Wolfgarten*, § 25a Rn 896.

Konsequenzen gerecht wird. Sein Angebot muss dafür zum einen den Anforderungen der BaFin an Auslagerungen genügen; zum anderen darf die BaFin durch die Auslagerung nicht an der Wahrnehmung ihrer Aufgaben gehindert werden (§ 25b Abs. 3 KWG).

210 Die BaFin hat die **Anforderungen an Auslagerungen** in AT 9 der MaRisk konkretisiert. Bei wesentlichen Auslagerungen muss der schriftliche Auslagerungsvertrag insbesondere Folgendes enthalten (AT 9 Ziff. 6 MaRisk):

- Klare Leistungsbeschreibung,
- Informations- und Prüfungsrechte der internen Revision sowie externer Prüfer,
- Informations- und Prüfungsrechte sowie Kontrollmöglichkeiten der BaFin,
- Weisungsrechte des Instituts, soweit erforderlich,
- Regelungen, die sicherstellen, dass datenschutzrechtliche Bestimmungen beachtet werden,
- Kündigungsrechte und angemessene Kündigungsfristen,
- Regelungen zur Weiterverlagerung unter Beachtung der an Auslagerungen gestellten Anforderungen,
- Informationspflicht über geschäftsgefährdende Entwicklungen.

211 Darüber hinaus muss der Vertrag Regelungen enthalten, die bei seiner Beendigung dem Institut die geordnete Überführung der Leistungen auf einen anderen Dienstleister oder sich selbst erlauben (Argument AT 9 Ziff. 5 MaRisk).

212 Grundsätzlich sollte der Cloud-Anbieter diesen Anforderungen gerecht werden können. Als echte Besonderheit gegenüber Cloud-Verträgen mit Kunden, die keiner Regulierung unterliegen, erscheinen die **Informations- und Prüfungsrechte** der internen und externen Prüfer und der BaFin. Soweit die Prüfung den Zugang zu für die Leistungserbringung genutzten Einrichtungen erfordert, wird eine Festlegung der Orte erforderlich sein, an denen die Leistungen erbracht werden dürfen. Institute werden ohnehin im Rahmen der Risikobewertung einer Auslagerung häufig klare Vorstellung darüber haben, an welchen Orten die Leistungen erbracht werden dürfen, z.B. nur in der EU oder außerhalb der EU nur in Indien. Eine Beschränkung der Leistungserbringung auf bestimmte Orte wird dem Cloud-Anbieter je nach Geschäftsmodell möglich sein.

213 Da Weisungsrechte nicht in jedem Falle eingeräumt werden müssen, stehen sie auch einer Auslagerung in die Cloud nicht entgegen. Vielmehr stellt sich den Vertragsparteien die Aufgabe, die in der Cloud erbrachten Leistungen so zu beschreiben, dass individuelle Weisungen nicht erforderlich sind.

214 Auch wenn eine Auslagerung selbst wesentlicher Tätigkeiten in die Cloud grundsätzlich möglich ist, werden vermutlich viele Institute vor der Nutzung von Public Cloud-Angeboten zurückschrecken. Dagegen sollten gegen Angebote in der Form einer Community Cloud für den Finanzdienstleistungssektor oder Teilen davon keine durchgreifenden Bedenken bestehen. Derartige Angebote sind mit heute vielfach

vorzufindenden Angeboten von Mehrmandantendienstleistern vergleichbar mit der Besonderheit, dass sie die modernen Technologien ausnutzen.[96]

II. Berufsgeheimnisträger

Bestehen **Verschwiegenheitspflichten von Berufsgeheimnisträgern** wie beispielsweise von Rechtsanwälten, Wirtschaftsprüfern, Ärzten, Psychologen, Mitarbeitern einer Krankenversicherung oder Apothekern, ist eine Auslagerung von diesbezüglichen Daten auf einen Cloud-Anbieter problematisch. **§ 203 StGB** verbietet die Offenbarung eines in einer der vorgenannten Funktionen anvertrauten fremden Geheimnisses, namentlich zum engen Lebenskreis gehörende Geheimnisse sowie Betriebs- und Geschäftsgeheimnisse. 215

Die Voraussetzungen für die Zulässigkeit der Nutzung der Dienste eines Cloud-Anbieters bei der Verarbeitung von dem Berufsgeheimnis unterfallenden Daten können an dieser Stelle nicht diskutiert werden. Vielmehr muss im Rahmen der Vertragsgestaltung unterstellt werden, dass diese Vorfrage geklärt ist. 216

Keine Besonderheiten ergeben sich für die Vertragsgestaltung, wenn der Betroffene in die Verarbeitung seiner Daten in einer Cloud **eingewilligt** hat, was häufig schwer umzusetzen sein wird. Dasselbe gilt, wenn der Cloud-Anbieter zum **„Kreis der zum Wissen Berufenen“** gehören sollte.[97] In beiden Fällen genügt es, eine strenge Geheimhaltungsverpflichtung aufzunehmen, wie sie etwa unter Rn 199 vorgeschlagen wird. 217

III. Exportkontrolle

Soweit Exportkontrollrecht auf die Cloud-Leistungen oder die in die Cloud ausgelagerten Tätigkeiten anwendbar ist,[98] sollte dies der Cloud Computing-Vertrag reflektieren, wenn die Parteien des Vertrags aus unterschiedlichen Jurisdiktionen stammen. Denn für den z.B. in den USA ansässigen Cloud-Anbieter, aber auch den dort ansässigen Cloud-Kunden ist das europäische oder deutsche Exportkontrollrecht nicht unmittelbar anwendbar. 218

In diesen Fällen muss der Vertrag **schuldrechtlich für die Anwendbarkeit** des betreffenden Exportkontrollrechts sorgen. Dabei ist es nicht damit getan, einfach auf die zu beachtenden Gesetze einer anderen Rechtsordnung hinzuweisen und sie 219

---

96 Noch zurückhaltend *Niemann/Paul*, K&R 2009, 444, 451.

97 Das ist umstritten, vgl. *Heghmanns/Niehaus*, NStZ 2008, 57 m.w.N; ablehnend für den externen Dienstleister im Gesundheitswesen *Paul/Gendelev*, ZD 2012, 315, 319.

98 Siehe dazu Kap. 10.E.

durch einen Verweis in den Vertrag mit einzubeziehen. Denn dadurch würde auch einem aufmerksamen und sorgfältigen Teilnehmer im Wirtschaftsverkehr der Inhalt der Regelung nicht klar und die Regelung wäre wegen ihrer Intransparenz in AGB unwirksam (§ 307 Abs. 1 S. 2 BGB). Vielmehr muss die Regelung die aus der Anwendbarkeit des betreffenden Exportkontrollrechts zum Zeitpunkt des Vertragsabschlusses folgenden Konsequenzen benennen, z.B. die konkreten Verbote oder die einzuholenden Genehmigungen. Darüber hinaus sollte der Vertrag vorsehen, dass etwaige Änderungen des einschlägigen Exportkontrollrechts durch einfache Mitteilung der davon betroffenen Vertragspartei zum Gegenstand des Vertrags werden.

R. Regelungen zur Eskalation/Konfliktlösung

Checkliste

Gesetzliche Ausgangslage:
- keine Regelung

Regelungsmöglichkeit:
- Verfahren zur Beilegung von Streitigkeiten

Einschränkungen durch AGB-Recht:
- Transparenzgebot zu beachten

220 Gründe für eine Aufnahme einer Regelung zur Konfliktlösung außerhalb der staatlichen Gerichte in einen Vertrag gibt es viele. Ob die Aufnahme einer solchen Regelung in einen Cloud Computing-Vertrag Sinn macht, hängt vom Einzelfall ab. Dabei wird es darauf ankommen, welches Cloud-Modell die Parteien gewählt haben und welche Größenordnung die Vertragsbeziehung hat.

221 Zielsetzung einer solchen Regelung sollte die Vermeidung von Verfahren vor ordentlichen Gerichten oder Schiedsgerichten sein.

222 Auf einer ersten Stufe sollte der Versuch unternommen werden, den Konflikt unter den Vertragspartnern zu lösen. Dazu bietet sich etwa **ein internes paritätisch besetztes Gremium** an.[99]

223 Auf einer zweiten Stufe ist die Hinzuziehung eines mit den relevanten tatsächlichen und rechtlichen Fragestellungen bewanderten **Mediators oder Schlichters** sinnvoll.[100] Die Vorteile dieser Vorgehensweise liegen auf der Hand: Eine Streitbeilegung in dieser Phase ist für alle Beteiligten die kostengünstigste Alternative. Weiterhin sollte dieses Vorgehen erhebliche Zeitersparnis mit sich bringen. Der Cloud

99 Vgl. *Mann*, MMR 2012, 499, 502.
100 *Mann*, MMR 2012, 499, 502.

Computing-Vertrag sollte konkret regeln, welche Stelle den Mediator oder Schlichter benennen soll.

Ob für den Fall des Scheiterns der Mediation oder Schlichtung ein **Schiedsverfahren** vorgesehen wird oder die Anrufung der ordentlichen Gerichte, ist Geschmacksfrage. Für ein Schiedsverfahren sprechen die Vertraulichkeit und die Möglichkeit, Schiedsrichter zu berufen, die fachlich versiert sind. Für die Anrufung der ordentlichen Gerichte spricht die Möglichkeit, die Entscheidungen auf einzelnen Ebenen anzufechten und ihre Richtigkeit überprüfen zu lassen. 224

Sofern die Entscheidung für das Schiedsverfahren fällt, sollte der Vertrag eine von den Organisationen, die sich mit Schiedsgerichtsbarkeit befassen, vorgeschlagene Klausel in den Vertrag aufgenommen werden. Hierzu ist die Aufnahme einer DIS-Schiedsklausel oder bei grenzüberschreitenden Sachverhalten einer ICC-Schiedsklausel in den Vertrag geeignet.[101] 225

Die Vereinbarung eines Schiedsgerichts für die Entscheidung von Streitigkeiten schließt die Möglichkeit nicht aus, **einstweiligen Rechtsschutz** vor den ordentlichen Gerichten zu verlangen (§ 1033 ZPO). 226

S. Wechsel des Vertragspartners

Checkliste !

Gesetzliche Ausgangslage:
- §§ 398, 414 ff. BGB
- auch: § 613 BGB
- § 631 BGB
- § 664 BGB

Regelungsmöglichkeit:
- der Vertrag sieht die Möglichkeit vor, ihn insgesamt oder teilweise auf einen anderen zu übertragen

Einschränkungen durch AGB-Recht:
- Klauselverbot § 309 Nr. 10 BGB
- Inhaltskontrolle
- Transparenzgebot

Auf beiden Seiten eines Cloud Computing-Verhältnisses mag es das Bedürfnis geben, den Vertrag auf einen anderen zu übertragen. Der Cloud-Anbieter wendet sich womöglich anderen Geschäftsfeldern zu. Der Cloud-Kunde benötigt unter Umständen die Leistungen nicht mehr. 227

101 *Mann*, MMR 2012, 499, 502.

228 Die Übertragung eines Vertrags bedarf als Vertrag eigener Art der Zustimmung aller beteiligten Parteien, also auch des anderen Vertragspartners. Da der Vertragspartner nicht gezwungen ist, diese Zustimmung zu erteilen, muss der Vertragspartner, der absehen kann, dass er den Vertrag womöglich übertragen möchte, bereits beim Abschluss des Vertrages Vorkehrungen treffen.

229 Die Vertragsparteien können in individuell ausgehandelten Verträgen ohne Weiteres die Übertragbarkeit des Vertrags vorsehen.

230 Im Geschäftsverkehr mit Verbrauchern wäre das in den AGB hinsichtlich Dienst- oder Werkleistungen vorgesehene Recht des Cloud-Anbieters, den Vertrag auf einen anderen zu übertragen, nur wirksam, wenn entweder der andere bereits im Vertrag konkret (Name und Anschrift) benannt ist oder der Cloud-Kunde das Recht erhält, den Vertrag im Falle des Wechsels des Vertragspartners ohne Weiteres zu kündigen (§ 309 Nr. 10 BGB).

231 Die Anforderungen an Verträge mit Verbrauchern lassen sich nicht ohne Weiteres auf AGB zu Dienst- oder Werkleistungen im unternehmerischen Verkehr übertragen. Für diese Verträge sowie für Mietverträge bleibt es bei der allgemeinen Inhaltsprüfung nach § 307 BGB. Klauseln zur Änderung des Vertragspartners in AGB des Cloud-Anbieters sind danach nur wirksam, wenn sie die Interessen des Cloud-Kunden in angemessener Weise berücksichtigen. Dabei geht es nicht um den einzelnen Cloud-Kunden. Vielmehr ist abstrakt das Interesse der potenziellen Cloud-Kunden zu bewerten, an die sich das Angebot des Cloud-Anbieters richtet. Schließlich geht es um die Beurteilung einer Klausel in AGB. Dem Cloud-Kunden wird es auch aus abstrakter Perspektive unter Umständen auf die Person des Vertragspartners ankommen. Insbesondere wenn der Cloud-Anbieter typischerweise nach einem Auswahlprozess bestimmt wird, würde der Cloud-Kunde unangemessen benachteiligt, wenn der Cloud-Anbieter den Vertrag einfach an einen anderen übertragen könnte. Ähnlich sieht es bei der Übertragung des Cloud Computing-Vertrags auf einen Anbieter im Ausland aus. Je nach Art des angebotenen Services wird es dem Cloud-Kunden gerade darauf angekommen sein, dass der Vertragspartner im Inland ansässig ist. In die Abwägung ist auch das Interesse des Kunden an einer ordnungsgenmäßen Fortsetzung einzubeziehen.[102]

T. Laufzeit und Kündigung

Checkliste

Gesetzliche Ausgangslage:
- §§ 542, 580a BGB (Miete)

102 Zu einer Reihe zu beachtender Gesichtspunkte BGH, Urt. v. 9.6.2010 – XII ZR 171/08 – Rn 24 ff.

- §§ 620 ff. BGB (Dienst)
- § 649 BGB (Werk)
- § 671 BGB (Auftrag)
- § 314 BGB (außerordentliche Kündigung aus wichtigem Grund)

Regelungsmöglichkeit:
- keine Befristung
- Festlegung bestimmter fester Laufzeiten
- Mindestlaufzeiten
- Regelungen zu Kündigungsfristen

Einschränkungen durch AGB-Recht:
- Klauselverbote bei Dienst- und Werkverträgen (§ 309 Nr. 9 BGB)
- Inhaltskontrolle
- Transparenzgebot

Laufzeitregelungen und Regelungen zu Kündigungsfristen sind für beide Parteien von großer Bedeutung. Sie bringen Planungssicherheit. Die Parteien haben nicht nur in Individualverträgen, sondern auch in AGB einen weiten Gestaltungsraum. Aus der Sicht des Cloud-Kunden ist gerade die **Dauer der Kündigungsfrist** von besonderer Bedeutung. Sie muss für ihn lang genug sein, damit er, insbesondere wenn er kritische Geschäftsprozesse in die Cloud ausgelagert hat, genügend Zeit hat, um die Leistungen auf einen anderen Anbieter zu übertragen oder selbst zu übernehmen. 232

Bei Dienst- und Werkverträgen über regelmäßig zu erbringenden Leistungen ist bei Verbraucherverträgen bei der Abfassung von AGB § 309 Nr. 9 BGB zu beachten. Danach darf die anfängliche Laufzeit nicht länger als zwei Jahre sein und der Zeitraum einer automatischen Verlängerung des Vertrags ein Jahr nicht überschreiten. Außerdem dürfen die Geschäftsbedingungen des Anbieters keine längere Kündigungsfrist als drei Monate für den Kunden vorsehen. 233

Wer diese Eckdaten auch für die Leistung mit mietvertraglichem Charakter berücksichtigt, ist auf der sicheren Seite. Bei Mietverträgen sind grundsätzlich auch deutlich längere Laufzeiten denkbar,[103] wenn die Investitions- und Vorhaltekosten des Cloud-Anbieters dies rechtfertigen. 234

Bei Kombinationen verschiedener Leistungen müssen allerdings im Verkehr mit Verbrauchern die Rahmenbedingungen des § 309 Nr. 9 BGB beachtet werden, wenn neben mietvertraglichen auch dienst- oder werkvertragliche Elemente vereinbart werden. Im unternehmerischen Verkehr sind dagegen längerfristige Vereinbarungen ohne Weiteres denkbar. Die Regelungen müssen aber so klar gefasst werden, dass sie transparent und für den Cloud-Kunden nicht überraschend sind. 235

Da Cloud Computing-Verträge in der Regel als Dauerschuldverhältnisse ausgestaltet sind, steht beiden Parteien neben den gesetzlichen und/oder vertraglich vereinbarten Kündigungsrechten auch das weder in AGB noch in Individualverträgen 236

---

103 Die Rechtsprechung ist hier uneinheitlich, vgl. MüKo-BGB/*Wurmnest*, § 309 Nr. 9 Rn 11.

abdingbare[104] **Kündigungsrecht aus wichtigem Grund** (§ 314 BGB sowie § 543 Abs. 1 BGB als Sonderregelung im Mietrecht) zu. Mangels eines gesetzlichen Katalogs an Gründen, die zur Kündigung aus wichtigem Grund berechtigen, ist bei der Gestaltung der AGB die (grundsätzlich zulässige)[105] Festlegung möglicher Gründe für die außerordentliche Kündigung zu erwägen. Durch die Festlegung von Kündigungsgründen wird zugleich ein Anhaltspunkt dafür gegeben, wie schwerwiegend die Vertragsverletzung sein muss, um eine Kündigung aus wichtigem Grund auch in anderen Fällen zu rechtfertigen. Da AGB in den meisten Fällen von Cloud-Anbietern gestellt werden und die Benennung von Gründen für eine außerordentliche Kündigung zumeist vor allem aus der Perspektive des Cloud-Kunden Sinn macht, enthalten viele AGB für Cloud Computing-Verträge keine Regelungen. Im Rahmen der differenzierten Regelung von Möglichkeiten, ordentlich zu kündigen, bietet sich aus der Sicht des Cloud-Anbieters zur Vermeidung des Eindrucks, dass die Regelung zur Kündigung abschließend sei, an, ausdrücklich auf das Recht zur außerordentlichen Kündigung zu verweisen.

U. Exit-Management

! **Checkliste**
Gesetzliche Ausgangslage:
- Herausgabepflicht, § 667 BGB

Regelungsmöglichkeit:
- Unterstützung der (Re-)Migration
- Herausgabe der Daten
- eventuell Fortführung der Leistungen
- Löschung und Archivierung.

Einschränkung durch AGB-Recht:
- keine Klauselverbote
- Transparenzgebot zu beachten

237 Bereits bei der Vertragsgestaltung ist an das Ende der Vertragsbeziehung zu denken. Schließlich begibt sich der Cloud-Kunde ein Stück weit in die Hände des Cloud-Anbieters und ihm droht nicht selten eine **Abhängigkeit zu dem bestimmten Cloud-Anbieter** („Lock-In-Effekt").[106] Es liegt auf der Hand, dass ein Anbieterwechsel oder eine Wiedereingliederung ins Unternehmen bei einer fehlenden **Interoperabilität der Daten und Schnittstellen** nur schwer oder gar nicht möglich wäre.[107]

104 BeckOK BGB/*Lorenz*, § 314 Rn 26; MüKo-BGB/*Bieber*, § 543 Rn 74.
105 MüKo-BGB/*Gaier*, § 314 Rn 4 m.w.N.
106 *Mann*, MMR 2012, 499, 502; *Giebichenstein*, BB 2011, 2218, 2221.
107 *Giebichenstein*, BB 2011, 2218, 2221.

Deshalb sollte der Vertrag für die typischen bei der Beendigung für den Cloud-Kunden bestehenden Risiken Vorsorge treffen. Dabei handelt es sich im Wesentlichen um Folgendes: 238
- Herausgabe aller eingebrachten und/oder in der Cloud-Umgebung generierten Daten in einem verwertbaren Format
- Unterstützung bei der Migration auf einen anderen Anbieter und der Übernahme der Leistungen durch den Cloud-Kunden selbst
- Sofern die Migration nicht pünktlich klappt, Fortführung der Leistungen
- Regelung, inwieweit der Cloud-Anbieter Daten des Cloud-Kunden löschen oder archivieren darf oder muss

Die Anforderungen unterscheiden sich nicht von denen typischer Auslagerungsverträge. Aus der Standardisierung der Leistungen können sich jedoch Unterschiede ergeben. Während in klassischen Auslagerungsverträgen in der Regel der Fortführung der Leistungen über den eigentlichen Kündigungstermin hinaus sehr große Aufmerksamkeit geschenkt wird, was bei individualisierten Private Clouds ebenfalls der Fall sein sollte, tritt dieser Aspekt bei standardisierten Angeboten in den Hintergrund. Aufgrund der in der Regel äußerst kurzen Kündigungsfristen gibt es für den Cloud-Kunden die Möglichkeit, den Vertrag erst nach erfolgreicher Migration zu kündigen, oder wenn für ihn erkennbar ist, dass die Migration funktioniert. 239

I. Herausgabe

Der Cloud Computing-Vertrag sollte klare Regelungen enthalten zur Herausgabe der von dem Cloud-Kunden in der Cloud gespeicherten Daten, und zwar in einem für ihn **verwertbaren Format**. Neben dem Format sollten auch die weiteren Modalitäten der Herausgabe geregelt sein. Dabei spielt vor allen Dingen der zeitliche Aspekt eine Rolle. Der Cloud-Kunde benötigt im Zweifelsfall Sicherheit, wann er die Daten erhält. Die Vereinbarung sollte Format, Qualität[108] und die Art der Datenübermittlung[109] regeln. 240

Praxistipp !

Der Cloud-Kunde kann auf eine ausdifferenzierte Regelung verzichten, wenn er bereits im Rahmen der Regelleistungen jederzeit einen Abzug der Daten herstellen und herunterladen kann. Er hat dann selbst im Griff, wann und in welchem Umfang er Daten erhält.

---

108 *Splittgerber/Rockstroh*, BB 2011, 2179, 2184.
109 *Splittgerber/Rockstroh*, BB 2011, 2179, 2184.

241 Sofern der Cloud Computing-Vertrag keine Regelung enthält, folgt der Herausgabeanspruch aus § 667 BGB. Danach hat der Beauftragte alles, was er zur Durchführung des Auftrags erhält, und alles, was er während der Durchführung des Auftrags erlangt, an den Auftraggeber herauszugeben. Dieser Anspruch gewährt dem Auftraggeber zwar ein umfassendes Recht. Dieses Recht beschränkt sich aber auf das tatsächlich beim Auftragnehmer Vorhandene. Auf Herausgabe der Daten beispielsweise in geordneter Struktur oder in einem bestimmten Format hat der Auftraggeber keinen Anspruch. Insoweit bedarf es einer klaren vertraglichen Regelung, wenn nicht ohnehin die Daten laufend zur Verfügung stehen.

II. Migration

242 Ob der Cloud-Kunde Unterstützung bei einer Migration auf einen anderen Anbieter oder auf sich selbst benötigt, hängt von den ausgelagerten Leistungen ab. Abstrakt lässt sich die Erforderlichkeit kaum bestimmen. Bei den weitaus meisten Cloud Computing-Leistungen wird die Herausgabe der Daten genügen. Voraussetzung ist, dass das Format abgestimmt ist. Denn dann kann der Cloud-Kunde die Daten quasi per „Plug and Play" entweder selbst oder bei einem anderen Anbieter weiterverarbeiten.

243 Selbstverständlich sind Situationen denkbar, in denen dies nicht genügt. Das mag insbesondere bei der Auslagerung **gesamter Prozesse** der Fall sein. Neben technischer Unterstützung kann im Einzelfall die Schulung von Mitarbeitern oder auch das Bereitstellen von Personal zur Unterstützung erforderlich sein. Für diesen Fall sollte der Cloud Computing-Vertrag eine allgemeine Verpflichtung dahin vorsehen, dass der Cloud-Anbieter den Cloud-Kunden auf Verlangen bei der Migration auf einen anderen Anbieter oder den Cloud-Kunden selbst unterstützen muss.

244 Der Cloud-Kunde muss sich darüber im Klaren sein, dass **Unterstützungsleistungen** zusätzliche Leistungen sind, die in der Vergütung für die eigentlichen Cloud Computing-Leistungen typischerweise nicht enthalten sind. In wenigen Fällen wird es sich anbieten, bestimmte Leistungspakete bereits im Vorhinein zu definieren. Deshalb kann eine erhebliche Unsicherheit über die bei der Inanspruchnahme von Unterstützungsleistungen zu erwartenden Kosten entstehen. Aus diesem Grund sollte der Cloud Computing-Vertrag einige Grundregeln für deren Bestimmung vorsehen. Dabei sollte aus Sicht des Cloud-Kunden die Einigung auf eine feste Vergütung als Zielsetzung festgehalten werden und nur für den Fall, dass eine solche Einigung nicht zustande kommt, auf eine Preisliste verwiesen werden, in der die möglichen Verrechnungseinheiten angegeben sind.

245 Häufig wird der Cloud-Anbieter für Leistungen, die nach Aufwand abgerechnet werden, einen dynamischen Verweis, etwa auf die **„derzeit aktuelle" Preisliste** vorsehen. Eine solche Regelung unterliegt der Inhaltskontrolle nach § 307 BGB. Bei der Bewertung der Angemessenheit ist zu berücksichtigen, dass bis zur Vereinbarung von Migrationsleistungen noch überhaupt keine vertragliche Vereinbarung über die

Leistungen besteht, sondern lediglich das Recht vorgesehen ist, derartige Leistungen abzurufen. Für die Änderung der Preisliste an sich gilt oben Ausgeführtes zu Preisänderungen (siehe Rn 129).

III. Fortführung der Leistungen

In Outsourcing-Verträgen sind Regelungen für den Fall üblich, dass es dem Auftragge- 246
ber nicht gelingt, die Leistungen pünktlich vor oder zum Vertragsende auf den neuen Anbieter oder sich selbst zu übertragen. Oft erhält der Auftraggeber ein oder mehrere Optionen, nach denen er die Fortführung der Vertragsleistungen für bestimmte Zeiträume auch über das Vertragsende hinaus zu den bisherigen Konditionen verlangen kann. Derartige Lösungen sind für Private Cloud-Lösungen in jedem Falle sinnvoll, erscheinen aber hinsichtlich anderer Formen des Cloud Computing **nicht unbedingt erforderlich**. Insbesondere, wenn für die Kündigung durch den Cloud-Kunden kurze Kündigungsfristen vereinbart sind, bietet es sich für den Kunden an, die Kündigung erst auszusprechen, wenn die Migration geklappt hat oder absehbar sicher bewerkstelligt werden kann. Der Cloud-Kunde muss andererseits sein Augenmerk darauf legen, dass die Kündigungsfristen für eine ordentliche Kündigung seitens des Cloud-Anbieters derart bemessen sind, dass dem Kunden die Migration (einschließlich gegebenenfalls erforderlicher Auswahl des Folgeanbieters) gelingen kann.

IV. Löschung der Daten

Der Cloud Computing-Vertrag sollte eine Pflicht des Cloud-Anbieters zur vollständi- 247
gen Löschung der Daten enthalten.[110] Alternativ kommt auch eine Regelung zur Sperrung der Daten in Betracht, wenn die Löschung nur mit unverhältnismäßig hohem Aufwand möglich ist. Diese Regelungen haben grundsätzlich nur klarstellenden Charakter. Denn aus der Herausgabeverpflichtung folgt schon denklogisch, dass bei demjenigen, der zur Herausgabe verpflichtet ist, nichts zurückbleiben darf. In einer analogen Welt bedarf dieser Punkt im Zweifel keinerlei Diskussion. Angesichts der einfachen Möglichkeiten zur Vervielfältigung in digitalen Umgebungen kann die Herausgabe ohne Weiteres durch einen „per Knopfdruck" hergestellten Datenabzug erreicht werden, während der Datenbestand bei dem Cloud-Anbieter unverändert bleibt. Deshalb erscheint eine explizite, wenn auch nur **klarstellende Regelung** angebracht. Diese sollte sich auch auf etwaige beim Anbieter vorhandene Datensicherungen erstrecken.

110 *Giebichenstein*, BB 2011, 2218, 2221.

248 Aus der Sicht des Cloud-Kunden kann eine Regelung sinnvoll sein, die die Löschung der Daten erst nach Ablauf bestimmter Fristen vorsieht. Denn auf diese Weise kann der Cloud-Kunde sich vor einem Datenverlust durch die Migration absichern.

249 Die denkbare **Archivierung** der Daten des Cloud-Kunden in der Umgebung des Cloud-Anbieters über das Ende des Vertrags hinaus sollte dagegen nicht Gegenstand der Regelungen zum Exit-Management sein. Das zur Verfügung stellen von Speicherplatz für eine Archivierung oder auch Archivierungsleistungen stellen eigenständige Leistungen dar, die auch als solche behandelt werden sollten. Sie sollten nicht als nachvertragliche Pflichten vorgesehen werden, sondern als eigenständige Cloud-Angebote.

Kapitel 9
Anforderungen an die Cloud in der öffentlichen Hand

A. Relevanz für die öffentliche Hand

Unabhängig davon, ob es sich um eine Bundes-, Landes- oder Kommunalverwaltung 1
handelt, ist das Dilemma stets das Gleiche. Mit knappen Finanzmitteln und immer weniger Personal soll immer mehr „Bürgerservice" geleistet werden. Nicht erst seit dem **E-Government-Gesetz des Bundes (EGovG)**[1] steht die Forderung nach einer möglichst umfassenden Informatisierung der Verwaltung im Raum.

Die vorgenannten raren Haushaltsmittel erlauben es der öffentlichen Hand in 2
der Regel nicht, leistungsfähige IT-Hardware und insbesondere das zur Wartung und Pflege notwendige IT-Fachpersonal – so dieses überhaupt angeworben werden könnte – zu „beschaffen". Gleichzeitig ist funktionierendes E-Government,[2] sowohl im verwaltungsinternen Bereich als auch im Bereich des Bürger-/Industriekontaktes nicht mehr nur ein „nice to have", sondern veritabler Standortfaktor.

Die mit dem Cloud Computing verbundenen technischen Möglichkeiten[3] 3
könnten – insbesondere in Bereichen, in denen noch keine moderne IT-Infrastruktur besteht – eine schnelle und kostengünstige[4] Lösung für mannigfaltige Probleme der öffentlichen Hand darstellen. Es könnte, z.B. bei Einführung einer vollelektronischen Aktenführung (vgl. §§ 6–8 EGovG), auf den Aufbau eines eigenen Rechenzentrums verzichtet werden. Statt voll ausgestatteter Büroarbeitsplätze wäre ein Thin Client ausreichend, der über das Internet auf die benötigten Anwendungen zugreift. Wartung und Aktualisierung könnten zentral erfolgen. Die im Bereich der „freien Wirtschaft" geschätzten Skaleneffekte könnten auch im öffentlichen Bereich von Nutzen sein.

---

1 Hierzu *Habammer/Denkhaus, MMR 2013, 358; Heckmann/Albrecht*, ZRP 2013, 42.

2 Nach der sog. Speyerer Definition (abrufbar unter http://foev.dhv-speyer.de/ruvii/Sp-EGov.pdf) ist E-Government die Abwicklung geschäftlicher Prozesse im Zusammenhang mit Regieren und Verwalten (Government) mithilfe von Informations- und Kommunikationstechniken über elektronische Medien, vgl. *Reinermann/v. Lucke*, S. 1.

3 Hierzu näher Kap. 3.

4 Hierzu *Klein*, Mit eGovernment in der Cloud 1,8 Milliarden Euro sparen v. 30.3.2011, abrufbar unter http://www.egovernment-computing.de/projekte/articles/309248.

B. Beispiele und Problemstellungen

I. Möglichkeiten

4 Die Möglichkeiten der Nutzung von Cloud Computing-Technologien in der öffentlichen Verwaltung sind mindestens so vielfältig wie im nicht-öffentlichen Bereich. Von der Bestandsverwaltung über Büroservicelösungen bis hin zu Dokumentenmanagement existiert ein bunter Strauß von IT-gestützten Anwendungen, der mithilfe von Cloud Computing-Technologie effizienter gestaltet werden könnte.[5]

5 Das betrifft allerdings nicht jeden Bereich der Verwaltung. So sind Fachverfahren (und auch einfache, den einzelnen Mitarbeiter unterstützende Software) mitunter sehr spezifisch an die Bedürfnisse einzelner Nutzer (Landkreis, Bezirk, Gemeinde etc.) angepasst worden. Sich hier „Fremdbestimmen" zu lassen und (vermeintlich) „Bewährtes" zugunsten einer standardisierten Lösung aufzugeben, stößt häufig auf Widerstände.[6] Jedoch sind die vorgenannten Zwänge – insbesondere der anstehende Fachkräftemangel – zwingende Gründe für eine zeitnahe Auslagerung, Zentralisierung und Standardisierung durch Cloud Computing-Technologien.

II. Problemstellung

6 Die Nutzung von Cloud Computing-Technologien stellt die öffentliche Verwaltung vor rechtliche Probleme, die nur teilweise mit den an anderer Stelle behandelten „allgemeinen" Problemen des Cloud Computing identisch sind.

7 So ist die grundsätzliche **datenschutzrechtliche Beurteilung** des Cloud Computings im öffentlichen Bereich, so denn personenbezogene Daten verarbeitet werden, im Grundsatz **nicht wesentlich anders** als im nicht-öffentlichen Bereich.[7] Es existieren jedoch – neben rechtspolitischen Erwägungen[8] – mitunter **spezifische Regelungen** in Bereichen, in denen ein besonderer Geheimnisschutz benötigt wird. Neben diesen allgemeinen Regelungen hat die öffentliche Hand verfassungs- und vergaberechtliche Hürden zu überwinden bzw. Regelungen zu beachten, bevor eine Auslagerung von IT-Diensten in eine Cloud möglich ist. Für die Beurteilung der rechtlichen

---

5 Einen Überblick gibt *Klein*, Heiter bis wolkig: Behörden und die Verlockung der Cloud v. 14.3.2012, abrufbar unter http://www.egovernment-computing.de/projekte/articles/356596.

6 *Deussen/Strick/Peters*, Cloud Computing für die öffentliche Verwaltung, S. 136, abrufbar unter http://www.fokus.fraunhofer.de/de/elan/_docs/_studien_broschueren/isprat_cloud_studie_20110106.pdf.

7 Hierzu Kap. 5.

8 Die sogenannte NSA-Affäre hat das grundsätzlich bestehende Misstrauen in das IT-Outsourcing noch verstärkt, vgl. *Greif*, „NSA-Affäre beeinträchtigt Cloud-Computing-Wachstum", ZD-Net v. 30.1.2014, abrufbar unter http://www.zdnet.de/88182810/nsa-affaere-beeintraechtigt-wachstum-beim-cloud-computing.

Implikationen kommt es insbesondere darauf an, welche Dienste in die Cloud ausgelagert werden sollen und wer die Cloud betreibt.

C. Verfassungsrecht

Der Einsatz von Cloud Computing-Lösungen durch die öffentliche Verwaltung muss 8 sich im Rahmen der durch das Verfassungsrecht gezogenen Grenzen halten. Die Wesentlichsten sind – im Falle der Beauftragung privater Anbieter – der **Funktionsvorbehalt (Art. 33 Abs. 4 GG)** und – im Falle einer Zusammenarbeit mit anderen Verwaltungsträgern – der Art. 83 ff. GG und das aus ihm folgende **Verbot der Mischverwaltung**.

I. Funktionsvorbehalt

Die Beauftragung Privater mit Cloud Computing-Dienstleistungen stellt eine **Variante** 9 **des Outsourcings von Informationstechnologie durch die Verwaltung**[9] dar. Ein solches Outsourcing ist grundsätzlich auch dem Staat bzw. der öffentlichen Hand gestattet. Der Staat ist nicht verpflichtet, jede von ihm als erforderlich angesehene Maßnahme durch eigene Mitarbeiter selbst zu erledigen. Es ist nicht gesetzlich festgelegt, in welcher Weise der Staat seinen Pflichten genügt. Auch dem Staat steht grundsätzlich die Auslagerung an private Dienstleister offen.

Betrifft die Auslagerung sog. Verwaltungstätigkeiten, sind durch das Grundgesetz 10 jedoch Grenzen gesetzt. Nach Art. 33 Abs. 4 GG gilt der Grundsatz, dass die **Ausübung hoheitsrechtlicher Befugnisse** *„als ständige Aufgabe in der Regel Angehörigen des öffentlichen Dienstes zu übertragen [ist], die in einem öffentlich-rechtlichen Dienst- und Treueverhältnis stehen“*, sog. Funktionsvorbehalt.[10]

Daraus wird gefolgert, dass eine originär staatliche Aufgabe – man spricht in 11 diesem Zusammenhang auch von **Aufgabenprivatisierung**[11] – nicht vollständig auf Private übertragen werden darf. Wird aber nur die Ausführung bestimmter (Hilfs-) Aufgaben auf Private verlagert und verbleibt Verantwortung und Zuständigkeit aufseiten des Staates – hier spricht man von **funktionaler Privatisierung**[12] –, dann ist Art. 33 Abs. 4 GG nicht berührt. Im vor- und nachbereitenden Umfeld einer Maß-

9 Grundlegend *Büllesbach/Rieß*, NVwZ 1995, 444.
10 Sachs/*Battis*, Art. 33 Rn 45.
11 *Ballhausen*, S. 120.
12 *Ballhausen*, S. 121 f.; *Schubert*, S. 84 f.

nahme[13] (z.B. bestimmte Datenverarbeitungsvorgänge) ist die Einbindung Privater demnach verfassungsrechtlich zulässig. Sie muss aber auf **unselbstständige Hilfstätigkeiten beschränkt** sein. Die Letztentscheidungskompetenz muss der öffentlichen Hand vorbehalten bleiben.

12 Für den Bereich des Cloud Computing bedeutet das, dass – soll der Bereich der funktionalen Privatisierung nicht verlassen werden – die hiermit verbundene Beauftragung Privater auf die Ausführung von technischen Hilfstätigkeiten beschränkt bleiben muss.[14] Die öffentliche Hand darf mit der Auslagerung grundsätzlich **keine hoheitlichen Entscheidungsbefugnisse an Private abgeben.**[15] Das betrifft auch und insbesondere Entscheidungsbefugnisse bezüglich der Datenverarbeitung. Diese müssen bei der öffentlichen Hand verbleiben, die sich auch entsprechende Weisungsrechte vorbehalten muss. Die Abgrenzung verläuft entsprechend zur datenschutzrechtlichen Abgrenzung zwischen Auftragsdatenverarbeitung und Funktionsübertragung.[16]

Beispiel
So dürfte beispielsweise der Auftragnehmer nicht eigenständig entscheiden, welche Bürgerdaten wie lange „in der Cloud" gespeichert werden. Er muss den Weisungen des Auftraggebers, der gleichzeitig auch verantwortliche Stelle im Sinne des Datenschutzrechts bleibt, Folge leisten. Erst recht darf der Auftragnehmer nicht eigenständig darüber entscheiden, ob überhaupt und welche personenbezogenen Daten erhoben werden. Schließlich darf dem Auftragnehmer nicht die Befugnis übertragen werden, eigenständig Entscheidungen (insbesondere belastende Verwaltungsakte) auf Basis der gespeicherten Daten zu treffen.

---

13 Der private Anbieter von Cloud Computing-Dienstleistungen für die öffentliche Hand ist auf die Rolle als Verwaltungshelfer beschränkt. Er führt **lediglich unterstützende Hilfstätigkeiten und unselbstständige Handlungen im Auftrag und nach Weisung** der inhaltlich verantwortlichen Verwaltungseinheit durch. Er tritt nicht nach außen gegenüber dem Bürger in Erscheinung, sondern handelt **als „verlängerter Arm"** des Auftraggebers rein intern und in fremden Namen.[17]

14 Nicht erforderlich ist es, dass die öffentliche Verwaltung dem privaten Auftragnehmer bis ins Detail vorgibt, auf welche Art und Weise die gewünschte Tätigkeit zu erledigen ist.[18] Die Möglichkeit der Nutzung der spezifischen Kenntnisse des Cloud

---

13 Unter einer Maßnahme versteht man Verordnungen, Verwaltungsakte und andere Eingriffe in Grundrechte des Bürgers, vgl. z.B. die Legaldefinition in § 2 Nr. 3 Nds. SOG.
14 *Braun*, AnwZert ITR 16/2008, Anm. 4.
15 Soll die selbstständige Erledigung hoheitsrechtlicher Aufgaben Gegenstand der Auslagerung sein, muss das im Rahmen einer Beleihung auf Basis einer formell gesetzlichen Grundlage geschehen, *Braun*, AnwZert ITR 16/2008, Anm. 4.
16 *Maisch/Seidl*, VBlBW 2012, 7, 8; *Heckmann/Braun*, BayVBl. 2009, 581, 582.
17 Vgl. *Schubert*, S. 91 f. m.w.N. zu den einzelnen Merkmalen.
18 *Ballhausen*, S. 123.

Computing-Anbieters ist einer der Gründe für dessen Beauftragung. Nur wenn sich die öffentliche Verwaltung auf der technischen Seite eines Großteils der Steuerungspflichten entledigen kann, sind **Effizienzgewinne** realistisch.[19] Es muss ausreichen, dass die öffentliche Verwaltung vorgibt, welche Ergebnisse sie von dem Dienstleister erwartet. Die Art und Weise der konkreten Zielerreichung ist – unter Berücksichtigung zu vereinbarender Mindeststandards (z.B. im Datenschutz) – dem Privaten zu überlassen.

Beispiel
Ausreichend ist beispielsweise die Vorgabe, dass Daten nach einem bestimmten Standard elektronisch archiviert werden sollen und innerhalb eines bestimmten Zeitfensters abrufbar sein müssen. Nicht erforderlich ist die Vorgabe einer bestimmten Hard- und/oder Software. Besteht die Notwendigkeit der Vernetzung mit bereits vorhandener Hard- oder Software, ist es ausreichend, dies als Anforderung zu nennen.

II. Mischverwaltung

Wird, was sich aus Effizienzgesichtspunkten anbietet, beschlossen eine Cloud Computing-Lösung nicht im Alleingang, sondern im Zusammenspiel mehrerer Verwaltungsträger – z.B. im Rahmen einer **öffentlich-rechtlichen „Private Cloud“**[20] – zu realisieren, stellt sich die Frage der Vereinbarkeit mit den Artikeln 83 ff. GG. 15

Nach diesen hat der Verwaltungsträger, dem eine Aufgabe zugewiesen wurde, diese grundsätzlich durch eigene Verwaltungseinrichtungen, eigenes Personal, eigene Sachmittel etc. wahrzunehmen.[21] Hintergrund dieses grundsätzlichen **Verbots der „Mischverwaltung“** ist die indisponible Kompetenzverteilung zwischen Bund, Ländern (und Gemeinden), die als grundlegende Konkretisierung der Staatsstrukturprinzipien – insbesondere dem Bundesstaatsprinzip – nicht unterlaufen werden darf:[22] 16

> *„Die Verwaltung des Bundes und die Verwaltung der Länder, zu denen auch die Kommunen gehören, sind organisatorisch und funktionell im Sinne von in sich geschlossenen Einheiten prinzipiell voneinander getrennt (vgl. BVerfGE 108, 169, 182). Die Verwaltungszuständigkeiten von Bund und Ländern sind in den Art. 83 ff. GG erschöpfend geregelt und grundsätzlich nicht abdingbares Recht (vgl. BVerfGE 32, 145, 156; 41, 291, 311; 63, 1, 39). Bund und Länder dürfen von der in diesen Bestimmungen vorgeschriebenen ‚Verwaltungsordnung‘ nicht abweichen. Es gilt der allgemeine Verfassungssatz (vgl. BVerfGE 4, 115, 139), dass weder der Bund noch die Länder über ihre im Grundgesetz festgelegten Kompetenzen verfügen können; Kompetenzverschiebungen zwischen*

---

19 *Ballhausen*, S. 123.
20 Zu den Begriffen siehe Kap. 2.
21 Vgl. BVerfGE 63, 1, 41.
22 *Maisch/Seidl*, VBlBW 2012, 7, 8; vgl. BVerfG, Beschl. v. 20.12.2007 – 2 BvR 2433/04 – Rn 151.

Bund und Ländern sind selbst mit Zustimmung der Beteiligten nicht zulässig (vgl. BVerfGE 32, 145, 156).“[23]

17 Allerdings bedeutet dieses Verbot der Mischverwaltung nicht, das schlechthin jede Zusammenarbeit von unterschiedlichen Verwaltungsträgern unzulässig ist. Eine verfassungsrechtlich nicht gesondert legitimationsbedürftige **Verwaltungskooperation** kann angenommen werden, wenn die **Grundsätze eigenverantwortlicher Aufgabenwahrnehmung** eingehalten werden, die Zusammenarbeit klar auf eine spezifische Verwaltungsmaterie begrenzt wird und ein sachlicher Grund die gemeinsame Aufgabenwahrnehmung rechtfertigen kann.[24] Nach Auffassung des BVerfG setzt die eigenverantwortliche Aufgabenwahrnehmung voraus, dass der jeweils zuständige Verwaltungsträger auf den Aufgabenvollzug „*hinreichend nach seinen eigenen Vorstellungen einwirken kann*“. Daran fehle es in der Regel dann, „*wenn Entscheidungen über Organisation, Personal und Aufgabenerfüllung nur in Abstimmung mit einem anderen Träger getroffen werden können*“.[25]

18 Mit Blick auf **verwaltungsträgerübergreifende Cloud Computing-Lösungen**, die z.B. in einem Bund-Länder-Rechenzentrum realisiert werden könnten, scheint eine verfassungsrechtliche Zulässigkeit schon an diesem Punkt zumindest nur schwer begründbar. In der Literatur finden sich dementsprechend Stimmen, die mit Blick auf die systemimmanenten Weisungsmöglichkeiten, Abstimmungs- bzw. Kompromissnotwendigkeiten und Blockademöglichkeiten bei der gemeinsamen Aufgabenwahrnehmung die Einrichtung von gemeinsamen IT-Dienstleistungszentren als verfassungsrechtlich überaus problematisch einschätzen.[26] Zutreffend wird jedoch an anderer Stelle darauf hingewiesen, dass sich Art. 83 ff. GG vornehmlich auf den Gesetzesvollzug bezieht und damit auf die Erledigung von Sachaufgaben.[27] Mischverwaltung wird dementsprechend nur dann angenommen, wenn die sachlichen Entscheidungen in einem irgendwie gearteten Zusammenwirken getroffen werden.[28] Das ist bei Cloud Computing-Leistungen nicht der Fall, wenn diese nur die technische Unterstützung betreffen, z.B. im Bereich **Infrastructure as a Service**, die eigentliche (inhaltliche) Verwaltungstätigkeit aber weiterhin eindeutig einem konkreten Verwaltungsträger zugeordnet ist. Das ist z.B. der Fall, wenn separater Speicherplatz oder Rechenkapazität zugewiesen wird, über welchen „frei“ verfügt werden kann. Führt die Einführung von Cloud Computing dazu, dass z.B. im Bereich des SaaS gemeinschaftlich eine bestimmte Software (z.B. zur Berechnung von Ansprüchen auf Unter-

23 BVerfG, Beschl. v. 20.12.2007 – 2 BvR 2433/04 – Rn 152.
24 *Jäger*, AnwZert ITR 3/2009, Anm. 4, B.; Sachs/*Sachs*, Art. 87 Rn 52.
25 BVerfG, Beschl. v. 20.12.2007 – 2 BvR 2433/04 – Rn 183.
26 Z.B. *Jäger*, AnwZert ITR 3/2009, Anm. 4, B. I. 1.; siehe aber auch *Steinmetz*, NVwZ 2011, 467, 467 für die a.A.
27 *Schulz*, MMR 2010, 75, 77; *Maisch/Seidl*, VBlBW 2012, 7, 9.
28 *Schulz*, MMR 2010, 75, 77.

stützungsleistungen wie Kindergeld, „Hartz IV" etc.) genutzt wird, **und** gehen durch softwarebedingte Vorgaben Entscheidungsspielräume verloren, findet eine Einflussnahme auf die Verwaltungsentscheidung selbst (z.B. das „Ob" und die Höhe der zu bewilligenden Leistungen) statt und es kann hierin eine unzulässige Mischverwaltung gesehen werden.[29] Handelt es sich bei der Software hingegen – vergleichbar einer Textverarbeitung oder Tabellenkalkulation – nur um eine reine Hilfssoftware, die **keine Entscheidungsspielräume verkürzt**, ist darin noch keine unzulässige Mischverwaltung zu erblicken.

Diese vorgenannt präferierte Auffassung, die der Auffassung des BVerfG wider- 19
spricht, dass zur Aufgabenerfüllung „eigene Sachmittel" eingesetzt werden müssten, wird im IT-Bereich durch den „neuen"[30] Art. 91c GG[31] gestützt. Dieser stellt in seinem Abs. 1 ausdrücklich klar,[32] dass Bund und Länder bei der Planung, der Errichtung und dem Betrieb *„der für ihre Aufgabenerfüllung benötigten informationstechnischen Systeme"* zusammenwirken können. Art. 91c GG ist lex specialis zu Art. 83 ff. GG und in seinem Wortlaut zumindest insoweit hinreichend klar, dass aufgabenunterstützende IT-Infrastrukturen[33] gemeinsam[34] geplant, errichtet und betrieben werden können.[35]

Aus alledem folgt jedoch nicht, dass eine Mischverwaltung zulässig ist, die über 20
technischen „Support" durch Cloud Computing-Dienste hinausgeht. Weiterhin gilt, dass die **Entscheidungskompetenz in der Sache selbst beim jeweiligen Kompetenzträger verbleiben muss.**

Auch nach Einführung des Art. 91c GG wäre beispielsweise eine gemeinschaftli- 21
che Softwareentwicklung und -nutzung unzulässig, durch die inhaltliche Entscheidungen der Beteiligten determiniert werden.[36] Erst recht kann aus Art. 91c GG **keine allgemeine Kooperationsermächtigung** abgeleitet werden, die z.B. auch inhaltlich zur (IT-gestützten) gemeinschaftlichen Steuerverwaltung berechtigt.[37]

---

29 Vgl. BVerfG, Beschl. v. 20.12.2007 – 2 BvR 2433/04 – Rn 180 a.E.; *Schulz*, MMR 2010, 75, 77.

30 Im Rahmen der Föderalismusreform II ist Art. 91c GG in das GG aufgenommen worden und seit dem 1.8.2009 in Kraft.

31 Hierzu z.B. *Schliesky*, ZSE 2008, 304; *Heckmann*, K&R 2009, 1; *Schallbruch/Städler*, CR 2009, 619; *Albrecht/Braun*, AnwZert ITR 23/2009, Anm. 3.

32 Bei a.A. im Vorhergehenden kann man auch von einer nunmehr expliziten Gestattung sprechen.

33 Der Begriff „informationstechnische Systeme" umfasst alle technischen Mittel zur Verarbeitung und Übertragung von Informationen, BT-Drucks. 16/12410, 8.

34 Insofern Art. 91c Abs. 3 GG den Ländern den gemeinschaftlichen Betrieb informationstechnischer Systeme sowie die Errichtung von dazu bestimmten Einrichtungen gestattet, hat diese Norm deklaratorischen Charakter, da das Verbot der Mischverwaltung auf Länderebene nicht gilt, vgl. *Braun/Albrecht*, jurisPR-ITR 1/2010 Anm. 2 unter III. m.w.N.

35 Vgl. Sachs/*Siekmann*, Art. 91c Rn 8.

36 Auf die Steuerungseffekte von Software im Bereich des E-Government weist *Schulz*, MMR 2010, 75, 78 m.w.N. hin.

37 *Sichel*, DVBl. 2009, 1014, 1015.

III. Gewaltenunabhängigkeit

22 Bei der einer Einführung von Cloud Computing-Lösungen inhärenten **Zentralisierung von IT-Leistungen**, z.B. im Rahmen eines zentralen Rechenzentrums, wird mitunter die Frage nach der Vereinbarkeit mit dem **Prinzip der Gewaltenteilung**, insbesondere der **Unabhängigkeit der Rechtsprechung** (Art. 19 Abs. 4, 92, 97 GG) gestellt.

23 Wenn, so die in der Literatur geäußerte Befürchtung, Justizdaten in einem Rechenzentrum gespeichert und verarbeitet würden, das durch oder im Einflussbereich der Exekutive (z.B. eines Justizministeriums) betrieben wird, verletze dies die verfassungsrechtlich (Art. 20 Abs. 2 S. 2, Art. 92 GG) gewährleistete **organisatorische Selbstständigkeit der Dritten Gewalt.**[38] Zudem sei die richterliche Unabhängigkeit (Art. 97 Abs. 1 GG) durch eine Datenverwaltung durch Einrichtungen der Exekutive gefährdet, da Konfliktsituationen nicht bereits im Ansatz ausgeschlossen seien. Das Vertrauen der Bevölkerung in eine unabhängige Rechtsprechung könne erschüttert werden, wenn nicht mehr klar sei, ob die Justiz tatsächlich unbefangen und unabhängig agieren könne. Einem solchen Eindruck müsse durch organisatorisch-räumliche Trennung von Judikative und Exekutive entgegengewirkt werden.[39]

24 Diese und weitere Bedenken[40] führen den Vertreter der skizzierten Auffassung[41] zu dem Schluss,[42] dass die Rechtsprechung die **ausschließliche Hoheit über ihre Daten** behalten müsse. Das könne in der Weise erfolgen, dass es bei der dezentralen Datenspeicherung in den einzelnen Gerichten verbleibe. Eine zentrale Speicherung der gerichtlichen Verfahrensdaten müsse ausschließlich der Dritten Gewalt und ihren Angehörigen vorbehalten sein. Die Judikative müsse die **jederzeitige und ausschließliche Zugriffsmöglichkeit auf ihre Daten** sowie die **alleinige Verantwortlichkeit für den Umgang mit diesen Daten** haben. Das Rechenzentrum müsse ausschließlich von IT-Mitarbeitern gepflegt und gewartet werden, die der Fach- und Dienstaufsicht der jeweiligen Gerichte unterstünden.[43]

25 Diese Auffassung überzeugt nicht. Es ist nicht ersichtlich, dass die organisatorische Unabhängigkeit durch eine Auslagerung von Hilfsdienstleistungen in eine Cloud, die nicht vollumfänglich von Mitarbeitern der Judikative geführt wird, gefährdet wäre. Ein funktionales Outsourcing[44] ist **verfassungsrechtlich unproblematisch**, wenn die allgemeinen rechtlichen Voraussetzungen (z.B. mit Blick auf Weisungsbefugnisse,

---

38 *Bertrams*, NWVBl. 2010, 209, 209.
39 *Bertrams*, NWVBl. 2010, 209, 213.
40 Ausführlich *Bertrams*, NWVBl. 2010, 209, 209 ff.
41 Präsident des Verfassungsgerichtshofs und des Oberverwaltungsgerichts für das Land Nordrhein-Westfalen.
42 *Bertrams*, NWVBl. 2010, 209, 215.
43 *Bertrams*, NWVBl. 2010, 209, 215.
44 Siehe bereits oben Rn 11.

Zugriffsregelungen, Datenschutz) bei der Ausgestaltung der Vertragsbeziehungen beachtet werden. Die **Auftraggeberin** – also hier die Judikative – **muss allerdings rechtlich und faktisch „Herrin der Daten" bleiben**. Zudem ist sie **verpflichtet, sowohl Datenschutz als auch Datensicherheit auf einem adäquaten Niveau zu gewährleisten**. Dies kann (und muss) bei den regelmäßig vertraulichen Daten[45] z.B. durch eine Verschlüsselung der Daten dergestalt geschehen, dass der Auftragnehmer diese nicht einsehen kann. Kann das nicht sichergestellt werden, weil z.B. der Auftragnehmer sich vorbehält, die Daten mit einem eigenen Schlüssel zu entschlüsseln,[46] verbietet sich eine Auftragserteilung an diesen Diensteanbieter. Wenn entsprechende Maßnahmen getroffen wurden, besteht – so der BGH – *„für einen Richter kein Grund anzunehmen, das EDV-Netz werde zur inhaltlichen Kontrolle richterlicher Dokumente im Kernbereich der Rechtsprechung genutzt"*. Die bloße Eignung technischer Einrichtungen wird zutreffend hierfür als nicht ausreichend angesehen.[47]

D. Daten- und Geheimnisschutz

Nutzt die öffentliche Hand Cloud Computing-Technologien, so ist mit dieser eine Verarbeitung personenbezogener Daten auf Anlagen des und durch den Cloud Computing-Auftragnehmer unausweichlich verbunden. 26

I. Auftragsdatenverarbeitung

Üblicherweise lässt sich das Cloud Computing-Verhältnis als **Auftragsdatenverarbeitung** im Sinne der Datenschutzgesetze (z.B. § 11 BDSG) einordnen. Die öffentliche Verwaltung als „Herrin der Daten" steht hierbei vor den gleichen Problemen wie nicht-öffentliche Stellen.[48] 27

Unter Berufung auf das „**besondere Vertrauensverhältnis** zwischen Verwaltung 28
und Bürger" wird vertreten, dass die mit der Verarbeitung personenbezogener Daten beauftragten Dienstleister „besonders sorgfältig" auf das gewährleistete Niveau von IT-Sicherheit und Datenschutz zu überprüfen seien.[49] Rechtlich ist die öffentliche Hand im gleichen Maße wie jede nicht-öffentliche Stelle nach § 11 Abs. 2 S. 1 BDSG verpflichtet, *„den Auftragnehmer unter besonderer Berücksichtigung der Eignung der*

45 Zu besonderen Geheimnisschutzregelungen noch unten unter D., Rn 26 ff.

46 Das soll z.B. bei der iCloud von Apple der Fall sein. Vgl. *Meusers*, Apple kann verschlüsselte iCloud-Daten einsehen v. 4.4.2012, abrufbar unter http://www.spiegel.de/netzwelt/web/apple-hat-zugriff-auf-verschluesselte-dateien-im-clouddienst-icloud-a-825687.html.

47 BGH, Urt. v. 6.10.2011 – RiZ (R) 7/10 – DRiZ 2012, 169 m. Anm. *Köbler*.

48 Insofern sei auf die Darstellung in Kap. 5 verwiesen.

49 *Wagner*, Ab in Die Wolke?, Publicus 3/11, S. 27.

von ihm getroffenen technischen und organisatorischen Maßnahmen sorgfältig auszuwählen". Auch die Verpflichtung der Überprüfung des Auftragnehmers (§ 11 Abs. 2 S. 4 BDSG) sowie die Dokumentationspflicht (§ 11 Abs. 2 S. 5 BDSG) besteht im gleichen Maße für öffentliche wie für nicht-öffentliche Stellen. **Eine „besondere", darüber hinausgehende Sorgfaltspflicht besteht nicht.**

29 Findet für die nicht-öffentlichen Stellen für die Auftragsdatenverarbeitung grundsätzlich § 11 BDSG Anwendung, so ist bei öffentlichen Stellen zu differenzieren. Nach § 2 Abs. 2 BDSG ist das BDSG bei öffentlichen Stellen der Länder nur heranzuziehen, soweit der Datenschutz nicht durch Landesgesetz geregelt ist und soweit sie Bundesrecht ausführen oder als Organe der Rechtspflege tätig werden und es sich nicht um Verwaltungsangelegenheiten handelt.

30 Regelmäßig sind demzufolge in den Bundesländern die jeweiligen **Landesdatenschutzgesetze** einschlägig. Diese sind mit Blick auf die Möglichkeit der Auftragsdatenverarbeitung an nicht-öffentliche Stellen in Einzelfällen restriktiver als das BDSG. Zusätzliche Zulässigkeitsvoraussetzung für die Vergabe einer Auftragsdatenverarbeitung an Private ist in der Regel, dass diesem Vorhaben keine Berufs- oder besonderen Amtsgeheimnisse entgegenstehen.[50]

31 Berufs- oder besondere Amtsgeheimnisse sind rechtliche Verpflichtungen zur Verschwiegenheit oder Geheimhaltung, die ihrem Träger im Hinblick auf die Ausübung eines bestimmten Berufes oder Amts obliegen.[51] Es muss sich um einen rechtlich gewährleisteten **gesteigerten Geheimnisschutz** handeln. Allgemeine Geheimnis- oder Verschwiegenheitspflichten, wie z.B. das Amtsgeheimnis des § 30 VwVfG oder die Verschwiegenheitspflicht der Beamten (§ 67 BBG) reichen nicht aus.[52] Auf die Art der zu verarbeitenden Daten (z.B. sensible Daten i.S.d. § 3 Abs. 9 BDSG) kommt es nicht an.[53]

32 Einen solchen rechtlich gewährleisteten gesteigerten Geheimnisschutz bieten neben dem § 203 Abs. 1 StGB[54] eine Reihe bereichsspezifischer Geheimhaltungsverpflichtungen. Exemplarisch sei hier das Steuergeheimnis (§ 30 AO), das Sozialge-

---

50 So bestimmt z.B. § 4 LDSG-Rheinland Pfalz, dass Aufträge an nicht-öffentliche Stellen nur vergeben werden „sollen", *„wenn überwiegende schutzwürdige Interessen, insbesondere Berufs- oder besondere Amtsgeheimnisse, nicht entgegenstehen"*. Nach § 4 Abs. 2 S. 4 LDSG-Hessen „darf" ein Auftrag nur an Private vergeben werden, *„wenn weder gesetzliche Regelungen über Berufs- oder besondere Amtsgeheimnisse noch überwiegende schutzwürdige Belange entgegenstehen."*

51 Simitis/*Dammann*, § 39 Rn 8.

52 Simitis/*Dammann*, § 39 Rn 8.

53 Simitis/*Dammann*, § 39 Rn 8.

54 Zur Frage, ob und unter welchen Umständen eine Auftragsdatenverarbeitung für Geheimnisträger des § 203 StGB möglich ist, siehe Kap. 8 Rn 215 f. Allgemein zur Problematik der „Offenbarung" von „fremden Geheimnissen" statt vieler *Heghmanns/Niehaus*, NStZ 2008, 57 m.w.N. Nach hier geteilter Auffassung bilden bei einer funktionalen Privatisierung IT-Dienstleister und Auftraggeber eine Verantwortungseinheit, innerhalb der die Datenweitergabe schon nicht tatbestandsmäßig ist, *Ballhausen*, S. 144 m.w.N.

heimnis (§ 35 SGB I) sowie das Personalaktengeheimnis (§§ 106 ff. BBG sowie §§ 50 ff. BeamtStG) genannt.[55]

Ob die Berufs- oder besonderen Amtsgeheimnisse der Auftragsdatenverarbeitung durch Private entgegenstehen, ist im konkreten Einzelfall (z.B. Auslagerung der Archivierung elektronischer Personalakten[56] der Stadt Musterhausen an privaten Anbieter) im Rahmen einer Abwägungsentscheidung zu beurteilen. **Hierbei ist zu prüfen, ob spezifische Anforderungen der besonderen Geheimhaltungsverpflichtung durch (den konkreten) privaten Auftragsdatenverarbeiter erfüllt werden können.**[57] Es liegt auf der Hand, dass die Auslagerung in diesen Fällen ein erhöhtes Maß an Datenschutz- und Datensicherheitsvorkehrungen aufseiten des Auftragnehmers erfordert. Ob dieses vorhanden ist, muss im Rahmen der Auswahl und Überprüfung des Auftragnehmers (und dessen IT-Sicherheitskonzepts) durch den Auftraggeber intensiv geprüft werden. 33

Praxistipp !

Besondere Amtsgeheimnisse stehen einer Auftragsdatenverarbeitung durch Private grundsätzlich nicht entgegen. Allerdings müssen die **spezifischen Erfordernisse der Amtsgeheimnisse** beachtet und durch den Auftragnehmer technisch und organisatorisch sichergestellt werden. Es gilt ein strenger Maßstab.[58]

II. Einzelfälle

1. Steuerverwaltung

Der Datenverarbeitung im Bereich der Steuerverwaltung wird eine herausragende Bedeutung zugeschrieben. Mitunter treten aufgrund des hohen Automatisierungsgrades Rechenzentren (scheinbar) selbstständig dem Steuerpflichtigen gegenüber in Erscheinung.[59] Es handelt sich hierbei um Maßnahmen, die unmittelbar Auswirkung auf das Steuerverhältnis haben.[60] Rechenzentrumsleistungen stellen im Bereich der Steuerverwaltung einen **integralen Bestandteil der hoheitlichen Aufgabenerfüllung** dar.[61] 34

55 Überblick bei Simitis/*Dammann*, § 39 Rn 9.
56 So überhaupt möglich, siehe noch unten.
57 Vgl. z.B. § 30 Abs. 6 AO.
58 Simitis/*Petri*, § 11 Rn 47.
59 *Büllesbach/Rieß*, NVwZ 1995, 444, 447. Diese nennen die „*Kontoführung im Erhebungsverfahren einschließlich Aufrechnungen und Einziehung von Steuern aufgrund von Einzugsermächtigungen, der Versand von Mahnungen oder auch die Entgegennahme von Steuererklärungsdaten auf maschinell lesbaren Datenträgern*".
60 *Büllesbach/Rieß*, NVwZ 1995, 444, 447.
61 Simitis/*Petri*, § 11 Rn 11. Zu Art. 33 Abs. 4 GG siehe Rn 10 ff.

35 Dementsprechend soll eine **Steuerdatenverarbeitung im Auftrag** durch Private in diesem Bereich nur im Wege der Beleihung möglich sein oder dann, wenn durch technische und organisatorische Maßnahmen sichergestellt werden kann, dass die Mitarbeiter des privaten Auftragnehmers keinen Zugriff auf die Steuerdaten haben können.[62]

36 Berücksichtigt werden muss zudem, dass nach § 30 AO Amtsträger das **Steuergeheimnis** zu wahren haben. Unzulässig ist die unbefugte Offenbarung von Verhältnissen, Betriebs- und Geschäftsgeheimnissen, § 30 Abs. 2 AO. Offenbarung ist jede Handlung, die bewirkt, dass die geheim zu haltenden Tatsachen einem Dritten bekannt werden, der das Geheimnis noch nicht oder noch nicht sicher oder nicht vollständig kennt.[63]

37 Bei weiter Auslegung des Begriffs bedürfte die Auftragsdatenverarbeitung und die mit ihr verbundene Übermittlung an den Cloud Computing-Diensteanbieter einer **Befugnisnorm**, so denn nicht durch Verschlüsselung[64] o.Ä. eine Offenbarung gegenüber diesem ausgeschlossen ist. Eine solche Befugnisnorm ist im Steuerrecht nicht existent. Nach hier präferierter Auffassung ist der IT-Dienstleister, der durch einen Auftragsdatenverarbeitungsvertrag eng an den Auftraggeber gebunden wurde, per se nicht als außenstehender Dritter anzusehen. Er steht funktional „im Lager" der Steuerbehörde. Eine Weitergabe von Daten an diesen ist wie eine interne Weitergabe an Gehilfen einzuordnen. Entsprechend wird die Geheimhaltungsverpflichtung des § 30 AO auf diesen erstreckt.[65]

2. Meldewesen

38 Ähnliche Überlegungen sind im Bereich des Meldewesens anzustellen. Zu beachten ist hier das **Meldegeheimnis** (§ 5 MRRG), das allerdings nicht die unbefugte „Offenbarung", sondern lediglich die unbefugte Erhebung, Bearbeitung oder Nutzung untersagt.

39 Als Befugnisnorm für die mit dem Cloud Computing einhergehenden Nutzungen können die Regelungen zur Auftragsdatenverarbeitung herangezogen werden.[66]

40 Es wird in der Literatur vertreten, dass Meldedaten grundsätzlich nicht durch Private verarbeitet werden dürften. Als Begründung wird unter Verweis auf Art. 33 Abs. 4 GG angeführt, dass im Meldewesen die Datenverarbeitung selbst die primär zu

62 *Büllesbach/Rieß*, NVwZ 1995, 444, 448.

63 Klein/*Rüsken*, § 30 Rn 59.

64 Vgl. hierzu die Entwicklungen im Bereich der homomorphen Verschlüsselung: Projekt HomER des KIT, dazu http://www.iks.kit.edu/?id=396. Zu verschlüsseltem Cloud Computing näher *Kroschwald*, ZD 2014, 75.

65 In diese Richtung *Ballhausen*, S. 143 ff.

66 Vgl. auch § 5 Abs. 2 MRRG.

erfüllende staatliche Aufgabe sei.[67] Zudem handle es sich um überwiegend **hochsensible Daten**, die nicht dem Umgang Privater überlassen werden dürften, da dies den Eingriff in das Grundrecht auf informationelle Selbstbestimmung vertiefen würde.[68]

Diese Auffassung hat sich, soweit ersichtlich, in der Praxis bislang nicht durchgesetzt.[69] Das ist nachvollziehbar, denn im Gegensatz zur automatisierten Verwaltung von Steuersachen beschränkt sich die Datenverarbeitung im Meldebereich auf das Erheben, Speichern und ggf. Übermitteln von Daten. Es ist nicht ersichtlich, wieso es privaten Dienstleistern grundsätzlich verwehrt sein soll, hier Hilfsdienstleistungen – z.B. im Rahmen der Zurverfügungstellung von Infrastruktur wie Speicherplatz – zu erbringen. Für die **Möglichkeit einer Auftragsdatenverarbeitung** durch Private spricht auch der insofern **vorbehaltslose** § 5 Abs. 2 MRRG, der lediglich bestimmt, dass Personen, die bei dem Auftragnehmer arbeiten, auf das Meldegeheimnis verpflichtet werden müssen. Auch im Fall der Auftragsdatenverarbeitung durch Private bleibt gewährleistet, dass der Staat die Verantwortung bezüglich der Meldedaten behält und dass diesbezüglich kein Zweifel auf Seiten des Bürgers aufkommt. Es muss zudem durch die öffentliche Verwaltung als Auftraggeberin sichergestellt werden, dass ein unbefugter Zugriff des Auftragnehmers auf die Meldedaten ausgeschlossen ist.[70] 41

3. Sozialdaten

Im Bereich der Verarbeitung von Sozialdaten[71] ist zunächst das Sozialgeheimnis des § 35 SGB I zu beachten. Wie auch im Fall der Steuerverwaltung und des Meldewesens kann dessen Wahrung durch entsprechende technische und organisatorische Maßnahmen gesichert werden. Insbesondere für die Auftragsdatenverarbeitung von Sozialdaten gibt es eine bereichsspezifische Regelung in § 80 SGB X. 42

In § 80 Abs. 5 SGB X wird die Möglichkeit der Auftragsdatenverarbeitung durch Private[72] stark eingeschränkt.[73] Sie soll nur in zwei Ausnahmefällen möglich sein. 43

Nach § 80 Abs. 5 Nr. 1 SGB X ist eine Auftragsdatenverarbeitung durch Private möglich, wenn beim Auftraggeber *„sonst Störungen im Betriebsablauf auftreten* 44

67 *Heckmann/Braun*, BayVBl. 2009, 581, 584.

68 *Heckmann/Braun*, BayVBl. 2009, 581, 585.

69 Auch aufseiten der Datenschutzbehörden wird wie selbstverständlich von der Möglichkeit der Auftragsdatenverarbeitung durch Private im Bereich des Meldewesens ausgegangen. Vgl. Tätigkeitsbericht 2010 des ULD, Punkt 8.7., abrufbar unter https://www.datenschutzzentrum.de/material/tb/tb32/kap08.htm#87.

70 Insofern gilt das oben unter Rn 33 Gesagte.

71 Ausführlich zu Cloud Computing und Sozialdatenschutz *Rammos/Vonhoff*, CR 2013, 265.

72 Eine Zusammenarbeit mit öffentlich-rechtlichen Rechenzentren ist möglich, *I. Palsherm*, jurisPK-SGB X, § 80 SGB X Rn 33.

73 Kritisch hierzu *Büllesbach/Rieß*, NVwZ 1995, 444, 448.

können". Eine solche Störung soll vorliegen, wenn die öffentliche Stelle selbst die Verfügbarkeit der Daten für die tägliche Arbeit bzw. deren Verarbeitung in Ausnahmefällen nicht sicherstellen kann und es dadurch zu Verzögerungen bei der Fallbearbeitung kommt.[74] In der Literatur wird es *„vor dem Hintergrund der heute zahlreich vorkommenden Sicherheitsangriffe auf Informationssysteme"* als in der Regel möglich angesehen, ausreichende Nachweise für Störungspotenzial zu erbringen.[75]

45 Alternativ soll eine Auftragsdatenverarbeitung durch Private möglich sein, wenn die übertragenen Arbeiten beim Auftragnehmer **erheblich kostengünstiger** besorgt werden können. Um zu prüfen, ob das der Fall ist, ist eine Vergleichsberechnung durchzuführen, bei welcher sämtliche Kosten – auch Nebenkosten wie Personal und Raummiete – gegenüberzustellen sind.[76] Bei der Berechnung sollen auch realistisch in Betracht kommende Alternativmodelle, z.B. die Bildung von Verwaltungsgemeinschaften oder die Beauftragung öffentlich-rechtlicher Rechenzentren, berücksichtigt werden.[77] Wenn das Ergebnis der Berechnung ist, dass der sich aus der Beauftragung eines Privaten ergebende Kostenvorteil „erheblich" ist, unterliegt die Auftragsdatenverarbeitung weiteren Einschränkungen. So darf der Auftrag ausweislich § 80 Abs. 5 Nr. 2 SGB X nicht die *„Speicherung des gesamten Datenbestandes des Auftraggebers"* umfassen. Der *„überwiegende Teil der Speicherung des gesamten Datenbestandes"* muss beim Auftraggeber verbleiben.[78] Das gilt nach dem Wortlaut des Gesetzes nur dann nicht, wenn der Auftragnehmer eine öffentliche Stelle ist.[79] Dieser Ansatz, der einem gewissen **Misstrauen in die Beständigkeit und Zuverlässigkeit nicht-öffentlicher Auftragnehmer** geschuldet ist, hat offenbar zum Ziel, dass die Daten auch nach einem eventuellen juristischen „Untergang" des Auftragnehmers noch (sofort und leicht) verfügbar sind. Dementsprechend kann die Einschränkung dahingehend interpretiert werden, dass eine Auftragsverarbeitung durch Private – wenn sie denn wirtschaftlicher ist – lediglich erfordert, dass ein aktuelles Backup des Datenbestandes im tatsächlichen Herrschafts- und technischen Zugriffsbereich des Auftraggebers verbleibt.

4. Personalakten

46 Im Bereich der Personalaktenverwaltung existieren ebenfalls spezifische Geheimhaltungspflichten. Nach § 106 Abs. 1 S. 2 BBG ist die Personalakte[80] vertraulich zu

74 *I. Palsherm*, jurisPK-SGB X, § 80 SGB X Rn 35.
75 *Rammos/Vonhoff*, CR 2013, 265, 267.
76 *I. Palsherm*, jurisPK-SGB X, § 80 SGB X Rn 36.
77 *I. Palsherm*, jurisPK-SGB X, § 80 SGB X Rn 36.
78 Gleiches gilt beim Auftragnehmer, der eine öffentliche Stelle ist und die Daten zur weiteren Datenverarbeitung im Auftrag an nicht-öffentliche Auftragnehmer weitergibt, § 80 Abs. 5 Nr. 2 SGB X a.E.
79 *I. Palsherm*, jurisPK-SGB X, § 80 SGB X Rn 38.
80 Ausführlich zur elektronischen Personalakte *Franz*, PersR 2011, 193.

behandeln und durch technische und organisatorische Maßnahmen vor unbefugter Einsichtnahme zu schützen. Dies gilt auch für die **elektronische Personalakte**. Eine Übermittlung ist gem. § 114 Abs. 1 i.V.m. § 111 BBG nur mit Einwilligung des Beamten oder bei Vorliegen einer der im BBG genannten Fälle zulässig. Eine unbefugte Kenntnisnahme durch den Auftragnehmer muss durch Verschlüsselung verhindert werden.

5. Grundbuch

Nach § 135 Abs. 2 GBO können die Grundbuchakten elektronisch geführt werden. Die 47
Auftragsdatenverarbeitung und damit die Möglichkeit der Nutzung von Cloud Computing-Technologien ist allerdings **stark eingeschränkt**. Nach § 135 Abs. 4 i.V.m. § 126 Abs. 3 GBO kann die elektronische Grundbuchführung im Auftrag des zuständigen Grundbuchamts nur *„auf den Anlagen einer anderen staatlichen Stelle oder auf den Anlagen einer juristischen Person des öffentlichen Rechts vorgenommen werden, wenn die ordnungsgemäße Erledigung der Grundbuchsachen sichergestellt ist.“* Damit ist die Beauftragung von privaten Anbietern in diesem Bereich ausgeschlossen.

E. Beschaffung

I. Grundsatz

Ausweislich des § 97 GWB beschaffen *„öffentliche Auftraggeber“*[81] Waren und Dienst- 48
leistungen grundsätzlich *„im Wettbewerb und im Wege transparenter Vergabeverfahren“*. Der Bezug von Cloud Computing-Dienstleistungen unterliegt dem Regime des Kartellvergaberechts, also insbesondere den §§ 97 ff. GWB, VgV, VOL/A, wenn der Gesamtauftragswert[82] den in § 2 VgV festgelegten sog. Schwellenwert überschreitet.[83]

II. Unternehmen

Grundsätzlich[84] findet Vergaberecht nur dann Anwendung, wenn der Beschaffungs- 49
vorgang einen **„öffentlichen Auftrag“** darstellt. Nach der Legaldefinition des § 99 Abs. 1 GWB handelt es sich hierbei um entgeltliche Verträge von öffentlichen Auftraggebern mit Unternehmen über die Beschaffung von Leistungen.

---

81 Vgl. die Aufzählung in § 98 GWB.
82 Der Auftragswert ist nach den Regeln des § 3 VgV zu schätzen.
83 Taeger/*Boecker*, DSRITB 2013, 309, 311.
84 Zu Ausnahmen siehe z.B. die §§ 100a GWB ff.

50 Nach dem funktionalen Unternehmensbegriff ist für die Einstufung als Unternehmen eine **Tätigkeit am Markt** erforderlich.[85] Bei Unternehmen, die „sowieso" am Markt tätig sind, stellen sich hier keine Einordnungsschwierigkeiten. Anders ist das bei einer Beauftragung einer öffentlich-rechtlich organisierten Einheit. Als praktisches Beispiel kann die Konstellation dienen, in denen Gebietskörperschaft A der Gebietskörperschaft B Cloud Computing-Leistungen des **körperschaftseigenen Rechenzentrums** anbietet. Hier stellt sich die Frage, ob ein öffentlicher Auftrag mangels Unternehmenseigenschaft abzulehnen und Vergaberecht nicht anwendbar ist.

51 Als Unternehmen i.S.d. § 99 GWB werden von der Rechtsprechung auch Rechtsträger eingestuft, die *„ihrerseits die öffentlichen Auftraggebereigenschaften nach § 98 GWB erfüllen, sich jedoch im konkreten Fall gewerbsmäßig mit der Erstellung der betreffenden Leitung befassen"*, also den ihnen *„durch das öffentliche Recht zugewiesenen Aufgabenbereich"* verlassen und sich funktional und gewerbsmäßig wie ein Marktteilnehmer verhalten.[86] Das Vergaberecht ist also nicht bereits aus dem Grund ausgeschlossen, das der Auftragnehmer öffentlich-rechtlich ist. Das ist insbesondere dann der Fall, wenn der öffentlich-rechtliche Auftragnehmer Leistungen in Konkurrenz zu privaten Unternehmen anbietet. Cloud Computing-Leistungen für die öffentliche Hand werden sowohl durch private als auch öffentlich-rechtliche Anbieter angeboten. Die öffentlich-rechtlichen „Unternehmen" durch Entbindung des Auftraggebers vom Vergaberecht zu bevorzugen, ist sachlich nicht zu rechtfertigen. Im Gegenteil: Es würde eine Diskriminierung privater Konkurrenten bedeuten. Ausschlaggebend für den Vertragsschluss darf daher grundsätzlich nur das **wirtschaftlichste Angebot** sein, welches im Wettbewerb der Unternehmen im vorgenannten Sinne ermittelt wird.

III. Ausnahmen

52 Ausnahmsweise kann auf die Durchführung eines Vergabeverfahrens allerdings dennoch verzichtet werden:

1. Inhouse-Vergabe

53 **Keine Vergaberechtsrelevanz** haben Aufträge, die die interne Organisationssphäre des öffentlichen Auftraggebers nicht verlassen. Der öffentliche Auftraggeber muss nicht zwingend Leistungen einkaufen. Er kann sie auch selbst erbringen. In diesen Fällen wird mangels Einkaufs „am Markt" kein öffentlicher Auftrag i.S.d. § 99 GWB

85 *Zeiss*, jurisPK-VergR, 3. Aufl. 2011, § 99 GWB Rn 28.

86 OLG Düsseldorf, Beschl. v. 5.5.2004 – VII-Verg 78/03 – NVwZ 2004, 1022; zu weiteren Indizien siehe EuGH Urt. v. 13.10.2005 – C-458/03 „Parking Brixen" – EuGHE I 2005, 8585–8638.

angenommen. Ein Beispiel sind Leistungen, die eine Dienststelle oder ein kommunaler Regie- oder Eigenbetrieb[87] erbringt. Bei diesen stellt der Auftrag weniger einen Vertrag, denn vielmehr eine Art *„Weisung an eine untergeordnete Dienststelle"* dar (sog. **echte Inhouse-Vergabe**).[88]

2. Quasi Inhouse

Wenn der öffentliche Auftraggeber ein privatrechtliches Unternehmen, welches von ihm abhängig ist, z.B. eine kommunale Rechenzentrums GmbH beauftragen möchte, stellt sich die Frage, ob diese Situation **analog zur Inhouse-Vergabe** ebenfalls vom Vergaberecht freigestellt ist. De facto ist das Auftragnehmerunternehmen rechtlich selbstständig. Die Interessenlage kann aber mit der echten Inhouse-Vergabe derart vergleichbar sein, dass eine Vergabefreiheit ausnahmsweise (!) gerechtfertigt ist. 54

Nach der Rechtsprechung des EuGH[89] ist eine Freistellung vom Regime des Vergaberechts in diesen Konstellationen unter zwei Voraussetzungen denkbar. Zunächst muss der öffentliche Auftraggeber allein oder mit anderen Stellen der öffentlichen Hand zusammen den Auftragnehmer zum Zeitpunkt der Auftragsvergabe ***„wie eine eigene Dienststelle kontrollieren"***.[90] Des Weiteren muss der Auftragnehmer **im Wesentlichen im Auftrag seiner Anteilseigner tätig** sein. Wann diese eng auszulegenden Voraussetzungen erfüllt sind, ist nur teilweise geklärt. Jedenfalls gegen eine Vergabefreiheit spricht eine Involvierung von privaten Unternehmen, sei es in Form von (direkten oder indirekten) Beteiligungen am potenziellen Auftragnehmer,[91] sei es als Abnehmer.[92] 55

3. Interkommunale Zusammenarbeit

Ebenfalls bislang nicht abschließend geklärt ist die Frage, inwieweit eine sog. **interkommunale Zusammenarbeit** (z.B. zweier Gemeinden) vom Vergaberecht freige- 56

---

87 Diese sind rechtlich nicht eigenständig, sondern in der Regel eine besondere Verwaltungsabteilung, vgl. *Zeiss*, jurisPK-VergR, 3. Aufl. 2011, § 99 GWB Rn 81 m.w.N.

88 Byok/Jaeger/*Dietlein/Fandrey*, Einl. Rn 52.

89 EuGH, Urt. v. 18.11.1999 – C-107/98 „Teckal" –.

90 Konkretisierend EuGH v. 21.7.2005 – C-231/03 „Coname" – juris Rn 24, unter 1 % der Stimmanteile nicht ausreichend.

91 Vgl. EugH, Urt. v. 11.01.2005 – C-26/03 „Stadt Halle" – Rn 49 ff.

92 Was dazu führen kann, dass der Auftragnehmer nicht mehr im Wesentlichen im Auftrag der Anteilseigner tätig ist. Gleiches gilt für nicht beteiligte öffentliche Abnehmer. Ausführlich zur Auslegung dieser Kriterien Byok/Jaeger/*Hailbronner*, § 99 GWB Rn 9 ff.

stellt ist. Eine interkommunale IT-Kooperation kommt insbesondere im Cloud Computing-Bereich in Betracht.[93]

57 Das Vergaberecht ist in diesen Fällen nicht bereits ausgeschlossen, weil sowohl Auftragnehmer als auch Auftraggeber aus dem öffentlichen Bereich stammen.[94]

58 Auch der neu in das Grundgesetz aufgenommene Art. 91c Abs. 3 GG,[95] nach welchem die *„Länder [...] den gemeinschaftlichen Betrieb informationstechnischer Systeme sowie die Errichtung von dazu bestimmten Einrichtungen vereinbaren"* können, führt nicht dazu, dass IT-Kooperationen im öffentlichen Bereich dem Anwendungsbereich des Vergaberechts entzogen sind.[96]

59 Es ist jedoch zu berücksichtigen, dass *„zur* ***staatlichen Organisationshoheit*** *auch die Freiheit gehört, sich mit anderen staatlichen Organisationseinheiten auf vertraglicher Basis zur gemeinsamen Aufgabenerfüllung zusammenzufinden"*.[97]

60 Diesem Gedanken neigt auch der EuGH[98] zu und befindet eine **interkommunale Kooperation** für **„vergaberechtsfrei"** möglich, wenn
- eine Beteiligung Privater ausgeschlossen ist,
- der Beschaffungsvorgang der gemeinsamen Wahrnehmung einer allen Beteiligten auch selbst obliegenden Aufgabe dient,
- zwischen den beteiligten Parteien gemeinsame Beistandspflichten zur Aufrechterhaltung der ordnungsgemäßen Vertrags- bzw. Aufgabenerfüllung vereinbart sind und
- keinem der Beteiligten aufgrund der Aufgabenwahrnehmung ein finanzieller Vorteil verbleibt.[99]

61 Es ist für die Frage der Vergabefreiheit nicht wesentlich, ob die interkommunale Kooperation im Rahmen einer vertraglichen oder – z.B. im Rahmen eines Zweckverbandes – institutionalisierten Zusammenarbeit erfolgt, sondern ob die beteiligten öffentlichen Einrichtungen eine **gemeinsame Aufgabe** erfüllen wollen.[100] An diesen Kriterien können und müssen sich interkommunale Cloud Computing-Kooperationen messen lassen, wenn sie ohne vorherige Ausschreibung eingegangen werden sollen.

---

93 Siehe z.B. *Pamp*, Cloud Computing, abrufbar unter http://www.kgst.de/themenfelder/informationsmanagement/trends/cloud-computing.dot.

94 Vgl. grundlegend EuGH, Urt. v. 13.1.2005 – C-84/03 „Spanien" –.

95 Siehe hierzu auch Rn 19.

96 *Braun/Albrecht*, jurisPR-ITR 1/2010 Anm. 2 – III.; *Sichel*, DVBl. 2009, 1014, 1018.

97 So *Zeiss*, jurisPK-VergR, 3. Aufl. 2011, § 99 GWB Rn 81 m.w.N. unter Berufung auf EuGH v. 9.6.2009 – C-480/06 „Stadtreinigung Hamburg" –.

98 EuGH v. 9.6.2009 – C-480/06 „Stadtreinigung Hamburg" –. Hierzu ausführlich *Wagner*, EWS 2009, 326.

99 *Wagner*, EWS 2009, 326, 328; *Heckmann*, jurisPK-Internetrecht, Kap. 5 Rn 140; *Albrecht*, jurisPR-ITR 22/2009 Anm. 4 unter D., der zutreffend eine Anwendbarkeit auf IT-Kooperationen annimmt. *Heckmann*, jurisPK-Internetrecht, Kap. 5 Rn 140 jeweils m.w.N.

100 Siehe auch VK Baden-Württemberg, Beschl. v. 31.1.2012 – 1 VK 66/11 –.

4. Monopolstellung

Ausnahmsweise ist Vergaberecht nicht anwendbar, wenn der konkrete Auftrag an eine Person vergeben werden soll, die ihrerseits Auftraggeber i.S.d. § 98 GWB ist und *„ein auf Gesetz oder Verordnung beruhendes ausschließliches Recht zur Erbringung der Leistung hat“* (§ 100 Abs. 2 lit. g GWB). 62

Hierbei handelt es sich um Rechte, die von einer staatlichen Stelle einer oder mehreren juristischen Personen i.S.d. § 98 Nr. 1, 2 oder 3 GWB auf dem Gesetzes- oder Verordnungswege gewährt wurden und diesen die Ausübung einer bestimmten Tätigkeit vorbehält (sog. **staatlich verliehene Monopole**).[101] 63

IV. Produktneutralität

Sollte keine der vorgenannten Ausnahmen greifen, sind die Cloud Computing-Leistungen nach den insbesondere in GWB und EG VOL/A niedergelegten Grundsätzen auszuschreiben.[102] Kernstück der Ausschreibung ist die Leistungsbeschreibung. In dieser wird der maßgebliche Inhalt des avisierten Vertrags offen- und festgelegt. Die **Leistungsbeschreibung** stellt die zwingenden Anforderungen an den sachlichen Inhalt der Angebote der Bieter auf und konkretisiert die Pflichten des zukünftigen Auftragnehmers.[103] 64

Es wird sich regelmäßig anbieten, die zu beschaffenden Leistungen in der Leistungsbeschreibung „funktional“ zu beschreiben. Die **funktionale Leistungsbeschreibung** ist dadurch gekennzeichnet, dass die Beschreibung der Leistung durch eine Darstellung ihres Zwecks, ihrer Funktion sowie der an sie gestellten sonstigen Anforderungen erfolgt, vgl. § 8 Abs. 2 Nr. 2 EG VOL/A. Sie schafft bzw. lässt den Bietern Raum für Kreativität, Innovationen und technische Neuerungen, was gerade im Cloud Computing-Bereich sinnvoll ist, da hier regelmäßig nur Klarheit bezüglich des Ziels besteht, konstruktive Details aber (noch) unbekannt sind.[104] 65

Ein besonderes Augenmerk ist hierbei auf den **Grundsatz der produktneutralen Ausschreibung** (§§ 8 EG Abs. 7 VOL/A) zu legen. Bestimmte Erzeugnisse oder Verfahren sowie bestimmte Ursprungsorte und Bezugsquellen dürfen nur dann ausdrücklich gefordert werden, wenn dies durch die Art der zu vergebenden Leistung gerechtfertigt ist. Über den Wortlaut der VOL/A hinaus sind auch solche Vorgaben des öffentlichen Auftraggebers vom Gebot der produktneutralen Ausschreibung erfasst, 66

---

101 *Summa*, jurisPK-VergR, 3. Aufl. 2011, § 100 GWB Rn 53. Beispielhaft § 6 i.V.m. § 1 IT-NetzG, nach welchem der Bund zur Verbindung der informationstechnischen Netze des Bundes und der Länder ein Verbindungsnetz betreibt.

102 Ausführlich Taeger/*Boecker*, DSRITB 2013, 309 ff.

103 *Roggenkamp/Zimmermann*, jurisPK-VergR, 3. Aufl. 2011, § 7 VOL/A 2009 Rn 2 m.w.N.

104 Vgl. *Roggenkamp/Zimmermann*, jurisPK-VergR, 3. Aufl. 2011, § 7 VOL/A 2009 Rn 32.

welche die gleiche wettbewerbsbeschränkende bzw. diskriminierende Wirkung haben.[105]

Praxistipp
Es ist insbesondere unzulässig, eine lediglich abstrakt formulierte, in der Sache aber auf ein ganz bestimmtes Produkt eines Herstellers zugeschnittene **Leistungsbeschreibung** zur Grundlage eines Vergabeverfahrens zu machen.

---

67 Besondere Bedeutung entfaltet dieses **Diskriminierungsverbot** bei der Frage, ob bei einer Ausschreibung von „herkömmlichen" IT-Leistungen auch Cloud Computing-Angebote berücksichtigt werden müssen.[106] Zutreffend wird vertreten, dass die öffentliche Hand bei der intendierten Beschaffung von „physisch greifbarer" IT-Hardware (z.B. ein Server) auch virtualisierte Cloud-Lösungen berücksichtigen muss, wenn diese den angestrebten Zweck ebenfalls erfüllen.[107] Allerdings ist die öffentliche Verwaltung nicht gezwungen, eine Cloud Computing-Lösung zuzulassen, wenn dies **durch den Auftragsgegenstand gerechtfertigt** ist.

68 Hierfür bedarf es – so die Rechtsprechung[108] – objektiver, in der Sache selbst liegender Gründe.[109] Dem öffentlichen Auftraggeber wird ein **weiter Beurteilungs- und Bestimmungsspielraum** eingeräumt:

> *„Daraus folgt [...], dass die Entscheidung des öffentlichen Auftraggebers im Rahmen des Nachprüfungsverfahrens nicht inhaltlich auf Vertretbarkeit, Nachvollziehbarkeit oder erst recht auf Richtigkeit, sondern nur daraufhin zu kontrollieren ist, ob sie auf sach- und auftragsbezogenen Gründen beruht. Ist ein derartiger sachlicher Bezug zum Auftragsgegenstand zu bejahen, findet [...] keine Überprüfung nach den Maßstäben statt, die für die Ausübung eines Beurteilungsspielraums entwickelt worden sind. Insbesondere müssen der Beschaffungsentscheidung keine Untersuchungen in Form von Markterforschungen oder Marktanalysen vorangehen, die das Ziel haben zu erforschen, ob sich ein vertretbares Ausschreibungsergebnis auch durch eine produkt- oder technikoffene Ausschreibung erreichen lässt."*[110]

---

105 VK Bund, Beschl. v. 27.8.2012 – VK 2 – 65/12 –; VK Bund, Beschl. v. 9.12.2009 – VK2-192/09 –; Kulartz/Marx/Portz/Prieß/*Prieß*, Rn 104 ff. m.w.N.

106 Taeger/*Boecker*, DSRITB 2013, 309, 320 f. vertritt die Auffassung, dass bei Einhaltung der datenschutzrechtlichen Vorgaben die Cloud-Lösung regelmäßig das wirtschaftlichere Angebot sei.

107 *Schulz*, MMR 2010, 75, 79; *Maisch/Seidl*, VBlBW 2012, 7, 9; ausführlich zu diesem Komplex auch Taeger/*Boecker*, DSRITB 2013, 309, 320 f.

108 Z.B. VK Schleswig-Holstein v. 28.11.2006 – VK-SH 25/06 – juris Rn 109.

109 Diese können sich z.B. aus der besonderen Aufgabenstellung des Auftraggebers, aus technischen oder gestalterischen Anforderungen oder auch aus der Nutzung der Sache ergeben.

110 OLG Düsseldorf, Beschl. v. 17.2.2010 – VII-Verg 42/09 – juris Rn 32 m.w.N. auch zur a.A.

Die gerichtliche Überprüfung der Entscheidung des Auftraggebers ist also auf die Frage beschränkt, ob dieser **sachfremde, willkürliche oder diskriminierende Erwägungen** zugrunde liegen.[111] 69

F. Readiness Check

Die folgenden Punkte dienen noch einmal der groben Vergegenwärtigung der dargestellten möglichen Problemlagen. Nicht jedes Problem stellt sich notwendigerweise in jeder Cloud Computing-Konstellation. Ergänzend muss auch die öffentliche Hand die allgemeinen Anforderungen (z.B. Datenschutzrecht) beachten. 70

Verfassungsrechtliche Grundfragen	☑	71
– Funktionsvorbehalt beachtet?	☑	
– Verbot der Mischverwaltung beachtet?	☑	
– Gewaltenteilung und ggf. „Unabhängigkeit" nicht gefährdet?	☑	
Daten- und Geheimnisschutz beachtet	☑	
– Allgemeine Anforderungen (z.B. § 11 BDSG o.ä.) eingehalten?	☑	
– Können spezifische Anforderungen besonderer Geheimhaltungsverpflichtungen (z.B. § 30 AO) durch Auftragsdatenverarbeiter erfüllt werden?	☑	
– Sind spezifische Anforderungen für Auftragsvergabe (z.B. § 80 Abs. 5 Nr. 2 SGB X) an Private erfüllt?	☑	
– Auftragsvergabe an Private nicht ausgeschlossen?	☑	
Rechtskonforme Beschaffung?		
– Muss Vergaberecht beachtet werden? Oder ist eine Beschaffung im Rahmen eines „Inhouse-Geschäftes" oder einer „Interkommunalen Zusammenarbeit" möglich?	☑	
– Ordnungsgemäße, diskriminierungsfreie Ausschreibung (falls notwendig)?	☑	

111 OLG Düsseldorf, Beschl. v. 17.2.2010 – VII-Verg 42/09 – juris Rn 33.

Kapitel 10
Besonderheiten nach Themengebieten

A. Arbeitsrecht

I. Einführung

1 Dieses Kapitel beschäftigt sich schwerpunktmäßig mit einer Auswahl von **„klassischen“ arbeitsrechtlichen Fragestellungen,** die im Zusammenhang mit Cloud Computing-Lösungen auftreten können und welche in dieser Weise bisher ersichtlich nur von wenigen Autoren explizit behandelt wurden.[1] Während sich der Bezug zum Beschäftigtendatenschutz und zum Betriebsverfassungsrecht wegen des technischen Bezugs aufdrängt, liegen andere Fragestellungen nicht direkt auf der Hand und treten praktisch nur mittelbar zutage. Es ist daher auch nicht ausgeschlossen, dass in Zukunft andere als die hier behandelten Themenkomplexe an Bedeutung gewinnen werden.

1. Abgrenzungen

2 Bei der Nutzung von Cloud Computing im Kontext von Arbeitsverhältnissen ergibt sich mit Blick auf die von diesen Vorgängen praktisch immer betroffenen personenbezogenen Daten der Arbeitnehmer zunächst der Bezug zum **Beschäftigtendatenschutz**, der in diesem Kapitel jedoch nicht behandelt wird.[2] Dennoch lassen sich Datenschutz und Arbeitsrecht teilweise nicht vollständig trennen, da beide Rechtsgebiete, auch aufgrund der Tatsache, dass die Arbeitsgerichte die Rechtsfortbildung im Beschäftigtendatenschutz federführend übernehmen, zunehmend eng miteinander verwoben sind (z.B. hinsichtlich datenschutzrechtlicher Kontrollrechte des Betriebsrats oder bezüglich der Rechtfertigung des Umgangs mit personenbezogenen Daten mittels Betriebsvereinbarungen etc.).[3]

3 Unter der Bezeichnung **„Human Cloud“** wird nach vorwiegendem Verständnis das Phänomen gefasst, dass natürliche Personen nicht mehr als Arbeitnehmer tätig sind bzw. sein sollen, sondern ihre Arbeitskraft als freie Mitarbeiter (Freelancer) oder Werkunternehmer oder in sonstiger Weise direkt oder über Vermittler anbieten. Der

1 Mit verschiedenen rechtlichen und technischen Schwerpunkten: *Hallaschka/Jandt*, MMR 2006, 436 ff.; *Zöll/Paul*, Personalmagazin 08/2011, 16; *Gaul/Koehler*, BB 2011, 2229 ff.; *Göpfert/Wilke*, NZA 2012, 765 ff.; zu Cloud Computing: *Wagner/Blaufuß*, BB 2012, 1751 ff.; zu beschäftigungsdatenschutzrechtlichen Aspekten: *Pötters*, NZA 2013, 1055 ff.; *Wächter*, jM 2014, 65 ff.; zur Datensicherheit bei Übertragung außerhalb des Konzerns: *Vogt*, BB 2014, 245 ff.

2 Vgl. zum Datenschutz in der Cloud Kap. 5 und *Gaul/Koehler*, BB 2011, 2229 f.

3 Vgl. unten Rn 33.

Auftraggeber bzw. Leistungsempfänger bedient sich dieser Personen quasi bedarfsabhängig auf Abruf (On-Demand), wie es auch bei Cloud-Diensten üblich ist.[4] Denkbar ist, dass auch Vertragsverhältnisse des Leistungsempfängers mit Leiharbeitnehmern, die IT-Dienstleistungen verrichten, unter diese Definition gefasst werden könnten; deren Einsatz ist jedoch in der Praxis in diesem Zusammenhang eher unüblich. Das zuvor beschriebene „Personnel Sourcing" oder „Crowd Sourcing" ist eine in der IT-Branche beliebte Art und Weise, Leistungen einzukaufen und anzubieten, ohne dafür Arbeitnehmer beschäftigen zu müssen. Das in jüngster Zeit insoweit bekannteste Projekt, welches von arbeitnehmerfreundlichen Stellen kritisiert wird, ist die „Liquid Community" von IBM.[5] Insgesamt handelt es sich bei der Human Cloud nicht um ein Cloud Computing-Thema im engeren Sinne, wie es schwerpunktmäßig in diesem Handbuch behandelt wird, sondern dieser Themenkomplex lehnt sich nach der hier vertretenen Ansicht nur an die Idee und Terminologie des Cloud Computing an und wird daher nicht vertieft behandelt.

Cloud Computing-Anwendungen bzw. -Lösungen im Sinne dieser Abhandlung 4
sind grundsätzlich solche, welche der Arbeitgeber nicht auf eigenen Servern und Rechnern betreibt, sondern von Dritten abruft (vorzugsweise über das Internet).[6] Jedoch sind die meisten Ausführungen auch für konzerninterne Clouds anwendbar. Für die arbeitsrechtlichen Ausführungen kommt es, soweit nicht explizit erwähnt, in der Regel nicht auf die Unterscheidung zwischen „Public Clouds" und „Private Clouds" an; allerdings kann diese Unterscheidung den Regelungsaufwand im Arbeitsverhältnis erhöhen, z.B. wenn verschärfte datenschutzrechtliche Vorgaben umgesetzt werden müssen.

2. Schwerpunktthemen

Im Folgenden wird der sich aus dem Einsatz von Cloud Computing-Lösungen etwaig 5
ergebende Regelungsbedarf auf **individualarbeitsvertraglicher Ebene** untersucht. Dieser ergibt sich vor allem dann, wenn einer der in Bezug auf den Einsatz von Arbeitnehmern primären Vorteile des Cloud Computing genutzt wird, d.h. ein nicht an den Betrieb des Arbeitgebers gebundener, flexibler Arbeitseinsatz der Arbeitnehmer von zu Hause (**Home Office**) oder **von unterwegs**.

Evident ist, dass Cloud Computing eine **kollektivarbeitsrechtliche (betriebs-** 6
verfassungsrechtliche) Komponente hat. Hier lässt sich bereits vorab feststellen,

4 Vgl. *Konicz*, Crowdsourcing und Cloudworking: Schöne neue Arbeitswelt, abrufbar unter http://www.heise.de/tp/artikel/37/37431/2.html.

5 Vgl. *Pössneck*, IBM Community statt Festanstellung, abrufbar unter http://www.silicon.de/41558569/ibm-community-statt-festanstellung.

6 Vgl. hierzu Kap. 2 Rn 3 ff. aus arbeitsrechtlicher Sicht vgl. die Kurzübersicht zu den typischen Cloud Computing-Angeboten (IaaS, PaaS, SaaS und CaaS) bei *Gaul/Koehler*, BB 2011, 2229.

dass Cloud Computing sich größtenteils mit den bewährten Mitteln des tradierten Arbeitsrechts in den Griff bekommen lässt.

7 Außerdem kann der Einsatz von Cloud Computing **Gestaltungsmöglichkeiten im Hinblick auf Outsourcing-Sachverhalte** eröffnen, da damit ggf. die arbeitsrechtlichen Folgen eines **Betriebsübergangs** eingeschränkt oder vermieden werden können.

II. Individualarbeitsrecht

1. Weisungsrecht und Regelungsbedarf

8 Die Einführung und der Einsatz von Cloud Computing-Anwendungen machen grundsätzlich keine Änderung des Arbeitsvertrags notwendig und können mittels **einseitigen Weisungsrechts** des Arbeitgebers durchgesetzt werden. Denn der Inhalt des Weisungsrechts (vgl. § 106 GewO) umfasst neben Zeit und Ort auch das Recht, den Inhalt sowie die Art und Weise der Tätigkeit festzulegen, d.h. der Arbeitgeber kann den Einsatz der von ihm zur Verfügung gestellten Arbeitsmittel (hier die Cloud Computing-Anwendung(-en)) anordnen, soweit ein Bezug zur arbeitsvertraglich vereinbarten Tätigkeit des Arbeitnehmers gegeben ist.[7]

9 Die Weisung kann individualrechtlich nicht durchsetzbar sein, soweit der Arbeitgeber das Mitbestimmungsrecht des Betriebsrats nicht beachtet.[8]

10 Das Weisungsrecht endet, wo (arbeits-)rechtliche, vor allem jedoch arbeitsvertragliche Regelungen diesem entgegenstehen; zwar werden Arbeitsverträge in der Regel keine Verbote des Einsatzes bestimmter IT-Anwendungen enthalten,[9] jedoch kann der Einsatz von Cloud Computing die arbeitsvertraglich definierte Tätigkeit des Arbeitnehmers und die Umstände ihrer Erbringung so massiv ändern, dass eine **neue vertragliche Vereinbarung** notwendig werden könnte, wie z.B. bei Veränderungen des Arbeitsortes (z.B. Arbeit im Außendienst oder vom Home Office[10] aus) oder bei Eingriffen in die Persönlichkeitsrechte der Arbeitnehmer (Nutzung von personenbezogenen Daten des Arbeitnehmers in der Cloud Computing-Anwendung). Zu beachten ist, dass diese Regelungen inhaltlich dem **Recht der Allgemeinen Geschäftsbedingungen (§§ 305 ff. BGB)** unterliegen und daher transparent sein müssen und den Arbeitnehmer nicht unangemessen benachteiligen dürfen.

---

7 BAG, Urt. v. 29.8.1991 – 6 AZR 593/88 – AP BGB § 611 Direktionsrecht Nr. 38 (bzgl. des Einsatzes von Dienstwagen); *Hallaschka/Jandt*, MMR 2006, 436, 438 m.w.N. (bzgl. des Einsatzes neuer Informations- und Kommunikationstechnologien); ebenso *Gaul/Koehler*, BB 2011, 2229, 2234.

8 Vgl. unten Rn 28.

9 Vgl. *Gaul/Koehler*, BB 2011, 2229, 2234 die sich insoweit wohl nur auf Cloud Computing-Anwendungen beziehen, da in der Praxis der Einsatz unsicherer und/oder raubkopierter Software tatsächlich nicht selten verboten wird.

10 Vgl. unten Rn 12 ff.

Soweit arbeitsvertragliche Regelungen geändert werden müssen, geht dies primär nur mit der **Zustimmung** der Arbeitnehmer. Alternativ kann eine einseitige betriebsbedingte **Änderungskündigung** erfolgen. 11

2. Home Office

Es ist damit zu rechnen, dass der Einsatz von Cloud Computing-Anwendungen in Verbindung mit den bereits heutzutage häufig genutzten Remote-Zugängen auf das IT-System des Arbeitgebers dazu führen werden, dass noch mehr Arbeitnehmer von ihrem Wohnort aus, dem sog. **Home Office**, arbeiten werden, da technisch kein erhöhter Aufwand mehr notwendig ist, um vergleichbare Arbeitsbedingungen herzustellen. Zudem schätzen Arbeitnehmer das Arbeiten im Home Office, vor allem in Bezug auf eine flexible Arbeitszeiteinteilung. Arbeitgeber können, durch die Möglichkeit weniger Arbeitsplätze vorhalten zu müssen, Kosten sparen.[11] 12

Die **Umorganisation auf einen Home Office-Arbeitsplatz** ist auf Basis des Weisungsrechts des Arbeitgebers oder von Versetzungsklauseln, die dies nicht explizit vorsehen, nicht rechtssicher möglich und bedarf daher im Zweifel einer individualvertraglichen Home Office-Vereinbarung.[12] 13

Home Office-Vereinbarungen sehen üblicherweise die folgenden Regelungspunkte vor:[13] 14

- Definition des Home Offices (Wohnort, Räumlichkeiten etc.);
- Beginn, Dauer und etwaiges Ende (Kündigungsregeln);
- Arbeitsanweisungen in Bezug auf Erfassung der Arbeitszeit, Anwesenheitszeiten und Erreichbarkeit, Kontrolle der Arbeitsergebnisse etc.;
- Richtlinien zur Nutzung der IT und ggf. überlassener technischer Einrichtungen;
- Absicherung des Heimarbeitsplatzes gegen unberechtigte Dritte, vor allem in Bezug auf Datenschutzvorgaben etc.;
- Aufwendungsersatz (z.B. bei Nutzung des Internetzugangs des Arbeitnehmers) sowie
- Zugangsrechte des Arbeitgebers zum Home Office zur Kontrolle oder im Konfliktfall.

Vor allem die Regelungen, die den Zugang zum Wohnraum des Arbeitnehmers betreffen, aber auch andere Regelungen, die in den privaten Bereich der Arbeitnehmer ein- 15

---

11 Statistische und weitere Informationen zum Home Office-Trend abrufbar unter http://www.bitkom.org/de/presse/62013_59013.aspx; vgl. auch *Zöll/Paul*, Personalmagazin 08/2011, 16.

12 So auch *Zöll/Paul*, Personalmagazin 08/2011, 16; a. A., wonach im Rahmen des Direktionsrechts eine Versetzung zwischen einem Home Office und einem Büro-Arbeitsplatz möglich sein soll (jedoch ohne Ausführungen zum Inhalt der Versetzungsklausel) LAG Köln, Beschl. v. 24.6.2010 – 9 Ta 192/10 – BeckRS 2012, 67572.

13 Muster Home Office-Vereinbarung Liebers/*Julis*, C.I.7. Rn 91 ff.

greifen, sind aufgrund der Persönlichkeitsrechte der Arbeitnehmer sowie dem verfassungsmäßig garantierten Schutz des Wohnraums sehr problematisch und können ggf. (im Rahmen der Prüfung als AGB) unwirksam und daher nicht durchsetzbar sein. Cloud Computing-Anwendungen sind hier eine adäquate Lösung, da in problematischen Fällen einfach der Zugang verweigert werden kann.

3. Mobile Nutzung

16 Auch die Nutzung von mobilen Kommunikationsgeräten, wie Smartphones, Tablets und Laptops (sog. **Devices**), kann ausführliche Regelungen notwendig machen; in der Praxis finden sich häufig Nutzungsregeln zu Passwörtern, Datenschutz etc. In diesem Kontext ist auch die zunehmende dienstliche Nutzung von Devices, die im Eigentum der Arbeitnehmer stehen, zu sehen (sog. Use- oder **Bring Your Own Device (BYOD)**). Die (arbeits-) rechtlichen Herausforderungen ergeben sich vor allem aufgrund der Vermischung der dienstlichen und privaten Sphären, z.B. wegen der Installation von Software auf den Devices der Arbeitnehmer, die die private Nutzung dieser im Eigentum der Arbeitnehmer stehenden Geräte beschränken. Arbeitsvertragliche Regelungen, die dem Arbeitgeber dies erlauben, können wegen einer unangemessenen Benachteiligung der Arbeitnehmer unwirksam sein. Cloud Computing-Anwendungen können helfen, die sich ergebenden Probleme zu minimieren, da die Eingriffe in die private Sphäre weniger intensiv sind, wenn die Arbeit in der Cloud und nicht auf den Devices erfolgt.[14]

4. Mittelbare arbeitsrechtliche Auswirkungen

17 Im Nachgang zum Einsatz von Cloud Computing-Anwendungen gewinnen in der Praxis oftmals arbeitsrechtliche Themenbereiche an Bedeutung, die zunächst zu dem Thema keinen unmittelbaren Zusammenhang aufweisen, aber dennoch in der Planung mit berücksichtigt werden sollten.

18 Wie bereits aufgezeigt, vereinfacht Cloud Computing den Einsatz von Mitarbeitern an anderen Orten als dem Betrieb des Arbeitgebers. Dieser Effekt verstärkt den im Zusammenhang mit dem Einsatz von „Devices"[15] etc. erkennbaren Trend dazu, dass Arbeitnehmer auch außerhalb der regulären Arbeitszeit erreichbar sind und im Bedarfsfall dann auch mehr als nur unwesentlich arbeiten. Dies kann **arbeitszeitrechtlich problematisch** sein. Ein Problem ist, dass die sich daraus ergebenden fehlenden Ruhephasen zu einem Verstoß gegen das Arbeitszeitgesetz zulasten des

---

14 *Zöll/Kielkowski*, BB 2012, 2625, 2627.

15 Vgl. für die Definition oben Rn 15.

Arbeitgebers führen können, z.B. ist ein Verstoß nach § 22 ArbZG bußgeldbewehrt.[16] Ein anderer Aspekt ist, dass durch die mit Cloud Computing-Anwendungen ausgestatteten Devices die ständige Erreichbarkeit der Arbeitnehmer gefördert wird; hier stellt sich die Frage, ob diese Erreichbarkeit selbst als Arbeitszeit zu qualifizieren und dann ggf. als Mehrarbeit zu vergüten ist. Allerdings kann hier – was wiederum umstritten ist – allenfalls eine nicht als Arbeitszeit zu qualifizierende, aber vergütungspflichtige Rufbereitschaft angenommen werden.[17] Insoweit kommt es aber formal gesehen darauf an, dass die Rufbereitschaft vom Arbeitgeber angeordnet ist, was in der Praxis meist nicht gegeben ist, da dem Arbeitgeber das (oftmals freiwillige) Arbeiten außerhalb der Arbeitszeit in der Regel nicht zugerechnet werden kann.[18] Problematisch ist es aber dann, wenn der Arbeitgeber die Leistungen verwendet und damit billigt und hierdurch die Zurechnung ggf. selbst schafft.[19]

Praxistipp !

Die arbeitszeitrechtlichen Probleme lassen sich durch die Aufstellung klarer Richtlinien zur Arbeit außerhalb der Arbeitszeit in den Griff bekommen. Auch der Einsatz von Arbeitszeitkonten, die einen Freizeitausgleich zulassen, entschärften diese Probleme. Diesbezügliche Mitbestimmungsrechte eines etwaigen Betriebsrats sind zu beachten. Zum Ausgleich der durch das Arbeiten in der Freizeit anfallenden Mehrarbeit kann ebenfalls ein Arbeitszeitkonto genutzt werden. Alternativ und in Bezug auf die Vergütung einer etwaigen Rufbereitschaft sollten Arbeitgeber zur Anspruchsbegrenzung Ausschlussklauseln vereinbaren, wonach der größte Teil der Ansprüche verfällt, bevor die Arbeitnehmer diese geltend machen kann (denn die Geltendmachung geschieht in der Praxis ohnehin meist nur in Konfliktsituationen).

III. Betriebsverfassungsrecht

Soweit ein Betriebsrat im Betrieb des Arbeitgebers existiert oder ein Betriebsratsgre- 19
mium für den betroffenen Betrieb zuständig ist (z.B. kann ein Gesamtbetriebsrat auch für betriebsratslose lokale Betriebe zuständig sein, vgl. § 50 Abs. 1 S. 1 Hs. 2 BetrVG), müssen im Zusammenhang mit der Einführung und Nutzung der Cloud Computing-Anwendungen **Mitwirkungs**- (d.h. Kontroll-, Unterrichtungs- und Beratungsrechte ohne Zustimmungserfordernis) **und Mitbestimmungsrechte** (d.h. mit Zustimmungserfordernis) der Betriebsräte beachtet werden. Das Phänomen des Cloud Computing

16 Vgl. insgesamt zu den Sanktionen und dem Themenkomplex: *Zöll/Kielkowski*, BB 2012, 2625, 2628 f.
17 *Zöll/Kielkowski*, BB 2012, 2625, 2628 m.w.N.
18 So *Bissels/Domke/Wisskirchen*, DB 2010, 2052, 2053; zweifelnd: *Falder*, NZA 2010, 1150, 1151.
19 *Zöll/Kielkowski*, BB 2012, 2625, 2628.

ist aus betriebsverfassungsrechtlicher Sicht bereits von der Instanzenrechtsprechung erkannt worden, wobei bestimmte Anwendungsbereiche ausgenommen sein sollen.[20]

1. Allgemeine Unterrichtungs- und Beratungspflicht

20 Nach **§ 90 Abs. 1 Nr. 2 BetrVG** hat der Arbeitgeber den Betriebsrat über die Planungen bezüglich „technischer Anlagen" und nach **Nr. 3** bezüglich „Arbeitsverfahren und Arbeitsabläufen" sowie nach **Nr. 4** bezüglich „Arbeitsplätzen" rechtzeitig unter Vorlage der erforderlichen Unterlagen zu informieren und diese Planungen mit dem Betriebsrat zu beraten. Im Zusammenhang mit Cloud Computing-Anwendungen ist die Rechtsprechung beachtlich, wonach § 90 BetrVG bei der Einführung eines neuen EDV-Systems einschlägig sein soll,[21] was wohl auch reine Softwarelösungen umfassen dürfte; einschlägig ist auch die Rechtsprechung zur Auslagerung von Datenverarbeitungen.[22] Dabei sind u.a. verarbeitete Daten, Datenflusspläne und Maßnahmen der Datensicherung sowie Auswirkungen auf die Arbeitnehmer dem Betriebsrat offenzulegen.[23] Dieses Mitwirkungsrecht des Betriebsrats wird in der juristischen Literatur auch auf Cloud Computing-Anwendungen bezogen und ist im engen Zusammenhang mit § 87 Abs. 1 Nr. 6 BetrVG zu lesen.[24] Der Unterrichtungs- und Beratungsanspruch kann mittels einstweiliger Verfügung durchgesetzt werden, ohne dass allerdings ein Unterlassungsanspruch in Bezug auf die Einführung besteht; der Arbeitgeber begeht allerdings ggf. eine Ordnungswidrigkeit, die im Einzelfall mit einer Strafe von bis zu 10.000 € geahndet werden kann.[25]

21 Unabhängig von dem vorgenannten Recht bestehen aus **§ 80 BetrVG allgemeine Überwachungs- und Unterrichtungspflichten** des Betriebsrats, u.a. im Zusammenhang mit der Einhaltung des Datenschutzrechts – dessen Anwendbarkeit bei Cloud Computing praktisch immer indiziert sein dürfte[26] – sowie anderer einschlägiger Gesetze und in Bezug auf bestehende Betriebsvereinbarungen und andere kollektive Vereinbarungen. Ein Verstoß gegen diese Pflichten kann eine aus betriebsverfassungsrechtlicher Sicht grobe Pflichtverletzung darstellen (§ 23 BetrVG). Diese kann durch eine Unterlassungsverfügung samt Ordnungsgeld sanktioniert werden.[27]

---

20 Vgl. dazu unten Rn 25.

21 BAG, Beschl. v. 25.7.1989 – 1 ABR 41/88 – AP Nr. 38 zu § 80 BetrVG 1972.

22 BAG, Beschl. v. 17.3.1987 – 1 ABR 59/85 – AP Nr. 29 zu § 80 BetrVG 1972.

23 Vgl. insgesamt: *Fitting*, § 90 BetrVG Rn 13 ff. m.w.N.

24 *Hallaschka/Jandt*, MMR 2006, 436, 439; *Gaul/Koehler*, BB 2011, 2229, 2234 ff. m.w.N.

25 *Gaul/Koehler*, BB 2011, 2229, 2234 f.

26 Vgl. dazu Rn 24 und 33.

27 *Gaul/Koehler*, BB 2011, 2229, 2235.

Praxistipp

!

Beim Umgang mit dem Betriebsrat und dessen Rechten ist es wichtig, dass immer **bereits vorhandene Betriebsvereinbarungen** (z.B. IT-Rahmenbetriebsvereinbarungen) auf Regelungen zu den einschlägigen Themenbereichen überprüft werden. Einerseits können sich hieraus zusätzliche Handlungs- und Unterrichtungspflichten gegenüber dem Betriebsrat und/oder anderen Gremien bzw. Personen ergeben, andererseits kann aber auch hinsichtlich der Mitwirkungs- und Mitbestimmungstatbestände argumentiert werden, dass diese schon „verbraucht" sind. Es sollte daher immer geprüft werden, ob Cloud Computing-Lösungen auf bereits vorhandene Programme aufsetzen, die in der Vergangenheit bereits kollektivrechtlich behandelt wurden (z.B. wäre zu diskutieren, ob bei einer Zustimmung von Anwendungen eines Herstellers nicht auch die nun in neuerer Zeit zum Angebot dazu gekommenen „Cloud-Lösungen" bereits von der Zustimmung erfasst werden).[28]

2. Mitbestimmungsrecht im Zusammenhang mit technischen Einrichtungen (§ 87 Abs. 1 Nr. 6 BetrVG)

a) Tatbestand

Das wichtigste und in der Praxis aufgrund des von der Rechtsprechung weit definierten Anwendungsbereichs durchgreifendste Recht des Betriebsrats ist das Mitbestimmungsrecht nach § 87 Abs. 1 Nr. 6 BetrVG im Zusammenhang mit der Einführung und Anwendung von technischen Einrichtungen, die dazu bestimmt sind, das Verhalten oder die Leistung der Arbeitnehmer zu überwachen. Dabei ist zu beachten, dass eine „Bestimmung" im Sinne des Gesetzes auch gegeben sein kann, wenn eine Überwachung gar nicht beabsichtigt, jedoch möglich ist (sog. Geeignetheit);[29] es reicht das Gefährdungspotenzial einer überwachungstauglichen Einrichtung.[30] Das bedeutet, eine technische Anlage, zu der definitionsgemäß auch reine Software zählen kann,[31] ist praktisch ab dem Zeitpunkt mitbestimmungspflichtig, wenn Benutzerdaten (d.h. hier Daten der Arbeitnehmer) gespeichert bzw. verarbeitet (ausgewertet) werden können.[32] 22

Das Mitbestimmungsrecht erfordert eine Zustimmung des Betriebsrats, die üblicherweise in Form einer Betriebsvereinbarung eingeholt wird. Der Betriebsrat hat das Recht, Informationen über mitbestimmungsrelevante Themen zu erhalten; insoweit ist dieses Mitbestimmungsrecht parallel mit den Rechten des Betriebsrats aus §§ 80 und 90 BetrVG zu sehen. Wird eine Einigung zwischen Arbeitgeber und zuständigem Betriebsrat nicht erzielt, muss eine Einigungsstelle angerufen werden (vgl. § 76 BetrVG). Die Zustimmung des Betriebsrats kann dann durch einen Spruch der Einigungsstelle (quasi als Ersatz für die Vereinbarung) ersetzt werden. 23

28 Vgl. *Zöll/Paul*, Personalmagazin 08/2011, 16.
29 *Fitting*, § 87 BetrVG Rn 226 m.w.N.
30 *Hallaschka/Jandt*, MMR 2006, 436, 439 m.w.N.
31 Vgl. die ausführliche Aufzählung von Beispielen bei *Fitting*, § 87 BetrVG Rn 246 m.w.N.
32 GK-BetrVG/*Wiese*, § 87 BetrVG Rn 524 ff.; *Fitting*, § 87 BetrVG Rn 234.

b) Cloud Computing

24 Obwohl es Ausnahmen und auch Ansatzpunkte für eine gegenteilige Argumentation gibt (dazu sogleich unter Rn. 26 ff.), dürfte es wohl **h.M.** entsprechen, dass bei der **Einführung und Verwendung von Cloud Computing-Anwendungen ein Mitbestimmungsrecht nach § 87 Abs. 1 Nr. 6 BetrVG** grundsätzlich gegeben ist, da die Anwendungen die Verarbeitung von Verhaltens- und Leistungsdaten derjenigen Arbeitnehmer erlauben, die diese Anwendungen verwenden[33] (z.B. bei Log-Files über die Häufigkeit der Verwendung der Anwendung oder in Bezug auf einzelne Arbeitnehmer personalisierte Statistiken über die Vertriebsergebnisse, etwa beim Einsatz von Anwendungen wie „Salesforce", oder die Arbeitnehmerleistungen vergleichende Listen zur Leistungsmotivation, sog. Rennerlisten).[34]

c) (Etwaige) Ausnahmen

25 Aus aktueller Instanzenrechtsprechung ergibt sich, dass bestimmte **Internetanwendungen**, die man als Cloud Computing-Anwendungen im weiteren Sinne bezeichnen kann, da sie auch nicht auf dem lokalen Rechner, sondern von einem mit dem Internet verbundenen Server o.ä. zur Verfügung gestellt werden, nicht vom Mitbestimmungsrecht des § 87 Abs. 1 Nr. 6 BetrVG erfasst sein können.[35]

Beispiel

Nicht mitbestimmungspflichtig sollen danach die folgenden, lediglich als „technische Hilfsmittel" zu qualifizierenden Internetanwendungen sein:
- „Google Maps";
- Wikipedia;[36]
- Übersetzungsprogramme (z.B. Leo oder Linguee) sowie
- Zins- und Währungsrechner.

26 In dem fraglichen Fall des LAG Hamburg hatte ein Vorgesetzter die Fahrtkostenregelung eines Arbeitnehmers mittels des Routenplaners von „Google Maps" überprüft. Der rechtliche Hintergrund ist, dass es wie bei der Verwendung eines Taschenrechners, einer Brille oder Stiften und Schreibblock daran fehlt, dass diese Internetan-

33 Bejahend: *Hallaschka/Jandt*, MMR 2006, 436, 439; *Zöll/Paul*, Personalmagazin 08/2011, 16 und *Gaul/Koehler*, BB 2011, 2229, 2235 f. m.w.N; möglich, wenn auch im konkreten Fall ablehnend (vgl. unten Rn 26) LAG Hamburg, Beschl. v. 2.5.2012 – H 6 TaBV 103/11 – BeckRS 2012, 71635.

34 *Fitting*, § 87 BetrVG Rn 241 und mit einer Auflistung von mit Cloud Computing-Anwendungen vergleichbaren technischen Einrichtungen unter Rn 244 ff. sowie GK-BetrVG/*Wiese*, § 87 BetrVG Rn 551 ff.

35 LAG Hamburg, Beschl. v. 2.5.2012 – H 6 TaBV 103/11 – BeckRS 2012, 71635, hierzu auch die zurückgewiesene Revision BAG 1. Senat – 1 ABR 43/12 –.

36 Nicht zu verwechseln ist diese Internetanwendung indes mit betrieblichen „Wikis" bzw. Expertensystemen, die Wissenssammlungen auf bestimmte Personen zurückführen können (vgl. *Kornwachs*, CR 1992, 44; *Fitting*, § 87 BetrVG Rn 246).

wendungen als technische Einrichtungen qualifiziert werden können, die zur Überwachung (nach dem Wortlaut der Norm) „bestimmt" sind. Denn es fehlt ihnen an der objektiven Eignung, festzuhalten, welche Leistungen ein Arbeitnehmer wann erbringt. Weiterhin fehlt es an der sog. Unmittelbarkeit der Überwachung, d.h. es muss ein Mensch dazwischen geschaltet werden, der den Überwachungsvorgang ausführt und steuert.

Praxistipp

Wahrscheinlich ist ein Mitbestimmungsrecht gem. § 87 Abs. 1 Nr. 6 BetrVG allerdings dann einschlägig, wenn die aus einer der o.g. Internetanwendungen gewonnenen Daten in einem zweiten Schritt in eine IT-Anwendung, wie z.B. in ein Tabellenkalkulationsprogramm, welches die Daten im IT-System des Arbeitgebers speichert, eingegeben und von dort aus verarbeitet werden.[37] Dieser Fall ist in der Praxis aber häufig durch IT-Rahmenbetriebsvereinbarungen abgedeckt.

Gegen ein Mitbestimmungsrecht nach § 87 Abs. 1 Nr. 6 BetrVG könnte in Bezug 27
auf **andere Cloud Computing-Anwendungen** – jedenfalls bei solchen, die aus der „Public Cloud" zur Verfügung gestellt werden – argumentiert werden, dass sich diese Anwendungen gar nicht im Betrieb des Arbeitgebers befinden, d.h. eine originäre Verfügungsgewalt über Server, Programme und Speicher fehlt. Hiergegen lässt sich zum Teil aber bereits technisch argumentieren, dass nicht wenige Cloud Computing-Anwendungen jedenfalls mit einem „Cookie" oder einer „App" o.ä. auf dem Client-Rechner funktionieren und sich somit bereits in dieser Weise quasi „mit einem Bein" im Betrieb des Arbeitgebers befinden bzw. der Verfügungsgewalt des Arbeitgebers unterliegen. Aber selbst dann, wenn keine solche Anbindung besteht, spricht für die Annahme eines sehr weiten Anwendungsbereichs des Mitbestimmungsrechts die Rechtsprechung des BAG,[38] die ein Mitbestimmungsrecht annimmt, wenn der Arbeitgeber im Einvernehmen mit einem Dritten seinen Arbeitnehmer anweist, sich der Überwachung durch technische Einrichtungen des Dritten zu unterwerfen. Dazu sei der Zugriff des Arbeitgebers auf die Daten nicht erforderlich; es reiche aus, wenn der Arbeitgeber die Entscheidung treffe, Informationen über das Verhalten der seinem Weisungsrecht unterliegenden Arbeitnehmer durch eine zur Überwachung bestimmte technische Einrichtung erfassen zu lassen.[39] Zudem sei der Begriff des Betriebs funktional und nicht räumlich zu verstehen. Diese Rechtsprechung soll nach Ansicht der juristischen Literatur auf Cloud Computing übertragbar sein, auch wenn die Erweiterung des Mitbestimmungsrechts durch die Rechtsprechung zu Recht kritisch gesehen wird.[40] Weiterhin kann für die Annahme eines Mitbestimmungsrechts

37 Vgl. *Fitting*, § 87 BetrVG Rn 238 m.w.N. zur diesbezüglichen BAG-Rechtsprechung.

38 BAG, Beschl. v. 27.1.2004 – 1 ABR 7/03 – BB 2004, 1389 ff.; gut dargestellt von: *Gaul/Koehler*, BB 2011, 2229, 2235; vgl. ähnlich m.a.N. auch *Fitting*, § 87 BetrVG Rn 250.

39 Vgl. *Gaul/Koehler*, BB 2011, 2229, 2235.

40 *Gaul/Koehler*, BB 2011, 2229, 2235.

bereits eine andere Argumentation sprechen: Cloud Computing ähnelt im Prinzip der in der Rechtsprechung als mitbestimmungspflichtig angesehenen Konstellation, wonach alleine die Vernetzung von Rechnern insoweit ausreichen soll.[41]

d) Rechtsfolgen

28 Bei einer Nichtbeachtung des Mitbestimmungsrechts kann der Betriebsrat grundsätzlich die Einigungsstelle einschalten (diesbezüglich hat er ein Initiativrecht) oder Unterlassungsansprüche geltend machen, d.h. die Maßnahme, also die Einführung und Nutzung der Cloud Computing-Anwendung, gerichtlich untersagen lassen. Darüber hinaus sind alle Maßnahmen auf individualvertraglicher Ebene gegenüber den Arbeitnehmern solange unwirksam (sog. Theorie der Wirksamkeitsvoraussetzungen), bis eine Zustimmung erfolgt bzw. ein Einigungsstellenspruch vorliegt.[42]

! **Praxistipp**
Praktisch bedeutet dies, dass der Arbeitgeber seine Anweisungen, z.B. eine bestimmte Cloud Computing-Anwendung in bestimmter Art und Weise zu nutzen, nicht durchsetzen kann; d.h. wegen Verstößen gegen die Weisungslage können Arbeitnehmer nicht mittels Abmahnung oder gar Kündigung sanktioniert werden.

---

29 Die betriebliche Einführung von Cloud Computing-Anwendungen sollte daher – soweit ein Betriebsrat besteht – niemals ohne eine diesbezügliche Betriebsvereinbarung erfolgen, was auch aus datenschutzrechtlicher Sicht (Rechtfertigung des Umgangs mit den Daten) Sinn ergibt.[43]

3. Mitbestimmungsrecht im Zusammenhang mit der Ordnung des Betriebs (§ 87 Abs. 1 Nr. 1 BetrVG)

30 Soweit Anweisungen zur Verwendung von Cloud Computing-Anwendungen nur das Arbeitsverhalten der Arbeitnehmer betreffen, ist das Mitbestimmungsrecht aus § 87 Abs. 1 Nr. 1 BetrVG nicht einschlägig. Anders kann es sein, wenn das Ordnungsverhalten und/oder das sonstige Verhalten der Arbeitnehmer im Betrieb (§ 106 S. 2 GewO) geregelt und gesteuert werden sollen,[44] z.B. Umstände der privaten Nutzung der Anwendungen festgelegt oder auch – was ja bei einer Nutzung im Home Office

---

41 ArbG Berlin, Beschl. v. 22.3.1989 – 35 BVGa 1/89 – CR 1990, 482 – zur Vernetzung zum Zweck der Fernwartung, wonach mitbestimmungspflichtige Kontrollmöglichkeiten eröffnet sind; Däubler/Kittner/Klebe/Wedde/*Klebe*, § 87 Rn 189, 198 jeweils m. w. N.; vgl. mit Hinweis auf die vorgenannte Argumentation *Zöll/Paul*, Personalmagazin 08/2011, 16.

42 *Gaul/Koehler*, BB 2011, 2229, 2236.

43 *Gaul/Koehler*, BB 2011, 2229, 2234; vgl. unten Rn 33.

44 Vgl. *Gaul/Koehler*, BB 2011, 2229, 2235.

oder unterwegs nicht ungewöhnlich ist – Verhaltensvorschriften erlassen werden, die den privaten Lebensbereich bzw. das außerbetriebliche Verhalten der Arbeitnehmer betreffen.[45]

4. Mitbestimmungsrecht im Zusammenhang mit Personalfragebögen (§ 94 BetrVG)

Werden im Rahmen von Cloud Computing-Anwendungen Arbeitnehmerdaten formalisiert abgefragt, z.B. Mitarbeiterumfragen oder Pflegen des Lebenslaufs in einer Cloud-Anwendung, bedarf es der Zustimmung des Betriebsrats nach §94 BetrVG. Fehlt eine Zustimmung des Betriebsrats, besteht dennoch eine Wahrheitspflicht des Arbeitnehmers im Rahmen der Befragung etc. Im Übrigen sind Unterlassungsansprüche nach §23 BetrVG als Sanktion für die Nichtbeachtung denkbar.[46] 31

5. Rechte des Betriebsrats bei Betriebsänderungen (§§ 111 ff. BetrVG)

Die Einführung von Cloud Computing kann eine grundlegende Änderung der Betriebsorganisation und der Betriebsanlagen mit sich bringen und somit als Betriebsänderung i.S.v. § 111 S. 2 Nr. 4 BetrVG[47] qualifiziert werden. Aber auch Massenentlassungen, die mit der Einführung von Cloud Computing zusammenhängen (z.B. aufgrund der Schließung einer IT-Abteilung), können den Tatbestand der §§111, 112 BetrVG erfüllen.[48] Insoweit ist eine rechtzeitige Information des Betriebsrats notwendig, sowie der Abschluss eines Interessenausgleichs und unter Umständen auch der Abschluss eines Sozialplans (Letzteres gilt vor allem, wenn es zu Kündigungen von Arbeitnehmern kommt oder diese sonstige Nachteile erleiden, z.B. Umzug etc.). Sind diese Rechte des Betriebsrats einschlägig und wird kein Interessenausgleich abgeschlossen, kann der Betriebsrat, wenn der örtlich zuständige Landesarbeitsrechtsbezirk eine einstweilige Unterlassungsverfügung akzeptiert, die Einführung einer Cloud Computing-Lösung verhindern.[49] 32

45 *Hallaschka/Jandt*, MMR 2006, 436, 439, insbesondere zum Einsatzverhalten bei Notfällen, die in der Freizeit auftreten; denkbar sind auch Regelungen zur Nutzung von Arbeitsmitteln samt Anwendungen in der Öffentlichkeit (z.B. typische IT-Nutzungsregelungen zum Verbot der Nutzung, wenn Bildschirm einsehbar ist oder via eines öffentlichen WLAN-Netzes).

46 *Gaul/Koehler*, BB 2011, 2229, 2236 m. w. N. zur Rechtsprechung.

47 *Hallaschka/Jandt*, MMR 2006, 436, 439.

48 *Gaul/Koehler*, BB 2011, 2229, 2235.

49 *Gaul/Koehler*, BB 2011, 2229, 2235; vgl. zur LAG-Bezirk-spezifischen, unterschiedlichen Rechtsprechung und den Meinungsstand in der Literatur: GK-BetrVG/*Oetker*, § 111 Rn 269 ff.

6. Betriebsverfassungsrechtliche Anknüpfungspunkte zum Datenschutzrecht

33 Für die betriebliche Umsetzung der datenschutzrechtlichen Aspekte von Cloud Computing-Lösungen ist der Betriebsrat ein notwendiger, aber ggf. auch nützlicher Ansprechpartner. Wie aufgezeigt, hat er nach § 80 BetrVG die Einhaltung des Datenschutzrechts zu prüfen und auch das im engen Zusammenhang mit dem Datenschutz zu sehende Mitbestimmungsrecht nach § 87 Abs. 1 Nr. 6 BetrVG,[50] welches den Umgang mit Verhaltens- und Leistungsdaten der Arbeitnehmer betrifft, zwingt den Arbeitgeber die diesbezüglichen datenschutzrechtlichen Aspekte mit dem Betriebsrat zu behandeln. Der Betriebsrat kann gleichsam als betrieblicher Hebel für das Datenschutzrecht angesehen werden.

34 Da der Datenschutzbeauftragte, der nach dem BDSG zu bestellen ist, die Ausführung datenschutzrelevanter Vorschriften sicherzustellen hat (§ 4 Abs. 1 S. 1 BDSG), hat er den Arbeitgeber anzuhalten, das Mitbestimmungsrecht aus § 87 Abs. 1 Nr. 6 BetrVG zu beachten.[51]

35 Einigt sich der Arbeitgeber mit dem Betriebsrat über datenschutzrechtlich relevante Sachverhalte, kann die diesbezügliche Betriebsvereinbarung rechtfertigend wirken (vgl. § 4 Abs. 1 BDSG: eine Betriebsvereinbarung ist eine „andere Rechtsvorschrift“ im Sinne dieser Vorschrift).[52] Dabei ist allerdings der mögliche Regelungsrahmen zu beachten: Teilweise wird vertreten, dass das Schutzniveau des BDSG mittels der Betriebsvereinbarung nicht unterschritten werden darf; jedoch ist die diesbezügliche Rechtsprechung des BAG richtigerweise so zu verstehen, dass Abweichungen zum BDSG möglich sind, wenn die Persönlichkeitsrechte des Arbeitnehmers in anderer Art und Weise angemessen berücksichtigt werden.[53]

IV. Arbeitsrechtliche Gestaltungsmöglichkeiten im Hinblick auf Outsourcing und Betriebsübergang

36 Die Auslagerung von IT-Dienstleitungen bekommt durch Cloud Computing-Lösungen eine andere Dimension: *„Cloud Computing ist Outsourcing 2.0.“*[54] Aus arbeitsrechtlicher Sicht gilt das vor allem im Hinblick auf das mit Auslagerungen oder Auftrags-

50 Taeger/Gabel/*Zöll*, § 32 BDSG Rn 55.

51 *Fitting*, § 87 BetrVG Rn 234.

52 Vgl. allgemein zur Rechtfertigung Taeger/Gabel/*Taeger*, § 4 BDSG Rn 35; zu beachten ist, dass im Zusammenhang mit dem neuen Entwurf eines Beschäftigtendatenschutzgesetzes diskutiert wird, ob die rechtfertigende Wirkung von Betriebsvereinbarungen entfällt, sodass die Rechtsentwicklungen weiter beobachtet werden müssen (vgl. dazu Taeger/Gabel/*Zöll*, § 32 BDSG Rn 3).

53 BAG, Beschl. v. 27.5.1986 – 1 ABR 48/84 – NZA 1986, 643, 646 f.; sehr anschaulich zum Meinungsstand und zum Verständnis der Rechtsprechung *Wybitul*, Rn 221 f.

54 *Gaul/Koehler*, BB 2011, 2229; zum Outsourcing mittels Cloud Lösung (allgemeine datenschutzrechtliche Aspekte): Taeger/Gabel/*Zöll*, § 32 BDSG Rn 40.

neuvergaben von bereits ausgelagerten Aufgaben zusammenhängende Risiko eines Betriebsübergangs (§ 613a BGB) bezüglich der insoweit betroffenen Arbeitnehmer. Ein Betriebsübergang kann allerdings nur vorliegen, wenn eine „wirtschaftliche Einheit" bzw. ein Betrieb (z.B. ein Geschäftsbereich oder eine Abteilung) des „Veräußerers" (d.h. in Outsourcing-Situationen der Auftraggeber) von einem „Erwerber" (d.h. in Outsourcing-Situationen der Dienstleister bzw. Auftragnehmer) unverändert weiterbetrieben wird. Inwiefern dies beim Einsatz von Cloud Computing-Lösungen der Fall ist, wird im Folgenden untersucht.

1. Grundlagen

Im Folgenden werden die Grundlagen des Betriebsübergangsrechts lediglich grob skizziert, um ein grundsätzliches Verständnis für die Gestaltungsvarianten und etwaige Probleme im Zusammenhang mit dem Einsatz von Cloud Computing-Lösungen zu vermitteln.[55] 37

Definitionsgemäß liegt ein **Betriebsübergang** vor, wenn eine auf Dauer angelegte wirtschaftliche Einheit – d.h. eine organisatorische Gesamtheit von Personen und Sachen – zielgerichtet und unter Wahrung ihrer Identität zum Zwecke einer wirtschaftlichen Tätigkeit übernommen und fortgeführt wird,[56] d.h. der Erwerber des Betriebs sich bildlich gesprochen ins „gemachte Bett" des Veräußerers bzw. Auftraggebers legt.[57] 38

Zur **Bestimmung der Identität** der wirtschaftlichen Einheit wird eine Gesamtbewertung verschiedener **Kriterien** vorgenommen; dies erfolgt grundsätzlich ohne Rangfolge und mit Blick auf die betrieblichen Besonderheiten. Zu den Kriterien (sog. **7-Punkte-Katalog**) gehören nach der Rechtsprechung:[58] 39

- die Art des betreffenden Unternehmens oder Betriebs;
- der Übergang materieller Betriebsmittel, wie Gebäude und bewegliche Güter;
- der Übergang immaterieller Betriebsmittel;
- die Übernahme der Hauptbelegschaft;
- der Übergang der Kundenbeziehungen;
- der Grad der Ähnlichkeit zwischen den vor und nach dem Übergang verrichteten Tätigkeiten unter Beachtung unterschiedlicher Arbeitsorganisation sowie
- die Dauer der eventuellen Unterbrechung dieser Tätigkeit.

55 Übersichtliche und gute Gesamtdarstellung bei Berscheid/Kunz/Brand/Nebeling/*Nebeling*, Teil 8.
56 Ständige Rechtsprechung des BAG im Anschluss an EuGH, Urt. v. 11.3.1997 – C-13/95 („Ayse Süzen") – NZA 1997, 433 ff.
57 BAG, Urt. v. 6.4.2006 – 8 AZR 249/04 – AP BGB § 613a Nr. 303 Rn 26.
58 Vgl. Berscheid/Kunz/Brand/Nebeling/*Nebeling*, Teil 8, Kap. 37 Rn 3; Willemsen/Hohenstatt/Schweibert/Seibt/*Willemsen*, Kap. G Rn 65.

40 Außerdem sind die folgenden **IT-outsourcingrelevanten Grundsätze** zu beachten, die aber ebenfalls vor dem Hintergrund der konkreten betrieblichen Situation im Einzelfall zu untersuchen und zu bewerten sind:

- Eine bloße Tätigkeitsübernahme (Funktionsnachfolge) ohne Übernahme von Personal und Betriebsmitteln etc. stellt grundsätzlich keinen Betriebsübergang dar.[59]
- Soweit ein Betriebsübergang in einer Auftragsnachfolgesituation aufgrund anderer Umstände (z.B. Übernahme von Personal) dennoch in Betracht kommt, ist es irrelevant, dass die beiden Dienstleister, die dann Partei des Betriebsübergangs sind, (sog. First- und Second-Generation-Auftragnehmer) direkt keine vertragliche Beziehung miteinander haben.[60]
- Aus der Rechtsprechung des EuGH ergibt sich, dass u.a. die Nutzung von Betriebsmitteln, die das auslagernde Unternehmen den Dienstleistern zur Verfügung stellt (und die somit unmittelbar gar nicht übernommen werden), einen Betriebsübergang auslösen können, wenn diese wesentlich zur Erbringung der Dienstleistungen sind (die frühere Unterscheidung, dass die Arbeitnehmer nicht „mit", sondern nur „an" den Betriebsmitteln arbeiten, soll nicht mehr entscheidend, jedoch nach teilweise vertretener Ansicht noch abwägungsrelevant sein). Insoweit kann z.B. das Zurverfügungstellen einer IT-Struktur mit Servern, Client-Rechnern etc. durch das auslagernde Unternehmen an den jeweiligen Dienstleister einen Betriebsübergang vom First-Generation-Auftragnehmer auf den Second-Generation-Auftragnehmer auslösen.[61]
- Die Gestaltungsmöglichkeit zur etwaigen Umgehung eines Betriebsübergangs mittels nur teilweiser Übernahme von einzelnen Arbeitnehmern und einzelnen Betriebsmitteln in einen anderen Organisationszusammenhang beim Erwerber (sog. identitätszerstörende Eingliederung) hat der EuGH durch die „Klarenberg"-Entscheidung stark verengt, da es nunmehr für einen Betriebsübergang auf die „funktionelle Verknüpfung zwischen den übertragenen Produktionsfaktoren beibehalten wird und sie es dem Erwerber erlaubt, diese Faktoren zu nutzen, um derselben oder einer gleichartigen wirtschaftlichen Tätigkeit nachzugehen", ankommen soll.[62]

---

59 EuGH, Urt. v. 11.3.1997 – C-13/95 („Ayse Süzen") – NZA 1997, 433, 434; vgl. Willemsen/Hohenstatt/Schweibert/Seibt/*Willemsen*, Kap. G Rn 66.

60 Vgl. bzgl. des gesetzlichen Kriteriums „durch Rechtsgeschäft": Willemsen/Hohenstatt/Schweibert/Seibt/*Willemsen*, Kap. G Rn 76 m.w.N.

61 Vgl. EuGH, Urt. v. 20.11.2003 – C-340/01 („Carlito Abler") – NZA 2003, 1385, 1386; EuGH, Urt. v. 15.12.2005 – C-232/04 („Nurten Güney-Görres") – NZA 2006, 29, 30 f.; *Bauer*, NZA 2004, 14, 16 f.; Willemsen/Hohenstatt/Schweibert/Seibt/*Willemsen*, Kap. G Rn 48 m.w.N.

62 Vgl. EuGH, Urt. v. 12.2.2009 – C-466/07 – NJW 2009, 2029, 2032.

Die wesentlichen **Rechtsfolgen** eines Betriebsübergangs sind, dass der Erwerber in alle Rechte und Pflichten der übergehenden Arbeitsverhältnisse eintritt und diese in gleicher Weise wie der Veräußerer fortführen muss (§ 613a Abs. 1 BGB) sowie kollektive Regelungen nach Maßgabe des § 613a Abs. 1 S. 2–4 BGB fortgelten. „Wegen" des Betriebsübergangs kann nicht gekündigt werden (§ 613a Abs. 4 BGB) und die Arbeitnehmer müssen richtig über den Betriebsübergang informiert werden und können gegen diesen widersprechen (ggf. sogar über die einmonatige Widerspruchsfrist hinaus, soweit die Information falsch war). Mangelnde oder fehlerhafte Information kann ggf. auch Schadensersatzansprüche auslösen. 41

2. Fall-Konstellationen

Folgende zwei Fall-Konstellationen lassen sich in Bezug auf Cloud Computing ausmachen: 42

Beispiel 1

First-Generation-Outsourcing: Ein Unternehmen will seine IT-Abteilung auslagern und zukünftig alle IT-Dienstleistungen von einem externen Dienstleiter erbringen lassen. Es stellt sich nun die Frage, ob durch den Dienstleister Arbeitnehmer und/oder Betriebsmittel (Server etc.) des Unternehmens übernommen werden. Wie aus den o.g. Grundsätzen ersichtlich ist, erhöht dies jedoch das Risiko eines Betriebsübergangs erheblich. Als Alternative kann eine Cloud Computing-Lösung erwogen werden, die keinerlei oder nur geringfügige Anknüpfungspunkte an die bisherige wirtschaftliche Einheit bietet und damit den Betriebsübergang ggf. vermeidet.

Beispiel 2

Auftragsnachfolge (Second-Generation-Outsourcing): Ein Unternehmen hat eine IT-Dienstleistung schon vor längerer Zeit an einen externen Auftragnehmer übertragen. Der Auftragnehmer arbeitet im Wesentlichen auf den Servern des Unternehmens. Nunmehr wird die Dienstleistung neu ausgeschrieben und das Unternehmen hat die Wahl zwischen einem mit dem bisherigen Dienstleister vergleichbaren Anbieter und einem Cloud Computing-Anbieter, der alles mit eigenen Ressourcen erledigen will. Der mit dem bisherigen Dienstleister vergleichbare Anbieter verlangt umfassende Kosten-Freistellungen vom Unternehmen in Bezug auf die Risiken eines Betriebsübergangs vom Alt-Dienstleister, was der Cloud Computing-Anbieter nicht verlangt.

3. Gestaltungsmöglichkeiten und Risiken

Der beste Weg, einen Betriebsübergang zu vermeiden, ist ein umfassender **„hands-off"-Ansatz** und besteht darin, die beim Veräußerer existierende wirtschaftliche Einheit weder hinsichtlich der Arbeitnehmer noch bezüglich der Betriebsmittel oder in sonstiger Weise (Übernahme von Arbeitsweisen oder Organisationsstrukturen) 43 beim Erwerber weiterzuführen und zu übernehmen.[63] Es liegt in der Natur von Cloud Computing-Lösungen, dass sie autonom mit eigenen Ressourcen ohne bzw. ohne intensive lokale Anknüpfungen arbeiten; in der Regel werden keine Betriebsmittel des Auftraggebers übernommen oder eingebunden. Zudem kann beim Einsatz von „Public Clouds", aus welchen standardisiert und ohne individuellen Kundenbezug verschiedene Auftraggeber bedient werden, keine Kontinuität der wirtschaftlichen Einheit oder eine funktionale Verknüpfung von Produktionsfaktoren angenommen werden. Daher stellen Cloud Computing-Lösungen grundsätzlich eine ideale Strategie für die Vermeidung von Betriebsübergängen dar.[64]

44 Ein **rechtliches Risiko** könnte sich allenfalls dann ergeben, wenn die reine Übertragung von Daten auf den Cloud Computing-Anwender als ausreichender Anknüpfungspunkt für einen Betriebsübergang gesehen werden könnte. Denn dies ließe sich in der Praxis schlichtweg nicht vermeiden. In der älteren Rechtsprechung des BAG finden sich jedoch Hinweise, dass dies wohl nicht der Fall ist: Stellt eine EDV-Dienstleistungsgesellschaft ihren Geschäftsbetrieb ein, so kommt im Hinblick auf die nicht als selbstständiger Betriebsteil organisierte „Systemprogrammierung" ein Betriebsübergang i.S.v. § 613a BGB auch dann nicht in Betracht, wenn Programme und Rechtsgeschäfte auf einen nachfolgenden Auftragnehmer – der den Auftrag des EDV-Dienstleisters für den Kunden weiterführt – übertragen werden.[65]

! **Praxistipp**

Praktische Risiken im Hinblick auf einen Betriebsübergang können sich dennoch aus der konkreten Projektgestaltung ergeben:

- In der Praxis kann ein Betriebsübergang vorliegen, wenn z.B. ein Cloud Provider eine individualisierte, ggf. auch im „materiellen" Umfang technisch an das bestehende IT-System anknüpfende Lösung anbietet und dafür ehemalige Mitarbeiter des Auftraggebers jedenfalls für eine Übergangsphase benötigt und diese z.B. als freie Mitarbeiter einstellt; stellt sich dann noch heraus, dass diese Scheinselbstständige sind, dann liegt ein Betriebsübergangsszenario nicht mehr fern.
- Ähnlich problematisch ist die Zusammenarbeit mit Mitarbeitern des Auftraggebers, die in einer Einführungs- und Übergangsphase hinsichtlich der Cloud Computing-Anwendung beim Auftraggeber unter der Kontrolle und auf Weisung des Cloud Computing-Dienstleisters Anpassungen am lokalen System vornehmen. Solche Mitarbeiter könnten, wenn sie später gekündigt werden, argumentieren, dass ihre Arbeitsverhältnisse auf den Dienstleister übergegangen sind.

---

63 *Zöll/Paul*, Personalmagazin 08/2011, 16, 17.

64 *Zöll/Paul*, Personalmagazin 08/2011, 16, 17.

65 BAG, Urt. v. 24.4.1997 – 8 AZR 848/94 – NZA 1998, 253, 254; vgl. *Zöll/Paul*, Personalmagazin 08/2011, 16.

B. Steuerrecht

I. Einleitung

1. Wirtschaftliches und rechtliches Umfeld

„Cloud Computing“ umschreibt IT-Leistungen, die nicht an einem festen Standort, 45
insbesondere nicht ausschließlich mit der eigenen IT-Infrastruktur des Anwenders, sondern „in der Wolke“, von unterschiedlichen physischen Standorten aus, erbracht werden. Der Anwender minimiert kostenintensive eigene IT-Infrastruktur und kann IT-Leistungen und -Ressourcen passgenau – beispielsweise in Spitzenzeiten – in Anspruch nehmen.[66]

Hierbei stellen sich in nicht unwesentlichem Umfang auch steuerrechtliche 46
Implikationen. Diese Themen ergeben sich sowohl für die (in der Regel konzerninterne) **Private Cloud** als auch für die **Public Cloud**, bei welcher IT-Dienstleistungen durch einen konzernfremden Dienstleister erbracht werden.

2. Steuerliche Schwerpunktthemen bei Cloud Computing

Steuerrechtlich ist Cloud Computing eine Querschnittsmaterie aus Fragestellungen 47
des Outsourcings und solchen des elektronischen Geschäftsverkehrs. Häufig haben die Geschäfts- und Leistungsbeziehungen bei Cloud Computing einen grenzüberschreitenden Bezug. Für die Darstellung bietet sich eine Abschichtung in praxisrelevante Fallgruppen an. Gerade grenzüberschreitende Sachverhalte werden in am Markt erhältlichen Vertragsmustern unzureichend abgebildet.

Das Steuerrecht als Rechtsmaterie ist ständigen Änderungen unterworfen. Dies 48
lässt sich an den zwischenzeitlich fast jährlichen Änderungsgesetzen („Jahressteuergesetz“) veranschaulichen, welche bei Weitem nicht die einzigen steuerrechtsändernden Gesetze im Jahresverlauf sind. Die gesetzgeberische Dynamik erhöht sich noch einmal, wenn fiskalische Interessen auf neue Entwicklungen des Wirtschaftslebens treffen und zudem verfassungs- und europarechtlichen Vorgaben (u.a. BVerfG- und EuGH-Rechtsprechung) sowie schließlich dem Steuerwettbewerb mit anderen Staaten Rechnung zu tragen ist. Beispielsweise sind die umsatzsteuerlichen Rahmenbedingungen des grenzüberschreitenden IT-Outsourcings in den vergangenen Jahren wiederholt geändert worden. Der deutsche Fiskus verfolgt weitestmöglich den Ansatz **„Business goes global, taxes remain local“**. Dem ist es auch geschuldet, dass grenzüberschreitende Geschäftsverlagerungen (und damit der Verlust von Steuersubstrat) nicht ohne Weiteres steuerneutral möglich sind. Auch das mit bestimmten Cloud Computing-Lösungen mögliche grenzüberschreitende Outsourcing von elektronischer Buchführung deutscher Steuerpflichtiger darf nur nach Zustimmung

66 Grundlegend *Niemann/Paul*, K&R 2009, 444 ff.

des Finanzamts erfolgen.[67] Andererseits gerät der deutsche Steueranspruch („Welteinkommensprinzip") im grenzüberschreitenden Leistungsverkehr zwangsläufig in Konflikt mit den (beispielsweise durch Quellensteuern geltend gemachten) Steueransprüchen anderer Staaten, was zu Doppelbesteuerungsproblematiken führt.

49 Bei (im steuerlichen Sinne) grenzüberschreitenden Leistungen ist zu unterscheiden, ob (i) der Anwender oder (ii) der Anbieter der Cloud-Leistung aus dem Ausland operiert. Der grenzüberschreitende Bezug ist nicht an zivilrechtlichen, sondern an steuerlichen Kriterien und Begrifflichkeiten (wie beispielsweise dem der Betriebsstätte) festzumachen.

50 Die nachfolgenden Ausführungen folgen der Abschichtung nach den skizzierten Fallgruppen. Es wird nach der steuerlichen Ansässigkeit der Beteiligten (Cloud-Dienstleister einerseits und Cloud-Kunde andererseits) unterschieden. Die „Inbound"-Leistungserbringung auslandsansässiger Cloud-Dienstleister folgt anderen Steuerregeln als die „Outbound"-Leistungserbringung deutscher Cloud-Dienstleister an ausländische Kunden.

II. Inländische Cloud-Leistungsbeziehung

1. Abgrenzungen

51 Ein steuerlich rein inländischer Cloud-Sachverhalt liegt nach der hier gewählten Abgrenzung vor, wenn Cloud-Dienstleister als auch Cloud-Nutzer für die konkrete Leistungsbeziehung von Deutschland aus operieren. Wenngleich sich Fragen der grenzüberschreitenden Besteuerung hier regelmäßig nicht stellen dürften, sind dann, wenn die Cloud-Dienstleistung das Outsourcing steuersensibler Daten (Buchführungsdaten) beinhaltet und sich der Dienstleister (oder ein +*Subunternehmer) eines ausländischen Serverstandorts bedient, die Steuervorschriften der Abgabenordnung zu beachten.[68]

a) „Inländischer" Cloud-Dienstleister – Bedeutung der „Betriebsstätte"

52 Ein IT-Dienstleister operiert steuerlich aus Deutschland, wenn die Leistungserbringung durch eine deutsche Betriebsstätte erfolgt.

53 Eine Betriebsstätte ist gem. § 12 AO *„jede feste Geschäftseinrichtung oder Anlage, die der Tätigkeit eines Unternehmens dient"*. Als Betriebstätten sind beispielsweise anzusehen:

- die Stätte der Geschäftsleitung,
- Zweigniederlassungen,

---

67 Nachfolgend Rn 106 ff.

68 Nachfolgend Rn 106 ff.

- Geschäftsstellen,
- Fabrikations- oder Werkstätten,
- Warenlager,
- Ein- oder Verkaufsstellen sowie
- Bauausführungen oder Montagen, die länger als sechs Monate bestehen.

Für den steuerlichen Inlandsbezug ist demnach nicht zwingend erforderlich, dass der 54 Cloud-Dienstleister nach deutschem Gesellschaftsrecht organisiert ist oder handelsrechtlich eine Zweigniederlassung in Deutschland registriert hat.

Beispiel
Die Cloud Ltd. mit Sitz und Ort der Geschäftsleitung in Irland unterhält eine eigene Serverfarm in Karlsruhe und erbringt von dort Leistungen an die Kölner Hauptniederlassung der A-GmbH.

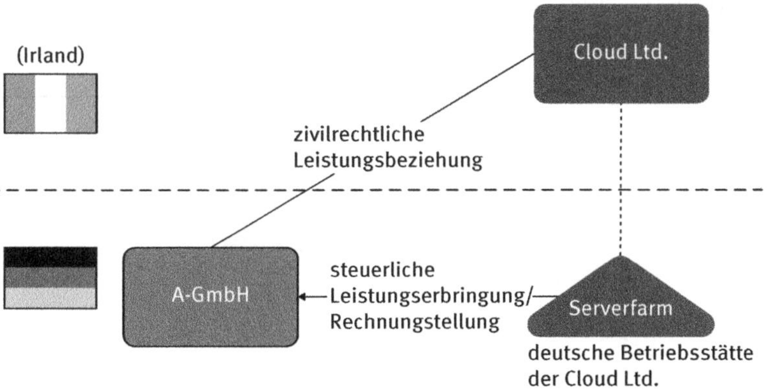

Abb. 1: Steuerlicher Inlandssachverhalt durch Betriebsstätte des Dienstleisters

Diese Grundsätze betreffen das Ertragsteuerrecht, demnach das Einkommensteuer- 55 recht (geregelt im EStG bzw., für Körperschaften, im KStG[69]) sowie die Gewerbesteuer.[70] Abweichungen ergeben sich für den Begriff der Betriebsstätte bei der Umsatzsteuer.

Umsatzsteuerlich ist für den **Ort** der Leistungserbringung durch den Unternehmer 56 (§ 2 UStG) ebenfalls auf das Vorliegen einer Betriebsstätte abzustellen. Der umsatzsteuerliche Betriebsstättenbegriff ist nicht immer deckungsgleich mit der Definition des § 12 AO (oder der Doppelbesteuerungsabkommen), sondern wird wegen des EU-weit

69 Zusätzlich ist der Solidaritätszuschlag zur Einkommen- und Körperschaftsteuer in Höhe von derzeit 5,5 % des anwendbaren Steuersatzes zu berücksichtigen, vgl. auch nachfolgend Rn 61/69.
70 Vgl. zur Gewerbesteuerpflicht jedoch die Ausführungen zu den jeweiligen Fallgruppen.

harmonisierten Umsatzsteuerrechts[71] in letzter Instanz durch den EuGH geprägt. Beispielsweise bedarf es für das Vorliegen einer umsatzsteuerlichen Betriebsstätte eines Mindestmaßes an sachlichem und personellem Substrat.[72] Dies ist in der Regel bei reinen Server-Standorten nicht der Fall. Demgegenüber kann für eine ertragsteuerliche Betriebsstätte nach der BFH-Rechtsprechung schon eine schlichte unterirdische Rohrleitung ausreichen,[73] erst recht damit ein Serverstandort.

b) „Inländischer" Cloud-Kunde

57 Diese Grundsätze zur Begründung des Inlandsbezugs gelten im Ausgangspunkt auch für den Leistungsempfänger: Steuerlich ist nicht die zivilrechtliche Rechtsform entscheidend, sondern ob der Leistungsbezug über eine deutsche Betriebsstätte erfolgt.

Beispiel
Die Z-S.A. mit Sitz und Ort der Geschäftsleitung in Luxemburg unterhält ein Büro und eine Zweigniederlassung in Frankfurt/Main und kauft von der Cloud GmbH, Berlin, IT-Dienstleistungen für ihren deutschen Standort ein.

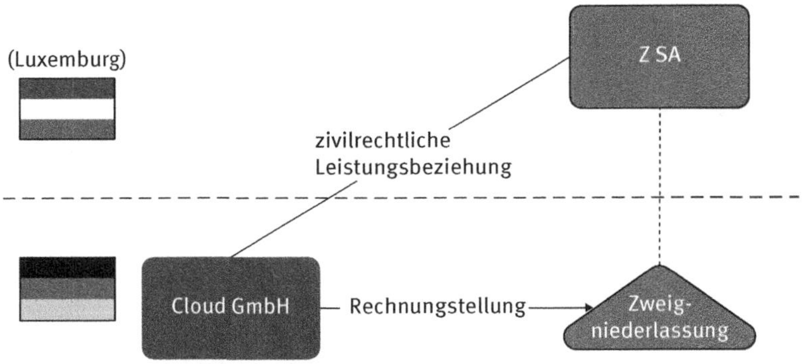

Abb. 2: Steuerlicher Inlandssachverhalt wegen Leistungsbezugs durch deutsche Betriebsstätte des Cloud-Kunden

Die Zweigniederlassung ist ertragsteuerlich und umsatzsteuerlich eine deutsche Betriebsstätte der Z-S.A. Der handels- und steuerrechtliche Aufwand der Z-S.A. fällt in der deutschen Betriebsstätte an. Die Rechnungstellung durch die Cloud GmbH für umsatzsteuerliche Zwecke erfolgt gegenüber der Betriebsstätte.

---

71 Vgl. Art. 44 S. 2 und Art. 45 S. 2 MwStSystRL.

72 Ausführlich EuGH, Urt. v. 25.10.2012 – C-318/11 „Daimler AG" – und – C-319/11 „Widex A/S/Skatteverket" – IStR 2012, 977 mit Anmerkung *Korf.*

73 BFH, Urt. v. 30.10.1996 – II R 12/92 – BStBl. II 1997, 12.

Im Umkehrschluss liegt kein rein inländischer Fall vor, wenn der Cloud-Kunde deutscher Unternehmer ist, die Leistung aber durch eine ausländische Betriebsstätte bezieht. 58

Beispiel
Die Kunden GmbH mit Sitz und Ort der Geschäftsleitung in München unterhält ein Büro in Warschau und kauft von der Cloud GmbH, Berlin, IT-Dienstleistungen für ihren polnischen Standort ein.

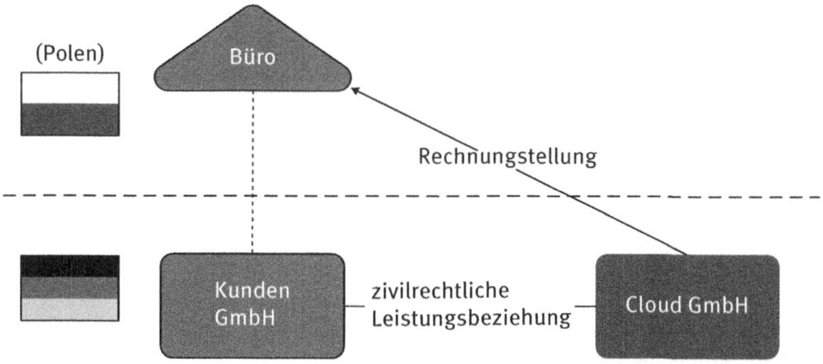

Abb. 3: Leistungserbringung an ausländische Betriebsstätte

Alternativ könnte die Kunden GmbH die Leistungen über ihr deutsches Stammhaus einkaufen und anschließend (ggf. mit Gewinnaufschlag) ihrer polnischen Betriebsstätte weiterbelasten.

2. Besteuerung des Cloud-Dienstleisters

Von steuerlicher Relevanz sind für den Cloud-Dienstleister (wie auch den Cloud-Kunden[74]) Ertragsteuern und Umsatzsteuern. Substanzsteuern oder andere Verkehrsteuern neben der Umsatzsteuer sind derzeit für typische Cloud-Leistungen nicht einschlägig. 59

a) Ertragsteuerliche Grundsätze, Rechtsformwahl

Im inländischen Cloud-Sachverhalt nach Maßgabe der vorgenannten Begriffsbestimmung ist für den Cloud-Dienstleister zu unterscheiden, ob dieser 60

- in Deutschland (mit seinem Stammhaus) steuerlich ansässig und damit **unbeschränkt steuerpflichtig** ist oder

74 Zur Besteuerung des Cloud-Kunden nachfolgend unter Rn 91 f.

– mit seinem Stammhaus im Ausland ansässig ist und lediglich einer **beschränkten Steuerpflicht** (hier: anknüpfend an die Betriebsstätte) in Deutschland unterliegt.

61 Ein Cloud-Dienstleister in der Rechtsform einer Körperschaft (z.B. GmbH, AG oder Kapitalgesellschaft nach ausländischem Recht) ist unbeschränkt körperschaftsteuerpflichtig, wenn der satzungsmäßige Sitz (§ 10 AO) **oder** der Ort der Geschäftsleitung (§ 11 AO) in Deutschland liegt. Die unbeschränkte Körperschaftsteuerpflicht hat die Besteuerung des gesamten (weltweiten) Einkommens zum derzeitigen Steuersatz von 15 % zuzüglich Solidaritätszuschlags zur Folge. Die Steuerlast beträgt demnach 15,875 % zuzüglich Gewerbesteuer. Je nach lokalem Gewerbesteuerhebesatz ist von einer Gesamtsteuerbelastung von etwa 30 % auszugehen.[75]

62 Es kann zu einer Doppelbesteuerung von Einkommen in verschiedenen Staaten kommen, wenn Satzungssitz einerseits und Ort der Geschäftsleitung andererseits in unterschiedlichen Staaten belegen sind.

Beispiel
Die Geschäftsführer der Luxco S.A. mit Satzungssitz in Luxemburg wohnen und arbeiten in Deutschland. Der Ort der Geschäftsleitung der Luxco S.A. ist in Deutschland.

---

63 Möglich ist auch, dass gleich zwei Staaten davon ausgehen, dass sich der Ort der geschäftlichen Oberleitung auf ihrem Territorium befindet. Zur Regelung dieser und weiterer internationaler Besteuerungskonflikte dienen Doppelbesteuerungsabkommen (DBA).[76] Nach DBA-Regelungen kann es nur eine steuerliche Ansässigkeit geben. Daher beinhalten die ertragsteuerlichen DBA einen Regelungsmechanismus zur Ermittlung der steuerlichen Ansässigkeit („**Tie-Breaker-Rule**“). Vorrangig wird auf den Ort der tatsächlichen Geschäftsleitung abgestellt. Der andere Staat ist danach als „Quellenstaat“ nicht mehr zur Besteuerung des Welteinkommens, sondern nur noch, soweit es das einschlägige DBA erlaubt, zur Besteuerung der Einkünfte aus bestimmten Quellen befugt. Eine solche Quelle ist die Betriebsstätte.

64 Inwieweit sich im umgekehrten Fall deutsche Steuern im Ansässigkeitsstaat eines Steuerausländers anrechnen lassen, hängt vom Einzelfall ab.

65 Ist der Cloud-Dienstleister **Einzelunternehmer**, ist dieser mit seinem Welteinkommen unbeschränkt in Deutschland einkommensteuerpflichtig, wenn er seinen Wohnsitz oder gewöhnlichen Aufenthalt (§ 9 AO) in Deutschland unterhält. In Konfliktfällen (z.B. mehrere Wohnsitze) finden ebenfalls Tie-Breaker-Regelungen[77] des ggf. einschlägigen DBA Anwendung.

---

75 Zur Gewerbesteuer nachfolgend unter Rn 74.
76 Zu DBAs siehe auch Rn 131/162 ff.
77 Zum Begriff vgl. Rn 63.

Während Kapitalgesellschaften kraft Rechtsform stets gewerbliche (körperschaftsteuer- und gewerbesteuerpflichtige) Einkünfte erzielen, ist bei natürlichen Personen (und ggf. bei vermögensverwaltenden Personengesellschaften auf Ebene der Gesellschafter[78]) die **Einkunftsart** im Sinne des EStG zu ermitteln. Ein Einzelunternehmer dürfte mit Cloud-Dienstleistungen regelmäßig Einkünfte aus Gewerbebetrieb (§ 15 EStG) erzielen, welche zusätzlich der Gewerbesteuer unterliegen. Das Vorliegen einer gewerblichen Tätigkeit richtet sich nach den Kriterien des § 15 Abs. 2 S. 1 EStG, welcher lautet: 66

> *„Eine selbständige nachhaltige Betätigung, die mit der Absicht, Gewinn zu erzielen, unternommen wird und sich als Beteiligung am allgemeinen wirtschaftlichen Verkehr darstellt, ist Gewerbebetrieb, wenn die Betätigung weder als Ausübung von Land- und Forstwirtschaft noch als Ausübung eines freien Berufs noch als eine andere selbständige Arbeit anzusehen ist."*

Weiterhin darf die Tätigkeit nicht reine Vermögensverwaltung sein (ungeschriebenes Tatbestandsmerkmal). 67

Zwei Besonderheiten sind allerdings zu beachten: 68

- Unternehmensberatungsleistungen können als selbstständige Tätigkeiten (§ 18 EStG) anzusehen sein. Das hat die Rechtsprechung für „ingenieurähnliche" IT-Beratungsleistungen entschieden, sofern die Tätigkeit grundsätzlich eine entsprechende Qualifikation (regelmäßig ein Hochschulstudium) voraussetzt.[79] Auch die Entwicklung von Anwendersoftware kann nicht gewerbesteuerpflichtige selbstständige Einkünfte nach § 18 EStG begründen.[80] Allerdings darf der Einzelunternehmer dann ausschließlich diese Leistungen erbringen, um eine „Infektion" dieser Einkünfte durch andere (gewerbliche) Einkünfte mit der Folge der Gewerbesteuerpflichtigkeit insgesamt zu vermeiden.
- Besteht eine „IT-Leistung" in der ausschließlichen Vermietung oder Verpachtung von Hard- oder Software und werden keine weiteren (Neben-)Leistungen erbracht, könnten Einkünfte aus Vermietung und Verpachtung (§ 21 Abs. 1 EStG) vorliegen. Allerdings erfolgt vielfach eine Umqualifikation in gewerbliche Einkünfte, beispielsweise wenn Betriebsvermögen überlassen wird oder wenn eine Verflechtung mit einem anderen Unternehmen mit der Folge einer Betriebsaufspaltung vorliegt.[81]

---

78 Zu Personengesellschaften nachfolgend unter Rn 70 f.
79 BFH, Urt. v. 4.5.2004 – XI R 9/03 – BStBl. II 2004, 989.
80 BFH, Urt. v. 18.4.2007 – XI R 57/05 – BFH/NV 2007, 1854.
81 Hierzu im Einzelnen Blümich/*Bode*, § 15 Rn 590 ff.

69 In allen vorgenannten Fällen ist der in Deutschland steuerlich ansässige Unternehmer nach seinem persönlichen Steuersatz steuerpflichtig.[82]

Beispiel
Kaufmann K, einzelveranlagt, erwirtschaftet aus seinem IT-Beratungsunternehmen im Geschäftsjahr 2014 einen (steuerlichen) Gewinn von 100.000 €. Insgesamt beträgt sein zu versteuerndes Einkommen unter Berücksichtigung weiterer Einkünfte (keine Einkünfte aus Kapitalvermögen) 140.000 €. Die Einkommensteuerlast von K für 2014 beträgt 50.561 €, einschließlich Solidaritätszuschlag 53.341,86 €, was einem Durchschnittsteuersatz von 36,1% (mit Solidaritätszuschlag 38,1%) entspricht.[83]

---

70 Die Ertragsbesteuerung von Cloud-Dienstleistern in der Rechtsform einer Personengesellschaft (z.B. OHG oder GmbH & Co. KG) ist komplexer. Personengesellschaften sind nicht selbst Besteuerungssubjekt der Einkommen- oder Körperschaftsteuer (wohl aber für die Gewerbesteuer und Umsatzsteuer), sondern ihre Gesellschafter (Transparenzprinzip). Ist der Gesellschafter selbst eine Personengesellschaft (mehrstöckige Struktur), ist auf die am Ende der Beteiligungskette stehende natürliche oder juristische Person abzustellen. Entsprechend sind dem Gesellschafter die anteiligen Einkünfte aus der Personengesellschaft einkommensteuerlich oder körperschaftsteuerlich phasengleich mit Ende des Wirtschaftsjahres zuzurechnen (und nicht erst bei „Ausschüttung" oder Entnahme).

71 Es stellt sich die Frage, welche Einkunftsart der Gesellschafter (bzw. die am Ende der Beteiligungskette stehende Person) erzielt. Sofern die Personengesellschaft
- eine gewerbliche Tätigkeit ausübt[84] oder
- „gewerblich geprägt" ist,

sind die aus der Gesellschaft zuzurechnenden Einkünfte auf Ebene aller Gesellschafter (respektive sämtlicher am Ende der Beteiligungskette stehenden natürlichen Personen) Einkünfte aus Gewerbebetrieb. Steuerlich liegt eine Mitunternehmerschaft vor.

72 Allerdings kann eine rein vermögensverwaltende Personengesellschaft ihren (Ober-)Gesellschaftern gem. § 15 Abs. 3 Nr. 1 EStG dennoch gewerbliche Einkünfte vermitteln, wenn ausschließlich Kapitalgesellschaften persönlich haftende Gesellschafter sind und nur diese oder Nicht-Gesellschafter zur Geschäftsführung befugt sind (gewerblich geprägte Personengesellschaft). Diese Regelung eröffnet vermögensverwaltenden Personengesellschaften einen Gestaltungsspielraum, durch Gestaltung

---

82 Stand 2014 bei Einzelveranlagung: Eingangsteuersatz (zu versteuerndes Einkommen über 8.004 €) 14 %, Spitzensteuersatz (zu versteuerndes Einkommen über 52.882 €) 42 %, Reichensteuersatz (zu versteuerndes Einkommen von 250.731 €) 45 %, jeweils zuzüglich Solidaritätszuschlag.

83 Unberücksichtigt bleibt Kirchensteuer, welche im Beispielsfall bei Mitgliedschaft in der römisch-katholischen Kirche in Hessen 4.550 € betragen würde.

84 Zu den Merkmalen einer gewerblichen Tätigkeit nach § 15 EStG siehe vorstehend unter Rn 66 ff.

der Geschäftsführung die steuerliche Qualifizierung der hieraus erzielten Einkünfte zu steuern.

Die ertragsteuerlich optimale Rechtsformwahl (Kapitalgesellschaft, Personengesellschaft, Einzelunternehmen) für die Erbringung von Cloud-Leistungen ist einzelfallabhängig. Bereits der Steuerbelastungsvergleich fällt schwer: Der Körperschaftsteuersatz beträgt 15 % (Flat Tax), während der Einkommensteuersatz je nach Einkommenshöhe (Progression) auf 42 % respektive 45 % („Reichensteuer") ansteigt.[85] Allerdings kann auf die Einkommensteuer Gewerbesteuer anrechenbar sei. Im Übrigen unterliegen bei Kapitalgesellschaften zusätzlich die Ausschüttungen einer anteiligen Besteuerung, wobei zu differenzieren ist, ob Ausschüttungen an Kapitalgesellschaften oder natürliche Personen erfolgen (§§ 8b KStG, 3 Nr 40 EStG). Bei Personengesellschaften entfällt eine „Ausschüttungsbesteuerung". Weiteres Kriterium bei der Rechtsformwahl ist die Frage der Besteuerung bei Beendigung der Tätigkeit, beispielsweise durch Verkauf des Unternehmens („Exit-Besteuerung"). In IT-Unternehmen bestehen vielfach immaterielle Vermögensgegenstände als wichtigste Unternehmenswerte (Lizenzen, Patente, selbsterstellte Software). Bei Veräußerung des Unternehmens kommt es häufig zur Aufdeckung steuerpflichtiger stiller Reserven, da der wahre Wert dieser Vermögensgegenstände den aus der Bilanz ersichtlichen Buchwert übersteigt. Es erscheint überlegenswert, die im Veräußerungsfall steuerpflichtigen stillen Reserven auf Ebene einer Kapitalgesellschaft aufzudecken. Das kann durch einen Asset Deal der Einzelwirtschaftsgüter anstelle eines Verkaufs der Gesellschaftsanteile erfolgen. In einem Asset Deal-Szenario lassen sich regelmäßig höhere Kaufpreise rechtfertigen, da der Erwerber den für abschreibbare Vermögensgegenstände gezahlten Kaufpreis, anders als beim Erwerb von GmbH-Anteilen, abschreiben kann. Zudem werden häufig Kapitalgesellschaften als Cash Box verwendet, um eine Sofortversteuerung eines Veräußerungsgewinns bei der natürlichen Person zu verhindern. 73

b) Gewerbesteuer

Gewerbesteuer wird durch die Gemeinden erhoben. Diese sind in der Festlegung des Steuersatzes an einen Mindesthebesatz von 200 % (entspricht einer Steuerlast von 7 % auf den Gewerbeertrag) gebunden. Die Bemessungsgrundlage der Gewerbesteuer (Gewerbeertrag) kann von der Bemessungsgrundlage für die Körperschaft- oder Einkommensteuer abweichen, beispielsweise wenn gewerbesteuerliche Hinzurechnungen vorzunehmen sind. Diese Thematik betrifft ggf. den Cloud-Kunden.[86] Der Dienstleister kann jedoch reflexhaft (mittelbar) von der seinen Kunden treffenden 74

85 In allen Fällen zuzüglich Solidaritätszuschlags.

86 Zur gewerbesteuerlichen Hinzurechnung von Aufwand bei Cloud-Kunden im Einzelnen nachfolgend unter Rn 93 ff.

gewerbesteuerlichen Hinzurechnung betroffen sein. Beispielsweise sehen sich viele IT-Dienstleister mit dem Kundenwunsch konfrontiert, eine zu zahlende Vergütung und vertraglich vereinbarte Leistungen auf einen gewerbesteuerlich hinzurechnungspflichtigen Leistungsbestandteil und einen nicht der Hinzurechnung unterliegenden Vergütungsbestandteil aufzuteilen.

75 Softwareentwickler und andere IT-Dienstleister üben möglicherweise eine nicht gewerbesteuerpflichtige, „ingenieurähnliche" selbstständige (freiberufliche) Tätigkeit aus.[87] Dass auch Cloud-Dienstleister „ingenieurähnliche" Leistungen erbringen, erscheint für die meisten Geschäftsmodelle zweifelhaft, jedoch im Einzelfall nicht ausgeschlossen. Die Einkünfte einer GmbH oder einer anderen Kapitalgesellschaft gelten kraft Rechtsform als gewerblich. Bei Personengesellschaften ist danach zu unterscheiden, ob zumindest anteilig eine gewerbesteuerbegründende gewerbliche Tätigkeit oder „gewerbliche Prägung"[88] anzunehmen ist oder nicht. Letzteres ist insbesondere bei „reinen" Freiberufler- oder Vermögensverwaltungsgesellschaften zu prüfen.

76 Bei Betriebsstätten in mehreren deutschen Gemeinden ist der Gewerbeertrag aufzuteilen (Zerlegung). Maßstab hierfür sind die an den einzelnen Standorten gezahlten Lohnsummen. Für die Windkraft- und Solarbranche stellt der Gesetzgeber für die Gewerbesteueraufteilung auch auf das Anlagevermögen in den einzelnen Betriebsstätten ab (§ 29 Abs. 1 Nr. 2 GewStG). Für Serverfarmen erscheint ein solcher Zerlegungsmaßstab ebenfalls wünschenswert, ist aber derzeit nicht gesetzlich vorgesehen.

77 Soweit Gewerbesteuerpflicht besteht, sollten aus steuerplanerischer Sicht die stark abweichenden lokalen Gewerbesteuersätze bei der Standortansiedlung oder Verlagerung der unternehmerischen Betriebsstätten berücksichtigt und gewerbesteuerlich attraktive Gemeinden (außerhalb der Metropolen) in Betracht gezogen werden.

c) Umsatzsteuer

78 Umsatzsteuerlich sind die gängigen Cloud-Dienstleistungen keine Lieferungen, sondern sonstige Leistungen (§ 3 Abs. 9 UStG).[89] Diese Abgrenzung ist bei grenzüberschreitenden Leistungen für die Bestimmung des anwendbaren nationalen Umsatzsteuerrechts (Ort der Leistung) relevant.[90]

---

87 Hierzu vorstehend Rn 68.

88 Vorstehend Rn 71.

89 Demgegenüber gilt der Verkauf von Standardsoftware sowie Updates auf Datenträgern umsatzsteuerlich als Lieferung, vgl. Abschnitt 3.5 (2) Nr. 1 Umsatzsteueranwendungserlass.

90 Hierzu nachfolgend Rn 174.

Im Einzelfall kann sich bei Softwareüberlassung (damit ggf. bei SaaS) die Frage nach dem anwendbaren Umsatzsteuersatz stellen. Zudem wird im Rahmen von Cloud-Anwendungen die elektronische Rechnungstellung zunehmend relevant. 79

aa) Anwendbarkeit des ermäßigten Steuersatzes (§ 12 Abs. 2 Nr. 7c) UStG?

Der ermäßigte Steuersatz von derzeit 7 % findet auf Leistungen Anwendung, welche *„die Einräumung, Übertragung und Wahrnehmung von Rechten, die sich aus dem Urheberrechtsgesetz ergeben"*, betreffen, § 12 Abs. 2 Nr. 7c UStG. 80

Damit stellt sich der Praxis die Frage, ob Cloud-Dienstleistungen dieser Umsatzsteuerermäßigung unterfallen können. Wirtschaftlich relevant ist die Höhe der Umsatzsteuer insbesondere für Cloud-Dienstleister, die gegenüber nicht oder nur eingeschränkt vorsteuerabzugsberechtigten Kunden auftreten (Verbraucher, aber auch Banken, Versicherungen, öffentliche Hand im Rahmen der Hoheitsverwaltung). Die Finanzrechtsprechung hat sich bereits mehrfach mit Sachverhalten befasst, in denen es um die Umsatzbesteuerung bei gegenüber Verbrauchern erbrachte elektronische Dienstleistungen ging.[91] 81

Bei Softwareüberlassungen stellen der BFH und dem folgend die Finanzverwaltung für die Anwendung des ermäßigten Steuersatzes darauf ab, ob dem Kunden die in § 69c UrhG bezeichneten Rechte auf Vervielfältigung und Verbreitung *„nicht (nur) als Nebenfolge"* eingeräumt werden. Demgegenüber sei der Regelsteuersatz (19 %) anzuwenden, wenn der Schwerpunkt der Überlassung in der **Anwendung** für die Bedürfnisse des Nutzers liege.[92] 82

Der Regelsteuersatz kommt auch dann zur Anwendung, wenn dem Softwarekunden „deklaratorisch" die Rechte eingeräumt werden, die er ohnehin zur bestimmungsmäßigen Anwendung der Software benötigt (beispielsweise Erstellung Sicherungskopie). Für diese, in § 69d UrhG benannten Handlungen des Kunden bedarf der Softwarekunde ohnehin nicht der Zustimmung des Rechteinhabers.[93] 83

Selbst dann, wenn der Softwarekunde vertraglich auch zur Vervielfältigung und Verbreitung (die über das zur eigenen bestimmungsmäßigen Anwendung erforderliche Maß hinausgeht) berechtigt wird, kommt der ermäßigte Steuersatz nicht zwingend zur Anwendung. Es ist in einem weiteren Schritt zu prüfen, ob nach dem „wirtschaftlichen Gehalt" die Einräumung dieser urheberrechtlichen Nutzungsrechte „leistungs- 84

---

91 Vgl. FG Köln, Urt. v. 22.11.2007 – 15 K 3601/04 – EFG 2008, 419; FG Baden-Württemberg, Urt. v. 20.7.2009 – 9 K 4510/08 – EFG 2009, 1879; Revision zum BFH anhängig unter – V R 43/13 – eLibrary.
92 BFH, Urt. v. 25.11.2004 – V R 4/04 – BStBl. II 2005, 415; OFD Hannover, Verfügung v. 14.2.2007 – S 7240 – 37 – StO 183 – DStR 2007, 808.
93 Grundlegend aus umsatzsteuerlicher Sicht *Kutz/Jünemann*, BB 1994, 1264 ff.

bestimmend" ist.[94] Die Anwendung des ermäßigten Umsatzsteuersatzes auf die Überlassung von individualisierter Software lässt sich somit wie folgt zusammenfassen:[95]

- Liegt der Schwerpunkt der Leistung in der Überlassung der gleichzeitig übertragenen Verwertungsrechte zum (Weiter-)Vertrieb, nicht auf der eigenen Anwendung durch den Kunden, ist der ermäßigte Steuersatz einschlägig.
- Wird die Software sowohl zur eigenen Anwendung als auch zur entgeltlichen Vermarktung überlassen, können der Finanzverwaltungsansicht umsatzsteuerlich zwei Hauptleistungen vorliegen. Die Anwendung des ermäßigten Steuersatzes auf die separate Leistung „Überlassung zur entgeltlichen Vermarktung" setzt aber voraus, dass der hierfür anfallende Betrag separat vertraglich benannt wird. Stellt sich in diesen „Mischfällen" erst nachträglich die Vermarkungsmöglichkeit (neben der eigenen Anwendung) heraus, verbleibt es beim Regelsteuersatz.
- Diese Grundsätze gelten auch in Konzernfällen: Das Recht zur Vervielfältigung und Weiterverbreitung an Konzerngesellschaften kann ebenfalls die Anwendbarkeit des ermäßigten Steuersatzes zur Folge haben. Hiervon zu unterscheiden ist der Fall, dass von vornherein Mehrfachlizenzen eingeräumt oder die Parallelnutzung erlaubt wird.[96]

85 Bei Cloud-Dienstleistungen (speziell SaaS) wird der ermäßigte Umsatzsteuersatz nach diesen Grundsätzen selten in Betracht kommen. Regelmäßig dürfte es nicht zur Einräumung von Nutzungsrechten an einer Software kommen, die über das für die bestimmungsmäßige Anwendung durch den Cloud-Kunden erforderliche Maß hinausgehen. Anders kann es sich für den Cloud-Dienstleister selbst darstellen, der Softwarelösungen beauftragt.

86 Allerdings können nach einer rechtskräftigen Entscheidung des Finanzgerichts Baden-Württemberg auch Nutzungsrechte an Datenbanken zur Anwendung des ermäßigten Umsatzsteuersatzes führen.[97] Im Entscheidungsfall lehnte das Gericht die Anwendung des ermäßigten Steuersatzes jedoch ab. Der Datenbankanbieter, eine Musikplattform, hatte die Datenbank nur als unselbstständige Nebenleistung zur Hauptleistung, auf die bereitgestellten Musiktitel zeitweise zuzugreifen, bereitgestellt. Eine Vervielfältigung oder weitere Verbreitung (i.S.v. § 87b UrhG) des der Datenbank zugrundeliegenden Softwareprogramms war dem Kunden zudem gar nicht gestattet. Insbesondere konnte der Kunde nicht auf den Quellcode zugreifen. Selbst wenn die Datenbanknutzung also umsatzsteuerlich eine selbstständig in Rechnung zu stellende Leistung (und keine unselbstständige Nebenleistung) gewesen wäre, wäre der ermäßigte Steuersatz des § 12 Abs. 2 Nr. 7c UStG nicht zur Anwendung gekommen, da

94 BFH, Urt. v. 25.11.2004 – V R 4/04 – BStBl. II 2005, 415.
95 Vgl. OFD Hannover, Verfügung v. 14.2.2007 – S 7240 – 37 – StO 183 – DStR 2007, 808.
96 Vgl. auch Rau/Dürrwächter/*Husmann*, § 12 Rn 173.
97 FG Baden-Württemberg, Urt. v. 20.7.2009 – 9 K 4510/08 – EFG 2009, 1879.

dem Kunden eine bloße Benutzungsbefugnis, ohne Vervielfältigungs- oder Verwertungsrechte (§ 87b UrhG), eingeräumt war.

Werden mehrere Leistungen vereinbart (z.B. zusätzliche Serviceleistungen), 87
kommt es auf den Charakter der Hauptleistung an, sofern keine selbstständigen Leistungen vorliegen. Es ist anzuraten, verschiedene Leistungen gesondert auszuweisen, auch um die Anwendbarkeit des ermäßigten Steuersatzes auf einzelne Leistungen sicherzustellen.[98]

bb) Rechnungstellung – „E-Invoicing"

Die (kostensparende) papierlose elektronische Rechnungstellung gewinnt zwischen- 88
zeitlich zunehmend an Bedeutung. Elektronische Rechnungstellung als solche kann auch Gegenstand bestimmter Cloud-Leistung sein.

Aufgrund von Vorgaben der EU waren die nationalen Gesetzgeber gezwungen, 89
spätestens zum 1.1.2013 Regelungen zu schaffen, welche die elektronische Rechnung der Papierrechnung für umsatzsteuerliche Zwecke gleichstellen. Während nach früherer deutscher Rechtslage elektronische Rechnungstellung nur unter Verwendung qualifizierter elektronischer Signaturen möglich war, sind die UStG-Vorschriften zum 1.7.2011 rückwirkend angepasst worden.[99] Eine elektronische Rechnung liegt nach der neuen Legaldefinition vor, wenn diese in einem elektronischen Format ausgestellt und empfangen wird (§ 14 Abs. 1 S. 8 UStG). Die Finanzverwaltung hat zu weiteren Einzelheiten mit Schreiben vom 2.7.2012 Stellung genommen.[100] Nunmehr können auch beispielsweise per E-Mail übermittelte Rechnungen zum Vorsteuerabzug berechtigen. Wie bei Papierrechnungen kommt es darauf an, dass Echtheit der Herkunft, Unversehrtheit des Inhalts und Lesbarkeit der Rechnung gewährleistet sind. Daher muss der Rechnungsempfänger ein geeignetes innerbetriebliches Kontrollverfahren implementieren und im Zweifel gegenüber der Finanzverwaltung nachweisen, dass eingegangene elektronische Rechnungen entsprechend (im gleichen elektronischen Format) erfasst und mit eigenen Zahlungsverpflichtungen abgeglichen wurden. Auch die elektronische Rechnung ist, wie die Papierrechnung, zehn Jahre aufzubewahren. Der Finanzverwaltung sind in diesem Zusammenhang erweiterte Befugnisse für die Prüfung der Datenverarbeitungssysteme des Steuerpflichtigen im Rahmen sog. Umsatzsteuer-Nachschauen eingeräumt worden (§ 27b Abs. 2 S. 2 UStG). Zu beachten ist, dass elektronische Rechnungen nicht etwa als Papierausdruck oder in einem anderen als dem erhaltenen Dateiformat aufzubewahren sind (kein Medienbruch). Umstritten ist, ob auch die E-Mail als „Umschlag" einer (beispielsweise im PDF-Format übersendeten) elektronischen Rechnung mit aufzubewahren ist.

---

98 Ebenso OFD Hannover, Verfügung v. 14.2.2007 – S 7240 – 37 – StO 183 – DStR 2007, 808.
99 Steuervereinfachungsgesetz v. 1.11.2011, BGBl. I 2011, 2131.
100 BMF, Schreiben v. 2.7.2012 – IV D 2 – S 7287 – a/09/10004 – BStBl. I 2012, 726.

90 Leistungserbringer sollten sich vorsorglich Flexibilität für ihre Rechnungstellung zusichern und sowohl zur Papier- als auch papierlosen Inrechnungstellung berechtigen lassen. Der Leistungsempfänger muss seine Zustimmung zu einer elektronischen Rechnungstellung erklären, wobei die genauen Anforderungen hierfür unklar sind. Der Rechnungsempfänger hat einen zivilrechtlichen Anspruch auf Erteilung einer umsatzsteuerlich ordnungsgemäßen Rechnung, den der Leistungserbringer zur Vermeidung von Regressansprüchen ernst nehmen sollte.

3. Besteuerung des Cloud-Kunden

a) Ertragsteuern

91 Der Bezug von Cloud-Leistungen dürfte im Regelfall handels- und steuerrechtlich zu Aufwand beim Cloud-Kunden führen. § 160 AO erlaubt dem Finanzamt, einen Betriebsausgabenabzug zu verweigern, wenn der Gläubiger oder Empfänger einer Zahlung nicht genau benannt wird. Vor diesem Hintergrund ist (nicht nur in Auslandssachverhalten) eine Dokumentation der Leistungsbeziehung auch unabhängig von den handels- und steuerlichen Aufbewahrungsfristen wichtig.

92 In bestimmten Konstellationen sind Zahlungen an Softwaredienstleister steuerlich nicht sofort abzugsfähig, sondern stellen Anschaffungskosten eines (über die Folgejahre abzuschreibenden) Wirtschaftsguts dar.

Beispiel

Die CloudServices GmbH gibt bei der CloudSoftwareDevelopment GmbH im Januar 01 die Entwicklung einer Cloud-Anwendung („A-Cloud-Tool") gegen Zahlung von 100.000 € zuzüglich USt in Auftrag. Im Dezember 01 überträgt die CloudSoftwareDevelopment GmbH die Nutzungsrechte an der entwickelten Softwarelösung an die CloudServices GmbH.

Die an die CloudSoftwareDevelopment GmbH gezahlten 100.000 € zuzüglich USt sind im VZ 01 nicht sofort abzugsfähig, sondern Anschaffungskosten eines entgeltlich erworbenen immateriellen Wirtschaftsguts und steuerlich über die Restnutzungsdauer (beispielsweise drei oder fünf Jahre) abzuschreiben.[101]

In Abgrenzung zu sofort abzugsfähigen Aufwendungen für IT-Leistungen führt die Anschaffung von Software (wirtschaftliches, nicht zivilrechtliches Eigentum[102]) demnach steuerlich zur Bilanzierung eines immateriellen Wirtschaftsguts.

Diese Thematik dürfte zumeist weniger den Cloud-Kunden, eher den Cloud-Dienstleister bei seinem Einkauf von Leistungen betreffen.

---

101 Zu ERP-Software vgl. BMF, Schreiben v. 18.11.2005, BStBl. I 2005. 1025, Tz. 22.

102 Für die steuerliche Bewertung eines ausschließlichen Patentlizenzvertrags als Rechtskauf FG Münster, Urt. v. 15.12.2010 – 8 K 1543/07 E – DStRE 2011, 1309.

b) Gewerbesteuer

Ist der Leistungsempfänger gewerbesteuerpflichtig, können sich Problematiken bei der **gewerbesteuerlichen Hinzurechnung** (§ 8 GewStG) ergeben. Soweit im jeweiligen Kalenderjahr (Erhebungszeitraum) ein Freibetrag von 100.000 € überschritten ist, werden bestimmte Aufwendungen gewerbesteuerlich nicht zum vollen Abzug anerkannt, sondern anteilig dem Gewerbeertrag hinzugerechnet. 93

Zu beachten ist in diesem Zusammenhang insbesondere die 2008 eingefügte Vorschrift des § 8 Nr. 1 f GewStG. Hiernach sind „*Aufwendungen für die zeitlich befristete Überlassung von Rechten (insbesondere Konzessionen und Lizenzen, mit Ausnahme von Lizenzen, die ausschließlich dazu berechtigen, daraus abgeleitete Rechte Dritten zu überlassen)*" anteilig, nämlich zu 6,25 %,[103] dem Gewerbeertrag hinzuzurechnen. 94

Einzelheiten regelt aus Sicht der Finanzverwaltung ein abgestimmter Ländererlass.[104] Dieser lässt für IT- und Softwareleistungen jedoch viele Fragen offen. Die Finanzverwaltung neigt in jüngster Zeit dazu, auch bei softwareverwandten Leistungen eine Hinzurechnung vorzunehmen. 95

Beispiel[105]

Die Rehbein-GmbH ist Lizenznehmerin für unternehmensbezogene Standardsoftware mit jeweils einem Jahr Vertragslaufzeit, um ständig auf dem neuesten Stand zu sein. Zudem erbringt der Lizenzgeber, die Gutsche-GmbH, regelmäßige und nach näherer Maßgabe des Softwarelizenzvertrages gesondert vergütete Support- und Wartungsleistungen.

Im Fallbeispiel unterliegen zunächst die für Support und Wartung geleisteten Vergütungen bei der Rehbein-GmbH nicht der Hinzurechnung, da diese nicht für eine zeitliche befristete Überlassung von Rechten gezahlt werden. 96

Demgegenüber soll nach Stimmen aus dem Lager der Finanzverwaltung die Vergütung für die Überlassung der Standardsoftware bei kurzen Vertragslaufzeiten der gewerbesteuerlichen Hinzurechnung unterliegen.[106] In diesen Fällen gehe mangels Verbrauchs des wirtschaftlichen Werts innerhalb der Vertragsgrundlaufzeit das **wirtschaftliche Eigentum** (§ 39 AO) an der Standardsoftware noch nicht über, sodass wirtschaftlich keine endgültige, sondern eine „zeitlich befristete" Überlassung vorliegt. 97

Unseres Erachtens geht diese Argumentation fehl, da schon kein zur Nutzung überlassenes „Recht" vorliegt. Ein Nutzungsrecht (§ 31 UrhG) an der Software oder ein sonstiges Schutzrecht oder Immaterialgüterrecht wird nicht überlassen, sodass 98

---

103 Wörtlich „ein Viertel der Summe ... zu einem Viertel" der durch § 8 Nr. 1 f GewStG gezahlten Vergütungen.

104 Vgl. gleichlautender Ländererlass v. 2.7.2012, BStBl. I 2012, 654.

105 Vgl. *Schöneborn*, NWB 2012, 2952, 2955.

106 Vgl. *Schöneborn*, NWB 2012, 2952, 2955.

es an sich an der Tatbestandserfüllung fehlt.[107] Es bleibt abzuwarten, wie sich die Rechtsprechung positioniert. Die Betriebsprüfungspraxis greift entsprechende Fälle in jüngerer Zeit verstärkt auf.

99 Das vorstehend beschriebene Verständnis der Finanzverwaltung von der Reichweite der gewerbesteuerlichen Hinzurechnung kann auch Cloud-Dienstleistungen betreffen. Das gilt jedenfalls dann, wenn die Überlassung von Software mit vereinbart und vergütet wird. Um steuerverschärfende Hinzurechnungen zu vermeiden, sollten Cloud-Leistungen entsprechend strukturiert sein. Erfolgt beispielsweise eine dauerhafte Überlassung von Software (über die verbleibende wirtschaftliche Nutzungsdauer einer Software), liegt unseres Erachtens keine gewerbesteuerschädliche „zeitlich" befristete Überlassung vor. Einmalzahlungen sind aus dieser Warte regelmäßigen Zahlungen vorzuziehen. Wenn sich Leistungselemente (beispielsweise Überlassung einerseits, nicht hinzurechnungspflichtige Wartungsleistung andererseits) klar abgrenzen lassen, empfiehlt sich zur Vermeidung einer Infizierung der gesamten Vergütung als hinzurechnungspflichtig eine genaue vertragliche Zuordnung der Vergütungsbestandteile. Ist hingegen eine (befristete) Softwareüberlassung Teil eines Leistungspakets, aber von untergeordneter Bedeutung, kann ggf. argumentiert werden, dass die Softwareüberlassung das Schicksal der (im Übrigen nicht hinzurechnungspflichtig vergüteten) Gesamtleistung teilt. Dies soll in Betracht kommen können, wenn die Überlassung einen ganz untergeordneten Anteil (weniger als 10 %) an der gesamten Dienstleistung ausmacht.[108]

100 Zudem sollte der Cloud-Kunde prüfen, inwieweit sich der gewerbesteuerliche Freibetrag von 100.000 € nutzen lässt, beispielsweise durch gesellschaftsrechtliche Strukturierungen. Bei relevanten Überlassungen zwischen verbundenen Unternehmen (Konzernfälle) kann ggf. auf gewerbesteuerliche Organschaften zur Minimierung von Hinzurechnungen zurückgegriffen werden.

101 Der Vollständigkeit halber bleibt darauf hinzuweisen, dass auch die zeitlich befristete Überlassung von Hardware (Router, Modem, ggf. aber auch eines spezifischen Servers), beispielsweise durch Leasing, eine Hinzurechnung auslösen kann (§ 8 Nr. 1 d GewStG).

c) Umsatzsteuer

102 Aus Sicht des (unternehmerischen) Cloud-Anwenders stellt sich die Frage des Vorsteuerabzugs aus der vom Cloud-Anbieter in Rechnung gestellten gesetzlichen Umsatzsteuer.

---

107 Vgl. auch Lenski/Steinberg/*Keß*, § 8 Nr. 1 f Rn 9, 16.

108 Vgl. *Schöneborn*, NWB 2012, 2952, 2956, für eine Hinzurechnung nach § 8 Nr. 1 d GewStG.

Der gesetzliche Vorsteueranspruch setzt voraus, dass dem Anwender durch den Dienstleister eine den umsatzsteuerlichen Vorschriften entsprechende Rechnung gestellt wird. 103

Bei „papierloser“ Rechnungstellung, die grundsätzlich nur mit Einverständnis des Rechnungsempfängers erfolgen darf, sollte der Rechnungsempfänger in besonderer Weise prüfen, ob die elektronische Rechnung und die eigene IT-Infrastruktur für deren Aufbewahrung den umsatzsteuerrechtlichen Anforderungen genügen.[109] 104

Cloud-Kunden sollten sich ungeachtet des gesetzlichen Anspruchs auch vertraglich eine ordnungsgemäße Rechnungsstellung durch den Dienstleister zusichern lassen. Stellt sich im Zuge einer umsatzsteuerlichen Betriebsprüfung heraus, dass eine Rechnung nicht den umsatzsteuerlichen Anforderungen entsprach und damit die Voraussetzungen für einen Vorsteuerabzug nicht bestanden (z.B. falscher Steuersatz ausgewiesen[110]), entfaltet die Ausstellung einer berichtigten Rechnung keine Rückwirkung auf den Moment der Beanspruchung der Vorsteuer. Dem Cloud-Kunden kann durch unrichtige Rechnungstellung somit ein Zinsschaden entstehen, gegen den er sich vertraglich zusätzlich absichern sollte. 105

d) Outsourcing steuerlicher Daten – Datenzugriff durch Betriebsprüfer

Spezifische Cloud-Dienstleistungen können die Überlassung steuerrelevanter Daten auf den Dienstleister zum Inhalt haben. Der in Deutschland steuerpflichtige Cloud-Kunde muss in diesen Fällen beachten, dass er für Betriebsprüfungen dem Finanzamt den Zugriff auf „seine“ Daten ermöglichen muss (§ 147 Abs. 6 AO). Das gilt selbstverständlich auch dann, wenn relevante Daten auf (konzerninterne oder externe) Dritte ausgelagert sind. Die Finanzverwaltung hat in einem BMF-Schreiben die Grundsätze zum Datenzugriff und zur Prüfbarkeit digitaler Unterlagen („GDPdU-Fähigkeit“) niedergelegt, welches demnächst ersetzt werden soll.[111] Die Beachtung dieser Grundsätze durch den Cloud-Anbieter (und ggf. dessen Subunternehmern) sollte sich der Cloud-Anwender zusichern lassen. 106

Besondere Vorsicht ist geboten, wenn Serverstandorte außerhalb Deutschlands angesiedelt sind: Die Verlagerung von Teilen elektronischer Buchführung außerhalb Deutschlands bedarf der vorherigen Zustimmung des Finanzamts (§ 146 Abs. 2a AO). Zur Einholung dieser Zustimmung hat sich ein (gebührenfreies) Verwaltungsverfah- 107

---

109 Vgl. hierzu bereits vorstehend Rn 89.

110 Zur Anwendung des ermäßigten Steuersatzes nach § 12 Abs. 2 Nr. 7c UStG siehe vorstehend Rn 80 ff.

111 BMF, Schreiben betr. Grundsätze zum Datenzugriff und zur Prüfbarkeit digitaler Unterlagen (GDPdU) v. 16.7.2001, BStBl. II 2001, 145 ff.; weiterhin Entwurf eines Schreibens zu den „Grundsätzen zur ordnungsmäßigen Führung und Aufbewahrung von Büchern, Aufzeichnungen und Unterlagen in elektronischer Form sowie zum Datenzugriff“ – (GoBD), Entwurf eines BMF-Schreibens v. 9.4.2013 – IV A 4 – S 0316/13/10003.

ren etabliert, im Rahmen dessen u.a. der „Track Record“ des antragstellenden Steuerpflichtigen bei der zuständigen Betriebsprüfungsstelle sowie der konkrete ausländische Serverstandort und die dortige IT-Infrastruktur überprüft werden.[112]

108 Die rechtswidrig (ohne diese Zustimmung) erfolgte Verlagerung kann nicht nur die Aufforderung zur Rückverlagerung durch das Finanzamt, sondern die Festsetzung eines „Verzögerungsgelds“ von bis zu 250.000 € zur Folge haben (§ 146 Abs. 2b AO).[113]

4. Sonderfall: Konzerninterne Cloud (Private Cloud)

a) Ertragsteuern – insbesondere verdeckte Gewinnausschüttung

109 Besondere steuerliche Thematiken stellen sich dann, wenn der Cloud-Dienstleister kein externer Dritter, sondern steuerlich eine nahestehende Person ist. Ein „Nahestehen“ wird vor allem durch gesellschaftsrechtliche Verflechtung begründet. In allen diesen Fällen ist darauf zu achten, dass sämtliche vertragliche Abreden nach Form und Inhalt wie mit fremden Dritten abgeschlossen sind. Der Fiskus erkennt Einkommensverschiebungen zwischen einander nahestehenden Personen nicht an. Das wichtigste steuerliche Rechtsinstitut bei rein nationalen Sachverhalten ist die in § 8 Abs. 3 Satz 2 KStG benannte verdeckte Gewinnausschüttung (vGA). Nach der Definition des BFH, welche die Finanzverwaltung in ihre Richtlinien übernommen hat, ist eine vGA eine Vermögensminderung oder verhinderte Vermögensmehrung, die durch das Gesellschaftsverhältnis veranlasst ist, sich auf die Höhe des Einkommens der Körperschaft auswirkt und in keinem Zusammenhang mit einer offenen Gewinnausschüttung steht.[114]

110 Bei Körperschaften, welche Cloud-Leistungen durch einen gesellschaftsrechtlich verbundenen Provider empfangen (beispielsweise im Rahmen einer **Private Cloud**), können die vGA-Grundsätze dazu führen, dass (überhöhte) Zahlungen ertragsteuerlich nicht als Aufwand anerkannt, sondern in eine verdeckte Gewinnausschüttung umqualifiziert werden.

Beispiel

Die Flauder GmbH bezieht von der Muttergesellschaft Brunnemann-Cloud GmbH im VZ 01 IT-Dienstleistungen gegen Zahlung von 100.000 €. Bei der im Jahr 04 stattfinden Betriebsprüfung der Flauder GmbH kann diese keine schriftlichen Verträge oder andere schriftliche Dokumentation über die Cloud-Leistungen vorlegen.

Der Betriebsprüfer lässt sich erst nach langer Diskussion davon überzeugen, dass IT-Dienstleistungen überhaupt erbracht wurden, hält hierfür aber nur eine Vergütung von 20.000 € für fremdüblich. In Höhe von 80.000 € erhöht er nach vGA-Grundsätzen das steuerpflichtige Einkommen der Flauder GmbH und setzt entsprechende Mehrsteuern und Kapitalertragsteuer fest.

---

112 Ausführlich *Sinewe/Frase*, BB 2011, 2198 ff.

113 Weiterführend Klein/*Rätke*, § 146 Rn 31; *Sinewe/Frase*, BB 2011, 2198, 2199.

114 Abschnitt 36 Abs. 1 S. 1 KStR.

Eine vGA liegt aber auch dann vor, wenn es eine Körperschaft unterlässt, sich Dienstleistungen angemessen (fremdüblich) vergüten zu lassen (vGA durch verhinderte Vermögensmehrung). 111

Beispiel
Die Flauder GmbH bezieht von der Tochtergesellschaft Brunnemann-Cloud GmbH im VZ 01 IT-Dienstleistungen gegen Zahlung von 150.000 €. Am Markt werden für vergleichbare Leistungen 400.000 € verlangt.
In Höhe von 250.000 € liegt eine vGA in der Erscheinungsform der unterlassenen Vermögensmehrung vor. Das zu versteuernde Einkommen der Brunnemann-Cloud-GmbH ist entsprechend zu erhöhen. Bei der Flauder GmbH ist in gleicher Höhe eine Einnahme zu erfassen und wie eine Dividende zu besteuern.[115]

Auch im zivilrechtlich rein innerstaatlichen Sachverhalt sind grenzüberschreitende Bezüge denkbar. Wenn die steuerliche Leistungsbeziehung zu einer deutschen Betriebsstätte des auslandsansässigen Vertragspartners besteht, können sich Abgrenzungsschwierigkeiten (und Diskussionen mit der Finanzverwaltung) zu grenzüberschreitenden Sachverhalten ergeben, zumal steuerlich nach der 2013 erfolgten Ergänzung von § 1 AStG Geschäftsbeziehungen begründet werden können.[116] 112

Das Risiko gewerbesteuerlicher Hinzurechnungen lässt sich in Konzernfällen möglicherweise durch die Begründung ertragsteuerlicher Organschaften auf Grundlage entsprechend durchgeführter Gewinnabführungsverträge begrenzen.[117] 113

b) Umsatzsteuer

Die Thematik der umsatzsteuerlich korrekten Rechnungsstellung[118] stellt sich nicht, wenn zwischen Cloud-Dienstleister und Cloud-Kunden eine **umsatzsteuerliche Organschaft** besteht. Diese darf nicht mit der ertragsteuerlichen Organschaft gleichgesetzt werden, da insbesondere ein Gewinnabführungsvertrag nicht zwingend erforderlich ist. Eine umsatzsteuerliche Organschaft liegt vor, *„wenn eine juristische Person nach dem Gesamtbild der tatsächlichen Verhältnisse finanziell, wirtschaftlich und organisatorisch in das Unternehmen des Organträgers eingegliedert ist"*, § 2 Abs. 2 Nr. 2 UStG. 114

Diese Voraussetzungen können im Rahmen einer **Private Cloud** gegeben sein bzw. sich herbeiführen lassen. 115

---

115 95 %ige Freistellung gem. § 8b KStG, gewerbesteuerliche (Teil-)Freistellung je nach Beteiligungshöhe.
116 Siehe zur steuerlichen Selbstständigkeit von Betriebsstätten Rn 53.
117 Siehe zur gewerbesteuerlichen Organschaft in diesem Zusammenhang bereits vorstehend Rn 100.
118 Zu dieser Thematik vorstehend Rn 89 ff..

Beispiel
Die A-GmbH hat eine Anteilsmehrheit von 80 % an der B Cloud GmbH erworben, von welcher sie bisher schon Dienstleistungen bezogen hat. Nach dem Kauf der Anteilsmehrheit werden die Geschäftsführer der A-GmbH auch zu Geschäftsführern der B Cloud GmbH bestellt sowie Maßnahmen zur konkreten organisatorischen und wirtschaftlichen Integration der B Cloud GmbH in die A GmbH getroffen.

Die danach durch die B Cloud GmbH der Muttergesellschaft A GmbH berechneten Vergütungen sind umsatzsteuerlich „Innenumsätze" innerhalb des umsatzsteuerlichen Organkreises. Der Ausweis von Umsatzsteuer ist unzulässig.

116 Umsatzsteuerliche Organschaftsmodelle, ggf. in Joint-Venture-Strukturen zwischen Cloud-Kunden und -Dienstleister, sind auch für solche Cloud-Kunden interessant, die mangels umsatzsteuerpflichtiger Ausgangsumsätze nicht zu einem vollständigen Vorsteuerabzug aus den Eingangsrechnungen der Cloud-Dienstleister berechtigt sind.[119]

5. Cloud-spezifische steuerliche Vertragsgestaltung

117 Es empfiehlt sich für Cloud-Dienstleister als auch Cloud-Anwender, für Vertragsverhandlungen eine Agenda steuerlicher Regelungsbereiche aufzustellen.

118 Grundlegende Steuerfreistellungsregelungen und zweifelsfreie Definitionen von Begriffen wie „Steuern" und anderer steuerlicher Begriffe sind in der Vertragspraxis bei größeren Vertragswerken üblich und hilfreich, jedoch keine Cloud-spezifische Besonderheit und daher nachfolgend nicht näher darzustellen.

a) Sicht des Cloud-Anbieters

119 Cloud-Anbieter sollten sich auch steuerspezifisch größtmögliche Flexibilität für ihre Leistungserbringung zusichern. Vertragliche Festlegungen zu bestimmten Thematiken dürften aus Sicht des Cloud-Dienstleisters nicht gewünscht sein, beispielsweise in Bezug auf Serverstandorte.

120 Die Gewährung längerfristiger ausschließlicher Lizenzen kann, je nach vertraglicher Gestaltung, bei wirtschaftlicher Betrachtungsweise als Veräußerung der lizenzierten Werte anzusehen sein. Das kann zur Folge haben, dass bei einer Vorauszahlung (beispielsweise für die gesamte Vertragslaufzeit) eine Sofortversteuerung der gesamten Vergütung erfolgen muss.[120]

121 Die Vergütungsregelungen sollten im Übrigen eindeutig sein hinsichtlich der Behandlung von Umsatzsteuer, was gerade in Zweifelsfällen auch die Risikoverteilung bei späteren Aufgriffen durch Betriebsprüfungen mit umfasst. Quellensteuerre-

119 Beispielsweise Banken, Versicherungen, öffentliche Hand im Rahmen der Hoheitsverwaltung.
120 FG Münster, Urt. v. 15.12.2010 – 8 K 1543/07 E – DStRE 2011, 1309.

gelungen dürften bei rein inländischen Sachverhalten derzeit nicht relevant sein.[121] Anderes kann gelten, wenn die Parteien auch für zukünftige Rechtsänderungen Sorge tragen wollen oder in Sonderfällen, wenn beispielsweise der reine Inlandsbezug nicht sicher feststeht oder eine Vertragspartei auf Flexibilität bei der räumlichen Leistungserbringung besteht.

Schließlich sollte sich der Dienstleister ggf. das Einverständnis in eine elektroni- 122
sche Rechnungstellung vertraglich ausbedingen.

b) Sicht des Cloud-Kunden

Die Interessenlage des Cloud-Kunden wird demgegenüber auf möglichst konkrete 123
Verpflichtungen des Cloud-Dienstleisters hinauslaufen. Steuerlich betrifft das beispielsweise bei buchführungssensitiven Cloud-Leistungen Regelungen
- zu den Jurisdiktionen der Server-Standorte sowie
- zur Sicherstellung des Datenzugriffs bei Betriebsprüfungen.

Vorsorglich sollte die Art und Weise der Rechnungstellung für umsatzsteuerliche 124
Zwecke festgelegt sein, bei elektronischer Rechnungstellung ggf. durch Konkretisierung der Dateiformate (beispielsweise PDF). Bei (ausschließlichen) Lizenzverträgen kann die Frage, ob die Vergütung sofort abzugsfähig oder als Anschaffungskosten für ein immaterielles Wirtschaftsgut anzusehen ist, teilweise durch die Vertragsgestaltung beeinflusst werden.[122]

Eindeutige Regelungen in Bezug auf die (umsatzsteuerliche) Behandlung der Ver- 125
gütung sollten auch aus Sicht des Kunden selbstverständlich sein, erfolgen erstaunlicherweise in der Praxis oft nicht wie erforderlich. Fehlt allerdings jegliche Regelung zur Umsatzsteuer (beispielsweise „zuzüglich Umsatzsteuer" oder „netto"), kann sich der Kunde mit der Rechtsprechung auf den Standpunkt stellen, dass eine vereinbarte Vergütung die gesetzliche Umsatzsteuer enthält. Das gilt auch für vorsteuerabzugsberechtigte Leistungsempfänger.[123]

III. „Inbound"-Cloud-Leistungen aus dem Ausland

Zusätzliche steuerrechtliche Thematiken ergeben sich, wenn der Cloud-Leistungser- 126
bringer aus steuerlicher Sicht im Ausland ansässig ist.

Dabei ist der grenzüberschreitende Bezug nicht zivilrechtlich, sondern nach steu- 127
erlichen Begriffsbestimmungen zu ermitteln. Zentral ist der Begriff der Betriebsstät-

121 Zu Quellensteuerregelungen bei grenzüberschreitenden Sachverhalten Rn 133 ff.
122 FG Münster, Urt. v. 15.12.2010 – 8 K 1543/07 E – DStRE 2011, 1309.
123 BGH, Urt. v. 28.2.2002 – I ZR 318/99 – WM 2003, 585.

te.[124] Erbringt beispielsweise eine deutsche Kapitalgesellschaft an einen deutschen Kunden über ihre ausländische Betriebsstätte IT-Leistungen, ist der grenzüberschreitende steuerliche Bezug gegeben.

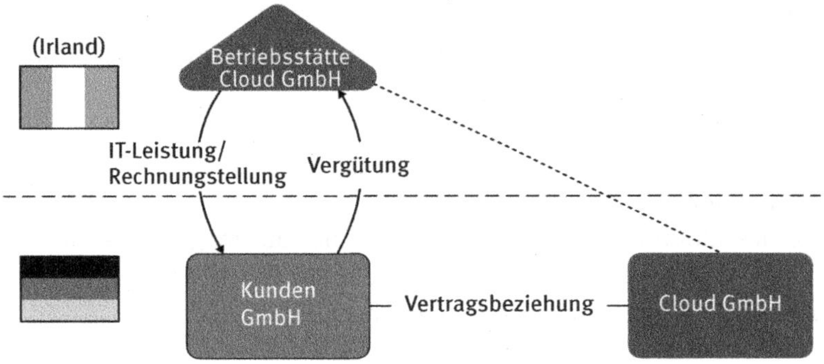

Abb. 4: Inbound-Leistungserbringung über ausländische Betriebsstätte

128 Entsprechend fehlt es steuerlich am grenzüberschreitenden Bezug, wenn der zivilrechtliche Vertragspartner zwar ein ausländischer Cloud-Dienstleister ist, der jedoch die Leistungserbringung und umsatzsteuerliche Rechnungstellung über eine deutsche Betriebsstätte abwickelt.

1. Besteuerung des Cloud-Dienstleisters („Inbound"-Fall)

a) Ertragsteuern

129 Erfolgt die Cloud-Dienstleistung aus dem Ausland nach Deutschland, kann der Leistungserbringer in Deutschland mit den aus der Dienstleistung erzielten Einnahmen unbeschränkt, beschränkt oder aber überhaupt nicht steuerpflichtig sein.

130 Das Finanzamt muss bei ausländischen Rechtsformen anhand eines „Typenvergleichs" ermitteln, ob die Rechtsform nach deutschem Ertragsteuerrecht als Körperschaft oder als einkommensteuerlich transparente Rechtsform (insbesondere Personengesellschaft) anzusehen ist. Das BMF hat durch Rundschreiben für die meisten ausländischen Rechtsformen geltende Vorgaben gemacht. Problematisch, aber aus steuerplanerischer Sicht auch interessant, sind dabei „hybride" Gesellschaftsformen beispielsweise nach US-Recht, die durch Erklärungen gegenüber US-Behörden („check the box") entweder als Körperschaft oder als Personengesellschaft ausgestaltet werden können.[125]

124 Ausführlich Rn 53 ff.

125 Hierzu BMF, Schreiben v. 19.3.2004, BStBl. I 2004, 411.

aa) Inbound-Dienstleistung durch ausländische Betriebsstätte eines deutschen Unternehmens (unbeschränkte Steuerpflicht)

Erfolgt die Leistungserbringung durch die ausländische Betriebsstätte eines in Deutschland ansässigen Unternehmens (beispielsweise von einem ausländischen Serverstandort aus), unterliegt der Dienstleister an sich auch mit den ausländischen Betriebsstätteneinkünften der Besteuerung in Deutschland und muss diese hier deklarieren, obwohl auch im Betriebsstättenstaat diese Gewinne zumeist besteuert werden.[126] Zur Vermeidung dieser Doppelbesteuerung regeln viele durch Deutschland abgeschlossene DBAs eine Freistellung ausländischer Betriebsstättengewinne von der Besteuerung in Deutschland oder zumindest eine Anrechnung der im Ausland gezahlten Steuern auf die deutsche Einkommens- oder Körperschaftsteuer. Wenn kein DBA besteht, kann in Deutschland trotzdem eine Anrechnung der ausländischen Steuern oder ein Abzug als Betriebsausgabe erfolgen, allerdings unter erschwerten Voraussetzungen.[127] 131

bb) Inbound-Leistungserbringung durch ausländisches Unternehmen (beschränkte Steuerpflicht in Deutschland?)

Vielfach wird die Leistungserbringung durch einen ausländischen Cloud-Dienstleister erfolgen, der in Deutschland nicht unbeschränkt steuerpflichtig ist (weder Satzungssitz noch Ort der effektiven Geschäftsleitung), aber aus der Leistungsbeziehung mit einem deutschen Cloud-Kunden Einkünfte erwirtschaftet. 132

Hier ist – auch aus Sicht des deutschen Cloud-Kunden zur Vermeidung einer Quellensteuerhaftung[128] – ertragsteuerlich in zwei Schritten zu prüfen, 133
- ob der Dienstleister mit den in Deutschland erwirtschafteten Einkünften in Deutschland beschränkt steuerpflichtig ist und,
- bejahendenfalls, ob die Steuer durch Quellenbesteuerung oder im Veranlagungsverfahren (Steuererklärungspflicht) erhoben wird.

Eine beschränkte Steuerpflicht in Deutschland ist (nur) dann gegeben, wenn sich die Einkünfte des ausländischen Dienstleisters einem Besteuerungstatbestand des § 49 EStG zuordnen lässt. Diese Vorschriften gelten auch für Personengesellschaften (genauer: deren Gesellschafter/Mitunternehmer[129]) und, über einen gesetzlichen Verweis im Körperschaftsteuergesetz, für Körperschaften (Ermittlung durch Typenvergleich). 134

---

126 Für die steuerliche Behandlung von transparenten Personengesellschaften vorstehend Rn 75 ff. sowie Zimmermann u.a./*Zimmermann*, S. 65 ff.

127 Vgl. zur Anrechnung §§ 34c EStG, 26 KStG sowie nachfolgend Rn 211.

128 Zur Quellensteuerhaftung des Kunden nachfolgend Rn 179 ff.

129 Hierzu vorstehend Rn 70 ff.

135 Die möglicherweise relevanten Steuertatbestände im Rahmen des § 49 EStG betreffen, verkürzt gesagt,
- gewerbliche Einkünfte aus einer deutschen Betriebsstätte,
- Einkünfte aus Vermietung und Verpachtung (von Sachinbegriffen oder Rechten),
- Einkünfte aus der Veräußerung (von Sachinbegriffen oder Rechten),
- Einkünfte aus selbstständiger (freiberuflicher) Arbeit sowie
- Einkünfte aus der Nutzung beweglicher Sachen im Inland **oder** aus der Überlassung von gewerblichen, technischen, wissenschaftlichen und ähnlichen Erfahrungen, Kenntnissen und Fertigkeiten zur Nutzung im Inland.

136 Der letztgenannte Steuertatbestand (§ 49 Abs. 1 Nr. 9 EStG) erfasst beispielsweise die Lizenzierung von (nicht urheberrechtsfähigem) Know-how. Im Übrigen sind die Vorschriften des § 49 EStG den allgemeinen Einkunftsarten (§ 2 EStG) nachgebildet, auch wenn die Anknüpfung an § 2 EStG durch gesetzgeberische Eingriffe immer undeutlicher wird.

137 Die Anwendung dieser Steuertatbestände bereitet in der Praxis Schwierigkeiten, zumal § 49 EStG mehrfach geändert wurde. Nachfolgend soll nach einzelnen Cloud-Geschäftsmodellen unterschieden werden.

(1) SaaS-Leistungen

138 Bei SaaS-Angeboten kann der Kunde die in der Wolke installierte Software nutzen. In den typischen Ausgestaltungen benötigt er selbst dafür kein urheberrechtliches Nutzungsrecht. Die Leistung des Anbieters besteht darin, dem Kunden Zugang zu der Software und ihren Funktionalitäten zu ermöglichen.[130]

139 Es stellt sich die Frage, ob für den ausländischen SaaS-Dienstleister eine beschränkte Steuerpflicht (§ 49 EStG) besteht, die in einem weiteren Schritt ggf. den Cloud-Kunden zu einem Quellensteuereinbehalt verpflichten könnte.

140 Soweit der ausländische Anbieter nicht über eine deutsche Betriebsstätte operiert, dürften elektronisch erbrachte Dienstleistungen, die keine Überlassung von „Rechten“ oder Know-how beinhalten, keinen Anknüpfungspunkt für eine deutsche Besteuerung bieten.

141 Schwierigkeiten bereiten jedoch (mit-)vereinbarte Softwareüberlassungen. Eine zivilrechtliche Einordnung als Sachkauf oder „Sachmiete“ ist für den BFH unerheblich. Selbst auf Datenträger überlassene Standardsoftware stellt nach einer BFH-Entscheidung vom 18.5.2011 ein immaterielles Wirtschaftsgut dar und keine Sache.[131] Für die Finanzverwaltung hat die OFD München im Jahr 1998 Stellung genommen.[132]

---

130 Vgl. zu SaaS in diesem Buch *Westerfeld*, Kapitel 2 A Rn 6 ff.

131 BFH, Urt. v. 18.5.2011 – X R 36/9 – DStR 2011, 1651.

132 OFD München, Verfügung v. 28.5.1998 – S 2303 – 34/11 St 41/42 –.

Seitdem ist trotz des technischen Wandels kein neuer Erlass der Finanzverwaltung zur beschränkten Steuerpflicht (und Quellenbesteuerung) von Inbound-Softwareüberlassungen veröffentlicht worden.[133] Danach gelten für die Besteuerung von Inbound-Softwareüberlassungen folgende Grundsätze:

Zunächst komme es einerseits darauf an, ob es sich um die (werkvertragliche) Herstellung spezieller Individualsoftware oder um die Überlassung vorgefertigter Standardsoftware handelt. Andererseits sei entscheidend, ob die Überlassung im Rahmen eines Schuldverhältnisses (befristet) oder als Erwerb, grundsätzlich gegen einmaliges Entgelt, erfolgt. 142

Beim **Erwerb von Standardsoftware** handele es sich nur um die Befugnis, das Computerprogramm anzuwenden. Einkünfte aus Vermietung und Verpachtung lägen bereits deshalb nicht vor, da die Vergütungen nicht für eine Überlassung von „Rechten" gezahlt würden. Serienmäßig hergestellte Softwareprogramme seien insoweit einem Buch oder einer Schallplatte gleichzusetzen, bei denen die Befugnisse des Benutzers (Erwerbers) durch die Rechte des Urhebers eingeschränkt werden. Die Nutzung bestehe nicht in der Wahrnehmung des Urheberrechts, sondern lediglich in der Anwendung der Erkenntnisse des Urhebers. 143

Hiernach dürfte auch die **zeitlich befristete Nutzung von Standardsoftware** an sich keine beschränkt steuerpflichtigen Einkünfte aus Vermietung und Verpachtung begründen, da kein „Recht" überlassen wird. Allerdings bleibt die OFD-Verfügung diesbezüglich vage. Tatsächlich werden in der (Betriebsprüfungs-)Praxis zwischenzeitlich Fälle als steuerpflichtig aufgegriffen, in denen Standardsoftware per Download überlassen („verkauft") wird, aber dem Lizenzgeber ein außerordentliches Kündigungsrecht eingeräumt ist.[134] Es besteht offensichtlich in der Finanzverwaltung die Tendenz, die Tatbestandsmerkmale des Vorliegens einer „zeitlich befristeten" Überlassung von „Rechten" bei Softwareüberlassungen extensiv auszulegen. Vor diesem Hintergrund ist selbst bei dauerhaften Nutzungsüberlassungen und Einmalentgelten Vorsicht angezeigt, sobald (ordentliche oder außerordentliche) Kündigungsrechte vereinbart werden. 144

Die OFD-Verfügung von 1998 hat primär den Offline-Softwarevertrieb vor Augen und bietet gerade für Cloud-Leistungen nur begrenzt Hilfestellung. Der Vertrieb von Software erfolgt zwischenzeitlich überwiegend online oder jedenfalls onlinegestützt. Die **Abgrenzung zwischen Kauf und zeitlich befristeter Lizenzierung von Software** gewinnt damit neue, entscheidende Bedeutung. Die Rechtsprechung geht selbst dann von einer zeitlich begrenzten Überlassung von Rechten aus, wenn bei Vertragsabschluss noch ungewiss ist, ob die Überlassung endet, demnach selbst bei 145

133 Stand: April 2014.
134 Vgl. auch *Schöneborn*, NWB 2012, 2952.

Kündbarkeit der Vereinbarung oder bei auflösenden Bedingungen.[135] Eine zeitliche Begrenzung sei hingegen nur dann nicht anzunehmen, wenn

- das Nutzungsrecht dem Berechtigten mit Gewissheit endgültig wird,
- ein Rückfall des Rechts kraft Gesetzes oder Vertrags nicht in Betracht kommt oder
- sich das Recht während der vereinbarten Nutzungsdauer in seinem wirtschaftlichen Wert erschöpfen wird.[136]

146 Ob diese Grundsätze auf Softwarelizenzierungen tatsächlich übertragbar sind, darf bezweifelt werden. Dahingehende Tendenzen in der Finanzverwaltung sind für die Praxis äußerst misslich und stehen unseres Erachtens auf wackligem rechtlichem Fundament. Zutreffenderweise sollte die Überlassung von Standardsoftware, auch die zeitlich befristete Überlassung, keine beschränkte deutsche Steuerpflicht (und damit keine Quellensteuer) begründen können. Es liegt weder eine Überlassung von Immaterialgüterrechten noch eine zeitweise Überlassung von Know-how vor.[137] Spitzfindig könnte man allerdings bei Trivialsoftware (Anschaffungskosten maximal 410 €) diskutieren, ob es sich dabei um die Überlassung eines „Sachinbegriffs" i.S.v. § 49 Nr. 2f EStG handelt. Dann wäre ggf. ein Verkauf als auch eine befristete Überlassung steuerpflichtig. Hierfür spricht zwar, dass die Finanzverwaltung Trivialsoftware bilanzsteuerlich bisher aus Vereinfachungsgründen als bewegliches Wirtschaftsgut behandelt.[138] Scheitern dürfte diese Argumentation daran, dass ein Sachinbegriff eine Einheit von mehreren (unterschiedlichen) beweglichen Sachen wie etwa Inventar oder Büroeinrichtung meint.[139]

147 Bisher sicherte man sich in der Praxis der Vertragsgestaltung häufig damit ab, dass ausdrücklich die Überlassung von Standardsoftware, nicht jedoch Individualsoftware, vertraglich festgeschrieben und begründet wurde, wenn nicht sogar eine vorherige Abstimmung mit dem Finanzamt zu der Thematik erfolgen kann. Nach zutreffender, allerdings zwischenzeitlich bestrittener Ansicht,[140] kann nur bei Individualsoftware die Überlassung von (urheberrechtsrelevanten) „Rechten" überhaupt im Raum stehen. Unklarheiten ergeben sich häufig bei „angepassten" Softwarelösungen, die auf die individuellen Anforderungen des Kunden zugeschnitten sind. Ertragsteuerlich sollte unseres Erachtens dennoch Standardsoftware vorliegen, solange der Nutzer (Auftraggeber) keinen Zugriff auf den Quellcode erhält.

---

135 BFH, Urt. v. 1.12.1982 – I B 11/82 – BStBl. II 1983, 367; vgl. Herrmann/Heuer/Raupach/*Pfirrmann*, § 49 Rn 151 m.w.N.

136 Herrmann/Heuer/Raupach/*Pfirrmann*, § 49 Rn 151 m.w.N.

137 Ebenso OFD München, Verfügung v. 28.5.1998 – S 2303 – 34/11 St 41/42 –; Herrmann/Heuer/Raupach/*Klein*, § 49 Rn 1110 „Standardsoftware".

138 R 5.5 (1) Einkommensteuerrichtlinien 2012.

139 Blümich/*Heuermann*, § 21 Rn 452.

140 Vgl. *Schöneborn*, NWB 2012, 2952, 2955.

Verwandte Abgrenzungsthematiken (Standard- oder Individualsoftware) ergeben sich im Umsatzsteuerrecht bei der Frage, ob der ermäßigte Umsatzsteuersatz Anwendung findet.[141] 148

Zusammenfassend besteht bei aus dem Ausland bezogenen (und nicht durch eine deutsche Betriebsstätte erbrachten) SaaS-Cloud-Leistungen dann ein Risiko einer deutschen Besteuerung, wenn eine Softwareüberlassung (auch per Download) mit erfolgt. Soweit nicht eindeutig ist, dass es sich hierbei um den Erwerb von (Standard-)Software, die mit Gewissheit dem Kunden verbleiben kann, handelt, sollte sich der Cloud-Dienstleister gemeinsam mit dem deutschen Kunden mit der deutschen Finanzverwaltung abstimmen oder vorsorglich Freistellungsbescheinigungen einholen.[142] Vertraglich sollte in jedem Fall klargestellt sein, dass der Kunde die Software nur anwenden, aber nicht selbst bearbeiten, vervielfältigen oder vertreiben darf. Sollte in diesen Fällen die Finanzverwaltung die Softwarenutzung dennoch als (quellen-)steuerpflichtig aufgreifen wollen, sollten Rechtsbehelfe eingelegt werden. Aus praktischer Sicht ist zu beachten, dass das Finanzamt sich vorrangig an den deutschen Vergütungsschuldner und Cloud-Kunden halten und dort Quellensteuer (auf Rechnung des Cloud-Dienstleisters) nachfordern wird. Ausländische Cloud-Anbieter sollten versuchen, sich hiergegen durch eine Gross-Up-Klausel (Nettovereinbarung) wirtschaftlich abzusichern.[143] Es bleibt zu hoffen, dass Finanzverwaltung und Rechtsprechung zukünftig für mehr Rechtssicherheit sorgen. 149

Demgegenüber dürften Cloud-Leistungen keine steuerbegründenden Einkünfte aus der „Nutzung von Know-how" im Sinne von § 49 Abs. 1 Nr. 9 EStG begründen.[144] Dieser Auffangtatbestand wurde durch den Gesetzgeber geschaffen, um die Überlassung ungeschützter Erfahrungen, Kenntnisse oder Fähigkeiten zu erfassen.[145] Bei Softwareüberlassung wird die Möglichkeit der Anwendung vergütet, nicht das in die Programmerstellung eingeflossene Wissen.[146] 150

(2) IaaS-Leistungen

Bei IaaS-Leistungen kann zudem eine Überlassung von Hardwarekapazitäten an den Nutzer mit vereinbart sein.[147] Würde dabei ein fester ausländischer (Server-)Standort einem deutschen Cloud-Kunden vermietet werden, bestünde die Gefahr der Begründung einer ausländischen (Betriebsstätten-)Besteuerung des deutschen Kunden. 151

141 Vgl. Rn 80 ff.
142 Siehe zum Freistellungsverfahren nachfolgend insbesondere Rn 169 f.
143 Vgl. für ein Formulierungsbeispiel Rn 203.
144 Vgl. ebenfalls § 49 Abs. 1 Nr. 9 EStG.
145 Blümich/*Wied*, § 49 Rn 230.
146 *Hecht*, FR 2009, 1127, 1132 m.w.N.
147 Vgl. zu IaaS in diesem Buch *Westerfeld*, Kapitel 2 A Rn 6 ff.

152 Im Regelfall wird es jedoch in der Natur des Cloud-Vertrags liegen, dass nicht „konkrete“ Cloud-Kapazitäten auf einem bestimmten Server angemietet werden, sondern Rechnerkapazitäten durch den Dienstleister in eigener Verantwortung lokalisiert werden.

153 Aus Sicht des Cloud-Dienstleisters ist zudem zu prüfen, ob eigene Server- und Hardwarekapazitäten eine deutsche Betriebsstätte (und damit eine Steuerpflicht in Deutschland) begründen können. Die Bewertung kann aus ertragsteuerlicher und umsatzsteuerlicher Sicht auseinanderfallen.[148] Wenn ein deutscher Serverstandort im zivilrechtlichen Eigentum des Dienstleisters steht, lässt sich eine ertragsteuerliche Betriebsstättenthematik in Ausnahmefällen dadurch vermeiden, dass das wirtschaftliche Eigentum (§ 39 AO[149]) auf einen Dritten oder sogar den Kunden übertragen wird.

154 Nutzt der Dienstleister in Deutschland belegene Hardware, die nicht die Kriterien einer deutschen Betriebsstätte erfüllt, sollte er beachten, dass auch Einkünfte aus der Nutzung beweglicher Sachen im Inland eine beschränkte Steuerpflicht in Deutschland begründen können.[150] Gegebenenfalls wäre auch in diesen Fällen eine Steuerabschirmung durch Berufung auf DBAs (Freistellungs- oder Erstattungsverfahren) zu prüfen.

cc) Quellensteuerabzug

155 Soweit der ausländische Cloud-Leistungserbringer in Deutschland einer beschränkten Steuerpflicht mit der aus Deutschland geschuldeten Vergütung unterliegt, kommt ein Quellensteuerabzug (bei Zahlung der Vergütung durch den deutschen Vertragspartner) in Betracht, es sei denn, es sind Steuerklärungen gegenüber dem deutschen Fiskus abzugeben.

156 Bei der Überlassung von **(Individual-)Software**[151] ist entscheidend, ob eine befristete Überlassung oder (wirtschaftlich und damit steuerlich) eine „Veräußerung“ vorliegt. Bei einer „Veräußerung“ erfolgt kein Quellensteuerabzug, es sei denn, das Finanzamt hat im Einzelfall eine anderslautende Anordnung auf Grundlage von § 50a Abs. 7 EStG getroffen. Der ausländische Anbieter muss die inländischen Einkünfte damit im Rahmen einer deutschen Steuererklärung deklarieren.

157 Demgegenüber hat der Cloud-Kunde den Quellensteuerabzug gem. § 50a Abs. 1 Nr. 3 EStG vorzunehmen bei

> *„Einkünften, die aus Vergütungen für die Überlassung der Nutzung oder des Rechts auf Nutzung von Rechten, insbesondere von Urheberrechten und gewerblichen Schutzrechten, von gewerbli-*

148 Vgl. vorgehend Rn 53 ff.
149 Zum wirtschaftlichen Eigentum vgl. nunmehr auch § 246 Abs. 1 S. 2 HGB für den Jahresabschluss nach HGB-Vorschriften.
150 Vgl. § 49 Abs. 1 Nr. 9 EStG.
151 Zur Streitfrage, ob bei Standardsoftware „Rechte“ an den Nutzer überlassen werden, Rn 138 ff.

chen, technischen, wissenschaftlichen und ähnlichen Erfahrungen, Kenntnissen und Fertigkeiten, zum Beispiel Plänen, Mustern und Verfahren [herrühren].“

Damit knüpft die Quellensteuerabzugspflicht an einzelne Besteuerungstatbestände nach § 49 EStG an.[152] In diesen Fällen, beispielsweise bei der Überlassung von Know-how oder eben (nach bestrittener Ansicht[153]) zeitlich befristeter Überlassung von (Individual-)Software, erfolgt die Besteuerung mit abgeltender Wirkung unmittelbar bei Bezahlung des Cloud-Dienstleisters. Der deutsche Cloud-Kunde ist in diesen Fällen verpflichtet, die vereinbarte Vergütung nicht vollständig an den Dienstleister auszuzahlen, sondern erst, nachdem auf dessen Rechnung Quellensteuer in Abzug gebracht und an das Finanzamt abgeführt wurde (sofern keine gültige Freistellungsbescheinigung vorliegt). 158

Die Quellenbesteuerung erspart dem ausländischen Dienstleister die Abgabe deutscher Steuererklärungen (Einkommensteuer oder Körperschaftsteuer), vor allem aber dem Fiskus das Eintreiben deutscher Steueransprüche im Ausland. Nach der hier vertretenen Ansicht dürfte die zeitlich befristete Überlassung von Individualsoftware ein praktisch seltener Fall sein, da sich der Wert von Individualsoftware mit der einmaligen Überlassung erschöpfen dürfte und mithin wirtschaftlich eine nicht quellensteuerpflichtige Veräußerung vorliegen sollte. Allerdings ist die restriktive Haltung der Finanzverwaltung, gerade bei wiederkehrenden Zahlungen für Softwareüberlassungen, zu beachten. 159

dd) Steuerbefreiungen nach Doppelbesteuerungsabkommen sowie EU-Richtlinien

Bei den Besteuerungstatbeständen i.S.d. § 49 EStG als auch für den Quellensteuerabzug kann schließlich das ggf. einschlägige DBA eine Besteuerung beschränken oder ausschließen.[154] 160

Beispiel

Die US-amerikanische X Corporation erzielt Einkünfte aus der (zu fremdüblichen Bedingungen erfolgenden) Lizenzierung von Software und Patenten an ihre deutsche Konzerngesellschaft. Es kann sich aus den Regelungen des anwendbaren DBA ergeben, dass der Staat, in dem der Vergütungsgläubiger ansässig ist (hier: USA), ein „ausschließliches“ Besteuerungsrecht an diesen Einkünften hat und Deutschland (als Quellenstaat) diese Einkünfte von der Besteuerung vollständig freizustellen hat. Sobald eine Freistellungsbescheinigung beim deutschen Bundeszentralamt für Steuern eingeholt ist, wäre die X Corporation mit diesen Einkünften in Deutschland nicht mehr steuerpflichtig. Die deutsche Konzerngesellschaft könnte (erst) dann einen Quellensteuerabzug unterlassen.

---

152 Vgl. im Einzelnen § 49 Abs. 1 Nr. 2, 3, 6 und 9 EStG.
153 Ausführlich Rn 138 ff.
154 Hierzu bereits Rn 63.

161 Ein DBA ist ein zweiseitiger völkerrechtlicher Vertrag zur Vermeidung von Doppelbesteuerung und Zuordnung von Besteuerungsrechten zu den Vertragsstaaten. Er wird regelmäßig nach den Vorgaben eines Musterabkommens der OECD abgeschlossen, sodass sich die weltweit existierenden DBAs in den Grundstrukturen ähneln.

162 Durch Deutschland abgeschlossene DBAs werden anschließend als Bundesgesetz verabschiedet. Als Spezialgesetz gehen sie den Vorschriften des Einkommensteuerrechts grundsätzlich vor.[155]

163 Unterschiedlichste DBA verwenden andere Begrifflichkeiten als das EStG, sodass die zutreffende Anwendung der Regelungen auf die Einkünfte aus Cloud-Leistungen nicht ganz einfach ist.

164 Das gilt nicht nur für den Begriff der Betriebsstätte, sondern auch für Lizenzgebühren. Diese werden in Art. 12 Abs. 2 des OECD-Musterabkommens definiert als Vergütung jeder Art, die für die Benutzung oder das Recht auf Benutzung von Urheberrechten eines literarischen, künstlerischen oder wissenschaftlichen Werts, einschließlich kinematographischer Filme, von Patenten, von Marken, Mustern oder Modellen, Plänen, geheimen Formeln oder Verfahren oder für die Mitteilung gewerblicher, kaufmännischer oder wissenschaftlicher Erfahrungen gezahlt werden.

165 Grundsätzlich wird in den DBA dem Ansässigkeitsstaat des (Cloud-)Dienstleisters das Besteuerungsrecht zugesprochen. Allerdings erlauben viele Abkommen ein Quellensteuerrecht im Quellenstaat von, je nach Abkommen, bis zu 15 %. Dieses nach DBA mögliche Besteuerungsrecht kommt aus deutscher Sicht jedoch nur zum Tragen, soweit überhaupt ein Besteuerungstatbestand nach § 49 EStG für den auslandsansässigen IT-Dienstleister einschlägig ist. Vielfach ist das gar nicht der Fall.[156]

166 Sollte ein Quellensteuerabzug einschlägig sein, beträgt dieser in den hier einschlägigen Konstellationen grundsätzlich – vor Berücksichtigung des ggf. einschlägigen DBAs – 15 % der **(Brutto-)Einnahmen**, mit Berücksichtigung des Solidaritätszuschlags demnach insgesamt 15,825 %. Bemessungsgrundlage ist der für die Leistung vereinbarte Betrag. Abzüge (beispielsweise für Betriebsausgaben) sind grundsätzlich nicht zulässig.

167 Für Vergütungsgläubiger, die in der **EU oder einem EWR-Staat** (neben den EU-Staaten demnach Island, Norwegen und Liechtenstein) ansässig und zugleich deren „Staatsangehörige“ sind, hat der Gesetzgeber mit § 50a Abs. 3 EStG eine Regelung eingeführt, wonach der Quellensteuerabzug nicht von den Bruttoeinnahmen, sondern alternativ nach Abzug der Betriebsausgaben oder Werbungskosten von den **„Nettoeinnahmen“** erfolgen kann. Allerdings betrifft der ausdrückliche Anwendungsbereich dieser Regelung nicht Quellensteuern auf Lizenzvergütungen i.S.v. § 50a Abs. 1 Nr. 3 EStG. Mit anderen Worten: Lizenzgeber sollen anders als andere beschränkt

155 Mit Ausnahme verfassungsrechtlich problematischer später erlassener Steuervorschriften (*Treaty Override*).

156 Vgl. ausführlich Rn 133 ff.

Steuerpflichtige (beispielsweise Künstler) keinen Anspruch auf Nettobesteuerung haben. Ausgeschlossen bleibt damit dem Wortlaut nach beispielsweise die Berücksichtigung von Unterlizenzvergütungen, die der Lizenzgeber und Vergütungsgläubiger seinerseits leisten muss. Diese **Diskriminierung** ausländischer Lizenzgeber ist **EU-rechtlich** insbesondere vor dem Hintergrund der **EU-Dienstleistungsfreiheit** bedenklich. Der BFH hat zwischenzeitlich mit Urteil vom 27.11.2011 entschieden, dass in EU-grenzüberschreitenden Fällen **Unterlizenzgebühren** bereits im Rahmen des Quellensteuerabzugsverfahrens als Betriebsausgaben bei Lizenzeinnahmen abzugsfähig sein können.[157] Der BFH sah im Urteilsfall die EU-rechtlichen Vorgaben als derart eindeutig an, dass er von einer Anrufung des EuGH absah. Nach diesen Urteilsgrundsätzen bestehen unseres Erachtens gute Gründe, auch bei Lizenzvergütungen i.S.v. § 50a Abs. 1 Nr. 3 EStG eine Berücksichtigung von im unmittelbaren Zusammenhang stehenden Betriebsausgaben durchzusetzen.[158] Diese Aufwandspositionen müssen allerdings plausibel und nachvollziehbar dokumentiert werden.

Für in der EU ansässige Lizenznehmer und Cloud-Dienstleister regelt auch § 50g 168
EStG (in Umsetzung der EU-Zins- und Lizenzgebührenrichtlinie) Reduzierungen von inländischer Quellensteuer. Danach sind Lizenzzahlungen, die von einem unbeschränkt Steuerpflichtigen oder von einer inländischen Betriebsstätte an ein in einem anderen Mitgliedstaat der EU ansässiges Unternehmen oder an eine in einem anderen EU-Mitgliedstaat gelegene Betriebsstätte erfolgen, auf Antrag vom Steuerabzug nach § 50a Abs. 1 EStG befreit, wenn es sich um ein verbundenes Unternehmen handelt. Durch § 50g Abs. 6 EStG wurde auch die Schweiz in diese Regelungen einbezogen.

Wenn das einschlägige DBA oder die EU-Richtlinie eine Reduzierung der deut- 169
schen Steuer (ggf. auf null) vorsieht, bedarf es bei ansonsten quellensteuerpflichtigem Sachverhalt zusätzlich einer Freistellungsbescheinigung. Diese muss der Dienstleister mit amtlich vorgeschriebenem Vordruck beim Bundeszentralamt für Steuern beantragen. Das Bundeszentralamt prüft insbesondere, ob der auslandsansässige Dienstleister keine „Briefkastengesellschaft" ist, sondern über wirtschaftliche Substanz verfügt und damit zu den Vorteilen aus der Anwendung des entsprechenden DBAs berechtigt ist. Im Rahmen dieser Prüfung muss der ausländische Dienstleister daher auch eine Bescheinigung seiner einheimischen Steuerbehörde über seine steuerliche Ansässigkeit beibringen.

Eine vereinfachte Variante des Freistellungsverfahrens für Fälle geringer steuerli- 170
cher Bedeutung stellt das Kontrollmeldeverfahren dar (§ 50d Abs. 5 EStG). Der Vorteil des Verfahrens liegt darin, dass der ausländische Vergütungsgläubiger keine Ansässigkeitsbescheinigung seiner Steuerbehörde beibringen muss. Allerdings ist das Verfahren antragsabhängig und auf Fälle beschränkt, in denen die einzelnen Leistungen

157 BFH, Urt. v. 27.7.2011 – I R 32/10 – BFHE 234, 292
158 Ähnlich *Wittkowski/Hielscher*, BC 2012, 1056.

des ausländischen Gläubigers mit maximal 5.500 € je Leistung und im Jahr insgesamt mit maximal 40.000 € vergütet werden.[159]

171 Für die Praxis zeigt sich, dass die Thematik des Quellensteuerabzugs beim Einkauf von Cloud-Leistungen vertraglich geregelt sein sollte, da ansonsten der Cloud-Kunde durch die deutsche Finanzverwaltung für Steuern des ausländischen Dienstleisters (auch noch Jahre später) herangezogen werden kann.

b) Gewerbesteuer

172 Der ausländische Cloud-Anbieter ist in Deutschland nur dann gewerbesteuerpflichtig, wenn er hier eine gewerbesteuerliche Betriebsstätte begründet. Hierfür ist regelmäßig eine feste Geschäftseinrichtung im Sinne der Betriebsstättendefinition nach § 12 AO erforderlich. Anderenfalls, selbst bei einem ständigen Vertreter (§ 13 AO) in Deutschland, ist deutsche Gewerbesteuer für den auslandsansässigen Dienstleister in der Regel nicht relevant.

173 Die vorrangig den Cloud-Kunden betreffende Thematik der gewerbesteuerlichen Hinzurechnung von Cloud-Aufwand sollte der IT-Dienstleister bei der steuerlichen Strukturierung seines Angebots mit berücksichtigen. Die gewerbesteuerliche Hinzurechnung auf Ebene des deutschen Kunden kann einerseits unter dem Gesichtspunkt einer Rechte-Überlassung problematisch werden,[160] andererseits in Ausnahmefällen – in IaaS- oder PaaS-Konstellationen – aber auch bei der Anmietung von Hardware (§ 8 Nr. 1 d GewStG).

c) Umsatzsteuer

174 Den typischen Cloud-Leistungen ist gemeinsam, dass der Cloud-Anbieter keine Lieferungen, sondern sonstige Leistungen im umsatzsteuerlichen Sinne erbringt. Seit 2010 gelten somit gegenüber Unternehmern erbrachte Cloud-Leistungen als in dem Land umsatzsteuerpflichtig, in dem der unternehmerisch aktive Cloud-Kunde seinen Sitz hat. Damit ist im grenzüberschreitenden Inbound-Sachverhalt der Cloud-Kunde und nicht der Cloud-Anbieter für die ordnungsgemäße Umsatzbesteuerung verantwortlich. Die Rechnung an den Cloud-Kunden hat netto und unter ordnungsgemäßem Verweis auf die USt-Schuldnerschaft des Cloud-Kunden zu erfolgen.

175 Auch Cloud-Dienstleistungen aus Staaten außerhalb der EU an deutsche Unternehmen sind damit in Deutschland umsatzsteuerpflichtig. Der Cloud-Kunde muss hier selbst darauf achten, die netto in Rechnung gestellte Vergütung nach dem

159 Vgl. BZSt, Merkblatt zum Kontrollmeldeverfahren nach § 50d Abs. 5 EStG in den Fällen des § 50a Abs. 1 Nr. 3 EStG, Stand 1.1. 2009 – St – S 1300/07/00009 – m.w.N.
160 Vgl. Rn 93 ff.

Reverse-Charge-Verfahren der Umsatzsteuer zu unterwerfen und ggf. als Vorsteuer geltend zu machen.

Bei EU-grenzüberschreitenden Dienstleistungen an Nicht-Unternehmer ist bis 176
2015 auf das Umsatzsteuerrecht des leistenden Unternehmers abzustellen. Damit kommt beispielsweise bei einer Cloud-Leistung eines in Luxemburg ansässigen Dienstleisters an einen deutschen Verbraucher Luxemburger Umsatzsteuer (in Höhe von derzeit 15 %, sofern keine Steuerermäßigung nach Luxemburger Steuerrecht eingreift) zum Tragen. Ab 2015 wird auch bei Leistungen aus dem EU-Ausland gegenüber nicht-unternehmerischen Cloud-Kunden deutsche Umsatzsteuer zum deutschen Steuersatz anwendbar sein (Umstellung auf das Bestimmungslandprinzip).

2. Besteuerung des inländischen Cloud-Kunden

a) Ertragsteuern

aa) Dokumentation bei Auslandssachverhalten (§ 160 AO)

Der Cloud-Kunde muss beim Leistungseinkauf von ausländischen Anbietern erhöhte 177
Dokumentationsanforderungen beachten. Der Fiskus kann zur Anerkennung von steuerlichen Betriebsausgaben nach § 160 AO eine genaue Benennung des (ausländischen) Vertragspartners und eine Beschreibung des zugrundeliegenden Sachverhalts verlangen. Hintergrund ist, dass der Fiskus nicht ohne Weiteres selbst außerhalb Deutschlands ermitteln kann.

Weitergehende steuerliche Dokumentationsanforderungen gelten beim Bezug 178
von verbundenen Unternehmen oder anderen nahestehenden Personen gem. § 1 AStG und den übrigen Verrechnungspreisvorschriften.[161]

bb) Quellensteuereinbehalt und -haftung

Gegebenenfalls muss der Cloud-Kunde das Haftungsrisiko für den Quellensteuerein- 179
behalt auf Rechnung des Cloud-Dienstleisters beachten. Voraussetzung ist, dass die Cloud-Leistung überhaupt quellensteuerpflichtig ist.[162] Allerdings nimmt die Finanzverwaltung eine zunehmend restriktive Haltung ein, was möglicherweise eine Reaktion auf ähnliche Tendenzen im Ausland darstellt (erweiterte Quellenbesteuerung in Schwellenländern wie beispielsweise Indien).

Wird die Einbehaltung und Abführung von Quellensteuern unterlassen, ist 180
das Finanzamt berechtigt, den Cloud-Kunden mit Haftungsbescheid in Anspruch zu nehmen. Die Höhe der Haftung bemisst sich nach der angemeldeten oder festgesetzten Abzugsteuer. Dabei haftet der Schuldner der Vergütung maximal in Höhe

161 Hierzu nachfolgend Rn 187 ff.

162 Ausführlich Rn 135 ff.

des Betrags, den der Vergütungsgläubiger schuldet. Eine Haftung entfällt, wenn der Steueranspruch verjährt ist.

181 Der Cloud-Kunde sollte für spätere spezifische Betriebsprüfungen vorsorglich geeignete Aufzeichnungen vorhalten. Insbesondere aber sollte im Rahmen des Vertragsabschlusses die Thematik möglicher Quellensteuerhaftung gegenüber dem Dienstleister adressiert und auf entsprechende Freistellungen gedrängt werden, sofern keine Freistellungsbescheinigungen vorgelegt oder eingeholt werden können.[163]

182 Die einbehaltene Quellensteuer ist quartalsweise an das für den Cloud-Kunden zuständige Finanzamt abzuführen, und zwar jeweils bis zum 10. des dem Kalendervierteljahr folgenden Monats.

cc) Antragserfordernis bei elektronischer Buchführungsverlagerung

183 Hat die in Anspruch genommene Cloud-Leistung das Outsourcing bestimmter steuerrelevanter Buchführungstätigkeiten durch den Steuerpflichtigen zum Inhalt, muss dieser zusätzlich das besondere Antragsverfahren nach § 146 Abs. 2a AO beachten. Hiernach kann die Auslagerung solcher Buchführungstätigkeiten an einen Standort „in der Wolke“ auf außerhalb Deutschlands befindliche Server nur erfolgen, wenn die Finanzverwaltung **zuvor** zugestimmt hat.[164]

184 Bei entsprechender Dokumentation (auch bezüglich des ausländischen Serverstandorts und der dortigen technischen Gegebenheiten) kann die Zustimmung im hierfür vorgesehenen Verfahren regelmäßig in angemessener Zeit erreicht werden, insbesondere wenn der Steuerpflichtige in Betriebsprüfungen oder anderweitig noch nicht „aufgefallen“ ist. Soweit eine Zustimmung jedoch versagt oder unter Auflagen (beispielsweise Vorhalten von Spiegel-Servern im Inland) erteilt wird, sollte der Steuerpflichtige Rechtsmittel prüfen und sich auch auf die EU-Grundfreiheiten berufen.[165]

b) Gewerbesteuer

185 Cloud-Kunden müssen auch beim Leistungseinkauf aus dem Ausland die Thematik der gewerbesteuerlichen Hinzurechnung beachten.[166] Diese ist mit der EU-Zins- und Lizenzrichtlinie nach der Rechtsprechung vereinbar.[167] Das gilt insbesondere bei miet- oder pachtähnlichen Leistungselementen. Demgegenüber würde ein (Software-)Kauf keine gewerbesteuerliche Hinzurechnung begründen können.[168]

---

163 In Bagatellfällen kann die Erleichterung des Kontrollmeldeverfahrens in Betracht kommen, vgl. Rn 170.
164 Vgl. vorstehend Rn 107 f.
165 Ausführlich *Sinewe/Frase*, BB 2011, 2198 Rn 74.
166 Rn 93 ff.
167 EuGH, Urt. v. 21.7.2011 – C-397/09 „Scheuten Solar“ – DStR 2011, 1419 ff.
168 Vorstehend Rn 93 ff.

c) Umsatzsteuer

Die durch unternehmerisch handelnde Cloud-Kunden aus dem Ausland bezogenen 186 Cloud-Leistungen unterliegen deutscher Umsatzsteuer, welche jedoch nach dem Reverse-Charge-Verfahren durch den Leistungsempfänger selbst zu berechnen und anzumelden ist. Unzutreffend wäre es daher, wenn der ausländische Cloud-Dienstleister dem deutschen Leistungsempfänger Umsatzsteuer in Rechnung stellt. Eine Zahlung auf eine solche in Rechnung gestellte Umsatzsteuer würde für den Cloud-Kunden zwar einen zivilrechtlichen Rückforderungsanspruch gegen den Leistungserbringer, nicht jedoch einen Vorsteueranspruch begründen, da die an den Cloud-Dienstleister gezahlte Umsatzsteuer nicht „gesetzlich geschuldet" ist.

3. Sonderfall: Konzerninterne Cloud

Bei grenzüberschreitenden konzerninternen Cloud-Leistungen oder Cloud-Dienst- 187 leistungsbeziehungen mit in anderer Weise steuerlich nahestehenden Personen sind aus steuerlicher Sicht die Vertrags- und Leistungsbeziehungen grundsätzlich wie unter fremden Dritten zu vereinbaren und entsprechend durchzuführen. Zusätzlich zu den auch im rein nationalen Leistungsverhältnis zu beachtenden Grundsätzen der vGA greifen die Verrechnungspreisvorschriften der beteiligten Staaten ein und können zu Einkommenskorrekturen (und somit Mehrsteuern) bei den beteiligten Steuerpflichtigen führen. Diese Vorschriften verlangen, dass alle Leistungsbeziehungen mit der ausländischen nahestehenden Person, demnach auch entsprechende gruppeninterne IT-Leistungen, gesondert dokumentiert werden. Deutsche Rechtsgrundlagen hierfür sind §1 AStG sowie für die Erstellung der steuerlichen Dokumentation §90 Abs. 3 AO. Einzelheiten und Erleichterungen für kleinere Unternehmensgruppen regelt die Gewinnabgrenzungsaufzeichnungsverordnung. Die Nichtvorlage geeigneter Dokumentation kann die Finanzverwaltung selbst dann mit Bußgeldern ahnden, wenn die zugrunde liegende Leistungsbeziehung in der Sache zu fremdüblichen Bedingungen erfolgt.

4. Steuerliche Vertragsgestaltung

Zusätzlich zu auch den Inlandsfall betreffenden Steuerthemen sind bei der Vertrags- 188 gestaltung des Einkaufs von Cloud-Leistungen aus dem Ausland steuerlich insbesondere spezifische umsatzsteuerliche Aspekte (Stichwort: Netto-Rechnung), das Quellensteuerrisiko sowie verstärkt die vertragliche Vorsorge für spätere Betriebsprüfungen (einschließlich eines elektronischen Datenzugriffs) zu beachten.

a) Formulierungsbeispiele aus der Praxis

189 Auch auf den ersten Blick gleiche Sachverhalte unterscheiden sich zumeist bei näherer Analyse. „Die eine" stets passende Steuerklausel gibt es nicht. Die mehrfache Verwendung derselben Klausel wäre auch AGB-rechtlich problematisch.

190 Vertragsregelungen spiegeln die unterschiedlichen Sachverhaltskonstellationen und als Verhandlungsergebnis die jeweiligen Machtverhältnisse der Vertragsparteien wider. Im Folgenden sollen **einzelne Regelungsbeispiele aus der Praxis** zu bestimmten Steuerthemen exemplarisch dargestellt werden.

191 **Umsatzsteuerlich** bietet es sich an, die Verlagerung der Steuerschuldnerschaft auf den (unternehmerischen) Cloud-Kunden gesondert zu regeln. Dabei ist die Eigenschaft der Vertragsparteien als Unternehmern (§ 2 UStG) von Bedeutung, da für Leistungen an Nichtunternehmer andere Regelungen greifen können.

192 Aus der Praxis stammt das folgende Beispiel[169] für eine ausverhandelte Regelung:

! Klauselmuster

„Der [Dienstleister] ist zur Ausstellung einer Rechnung verpflichtet, in der die USt nicht gesondert ausgewiesen ist und auf die Steuerschuldnerschaft des [Cloud-Kunden] nach den Vorschriften des anwendbaren Umsatzsteuerrechts hingewiesen wird. Der [Cloud-Kunde] schuldet als Leistungsempfänger die Umsatzsteuer. Die Vertragsparteien haben die umsatzsteuerliche Unternehmereigenschaft vor Rechnungstellung nachzuweisen."

---

193 Insgesamt kann aus Sicht des Cloud-Dienstleisters zu Umsatzsteuer und verwandten (in- oder ausländischen) indirekten Steuern auch folgende Regelung vorsorglich aufgenommen werden:

! Klauselmuster

„Sämtliche Umsatzsteuern und indirekten Steuern, welche auf die Zahlung der Vergütung unter diesem Vertrag Anwendung finden, werden von dem Cloud-Kunden getragen."

---

194 Allerdings sind auch Fälle denkbar, in denen der Cloud-Dienstleister für die Umsatzsteuer im Zielstaat verantwortlich ist oder sich diese Möglichkeit nicht völlig ausschließen lässt, beispielsweise weil nicht feststeht, ob der Cloud-Kunde als umsatzsteuerlicher Unternehmer gilt. Aus der Praxis stammt der folgende Versuch, diese Problematik vertraglich abzubilden.

! Klauselmuster

„Ist nach dem Recht im Staat des Cloud-Kunden der Cloud-Dienstleister Schuldner der Umsatzsteuer, so hat der Cloud-Kunde den Cloud-Dienstleister bei der Erfüllung aller Verpflichtungen und Formalitäten zu unterstützen."

---

169 Für Zwecke dieser Darstellung angepasst.

Wie bei allen Praxisbeispielen gilt, dass es sich auch hierbei um eine Kompromissformel handeln kann und im Übrigen auch ausführlichere Regelungen angemessen sein können. 195

Hinsichtlich der Thematik möglicher Quellensteuern auf die Cloud-Vergütungen gibt es (durchsetzungsstarke) Dienstleister, die durch eine „Nettovereinbarung" (oder Gross-Up-Klausel) das Risiko auf den Dienstleister abwälzen wollen. Derartige Regelungen sind aus Sicht des Cloud-Kunden äußerst problematisch und sollten nach Möglichkeit nicht vereinbart werden, wenn ein reelles Quellensteuerrisiko besteht: 196

Klauselmuster !

„Direkte Steuern, die im Staat des Cloud-Kunden aufgrund der an den Cloud-Dienstleister in Übereinstimmung mit dem Vertrag geleisteten Zahlungen erhoben werden, gehen zulasten des Cloud-Kunden. Umsatzsteuern, die im Sitzstaat des Cloud-Kunden aufgrund dieser Zahlungen erhoben werden, gehen zulasten des Cloud-Kunden."

Das vorstehende Regelungsbeispiel bewirkt, dass der Kunde im Falle einer Quellensteuerpflicht die Steuer nicht von der Vergütung an den ausländischen Dienstleister abziehen, sondern zusätzlich an das Finanzamt leisten muss. Damit verteuert sich für ihn die Leistung. Zudem ergeben sich Folgewirkungen und Unsicherheiten bei den steuerlichen Bemessungsgrundlagen (für die Quellensteuer als auch ggf. für die gewerbesteuerliche Hinzurechnung sowie Umsatzsteuer). 197

Demgegenüber könnte eine recht typische Quellensteuerregelung bei ausgewogenen Machtverhältnissen in etwa wie in dem folgenden Praxisbeispiel aussehen: 198

Klauselmuster !

„Der [Dienstleister] ist zur Vorlage einer Freistellungsbescheinigung für Quellensteuern nach dem nationalen Recht des [Cloud-Kunden] verpflichtet. Sollte der [Dienstleister] keine Freistellungsbescheinigung vorlegen, so ist der [Cloud-Kunde] zum Einbehalt und zur Abführung nationaler Quellensteuern berechtigt und verpflichtet.

Der [Cloud-Kunde] ist verpflichtet, bei der Abwehr von Quellensteuern zu unterstützen. Der [Cloud-Kunde] wird mit dem [Dienstleister] insbesondere im Zusammenhang mit Außen- und Betriebsprüfungen jeder Art kooperieren und den [Dienstleister] jeweils unaufgefordert schriftlich über solche Sachverhalte informieren."

Vorstehendes Beispiel setzt den Dienstleister über die Thematik der möglichen Quellensteuer zunächst einmal in Kenntnis und fordert diesen zur Einholung und Beibringung einer Freistellungsbescheinigung auf. 199

Demgegenüber dient der zweite Absatz der Klausel eher den Interessen des Dienstleisters, könnte allerdings (im Interesse des Dienstleisters) konkreter gefasst werden. 200

b) Besonderheiten in englischsprachigen Verträgen sowie im internationalen Rechtsverkehr

201 In der Praxis wird die Mehrzahl der grenzüberschreitenden Verträge in englischer Sprache abgefasst. Inhaltlich werden dabei jedoch im Kern die oben umschriebenen Aspekte berührt, auch wenn aus dem angelsächsischen Raum stammende Vertragsentwürfe im Einzelfall noch ausführlicher gehalten sind (und häufig um US-typische Begrifflichkeiten zu bereinigen sind).

202 Ein englischsprachiges Praxisbeispiel für eine knappe Quellensteuerregelung lautet wie folgt:

Klauselmuster

"[Customer] shall be entitled to deduct tax (corporate income tax as well as solidarity surcharge, hereinafter collectively the 'Withholding Tax') at the applicable statutory rate and pay such amount to the German tax authorities from any payment, unless [Customer] is furnished with a certificate of exemption (Freistellungsbescheinigung) by Licensor of such payment before [Customer] executes the respective payment, certifying that [Customer] may refrain from withholding any Withholding Tax."

---

203 Demgegenüber könnte ein ausländischer Dienstleister beispielsweise eine folgende Nettovereinbarung (Gross-Up-Klausel) durchsetzen wollen, wobei die Großschreibung verdeutlicht, dass bestimmte steuerliche Begriffe bereits anderweitig im Vertrag vor die Klammer gezogen und definiert wurden:

Klauselmuster

"[Customer] shall make all payments to be made by it without any Tax Deduction, unless a Tax Deduction is required by law.
If a Tax Deduction is required by law to be made by [Customer], the amount of the payment due from [Customer] shall be increased to an amount which (after making any Tax Deduction) leaves an amount equal to the payment which would have been due if no Tax Deduction had been required."

---

204 Wie bereits ausgeführt, sollten auch umsatzsteuerliche Regelungen und ggf. Regelungen zur elektronischen Rechnungstellung sowie ggf. Klauseln zur Kooperation und des Zugriffs bei zukünftigen Betriebsprüfungen mitbedacht werden.

IV. „Outbound"-Leistungserbringung durch deutsche Cloud-Dienstleister

1. Abgrenzungen

205 Umgekehrt zur unter III. (Rn 126 ff.) behandelten Sachverhaltsgestaltung stellt sich die Situation dar, wenn deutsche Cloud-Dienstleister Leistungen an im Ausland ansässige Cloud-Kunden erbringen. Hier können sich Probleme mit fremden Steuerrechtsordnungen ergeben, die hier grundsätzlich nur eingeschränkt – aus deutscher steuerlicher Sicht – darstellbar sind.

a) Inländischer Cloud-Dienstleister

Der IT-Dienstleister ist in diesem (steuerlichen) Sinne dann als inländisch anzusehen, wenn er ertragsteuerlich – unabhängig vom Zivil- und Gesellschaftsrecht – als auch umsatzsteuerlich von einer deutschen Betriebsstätte aus operiert.[170] 206

b) Ausländischer Cloud-Kunde

Ein ausländischer Cloud-Kunde im Sinne dieser Abgrenzung liegt dann vor, wenn der Bezug über eine ausländische Betriebsstätte erfolgt, selbst wenn das Stammhaus des Kunden in Deutschland belegen ist. 207

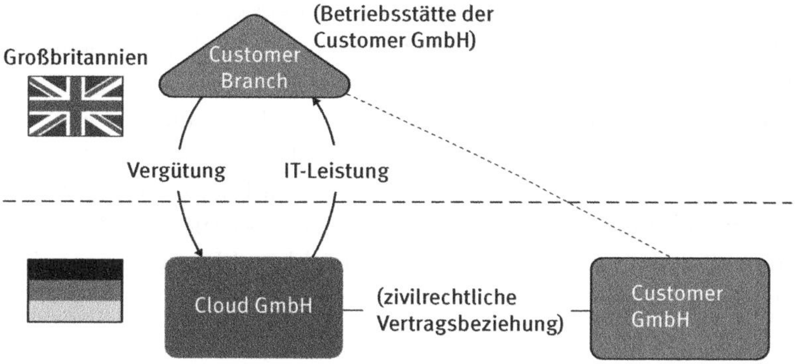

Abb. 5: Leistungserbringung an ausländische Betriebsstätte

2. Besteuerung des Cloud-Dienstleisters

a) Ertragsteuern

Der inländische Cloud-Dienstleister wird damit 208
- regelmäßig in Deutschland steuerlich ansässig und mit seinem Welteinkommen steuerpflichtig sein oder aber
- hier nur über eine Betriebsstätte verfügen und insoweit einer beschränkten (Betriebsstätten-)Besteuerung unterliegen.

Zu einer Doppelbesteuerung kommt es, wenn die in Deutschland steuerpflichtigen Erträge aus den Cloud-Leistungen auch im Ausland besteuert werden. Denkbar ist, dass das Ausland eine Quellensteuer (beispielsweise auf Lizenzvergütungen oder aber schlicht auf „Dienstleistungen“) erhebt. Gerade einige Schwellenländer legen ihre Quellenbesteuerungsrechte sehr weit aus, sodass unerwartete Besteuerungskonflikte auftreten können. 209

170 Zur Begriffsbestimmung der Betriebsstätte vgl. Rn 53 ff

210 Insbesondere wenn sich keine vollständige Abschirmung gegen ausländische Steuerrisiken (beispielsweise durch Gross-Up-Klauseln) erreichen lässt, sollte sich der Cloud-Dienstleister vorab über das Steuerrecht des betreffenden Kundenstaates, insbesondere über die einschlägigen DBA und deren praktische Durchsetzbarkeit und Handhabung, informieren. Möglicherweise sehen die DBA die Möglichkeit vor, sich von der ausländischen Quellensteuer befreien zu lassen oder diese zu beschränken. Der ausländische Staat wäre danach nur noch zur Besteuerung befugt, soweit es das einschlägige DBA erlaubt.

211 Besteht kein DBA, kann die im Ausland festgesetzte Steuer auf die deutsche Einkommen- oder Körperschaftsteuer unter bestimmten Bedingungen angerechnet werden.[171] Insbesondere muss die ausländische Steuer der deutschen Einkommen- oder Körperschaftsteuer „vergleichbar" sein. Die deutsche Finanzverwaltung veröffentlicht regelmäßig Listen derjenigen ausländischen Steuern, die als „vergleichbar" anerkannt werden. Verlangt wird außerdem das Beibringen einer ausländischen Steuerbescheinigung. In der Praxis „steckt der Teufel im Detail." Die deutschen Finanzämter prüfen sehr genau, ob sie – durch Anrechnung ausländischer Steuern – auf deutsches Steuersubstrat verzichten. Probleme bereiten in der Praxis beispielsweise zu Unrecht (abkommenswidrig) erhobene Quellensteuern oder (neu geschaffene) Steuerarten, bei denen unklar ist, ob es sich um „vergleichbare" Ertragsteuern oder doch vielmehr um Verkehrsteuern handelt.[172]

b) Gewerbesteuer

212 Der Cloud-Dienstleister unterliegt auch mit den aus dem Ausland erzielten (und nicht über eine dortige Betriebsstätte erbrachten) Einkünften der deutschen Gewerbesteuer. Theoretisch denkbar ist es, dass der (nicht als Kapitalgesellschaft organisierte) Dienstleister keine gewerblichen, sondern selbstständige Einkünfte erzielt.[173]

c) Umsatzsteuer

213 Soweit der Cloud-Dienstleister gegenüber ausländischen unternehmerischen Kunden abrechnet, ist keine deutsche Umsatzsteuer auszuweisen, da das Umsatzsteuerrecht des Zielstaates greift. Der Cloud-Dienstleister sollte bei Leistungen in andere EU-Staaten vorsorglich in geeigneter Form auf die Anwendbarkeit des Reverse-Charge-

---

171 Zur Anrechnung auf die Einkommensteuer Blümich/*Wagner*, § 34c EStG Rn 8; zur Anrechnung auf die Körperschaftsteuer Blümich/*Pohl*, § 26 Rn 17 ff.

172 Beispiel: Die chinesische Geschäftssteuer (Business Tax), hierzu Wassermeyer/*Hackemann/Pfaar*, DBA-China, Art. 12 Rn 21.

173 Rn 68.

Mechanismus hinweisen. Danach ist der Leistungsempfänger verpflichtet, auf seine Gegenleistung selbst Umsatzsteuer zu berechnen und anzumelden.

Wenn der EU-ausländische Cloud-Kunde hingegen kein Unternehmer ist, ist noch bis zum Jahresanfang 2015 deutsche Umsatzsteuer auszuweisen. 214

3. Besteuerung des Cloud-Kunden

Die steuerliche Behandlung des ausländischen Cloud-Kunden richtet sich nach seiner jeweiligen Heimat-Steuerordnung. Besonderheiten des deutschen Steuerrechts wie die gewerbesteuerliche Hinzurechnung greifen nicht ein. 215

Vielfach wird die ausländische Steuerrechtsordnung den Cloud-Kunden (ähnlich der in Deutschland geltenden Systematik des § 49 EStG) zu einem Quellensteuereinbehalt auf Rechnung des Cloud-Dienstleisters verpflichtet. In diesen Fällen sind die Vertragsparteien gefordert, das Risiko vertraglich zu adressieren. 216

4. Konzerninterne Cloud

Sind Cloud-Dienstleister und Cloud-Kunde steuerlich nahestehende Personen, sind die Fremdüblichkeit der vertraglichen Vereinbarung nach Form und Inhalt und deren zeitnahe und ausführliche Dokumentation zu beachten, wofür auf die bereits getroffenen Ausführungen sinngemäß verwiesen werden darf.[174] In vielen (insbesondere größeren) Fällen können im Vorfeld bindende Absprachen mit allen beteiligten Finanzverwaltungen angestrebt werden, um sich die Fremdüblichkeit der gewählten Bedingungen bestätigen zu lassen (Advanced Pricing Agreements). Anders als in Deutschland[175] können Zusagen im Rahmen solcher Abmachungen in anderen Jurisdiktionen gebührenfrei erfolgen. 217

5. Cloud-spezifische steuerliche Vertragsgestaltung

Die bereits dargestellten insbesondere (umsatzsteuerlichen und quellensteuerrelevanten) Fragestellungen stellen sich bei der Outbound-Leistungserbringung mit umgekehrten Vorzeichen gegenüber dem Inbound-Leistungsbezug (vorstehend in Abschnitt III., Rn 126 ff.). Für das Quellensteuerrisiko müssen die deutschen Leistungserbringer nicht die deutschen Steuervorschriften, sondern die für den Cloud-Kunden anwendbaren ausländischen Steuerrechtsnormen berücksichtigen. Bei entsprechender Verhandlungsposition sollte der deutsche IT-Dienstleister darauf drängen, das Risiko einer ausländischen Quellensteuer (und ggf. ausländischer indi- 218

174 Rn 187.
175 Vgl. zur Kostenpflicht von Vorabverständigungsverfahren § 178a AO.

rekter Steuern) auf den ausländischen Vertragspartner überzuwälzen. Hierzu bieten sich Freistellungs- oder Gross-Up-Klauseln an.

V. Schlussbemerkungen

219 Das Steuerrecht des Cloud-Computings befindet sich „im Fluss". Mit steigender wirtschaftlicher Bedeutung der elektronisch erbrachten Wertschöpfung wachsen die Begehrlichkeiten der Finanzminister im In- und Ausland. Mit ständigen Änderungen des Steuerrechts und der Praxis der Finanzverwaltung ist zu rechnen. Besondere Brisanz bergen neben der Umsatzsteuer (und im Ausland anderen Verkehrsteuern) das Quellensteuerrisiko sowie (vorrangig, aber nicht nur) für den Dienstleister die Gefahr der Begründung einer steuerpflichtigen Betriebsstätte. Beides kann zu einer Überbesteuerung (Doppelbesteuerung) führen. Für deutsche Cloud-Kunden stellt sich zudem das Problem der Vermeidung gewerbesteuerlicher Hinzurechnungen. Vielfach lassen sich auf der Grundlage eines steuerlichen Verständnisses steuerliche Risiken im Rahmen entsprechender Vertragsgestaltung eingrenzen oder minimieren.

C. Telekommunikationsrecht

220 In diesem Kapitel werden telekommunikationsrechtliche Fragen behandelt, die sich im Zusammenhang mit Cloud Computing ergeben können. Die Relevanz des Telekommunikationsrechts erstaunt dabei nur auf den ersten Blick. Bei genauerem Hinsehen lassen sich zwei Anwendungsfelder identifizieren: zum einen der Bereich **Konnektivität** und zum anderen der **Inhalt des Cloud Dienstes** selbst. Für beide Anwendungsfälle kann es zur Anwendung des Telekommunikationsrechts (im Folgenden „TK-Recht") und damit zu Besonderheiten in Bezug auf sog. Compliance-Verpflichtungen und die Vertragsgestaltung kommen. Dem wird im Folgenden nachgegangen.

I. Einleitung

1. Fragestellungen

221 Zwar beinhalten Cloud Computing-Lösungen vornehmlich Leistungen, die klassischerweise dem EDV- bzw. IT-Bereich zuzuordnen sind, so etwa Speicherplatz, IT-Anwendungen und Softwarelösungen (z.B. SaaS) bis hin zur vollständigen Auslagerung privater oder geschäftlicher IT-Systeme. Allerdings ist eine Besonderheit des Cloud Computing die zur Nutzung der betreffenden Dienste erforderliche Konnektivität: ohne Konnektivität keine Cloud. Konnektivität wiederum erfordert einen Telekommunikationsdienst, d.h. die Verbindung der Dienste mit den Kunden über ein Netzwerk bzw. das Internet, mit dessen Hilfe die Daten für die Cloud-Anwendungen

vom Kunden in die Cloud geschickt bzw. aus der Cloud empfangen werden. Und nicht selten wird die Konnektivität gemeinsam mit dem Cloud-Dienst angeboten, sodass der Weg in die und aus der Cloud Leistungsbestandteil des Gesamtangebots des Anbieters des Cloud-Dienstes ist. Das führt zu Abgrenzungsfragen,[176] denn häufig wähnt sich der Anbieter des Cloud-Dienstes in solchen Fällen deswegen außerhalb des Anwendungsbereichs des Telekommunikationsrechts, weil er selbst die physische **Konnektivität** bei einem Dritten im Wege des sog. **Wholesale** einkauft (z.B. einem Mobilfunknetzbetreiber oder einem Anbieter von Mietleitungen oder Datendirektverbindungen). Diese B2B-Beziehung ändert freilich nichts daran, dass der Cloud-Anbieter seinem Kunden die Konnektivität ähnlich einem **Wiederverkäufer (Reseller)** hierfür mitverkauft.

Häufig ist auch der Fall anzutreffen, dass der Cloud-Dienst auf der bestehenden 222
Konnektivität des Kunden selbst aufsetzt. Typischerweise wird in solchen Fällen der bestehende Internetzugang des Kunden für den Cloud-Dienst vorausgesetzt und genutzt. Allerdings entstehen auch hier Abgrenzungsfragen, wenn der Cloud-Dienst, etwa aus Sicherheitsgründen über den bestehenden Internetzugang eine logisch abgetrennte, virtuelle Datenverbindung in der Art eines **VPN (Virtual Private Network)** herstellt. Dann verhält sich der Cloud-Dienst nämlich nicht mehr wie die einer Website ähnliche Plattform, die vom Kunden selbst angesteuert wird. Vielmehr greift der Anbieter über die logische Verbindung auch in den Datentransport ein und begibt sich damit in einen Bereich, der eine genaue Betrachtung der Definition und Abgrenzung von Telekommunikationsdiensten erfordert.

Cloud-Dienste können ferner auch selbst Telekommunikationsdienste sein, etwa 223
die **virtuelle Nebenstellenanlage für VoIP (Voice over IP)**, die zugleich in der Lage ist, Sprachverbindungen mit (beliebigen) Dritten herzustellen. Auch soweit beispielsweise ein Arbeitgeber seinen Arbeitnehmern die **private Nutzung von Telefonie, E-Mail und/oder Internet** gestattet und deswegen als Anbieter eines Telekommunikationsdienstes betrachtet wird,[177] führt die Verlagerung der IT-Infrastruktur in eine Cloud nicht zu einer veränderten Betrachtung; d.h. der Arbeitgeber bleibt gegenüber den Arbeitnehmern Anbieter eines Telekommunikationsdienstes und der Anbieter des Cloud-Dienstes ist entweder lediglich weisungsgebundener „Gehilfe" wie bei der Auftragsdatenverarbeitung[178] oder der Anbieter des Cloud-Dienstes übernimmt die Funktion des Erbringers des bestehenden Telekommunikationsdienstes und der Arbeitgeber wird zum „Wiederverkäufer". In diesem Zusammenhang sei ferner daran erinnert, dass ein **webbasierter E-Mail-Dienst** einerseits ein vergleichsweise alter Cloud-Dienst ist, andererseits zumindest der E-Mail-Transport aber typischerweise auch als Telekommunikationsdienst angesehen wird.[179] Gleiches gilt für bestimmte

176 Grundlegend zur Konvergenz von IT und Telekommunikation schon *Heun*, CR 2008, S. 79 ff.
177 Siehe Heun/*Heun*, Teil A Rn 42.
178 Sie dazu das Kapitel Datenschutz in diesem Buch, Kap. 5 Rn. 24 ff.
179 Siehe etwa Säcker/*Säcker*, § 3 Rn 65.

Unified Messaging Services (UMS) und bestimmte sonstige Messaging-Dienste. Mit anderen Worten ändert sich an der telekommunikationsrechtlichen Qualifikation eines Dienstes nichts dadurch, dass die hard- und softwaretechnische Infrastruktur über einen Cloud-Dienst bereitgestellt wird. Da die hiermit verbundene telekommunikationsrechtliche Fragestellung somit unabhängig vom Bestehen einer cloudbasierten Lösung ist, werden solche Fälle in diesem Beitrag nicht vertieft untersucht.[180] Viele der nachstehenden Ausführungen gelten allerdings für solche Dienste ebenso.

224 Umgekehrt werden IT-Dienste und Telemedien als solche nicht dadurch zu TK-Diensten, weil sie cloudbasiert angeboten werden. Allerdings ist die bereits angesprochene Konnektivität zusätzlich und unter telekommunikationsrechtlichen Gesichtspunkten zu betrachten.

225 Für die hier vorgenommene Betrachtung anhand des TK-Rechts ist schließlich entscheidend, dass Cloud-Anbieter und -Nutzer in einem Leistungsverhältnis zueinanderstehen. Auf die in der Praxis häufig vorkommende Unterscheidung zwischen **„Public Clouds“** und **„Private Clouds“** kommt es dabei in der Regel nicht an. Allerdings kann die verwendete Methode der Konnektivität einen Unterschied machen (siehe unten Rn 234 und 236). Die Unterscheidung zwischen Public und Private Clouds ist auch nicht zu verwechseln mit der Frage, ob ein Telekommunikationsdienst **öffentlich zugänglich** ist oder nur innerhalb einer **geschlossenen Benutzergruppe** erbracht wird. Ersteres bestimmt die Konfiguration des Cloud-Dienstes, Letzteres den Umfang der telekommunikationsrechtlichen Compliance-Verpflichtungen anhand der Zielgruppe eines Telekommunikationsdienstes. Es mag Wechselwirkungen geben, aber es ist wichtig, darauf hinzuweisen, dass die Gleichung „Private Cloud = geschlossene Benutzergruppe ≠ Telekommunikationsdienst“ **nicht** aufgeht.[181]

226 Die dargestellten Vorüberlegungen verdeutlichen zugleich, dass es für die telekommunikationsrechtlichen Fragestellungen im Zusammenhang mit Cloud-Diensten, die nicht ohne schon selbst ein Telekommunikationsdienst sind (siehe Rn 223), auf den Aspekt der Konnektivität, d.h. auf den Zugang in die und aus der Cloud ankommt. Damit scheiden sämtliche typischen Cloud-Dienste wie IaaS (Infrastructure as a Service) und SaaS (Software as a Service) aus der Untersuchung aus, sofern und solange der Anbieter nicht auch die physische oder logische Konnektivität für diese Dienste (mit) anbietet.

2. Schwerpunktthemen

227 Aus den einführenden Bemerkungen ergibt sich, dass die Frage der **telekommunikationsrechtlichen Einordnung** der im Rahmen eines Cloud-Dienstes angebotenen oder genutzten Konnektivität die entscheidende Weichenstellung dafür ist, ob

---

180 Näher dazu Heun/*Heun*, Teil A Rn 43 ff.

181 *Heun*, CR 2008, 79, 80 f.

der Anbieter weiteren Compliance-Verpflichtungen aus dem TK-Recht unterliegt. Für diese Einordnungsfrage kommt es auf das Telekommunikationsgesetz (TKG) und die dem TKG zugrundeliegenden EU-Richtlinien[182] sowie die diesbezügliche Praxis der für die Umsetzung und Überwachung des TKG zuständigen BNetzA an.

Anschließend geht es dann um Art und Umfang der aus TK-Recht folgenden **Compliance-Verpflichtungen**, deren Verhältnis zu anderen Verpflichtungen sowie deren Auswirkungen auf die **Vertragsgestaltung und Vertragspraxis**. Hierbei spielen insbesondere datenschutzrechtliche Aspekte eine Rolle, weil das TKG ein gegenüber dem BDSG und dem TMG eigenständiges datenschutzrechtliches Regime enthält. Der Umfang der Compliance-Verpflichtungen wiederum ist u.a. abhängig davon, ob es sich bei einem als Telekommunikationsdienst zu qualifizierenden Diensteangebot um ein öffentlich zugängliches Angebot handelt oder lediglich um die Erbringung des Dienstes innerhalb einer geschlossenen Benutzergruppe. 228

II. Anwendungsbereich des TK-Rechts auf Cloud-Dienste

229 Die Anwendung des TKG auf Cloud-Dienste oder auf einen Teil solcher Dienste wird anhand der Wesensmerkmale des betreffenden Dienstes bestimmt. Das TKG findet nur Anwendung auf Telekommunikationsdienste und Telekommunikationsnetze, konkreter: auf das **Erbringen von Telekommunikationsdiensten oder die Mitwirkung daran** (= Legaldefinition des **Diensteanbieters**)[183] und das **Betreiben von Telekommunikationsnetzen oder von Telekommunikationsanlagen.**[184] Eine einzelne und allgemeine Bestimmung über den Geltungsbereich des TKG besteht nicht. Auch ist die Geltung des TKG nicht etwa auf die nach § 6 Abs. 1 TKG meldepflichtigen Aktivitäten, also das Erbringen **öffentlich zugänglicher** Telekommunikationsdienste oder das Betreiben eines **öffentlichen** Telekommunikationsnetzes beschränkt. Vielmehr besteht ein abgestuftes System von aufeinander aufbauenden, regelmäßig legaldefinierten Tätigkeiten und daran anknüpfenden Verpflichtungen. Diese begin-

---

182 Dabei handelt sich um das EU-Richtlinienpaket 2002, bestehend aus Rahmenrichtlinie (RL 2002/21/EG), Genehmigungsrichtlinie (RL 2002/20/EG), Zugangsrichtlinie (RL 2002/19/EG), Universaldienstrichtlinie (RL 2002/22/EG) sowie Datenschutzrichtlinie (RL 2002/58/EG). Das Paket ist zwischenzeitlich mit dem EU-TK-Reformpaket 2009 durch die beiden Änderungsrichtlinien „Bessere Regulierung" (RL 2009/140/EG) und „Rechte der Bürger" (RL 2009/139/EG) geändert worden, die in Deutschland durch die TKG-Novelle 2012 umgesetzt worden sind.

183 Das folgt einerseits aus der Definition des Diensteanbieters in § 3 Nr. 6 TKG sowie der in § 6 Abs. 1 TKG vorgesehenen Meldepflicht, andererseits daraus, dass die Bestimmungen des TKG häufig an den Anbieter von Telekommunikationsdiensten anknüpfen, wie etwa in den §§ 43a ff. TKG zum Kundenschutz.

184 Für Netze folgt dies wiederum aus der in § 6 Abs. 1 TKG vorgesehenen Meldepflicht, für Anlagen daraus, dass einzelne Bestimmungen des TKG an den Betrieb einer Telekommunikationsanlage anknüpfen, wie etwa § 110 TKG.

nen schon beim Erbringen eines einfachen (auch nicht öffentlich zugänglichen) Telekommunikationsdienstes und sind besonders weitreichend bei dem Betrieb eines öffentlichen Telekommunikationsnetzes oder einer Telekommunikationsanlage, mit der öffentlich zugängliche Telekommunikationsdienste erbracht werden (auch ohne dass zugleich ein Telekommunikationsnetz betrieben oder ein Telekommunikationsdienst erbracht wird).

1. Telekommunikationsdienst

230 Ausgangspunkt für die Geltung des TKG ist die Frage, ob eine bestimmte Leistung (überhaupt) ein **Telekommunikationsdienst** darstellt. In §3 Nr. 24 TKG sind „Telekommunikationsdienste" auf Grundlage der Begriffsbestimmung in Art. 2 lit. c Rahmenrichtlinie für „elektronische Kommunikationsdienste" als in der Regel gegen Entgelt erbrachte Dienste legaldefiniert, *„die ganz oder überwiegend in der Übertragung von Signalen über Telekommunikationsnetze bestehen"*. Die entscheidenden Merkmale für das Vorliegen eines TK-Dienstes sind demnach

- die Signalübertragung,
- über ein TK-Netz und
- dass der Dienst ganz oder überwiegend hieraus besteht.

231 Diese Merkmale werden im Folgenden näher untersucht. Dabei ist darauf hinzuweisen, dass zu den relevanten Merkmalen praktisch keine Rechtsprechung existiert. Die nachfolgende Darstellung orientiert sich daher an der Praxis der BNetzA, die aber im Bereich Internet-basierter Leistungen auch nicht unumstritten ist.

a) Telekommunikationsnetz

232 Ein Telekommunikationsnetz ist nach §3 Nr. 27 TKG in Anlehnung an die Definition des „elektronischen Kommunikationsnetzes" in Art. 2 lit. a Rahmenrichtlinie

> *„die Gesamtheit von Übertragungssystemen und gegebenenfalls Vermittlungs- und Leitwegeinrichtungen sowie anderweitigen Ressourcen einschließlich der nicht aktiven Netzbestandteile, die die Übertragung von Signalen über Kabel, Funk, optische und andere elektromagnetische Einrichtungen ermöglichen, einschließlich Satellitennetzen, festen, leitungs- und paketvermittelten Netzen, einschließlich des Internets, und mobilen terrestrischen Netzen, Stromleitungssystemen, soweit sie zur Signalübertragung genutzt werden, Netzen für Hör- und Fernsehfunk sowie Kabelfernsehnetzen, unabhängig von der Art der übertragenen Information."*

233 Der Begriff „soweit" verdeutlicht, dass es für die Qualifikationen eines Telekommunikationsnetzes auf die telekommunikative Funktion ankommt und nicht darauf, ob die hierfür verwendeten Systeme auch anderen Zwecken dienen (können). Das TKG und die Praxis der BNetzA nehmen hier eine **„funktionale Betrachtungsweise"** vor. Daher kommt es auch nicht darauf an, ob die zur Erbringung eines Telekommunikationsdienstes eingesetzten Systeme unmittelbar auf der physikalischen Infrastruktur

aufsetzen oder auf bereits vorhandene Übertragungssysteme, die selbst ein Telekommunikationsnetz oder einen Telekommunikationsdienst darstellen. Folglich ist ein **IP-Netz**, mit welchem beispielsweise der Zugang zum Internet vermittelt wird, und (infolge einer durch die TKG-Novelle 2012 erfolgten klassischen Ergänzung ausdrücklich auch) das **Internet** selbst ebenso ein Telekommunikationsnetz, wie das einem solchen Netz ggf. in Form von **Bandbreite oder Mietleitungen** zugrunde liegende Leitungsnetz. Ungeschriebene Voraussetzung für ein Telekommunikationsnetz ist freilich, dass es aus mindestens drei verbundenen Punkten besteht. Eine einzelne Punkt-zu-Punkt-Verbindung ist noch kein Netz, mehrere davon dagegen schon.

Praxistipp

Wird der Zugang zu einem Cloud-Dienst über das Internet (und damit auf Basis eines bestehenden Internetzugangs des Kunden) angeboten, so bedeutet dies nicht automatisch, dass der Anbieter des Cloud-Dienstes nichts mit dem TKG zu tun hat.

---

b) Signalübertragung

Am Merkmal der Signalübertragung erfolgt die **entscheidende Abgrenzung** zwi- 234
schen einem Telekommunikationsdienst einerseits und einem Inhaltsdienst (IT-Service, Content-Service, Telemedien etc.) andererseits. Mit der Signalübertragung ist nämlich die **Transportleistung in Abgrenzung zur Inhaltsleistung** gemeint. Der Dienst muss demzufolge die von seinem jeweiligen Kunden generierten Inhalte (wie Sprache, Bilder oder Daten) als Signale über ein Telekommunikationsnetz (einschließlich des Internets) an einen anderen Ort übertragen. Das bloße Bereithalten von Inhalten etwa auf einer Website oder einer über das Internet ansteuerbaren Cloud-Infrastruktur beinhaltet daher keine Signalübertragung, auch wenn der Zugriff bzw. Up- und Download natürlich nicht ohne Signalübertragung möglich ist. Diese erfolgt im Falle des Bereithaltens der Inhalte durch die Anbieter des Internetzugangs für die bereithaltenden, abrufenden und/oder Daten eingebenden bzw. hochladenden Personen. Damit ist ein dem Merkmal der Signalübertragung immanentes Kriterium angesprochen, nämlich der Kontrolle über die Signalübertragung und der (rechtlichen) Verantwortung hierfür gegenüber dem Kunden. Das Merkmal der Signalübertragung kann dabei rein technisch oder auch funktional verstanden werden.

Bei einem rein technischen Verständnis erfolgt die Abgrenzung über das sog. 235
ISO/OSI-Schichtenmodell. Hier wird argumentiert, dass lediglich die Schichten 1–4 (Bitübertragung, Sicherung, Vermittlung und Transport) Transportfunktion besitzen und damit der Signalübertragung zuzuordnen sind, während die Schichten 5–7 (Kommunikation, Darstellung und Anwendung) als inhaltsbezogene Schichten Anwendungen beinhalten,[185] die jedenfalls nicht mehr überwiegend aus Signalübertragung

---

185 Siehe die anschaulichen Darstellungen unter http://www.elektronik-kompendium.de.

bestehen.[186] Dieses eher enge technische Verständnis betrifft vornehmlich die „klassischen“ Telekommunikationsdienste (wie Telefonie, Mietleitungen und Datenübertragung), was aber bei bestimmten Konnektivitätsangeboten im Zusammenhang mit Cloud-Diensten bereits relevant werden kann: nämlich bei Anbindungen über Mietleitungen oder Datendirektverbindungen (dazu näher unten Rn 244).

236 Weiter verbreitet[187] ist eine **funktionale Betrachtungsweise**, welche auch die BNetzA in der Regulierungspraxis zugrunde legt. Hierbei kommt es darauf an, ob die angebotenen Anwendungen oder Dienste eine eigene Funktionalität in Bezug auf die Signalübertragung beinhalten, d.h., ob der Anbieter über das Bereithalten von Inhalten hinaus Funktionen in Bezug auf den Signaltransport kontrolliert und (egal ob selbst oder als Wiederverkäufer) anbietet, und zwar unbhängig davon, welche Ebene des OSI-Schichtenmodells technisch betroffen ist. Zwar helfen auch hier technische Anhaltspunkte aus dem OSI-Schichtenmodell, um das Element der Kontrolle zu bestimmen, es kommt aber auch auf den Empfängerhorizont an, nämlich ob der Kunde aus seiner Sicht (auch) eine Transportleistung erhält. Für die Kontrolle wiederum reicht eine dem Anbieter über den Empfängerhorizont zurechenbare logische Kontrolle von Transportfunktionen aus, auch wenn diese auf bestehenden Transportleistungen Dritter (wie etwa dem Anbieter eines Internetzugangs) aufsetzt. Typisches Beispiel ist ein VoIP-Dienst mit Übergangsfunktion zu einem PSTN/ISDN-Anschluss. Beim Anrufer setzt der Dienst zwar auf dem bestehenden Internetanschluss des Kunden auf, aber der VoIP-Anbieter kontrolliert zugleich die Herstellung der VoIP-Anrufverbindung zu dem angerufenen Teilnehmer in einem Drittnetz (einschließlich Umsetzung des Anrufs von IP in leitungsvermittelte Protokolle). Eine solche Kontrolle kann aber in der Praxis der BNetzA auch schon dann vorliegen, wenn auf Grundlage des Internetzugangs des Kunden vom Anbieter über im Angebot enthaltene Software oder Dienste ein sog. **VPN-Tunnel**[188] geschaffen und überwacht wird, um die sichere Kommunikation mit der Cloud zu ermöglichen (dazu näher unten Rn 245). Denn hier bewirken spezielle, über die einfache SSL-Verschlüsselung[189] (https) hinausgehende, vom Anbieter verwendete Protokolle[190] eine eigenständige Übertragungsfunktionalität.

! **Praxishinweis**
Signalübertragung im Sinne der Definition des Telekommunikationsdienstes kann auch dann vorliegen, wenn der Anbieter eines Cloud-Dienstes die sichere Datenübertragung in die und aus der Cloud über einen VPN-Tunnel anbietet.

---

186 So etwa BeckTKG-Komm/*Schütz*, § 6 Rn 35 ff., 38.
187 Siehe Säcker/*Säcker*, § 3 Rn 62a m.w.N.
188 VPN steht für Virtual Private Network.
189 SSL steht für Secure Socket Layer.
190 Die verwendeten Protokolle wirken zudem eng mit den Übertragungsprotokollen auf den Transportebenen des OSI-Schichtenmodells zusammen und beeinflussen diese.

c) Ganz oder überwiegend

Von besonderer Bedeutung für die Anbieter von Cloud-Diensten ist die Frage, ob das mit Konnektivitätsleistungen verbundene Angebot eines Cloud-Dienstes auch dann dem TKG als Telekommunikationsdienst unterfällt, wenn die Konnektivität lediglich ein (kleiner) Leistungsbestandteil ist. Denn nach der Definition des Telekommunikationsdienstes muss die Signalübertragung ganz oder überwiegend Bestandteil des Dienstes sein. Bei einem **Leistungspaket** bestehend aus dem eigentlichen Cloud-Dienst nebst Konnektivität liegt auf den ersten Blick der überwiegende Teil des gesamten Leistungspakets im Bereich der Cloud. Dann wäre der Dienst insgesamt überwiegend kein Telekommunikationsdienst. Wie bereits erwähnt (oben Rn 236) wird allerdings im TK-Recht eine funktionale Betrachtungsweise zugrunde gelegt. 237

Für die Einordnung von gemischten Leistungen kommt es demnach – insbesondere in der Praxis der BNetzA – darauf an, ob die einzelnen Leistungsteile **funktional separat** betrachtet werden können. Ist dies der Fall, müssen die einzelnen Teile danach untersucht werden, ob sie ein Telekommunikationsdienst sind oder nicht. Dort, wo diese Trennung nicht möglich ist, entscheidet der Leistungsschwerpunkt.[191] Welche Kriterien für die Frage der Trennbarkeit zugrunde zu legen sind, ist allerdings nicht geklärt. Die Praxis der BNetzA neigt jedenfalls zu einer Zugrundelegung des Empfängerhorizonts. Dabei kommt es darauf an, ob sich der Dienst aus Sicht des Empfängers technisch wie funktional einheitlich, also als eine Art Gesamtvorgang darstellt oder nicht. Dies wird man bei Konnektivitätsleistungen zusätzlich zum Cloud-Dienst nicht annehmen können. Denn typischerweise ist die Konnektivität eine Leistung, die vom Kunden auch separat bei einem Dritten eingekauft werden kann, so beispielsweise eine Mietleitung oder Datendirektverbindung zum Standort der Cloud-Infrastruktur in einem Rechenzentrum. Auch einfache Cloud-Zugänge über den bestehenden Internetanschluss des Kunden setzen einen Drittanbieter, nämlich den Internetzugangsanbieter seitens des Kunden voraus. Daher muss man von einer technisch und funktionalen Abtrennbarkeit der Konnektivitätsleistung mit der Folge ausgehen, dass dieser Leistungsbestandteil telekommunikationsrechtlich separat zu beurteilen ist, auch wenn der Anbieter einen einheitlichen Preis dafür verlangt. 238

Beispiel

Abtrennbar ist bei verständiger Betrachtung für den Kunden etwa

- Internetzugang über ein Fahrzeug, der gemeinsam mit dem Fahrzeug bereits (für eine bestimmte Nutzungsdauer) mitverkauft wird;
- Voice over IP (VoIP)-Telefonie, die über den Internetzugang auch Telefongespräche an beliebige Teilnehmer ermöglicht und gemeinsam mit Sprachspeicherdiensten angeboten wird sowie
- Zugang zu einer Cloud über eine dedizierte, individuell für den Kunden bestellte Datenverbindung.

---

191 Insoweit ebenso BeckTKG-Komm/*Schütz*, § 6 Rn 34.

Nicht abtrennbar ist dagegen etwa
- der Anruf zu einem Auskunfts- oder Mehrwertdienst (vom Auskunfts- oder Mehrwertdienst selbst);
- Datenverbindung zwischen Haupt- und Backup-Rechenzentrum des Rechenzentrumsbetreibers sowie
- funkgestütztes Ablesesystem des Abrechnungsdienstleisters für Verbrauchsdaten, die der Dienstleister selbst beim Kunden erfasst.

---

239 In den beiden letztgenannten Fällen werden zwar auch Daten (des Kunden) mittels Signalübertragung übertragen. Diese Datenübertragung zeigt sich aber als wesentlicher Bestandteil im Hintergrund der geschuldeten Datenverarbeitungs- bzw. Abrechnungsleistung. Denn hier wir nicht dem Kunden die Datenübertragung (oder Konnektivität) angeboten, sondern der Anbieter selbst bedient sich der Datenübertragung zur Erfüllung seiner Leistungspflicht, die selbst keine Übertragungsleistung ist.[192]

240 Als besondere Grenzfälle bleiben damit Konstellationen übrig, in denen die Konnektivität zu und von der Cloud zwar auf Basis eines bestehenden Internetzugangs des Kunden angeboten wird, aber unter Verwendung besonderer Systeme zur Herstellung eines sog. **VPN-Tunnels** oder einer vergleichbaren Sonderverbindung. Anders als bei der physischen Anbindung über eine Mietleitung erfolgt hier die Anbindung des Kunden an die Cloud lediglich virtuell bzw. logisch. Wie bereits erwähnt (oben Rn 236) übernimmt der Anbieter hier regelmäßig auch eine eigenständige Verantwortung für die Übertragungsfunktion. Deren Abtrennbarkeit ist aber nicht so offensichtlich, weil der bestehende Internetzugang des Kunden für die Übertragung der Daten genutzt wird, ohne dass eine (ganz) andere Anwendung wie etwa VoIP oder E-Mail hinzukommt. Gleichwohl wird man nicht umhinkommen, auch hier eine besondere und damit abtrennbare Form der Konnektivität anzunehmen, zumal die Anbindung eines Cloud-Dienstes über einen VPN-Tunnel regelmäßig als zusätzliche Absicherung des Datenverkehrs angeboten wird.

! **Praxistipp**
Wenn der Cloud-Anbieter die Anbindung der Cloud über einen abgesicherten VPN-Tunnel anbietet, liegt auch insoweit in der Praxis der BNetzA ein abtrennbarer Telekommunikationsdienst vor.

---

2. Erbringen eines Telekommunikationsdienstes

241 Das Erbringen eines Telekommunikationsdienstes ist die Folge des (kontrahierten, also vertraglich vereinbarten) Angebots eines solchen Dienstes. Mit Erbringern sind diejenigen Unternehmen gemeint, welche die Telekommunikationsdienste **im**

---

192 Die Übergänge sind hier freilich fließend, siehe Heun/*Heun*, Teil A Rn 49. Anders wäre etwa der Fall des Rechenzentrums, wenn der Betreiber dem Kunden die Anbindung an beide Rechenzentren erbringt.

eigenen Namen und für eigene Rechnung gegenüber Dritten anbieten. Damit ist etwa der Handelsvertreter ausgenommen, nicht aber derjenige, der einen Telekommunikationsdienst bei einem Vorleister einkauft und an seinen Kunden (sei es auch gemeinsam mit anderen Leistungen) weiterverkauft.

Praxistipp

!

Dass ein Anbieter von Cloud-Diensten die Konnektivität typischerweise bei einem dritten Vorleister einkauft, z.B. einem („klassischen") Telekommunikationsunternehmen, spielt keine Rolle, wenn der Cloud-Anbieter diese Konnektivität als Teil seiner (Gesamt-)Leistung im eigenen Namen und für eigene Rechnung gegenüber dem Kunden „verkauft".

In **örtlicher** Hinsicht kommt es für das Erbringen eines Telekommunikationsdienstes 242
unter Geltung des TKG darauf an, wem der Dienst wo angeboten bzw. erbracht wird, nicht wo der Anbieter seinen Sitz hat oder wo sich die Cloud-Infrastruktur geografisch befindet. Denn das TKG knüpft an das Erbringen des Telekommunikationsdienstes an. Freilich ist die Durchsetzung von telekommunikationsrechtlichen Verpflichtungen durch die BNetzA ungleich schwieriger, wenn Anbieter und Cloud-Infrastruktur im Ausland sitzen.

Praxistipp

!

Entscheidend ist für die räumliche Anwendbarkeit des TKG, **ob mit dem Angebot, Personen im Inland adressiert werden**. Das ist bei Cloud-Angeboten verbunden mit Konnektivität für im Inland ansässige Personen typischerweise der Fall.

---

3. Zusammenfassung: Relevante Cloud-Dienste

Aus den vorstehenden Erwägungen ergibt sich, dass Angebot und Erbringen von 243
Konnektivität in die und aus der Cloud durch den Anbieter des Cloud-Dienstes im eigenen Namen und auf eigene Rechnung gegenüber dem Kunden als Telekommunikationsdienst im Sinne des TKG einzustufen ist. Kein Telekommunikationsdienst ist das Angebot des typischen Cloud-Dienstes selbst, wenn der Dienst nicht schon von vorneherein ein Telekommunikationsdienst ist wie etwa ein VoIP-Dienst. Die in der Praxis vorherrschende funktionale Betrachtung des TK-Rechts führt zu einer separaten Einordnung der Konnektivitätsleistung mit der Folge, dass auch lediglich dieser Leistungsbestandteil telekommunikationsrechtlichen Anforderungen unterliegt. Für die übrigen Leistungen des Cloud-Dienstes bleibt es bei den dafür geltenden Anforderungen, ohne dass diese durch das TK-Recht „infiziert" würden.

a) Physische Anbindungen an die Cloud

Ein typischer, in der Praxis auftretender Fall der Cloud-Anbindung findet sich im B2B- 244
Bereich in Form der dedizierten **Mietleitung oder Datendirektverbindung**. Auch im

bisherigen Bereich der Rechenzentrumsdienstleistungen war dieser Fall schon anzutreffen. Solche physischen Anbindungen sind klassische Telekommunikationsdienste und können im Fall der Anbindung mehrerer Kundenstandorte sogar ein Telekommunikationsnetz (oder jedenfalls eine Telekommunikationsanlage) darstellen, das (die) vom Anbieter betrieben wird. Im Normalfall kauft der Anbieter die Anbindung bei einem Telekommunikationsunternehmen ein und verkauft diese gemeinsam mit dem Cloud-Dienst an den Kunden weiter.

b) VPN-Anbindungen (logisch) an die Cloud

245 Erfolgt die Anbindung an die Cloud mittels eines VPN-Tunnels oder einer ähnlichen Sonderverbindung, wird man ebenfalls das Vorliegen eines Telekommunikationsdienstes annehmen müssen; dies im Gegensatz zur Erreichbarkeit der Cloud mittels herkömmlicher Methoden wie dem schlichten Zugriff auf eine Website, auch bei **SSL-Verschlüsselung**. Entscheidend für die Qualifikation ist, dass der **VPN-Tunnel** eine eigenständige Kontrolle des Übertragungsvorgangs durch den Anbieter ermöglicht. Auch hier kann der Anbieter sogar als Betreiber eines Telekommunikationsnetzes (oder jedenfalls einer Telekommunikationsanlage) angesehen werden, wenn ähnlich wie bei einem sog. **Corporate VPN** im B2B-Bereich eine Mehrzahl von Standorten oder mobilen Nutzern zu einem virtuellen Netz in die Cloud verbunden werden.

4. Exkurs: Betreiben eines Telekommunikationsnetzes

246 Wie soeben erwähnt, kommt ihm Rahmen der mit einem Cloud-Dienst angebotenen Konnektivitätsleistungen auch in Betracht, dass der Anbieter zugleich als Betreiber eines Telekommunikationsnetzes angesehen wird. Daher wird auch diese Frage im Folgenden näher untersucht. Aus der im TK-Recht üblichen funktionalen Betrachtung (oben Rn 236) folgt, dass **auch logische oder virtuelle Netze** auf Basis von Infrastrukturen oder Diensten Dritter relevant sind.

247 Der Begriff des Betreibers eines Telekommunikationsnetzes (siehe oben Rn 232) ist im TKG nicht (mehr) definiert. In Anlehnung an eine frühere Legaldefinition bedeutet Betreiben die rechtliche und tatsächliche Kontrolle über die Funktionen des (jeweiligen) Netzbetriebs,[193] d.h. insbesondere den Transport und die Vermittlung oder das Routing des Kommunikationsverkehrs. Wie bereits erwähnt (siehe oben Rn 233) kommt es dabei nicht darauf an, ob unterhalb eines Datenübertragungsnetzes ein Mietleitungs- oder IP-Netz oder das Internet liegt, da auch ein logisches Netz (wie etwa ein VPN) den Netzbegriff erfüllt.

248 Wenn demnach die Konnektivitätsleistungen eines Cloud-Anbieters nicht lediglich aus der einzelnen Anbindung des Kunden zur Cloud bestehen, sondern ein

193 Siehe Heun/*Heun*, Teil A Rn 38.

Kunde mehrere Anbindungen erhält (z.B. wegen mehrerer Standorte), die vom Anbieter gesteuert werden oder wenn (Internet) VPN-Anbindungen über mehrere Netzkontrollpunkte des Anbieters verwaltet werden, dürfte auch der Betrieb eines Telekommunikationsnetzes anzunehmen sein.

Praxistipp !

Mehrfache (ggf. redundante) Kunden- und Standortanbindungen sowie eine mehrstufige (Internet) VPN-Infrastruktur bei angebotenen Konnektivitätsleistungen können zur Einstufung als Netzbetreiber führen.

III. Telekommunikationsrechtliche Compliance-Verpflichtungen

Der Umfang telekommunikationsrechtlicher Compliance-Verpflichtungen hängt von zwei Faktoren ab: 249
- Ist der Telekommunikationsdienst öffentlich zugänglich statt lediglich innerhalb einer geschlossenen Benutzergruppe?
- Bietet der Anbieter den Telekommunikationsdienst lediglich als Wiederverkäufer an oder betreibt er zugleich auch eine Telekommunikationsanlage oder ein (auch virtuelles) Telekommunikationsnetz?

Können beide Fragen mit „Nein" beantwortet werden, ist der Umfang der Verpflichtungen deutlich kleiner. Grundsätzlich lassen sich die telekommunikationsrechtlichen Compliance-Verpflichtungen in vier Gruppen einteilen: 250
- Meldepflicht und Berichtspflichten,
- Kundenschutz,
- Datenschutz und
- Telekommunikationsüberwachung.

Den für Konnektivitätsleistungen im Rahmen von Cloud-Angeboten relevanten Verpflichtungen wird im Folgenden nachgegangen. 251

Praxistipp !

Die telekommunikationsrechtlichen Compliance-Verpflichtungen beziehen sich lediglich auf den Teil des Cloud-Dienstes, der als Telekommunikationsdienst oder als Betreiben eines Telekommunikationsnetzes oder einer Telekommunikationsanlage anzusehen ist. Eine „Infizierung" des Cloud-Angebots selbst erfolgt dadurch nicht.

---

1. Meldepflicht und Berichtspflichten

Die telekommunikationsrechtliche Meldepflicht des § 6 Abs. 1 TKG ist in der Praxis häufig der größte „Angstfaktor" für Anbieter, die sich nicht als Anbieter von Tele- 252 kommunikationsdiensten sehen (wollen). Dazu ist zunächst zu bemerken, dass die Meldepflicht zwar einerseits eine gesetzliche und bußgeldbewehrte Pflicht bei Vorliegen ihrer Voraussetzungen ist, andererseits eine Meldung aufgrund einer Fehleinschätzung nicht automatisch andere telekommunikationsrechtliche Verpflichtungen auslöst, nur weil der Anbieter gemeldet ist. Sämtliche Verpflichtungen des TKG knüpfen wie die Meldepflicht selbst an sachliche Voraussetzungen in der Person des verpflichteten Unternehmens an, nicht an das formale Bestehen einer Meldung. Neben der Meldepflicht können zudem Berichtspflichten gegenüber der BNetzA bestehen.

a) Meldepflicht

253 Der Meldepflicht unterliegt, wer
- gewerblich öffentliche Telekommunikationsnetze betreibt oder
- gewerblich öffentlich zugängliche Telekommunikationsdienste erbringt.

254 Da die Tätigkeit eines Anbieters von Cloud-Diensten als gewerblich einzustufen ist, kommt es bei Vorliegen eines Telekommunikationsdienstes oder des Betriebs eines Telekommunikationsnetzes darauf an, ob es sich um einen **öffentlich zugänglichen Telekommunikationsdienst** handelt. Ein öffentliches Telekommunikationsnetz wird wiederum dadurch bestimmt, dass hierüber öffentlich zugängliche Telekommunikationsdienste erbracht werden.

255 Der Begriff „öffentlich zugänglich" wird in der Praxis als das Angebot an einen unbestimmten Personenkreis verstanden.[194] Das bedeutet, dass auch solche Konnektivitätsangebote, die sich lediglich an Unternehmen richten, als öffentlich zugänglich angesehen werden. Auch der Begriff der „geschlossenen Benutzergruppe" hilft hier nicht (mehr) weiter.[195] Denn entscheidend ist, dass das Dienste**angebot** einer unbestimmten Gruppe von Personen (egal ob Verbraucher oder Unternehmen) zugänglich ist. Daher wird man regelmäßig annehmen müssen, dass mit Cloud-Angeboten verbundene Konnektivitätsprodukte auch öffentlich zugängliche Telekommunikationsdienste sind, wenn sie als Telekommunikationsdienste einzustufen sind. Ob es sich bei dem Dienst um eine Public oder Private Cloud handelt, ist egal.

256 Die Meldepflicht ist nach § 6 Abs. 1 S. 2 TKG bei **Aufnahme** des Dienstes und bei **Änderungen** oder der **Beendigung** unverzüglich in Schriftform zu erfüllen. Meldepflichtig sind Angaben, die der Identifizierung des Diensteanbieters oder Netzbetreibers dienen, d.h. insbesondere Name (Firma), Handelsregisternummer (falls vorhanden), Anschrift, Kurzbeschreibung von Netz und/oder Dienst sowie der vor-

---

194 Siehe die Hinweise der BNetzA unter http://www.bundesnetzagentur.de → Telekommunikation → Unternehmen/Institutionen → Anbieterpflichten → Meldepflicht.

195 Siehe *Heun*, CR 2008, 79, 84 f.

aussichtliche Termin für die Aufnahme der Tätigkeit (§ 6 Abs. 2 S. 1 TKG). Das Wort „unverzüglich" gestattet freilich auch, die Meldung nach Aufnahme der Tätigkeit vorzunehmen. Als Folge der Meldung veröffentlicht die BNetzA nach § 6 Abs. 4 TKG ein Verzeichnis der gemeldeten Personen.

Praxistipp !
Bei Zweifelsfragen in Bezug auf die Meldepflicht wie auch hinsichtlich der Einstufung als Telekommunikationsdienst kann auch die BNetzA konsultiert und die Liste gemeldeter Unternehmen für Vergleichszwecke eingesehen werden.[196]

Das **Meldeformular**, aus dem sich auch weitere Erläuterungen in Bezug auf melde- 257
pflichtige Telekommunikationsdienste ergeben, wird von der BNetzA als Download bereitgestellt.[197]

Die Verletzung der Meldepflicht (d.h. die Meldung wird unterlassen, ist unrich- 258
tig, unvollständig, formfehlerhaft oder verspätet) ist eine **Ordnungswidrigkeit** nach § 149 Abs. 1 Nr. 2 TKG. Die BNetzA kann hierfür nach § 149 Abs. 2 TKG ein Bußgeld von bis zu 10.000 € verhängen. Daneben besitzt die BNetzA verwaltungsrechtliche Instrumente zur Durchsetzung von Verpflichtungen, insbesondere nach § 126 TKG, die als letzte Maßnahme bis hin zur Untersagung der Telekommunikationsaktivitäten reichen (siehe auch unten Rn 302). Vor dem Einsatz solcher Mittel erhält der Anbieter aber von der BNetzA Gelegenheit zur Stellungnahme und ggf. Abhilfe.

b) Berichtspflichten

Anbieter von öffentlich zugänglichen Telekommunikationsdiensten und Betreiber 259
von öffentlichen Telekommunikationsnetzen müssen außerdem der BNetzA nach §§ 4, 127 TKG auf Nachfrage **Auskunft erteilen und Informationen übermitteln**, welche die BNetzA zur Erfüllung ihrer gesetzlichen Aufgaben nach dem TKG benötigt.

2. Kundenschutz

Das TKG enthält in den §§ 43a bis 47b sowie §§ 66a bis 66m umfangreiche Bestimmun- 260
gen zum Kundenschutz. Dabei ist zu beachten, dass nach § 47b TKG von den Anforderungen nicht zum Nachteil des Kunden abgewichen werden darf. In der Terminologie des TKG ist der Kunde, also derjenige, der mit dem Anbieter den Vertrag schließt, typischerweise ein **„Teilnehmer"** (§ 3 Nr. 20 TKG). An verschiedenen Stellen ist aber auch

196 Siehe die Kontaktdetails nebst Download der Meldeliste unter http://www.bundesnetzagentur.de → Telekommunikation → Unternehmen/Institutionen → Anbieterpflichten → Meldepflicht.
197 Siehe unter http://www.bundesnetzagentur.de → Telekommunikation → Unternehmen/Institutionen → Anbieterpflichten → Meldepflicht.

von **„Endnutzern"** (§ 3 Nr. 8 TKG) die Rede. Damit sind solche Personen gemeint, die neben oder hinter dem Teilnehmer den Telekommunikationsdienst nutzen (wie etwa Arbeitnehmer einer juristischen Person oder Familienmitglieder einer natürlichen Person).

a) Anwendungsbereich und verpflichteter Personenkreis

261 Die Kundenschutzbestimmungen des TKG beziehen sich zum größten Teil auf Sprachdienste oder Dienste, die unter Verwendung von Rufnummern erbracht werden, und bei denen die die Leistung empfangende Person Verbraucher ist. Gleichwohl bestehen Schutzverpflichtungen auch im Bereich der Daten- sowie der B2B-Kommunikation. Im Folgenden werden wesentliche Kunden- und Verbraucherschutzverpflichtungen betrachtet. Diese richten sich an **Anbieter von öffentlich zugänglichen Telekommunikationsdiensten** (siehe Rn 255).

b) Vertragliche Einordnung

262 Vor Betrachtung der Kunden- und Verbraucherschutzverpflichtungen stellt sich mit Blick auf Haftungs- und Gewährleistungsfragen freilich auch die Frage nach der vertragsrechtlichen Einordnung von Verträgen über Telekommunikationsleistungen. Die Rechtsprechung hat sich hier bislang nur zu einzelnen Leistungen geäußert. Danach neigt die Rechtsprechung des BGH bei Festnetz- und Mobiltelefonie sowie beim **Internetzugang** zur Annahme eines **Dauerschuldverhältnisses** in Form des **Dienstvertrags,**[198] der offenbar Anschluss und Verbindungs- bzw. Übertragungsleistungen umfasst. Mit den gleichen Überlegungen wird auch der **DSL-Anschluss** (nebst der damit verbundenen IP-Datenübertragung und des Internetzugangs) als Dienstvertrag angesehen.[199] Eine Konnektivitätsleistung im Zusammenhang mit einem Cloud-Angebot wird man daher bei separater Betrachtung ebenso als Dienstvertrag einordnen können. Bei Leistungspaketen nimmt die jüngere Rechtsprechung des BGH allerdings eine Einordnung nach dem angenommenen **Leistungsschwerpunkt** vor, indem ein **„Internet-System-Vertrag"**, welcher umfassend den Internetauftritt eines Unternehmens regelt, als Werkvertrag qualifiziert wird.[200] Es ist daher ebenso denkbar, dass die Konnektivitätsleistung (trotz der TK-rechtlich separaten Betrachtung, siehe oben Rn 238) der vertragsrechtlichen Einordnung des eigentlichen Cloud-Dienstes folgt.

---

198 Internetzugang: BGH, Beschl. v. 23.3.2005 – III ZR 338/04 – S. 4 des amtl. Umdrucks; Mobilfunkvertrag: BGH, Urt. v. 22.11.2001 – III ZR 5/01 – NJW 2002, 362; Telefonfestnetz- und Mobilfunkvertrag: BGH, Urt. v. 16.11.2006 – III ZR 58/06 – MMR 2007, 179 = CR 2007, 85.
199 AG Oldenburg, Urt. v. 16.3.2010 – 7 C 7487/09 – MMR 2010, 497.
200 BGH, Urt. v. 4.3.2010 – III ZR 79/09 – Rn 16 ff.

c) Haftung und Rechtsschutz

Eine TK-rechtliche Besonderheit und auch nicht unbedingt „kundenschützend" ist 263 die Bestimmung in § 44a TKG, welche die Haftung für die fahrlässige Verursachung von (reinen und nicht durch Zahlungsverzug bedingten) **Vermögensschäden** auf 12.500 € je Endnutzer und insgesamt auf 10 Mio. € gegenüber sämtlichen betroffenen Endnutzern beschränkt. Abweichungen sind einzelvertraglich nur in Verträgen mit solchen Kunden möglich, die keine Verbraucher sind. In Ermangelung einer solchen abweichenden Vereinbarung gilt die Regelung aber auch im B2B-Bereich. In Bezug auf den Konnektivitätsanteil eines Cloud-Angebots gilt die gesetzliche Regelung unmittelbar, entfällt aber freilich dann, wenn die Vertragsbedingungen des Anbieters für den Kunden günstigere Regelungen enthalten.

Beachtenswert ist auch die Regelung des § 44 TKG. Nach dessen Abs. 1 haben 264 auch Endverbraucher einen unmittelbaren **zivilrechtlichen Unterlassung- und Beseitigungsanspruch** sowie (bei Verschulden) einen **Schadensersatzanspruch** gegenüber dem Anbieter, wenn dieser Regelungen des TKG verletzt, die auch dem Kundenschutz dienen. § 44 Abs. 2 TKG gewährt darüber hinaus die Möglichkeit, einen Anbieter nach § 3 UKlaG in Anspruch zu nehmen.

Ungeachtet des Vorstehenden ist der Kunde ferner berechtigt, nach § 47a TKG 265 die BNetzA als **Schlichtungsstelle** anzurufen. Die Einzelheiten zum Verfahren hat die BNetzA gem. § 47a Abs. 4 TKG in einer Schlichtungsordnung veröffentlicht.[201] Die Schlichtung ist gem. § 145 TKG kostenpflichtig und auf eine gütliche Einigung zwischen den Parteien gerichtet. Dementsprechend endet das Verfahren nach § 47a Abs. 3 TKG entweder mit der Einigung, Erledigung oder der Feststellung, dass eine Einigung nicht erreicht werden konnte. Auf die Schlichtungsmöglichkeit ist der Kunde vertraglich hinzuweisen, wenn er Verbraucher ist (§ 43a Abs. 1 S. 1 Nr. 10 TKG).

d) Vertragsinhalte und Einbeziehung der AGB

Die Regelungen in §§ 43a und 43b TKG enthalten umfangreiche und selbsterklärende 266 Vorgaben für Informationspflichten und **Vertragsinhalte** in Bezug auf die mit **Verbrauchern** zu schließenden Verträge. Diese Vorgaben sind den AGB- und fernabsatzrechtlichen Vorschriften des BGB nachempfunden mit Bezug zu den üblichen Inhalten von Telekommunikationsleistungen und Verträgen. Ein Verstoß gegen die allgemeinen Inhaltspflichten für einen Vertrag mit Verbrauchern nach § 43a Abs. 1 S. 1 TKG ist eine **Ordnungswidrigkeit**, die mit einem **Bußgeld** von bis zu 100.000 € geahndet werden kann.

Die BNetzA kann nach § 43a Abs. 3 TKG diese Vorgaben detaillieren und nach 267 § 45n TKG können weitere **Veröffentlichungspflichten** durch (eine derzeit noch

---

201 Abrufbar unter http://www.bundesnetzagentur.de → Telekommunikation → Verbraucher → Streitbeilegung.

nicht erlassene) Rechtsverordnung vorgegeben werden. Vorbereitungsmaßnahmen hierzu hat die BNetzA bereits durchgeführt und veröffentlicht.[202]

268 Zu beachten ist schließlich, dass die AGB für die Konnektivitätsleistungen nach § 305a BGB **keiner besonderen Einbeziehungserleichterung** unterliegen. Dies gilt nur für Telekommunikationsdienste, die selbst mittels des Einsatzes von Telekommunikationsmitteln kontrahiert und während des Telekommunikationsvorgangs erbracht werden. Gleichwohl machen viele Anbieter auch außerhalb dieses Anwendungsbereichs davon Gebrauch, ihre AGB im Amtsblatt der BNetzA zu veröffentlichen (§ 45n Abs. 8 TKG).

! **Praxistipp**
Im Amtsblatt der BNetzA werden regelmäßig AGB der Anbieter von Telekommunikationsdiensten veröffentlicht, an denen sich ein Cloud-Anbieter orientieren kann.

---

e) Abrechnung und Abrechnungsgenauigkeit

269 Sofern Konnektivitätsleistungen nach (Daten-)Volumen oder gar Verbindungsdauer abgerechnet werden, bestehen besondere Anforderungen an die **Abrechnungsmethodik** nach § 45g TKG. Dies beinhaltet nach § 45g Abs. 2 TKG auch die Einrichtung eines **Qualitätssicherungssystems** oder die jährliche Prüfung durch einen **Sachverständigen**.

270 Weitere Anforderungen bestehen an die Rechnungsstellung sowie das weitere Verfahren bei Beanstandungen von Rechnungen nach §§ 45e, 45h bis 45j TKG. Besondere praktische Bedeutung erlangen diese Regelungen im Ergebnis wiederum nur dort, wo der Anbieter nach (Daten-)Volumen oder Verbindungsdauer abrechnet. Dann kann der Kunde beispielsweise auch einen **Einzelverbindungsnachweis** nach § 45e TKG verlangen.

! **Praxistipp**
Die volumen- oder zeitabhängige Abrechnung von Konnektivitätsleistungen sollte vermieden werden.

---

f) Anbieterwechsel

271 Mit der Regelung in § 46 TKG ist durch die TKG-Novelle 2012 eine sehr umfangreiche Bestimmung zur Ermöglichung des Anbieterwechsels aufgenommen worden, die weitreichende Verpflichtungen zum vertraglichen **Anbieterwechsel** sowie beim **Umzug** enthält. Bei Konnektivitätsleistungen, die als Bestandteil von Cloud-Diensten

---

202 Siehe unter http://www.bundesnetzagentur.de → Telekommunikation → Unternehmen/Institutionen → Anbieterpflichten → Kundenschutz.

angeboten werden, dürfte die Regelung allerdings nur dann anwendbar sein, wenn die Konnektivitätsleistung vollkommen selbstständig vom Cloud-Anbieter angeboten und abgerechnet wird. Anderenfalls würde die Regelung ins Leere laufen, da sie den Cloud-Dienst selbst nicht erfasst und damit auch ein Leistungspaket von Cloud-Dienst und Konnektivitätsleistung nicht erfassen kann. Zwar mag die Konnektivitätsleistung bei der Frage ihrer rechtlichen Einordnung auch bei Leistungspaketen separat als Telekommunikationsdienst qualifizierbar sein (siehe oben Rn 238). Dies macht aber mit Blick auf die (vertrags-)rechtlichen Anforderungen in Bezug auf den Anbieterwechsel keinen Sinn: So kann etwa die VPN-Anbindung an die eigene Cloud nicht durch beliebige Dritte angeboten werden. Bei einer Mietleitung wäre dies zwar grundsätzlich denkbar. Indes wird auch hier entweder eine nicht ohne Weiteres substituierbare spezielle Zugangskonfiguration (z. B. bei einer Private Cloud) vorliegen oder die Anbindung wird gerade auf Wunsch des Kunden nach dem Erhalt sämtlicher Leistungen aus einer Hand im Paket angeboten.[203]

3. Fernmeldegeheimnis, Datenschutz und Datensicherheit

Die Regelungen in Teil 7 des TKG zum Fernmeldegeheimnis, zum Datenschutz und 272
zur Datensicherheit sind spezialgesetzliche Normen für den TK-Sektor, welche nach §3 BDSG den allgemeinen Bestimmungen des Bundesdatenschutzgesetzes vorgehen. Wo allerdings das TKG keine spezielle Regelung trifft, ist wiederum (subsidiär) das BDSG anwendbar. Problematisch an dieser Struktur ist, dass dann für ein vom Anbieter einheitlich angebotenes sowie bepreistes und vom Kunden insgesamt in Anspruch genommenes Leistungspaket mehrere unterschiedliche datenschutzrechtliche Regime gelten[204] – angesichts der zunehmenden **Konvergenz** von IT-, Telekommunikations- und Inhaltsdiensten ein für die Anbieter sehr unbefriedigender Zustand. Bei grenzüberschreitenden Cloud-Diensten potenziert sich dieses Problem auch noch. Bei allem Diskussionsbedarf im Detail wird daher der europäische Ansatz nach einheitlichen, europaweit und unmittelbar geltenden Regelungen[205] von vielen Anbietern aus den IKT-Branchen durchaus begrüßt.[206]

---

203 Im letztgenannten Fall dürfte der Wechsel auf einen Dritten freilich auch im Interesse des Cloud-Anbieters selbst liegen.

204 Unter Umständen kommt auch noch das TMG hinzu.

205 Wie etwa der Entwurf zur EU-Grundverordnung im Datenschutzrecht (siehe dazu das Kapitel Datenschutz in diesem Buch, Kap. 5 Rn 109 ff.).

206 Siehe etwa die Policy-Positionen und Position Papers der europäischen Verbände ECTA (unter http://www.ectaportal.com) und ETNO (http://www.etno.be) im TK-Bereich ebenso wie etwa die Positionierung des BITKOM in Deutschland (unter http://www.bitkom.org).

a) Anwendungsbereich und verpflichteter Personenkreis

273 Die datenschutzrechtlichen Bestimmungen des TKG beziehen sich auf die bei der Erbringung von Telekommunikationsdiensten anfallenden Daten. Dies sind typischerweise personenbezogene Daten in Form von

- **Bestandsdaten** gem. § 3 Nr. 3 TKG (Kundendaten, die mit der Vertragsbegründung etc. erhoben werden, z.B. Name, Adresse);
- **Verkehrsdaten** gem. § 3 Nr. 3 TKG (Daten, die bei der Erbringung des Telekommunikationsdienstes erhoben, verarbeitet oder genutzt werden, z.B. Beginn und Ende einer Session, dynamische IP-Nummer);
- **Abrechnungsdaten** gem. § 97 Abs. 2 TKG (abrechnungsrelevante Bestands- und Verkehrsdaten sowie sonstige für die Abrechnung erhebliche Umstände) und
- **Standortdaten** gem. § 3 Nr. 19 TKG (Daten zur Lokation des Endgeräts des Kunden).

274 Eine erste Besonderheit des TKG ist, dass die Inhalte der Telekommunikation zudem vom **Fernmeldegeheimnis** des § 88 TKG geschützt werden, zu dessen Wahrung jeder Diensteanbieter durch diese Bestimmung gesetzlich verpflichtet ist. Dem Fernmeldegeheimnis unterliegen der **Inhalt** und die **näheren Umstände** des Telekommunikationsvorgangs, also insbesondere die **Verkehrsdaten**[207] natürlicher und juristischer Personen. Damit besteht auch eine besondere Regelung im TKG für **Inhaltsdaten**, die ja Gegenstand des Signaltransports sind. Diese Regelung ist deswegen praktisch bedeutsam, weil hieran deutlich wird, dass im Rahmen des TKG der Signaltransport und die mit dem Telekommunikationsdienst in Zusammenhang stehenden Leistungen den Diensteanbieter im datenschutzrechtlichen Sinne zum „Herren der Daten“[208] machen, der den Schutzpflichten des TKG unterliegt. Insoweit kann ein Telekommunikationsdienst aufgrund der Subsidiaritätsregel des § 3 BDSG im Verhältnis zwischen Diensteanbieter und Kunde beispielsweise **keine Auftragsdatenverarbeitung** i.S.v. § 11 BDSG sein. Die bereits angesprochenen Abgrenzungsprobleme bei Leistungspaketen (oben Rn 272) bedeuten für den Anbieter eines Cloud-Dienstes, dass zwar der Cloud-Dienst selbst eine Auftragsdatenverarbeitung sein mag, nicht aber die Konnektivitätsleistung.

! **Praxistipp**
Bei der vertraglichen Regelung des Datenschutzes im Rahmen von Cloud-Diensten ist darauf zu achten, dass die Konnektivitätsleistungen ordentlich vom Rest der Leistungen abgegrenzt sind. Es ist dabei sinnvoll, die Einbeziehung der Konnektivitätsleistungen in eine etwaige Auftragsdatenverarbeitung zu unterlassen.

---

207 Siehe Plath/*Jenny*, § 88 TKG Rn 5, der zu Recht auch Abrechnungsdaten erwähnt, sofern sie Informationen über nähere Umstände eines Telekommunikationsvorgangs enthalten.
208 Zum Begriff siehe dazu das Kapitel Datenschutz in diesem Buch, Kap. 5 Rn 81.

Ferner ist zu beachten, dass in § 91 Abs. 1 TKG der Anwendungsbereich der datenschutzrechtlichen Verpflichtungen aus dem TKG über personenbezogene Daten hinaus erstreckt wird. Nämlich auf die dem **Fernmeldegeheimnis unterliegenden Daten juristischer Personen**. Damit unterliegen auch Verkehrsdaten juristischer Personen dem TKG-Datenschutz, obwohl es sich nicht um personenbezogene Daten handelt. 275

Eine weitere Besonderheit des TKG-Datenschutzes ist, dass die BNetzA zwar die zur Durchsetzung der Verpflichtungen befugte Behörde ist. Die (tatsächliche) **Kontrolle** der Einhaltung der Bestimmungen erfolgt allerdings durch den **Bundesbeauftragten für Datenschutz und Informationssicherheit (BfDI)** unter entsprechender Anwendung der sonst für die Kontrolle **öffentlicher Stellen** (!) geltenden Regelungen der §§ 21 und 24 sowie 26 Abs. 1 bis 4 BDSG. Etwaige Beanstandungen richtet der BfDI dann an die BNetzA, die im Weiteren nach pflichtgemäßem Ermessen verfährt (siehe auch unten Rn 300 f.). 276

Die datenschutzrechtlichen Verpflichtungen des TKG (einschließlich Fernmeldegeheimnis) nach den §§ 88–107 TKG richten sich an **sämtliche Diensteanbieter** (siehe oben Rn 229), unabhängig davon, ob der Telekommunikationsdienst öffentlich zugänglich ist oder nicht. Bei den Verpflichtungen zur Datensicherheit der §§ 109, 109a TKG ist der Umfang der Verpflichtungen für Anbieter öffentlich zugänglicher Telekommunikationsdienste und Betreiber öffentlicher Telekommunikationsnetze oder -anlagen (im Folgenden die **„öffentlichen Anbieter“**) zusätzlich erhöht. 277

b) Fernmeldegeheimnis

In Bezug auf das Fernmeldegeheimnis ist für einen Cloud-Anbieter insbesondere zu beachten, dass die Verpflichtung bei B2B-Angeboten in **doppelter Hinsicht** bestehen kann. Einerseits unterliegt der Anbieter unmittelbar den Schutzpflichten des § 88 TKG für die Konnektivitätsleistungen. Andererseits ist es denkbar, dass ein Geschäftskunde die Cloud-Dienste nutzt, um hierüber selbst Telekommunikationsdienste gegenüber Dritten (das können Kunden aber auch Arbeitnehmer im Falle der gestatteten privaten Nutzung des Internets am Arbeitsplatz sein) zu erbringen. In den letztgenannten Fällen können vertragliche Speicher- und Verarbeitungsanforderungen des Kunden an den Cloud-Anbieter für Inhalts- und Verkehrsdaten mit dem Fernmeldegeheimnis kollidieren; so etwa, wenn Kommunikationsinhalte auf lange Zeit archiviert, durchsucht oder gefiltert werden sollen.[209] 278

Das Fernmeldegeheimnis enthält ein umfassendes Geheimhaltungsgebot für die geschützten Daten gegenüber Dritten und gestattet die Kenntnisverschaffung nur in dem für die Leistungserbringung und den Schutz der technischen Systeme des Anbieters erforderlichen Umfang. Gegenüber einem Kunden ist zwar eine Einwilligung in darüber hinausgehende Zwecke denkbar, insbesondere wenn der Kunde eine juristi- 279

209 Weitere Einzelheiten bei Plath/*Jenny*, § 88 TKG Rn 21 ff.

sche Person ist.[210] Der Cloud-Anbieter sollte aber, wie soeben festgestellt, beachten, dass die Daten des Kunden wiederum durch das Fernmeldegeheimnis oder anderweitig geschützte (personenbezogene) Daten Dritter beinhalten können. Dies ist auch deswegen besonders bedeutsam, weil eine Verletzung des Fernmeldegeheimnisses nach § 206 StGB eine **Straftat** sein kann, zu der auch Beihilfe (§ 27 StGB) möglich ist.

! **Praxistipp**
Im B2B-Bereich sollte der Cloud-Anbieter den Kunden darauf hinweisen, dass dieser ggf. eigenen Verpflichtungen aus dem TKG unterliegt. Datenverarbeitungen, die auf den ersten Blick einen Eingriff in das Fernmeldegeheimnis darstellen können, sind vertraglich auszuschließen oder so eindeutig in der Leistungsbeschreibung zu begrenzen, dass eine Verletzung von § 88 TKG durch den Cloud-Anbieter ausscheidet.

---

c) Datenschutz

280 Hinsichtlich der datenschutzrechtlichen Regelungen im TKG sind für Cloud-Anbieter vor allem die Regelungen zu Bestands- und Verkehrsdaten bedeutsam, diejenigen zu Abrechnungsdaten dagegen nur, wenn wie bei einer volumen- oder zeitabhängigen Bepreisung der Konnektivitätsleistungen Verkehrsdaten für die Abrechnung relevant sind. Ferner sind auch die eigenständigen Regelungen im TKG zu Informationspflichten gegenüber dem Teilnehmer (Kunden) über die Datenerhebung und -verwendung (§ 93 TKG), zur elektronischen Einwilligung (§ 94 TKG) und zu Benachrichtigungspflichten bei Datenschutzverletzungen (§ 109a TKG, dazu unten Rn 290) zu beachten.

281 **Bestandsdaten** (oben Rn 273) dürfen nach § 95 Abs. 2 TKG über die Zwecke der Vertragsbegründung, -erfüllung, -änderung und -beendigung hinaus u.a. nur wie folgt verwendet werden:
- zur Beratung der Teilnehmer (Kunden), zur Werbung für eigene Angebote, zur Marktforschung, soweit dies für diese Zwecke erforderlich ist und der Teilnehmer (Kunde) **eingewilligt** hat;
- für die Versendung von Text- oder Bildmitteilungen an ein Telefon oder an eine Postadresse zu den genannten Zwecken, wenn der Teilnehmer (Kunde) zu Beginn und bei jeder Mitteilung deutlich lesbar auf ein **Widerspruchsrecht hingewiesen** wird und er einer solchen Verwendung **nicht widersprochen** hat.

282 Nach § 95 Abs. 3 TKG sind bei Vertragsende die Bestandsdaten mit Ablauf des auf die Beendigung folgenden Kalenderjahrs zu löschen. Die vorstehenden Verpflichtungen schließen freilich nicht aus, dass die Bestandsdaten im Rahmen des nicht dem TKG unterliegenden Leistungsteils des Cloud-Dienstes abweichend verwendet werden,

---

210 Strittig, siehe Plath/*Jenny*, § 88 TKG Rn 10 f.

sofern die für diesen Leistungsteil geltenden Datenschutzvorschriften eingehalten werden.

Verkehrsdaten (oben Rn 273) sind aufgrund ihrer Sensibilität noch strenger geregelt. So beschränken §96 Abs. 1 und 2 TKG bereits die **Daten, deren Erhebung überhaupt erlaubt ist**, auf: 283

„1. die Nummer oder Kennung der beteiligten Anschlüsse oder der Endeinrichtung, personenbezogene Berechtigungskennungen, bei Verwendung von Kundenkarten auch die Kartennummer, bei mobilen Anschlüssen auch die Standortdaten,
2. den Beginn und das Ende der jeweiligen Verbindung nach Datum und Uhrzeit und, soweit die Entgelte davon abhängen, die übermittelten Datenmengen,
3. den vom Nutzer in Anspruch genommenen Telekommunikationsdienst,
4. die Endpunkte von festgeschalteten Verbindungen, ihren Beginn und ihr Ende nach Datum und Uhrzeit und, soweit die Entgelte davon abhängen, die übermittelten Datenmengen,
5. sonstige zum Aufbau und zur Aufrechterhaltung der Telekommunikation sowie zur Entgeltabrechnung notwendige Verkehrsdaten."

Wenn die Verkehrsdaten für obige oder durch andere gesetzlichen Vorschriften begründete Zwecke oder zum Aufbau weiterer Verbindungen nicht mehr erforderlich sind, sind sie **nach Beendigung der Verbindung unverzüglich zu löschen**. Die gesetzlich vorgesehene **maximale Speicherfrist von sechs Monaten** im Rahmen der Abrechnung (§97 Abs. 3 TKG; freilich länger bei Rechnungsstreitigkeiten) wird zudem durch eine gemeinsame (allerdings unverbindliche) **Empfehlung von BNetzA und BfDI auf drei Monate** verkürzt.[211] Die Verwendung zum Zwecke der Vermarktung oder bedarfsgerechten Gestaltung von TK-Diensten oder der Bereitstellung von Diensten, deren Datenbedarf über Durchführung und Abrechnung des TK-Vorgangs hinausgeht (also auch für Cloud-Dienste), bedarf der **Einwilligung** durch den Betroffenen (Teilnehmer/Kunde oder Nutzer). Anders als bei den Bestandsdaten dürften sich für die Verkehrsdaten kaum zulässige Nutzungszwecke aus anderen gesetzlichen Bestimmungen herleiten lassen (zumal das TKG dem BDSG vorgeht). Daher ist besondere Vorsicht geboten, wenn solche Daten für die Optimierung des (eigentlichen) Cloud-Dienstes oder für andere Diensteangebote verwendet werden sollen. 284

Standortdaten des Kunden dürften dagegen für die Konnektivitätsleistungen kaum relevant sein. Wenn doch (etwa bei B2C-Angeboten für mobile Endgeräte), so sind die strengen Regelungen des §98 TKG zu beachten, der die Anonymisierung oder eine ausdrückliche vorherige Einwilligung des Kunden (= Teilnehmer, siehe oben Rn 260) und (online) Textmitteilung an den Endgerätenutzer (= Endnutzer, siehe oben Rn 260), der mit dem Kunden nicht identisch sein muss) erfordert.[212] 285

---

211 Leitfaden des BfDI und der BNetzA für eine datenschutzgerechte Speicherung von Verkehrsdaten v. 19.12.2012, unter B. Internet, abrufbar unter http://www.bundesnetzagentur.de → Telekommunikation → Unternehmen/Institutionen → Anbieterpflichten → Datenschutz → Speicherung von Verkehrsdaten.
212 Weitere Einzelheiten bei Plath/*Jenny*, §98 TKG Rn 7 ff.

Praxistipp
Sofern nicht abrechnungsrelevant, kann es sinnvoll sein, etwaige mittels der Konnektivitätsleistungen erhobene Verkehrsdaten so schnell wie möglich zu löschen.

d) Datensicherheit und Benachrichtigungspflicht

286 Im Bereich der Datensicherheit ist **jeder Diensteanbieter** nach §109 Abs. 1 TKG verpflichtet, erforderliche technische Vorkehrungen und sonstige Maßnahmen zum Schutze des Fernmeldegeheimnisses und personenbezogener Daten zu treffen. Der **Stand der Technik** ist dabei zu berücksichtigen. Hierbei wird man im Zweifel auf die im Anhang zu §9 des BDSG aufgeführten technischen und organisatorischen Maßnahmen sowie die hierfür entwickelte Praxis zurückgreifen können.

287 Für die **öffentlichen Anbieter** (siehe Rn 277) gelten nach §109 Abs. 2 TKG erweiterte Pflichten für **angemessene** technische Vorkehrungen und sonstige Maßnahmen zum Schutz gegen Störungen und zur Beherrschung von Risiken bei Telekommunikationsnetzen und -diensten, insbesondere gegen unerlaubte Zugriffe. Als angemessen betrachtet das Gesetz dabei nach §109 Abs. 2 S. 4 TKG, wenn der erforderliche technische und wirtschaftliche Aufwand nicht außer Verhältnis zur Bedeutung der zu schützenden Rechte und zur Bedeutung der zu schützenden Telekommunikationsnetze oder -dienste steht. Dabei soll §11 Abs. 1 BDSG entsprechend gelten.

288 Hinzu kommt, dass die **öffentlichen Anbieter** (siehe Rn 277) nach §109 Abs. 4 TKG verpflichtet sind,
- eine(n) **Sicherheitsbeauftragte**(n) zu benennen und
- ein **Sicherheitskonzept** zu erstellen.

289 Die Anforderungen an das Sicherheitskonzept sind von der BNetzA gem. §109 Abs. 6 TKG detailliert worden.[213] Zudem kann die BNetzA nach §109 Abs. 4 und 7 TKG die **Vorlage, Änderung und (externe) Prüfung** des Sicherheitskonzepts verlangen.

290 Bei Verletzungen der Datensicherheit wie auch bei Störungen mit erheblichen Auswirkungen besteht nach §109 Abs. 5 TKG eine **Mitteilungspflicht** für die **öffentlichen Anbieter** (siehe Rn 277) an die BNetzA. Mit der TKG-Novelle 2012 ist zudem im Wege der Bestimmung des §109a TKG eine der Regelung des §42a BDSG nachempfundene Verpflichtung zur **Benachrichtigung** der BNetzA und des BfDI sowie ggf. des Betroffenen bei **Verletzung des Schutzes personenbezogener Daten** aufgenommen worden. Hierzu hat die BNetzA Hinweise sowie ein Meldeformular und Leitlinien veröffentlicht.[214] Die nach §109a TKG bestehende Benachrichtigungspflicht

213 Abrufbar unter http://www.bundesnetzagentur.de → Telekommunikation → Unternehmen/Institutionen → Anbieterpflichten → Öffentliche Sicherheit → Katalog Sicherheitsanforderungen.

214 Abrufbar unter http://www.bundesnetzagentur.de → Telekommunikation → Unternehmen/Institutionen → Anbieterpflichten → Datenschutz → Datenschutzverletzungen melden.

ist allerdings am 25.8.2013 durch eine europaweit unmittelbar geltende EU-Verordnung „überschrieben“ worden.[215] Hier müssen die Leitlinien der BNetzA noch entsprechend angepasst werden.

4. Telekommunikationsüberwachung und Auskunftsersuchen

Besonders „gefürchtet“ sind unter Anbietern von IKT-Leistungen die Verpflichtungen 291
des TKG in Bezug auf die Überwachungsgesuche des Telekommunikationsverkehrs durch Behörden sowie auf Auskunftsersuchen der Sicherheitsbehörden. Das ist deswegen der Fall, weil die Erfüllung der Verpflichtungen regelmäßig mit einem Kostenaufwand verbunden ist, der ggf. erheblich sein kann. Allerdings dürfte sich der Aufwand für die Konnektivitätsleistungen eines Cloud-Anbieters in Grenzen halten.

a) Telekommunikationsüberwachung

aa) Anwendungsbereich und verpflichteter Personenkreis

Bei der Telekommunikationsüberwachung geht es um die **Inhalte** der Telekommuni- 292
kation. Ob es sich dabei um ein Telefonat, eine E-Mail oder einen Datenstrom handelt, ist irrelevant. Die Überwachung kann daher grundsätzlich auch einen Cloud-Anbieter treffen, der Konnektivitätsleistungen (mit)erbringt. Allerdings beschränken sich die derzeit geltenden technischen Spezifikationen auf „klassische“ Festnetz- und Mobiltelefonie (und zugehörigen Datenverkehr wie Telefax und SMS), E-Mail-Dienste, VoIP und Internetzugang.[216] Die Überwachung reiner (Punkt-zu-Punkt-) Datenzugänge wie bei Konnektivitätsleistungen im Rahmen von Cloud-Angeboten ist offenbar (noch) nicht standardisiert, und eine Überwachung kommt bisher selten bis gar nicht vor.

Beim verpflichteten Personenkreis ist zu unterscheiden, ob es sich um Verpflich- 293
tungen aus dem TKG oder anderen Befugnisnormen handelt. So ist die eigentliche Telekommunikationsüberwachung nicht im TKG geregelt, sondern u.a. in §§ 100a, 100b StPO. Die aus diesen Bestimmungen verpflichteten Personen sind nach § 100b Abs. 3 StPO schlicht diejenigen, die „*Telekommunikationsdienste erbringen oder daran mitwirken.*“ Auf die Frage, ob ein öffentlich zugänglicher Telekommunikationsdienst bzw. ein **öffentlicher Anbieter** (siehe Rn 277) vorliegt, kommt es daher nicht an. Somit ist **jeder** Anbieter eines Telekommunikationsdienstes nach § 100b Abs. 3 StPO verpflichtet, die Überwachung und Aufzeichnung der Telekommunikation im konkre-

---

215 VO (EU) Nr. 611/2013 der Kommission v. 24.6.2013 über die Maßnahmen für die Benachrichtigung von Verletzungen des Schutzes personenbezogener Daten gemäß der Richtlinie 2002/58/EG des Europäischen Parlaments und des Rates (Datenschutzrichtlinie für elektronische Kommunikation), ABl. EU Nr. L 173 v. 26.6.2013, S. 2.

216 Siehe die Technische Richtlinie (TR-TKÜV) der BNetzA zur Telekommunikations-Überwachungsverordnung (TKÜV) Ausgabe 6.2 vom August 2012.

ten Einzelfall zu ermöglichen. Erforderlich ist freilich, dass die verpflichteten Personen auch technisch dazu in der Lage sind. Ein reiner Wiederverkäufer von Diensten, der selbst keine Telekommunikationsanlagen betreibt, ist daher lediglich dazu verpflichtet, die zur Überwachung ggf. erforderlichen Bestandsdaten sowie den von ihm genutzten Betreiber zu benennen, der dann wiederum seinerseits der Verpflichtung unterliegt, die Überwachung zu ermöglichen. Dies kann bei Konnektivitätsleistungen in Form physischer Anbindungen durch Mietleitung oder Datendirektverbindung der Fall sein, die der Cloud-Anbieter weiterverkauft, aber nicht selbst betreibt (siehe oben Rn 244). Betreibt dagegen der Cloud-Anbieter diese Anbindungen wie auch etwa eine VPN-Anbindung (siehe oben Rn 245 ff.), dann trifft ihn die Verpflichtung selbst.

294 Im TKG ist demgegenüber zur Telekommunikationsüberwachung geregelt, ob die verpflichtete Person auf eigene Kosten bereits technische und organisatorische **Vorkehrungsmaßnahmen** zu treffen sowie **technische Einrichtungen** vorzusehen hat, damit die Überwachung im Einzelfall unmittelbar und ohne weitere (technische und organisatorische) Abstimmungserfordernisse eingesetzt werden kann. Diese Verpflichtung beschränkt sich auf **öffentliche Anbieter** (siehe Rn 277), konkret auf Betreiber von **Telekommunikationsanlagen**, mit denen öffentlich zugängliche Telekommunikationsdienste erbracht werden. Hier kommt es nicht darauf an, ob der Anbieter/Betreiber ein Telekommunikationsnetz betreibt (siehe dazu oben Rn 246 ff.). Vielmehr reicht es bereits aus, (öffentliche) Telekommunikationsanlagen zu betreiben, d.h. technische Einrichtungen oder Systeme, die Signale *„senden, übertragen, vermitteln, empfangen, steuern oder kontrollieren können“* (§ 3 Nr. 23 TKG). Hierunter fallen beispielsweise Router aber auch Softwaresysteme wie sog. Soft-Switche oder VPN-Softwaresysteme, bei denen der Anbieter (und nicht der Kunde) die Signalübertragung steuert (siehe oben Rn 245).

bb) Umfang der Verpflichtungen

295 Die Ermöglichung der Überwachung im Einzelfall folgt aus den bereits zitierten Befugnisnormen StPO und anderen entsprechenden gesetzlichen Regelungen. Voraussetzung hierfür ist regelmäßig eine **richterliche Anordnung.** Die Einzelheiten zu den im TKG vorgesehenen technischen und organisatorischen Vorkehrungsmaßnahmen sowie technischen Einrichtungen und deren Prüfung und „Abnahme“ durch die BNetzA ergeben sich aus § 110 TKG sowie der dazu ergangenen Telekommunikations-Überwachungsverordnung (TKÜV) und der diesbezüglichen Technischen Richtlinie (TR-TKÜV)[217] der BNetzA. Allerdings sieht die TKÜV auch weitreichende Ausnahmen von den Verpflichtungen vor. So sind nach § 3 Abs. 2 S. 1 TKÜV u.a. Telekommunikationsanlagen (und damit deren Betreiber) ausgenommen, soweit an sie nicht mehr

217 Abrufbar unter http://www.bundesnetzagentur.de → Telekommunikation → Unternehmen/Institutionen → Anbieterpflichten → Öffentliche Sicherheit → Technische Umsetzung.

als 10.000 Teilnehmer oder sonstige Nutzungsberechtigte angeschlossen sind. Diese Ausnahme dürfte für Cloud-Anbieter besonders relevant sein, weil der Begriff Teilnehmer den Vertragspartner bezeichnet, und der Begriff der sonstigen Nutzungsberechtigten aber nicht jeden beliebigen Endnutzer wie etwa Arbeitnehmer des B2B-Kunden. Gemeint sind demnach nicht mehr als 10.000 Teilnehmeranschlüsse oder sonstige Nutzungsberechtigungen in Bezug auf die Telekommunikationsanlage selbst (nicht etwa eine Mehrzahl von hinter einer für die Anlage vergebenen Nutzungsberechtigung befindliche Endnutzer).[218]

Wer nur Anbieter eines öffentlich zugänglichen Telekommunikationsdienstes ist, 296
ohne eine Telekommunikationsanlage zu betreiben, ist nach § 110 Abs. 1 S. 2 TKG verpflichtet, bei der Auswahl des Betreibers der dafür genutzten Telekommunikationsanlage auf die Einhaltung der Vorkehrungspflichten zu achten.

b) Auskunftsersuchen

aa) Anwendungsbereich und verpflichteter Personenkreis

Auskunftsersuchen betreffen regelmäßig die Bestandsdaten (zum Begriff siehe oben 297
Rn 273) von Kunden. Auf das TKG gestützte Auskunftsersuchen zu Verkehrsdaten (zum Begriff siehe oben Rn 273) sind dagegen durch die Aufhebung der §§ 113a, 113b TKG zur **Vorratsdatenspeicherung** (von Verkehrsdaten) mit Urteil des BVerfG vom 2.3.2010 nicht (mehr) möglich.[219] Allerdings können Überwachungsanordnungen im Bereich der StPO und anderen entsprechenden Befugnisnormen auch die Beauskunftung von Verkehrsdaten umfassen, sofern diese (noch) gem. § 96 TKG beim Anbieter gespeichert sind (siehe oben Rn 280) oder während der Dauer der Überwachungsmaßnahme anfallen. Dann gelten die Regelungen in § 110 TKG, der TKÜV und der TR-TKÜV zur Überwachung der Telekommunikationsinhalte auch dafür.

Der verpflichtete Personenkreis des TKG in Bezug auf Bestandsdaten bezieht sich 298
zunächst auf diejenigen, die geschäftsmäßig Telekommunikationsdienste erbringen oder daran mitwirken und dabei Rufnummern oder andere (dauerhafte) Anschlusskennungen (wie eine feste IP-Adresse) vergeben, weil diese Personen nach § 111 Abs. 1 TKG zur Erhebung und Speicherung bestimmter Bestandsdaten verpflichtet sind, die dann zu beauskunften wären. Die Speicherpflicht trifft auch Anbieter von E-Mail-

---

218 Siehe die Ausführungen der BNetzA unter http://www.bundesnetzagentur.de → Telekommunikation → Unternehmen/Institutionen → Anbieterpflichten → Öffentliche Sicherheit → Technische Umsetzung → Zusatzinformationen.

219 BGBl. I S. 272; BVerfG, Beschl. v. 2.3.2010 – 1 BvR 256/08 u.a. – CR 2010, 232 mit Anm. *Heun*. Zwar besteht noch die EU-Richtlinie zur Vorratsdatenspeicherung (RL 2006/244/EG) über die Vorratsspeicherung von Daten, die bei der Bereitstellung öffentlich zugänglicher elektronischer Kommunikationsdienste oder öffentlicher Kommunikationsnetze erzeugt oder verarbeitet werden und zur Änderung der Richtlinie 2002/58/EG (ABl. L 105/54 v. 13.4.2006); diese Richtlinie ist nunmehr vom EuGH als mit den EU-Grundrechten für unvereinbar und ungültig erklärt worden, Urt. v. 8.4.2014 – C-293/12 –.

Diensten, aber nur wenn und soweit sie relevante Bestandsdaten überhaupt aus eigener Veranlassung erheben. Für Konnektivitätsleistungen im Rahmen von Cloud-Angeboten dürfte normalerweise keine dieser Voraussetzungen zutreffen.

bb) Umfang der Verpflichtungen

299 Sollten die vorgenannten Erhebungs- und/oder Speicherpflichten dennoch für Cloud-Anbieter relevant sein, so besteht für **öffentliche Anbieter** (siehe Rn 277) die Pflicht, ein automatisiertes Auskunftsverfahren nach § 113 TKG einzurichten. Die anderen Anbieter müssen dagegen lediglich nach § 112 TKG manuell Auskunft über gespeicherte Bestandsdaten geben. Im automatisierten Verfahren erfolgt der Abruf elektronisch über die BNetzA, im manuellen Verfahren erfragen die zuständigen Stellen (Polizei, Staatsanwaltschaft) die Daten direkt beim Anbieter.

5. Durchsetzung, Sanktionen und Rechtsschutz

300 Neben den bereits in den einzelnen Abschnitten genannten Durchsetzungs- und Sanktionsbestimmungen verfügt die BNetzA über mehrere Instrumente, die telekommunikationsrechtlichen Compliance-Verpflichtungen durchzusetzen. Im Bereich des Datenschutzes, der Datensicherheit und der Telekommunikationsüberwachung (Teil 7 des TKG) besteht hierfür eine spezielle Ermächtigungsgrundlage in § 115 TKG. Nach § 115 Abs. 1 TKG kann die BNetzA **Anordnungen und andere Maßnahmen** treffen, um die Einhaltung der betreffenden Vorschriften sicherzustellen. Dazu müssen die Verpflichteten der BNetzA auf Anforderung die hierzu erforderlichen Auskünfte erteilen und die BNetzA ist berechtigt, die Geschäfts- und Betriebsräume während der üblichen Betriebs- und Geschäftszeiten zu betreten und zu besichtigen. Die Anordnungen und Maßnahmen kann die BNetzA nach § 115 Abs. 2 TKG mithilfe von Zwangsgeldern durchsetzen, die je nach Verstoß zwischen 20.000 und 500.000 € liegen. Nach § 115 Abs. 3 TKG ist die BNetzA schließlich befugt, die Tätigkeit als Betreiber einer Telekommunikationsanlage oder als Diensteanbieter zu untersagen, wenn keine milderen Mittel zur Verfügung stehen.

301 Insbesondere bei Verstößen gegen die Verpflichtungen aus Teil 7 des TKG (also die datenschutz- und datensicherheitsrechtlichen Pflichten sowie die Telekommunikationsüberwachung und Auskunftsersuche), aber auch für andere hier relevante Verpflichtungen besteht zudem ein ganzer Katalog möglicher **Ordnungswidrigkeiten** nach § 149 Abs. 1 Nr. 1, 2, 7b, 16–35 TKG. Die **Bußgelder** reichen von 10.000 € bis zu einem Betrag von 300.000 €.

302 Im Übrigen besitzt die BNetzA mit § 126 TKG eine allgemeine, subsidiäre Befugnisnorm nach Art einer (gewerbe-)polizeilichen **Generalklausel**. Diese Regelung ermächtigt die BNetzA, bei Verletzungen von Verpflichtungen nach oder aus dem TKG Abhilfemaßnahmen anzuordnen sowie als Ultima Ratio die Tätigkeit als Betreiber von Telekommunikationsnetzen oder Anbieter von Telekommunikationsdiensten

zu untersagen. Es handelt sich hierbei um einen Auffangtatbestand, der nur dann zur Anwendung kommt, wenn das Gesetz keine spezielleren Eingriffsbefugnisse enthält.[220] Speziellere Befugnisse sind etwa diejenigen der bereits erwähnten Regelung § 115 TKG.

Rechtsschutz gegen Anordnungen und Maßnahmen der BNetzA ist vor den Verwaltungsgerichten (VG Köln) zu suchen mit der Besonderheit, dass nach § 137 Abs. 1 TKG weder ein ggf. zuvor erforderlicher verwaltungsrechtlicher Widerspruch noch die Klage aufschiebende Wirkung haben. Das macht ggf. vorläufigen Verwaltungsrechtsschutz erforderlich. Bei Bußgeldverfahren ist Rechtsschutz bei den ordentlichen Gerichten möglich. 303

IV. Readiness Check

Anwendbarkeit von TK-Recht 304

- Wird Cloud-Dienst vom Anbieter gemeinsam mit Konnektivität (in die Cloud) angeboten? ☑
- Wird die Konnektivität vom Anbieter dem Kunden über eine Mietleitung oder Datendirektverbindung angeboten? ☑
- Wird die Konnektivität vom Anbieter dem Kunden über einen VPN-Tunnel ermöglicht? ☑
- Werden vom Anbieter mehrere Standorte des Kunden über Konnektivitätsangebote angebunden? ☑

Umfang TK-rechtlicher Compliance-Verpflichtungen

- Betrifft die angebotene Konnektivät eine beliebige Anzahl von Privat-, Geschäfts- oder Unternehmenskunden ☑
- Werden Cloud-Dienste und Konnektivät nur Geschäfts- und Unternehmenskunden oder auch Privatkunden (Verbrauchern) angeboten? ☑
- Wird die Konnektivität nach Zeit oder Volumen abgerechnet? ☑
- Werden auch Daten aus dem Konnektivitätsangebot (z.B. Verkehrsdaten, Standortdaten) erhoben und verwendet (z.B. für Abrechnungszwecke)? ☑
- Wird der angebotene Cloud-Dienst vom Kunden zur Erbringung von TK-Diensten genutzt? ☑
- Sind die ggf. erforderlichen TK-datenschutzrechtlichen Hinweise erfolgt und Einwilligungen eingeholt? ☑
- Ist ein Sicherheitsbeauftragter bestellt und das ggf. erforderliche Sicherheitskonzept erstellt? ☑
- Ist intern ein Ansprechpartner für etwaige (sicherheits)behördliche Anfragen oder Auskunftsersuchen bestellt? ☑

220 Vgl. die Gesetzesbegründung: BT-Drucks. 15/2316, S. 100.

D. Kartellrecht

I. Einführung

305 Der **IT-Sektor** steht seit vielen Jahren im **Fokus der Kartellrechtsdurchsetzung** durch die Europäische Kommission. Die Kommission greift regelmäßig ein, wenn zu befürchten ist, dass Unternehmen durch technische oder kommerzielle Maßnahmen den Markteintritt neuer Anbieter oder die Tätigkeit von Konkurrenten behindern, und verhängte in einigen Fällen bereits drakonische Bußgelder.[221] Verschiedene Anbieter von Cloud Computing-Diensten (wie beispielsweise Microsoft, IBM und Google) waren in der Vergangenheit bzw. sind derzeit Gegenstand umfangreicher kartellrechtlicher Ermittlungsverfahren. Es ist daher anzunehmen, dass die Kartellbehörden auch die Marktentwicklungen im Bereich Cloud Computing aufmerksam beobachten und einschreiten werden, sofern die Gefahr besteht, dass einzelne Anbieter durch ihr Verhalten den Markt abschotten oder die Wahlmöglichkeiten für Kunden in unzulässiger Weise einschränken. Insbesondere die Sicherstellung von **Interoperabilität** und **Daten-Portabilität** dürften hierbei eine bedeutende Rolle spielen.

1. Regelungsbereiche des Kartellrechts

306 Das Kartellrecht umfasst eine Reihe von Rechtsnormen, die dem Erhalt eines ungehinderten, funktionierenden Wettbewerbs dienen. In Deutschland sind diese im **Gesetz gegen Wettbewerbsbeschränkungen** (GWB) niedergelegt. Auf EU-Ebene finden sich die entsprechenden Bestimmungen in den **Art. 101 und 102 AEUV** sowie in einer Vielzahl von Verordnungen und Bekanntmachungen. Hierbei lassen sich vier Regelungsbereiche unterscheiden:

a) Verbot wettbewerbsbeschränkender Vereinbarungen bzw. abgestimmten Verhaltens

307 Art. 101 AEUV und § 1 GWB verbieten zum einen wettbewerbsbeschränkende Abreden bzw. abgestimmtes Verhalten **zwischen Wettbewerbern.**[222] Hierzu zählen insbesondere Preiskartelle und Marktaufteilungsabsprachen.

---

221 Vgl. KOM, Pressemitteilung v. 24.3.2004 – IP/04/382 – Microsoft, Bußgeld i.H.v. 498 Mio. €; KOM, Pressemitteilung v. 27.2.2008 – IP/08/318 – Microsoft, Zwangsgeld i.H.v. 899 Mio. €; KOM, Pressemitteilung v. 13.5.2009 – IP/09/745 – Intel, Geldbuße i.H.v. 1,06 Mrd. €; KOM, Pressemitteilung v. 6.3.2013 – IP/13/196 – Microsoft, Geldbuße i.H.v. 561 Mio. €.
222 Siehe hierzu näher Rn 315 ff.

Beispiel
Zwei Cloud Computing-Provider vereinbaren, bestimmte Dienstleistungen künftig nicht unter einem bestimmten Mindestpreis anzubieten.

Zum anderen können auch Vereinbarungen **zwischen Nicht-Wettbewerbern** wie z.B. wettbewerbsbeschränkende Klauseln in einem Vertriebs-, Liefer-, Dienstleistungs- oder Lizenzvertrag unter das Kartellverbot fallen.[223] Hierzu zählen insbesondere Preis- und Konditionsbindungen sowie u.U. Exklusivitätsabreden oder Weiterverkaufsbeschränkungen. 308

Beispiel
Ein Cloud Computing-Anbieter schreibt seinen Vertriebshändlern die Preise vor, zu denen sie seine Dienstleistungen anbieten müssen.

b) Verbot des Missbrauchs einer marktbeherrschenden Stellung

Art. 102 AEUV und § 19 GWB untersagen Verhaltensweisen eines marktbeherrschenden Unternehmens, durch die Wettbewerber behindert oder Kunden diskriminiert oder ausgebeutet werden.[224] 309

Beispiel
Ein marktbeherrschender Cloud Computing-Anbieter verpflichtet seine Kunden, Cloud Computing-Dienstleistungen ausschließlich von ihm zu beziehen.

c) Fusionskontrolle

Nach der EU-Fusionskontrollverordnung sowie § 35 ff. GWB erfordern bestimmte Unternehmenstransaktionen wie Akquisitionen, Fusionen sowie (in bestimmten Fällen) die Gründung eines Gemeinschaftsunternehmens die vorherige Genehmigung durch die zuständige(n) Kartellbehörde(n). Entsprechende Regelungen existieren in allen EU-Mitgliedstaaten sowie in nahezu 100 Ländern weltweit. 310

Beispiel
Der Erwerb von SuccessFactor durch Oracle erforderte die Genehmigung durch die US-amerikanischen und österreichischen Kartellbehörden.

223 Siehe hierzu näher Rn 345 ff.
224 Siehe hierzu näher Rn 354 ff.

d) Beihilfenrecht

311 Die in den Art. 107 bis 109 AEUV niedergelegten (und durch zahlreiche Verordnungen, Mitteilungen und Leitlinien ergänzten) Vorschriften des EU-Beihilfenrechts definieren, unter welchen Bedingungen EU-Mitgliedstaaten Unternehmen Beihilfen gewähren können, und schreiben vor, dass bestimmten Kategorien von Beihilfen der vorherigen Genehmigung durch die Europäische Kommission bedürfen.

Beispiel
Ein Mitgliedstaat gewährt mittelständischen Unternehmen Zuschüsse für die Nutzung von Cloud Computing-Dienstleistungen.

---

2. Anwendungsbereich des EU- und des deutschen Kartellrechts

312 Welches Kartellrecht im konkreten Fall Anwendung findet, bestimmt sich nach dem **Auswirkungsprinzip**. Das EU-Kartellrecht findet daher auf alle Verhaltensweisen Anwendung, die sich in der EU auswirken.[225] Der Sitz der betroffenen Unternehmen, die Nationalität der an dem Verhalten beteiligten Unternehmen oder das anwendbare Vertragsrecht sind insoweit ohne Bedeutung. Entsprechendes gilt für das deutsche Kartellrecht.[226]

313 Im **Verhältnis zwischen** dem **EU-Kartellrecht** und dem **nationalen Kartellrecht** der einzelnen Mitgliedstaaten gilt grundsätzlich: Hat ein Verhalten auch potenzielle Auswirkungen auf den Handel zwischen Mitgliedstaaten, so hat das EU-Kartellrecht Vorrang.[227] Lediglich im Bereich des Missbrauchsverbots können die Mitgliedstaaten strengere nationale Vorschriften anwenden.[228] Ein ähnliches Vorrangprinzip existiert im Bereich der Fusionskontrolle: Erreichen die Umsätze der beteiligten Unternehmen die Schwellen der EU-Fusionskontrollverordnung, ist ausschließlich die Kommission für die Prüfung des Zusammenschlusses zuständig.[229]

Praxistipp
Aufgrund der zunehmenden Angleichung der nationalen Kartellrechtsordnungen an das EU-Kartellrecht gelten heute innerhalb der **gesamten EU dieselben kartellrechtlichen Prinzipien**. Die Frage, ob in einem konkreten Fall das EU-Kartellrecht eingreift oder welches nationale Kartellrecht Anwendung findet, ist daher in der Praxis nur noch von geringer Bedeutung.

---

225 Kommission, Entscheidung v. 9.6.1972 – Raymond/Nagoya, ABl. 1972 Nr. L 143 S. 39; MüKo-EuWettbR/*Schnyder*, Einl. G Rn 846 ff.
226 Vgl. § 130 Abs. 2 GWB. Siehe hierzu BGH WuW/E, 1276 – Ölfeldrohre sowie *Bechtold*, § 130 Rn 17.
227 Art. 3 VO (EG) Nr. 1/2003.
228 Dies betrifft beispielsweise die Vorschriften für Unternehmen mit relativer und überlegener Marktmacht in § 20 GWB.
229 Vgl. Art. 21, Abs. 3 FKVO. Siehe hierzu näher Rn 370 ff.

Da **Cloud Computing-Dienste** in der Regel grenzüberschreitend angeboten werden, dürfte auf die meisten Sachverhalte ohnehin das **EU-Kartellrecht** Anwendung finden. Soweit nichts Gegenteiliges erwähnt ist, beziehen sich daher die Ausführungen in den Rn 314 ff. auf das EU-Kartellrecht.

3. Risiken von Verstößen gegen das Kartellrecht

Verstöße gegen das Kartellrecht können mehrere schwerwiegende Konsequenzen haben: 314

1. Die Kommission wie auch das BKartA können Verstöße gegen das Kartellrecht mit **Bußgeldern** von bis zu 10 % des weltweiten Konzernumsatzes des betreffenden Unternehmens ahnden.[230] Das BKartA kann zudem gegen Personen, die an Verstößen mitwirken, Bußgelder bis zu 1 Mio. € verhängen.
2. Abnehmer, die durch einen Kartellrechtsverstoß geschädigt werden, können gegen die an dem Verstoß beteiligten Unternehmen **Schadensersatzansprüche** geltend machen.[231]
3. Kartellrechtswidrige Verträge sind von Anfang an **unwirksam**.[232]
4. Kartellrechtliche Ermittlungsverfahren, die bereits durch den (begründeten) Verdacht eines Kartellrechtsverstoßes ausgelöst werden können, sind regelmäßig mit einem hohen **Zeitaufwand für das Management und beteiligte Mitarbeiter** verbunden, verursachen in der Regel hohe **Anwaltskosten** und beschädigen den **Ruf des Unternehmens**.

Praxistipp !

Das **Risiko der Aufdeckung von Kartellrechtsverstößen** ist heute im IT-Sektor besonders hoch. Aufgrund der sehr aktiven Kartellrechtsdurchsetzung in diesem Bereich ist die Bereitschaft von Unternehmen hoch, gegen das (vermeintlich) kartellrechtswidrige Verhalten von Wettbewerbern und Geschäftspartnern zu klagen oder Beschwerden bei Kartellrechtsbehörden einzulegen. Zudem hat die Einführung von sog. Bonus- oder Kronzeugenregelungen einen starken Anreiz für Unternehmen geschaffen, Kartellbehörden freiwillig über schwerwiegende Kartellrechtsverstöße zu informieren, da dies zum Erlass oder zu einer bedeutenden Reduktion der Geldbuße führen kann.[233]

---

230 Vgl. Art. 23 Abs. 2 lit. a der VO (EG) Nr. 1/2003 bzw. § 81 Abs. 4 GWB; BKartA, Leitlinien für die Bußgeldzumessung in Kartellordnungswidrigkeitenverfahren v. 25.6.2013; Kommission, Leitlinien für das Verfahren zur Festsetzung von Geldbußen gemäß Artikel 23 Absatz 2 Buchstabe a) der Verordnung (EG) Nr. 1/2003 v. 1.9.2006, ABl. 2006 C 210/02.

231 Siehe § 33 Abs. 3 GWB.

232 Ob die Unwirksamkeit einer kartellrechtswidrigen Klausel zur Unwirksamkeit des gesamten Vertrags führt, ist eine Frage des im konkreten Fall anwendbaren Vertragsrechts.

233 Vgl. Mitteilung der Kommission über den Erlass und die Ermäßigung von Geldbußen in Kartellsachen, ABl. EG Nr. C 298 S. 17; BKartA, Bekanntmachung Nr. 9/2006 über den Erlass und die Reduktion von Geldbußen in Kartellsachen – Bonusregelung – v. 7.3.2006, abrufbar auf http://www.bundeskartellamt.de unter „Kartellverbot".

II. Kartellrechtliche Vorgaben für das Verhalten gegenüber Wettbewerbern

1. Einführung

315 Auch wenn Kartellbehörden Kontakte zwischen Wettbewerbern grundsätzlich mit Argwohn betrachten, untersagt das Kartellrecht solche Kontakte nur, soweit diese
- geeignet sind, in spürbarer Weise den Wettbewerb zu beschränken und
- nicht aufgrund überwiegender wirtschaftlicher Vorteile vom Kartellverbot freigestellt[234] sind.

316 Vereinbaren beispielsweise zwei Cloud Computing-Anbieter die gegenseitige Lizensierung von Software, so wird hierdurch grundsätzlich nicht der Wettbewerb beschränkt.

317 Selbst wenn die beiden Anbieter wettbewerbsbeschränkende Abreden (wie z.B. Exklusivitätsklauseln) in ihre Vereinbarung aufnehmen, können diese in vielen Fällen unter der **Spürbarkeitsschwelle** liegen. Nach der „de-minimis-Bekanntmachung"[235] der Europäischen Kommission gelten Vereinbarungen zwischen Wettbewerbern als nicht spürbar, wenn der gemeinsame **Marktanteil** der Parteien auf dem betroffenen Markt 10 % nicht überschreitet und die Vereinbarung keine sog. Kernbeschränkungen (Preisabsprachen und Kunden- bzw. Marktaufteilungsabreden) enthält.[236] Auch Vereinbarungen zwischen **kleinen und mittleren Unternehmen** (Unternehmen mit weniger als 250 Mitarbeitern, einem Jahresumsatz von höchstens 50 Mio. € oder einer Bilanzsumme von höchstens 43 Mio. €) gelten als regelmäßig nicht spürbar.[237]

318 Führt eine Vereinbarung zu spürbaren Wettbewerbsbeschränkungen, ist sie dennoch zulässig, wenn die Voraussetzungen für eine **automatische Freistellung** vom Kartellverbot nach Art. 101 Abs. 3 AEUV und § 2 GWB vorliegen. Das europäische wie auch das deutsche Kartellrecht erkennt an, dass die negativen Wirkungen von Wettbewerbsbeschränkungen durch Effizienzgewinne aufgewogen werden können, und nimmt daher Beschränkungen vom Kartellverbot aus, wenn die folgenden vier Voraussetzungen kumulativ erfüllt sind:
1. Die Vereinbarung verbessert die Warenerzeugung oder -verteilung oder fördert den technischen Fortschritt.

---

234 Siehe hierzu ausführlicher Rn 318 ff.

235 Bekanntmachung der Kommission über Vereinbarungen von geringer Bedeutung, ABl. EG 2001 Nr. C 368 S. 13.

236 Ähnlich die „Bagatellbekanntmachung" des BKartA vom 13.3.2007, wonach das BKartA beim Vorliegen dieser Voraussetzungen regelmäßig von einer Verfahrenseinleitung absehen wird (Bekanntmachung Nr. 18/2007 über die Nichtverfolgung von Kooperationsabreden mit geringer wettbewerbsbeschränkender Bedeutung, verfügbar auf http://www.bundeskartellamt.de unter Kartellverbot/Materialien).

237 Siehe Rn 3 der Bekanntmachung der Kommission über Vereinbarungen von geringer Bedeutung, ABl. EG 2001 Nr. C 368 S. 13.

2. Die den beteiligten Unternehmen auferlegten Beschränkungen sind für die Verwirklichung dieser Ziele unerlässlich.
3. Die Verbraucher werden angemessen am Gewinn beteiligt.
4. Die Vereinbarung ermöglicht nicht die Ausschaltung des Wettbewerbs für einen wesentlichen Teil der betreffenden Waren.

Ob diese Voraussetzungen vorliegen, müssen Unternehmen im Wege der **Selbsteinschätzung** selbst beurteilen. Anders als früher besteht nur noch in seltenen Ausnahmefällen die Möglichkeit, das Vorliegen der Freistellungsvoraussetzungen durch eine Kartellbehörde bestätigen zu lassen.[238] 319

Praxistipp !

Äußerst hilfreich für die erforderliche Selbsteinschätzung sind die von der Europäischen Kommission veröffentlichten **Leitlinien zu Vereinbarungen über horizontale Zusammenarbeit.**[239] Neben allgemeinen Ausführungen zur Interpretation der vier Freistellungsvoraussetzungen erläutern die Leitlinien detailliert, wie diese auf verschiedenen Arten von Kooperationen zwischen Wettbewerbern (gemeinsame Forschung und Entwicklung, gemeinsame Produktion, Einkaufs- oder Vermarktungskooperation, Standardisierungsvereinbarungen) anzuwenden sind.

Für Forschungs- und Entwicklungsvereinbarungen sowie für Vereinbarungen über die gemeinsame Produktion bzw. Spezialisierung werden die Freistellungsvoraussetzungen durch **Gruppenfreistellungsverordnungen** konkretisiert.[240] 320

Checkliste für die Prüfung von Vereinbarungen mit Wettbewerbern !

1. Beschränken die Vereinbarungen die kommerzielle Freiheit der Parteien?
2. Handelt es sich um eine sog. Kernbeschränkung? – Falls dies nicht der Fall ist:
3. Ist die Beschränkung „spürbar"?
4. Fällt die Vereinbarung in den Anwendungsbereich einer Gruppenfreistellungsverordnung?
5. Sind die Voraussetzungen für eine Freistellung nach Art. 101 Abs. 3 AEUV (bzw. § 2 GWB) erfüllt?

---

238 Siehe Art. 10 VO (EG) Nr. 1/2003 v. 16.12.2002, ABl. 2003 Nr. L 1 S. 1 sowie § 32c GWB; MüKo-GWB/*Säcker*, § 2 Rn 3; MüKo-GWB/*Keßler*, § 32c Rn 11.

239 Mitteilung der Kommission – Leitlinien zur Anwendbarkeit von Artikel 101 des Vertrags über die Arbeitsweise der Europäischen Union auf Vereinbarungen über horizontale Zusammenarbeit, ABl. 2011 Nr. C 11 S. 1.

240 VO (EU) Nr. 1218/2010 der Kommission v. 14.12.2010 über die Anwendung von Artikel 101 Absatz 3 des Vertrags über die Arbeitsweise der Europäischen Union auf bestimmte Gruppen von Spezialisierungsvereinbarungen, ABl. 2010 L 335/43 sowie VO (EU) Nr. 1217/2010 der Kommission v. 14.12.2010 über die Anwendung von Artikel 101 Absatz 3 des Vertrags über die Arbeitsweise der Europäischen Union auf bestimmte Gruppen von Vereinbarungen über Forschung und Entwicklung, ABl. 2010 L 335/36.

2. Verbotene Absprachen mit Wettbewerbern

321 Zu den schwerwiegendsten Verstößen gegen das Verbot wettbewerbsbeschränkender Vereinbarungen zählen insbesondere Preiskartelle und Kunden- bzw. Marktaufteilungsabsprachen. Abreden dieser Art haben immer „spürbare" Auswirkungen auf den Wettbewerb, erfüllen grundsätzlich nicht die Voraussetzungen für eine Freistellung und führen in aller Regel zu hohen Bußgeldern.

322 In diese Kategorie fallen insbesondere die folgenden Gruppen von Vereinbarungen zwischen Wettbewerbern:

– **Preisabsprachen**

323 Hierzu zählen nicht nur Vereinbarungen über bestimmte (Mindest-)Preise, sondern auch Vereinbarungen über Preiselemente, über einen Verzicht auf bzw. eine Beschränkung von Preisnachlässen, über Methoden der Preiskalkulation, über (Mindest-)Margen oder über den Zeitpunkt bzw. den Umfang einer künftigen Preiserhöhung. In gleicher Weise wie Vereinbarungen in Bezug auf **Verkaufspreise** sind auch Absprachen über **Einkaufspreise** verboten (sofern sich diese nicht auf eine zulässige Einkaufskooperation beziehen[241]).

Beispiel
Zwei konkurrierende Cloud Computing-Provider kommen überein, Großkunden künftig Rabatte von maximal 10 % einzuräumen.

– **Konditionenkartelle**

324 Absprachen über Verkaufs- oder Einkaufskonditionen, die sich (unmittelbar oder mittelbar) auf den Preis auswirken (z.B. Zahlungsfristen), fallen ebenfalls unter das Kartellverbot.[242]

Beispiel
Mehrere konkurrierende Anbieter vereinbaren, künftig für die Nutzung ihres SaaS-Service eine Mindestvertragslaufzeit von drei Jahren zu verlangen.

– **Kunden-/Marktaufteilungsabsprachen**

325 Verboten sind auch Vereinbarungen über die (Nicht-)Belieferung bestimmter Kunden bzw. Kundengruppen oder Absatzgebiete.

---

241 Siehe hierzu Rn 318 ff.

242 Absprachen über Konditionen ohne Preisrelevanz beschränken grundsätzlich ebenfalls den Wettbewerb, sind jedoch in vielen Fällen aufgrund überwiegender Vorteile vom Kartellverbot freigestellt (siehe hierzu Rn 318 ff.).

Beispiel
Zwei Cloud Computing-Anbieter vereinbaren, dass der eine von ihnen seine Tätigkeit auf Privatkunden, der andere auf Unternehmenskunden beschränken wird.

– **Absprachen über das Produkt-/Dienstleistungsangebot**
Nicht erlaubt sind außerdem Absprachen über die Beschränkung des eigenen Angebots auf bestimmte Produkte oder Dienstleistungen (unter bestimmten Voraussetzungen können Spezialisierungsvereinbarungen jedoch zulässig sein[243]). 326

Beispiel
Zwei konkurrierende Cloud-Anbieter vereinbaren, dass der eine sich auf SaaS-Dienste beschränkt, während der andere ausschließlich IaaS-Dienste anbietet.

3. Kartellrechtliche Grenzen des Informationsaustauschs zwischen Wettbewerbern

a) Grundsätze

Das Kartellrecht untersagt nicht nur wettbewerbsbeschränkende Vereinbarungen, 327
sondern auch sog. **abgestimmte Verhaltensweisen** zwischen Wettbewerbern. Hierunter ist *„jede unmittelbare oder mittelbare Fühlungnahme zwischen Wettbewerbern“* zu verstehen, die eine Verfälschung des Wettbewerbs bezweckt oder bewirkt. Dies schließt insbesondere jede Kommunikation zwischen Wettbewerbern ein, die *„bezweckt oder bewirkt, entweder das Marktverhalten eines gegenwärtigen oder potenziellen Wettbewerbers zu beeinflussen oder einen solchen Wettbewerber über das Marktverhalten ins Bild zu setzen, das man selbst an den Tag zu legen entschlossen ist oder in Erwägung zieht.“*[244]

Tauschen Wettbewerber **Informationen über ihre künftige Preis- und Absatz-** 328
politik aus, so liegt hierin in aller Regel eine unzulässige abgestimmte Verhaltensweise, die ähnlich wie ein Kartell behandelt und mit vergleichbar hohen Bußgeldern geahndet wird.[245] Dasselbe gilt, wenn nur ein einzelnes Unternehmen derartige Informationen gegenüber einem oder mehreren Wettbewerbern offenlegt.[246]

Auch der Austausch **sonstiger strategischer Informationen** zwischen Wettbe- 329
werbern fällt unter das Verbot abgestimmter Verhaltensweisen, sofern diese geeignet

---

243 Siehe hierzu Rn 318 ff. und 344 ff.

244 Mitteilung der Kommission – Leitlinien zur Anwendbarkeit von Artikel 101 des Vertrags über die Arbeitsweise der Europäischen Union auf Vereinbarungen über horizontale Zusammenarbeit, ABl. 2011 Nr. C 11 S. 1 Rn 61.

245 Mitteilung der Kommission – Leitlinien zur Anwendbarkeit von Artikel 101 des Vertrags über die Arbeitsweise der Europäischen Union auf Vereinbarungen über horizontale Zusammenarbeit, ABl. 2011 Nr. C 11 S. 1 Rn 74.

246 EuGH, Urt. v. 4.6.2009 – C-8/08 P T-Mobile Netherlands BV u.a. – Slg. 2009, I-4529 Rn 31, 43.

sind, das Marktverhalten der beteiligten Unternehmen zu beeinflussen. **Strategischen Charakter** haben insbesondere Informationen über
- Preise,
- Kunden,
- Produktionskosten,
- Umsätze und Absatzmengen,
- Kapazitäten,
- Risiken,
- Marketingpläne,
- Investitionen,
- Technologien sowie
- F&E-Programme.

330 Ob der Austausch dieser Informationen **geeignet** ist, den **Wettbewerb zu beschränken**, hängt insbesondere von dem Aggregierungsgrad und der Aktualität der Informationen, von der Häufigkeit ihres Austauschs, von der Marktstruktur sowie von der Frage ab, ob die Informationen öffentlich oder lediglich innerhalb eines beschränkten Kreises von Unternehmen ausgetauscht werden.

! **Praxistipp**
Aufgrund der hohen Risiken eines unzulässigen Austauschs von Informationen zwischen Wettbewerbern sollten Unternehmen die genannten Informationen grundsätzlich nie gegenüber Wettbewerbern offenlegen, außer hierfür besteht ein zwingender Grund. Solch ein zwingender Grund liegt beispielsweise vor, wenn die Durchführung einer Lieferbeziehung oder Verhandlungen über eine (mögliche) Transaktion ohne den Austausch bestimmter vertraulicher Informationen nicht möglich wäre.

b) Informationsaustausch im Rahmen von Verbänden oder Konsortien

331 Viele der im Bereich der Cloud Computing-Industrie tätigen Unternehmen sind Mitglieder von Interessenverbänden und Konsortien, denen auch Wettbewerber angehören. Die Tätigkeit dieser Verbände und Konsortien begegnet in der Regel keinen kartellrechtlichen Bedenken, da sie kartellrechtlich neutrale Ziele verfolgen und in vielen Fällen (beispielsweise durch die Standardisierung von Dateiformaten oder Schnittstellen) den Wettbewerb fördern. Im Rahmen der Mitarbeit in diesen Organisationen kommt es jedoch notwendig zu Kontakten sowie zum Austausch von Informationen zwischen Wettbewerbern. Um kartellrechtliche Risiken zu vermeiden, sollten Unternehmen daher eine Reihe von Vorsichtsmaßnahmen ergreifen.

332 **Vor dem Eintritt** in eine solche Vereinigung ist ratsam, zu prüfen, ob diese über kartellrechtliche Leitlinien verfügt und durch geeignete Maßnahmen (wie z.B. die Teilnahme eines Anwalts oder Unternehmensjuristen an den Verbandssitzungen)

sicherstellt, dass diese im Rahmen der Verbandsarbeit beachtet werden. Ist dies nicht der Fall, sollte die Verabschiedung eines Kartellrechtsleitfadens angeregt werden.[247]

Mitarbeiter, die an **Sitzungen** oder sonstigen Treffen im Rahmen eines Verbands oder Konsortiums teilnehmen, sollten eine Kartellrechtsschulung absolviert haben und müssen mit den untenstehenden Grundregeln für das Verhalten bei Treffen mit Wettbewerbern vertraut sein. Sie sollten insbesondere darauf hingewiesen werden, dass selbst die **rein passive Teilnahme** an einer unzulässigen Diskussion einen **Kartellrechtsverstoß** darstellt und Bußgelder nach sich ziehen kann. Eine Haftung kann nur vermieden werden, wenn sich der Mitarbeiter **aktiv** von dem kartellrechtswidrigen Verhalten der anderen Teilnehmer **distanziert** und dies auch (z.B. durch die Aufnahme seines Widerspruchs im Protokoll) nachweisen kann.[248] 333

Verhaltensregeln für die Teilnahme an Verbandssitzungen !

- Bestehen Sie darauf, vor jeder Sitzung eine schriftliche Tagesordnung zu erhalten.
- Konsultieren Sie die Rechtsabteilung, falls die Tagesordnung Punkte enthält, die möglicherweise kartellrechtlich bedenklich sind.
- Regen Sie ggf. an, dass in der Tagesordnung, soweit möglich, auf inhaltlich offene Punkte („Sonstiges"/„AOB") verzichtet wird.
- Achten Sie bei der Besprechung darauf, dass nur die in der Tagesordnung niedergelegten Themen erörtert werden. Soll die Tagesordnung ergänzt werden, ist dies förmlich zu beschließen und zu protokollieren.
- Widersprechen Sie neu aufgenommenen Tagesordnungspunkten, die Sie für kartellrechtswidrig halten, und bestehen Sie darauf, dass Ihr Widerspruch protokolliert wird.
- Werden in der Sitzung Themen angesprochen oder Informationen offengelegt, die kartellrechtlich problematisch sind, sollten Sie sofort darauf hinweisen, dass diese nicht erörtert werden können.
- Halten andere Teilnehmer das Thema bzw. die Informationen für unproblematisch, sollten Sie vorschlagen, den Punkt bis zur Klärung der kartellrechtlichen Zulässigkeit zurückzustellen.
- Falls eine Diskussion, die Sie für kartellrechtlich problematisch halten, trotz Ihres Widerspruchs fortgesetzt wird:
  - Verlassen Sie umgehend die Sitzung.
  - Stellen Sie sicher, dass Ihr Widerspruch sowie Ihr Weggang im Protokoll vermerkt werden.
  - Informieren Sie sofort Ihre Rechtsabteilung.
- Bestehen Sie darauf, dass von jeder Sitzung ein detailliertes Ergebnisprotokoll erstellt und zunächst als Entwurf an alle Teilnehmer verschickt wird.

Erhebt ein Verband (zu statistischen oder zu Lobbyingzwecken) **Marktdaten** von seinen Mitgliedern, sollten Unternehmen die angefragten Informationen nur zur Verfügung stellen, wenn durch geeignete Verfahren sichergestellt ist, dass dies nicht zu 334

247 Hierfür existieren zahlreiche Vorlagen, wie z.B. der Leitfaden Kartellrecht des VDA (abrufbar unter http://www.vda.de) oder der Leitfaden Kartellrecht und Verbandsarbeit des GDV (abrufbar unter http://www.gdv.de). Siehe auch *Kapp/Hummel*, CCZ 2013, 240, 247.

248 EuG, Urt. v. 5.12.2006 – T-303/02 Westfalen Gassen Nederland BV/Kommission – Rn 75 ff.

einer Offenlegung individueller Unternehmensdaten gegenüber anderen Mitgliedern führt.

Checkliste im Falle der Erhebung von Marktdaten durch einen Verband
- Sind die angefragten Daten für die Tätigkeit des Verbands objektiv erforderlich?
- Nehmen mindestens fünf Unternehmen an der Erhebung teil?
- Ist sichergestellt, dass die von einzelnen Unternehmen erhobenen Daten strikt vertraulich behandelt werden?
- Ist sichergestellt, dass die Daten den Mitgliedern nur in aggregierter Form und in einer Gliederungstiefe zur Verfügung gestellt werden, die keine Rückschlüsse auf die Daten einzelner Mitglieder erlauben?

4. Zulässige Kooperationen mit Wettbewerbern

335 Das Angebot von Cloud Computing-Dienstleistungen erfordert die Kooperation zahlreicher Akteure,[249] wobei es sich jedoch in den meisten Fällen nicht um Wettbewerber handelt. Die derzeit häufigste Form der Kooperation zwischen Wettbewerbern im Bereich des Cloud Computing ist die **gemeinsame Entwicklung von Standards** (siehe hierzu Rn 338 ff.).

336 Denkbar sind daneben insbesondere auch Kooperationen zwischen Wettbewerbern im Bereich **Forschung & Entwicklung**.

337 In der Regel begegnen solche Kooperationen keinen maßgeblichen kartellrechtlichen Bedenken, sofern die Parteien in deren Rahmen keine unzulässigen Preis- oder Marktaufteilungsabreden treffen und sie nicht über hohe Marktanteile verfügen. Der Cloud Computing-Markt ist nach wie vor relativ fragmentiert und durch starkes Wachstum gekennzeichnet, sodass kein Anbieter über hohe Marktanteile verfügen dürfte.

a) Kooperation im Bereich der Standardisierung

aa) Grundsätze

338 Auch die Kooperation zwischen verschiedenen Anbietern, etwa von Cloud-Infrastrukturen oder Cloud-basierten Diensten, mit dem Ziel, bestimmte technische Lösungen zu standardisieren, kann unter das Verbot der wettbewerbsbeschränkenden Vereinbarungen fallen. Standardisierungsvereinbarungen sind zwar grundsätzlich **effizient**, da sie

- die Kompatibilität und Interoperabilität verschiedener Systeme sicherstellen;
- die Markttransparenz erhöhen;

249 Siehe das Diagramm in Kap. 4 Rn 66.

- zu einer größeren Auswahl kompatibler Produkte zu niedrigeren Kosten führen und
- Newcomern den Marktzutritt erleichtern.

Verständigen sich jedoch Konkurrenten z.B. auf die Anwendung eines bestimmten 339
Standards für die Migration von Daten in die oder aus der Cloud, stellt dies grundsätzlich eine wettbewerbsbeschränkende Vereinbarung dar. Die Verständigung auf eine bestimmte technische Lösung kann dazu führen, dass andere Lösungen, die nicht in den Standard aufgenommen werden, praktisch **vom Markt ausgeschlossen** sind. Dies wiederum kann **Innovationen** behindern und den **Preiswettbewerb** im Markt dämpfen.

Praxistipp 1 !

Das Normungs- und Standardisierungsumfeld von Cloud Computing wird bislang hauptsächlich durch **proprietäre Standards** vornehmlich US-amerikanischer Anbieter geprägt.[250] Solche „Insellösungen", deren Durchsetzung im Markt nicht aufgrund einer Vereinbarung zwischen Wettbewerbern, sondern aufgrund überlegener Technologie und Marktmacht einzelner Anbieter erfolgt, sind kartellrechtlich nicht unter dem Aspekt der Standardisierung, sondern allenfalls im Rahmen eines möglichen Missbrauchs einer marktbeherrschenden Stellung relevant. Die hier behandelte **Vereinbarung** eines Standards durch mehrere Marktteilnehmer erfolgt in der Regel über **Standardisierungsorganisationen** wie z.B. NIST,[251] ETSI,[252] EuroCloud,[253] CSA,[254] OCC[255] oder das OpenGridForum.[256]
Sowohl Standardisierungsorganisationen als auch die unmittelbar am Standardisierungsprozess beteiligten Unternehmen sollten die kartellrechtliche Zulässigkeit einer Standardisierungsvereinbarung daher sorgfältig prüfen, um kartellrechtliche Risiken zu vermeiden. Diese können in der Nichtigkeit einzelner Regelungen oder, im Einzelfall, auch in Bußgeldern liegen.

Praxistipp 2 !

Nützliche Hilfestellung bei der Ausarbeitung und Bewertung der Verfahrensregeln von Standardisierungsorganisationen leisten die Leitlinien der EU-Kommission zu Vereinbarungen über horizontale Zusammenarbeit, die unter der Überschrift „Vereinbarungen über Normen" detaillierte Ausführungen zu Standardisierungsvereinbarungen und -verfahren enthalten.[257]

---

250 Vgl. BMWi, Das Normungs- und Standardisierungsumfeld von Cloud Computing, 2012, abrufbar unter http://www.bmwi.de/BMWi/Redaktion/PDF/Publikationen/Studien/normungs-und-standardisierungsumfeld-von-cloud-computing,property=pdf,bereich=bmwi2012,sprache=de,rwb=true.pdf; auch Kap. 3 E, Rn 43.
251 http://www.nist.gov.
252 http://www.etsi.org.
253 http://www.eurocloud.org bzw. http://www.eurocloud.de.
254 http://www.cloudsecurityalliance.org.
255 http://www.opencloudconsortium.org.
256 http://www.ogf.org.
257 Mitteilung der Kommission – Leitlinien zur Anwendbarkeit von Artikel 101 des Vertrags über die Arbeitsweise der Europäischen Union auf Vereinbarungen über horizontale Zusammenarbeit, ABl.

340 Nach diesen Leitlinien haben Standardisierungsvereinbarungen grundsätzlich **keine wettbewerbsbeschränkenden Auswirkungen**, sofern die folgende Voraussetzungen erfüllt sind:[258]

1. **Transparenz:** Allen interessierten Kreisen ist es möglich, sich über die anstehenden, laufenden oder abgeschlossenen Standardisierungsverfahren zu informieren.
2. **Mitwirkung:** Alle interessierten Marktteilnehmer haben die Möglichkeit, Unternehmensvertreter in die Arbeitsgruppen oder Ausschüsse, in denen der Standard gesetzt wird, zu entsenden.

! **Praxistipp**
Die Regularien der Standardisierungsorganisation sollten die **Stimmrechte** in den betreffenden Gremien nach objektiven und diskriminierungsfreien Prinzipien zuweisen und objektive **Kriterien** festlegen, nach denen die für den Standard relevante Technik oder das für den Standard relevante Verfahren **ausgewählt** wird.

---

3. **Zugang:** Alle interessierten Marktteilnehmer haben uneingeschränkten Zugang zum Standard zu fairen, angemessenen und diskriminierungsfreien (sog. **FRAND-**[259]) Bedingungen. Ist der Standard bestimmten Unternehmen (z.B. Nicht-Mitglied der Standardisierungsorganisation) nicht oder nur zu erschwerten Bedingungen zugänglich, so liegt eine unzulässige Diskriminierung vor. Das Zugangserfordernis zu FRAND-Bedingungen verlangt daher zweierlei:

- Unternehmen, die sich an der Standardisierung beteiligen wollen, müssen dazu verpflichtet werden, ihre (potenziell) für die Anwendung des zukünftigen Standards erforderlichen Schutzrechte (sog. **standardessenzielle Schutzrechte**) gegenüber der Standardisierungsorganisation **offenzulegen**.
- Die Inhaber dieser Schutzrechte müssen sich unwiderruflich gegenüber der Standardisierungsorganisation verpflichten, für die fraglichen Schutzrechte **Lizenzen** zu FRAND-Bedingungen zu vergeben (sog. **FRAND-Selbstverpflichtung**.).

4. **Keine Pflicht** zur Einhaltung des Standards: Die an der Standardisierung beteiligten Unternehmen bleiben auch nach der Einigung auf einen bestimmten Standard frei, andere, nicht standardkonforme Produkte und Lösungen sowie andere Standards zu entwickeln.

2011 Nr. C 11 S. 1, Rn 257 ff., abrufbar unter http://ec.europa.eu/competition/antitrust/legislation/horizontal.html.

258 Siehe Rn 280 ff. der Leitlinien.

259 Aus dem Englischen: **f**air, **r**easonable **a**nd **n**on-**d**iscriminatory.

Beispiel
Die Einigung auf einen bestimmten Aufbau skalierbarer Architekturen darf also z.B. nicht dazu führen, dass bei der Dienstbereitstellung nicht auch auf andere Architekturen zurückgegriffen oder diese entwickelt werden dürfen.

Praxistipp
Sofern **verschiedene konkurrierende Standards** existieren oder wirksamer Wettbewerb zwischen standardkonformen und nicht standardisierten (z.B. proprietären) Lösungen existiert, wie dies im Bereich **Cloud Computing** derzeit noch häufig der Fall ist,[260] führt das Nichtvorliegen der oben genannten Voraussetzungen nicht notwendig zu einem Verstoß gegen das Kartellrecht. Aufgrund der rasanten Entwicklung dieses Wirtschaftssektors kann sich die Situation jedoch schnell ändern und es ist daher ratsam, von Anfang an die genannten Grundätze zu beachten.

Exkurs: Bedeutung der FRAND-Selbstverpflichtung in Patentverletzungsstreitigkeiten
Praktische Bedeutung erlangt die FRAND-Selbstverpflichtung vor allem in **Patentverletzungsstreitigkeiten**, in denen der Inhaber den Nutzer eines standardessenziellen Schutzrechts auf Unterlassung in Anspruch nimmt. In einer solchen Situation wird der Nutzer regelmäßig vortragen, der Inhaber des standardessenziellen Schutzrechts missbrauche seine marktbeherrschende Stellung i.S.v. Art. 102 AEUV, wenn er den Unterlassungsanspruch geltend mache, obwohl er gemäß seiner FRAND-Selbstverpflichtung zur Gewährung einer Lizenz zu fairen, angemessenen und nicht-diskriminierenden Bedingungen verpflichtet sei (sog. **FRAND-Einwand**). Der FRAND-Einwand hat in letzter Zeit vor allem in der Telekommunikationsindustrie erhebliche Bedeutung erlangt. In der jüngeren Vergangenheit erging daher eine Vielzahl von Urteilen, vor allem der deutschen Patentgerichte, zu den Voraussetzungen des FRAND-Einwands.[261] Auch die EU-Kommission hat sich jüngst in zwei aufsehenerregenden Fällen mit dem FRAND-Einwand beschäftigt.[262] Da die Rechtsauffassung der EU-Kommission von derjenigen der Patentgerichte in Deutschland abweicht, hat das LG Düsseldorf die Frage jüngst dem **EuGH vorgelegt.**[263]

260 BMWi, Das Normungs- und Standardisierungsumfeld von Cloud Computing, 2012, S. 2, abrufbar unter http://www.bmwi.de/BMWi/Redaktion/PDF/Publikationen/Studien/normungs-und-standardisierungsumfeld-von-cloud-computing,property=pdf,bereich=bmwi2012,sprache=de,rwb=true.pdf; vgl. auch Mitteilung der Kommission — Leitlinien zur Anwendbarkeit von Artikel 101 des Vertrags über die Arbeitsweise der Europäischen Union auf Vereinbarungen über horizontale Zusammenarbeit, ABl. 2011 Nr. C 11 S. 1, Rn 294.
261 Z.B. BGH, Urt. v. 6.5.2009 – KZR 39/06 – Orange-Book-Standard; OLG Karlsruhe, Beschl. v. 23.1.2012 – 6 U 136/11 – Motorola vs. Apple; OLG Karlsruhe, Beschl. v. 27.2.2012 – 6 U 136/11 – Motorola vs. Apple II; LG Mannheim, Urt. v. 9.12.2011 – 7 O 122/11 – Motorola vs. Apple; LG Düsseldorf, Urt. v. 30.11.2006 – 4b O 346/05 – MPEG 2-Standard.
262 IP 12/1448 v. 21.12.2012 – Samsung; IP 13/406 v. 6.5.2013 – Motorola.
263 LG Düsseldorf, Beschl. v. 21.3.2013 – 4b O 104/12 – Huawei vs. ZTE.

bb) Freistellung nach Art. 101 Abs. 3 AEUV, § 2 GWB

341 Für den Fall, dass eine Standardisierungsvereinbarung (potenziell) wettbewerbsbeschränkende Auswirkungen hat, kommt – wie auch bei anderen wettbewerbsbeschränkenden Vereinbarungen[264] – eine **Freistellung** vom Kartellverbot nach Art. 101 Abs. 3 AEUV, § 2 GWB in Betracht.

342 Die Kommission erkennt in ihren Leitlinien ausdrücklich die **effizienzsteigernden Wirkungen** von Standardisierungsvereinbarungen an.[265] Zu diesen Effizienzgewinnen kommt es allerdings nur, wenn alle (auch potenziell neue) Marktteilnehmer, die von dem Standard Gebrauch machen wollen, die für die Anwendung des Standards erforderlichen Informationen (und ggf. Lizenzen) erhalten. Nur so können sie ihrerseits standardkompatible, interoperable Produkte herstellen, was den Wettbewerb auf dem betreffenden Produktmarkt fördert und zu niedrigeren Preisen für die Verbraucher führt. Die Kommission verlangt deshalb im Rahmen der Prüfung möglicher Effizienzgewinne, dass die für die Anwendung des Standards erforderlichen Informationen allen interessierten Unternehmen zur Verfügung stehen.[266]

343 Die überdies notwendigen **Verbrauchervorteile** können sich im Bereich Cloud Computing insbesondere aus dem Aspekt der Interoperabilität, Kompatibilität und Portabilität von Diensten verschiedener Hersteller ergeben. Beschränken sich Standardisierungsvereinbarungen zudem auf das, was zur Erfüllung ihres Zwecks – z.B. Herstellung technischer Interoperabilität und Kompatibilität – **notwendig** ist und schließen sie überdies den Wettbewerb nicht vollständig aus, kommt eine Freistellung in Betracht. Die Einzelheiten hängen von den **Marktanteilen** der an der Standardisierung beteiligten Unternehmen sowie dem Grad der (voraussichtlichen) **Marktdurchdringung** des Standards ab.

b) Kooperation im Bereich Forschung & Entwicklung

344 Kooperieren Wettbewerber im Bereich der Forschung und Entwicklung, so profitieren Verbraucher hiervon regelmäßig in Form neuer oder verbesserter Waren oder Dienstleistungen, der schnelleren Markteinführung neuer Produkte oder in Form niedrigerer Preise.[267] Forschungs- und Entwicklungskooperationen werden von den Kartell-

264 Vgl. oben, Rn 318 ff.

265 Mitteilung der Kommission – Leitlinien zur Anwendbarkeit von Artikel 101 des Vertrags über die Arbeitsweise der Europäischen Union auf Vereinbarungen über horizontale Zusammenarbeit, ABl. 2011 Nr. C 11 S. 1, Rn 308.

266 Entscheidung der Kommission v. 15.12.1986 in der Sache IV/31.458, X/Open Group, Rn 42; Mitteilung der Kommission – Leitlinien zur Anwendbarkeit von Artikel 101 des Vertrags über die Arbeitsweise der Europäischen Union auf Vereinbarungen über horizontale Zusammenarbeit, ABl. 2011 Nr. C 11 S. 1, Rn 309.

267 Siehe Erwägungsgrund Nr. 10 der VO (EU) Nr. 1217/2010 der Kommission v. 14.12.2010 über die Anwendung von Artikel 101 Absatz 3 des Vertrags über die Arbeitsweise der Europäischen Union auf

behörden daher tendenziell als unproblematisch eingestuft und begegnen in aller Regel nur dann kartellrechtlichen Bedenken, wenn die Parteien Beschränkungen vereinbaren, die nicht durch den Zweck der Kooperation gerechtfertigt sind. Entsprechend werden durch die EU-Gruppenfreistellungsverordnung für Forschungs- und Entwicklungsvereinbarungen[268] F&E-Kooperationen automatisch vom Kartellverbot freigestellt, sofern die folgenden Voraussetzungen erfüllt sind:

1. Der gemeinsame Marktanteil der Parteien übersteigt nicht 25 %.[269]
2. Beide Parteien haben uneingeschränkten Zugang zu den Ergebnissen der gemeinsamen Forschung und Entwicklung (einschließlich der entsprechenden Schutzrechte).[270]
3. Die Vereinbarung enthält keine (in der Verordnung einzeln aufgeführte) „Kernbeschränkungen", d.h. besonders schwerwiegende Wettbewerbsbeschränkungen wie beispielsweis Gebiets-, Kunden- oder Preisbeschränkungen oder die Beschränkung der Forschung und Entwicklung in anderen Bereichen.[271]

III. Kartellrechtliche Vorgaben für das Verhältnis Cloud-Anbieter – Cloud-Kunde

1. Einleitung

Das Kartellrecht untersagt nicht nur wettbewerbsbeschränkende Vereinbarungen und abgestimmtes Verhalten zwischen Konkurrenten, sondern verbietet derartige Praktiken auch im Verhältnis zwischen Unternehmen, die nicht im Wettbewerb stehen. Entsprechend unterliegen Cloud-Anbieter auch in Bezug auf ihre Beziehung zu Nutzern und Vertriebspartnern kartellrechtlichen Vorgaben. 345

Da das Verhältnis zu Vertriebspartnern in kartellrechtlicher Hinsicht keine für den Cloud Computing-Markt spezifischen Besonderheiten aufweist, beschränkt sich die nachfolgende Darstellung auf das Verhältnis zwischen Cloud-Dienstleistern und Nutzern. 346

Hierbei bestehen wichtige Unterschiede zwischen den kartellrechtlichen Vorgaben für das Verhältnis zu Geschäftskunden und zu Privatkunden. Das Verbot wettbe- 347

---

bestimmte Gruppen von Vereinbarungen über Forschung und Entwicklung, ABl. 2010 Nr. L 335 S. 36.

268 VO (EU) Nr. 1217/2010 der Kommission v. 14.12.2010 über die Anwendung von Artikel 101 Absatz 3 des Vertrags über die Arbeitsweise der Europäischen Union auf bestimmte Gruppen von Vereinbarungen über Forschung und Entwicklung, ABl. 2010 Nr. L 335 S. 36 sowie Mitteilung der Kommission – Leitlinien zur Anwendbarkeit von Artikel 101 des Vertrags über die Arbeitsweise der Europäischen Union auf Vereinbarungen über horizontale Zusammenarbeit, ABl. 2011 Nr. C 11 S. 1, Rn 111 ff.

269 Art. 4 Abs. 2 der Verordnung. Die Marktanteilsschwelle gilt lediglich für F&E-Kooperationen zwischen Wettbewerbern, nicht dagegen für Kooperationen zwischen Unternehmen, die keine Wettbewerber sind.

270 Art. 3 Abs. 2 der Verordnung.

271 Art. 5 der Verordnung.

werbsbeschränkender Vereinbarungen (Art. 101 AEUV, § 1 GWB) gilt nur für Vereinbarungen zwischen Unternehmen und findet daher nicht auf Vereinbarungen zwischen Cloud-Anbietern und Privatkunden Anwendung. Das Verbot des Missbrauchs einer marktbeherrschenden Stellung (Art. 102 AEUV, § 19 GWB) untersagt dagegen auch missbräuchliches Verhalten gegenüber Privatpersonen. Dies bedeutet in der Praxis:

- Gegenüber **Privatkunden** gilt lediglich das Verbot des Missbrauchs einer marktbeherrschenden Stellung. Ist ein Cloud-Anbieter nicht marktbeherrschend, unterliegt er daher in Bezug auf Privatkunden keinen kartellrechtlichen Beschränkungen.
- Gegenüber **Geschäftskunden** gilt sowohl das Verbot wettbewerbsbeschränkender Vereinbarungen als auch das Verbot des Missbrauchs einer marktbeherrschenden Stellung.

348 Ob ein Cloud-Anbieter **marktbeherrschend** ist, hängt zunächst davon ab, wie eng oder weit man den relevanten Markt in sachlicher Hinsicht (Welche Produkte/Dienstleistungen sind umfasst?) und in räumlicher Hinsicht (Ist der Markt national, regional oder weltweit?) definiert.

2. Marktdefinition im Bereich Cloud Computing

349 Der **sachlich relevante Markt** umfasst grundsätzlich alle Produkte und Dienstleistungen, die von den Abnehmern hinsichtlich ihrer Eigenschaften, ihres Preises und ihres Verwendungszwecks als austauschbar angesehen werden.[272]

350 Wendet man diese Definition auf Cloud Computing-Dienstleistungen an, so spricht vieles dafür, dass SaaS-, PaaS- und IaaS-Dienstleistungen jeweils separaten Märkten angehören und auch innerhalb dieser Kategorien zwischen verschiedenen Angeboten zu unterscheiden ist, da beispielsweise ein Textverarbeitungsprogramm und eine CRM-Software, die beide als SaaS angeboten werden, aus Kundensicht eindeutig nicht austauschbar sind. So unterteilt auch die Europäische Kommission in ständiger Praxis Software in eine Vielzahl separater sachlich relevanter Märkte.[273]

351 Eine offene Frage ist, ob Cloud-basierte und diesen entsprechende **traditionelle („on-premise“) Lösungen** demselben Markt angehören.[274] Im Fall Microsoft/Nokia[275] befragte die Europäische Kommission Marktteilnehmer zu diesem Thema – mit unklarem Ergebnis. In Bezug auf Enterprise Mail Server Software äußerte eine

272 Vgl. Bekanntmachung der Kommission über die Definition des relevanten Marktes, ABl. EG 1997 Nr. C 372 S. 5 Rn 7. Ähnliche Grundsätze werden von allen Kartellbehörden weltweit angewandt.

273 Vgl. aus jüngerer Zeit Microsoft/Nokia, Entscheidung v. 4.12.2013, Fall COMP/M.704; Oracle/Sun Microsystems, Entscheidung v. 21.1.2010, Fall COMP/M.5529.

274 *Kirchner/Käseberg* in FS Möschel, 355, 361; Rosenbaum/*Feinstein*, S. 32; *Sluijs/Larouche/Sauter*, JIPITEC 2012, Rn 36.

275 Entscheidung v. 4.12.2013, Fall COMP/M.7047.

Reihe der befragten Unternehmen, IaaS- und traditionelle Lösungen seien in Bezug auf Funktionalität, Verfügbarkeit und Preis vergleichbar. Andere Unternehmen erklärten dagegen, dass Cloud-basierte Lösungen teilweise als nicht hinreichend sicher gelten (in Bezug auf den Schutz sensibler Unternehmensdaten) und nicht in gleicher Weise wie traditionelle Lösungen in die IT-Struktur des Unternehmens integriert werden können. Insbesondere Großunternehmen sehen IaaS im Bereich Enterprise Mail Server Software nicht als eine taugliche Alternative an.[276] In Bezug auf Mail Services ging die Mehrheit der befragten Unternehmen davon aus, dass SaaS-Lösungen für Unternehmen (u.a. aus Sicherheits- und Compliancegründen) kein Substitut für traditionelle Lösungen darstellen.[277] Es ist jedoch davon auszugehen, dass die zunehmende Verbreitung von Cloud Computing-Lösungen zumindest mittelfristig dazu führen wird, dass ein großer Teil der Unternehmen die Nutzung von Cloud-Diensten als echtes Substitut zu „on-premise"-Lösungen betrachten werden und dies eine entsprechend weitere Definition des sachlich relevanten Markts erlaubt.

Gegen eine enge, auf spezifische Cloud-Dienste beschränkte Marktdefinition 352
spricht zudem der Gesichtspunkt der **Angebotssubstituierbarkeit**. Sofern Anbieter in der Lage sind, ihr Angebot kurzfristig und ohne größere Investitionen auf andere Produkte bzw. Dienstleistungen zu erweitern, sind auch diese weiteren Produkte bzw. Dienstleistungen Teil des sachlich relevanten Markts.[278] Die Erbringung von Cloud Computing-Diensten erfordert hohe Anfangsinvestitionen, ist mit hohen Betriebskosten verbunden und daher zumindest im Massengeschäft nur bei gewissen Mindestvolumina profitabel.[279] Cloud Computing-Anbieter haben daher ein Interesse, auf der von ihnen geschaffenen Plattform eine möglichst große Anzahl von Dienstleistungen anzubieten und können in vielen Fällen ihr Angebot relativ kurzfristig und mithilfe relativ geringfügiger Investitionen erweitern. Soweit dies der Fall ist, sprechen gute Gründe dafür, auch untereinander nicht austauschbare Cloud-Dienste in denselben Markt einzubeziehen.[280]

Wie weit der **räumlich relevante Markt** im Bereich des Cloud Computing zu defi- 353
nieren ist, hängt im Wesentlichen davon ab, inwieweit Nutzer Cloud-Dienste auch von Anbietern im Ausland beziehen können. Da die Erbringung von Cloud-basierten Dienstleistungen grundsätzlich keine Infrastruktur oder sonstige Präsenz am Standort des Kunden erfordert, sind Anbieter in der Lage, ihre Dienstleistungen weltweit anzubieten. Es sprechen daher gute Gründe dafür, dass die relevanten Märkte global sind.[281] Dies entspricht auch der Praxis der Europäischen Kommission im Software-

276 Microsoft/Nokia, Entscheidung v. 4.12.2013, Fall COMP/M.704, Rn 65.
277 Microsoft/Nokia, Entscheidung v. 4.12.2013, Fall COMP/M.704, Rn 66.
278 Vgl. Bekanntmachung der Kommission über die Definition des relevanten Marktes, ABl. EG 1997 Nr. C 372 S. 5 Rn 20.
279 Siehe Kap. 4 Rn 66.
280 *Sluijs/Larouche/Sauter*, JIPITEC 2012 Rn 36.
281 *Da Corregio/Walden*, SSRN 2011, 11; Rosenbaum/*Feinstein*, S. 32.

Bereich. So bestätigte beispielsweise die Marktuntersuchung der Kommission im Fall Microsoft/Nokia, dass es sich bei dem Markt für Enterprise Mail Server Software um einen Weltmarkt handelt.[282] Im Fall Oracle/Sun ergab die Marktuntersuchung, dass die Märkte für Datenbanken[283] und Middleware[284] weltweit sind.

3. Marktbeherrschung im Bereich Cloud Computing

354 Eine marktbeherrschende Stellung ist im EU- wie im deutschen Kartellrecht definiert als die wirtschaftliche Machtstellung eines Unternehmens, die diesem erlaubt, bei seinen Entscheidungen keine Rücksicht auf Reaktionen seiner Wettbewerber und Abnehmer zu nehmen.[285] Ob ein Unternehmen marktbeherrschend ist, hängt insbesondere von dessen **Marktanteil,** den Marktanteilen der wichtigsten Wettbewerber, dem Vorliegen von **Marktzutrittsschranken** oder Hindernissen für die Expansion von Wettbewerbern sowie von der **Verhandlungsmacht der Abnehmer** ab.[286]

! **Praxistipp**

In der Praxis gelten die folgenden Daumenregeln:
- **Marktanteil unter 30 %:** Marktbeherrschende Stellung liegt allenfalls in Ausnahmefällen vor.
- **Marktanteil 30–40 %:** Marktbeherrschende Stellung in der Regel unwahrscheinlich,[287] aber möglich bei deutlich niedrigerem Marktanteil des größten Wettbewerbers oder sonstigen besonderen Umständen.
- **Marktanteil 40–50 %:** Vorliegen einer marktbeherrschenden Stellung hängt von den Marktanteilen der wichtigsten Wettbewerber sowie sonstigen Elementen ab.
  - N.B.: Im deutschen Kartellrecht gilt ab einem Marktanteil von 40 % eine (widerlegliche) **Vermutung** der Marktbeherrschung.[288]
- **Marktanteil über 50 %:** Marktbeherrschende Stellung wahrscheinlich, sofern nicht besondere Umstände (wie starke Verhandlungsmacht der Kunden) vorliegen.

---

355 Im Bereich des Cloud Computing ist jedoch zu beachten, dass sich die existierenden Marktstrukturen aufgrund des weiterhin starken **Marktwachstums** sowie durch **Innovationen** noch maßgeblich verändern können. Auch ein relativ hoher Markan-

---

282 Microsoft/Nokia, Entscheidung v. 4.12.2013, Fall COMP/M.704, Rn 84.
283 Oracle/Sun Microsystems, Entscheidung v. 21.1.2010, Fall COMP/M.5529, Rn 112.
284 Oracle/Sun Microsystems, Entscheidung v. 21.1.2010, Fall COMP/M.5529, Rn 768.
285 EuGH, Urt. v. 14.2.1978 – 27/76 – Slg. 1978, 207 Rn 65 – United Brands; KOM, Erläuterungen zu den Prioritäten der Kommission bei der Anwendung von Artikel 82 des EG-Vertrags [heute: Artikel 102 AEUV] auf Fälle von Behinderungsmissbrauch durch marktbeherrschende Unternehmen (im Folgenden „Prioritätenpapier"), ABl. 2009 Nr. C 45 S. 7, Rn 10. Zur Marktbeherrschung im deutschen Recht vgl. § 18 GWB sowie BKartA, Leitfaden zur Marktbeherrschung in der Fusionskontrolle v. 29.3.2012, Rn 9, abrufbar auf http://www.bundeskartellamt.de unter Fusionskontrolle/Materialien.
286 KOM, Prioritätenpapier, ABl. 2009 Nr. C 45 S. 7, Rn 12.
287 KOM, Prioritätenpapier, ABl. 2009 Nr. C 45 S. 7, Rn 14.
288 § 18 Abs. 4 GWB.

teil indiziert daher aufgrund der Dynamik des Wettbewerbs nicht notwendig das Vorliegen einer marktbeherrschenden Position.

Praxistipp
Mehrere Unternehmen können auch **gemeinsam** eine marktbeherrschende Stellung halten, wenn zwischen ihnen kein wesentlicher Wettbewerb besteht.[289] In der Praxis wird das Missbrauchsverbot jedoch kaum auf Unternehmen angewandt, die nicht alleine, sondern nur gemeinsam mit Wettbewerbern marktbeherrschend sind.[290] !

Zu beachten ist, dass das Missbrauchsverbot im deutschen Recht nicht nur für Marktbeherrscher, sondern auch für Unternehmen mit **„relativer Marktmacht"** gilt, d.h. Unternehmen, die zwar nicht marktbeherrschend sind, von denen aber kleine oder mittlere Unternehmen abhängig sind.[291] 356

4. Wettbewerbsbeschränkende Verhaltensweisen

Cloud Computing-Anbieter haben verschiedene Möglichkeiten, Nutzern den Wechsel zu einem anderen Anbieter zu erschweren bzw. unmöglich zu machen. Zum einen kann dies über entsprechende **vertragliche Vereinbarungen** geschehen. Hierzu zählen beispielsweise die Vereinbarung langer **Laufzeiten**, während derer eine ordentliche Kündigung des Vertrags ausgeschlossen ist, Vertragsstrafen im Falle der vorzeitigen Kündigung oder sog. **Data Retention-Klauseln**, wonach die in der Cloud gespeicherten Daten mit Beendigung des Vertrages Eigentum des Cloud Betreibers werden.[292] Zum anderen kann die Nutzung der Angebote von Wettbewerbern durch **einseitige Maßnahmen** wie technische **Spezifikationen** oder die Zurückhaltung von **Schnittstelleninformationen** behindert werden. 357

Ob es sich bei der Beschränkung um eine Vereinbarung oder um eine einseitige Maßnahme handelt, hat wichtige Auswirkungen auf den **kartellrechtlichen Beurteilungsmaßstab.** Für Vereinbarungen gilt sowohl das Verbot wettbewerbsbeschränkender Absprachen als auch das Verbot des Missbrauchs einer marktbeherrschenden Stellung. Einseitiges Verhalten unterliegt dagegen nur dem Missbrauchsverbot und 358

289 Nach deutschem Recht wird eine gemeinsame marktbeherrschende Stellung (widerleglich) vermutet, wenn zwei oder drei Unternehmen gemeinsam einen Marktanteil von 50 % und wenn fünf oder weniger Unternehmen einen Marktanteil von zwei Dritteln erreichen (§ 18 Abs. 6 GWB).
290 So behandelt das Prioritätenpapier der Kommission ausschließlich Missbräuche von Unternehmen, die eine alleinige marktbeherrschende Stellung innehaben (vgl. Prioritätenpapier, ABl. 2009 Nr. C 45 S. 7, Rn 4). In Deutschland wurde das Missbrauchsverbot in Fällen gemeinsamer Marktbeherrschung bislang nur sporadisch angewandt (Immenga/Mestmäcker/*Möschel*, § 19 GWB Rn 78).
291 § 20 Abs. 1 und 2 GWB.
292 *Taylor/Bornico*, SCL 2011, 1, 2.

ist demnach nur angreifbar, wenn das handelnde Unternehmen eine marktbeherrschende Stellung hat.

359 Aus Sicht der Europäischen Kommission sind die Möglichkeit des Anbieterwechsels und die Sicherstellung der Interoperabilität von zentraler Bedeutung. Kommissarin *Neelie Kroes* führte in ihrer Rede zur Eröffnung des Microsoft Centre on Cloud Computing and Interoperability aus:

> *„You will also know that interoperability is an issue I take very, very seriously. (...) This matters because, to offer a true utility in a truly competitive digital single market, users must be able to change their cloud provider easily. It must be as fast and easy as changing one's internet or mobile phone provider has become in many places. And we should never allow the sort of legal or technical barriers that have plagued single market efforts in sectors like electricity. In other words: interoperability is essential for the cloud to be fair, open and competitive."*[293]

360 Es ist daher anzunehmen, dass die Kommission (bzw. die nationalen Kartellbehörden) auch mit den Mitteln des Kartellrechts gegen Beschränkungen des Wettbewerbs im Cloud Computing-Markt vorgehen werden.

a) Beschränkungen der Datenportabilität

361 In der Praxis hat insbesondere die Frage der Datenübertragbarkeit zentrale Bedeutung gewonnen.[294] Die **Europäische Kommission** befasst sich mit dieser Problematik bisher vorwiegend aus datenschutzrechtlicher Sicht. So sieht Art. 18 des Entwurfs der **Datenschutz-Grundverordnung**[295] ein Recht auf Datenportabilität vor, d.h. das Recht, eine Kopie der verarbeiteten Daten in einem weiter verwendbaren strukturierten gängigen elektronischen Format zu verlangen. Die Kommission hat jedoch klargestellt, dass sie gegen Beschränkungen der Datenportabilität durch Unternehmen ggf. auch mit den Mitteln des **Kartellrechts** vorgehen wird. Wettbewerbskommissar *Almunia* betonte, ein gesundes wettbewerbliches Umfeld erfordere, dass Verbraucher ihre Daten einfach und kostengünstig von einem Dienstleister auf einen anderen übertragen können. In Märkten, die darauf aufbauen, dass Nutzer persönliche Daten oder Inhalte speichern, dürfe der Anbieterwechsel nicht durch die Zurückhaltung dieser Daten behindert werden.[296]

362 Ob vertragliche Regelungen, die Nutzer daran hindern, Daten auf andere Dienstleister zu übertragen oder diese zu kopieren, gegen Kartellrecht verstoßen, hängt maßgeblich von der **Marktposition des Cloud-Dienstleisters** ab.

---

293 KOM, SPEECH/11/199 v. 22.3.2011.

294 Zu den vertragsrechtlichen Aspekten siehe Kap. 8 Rn 237 ff.

295 Vorschlag v. 25.1.2012, KOM(2012) 11 endg.

296 KOM, SPEECH/12/860 v. 26.11.2012.

Zunächst ist festzuhalten, dass eine Einschränkung oder der Ausschluss der Datenportabilität den **Wettbewerb beschränkt**, da die betroffenen Nutzer hierdurch daran gehindert werden, zu einem anderen Anbieter zu wechseln. In ihrer Wirkung sind derartige Beschränkungen daher mit einer langfristigen Exklusivbindung vergleichbar. 363

Sofern die Beschränkung **spürbare Auswirkungen** auf den Markt hat (was immer der Fall sein dürfte, wenn die entsprechenden Regelungen in Standardverträgen oder Allgemeinen Geschäftsbedingungen enthalten sind und der Marktanteil des Cloud-Dienstleisters oberhalb der Bagatellgrenze[297] liegt), ist diese nur dann mit dem Kartellrecht vereinbar, wenn sie entweder in den Genuss einer Gruppenfreistellung kommt oder die Voraussetzung für eine Freistellung nach Art. 101 Abs. 3 TFEU erfüllt. 364

Bei der Vereinbarung zwischen einem Cloud-Anbieter und einem Cloud-Kunden handelt es sich um einen Dienstleistungsvertrag, der grundsätzlich in den Anwendungsbereich der **EU-Gruppenfreistellungsverordnung für Vertikalvereinbarungen**[298] fällt. Diese stellt wettbewerbsbeschränkende Klauseln in derartigen Vereinbarungen von dem Verbot des Art. 101 TFEU frei, sofern 365
- keine der Parteien einen **Marktanteil** von mehr als **30 %** innehat[299] und
- die Vereinbarung keine sog. Kernbeschränkungen[300] enthält.

Art. 5 lit. a der Verordnung enthält eine Sonderregelung für „Wettbewerbsverbote", wozu (nach der Definition in Art. 1 Abs. 1 lit. d) auch Exklusivbezugsverpflichtungen zählen: Diese sind nur freigestellt, wenn sie nicht für eine unbestimmte Dauer oder für eine Dauer von mehr als **fünf Jahren** vereinbart wurden. Entsprechendes dürfte auch für Beschränkungen der Datenportabilität gelten, da diese Regelungen, wie erwähnt, in ihrer Wirkung mit einer Exklusivbezugsverpflichtung vergleichbar sind. Im Ergebnis sind daher Klauseln, die die Datenübertragbarkeit einschränken, **kartellrechtlich zulässig**, sofern der Marktanteil des Cloud-Anbieters nicht über 30 % liegt[301] und die Vertragslaufzeit (bzw. die Laufzeit der fraglichen Beschränkung) auf maximal fünf Jahre beschränkt ist. 366

---

297 Nach der sog. Bagatellbekanntmachung der Kommission fallen Vereinbarungen zwischen Nicht-Wettbewerbern nicht in den Anwendungsbereich des Verbots wettbewerbsbeschränkender Vereinbarungen, wenn der Marktanteil der Parteien jeweils nicht 15 % überschreitet (Bekanntmachung der Kommission über Vereinbarungen von geringer Bedeutung, ABl. 2001 Nr. C 368 S. 13 Rn 7).

298 KOM, VO (EU) Nr. 330/2010 v. 20.4.2010, ABl. EG 2010 Nr. L 102 S. 1 (im Folgenden „Vertikal-GVO").

299 Art. 3 Vertikal-GVO, ABl. EG 2010 Nr. L 102 S. 1. In Bezug auf den Abnehmer ist hierbei auf dessen „Einkaufsmarktanteil" abzustellen, d.h. auf den Anteil des Abnehmers an der gesamten Nachfrage nach den fraglichen Cloud-Diensten im relevanten Markt.

300 Zu den in Art. 4 Vertikal-GVO, ABl. EG 2010 Nr. L 102 S. 1, aufgeführten Kernbeschränkungen zählen insbesondere Wiederverkaufsbeschränkungen (wie Preisbindungen und Gebietsbeschränkungen), die in Vereinbarungen mit Nutzern in aller Regel keine Rolle spielen.

301 Der „Einkaufsmarktanteil" des Cloud-Kunden dürfte in aller Regel weit unter 30 % liegen.

Praxistipp

1. Sofern der Vertrag eine Laufzeit von (bis zu) fünf Jahren hat, sich aber stillschweigend verlängert, gilt der Vertrag als für unbestimmte Zeit abgeschlossen. Er erfüllt damit nicht die Voraussetzungen für eine automatische Freistellung von Beschränkungen der Datenportabilität.[302]
2. Streben die Parteien eine fünf Jahre übersteigende Zusammenarbeit an, haben sie die Möglichkeiten, den Vertrag für einen Zeitraum von mehr als fünf Jahren abzuschließen und lediglich die Geltung der Regelungen zur Datenportabilität auf einen Zeitraum von fünf Jahren zu beschränken.
3. Sofern der Vertrag die Möglichkeit einer Verlängerung über eine Gesamtlaufzeit von fünf Jahren hinaus vorsieht, ist wichtig klarzustellen, dass die Verlängerung eine ausdrückliche Einigung der Parteien erfordert.

367 Anders stellt sich die Situation dar, wenn der Anbieter **marktbeherrschend** ist. Ausschließlichkeitsbindungen, die ein marktbeherrschender Lieferant seinen Kunden auferlegt, sind nach gefestigter Rechtsprechung **generell missbräuchlich**.[303] Beschränkungen der Datenportabilität durch einen marktbeherrschenden Cloud-Anbieter dürften daher in vielen Fällen gegen das Verbot des Missbrauchs einer marktbeherrschenden Stellung verstoßen und unwirksam sein, sofern sie nicht durch objektive Gründe gerechtfertigt sind. Dies gilt in gleicher Weise für **vertragliche** Beschränkungen wie für durch den Anbieter geschaffene **technische** Hindernisse. Die Europäische Kommission hält derartige Beschränkungen insbesondere dann für problematisch und wird hiergegen u.U. einschreiten, wenn diese langfristig sind oder wenn Wettbewerber des marktbeherrschenden Unternehmens nicht in der Lage sind, den gesamten Bedarf der Kunden zu befriedigen (da die Kunden in diesem Fall immer auch die Dienstleistungen des Marktbeherrschers in Anspruch nehmen müssen).[304] Haben Kunden dagegen die Möglichkeit, ihren gesamten Bedarf jeweils bei einer Vielzahl von Anbietern zu decken, spricht vieles dafür, dass missbräuchliche Beschränkungen durch den existierenden Wettbewerb verhindert werden, da Kunden Cloud-Anbieter bevorzugen werden, welche die Datenportabilität zusichern.[305]

b) Zurückhaltung von Schnittstelleninformationen

368 Cloud-Anbieter können die Nutzung konkurrierender Dienste durch Kunden auch durch die Verwendung proprietärer Systeme und/oder die Zurückhaltung von Schnittstelleninformationen erschweren. Da es sich hierbei um **einseitige Maßnah-**

302 Art. 5 Abs. 1 a.E. Vertikal-GVO, ABl. EG 2010 Nr. L 102 S. 1.
303 Vgl. Insbesondere EuGH, Urt. v. 13.2.1979, Slg. 1979, 461, 539 f. – Hoffmann-La Roche; EuGH, Urt. v. 3.7.1991, Slg. 1991 I 3359, 3473 Rn 149 – AKZO; EuGH, Urt. v. 27.4.1994, Slg. 1994 I 1477, 1520 Tz. 44 – Almelo.
304 KOM, Prioritätenpapier, ABl. 2009 Nr. C 45, S. 7 Rn 36.
305 In diesem Sinne auch *Taylor/Bornico*, SCL 2011, 1, 7.

men handelt, verstoßen diese nur dann gegen Kartellrecht, wenn der Anbieter marktbeherrschend ist und die Maßnahme einen Missbrauch darstellt.

Die **Europäische Kommission** hat in der Vergangenheit bereits in zahlreichen, 369
den IT-Sektor betreffenden Fällen Unternehmen dazu verpflichtet, Schnittstelleninformationen offenzulegen, um Beschränkungen des Wettbewerbs zu verhindern. Bereits 1984 musste sich **IBM** verpflichten, Wettbewerbern Schnittstelleninformationen zur Verfügung zu stellen, damit diese ihre Hardware- und Software-Produkte an das System/370 von IBM anschließen konnten.[306] In 2004 musste **Microsoft** zusagen, allen Unternehmen, die Arbeitsgruppenserver-Betriebssysteme anbieten, Interoperabilitätsinformationen zur Verfügung zu stellen und die Nutzung dieser Informationen für die Entwicklung und den Vertrieb von Arbeitsgruppenserver-Betriebssystemen zu angemessenen und nicht diskriminierenden Konditionen zu erlauben.[307] Die Sicherung der Interoperabilität spielte in jüngere Zeit auch im Rahmen der Fusionskontrolle eine bedeutende Rolle. So gab die Kommission den Zusammenschluss **Intel/McAfee** nur unter umfangreichen Auflagen frei, die Intel u.a. verpflichteten, Wettbewerbern von McAfee Zugang zu allen notwendigen technischen Informationen über Intel-Hardware zu verschaffen.[308] Im Fall **Cisco/Tandbert** verlangte die Kommission den Verkauf eines von Cisco entwickelten Protokolls für Videokonferenz-Lösungen, um die Interoperabilität der Produkte der Parteien mit den Produkten von Wettbewerbern sicherzustellen.[309] Hält ein marktbeherrschender Anbieter Schnittstelleninformationen zurück, die Wettbewerber für ihre Tätigkeit benötigen, ohne dass hierfür zwingende Gründe vorliegen, besteht daher ein erhebliches Risiko, dass die Kommission oder eine nationale Kartellbehörde ein Verfahren einleitet.

IV. Fusionskontrolle

1. Einleitung

Der Cloud Computing-Markt befindet sich nach wie vor in einer Konsolidierungs- 370
phase. Insbesondere große Anbieter wie IMB, Oracle oder Dell erwarben in den vergangenen Jahren zahlreiche kleinere Anbieter, um ihr Produktportfolio auszubauen. Es ist anzunehmen, dass sich dieser Trend auch in den kommenden Jahren fortsetzen wird.

---

306 XIV. Bericht über die Wettbewerbspolitik (1984) Rn 94 f., abrufbar unter http://ec.europa.eu/competition/publications/annual_report/#rep_1980.

307 KOM, Entscheidung v. 23.3.2004, Fall COMP/C-3/37.792, ABl. 2007 L 32, S. 23, bestätigt durch EuG, Urt. v. 17.9.2007, Fall T-201/04, Microsoft/Kommission.

308 KOM, Entscheidung v. 26.1.2011, Fall COMP/M.5984 – Intel/McAfee.

309 KOM, Entscheidung v. 29.3.2012, Fall COMP/M.5669 – Cisco/Tandberg.

371 In vielen Fällen bedürfen derartige Akquisitionen der Genehmigung durch eine oder mehrere Kartellbehörden.[310] Dies bedeutet regelmäßig, dass der Unternehmenskauf bis zur Freigabe des Zusammenschlusses durch die zuständigen Kartellbehörden nicht vollzogen werden darf.

372 Ob und wo eine fusionskontrollrechtliche Genehmigung (und entsprechend eine vorherige Anmeldung des Vorhabens) erforderlich ist, hängt in erster Linie von den Umsätzen der Parteien ab (siehe unten Rn 375 ff.). Zu beachten ist zudem, dass nicht nur der klassische Unternehmenskauf, sondern auch andere Arten von Transaktionen (z.B. die Gründung eines Joint Venture oder Erwerb einer Minderheitsbeteiligung) unter bestimmten Voraussetzungen eine fusionskontrollrechtliche Genehmigung erfordern (siehe unten Rn 382 ff.).

2. Wo ist eine Anmeldung erforderlich?

a) Allgemein

373 Die Voraussetzungen einer fusionskontrollrechtlichen Anmeldepflicht **variieren von Land zu Land.**[311] In den meisten Rechtsordnungen hängt das Vorliegen einer Anmeldepflicht vom (weltweiten, europaweiten und/oder nationalen) **Umsatz** der an der Transaktion beteiligten Unternehmen ab. In manchen Ländern ist eine Anmeldung auch erforderlich, wenn die **Marktanteile** der Parteien eine gewisse Schwelle übersteigen (so beispielsweise in Spanien und Portugal). In verschiedenen außereuropäischen Ländern kommt es auf den Wert der (globalen bzw. im Inland belegenen) **Vermögenswerte** der Parteien an (so z.B. in den USA, Indien und Russland).

374 Eine Anmeldepflicht kann grundsätzlich in allen Ländern vorliegen, in denen die **Zielgesellschaft** Umsätze erzielt. Unter bestimmten Umständen kann selbst in Ländern, in denen die Zielgesellschaft keinerlei Umsätze erzielt, eine Anmeldung erforderlich sein (so z.B. in Österreich, Dänemark und Irland).

---

310 Der Zusammenschluss zwischen SAP und SuccessFactor bedurfte beispielsweise einer fusionskontrollrechtlichen Genehmigung in Deutschland, Österreich, Irland und in den USA; vgl. http://www.sap.com/corporate-en/investors/Successfactors/index.epx.

311 Die Voraussetzungen und Schwellenwerte finden sich in der Regel auf der Internetseite der jeweiligen Kartellbehörden. Übersichten über die Vorschriften der wichtigsten Jurisdiktionen werden u.a. von Verlagen veröffentlicht, die diese auch in Form einer Online-Datenbank zur Verfügung stellen (z.B. Getting the Deal Through/Merger Control, abrufbar unter http://gettingthedealthrough.com/books/20/merger-control sowie International Comparative Legal Guides/Merger Control, abrufbar unter http://www.iclg.co.uk/practice-areas/merger-control).

Praxistipp !

- Ausschlaggebend ist in der Regel (a) der Konzernumsatz des Käufers[312] und (b) der Umsatz der Zielgesellschaft (einschließlich allen von dieser kontrollierten Unternehmen), nicht jedoch der Umsatz des Verkäufers.
- Für die Zwecke der Fusionskontrolle sind Umsätze jeweils dem Land zuzurechnen, in dem der Kunde seinen Sitz hat.

b) Deutsche Fusionskontrolle

Erfüllt ein Zusammenschluss nicht die Voraussetzungen für eine EU-Anmeldung 375
(siehe unten Rn 376), so ist eine Anmeldung beim BKartA erforderlich, wenn die folgenden Bedingungen alle erfüllt sind:

- Der weltweite Gesamtumsatz aller Beteiligten übersteigt 500 Mio. € und
- der deutsche Umsatz mindestens eines beteiligten Unternehmens übersteigt 25 Mio. € und
- der deutsche Umsatz eines weiteren Beteiligten übersteigt 5 Mio. €.[313]

c) EU-Fusionskontrolle

Eine Transaktion erfordert die Anmeldung bei der **Europäischen Kommission**, 376
wenn der weltweite, der EU-weite und der nationale Umsatz der Parteien bestimmte Schwellenwerte übersteigt.[314] Das nachstehende Schema illustriert das (aufgrund der Kombination von alternativen und kumulativen Bedingungen relativ komplexe) Prüfungsschema.

312 D.h. der Umsatz des Käufers und aller mit ihm verbundenen Unternehmen.

313 Hilfreiche Erläuterungen zu den genannten Voraussetzungen finden sich im Merkblatt des BKartA zur Fusionskontrolle, erhältlich unter http://www.bundeskartellamt.de.

314 Siehe Art. 1 EU-Fusionskontrollverordnung (VO (EG) Nr. 139/2004 v. 20.1.2004, ABl. EG Nr. L 24 S. 1, im Folgenden „FKVO").

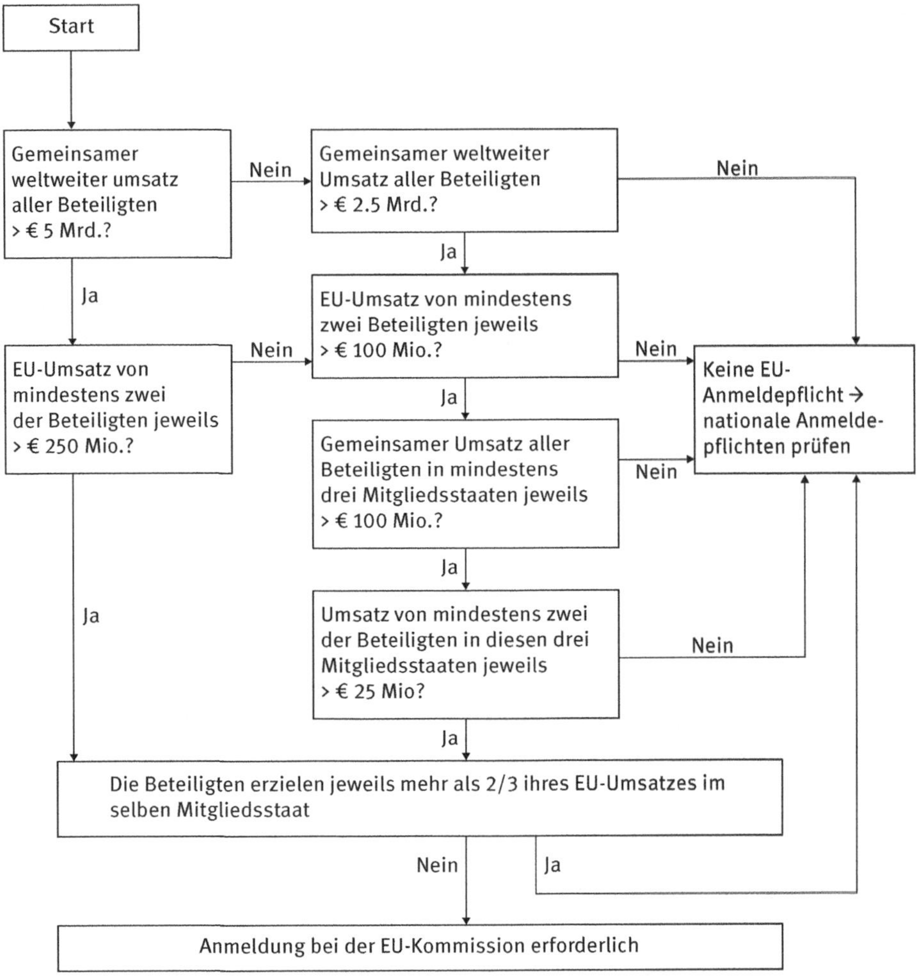

Abb. 1: Voraussetzungen der EU-Fusionskontrolle

377 Sind die Voraussetzungen für eine EU-Anmeldung erfüllt, hat die Kommission die **ausschließliche Zuständigkeit** für die Prüfung des Zusammenschlusses **in der EU**. Parallele Anmeldungen in einzelnen EU-Mitgliedstaaten sind nicht erforderlich, auch wenn nach deren nationalem Recht eine Anmeldepflicht bestünde.[315] Zu prüfen ist jedoch jeweils, ob Anmeldungen in Nicht-EU-Staaten erforderlich sind.

378 Übersteigen die Umsätze der Parteien nicht die Schwellenwerte der EU-Fusionskontrolle, greifen die **nationalen Fusionskontrollvorschriften** der EU-Mitgliedstaaten ein.

315 Vgl. Art. 21 Abs. 3 FKVO.

Da diese allein an den Umsätzen der Parteien orientierte Verteilung der Zuständigkeit zwischen EU-Kommission und Mitgliedstaaten im Einzelfall nicht sachgerecht sein kann, sieht die EU-Fusionskontrollverordnung die Möglichkeit einer **Verweisung** des Falles vor, die sowohl von den Parteien als auch von den betroffenen nationalen Kartellbehörden beantragt werden kann. 379

Verweisung Mitgliedstaaten → Kommission: 380
- Erfordert der Zusammenschluss Anmeldungen in mindestens drei EU-Mitgliedstaaten,[316] so haben die Parteien vor Anmeldung die Möglichkeit, die Verweisung des Falles an die Europäische Kommission zu beantragen.[317]
- Wirkt sich ein Zusammenschluss auf den grenzüberschreitenden Handel aus und droht er, den Wettbewerb in den betroffenen Mitgliedstaaten zu beeinträchtigen, so können die Mitgliedstaaten innerhalb von 15 Arbeitstagen nach Einreichung der Anmeldung die Verweisung des Falles an die Kommission beantragen.[318]

Verweisung Kommission → Mitgliedstaat: 381
- Die Parteien können vor Anmeldung die Verweisung des Falles an einen Mitgliedstaat beantragen, wenn sich der Zusammenschluss ausschließlich oder vorwiegend in diesem Mitgliedstaat auswirkt.[319]
- Nach Anmeldung kann ein Zusammenschluss von der Kommission an einen oder mehrere Mitgliedstaaten verwiesen werden, wenn er den Wettbewerb dort in nationalen, regionalen oder lokalen Märkten zu beeinträchtigen droht.[320] Deutschland macht von dieser Verweisungsmöglichkeit relativ häufig Gebrauch.

3. Welche Arten von Transaktionen können eine Genehmigung erfordern?

Den meisten Unternehmen ist bewusst, dass der Erwerb eines anderen Unternehmens oder des Geschäftsbereichs eines anderen Unternehmens eine fusionskontrollrechtliche Genehmigung erfordern kann. Häufig wird jedoch übersehen, dass auch andere Formen von Transaktionen wie die Gründung eines Joint Venture oder der Erwerb einer Minderheitsbeteiligung unter die Vorschriften der Fusionskontrolle fallen können. 382

In den meisten Ländern finden die Fusionskontrollvorschriften Anwendung auf 383
- **Fusionen** sowie

316 In Bezug auf Großbritannien, wo Fusionskontrollanmeldungen freiwillig sind, ist diese Voraussetzung erfüllt, wenn der Zusammenschluss (im Hinblick auf die Umsätze und Marktanteile der Parteien) durch die Kartellbehörde geprüft werden kann.

317 Art. 4 Abs. 5 FKVO.

318 Art. 22 FKVO.

319 Art. 4 Abs. 4 FKVO.

320 Art. 9 FKVO.

- den **Erwerb der Kontrolle** (Allein- oder Mitkontrolle) über ein Unternehmen oder einen Geschäftsbereich.

384 Der Begriff der Kontrolle bezeichnet im Rahmen der Fusionskontrolle die Möglichkeit, einen **bestimmenden Einfluss** auf die Tätigkeit eines Unternehmens auszuüben.[321] Kontrolle kann durch den Erwerb von Anteilsrechten, den Erwerb von Vermögenswerten, durch Vertrag oder in sonstiger Weise erworben werden.[322]

385 Der Erwerb von Anteilen an einem Unternehmen begründet in der Regel Kontrolle, wenn der Erwerber hierdurch eine **Stimmrechtsmehrheit** erlangt.[323] Auch eine **Minderheitsbeteiligung** kann jedoch (Mit-)Kontrolle begründen, wenn der Minderheitsgesellschafter über **besondere Rechte** verfügt, die es ihm ermöglichen, die Geschäftsstrategie des Unternehmens zu bestimmen[324] oder gegen wichtige geschäftspolitische Entscheidungen (insbesondere Entscheidungen über Budget, Geschäftsplan, größere Investitionen und die Besetzung der Unternehmensleitung) ein Veto einzulegen.[325]

386 In zahlreichen Fällen ist auch die **Gründung eines Joint Venture** anmeldepflichtig. In den meisten Rechtsordnungen finden die Fusionskontrollvorschriften hierauf Anwendung, wenn

- das Joint Venture von mindestens zwei der Gesellschafter gemeinsam kontrolliert wird[326] und
- es sich um ein sog. Vollfunktionsgemeinschaftsunternehmen[327] handelt.

! **Praxistipp**

Da bei der Gründung eines Joint Venture auf die Konzernumsätze der Mütter abzustellen ist, sind die einschlägigen Umsatzschwellen häufig überschritten und lösen eine Anmeldepflicht aus, selbst wenn das Joint Venture selbst nur relativ geringe Umsätze erzielt bzw. erzielen wird.

---

321 Art. 3 Abs. 2 FKVO.

322 Art. 3 Abs. 1 lit. b FKVO.

323 Konsolidierte Mitteilung der Kommission zu Zuständigkeitsfragen gemäß der Verordnung (EG) Nr. 139/2004 des Rates über die Kontrolle von Unternehmenszusammenschlüssen, ABl. 2008 Nr. C 95 S. 1 (im Folgenden: „Konsolidierte Mitteilung“).

324 Konsolidierte Mitteilung, ABl. 2008 Nr. C 95 S. 1, Rn 57.

325 Konsolidierte Mitteilung, ABl. 2008 Nr. C 95 S. 1, Rn 65.

326 In Deutschland reicht es aus, dass mindestens zwei Unternehmen eine Beteiligung von 25 % halten, auch wenn diese keine gemeinsame Kontrolle vermittelt.

327 Art. 3 Abs. 4 FKVO. Die Vollfunktionseigenschaft erfordert insbesondere, dass das Gemeinschaftsunternehmen nicht nur Hilfsfunktionen für seine Mütter übernimmt, sondern selbstständig auf einem Markt tätig ist und über die hierfür nötigen Ressourcen verfügt (vgl. hierzu Konsolidierte Mitteilung, ABl. 2008 Nr. C 95 S. 1, Rn 91 ff.).

In einzelnen Ländern wie Deutschland, Österreich und Großbritannien kann auch der **Erwerb** einer **nichtkontrollierenden Minderheitsbeteiligung** einen anmeldepflichtigen Zusammenschluss darstellen. In Deutschland und Österreich ist bereits der Erwerb einer Beteiligung von 25 % anmeldepflichtig, sofern die Umsatzschwellen überschritten sind.[328] Zudem greift in Deutschland die Fusionskontrolle bereits bei einem Anteilserwerb unterhalb 25 % ein, wenn die Beteiligung „wettbewerblich erheblichen Einfluss" vermittelt.[329] 387

4. Ist der Zusammenschluss problematisch?

a) Prüfungskriterien

Kartellbehörden müssen einen Zusammenschluss untersagen bzw. dürfen diesen nur unter Bedingungen oder Auflagen freigeben, wenn dieser zur Schaffung oder Verstärkung einer **markbeherrschenden Stellung** führt (so die Mehrzahl der EU-Mitgliedstaaten) oder wenn dieser in sonstiger Weise den **Wettbewerb erheblich zu beeinträchtigen droht**[330] (so z.B. auf EU-Ebene, in Deutschland und Großbritannien). 388

Bei der Prüfung des Zusammenschlusses spielen insbesondere die **Marktanteile**[331] der Parteien sowie die Frage, inwieweit die Parteien miteinander konkurrieren, eine zentrale Rolle. 389

In der Regel werden Zusammenschlüsse immer dann einer **näheren Prüfung** unterzogen, wenn 390

- die Parteien Wettbewerber sind und gemeinsam einen Marktanteil von über 40 % halten,
- der Zusammenschluss die Anzahl der führenden Anbieter auf einem ohnehin bereits sehr konzentrierten Markt reduziert oder
- die Parteien keine Wettbewerber, aber (potenzielle) Kunden/Lieferanten sind und zumindest eine Partei hohe Marktanteile hält.

Ob ein Zusammenschluss im konkreten Fall fusionskontrollrechtlichen Bedenken begegnet, hängt daneben von zahlreichen weiteren Faktoren ab wie dem Vorliegen von Marktzutrittsschranken, der Verfügbarkeit wettbewerbsrelevanter Ressourcen (Patente, Vertriebsnetze, Produktionskapazitäten etc.) und der Nachfragemacht der Marktgegenseite. 391

---

328 Für Deutschland siehe § 37 Abs. 1 Nr. 3 lit. b GWB.

329 § 37 Abs. 1 Nr. 4 GWB. Wettbewerblich erheblicher Einfluss kann beispielsweise vorliegen, wenn es sich bei dem Erwerber um einen Wettbewerber, Kunden oder Lieferanten des Zielunternehmens handelt und dieser über gewisse Sonderrechte (z.B. Organpräsenzrechte) verfügt, die noch keine Kontrolle begründen.

330 Sog. SIEC (Significant Impediment of Effective Competition)-Test.

331 Zu der für die Berechnung von Marktanteilen zentralen Frage der Marktdefinition vgl. Rn 349 ff.

! **Praxistipp**
Verschiedene Kartellbehörden, darunter die Europäische Kommission[332] und das BKartA,[333] haben detaillierte Leitlinien veröffentlicht, in denen sie erläutern, nach welchen Kriterien sie Zusammenschlüsse prüfen.

b) Besonderheiten im Bereich Cloud Computing

392 Der Cloud Computing-Markt ist nach wie vor durch **starkes Wachstum**[334] sowie sich stetig intensivierenden **Wettbewerb**[335] gekennzeichnet. Dies spricht dafür, dass Zusammenschlüsse in diesem Sektor in aller Regel keinen fusionskontrollrechtlichen Bedenken begegnen sollten. Entsprechend wurden bislang, soweit ersichtlich, Akquisitionen von Cloud Computing-Anbietern nicht untersagt bzw. nur unter Auflagen genehmigt.[336]

393 Andererseits ist jedoch abzusehen, dass aufgrund des Umfangs der für einen Markteintritt erforderlichen Investitionen und der Bedeutung von Skalierungseffekten mittelfristig insbesondere das Massengeschäft durch eine überschaubare Anzahl von Akteuren dominiert wird.[337]

394 Hinzu kommt, dass im Bereich des Cloud Computing selbst sog. **konglomerate Zusammenschlüsse** (Zusammenschlüsse zwischen Unternehmen, die weder Wettbewerber noch (potenzielle) Lieferanten bzw. Kunden sind) problematisch sein können. Um die Genehmigung der Europäischen Kommission für den Erwerb von McAfee zu erhalten, musste Intel sich beispielsweise verpflichten, Konkurrenten von McAfee Zugang zu bestimmten Informationen zu gewähren, damit diese Funktionen von Intels CPU-Systemen und Chipsätzen in der gleichen Weise nutzen konnten wie McAfee.[338] Auch gegen den Zusammenschluss Microsoft/Skype äußerten Wettbewer-

332 Für Zusammenschlüsse zwischen Wettbewerbern: Leitlinien zur Bewertung horizontaler Zusammenschlüsse gemäß der Ratsverordnung über die Kontrolle von Unternehmenszusammenschlüssen, ABl. EG 2004 Nr. C 31 S. 5. Für Zusammenschlüsse zwischen Nicht-Wettbewerbern: Leitlinien zur Bewertung nichthorizontaler Zusammenschlüsse gemäß der Ratsverordnung über die Kontrolle von Unternehmenszusammenschlüssen, ABl. EG 2008 Nr. C 265 S. 6.

333 Leitfaden zur Marktbeherrschung in der Fusionskontrolle, abrufbar unter http://www.bundeskartellamt.de/SharedDocs/Publikation/DE/Leitfaden/Leitfaden%20-%20Marktbeherrschung%20in%20der%20Fusionskontrolle.html;jsessionid=08888BF9BB6C2EB953B8C2D24B5ED971.1_cid371?nn=3590338.

334 Siehe Kap. 4 Rn 3 ff.

335 Siehe Kap. 4 Rn 62.

336 Auch in dem von der Europäischen Kommission vertieft untersuchten Fall Oracle/Sun Microsystems bezogen sich die Bedenken der Kommission nicht auf die Zusammenlegung des Cloud Computing-Angebots von Oracle und Sun Microsystems, sondern auf andere Märkte (Entscheidung v. 21.1.2010, Fall COMP/M.5529).

337 Siehe Kap. 4 Rn 69.

338 Entscheidung v. 26.2.2011, Fall COMP/M.5984.

ber im EU-Fusionskontrollverfahren schwerwiegende Bedenken und legten gegen die Freigabe des Vorhabens durch die Kommission[339] (im Ergebnis erfolglos[340]) Berufung ein.

Entsprechend können nicht nur Zusammenschlüsse zwischen konkurrierenden Cloud Computing-Anbietern, sondern beispielsweise auch Zusammenschlüsse zwischen einem Cloud Computing-Anbieter und einem Internet Serviceprovider Bedenken begegnen. Letztere verfügen in vielen Fällen über relativ hohe Marktanteile.[341] Grundlage für Bedenken könnte hier die Möglichkeit sein, dass der Internet-Serviceanbieter künftig andere Cloud-Anbieter gegenüber seinem eigenen Cloud Computing-Geschäft benachteiligt. 395

5. Praktische Auswirkungen der Fusionskontrolle

Erfordert eine Transaktion die fusionskontrollrechtliche Genehmigung einer oder mehrerer Kartellbehörden, hat dies eine Reihe von Konsequenzen, die bereits in einem frühen Stadium der Planung zu berücksichtigen sind. 396

a) Untersagungsrisiko

Begegnet der Zusammenschluss schwerwiegenden Bedenken, so kann dies zur vollständigen Untersagung der Transaktion führen oder zu einer Freigabe unter Bedingungen oder Auflagen (wie beispielsweise dem Verkauf eines Geschäftsbereichs oder der Lizensierung wichtiger Patente). Bei potenziell problematischen Transaktionen müssen die fusionskontrollrechtlichen Risiken daher insbesondere bei der Bewertung der potenziellen Synergien wie auch im Rahmen der Vertragsverhandlungen berücksichtigt werden. 397

b) Vollzugsverbot

In den meisten Ländern (so auch in Deutschland und auf der EU-Ebene) darf ein anmeldepflichtiger Zusammenschluss erst **nach** seiner **Genehmigung** durch die zuständige Kartellbehörde vollzogen werden.[342] Dies kann insbesondere bei potenziell problematischen Fällen den Vollzug der Transaktion um mehrere Monate verzögern.[343] 398

---

339 Entscheidung v. 7.10.2011, Fall COMP/M.62814.

340 EuG, Urt. v. 11.12.2013, Fall T-79/12.

341 Die Europäische Kommission stellte beispielsweise im Fall Wanadoo Interactive fest, dass der französische DSL-Anbieter Wanadoo einen durchschnittlichen Marktanteil von 50–60 % hatte (Entscheidung v. 16.7.2003, Fall COMP/38.233).

342 Vgl. § 41 Abs. 1 GWB sowie Art. 7 Abs. 1 FKVO.

343 Zur Verfahrensdauer siehe Rn 399.

399 Die **Dauer** eines **Fusionskontrollverfahrens** hängt von der Komplexität des Falles ab. Zusammenschlussvorhaben, die keine ernsthaften Bedenken aufwerfen, werden in den meisten Ländern innerhalb eines Monats nach Einreichung der (vollständigen) Anmeldung freigegeben („**Phase I**").[344] Kommt die Kartellbehörde im Laufe der Phase I zum Schluss, dass der Fall eine vertiefte Prüfung erfordert, eröffnet sie ein „Phase II"-Verfahren, das mehrere Monate andauern kann.[345]

400 Verstöße gegen das Vollzugsverbot können mit empfindlichen **Bußgeldern** geahndet werden.[346] Eine **Ausnahme** vom Vollzugsverbot gilt in zahlreichen Jurisdiktionen im Falle eines öffentlichen Übernahmeangebots. Hier kann der Zusammenschluss vollzogen werden, sofern der Erwerber bis zur Freigabe seine Stimmrechte nicht ausübt.[347] In der Regel kann die Kartellbehörde die Parteien bei Vorliegen wichtiger Gründe (wie beispielsweise die drohende Insolvenz der Zielgesellschaft) auf Antrag vom Vollzugsverbot **befreien.**[348]

401 Soweit Fusionskontrollanmeldungen erforderlich sind, vereinbaren die Parteien in der Regel, dass der Vollzug der Transaktion unter der **aufschiebenden Bedingung** der fusionskontrollrechtlichen Freigabe(-n) steht.[349]

402 Zu beachten ist außerdem, dass bis zum Zeitpunkt des Vollzugs das **allgemeine Kartellverbot** gilt. Sind die Parteien Wettbewerber, so dürfen sie bis zum Vollzug der Transaktion keine vertraulichen Informationen (insbesondere detaillierte Informationen über Preise, Margen und Kunden) austauschen, die im Falle des Scheiterns des Vorhabens den Wettbewerb zwischen ihnen beschränken könnten.[350]

---

344 In Deutschland muss die Freigabe in Phase I innerhalb eines Monats erfolgen (§ 40 Abs. 1 S. 1), im Rahmen der EU-Fusionskontrolle innerhalb von 25 bzw. (sofern die Parteien Zusagen anbieten) 35 Arbeitstagen (Art. 10 Abs. 1 FKVO).

345 Das BKartA muss die Phase II-Prüfung innerhalb von vier Monaten nach Einreichung der Anmeldung abschließen (§ 40 Abs. 2 S. 2 GWB), sofern die Frist nicht durch Zusagenangebote der Parteien (§ 40 Abs. 2 S. 7 GWB) oder mit Zustimmung der Parteien (§ 40 Abs. 2 S. 4 Nr. 1 GWB) verlängert wird. In der EU-Fusionskontrolle beläuft sich die Phase II auf 90 bzw. (sofern die Parteien Zusagen anbieten) 105 Arbeitstage und kann mit Zustimmung der Parteien um 20 Arbeitstage verlängert werden (Art. 10 Abs. 3 FKVO).

346 Die Europäische Kommission wie auch das BKartA kann Bußgelder von bis zu 10 % des weltweiten Jahresumsatzes des Unternehmens verhängen (Art. 14 Abs. 2 lit. b FKVO; § 81 Abs. 2 Nr. 1 und Abs. 4 GWB i.V.m. § 41 Abs. 1 S. 1 GWB).

347 Dies ist u.a. in Deutschland (vgl. § 41 Abs. 1a GWB) sowie im Rahmen der EU-Fusionskontrolle (vgl. Art. 7 Abs. 2 FKVO) der Fall.

348 Vgl. § 41 Abs. 2 GWB sowie Art. 7 Abs. 3 FKVO.

349 Ob alle oder nur ein Teil der erforderlichen Freigaben in die aufschiebenden Bedingungen aufgenommen werden, ist häufig eine strategische Entscheidung, bei der Käufer und Verkäufer unterschiedliche Interessen verfolgen.

350 Ausführlich hierzu Rn 327 ff.

c) Vertraulichkeit

Die Anmeldung eines Zusammenschlusses bei den zuständigen Kartellbehörden führt in der Regel dazu, dass das Vorhaben publik wird. Die meisten Kartellbehörden veröffentlichen kurz nach Einreichung der Anmeldung die Namen der Parteien und eine Kurzbeschreibung des Zusammenschlusses auf ihrer Internetseite. In zahlreichen Fällen kontaktiert die Kartellbehörde im Rahmen ihrer Ermittlungen auch Wettbewerber und Kunden der Parteien. 403

E. Exportkontrolle*

I. Einleitung

Die europäischen bzw. nationalen Exportbeschränkungen (d.h. Genehmigungspflichten, Verbote) gelten nicht nur für „physische" Güter. Auch der **Transfer von Technologie, Software und elektronischen Daten** ins Ausland unterliegt der **Exportkontrolle**. Eine (aktuelle) Form des Datentransfers ist hierbei die Auslagerung der unternehmensinternen IT-Infrastruktur bei einem ausländischen Cloud-Anbieter. 404

Damit gilt: Auch beim Cloud Computing sind die **Vorgaben des Exportkontrollrechts** zu beachten![351] 405

Unternehmen, die das Cloud Computing-Modell verwenden (wollen), sind gut beraten, die exportkontrollrechtlichen Vorgaben ernst zu nehmen. Denn die **Sanktionen** infolge von Verfehlungen sind in kaum einem anderen Rechtsgebiet des deutsch-europäischen Wirtschaftsrechts so schwerwiegend wie im Exportkontrollrecht. Das Sanktionsregime umfasst neben **Bußgeldbescheiden** von bis zu 10.000.000 € für das Unternehmen bei entsprechender Schwere des Verstoßes auch **Freiheitsstrafen** von mehreren Jahren für die Unternehmensverantwortlichen. 406

Nachfolgend wird in Abschnitt II ein kompakter Überblick über die exportkontrollrechtliche Relevanz des Cloud Computing gegeben. Der erste Teil befasst sich einführend mit der allgemeinen **Systematik** des nationalen und europäischen Exportkontrollrechtsregimes (Rn 408 ff.).[352] Anschließend wird dargestellt, welche **exportkontrollrechtlichen Vorgaben** für das **Cloud Computing** gelten (Rn 423 ff.). Der dritte Teil des Beitrags befasst sich mit den bei Missachtung der gesetzlichen Vorgaben drohenden **Sanktionen** (Rn 430 ff.). In Abschnitt III. (Rn 438 ff.) wird erläutert, 407

---

* Der Autor dankt Herrn Assessor *Alexander Rott* für seine wertvolle Unterstützung bei der Vorbereitung und Erstellung des Manuskripts.

351 Vgl. hierzu *Haellmigk*, FAZ v. 3.4.2013, S. 19.

352 U.U. können für den Export aus Deutschland auch die US-amerikanischen Exportkontrollvorschriften zu beachten sein (sog. **extraterritoriale Anwendung der US-Bestimmungen**); hierzu ausführlich Böer/*Böer*, B 3, S. 36 f. und B 4, S. 38 ff.

welche unternehmensinternen **Compliance-Maßnahmen** hilfreich und geboten sind, um exportkontrollrechtliche Verfehlungen beim Einsatz von Cloud Computing zu vermeiden. Abschnitt IV. (Rn 445) enthält eine **Checkliste „Exportkontrollrecht"** für die Unternehmen.

II. Relevanz des Exportkontrollrechts

1. Allgemeines

a) Grundsatz der Ausfuhrfreiheit und ihre Ausnahmen

408 Das Exportkontrollrecht befasst sich – vereinfacht gesagt – mit der Kontrolle von Exporten **sensibler Güter** innerhalb und außerhalb Europas.[353] Zwar ist der Export von Gütern (inklusive der Technologie und Software) grundsätzlich frei (sog. **Freiheit des Außenhandelsverkehrs**). Jedoch bestehen gesetzliche – und davon gibt es zahlreiche – **Ausnahmen** in Form von **Verboten** und **Beschränkungen**. Entweder ist der Export (vollständig oder teilweise) **untersagt** oder der Export muss zuvor **genehmigt** werden.

409 Die Restriktionen im Außenhandel richten sich im Wesentlichen nach folgenden Kriterien:

- **Exportware**

410 Ist das Gut als solches **sensitiv**?

Beispiel
- **„Klassische"** sensitive Güter: Rüstungsgüter, kerntechnische Materialien, Chemikalien.
- Aber auch auf den ersten Blick **harmlose** Güter können als „sensitiv" einzustufen sein: Akustiksysteme, Schrauben, Metalllegierungen, Digitalrechner, zivile Fahrzeuge.
- **Technologie, Software, Daten** für den Bau dieser Güter.

---

411 Hieraus folgt: Die exportkontrollrechtlichen Vorschriften gelten also nicht nur für bestimmte Industrien wie die Rüstungs- und Waffenindustrie. Exportkontrollrecht betrifft zunächst **alle** (Export-) Unternehmen!

- **Verwendungszweck**

412 Ist der vom Kunden bestimmte oder auch nur mögliche Verwendungszweck **kritisch**?

Beispiel
Militärische Endverwendung.

---

353 Exporte innerhalb der EU werden als „Verbringungen", Exporte außerhalb Europas als „Ausfuhren" bezeichnet; vgl. Bieneck/*Ehrlich*, § 8 Rn 49.

Praxistipp

Ausreichend ist hierbei bereits, dass das Exportgut für eine solche sensitive Verwendung bestimmt sein kann. Dem Exporteur muss also nicht bekannt sein, dass der Kunde eine sensitive Verwendung **konkret beabsichtigt**!

- **Empfängerland**

  Gibt es **Embargos** gegen das **Land**, in das die Ware exportiert werden soll (sog. **länderbezogene Embargos**)?[354] 413

Beispiel

- Gegenwärtig gibt es Embargos gegen **29 Länder**. Da sich die Weltlage bzw. deren Beurteilung durch die internationale Staatengemeinschaft immer wieder ändert, erfahren auch die Embargos ihrerseits regelmäßig **Aktualisierungen, werden aufgehoben** oder auf **neue Länder** erstreckt.[355]
- Aktuelle Beispiele:
- Iran,
- Syrien,
- Ukraine/Russland

b) Nationales und europäisches Exportkontrollrecht: Überblick

Die beim Export von Waren zu beachtenden Vorschriften der Exportkontrolle beste- 414
hen auf **nationaler** und **europäischer** Ebene:

aa) Europäische Regelungen: Beschränkung des Exports von Dual-Use-Gütern aus der EU in Drittländer

Das relevanteste europäische Gesetz ist die Verordnung (EG) Nr. 428/2009 des Rates 415
vom 5.5.2009 über eine Gemeinschaftsregelung für die Kontrolle der Ausfuhr, der Verbringung, der Vermittlung und der Durchfuhr von Gütern mit doppeltem Verwendungszweck (sog. **EG-Dual-Use-Verordnung**).

Die EG-Dual-Use-Verordnung regelt und beschränkt primär den Export von Dual- 416
Use-Gütern aus den europäischen Mitgliedstaaten in Drittländer.[356] Dual-Use-Güter

354 Zusätzlich gibt es auch noch sog. personenbezogene Embargos (Al-Quaida, nordkoreanische Finanzinstitute etc.); die Europäische Kommission stellt eine laufend aktualisierte EU-Datenbank aller personenbezogenen Embargos unter folgendem Link zur Verfügung: http://eeas.europa.eu/cfsp/sanctions/consol-list_en.htm.

355 Vgl. BAFA, Übersicht über die länderbezogenen Embargos, Stand: 17.4.2014, abrufbar unter http://www.bafa.de/ausfuhrkontrolle/de/embargos/uebersicht.

356 Für einige (wenige) sehr sensitive Dual-Use-Güter (Tarn-Technologie, Kryptotechnik) beschränkt die EG-Dual-Use-Verordnung auch den innereuropäischen Export; vgl. Art. 22 EG-Dual-Use-Verordnung.

sind **Güter mit doppeltem Verwendungszweck**. Dies sind Güter, die sowohl **zivil** als auch **militärisch** verwendet werden können.[357] Der Export dieser Dual-Use-Güter aus der EU, unabhängig vom konkreten Kunden oder Empfängerland, erfordert stets eine **Exportgenehmigung.**[358]

417 Die EG-Dual-Use-Verordnung enthält in seinem Anhang eine Liste, die alle genehmigungspflichtigen Dual-Use-Güter auflistet (sog. **Dual-Use-Liste**). Die Dual-Use-Liste umfasst nicht nur „physische" Waren, sondern auch hierfür entwickelte oder benötigte **Technologie, Daten und Datenverarbeitungsprogramme.**

418 Der Export von Dual-Use-Gütern umfasst dabei auch die Übertragung von Software oder Technologie mittels **elektronischer Medien** (Telefax, Telefon, E-Mail). Dies beinhaltet auch das **Bereitstellen** von Software und Technologie in elektronischer Form für (juristische/natürliche) Personen außerhalb der EU.[359]

bb) Nationale Vorschriften: Beschränkung des Exports von Rüstungsgütern aus Deutschland innerhalb und außerhalb Europas

419 Die relevanten Gesetze sind das **AWG** und die **AWV.**[360]

420 Das AWG bzw. die AWV regeln primär den Export von **Rüstungsgütern** aus Deutschland ins Ausland. Der Export von Rüstungsgütern aus Deutschland erfordert stets eine **Exportgenehmigung**, unabhängig vom Empfängerland und vom Kunden.[361] Somit ist auch der **innereuropäische** Export von Rüstungsgütern genehmigungspflichtig.[362]

421 Die AWV enthält als Anlage eine Liste, in der alle genehmigungspflichtigen Rüstungsgüter zusammengefasst sind (sog. **Ausfuhrliste**).[363] Auch die Ausfuhrliste beschränkt sich nicht auf die „physischen" Rüstungsgüter. Von dieser Liste sind auch die für die Herstellung dieser Güter erforderliche(n) bzw. mit diesen Gütern im Zusammenhang stehende(n) **Technologie, Software, Daten** etc. erfasst.

422 Der Export umfasst dabei begrifflich neben dem gegenständlichen Transport auch die nicht gegenständliche Übermittlung durch Benutzung der **elektronischen**

---

357 Art. 2 Nr. 1 EG-Dual-Use-Verordnung; siehe auch Hocke/Friedrich/*Friedrich*, Art. 2 EG-Dual-Use-Verordnung Rn 4.

358 Vgl. Art. 3 EG-Dual-Use-Verordnung; Bieneck/*Ehrlich*, § 8 Rn 18.

359 Vgl. Art. 1 Nr. 2 iii) EG-Dual-Use-Verordnung.

360 Das AWG und die AWV sind jüngst reformiert worden (vgl. das Gesetz zur Modernisierung des Außenwirtschaftsrechts v. 6.6.2013, BGBl. I, S. 1482); die Änderungen sind zum 1.9.2013 in Kraft getreten.

361 Vgl. § 8 Abs. 1 AWV; siehe auch Wolffgang/Simonsen/Tietje/*Beutel*, § 5 (a.F.) AWV Rn 3 und dort Fn 5.

362 Vgl. § 11 Abs. 1 AWV; dazu Hocke/Friedrich/*Friedrich*, § 7 (a.F.) AWV Rn 2.

363 Die Rüstungsgüter sind in Teil 1, Abschnitt A der Ausfuhrliste zusammengefasst; zudem enthält Teil 1, Abschnitt B eine Liste national erfasster Dual-Use-Güter.

Medien. Auch der **Datentransfer** bzw. das **Bereitstellen von Software, Technologie und Daten** aus der Ausfuhrliste ist damit ein exportkontrollrechtlich relevanter Vorgang, der Genehmigungspflichten und sonstige Beschränkungen auslösen kann.[364]

2. Exportkontrolle beim Cloud Computing

Aus exportkontrollrechtlicher Sicht ist das Cloud Computing – vereinfacht formuliert – die (teilweise) Auslagerung der unternehmensinternen IT-Infrastruktur bei einem externen Anbieter (es sei denn, die Cloud ist unternehmensintern, aber auch dies kann exportkontrollrechtlich relevant sein, dazu zugleich). 423

Die auszulagernde IT-Infrastruktur kann die Hardware (Datenspeicher, Rechenzentrum) und/oder die Software des Unternehmens sein. Die Anwendungen bzw. Daten liegen somit nicht mehr auf dem lokalen Rechner bzw. im unternehmenseigenen Rechenzentrum, sondern extern in der Cloud des Anbieters. Der Zugriff auf die externen Daten erfolgt dann per Internet. 424

Diese Grundkonstellation enthält zahlreiche **exportkontrollrechtliche Berührungspunkte**: 425

Sofern sich der **Anbieter** der Cloud **im Ausland** befindet, ist die Auslagerung der IT in die Cloud ein exportkontrollrechtlich relevanter Vorgang. 426

Beispiel 1

Das Unternehmen U lagert aus Deutschland Teile seiner Software beim Anbieter A aus. Dessen Rechner und sonstige IT-Infrastruktur stehen im Land L. Land L ist kein Embargo-Land. Teil der ausgelagerten IT-Infrastruktur ist der Bereich „Messaging“. Einige E-Mails enthalten in den Anlagen sensible Technologie, die von der Dual-Use-Liste bzw. Ausfuhrliste erfasst ist.
Der Transfer der E-Mails ist ein **genehmigungspflichtiger** Export.

Beispiel 2

Das Unternehmen U lagert aus Deutschland Teile seiner Software an den Anbieter A aus. Dessen Rechner stehen im Land M. Land M ist ein Embargo-Land, in das außer humanitären Hilfsgütern (Medikamente, Lebensmittel) nichts geliefert werden darf.
Die Auslagerung der Software ist **verboten**.

Hinzu kommt, dass der Cloud-Anbieter **seinerseits** die empfangenen Daten – beispielsweise aus Kostengründen – **bei einem Subunternehmer** in einem dritten 427

364 § 2 Abs. 3 Nr. 2 AWG; vgl. BAFA, Kurzdarstellung Exportkontrolle, Stand: September 2013, S. 7, abrufbar unter http://www.bafa.de/ausfuhrkontrolle/de/arbeitshilfen/merkblaetter/kurzdarstellung.pdf; siehe allgemein zum Technologietransfer aus exportkontrollrechtlicher Perspektive *Voigtländer/Haellmigk*, AW-Prax 2011, 208, 208 ff.; *Haellmigk*, FAZ v. 22.2.2012, S. 21; *Haellmigk/Vulin*, CR 2013, 350, 350 ff.

Land mit günstiger(er) IT-Kostenstruktur einlagern möchte. Diese Vorgehensweise ist übliche Geschäftspraxis. Denn gerade der „grenzenlose" Datenverkehr ist ein integraler Bestandteil (und Vorteil) des Cloud Computing.

Beispiel 3
Unternehmen U lagert seine Software an Anbieter A aus, der sich in Deutschland befindet. Anbieter A bedient sich jedoch für seine Cloud-Dienste eines Subunternehmers S mit Sitz in Embargo-Land E. Unternehmen U lagen zum Zeitpunkt der Auslagerung entsprechende Hinweise vor, dass Subunternehmer in den Cloud Computing-Prozess eingebunden werden sollten.
Die Auslagerung der Software ist **verboten**.

428 Entsprechendes gilt, wenn der Cloud-Anbieter seinen Sitz in Deutschland hat, aber **vom Ausland** auf die Daten **zugegriffen** wird. Denn der externe Zugriff führt (mittelbar) zu einem Datentransfer ins Ausland. Ob dabei tatsächlich auf die Daten zugegriffen wird, ist dabei unerheblich. Bereits die Möglichkeit des Zugriffs löst exportkontrollrechtliche Pflichten aus.[365]

Beispiel 4
Das Unternehmen U lagert Teile seiner IT bei Anbieter A mit Sitz in Deutschland aus. Hiermit wird fremden IT-Fachkräften Zugriff aus dem Ausland (kein Embargo-Land) zu Zwecken der Wartung des gesamten Netzwerks gewährt. Das Netzwerk beinhaltet z.T. sensible Technologie.
Der Zugriff ist **genehmigungspflichtig**.

Beispiel 5
Gleiche Ausgangslage wie in Beispiel 4. Jedoch soll die Wartung erst zu einem späteren Zeitpunkt erfolgen.
Auch hier ist die Auslagerung der IT **genehmigungspflichtig**. Es muss noch kein konkreter Zugriff stattgefunden haben. Bereits die **Möglichkeit des Zugriffs** löst die Genehmigungspflicht aus.

429 Die Einrichtung einer **konzerninternen Private Cloud**, bei der nur **unternehmenseigene Mitarbeiter** aller (ausländischen) Standorte des Unternehmens auf die IT **zugreifen** können, kann ebenfalls ein exportkontrollrechtlich relevanter Vorgang sein.

Praxistipp
Häufig verkennen die Unternehmen die exportkontrollrechtliche Bedeutung des **unternehmensinternen** Datentransfers. So begegnet man regelmäßig der Aussage: „Das ist doch alles intern, das bleibt doch alles in der Familie (Firma)!"

365 *Ahmad*, AW-Prax 2012, 230, 232; vgl. auch BAFA, Kurzdarstellung Exportkontrolle, Stand: September 2013, S. 7, abrufbar unter http://www.bafa.de/ausfuhrkontrolle/de/arbeitshilfen/merkblaetter/kurzdarstellung.pdf.

Diese Ansicht ist **falsch**. Aus dem Blickwinkel der Exportkontrolle ist der **konzerninterne Datenaustausch** bei internationalen Unternehmen sehr wohl **relevant**. Denn auch hier gelangen Daten ins Ausland, gleich, ob der Empfänger der Daten ein Kollege oder ein Dritter ist.[366]

Beispiel 6
Unternehmen U, das zivile Elektronikgeräte in Deutschland konzipiert und im Ausland herstellt, installiert eine Private Cloud in Deutschland, damit die ausländischen Kollegen Zugriff auf die Herstellungstechnologie haben. Die Technologie unterfällt der Dual-Use-Liste.
Der Zugriff aus dem Ausland erfordert eine **Exportgenehmigung**.

Beispiel 7
Wie Beispiel 6. Unternehmen U hat eine Niederlassung in Teheran (Iran). Die mittels Private Cloud ausgelagerte IT-Infrastruktur beinhaltet auch Daten, die zwar keine sensible Technologie darstellen, aber unter das Iran-Embargo fallen.
Der Zugriff der Unternehmenskollegen von Teheran aus auf die Daten ist **verboten**.

---

3. Sanktionen

Vorstehende Beispiele illustrieren, dass Cloud Computing in vielfältiger Weise exportkontrollrechtliche Pflichten für die Unternehmen auslösen kann. 430

Unternehmen, die das System des Cloud Computing in ihre Geschäftsprozesse integrieren wollen, sollten die **exportkontrollrechtlichen Vorgaben** unbedingt **beachten**. 431

Praxistipp
Compliance im Exportkontrollrecht ist keine bloße moralische Frage der Unternehmensphilosophie oder eine nette, aber letztlich überflüssige Spielart des Compliance-Gedankens!

Die **Sanktionen** sind z.T. **gravierend**: Der Sanktionskatalog umfasst **Bußgeldbescheide** bis zu **10.000.000 €**, **Freiheitsstrafen** von mehreren Jahren und – für Unternehmen aus der Exportbranche besonders kritisch – die **Versagung von Exportgenehmigungen**.

a) Straftat

Erfolgt der Transfer **von besonders sensiblen Daten** ohne erforderliche **Genehmigung**, kann der Verstoß gegen die Genehmigungspflicht als Straftat geahndet werden (§ 18 Abs. 2, 5 AWG). Dies gilt auch für Verstöße gegen Embargo-Vorschriften (§ 18 432

366 *Ahmad*, AW-Prax 2012, 230, 230 f.

Abs. 1 AWG). Eine Straftat liegt (nur) bei vorsätzlichem Handeln vor (vgl. § 19 Abs. 1 AWG). Dies kann mit Freiheitsstrafe bis zu **fünf Jahren**[367] oder **Geldstrafe**[368] geahndet werden.[369]

b) Ordnungswidrigkeit

433 Ordnungswidrig handelt das Exportunternehmen beispielsweise, wenn es **sonstige sensible Daten** fahrlässig ohne die dafür erforderliche **Genehmigung** transferiert. Zudem handelt ordnungswidrig, wer fahrlässig **gegen Embargo-Vorschriften** verstößt. Diese Verfehlungen werden mit einer Geldbuße von bis zu **500.000 €** pro Verstoß (**!**) geahndet (§ 19 Abs. 6 AWG).

434 Weiterhin können die oben genannten Verstöße eine Ordnungswidrigkeit nach den **allgemeinen Regelungen des OWiG** begründen. Dies ist dann der Fall, wenn das Unternehmen bzw. der Unternehmensverantwortliche keine ausreichenden internen **Aufsichts- und Organisationsmaßnahmen** zur Verhinderung solcher Verfehlungen getroffen haben. Diese Ordnungswidrigkeit kann gegenüber dem Unternehmensverantwortlichen mit einer **Geldbuße** bis zu **1.000.000 €** geahndet werden (§ 130 Abs. 3 OWiG). Sofern eine Geldbuße gegen das Unternehmen verhängt wird, kann die Unternehmensgeldbuße unter Umständen sogar bis zu 10.000.000 € betragen (§ 30 Abs. 3 OWiG).[370]

c) Eintrag ins Gewerbezentralregister

435 Eine weitere Sanktion im Falle des illegalen Cloud Computing kann der **Eintrag** des Exportunternehmens ins **Gewerbezentralregister** sein.[371]

436 Für diejenigen Unternehmen, deren Geschäftsfeld (auch) das **öffentliche Beschaffungswesen** ist, ist dieser Eintrag besonders schmerzlich. Denn er berechtigt die öffentlichen Auftraggeber, das Exportunternehmen wegen vermuteter Unzuverlässigkeit von nationalen und europäischen **Auftragsvergaben auszuschließen**.[372]

---

367 U.U. ist auch eine Freiheitsstrafe bis zu 15 Jahren möglich (vgl. § 18 Abs. 7 und 8 AWG, § 38 Abs. 2 StGB).

368 Bei einem vorsätzlichen Verstoß gegen Embargo-Vorschriften ist eine Geldstrafe sogar ausgeschlossen; der Verstoß wird mit Freiheitsstrafe von 3 Monaten bis zu 5 Jahren geahndet, vgl. § 18 Abs. 1 AWG.

369 Die strafrechtlichen Sanktionen können sich dabei grundsätzlich gegen alle für den Export verantwortlichen Personen richten, vgl. hierzu *Pottmeyer*, S. 128 f.

370 Diese Geldbuße ist bei Vorliegen einer vorsätzlichen Straftat möglich, § 30 Abs. 3 Nr. 1 OWiG.

371 § 149 Abs. 2 Nr. 3 GewO.

372 Vgl. hierzu die vergaberechtlichen Regelungen § 6 Nr. 5c VOL/A und § 6 Nr. 6c VOL/A.

d) Widerruf von Exportgenehmigungen/Ablehnung zukünftiger Genehmigungsanträge

Schließlich kann das Bundesamt für Wirtschaft und Ausfuhrkontrolle (BAFA), die zuständige nationale Genehmigungsbehörde, infolge des illegalen Datentransfers bereits erteilte **Exportgenehmigungen widerrufen** oder zukünftige **Genehmigungsanträge ablehnen.**[373] 437

III. Compliance-Maßnahmen (Readiness Check)

Unternehmen sollten daher **vor** der unternehmensinternen Verwendung von Cloud Computing – gleich welches Modell konkret zum Einsatz kommen wird – genau prüfen, ob die **Regelungen des Exportkontrollrechts** für ihre Geschäftstätigkeit **relevant** sind.[374] 438

Die **wichtigsten Compliance-Maßnahmen** sind hierbei: 439

1. Audit durchführen

Enthält die auszulagernde IT exportkontrollrechtlich sensible Daten? Sind diese Daten von den relevanten Güterlisten (Dual-Use-Liste, Ausfuhrliste) erfasst? 440

Praxistipp !

Sicherheit durch **Einbindung des BAFA:**

- Die Exportkontroll-Listen sind z.T. **sehr technisch** und **komplex** formuliert, sodass eine genaue Beurteilung nicht immer möglich ist.
- In Zweifelsfällen bietet es sich daher an, das BAFA hierzu um Rat zu bitten (sog. **Auskunft zur Güterliste**). Das BAFA stellt fest, ob eine bestimmte Ware (Technologie, Daten) von einer der Güterlisten umfasst ist oder nicht.[375] Bei komplexen Fragestellungen kann es auch geboten sein, **externen Rechtsrat** einzuholen (insbesondere dann, wenn das Unternehmen keine eigene Rechtsabteilung hat).

---

2. Mitarbeiter instruieren

Sofern die auszulagernde IT exportkontrollrechtlich sensible Daten enthält, müssen 441
die Mitarbeiter hierüber **aufgeklärt** werden. Zudem sollten ihnen **Arbeits-** und **Ver-**

---

373 Diese behördliche Verpflichtung ist in den Nr. 3 bis 6 der Grundsätze der Bundesregierung zur Prüfung der Zuverlässigkeit von Exporteuren von Kriegswaffen und rüstungsrelevanten Gütern v. 25.7.2001 geregelt; vgl. hierzu auch *Pottmeyer*, S. 130 ff.

374 Selbstverständlich empfiehlt sich auch während der Verwendung eines Cloud Computing-Modells eine solche Compliance-Prüfung.

375 Zu dieser behördlichen Hilfestellung vgl. *BAFA*, Haddex, Band 1, Teil 9, 2. Kap. Rn 690 ff.

fahrensanweisungen zum unternehmensinternen Umgang mit dem Export derartiger sensibler Daten an die Hand gegeben werden. Des Weiteren ist festzulegen, **welcher Mitarbeiter** (zentral) für den **Austausch und die Kontakte mit dem BAFA** (Genehmigungsanträge, allgemeine Fragen etc.) **zuständig** ist. Insgesamt ist darauf zu achten, dass auf **allen Ebenen** des Unternehmens die erforderlichen Exportkontroll-Compliance-Strukturen umgesetzt werden (von der **Sachbearbeiter-** bis zur **Management-Ebene**).

Praxistipp
- Die beabsichtigte Verwendung des Cloud Computing kann auch als Anlass genommen werden, die Unternehmensaktivitäten einmal **insgesamt** auf **Exportkontroll-Compliance** zu überprüfen.[376] Denn gerade das nationale und europäische Exportkontrollrecht unterliegt ständig Neuerungen, die es zu beachten gilt.[377]
- Zugegeben: Exportkontroll-Compliance verursacht Kosten. Aber sie lohnt sich langfristig!

3. Cloud-Anbieter prüfen

442 Exportkontrollrechtliche Compliance funktioniert nur, sofern auch der Cloud-Anbieter zur Beachtung der Exportkontroll-Regularien bereit ist. Daher ist mit dem jeweiligen Cloud-Anbieter zu klären, in **welchen Ländern** sich **seine IT-Infrastruktur** befindet bzw. **welche Subunternehmer** sich in welchen Ländern befinden (Stichwort „Embargos").

Praxistipp
- Bei der Auswahl des Cloud-Anbieters sollten die Unternehmen nicht allein die Kostenfrage berücksichtigen. Genauso wichtig ist es, einen **Cloud-Anbieter** auszusuchen, der sich der **exportkontrollrechtlichen Anforderungen** im Rahmen des Cloud Computing **bewusst** ist und offen mit diesen Fragestellungen umgeht.
- Sofern möglich, sollten die Unternehmen die **technischen Vorrichtungen** des Anbieters **überprüfen**, ob diese ausreichend **Sicherheit** vor Zugriff nicht autorisierter (ausländischer) Personen bieten.

4. Auf vertragliche Absicherung achten

443 Schließlich sollten sich die Unternehmen gegenüber dem Cloud-Anbieter und dessen Umgang mit den ausgelagerten Daten **vertraglich absichern**. Denn die Unternehmen **verlieren** mit der Auslagerung einen Großteil der **Kontrolle** über diese Daten.

376 Zur unternehmensinternen Exportkontroll-Compliance im Allgemeinen ausführlich *Haellmigk*, AW-Prax 2012, 83, 83 ff.

377 Siehe die aktuelle Reform des AWG und der AWV aus dem Jahre 2013; die Änderungen sind am 1.9.2013 in Kraft getreten; siehe auch die aktuellen Ukraine-/Russland-Sanktionen.

Verantwortlich für den Export der Daten und ihr weiteres Schicksal bleibt aber das Unternehmen.[378]

Die Cloud Computing-Verträge sollten daher **Exportkontroll-Klauseln** enthalten, wonach sich der Cloud-Anbieter verpflichtet, bei seinen Leistungen die einschlägigen Exportkontrollvorschriften zu beachten. Sofern vorhanden, ist unbedingt die **Rechtsabteilung** hinzuzuziehen und/oder **externer Rechtsrat** einzuholen. 444

Praxistipp !

- Eine **sorgfältige Prüfung** des abzuschließenden **Cloud Computing-Vertrags** und der Exportkontroll-Regelungen ist unabdingbar. In aller Regel stellen die Cloud-Anbieter nämlich **vorformulierte Vertragsmuster** zur Verfügung, die die **Interessen der Cloud-Anbieter** (vorrangig) berücksichtigen.
- Fehlt in dem Cloud Computing-Vertrag jedwede Regelung zur Exportkontrolle, so sollten die Unternehmen auf die **Einfügung** einer entsprechenden Klausel **in den Vertrag** bestehen. Seriöse Cloud-Anbieter sind hier **verhandlungsbereit**.

IV. Checkliste „Exportkontrollrecht"

Auslagerung der IT exportkontrollrechtlich relevant?	☑	445
– Internes Exportkontroll-Audit durchgeführt?	☑	
– (Falls keine Rechtsabteilung oder bei komplexen Sachverhalten): Externer Rechtsrat eingeholt?	☑	
– (Bei Zweifelsfragen): BAFA um Auskunft gebeten?	☑	
Mitarbeiter über exportkontrollrechtliche Relevanz instruiert?	☑	
– Interne Organisations- und Verfahrensanweisungen verfasst/ergänzt?	☑	
– Mitarbeiter entsprechend instruiert/geschult?	☑	
– Position geschaffen, die für Beantragung von Genehmigungen/Kontakt zum BAFA etc. zuständig ist?	☑	
– Vorsorge getroffen, dass Neuerungen der Exportkontrollgesetze – diese erfolgen häufig! – unverzüglich implementiert und beachtet werden?	☑	
– Hinreichende Exportkontroll-Compliance-Strukturen geschaffen (auf allen Unternehmensebenen: vom Sachbearbeiter bis zum Management)?	☑	
Cloud-Anbieter sorgfältig ausgewählt?	☑	
– Welches Cloud-Modell ist das „richtige": Public Cloud, Private Cloud?	☑	
– Wohin wird die IT ausgelagert? In welchem Land befindet sich der Cloud-Anbieter?	☑	
– Welches Geschäftsmodell verfolgt der Cloud-Anbieter: Lagert er seinerseits aus? Bedient er sich Subunternehmer? In welchem Land befinden sich wiederum seine Subunternehmer?	☑	

378 Vgl. hierzu *Ahmad*, AW-Prax 230, 232, der aber zutreffend darauf hinweist, dass u.U. auch der Cloud-Anbieter eine exportkontrollrechtliche Verantwortlichkeit trägt.

- Welche Bedeutung misst der Cloud-Anbieter dem Exportkontrollrecht zu? ☑
- Welche technischen Vorkehrungen trifft der Cloud-Anbieter, um unerlaubten Zugriff (ausländischer) Dritter zu unterbinden? ☑

Exportkontrollrechtliche Risiken vertraglich abgesichert? ☑

- Enthält der Vertrag eine Exportkontroll-Klausel? ☑
- Ist die Exportkontroll-Klausel vom Cloud-Anbieter vorformuliert (Standard-Klausel)? In diesem Fall ist erhöhte Vorsicht geboten, da im Zweifel wenig kundenfreundlich. ☑
- Ist die Exportkontroll-Klausel interessengerecht? Wer trägt nach der Klausel das exportkontrollrechtliche Risiko? Wer ist für das (weitere) Schicksal der ausgelagerten IT exportkontrollrechtlich verantwortlich? ☑
- Enthält der Vertrag an anderer Stelle (versteckte) Regelungen zur exportkontrollrechtlichen Haftung? ☑
- Ist die Exportkontroll-Klausel juristisch (Rechtsabteilung/externe Anwälte) abschließend geprüft und freigegeben worden? ☑

Kapitel 11
Übersicht Readiness Check im Cloud Computing

Cloud-Projekte unterscheiden sich ganz wesentlich von (größeren) IT- und Outsourcing-Projekten in der Herangehensweise für Juristen. Letztere sind dadurch gekennzeichnet, dass Juristen auf Kunden- und Anbieterseite an der Erstellung und Verhandlung der einzelnen Projekte beteiligt sind und damit vertragsgestaltend tätig werden. Die Arbeit im Rahmen eines Cloud-Projektes hingegen verlagert sich nach vorne: Bei den standardisierten Verträgen, die die Cloud-Anbieter zum Abschluss vorlegen, wird eine rechtsgestaltende Einwirkung auf die Vertragswerke in den meisten Fällen kaum mehr möglich sein. Das ist nur ausnahmsweise im Fall großer Cloud-Projekte großer Unternehmen als Cloud-Kunden denkbar, die aufgrund ihrer Marktmacht eine bessere Verhandlungsposition besitzen. 1

Im Normalfall müssen sich die Cloud-Kunden aber den Standardverträgen der Cloud-Anbieter unterwerfen, sodass vor Abschluss der Verträge im Vorfeld bei der Anbieter- und Angebotsauswahl genau zu prüfen ist, ob die Vertragsregelungen den Bedürfnissen des Kunden entsprechen. Diese Vorverlagerung ist unausweichlich, weil eine wesentliche Eigenart des Cloud Computing gerade darin besteht, in hohem Maße standardisierte Services zur bedarfsgerechten Nutzung (in Kombination mit schon langjährig etablierten Virtualisierungstechnologien) bereitzustellen und die Economy of Scale zu perfektionieren.[1] Denen wird auf juristischer Ebene gleichfalls mit Standardregelungen begegnet. 2

Eine zusammenfassende Orientierung für diese Überprüfung bieten die folgenden Checklisten aus dem Datenschutzrecht, dem Urheberrecht, dem Internationalen Privatrecht und Zivilprozessrecht, der Vertragsgestaltung, dem Kartellrecht, dem Arbeitsrecht, dem Telekommunikationsrecht, dem Exportkontrollrecht sowie für die öffentliche Hand.[2] Anhand der Checkliste und bei Bedarf der detaillierten Erläuterungen in diesem Buch kann sichergestellt werden, dass der Cloud-Kunde das für ihn „richtige“ Cloud-Angebot auch aus juristischer Sicht wählt. 3

---

1 Für Details vgl. insbesondere Kap. 3 und 4 zum technischen und wirtschaftlichen Hintergrund.

2 Für Details und genauere Hintergründe sind jedoch die einzelnen Kapitel heranzuziehen, zumal die Checklisten nicht in jedem Rechtsgebiet die wesentlichen Eckpunkte vorhalten, sondern nur wesentliche Gesichtspunkte visualisieren wollen; in Bezug auf die Besonderheiten des Steuerrechts wäre eine Checkliste nicht zielführend, sodass hier ausschließlich auf das entsprechende Kapitel zu verweisen ist.

A. Datenschutz

4 **Personenbezogene Daten: de facto immer** ☑

Anwendbares Datenschutzrecht ☑

1. Kunde
Sitz des Kunden oder einer Tochtergesellschaft des Kunden in Deutschland? ☑
Wenn ja, ist deutsches Datenschutzrecht immer anwendbar.
2. Anbieter
Sitz in Deutschland? ☑
Wenn ja, sind die Vorschriften, die an Auftragsdatenverarbeiter direkt adressiert sind, einschlägig.
3. Sitz der Server
In Deutschland? ☑

Grundsätzlich für anwendbares Recht nicht relevant, es sei denn, Kunde und Anbieter haben beide einen Sitz außerhalb der EU, aber die Server stehen in Deutschland.

Auftragsdatenverarbeitung oder Datenweitergabe ☑

Wird dem Cloud-Anbieter keine Möglichkeit gegeben, in eigenem Ermessen über Daten zu verfügen bzw. mit Ihnen umzugehen? ☑
Im Regelfall ist das nicht der Fall. Auftragsdatenverarbeitung ist zu bejahen. Wegen der zusätzlichen Komplikationen bei fehlender Auftragsdatenverarbeitung sollte dem Anbieter auch kein derartiges Ermessen eingeräumt werden, es sei denn, es gibt dafür einen zwingenden Grund.

Verdor – Due Diligence ☑

Sorgfältige Anbieterauswahl? ☑
Vor der Entscheidung für einen Anbieter: Überprüfung der datenschutzrechtlichen Compliance, insbesondere der vom Anbieter angebotenen (datenschutzrechtlichen) Verträge und der Dokumentation seiner Infrastruktur sowie die Bereitschaft, Auftragsdatenverarbeitungsverträge und SCCs abzuschließen und Auskunft für den Ort der Datenverarbeitung zu geben.

EU-Cloud oder globale Cloud ☑

Liegen die Server (teilweise) außerhalb des EWR oder benutzt der Cloud-Anbieter Subdienstleister außerhalb des EWR, die Zugang zu den Daten des Kunden haben? ☑
Wenn ja, sind die zusätzlichen Voraussetzungen für Transfer in Drittstaaten zu erfüllen; entweder SCCs oder Safe Harbor in der Praxis.

Auftragsdatenverarbeitungsvertrag ☑

Ausreichender Vertrag?
Zu differenzieren zwischen EU- bzw. EWR-Cloud und Global Cloud. ☑
1. EWR-Cloud: Auftragsdatenverarbeitungsvertrag notwendig, der die zehn Punkte enthält ☑
Beschreibung der Daten(-nutzung) ☑
Laufzeit ☑
Datenherrschaft ☑
Weisungen ☑
Kontrolle und Audits ☑

Sicherheit	☑
Unterauftragnehmer	☑
Orte der Server	☑
Vertraulichkeit und Rechtskonformität	☑
Informationspflicht	☑
2. Der Auftragsdatenverarbeitungsvertrag muss bei einer globalen Cloud die Form der SCC haben (wenn keine Safe Harbor-Zertifizierung vorliegt, aber selbst wenn ist es empfehlenswert); die oben genannten zehn Punkte müssen auch hier abgedeckt sein.	☑
Weitere Voraussetzungen	☑
Insbesondere Zertifizierung und Möglichkeit der Kontrolle (Letzteres zu ersetzen durch Third Party Audits)?	☑

B. Urheberrecht

Anbieter		5
Haben Sie die erforderlichen Nutzungsrechte an der im SaaS-Angebot enthaltenen Software?	☑	
Vervielfältigungsrecht	☑	
– Dürfen Sie die von Ihnen verwendete Software in Cloud-Angeboten bereithalten?	☑	
– Gibt es im Lizenzvertrag sonstige Nutzungsbeschränkungen (bspw. geografische Beschränkungen)?	☑	
Bearbeitungsrecht	☑	
– Ist für die Bereitstellung der Software eine Anpassung erforderlich?	☑	
– Beschränken sich die Anpassungen auf die vom Hersteller der Software dafür vorhergesehenen Einstellungsmöglichkeiten und Parameter oder ist ein Zugriff auf den Quellcode der Software erforderlich?	☑	
Recht zur öffentlichen Zugänglichmachung	☑	
– Dürfen Sie die Software ausdrücklich öffentlich zugänglich machen?	☑	
– Ergibt sich aus dem Vertragszweck, dass Sie eine Nutzung der Software im Rahmen von Cloud-Angeboten beabsichtigen?	☑	
Verbreitungsrecht	☑	
– Benötigt der Kunde für den Zugriff auf Ihr Cloud-Angebot Applets oder Clients?	☑	
– Erfolgt eine dauerhafte Überlassung der Clients?	☑	
– Haben Sie die nötigen Verbreitungsrechte hinsichtlich dieser Applets und Clients?	☑	
Nutzungsrechte an der vom Kunden hochgeladenen Software erforderlich?	☑	
– Besteht die Möglichkeit, dass der Kunde eigene Software in das Cloud-Angebot hochlädt?	☑	
– Verfügt Ihr Vertrag hinsichtlich der vom Kunden hochgeladenen Software über eine entsprechende Freistellungsvereinbarung?	☑	
Verwenden Sie im Rahmen Ihres Cloud-Angebots Open Source Software?	☑	
– Sind Sie zur Weitergabe des Quellcodes an den Kunden verpflichtet?	☑	
– Treffen Sie sonstige Informationspflichten aus den Open Source-Lizenzen (Hinweis über Urheber, Downloadmöglichkeit, Lizenz etc.)?	☑	

Kunde

- Erforderliche Nutzungsrechte an der eigenen Software? (Betrieb in der Cloud gestattet?)
- Geografische Nutzungsbeschränkungen an der Software? ☑
- Patentrechtliche Beschränkungen zu beachten? ☑
- Gewährleistungsbeschränkungen zu beachten? ☑
- Liegt eine Freistellung des Anbieters bezüglich der Nutzung der SaaS-Software vor? ☑
- Liegt eine Freistellung des Anbieters bezüglich der Clients/Applets vor? ☑

C. IPR/IZPR

6 **Anwendbares Recht: Vertragsgestaltung aus Sicht des Cloud-Anbieters** ☑

- Was sind die Voraussetzungen wirksamer **Rechtswahlklauseln** für
  - Unternehmer;
  - Verbraucher

  in den Ländern, in denen ich als Cloud-Anbieter meine Leistungen anbiete? ☑
- Sind die rechtlichen Rahmenbedingungen solcher Rechtswahlklauseln unterschiedlich, wenn **Standardbedingungen (AGB)** verwendet werden gegenüber ausgehandelten Verträgen? ☑
- Unterliegt der Cloud-Anwender **Beschränkungen der Rechtswahlfreiheit**, die sich aus dem Recht seines Heimatlandes ergeben? ☑
- Besteht in der Wahl des Rechts eines **Drittstaates** eine rechtlich zulässige und inhaltlich attraktive Gestaltungsoption? ☑

Anwendbares Recht: Vertragsprüfung aus Sicht des gewerblichen Cloud-Nutzers ☑

- Enthält der Vertrag eine **Rechtswahlklausel**? ☑
- Ist das Recht eines **EU-Staates** oder eines **Drittstaates** gewählt? ☑
- Wenn ja, ist diese Rechtswahl günstig oder ungünstig für mich als Nutzer? ☑
- Ist diese **AGB** oder individuell ausgehandelt/verhandelbar? ☑
- Welchen **zwingenden** nationalen Vorschriften unterliege ich als Nutzer? ☑
- Liegt eine **Teilverweisung** oder eine **Vollverweisung** auf das jeweilige Recht vor? ☑
- Bestehen Anhaltspunkte für die **Unwirksamkeit** der Rechtswahlklausel (fehlender Auslandsbezug, überraschende oder intransparente Klausel)? ☑
- Falls keine Rechtswahlklausel: Bestehen Anhaltspunkte für eine **konkludente Rechtswahl** (Vertragssprache, Gerichtsstand, ergänzender Verweis auf lokales Recht)? ☑
- Falls nicht: Welcher Ort ist der Ort der **charakteristischen Leistung**? ☑
- Wo hat der Leistungserbringer seinen **gewöhnlichen Aufenthalt**? ☑
- Welche Elemente **prägen** den Vertrag? ☑
- Hat das gesamte Leistungsgefüge trotz objektiver Anknüpfung gleichwohl einen eindeutig überwiegenden **Bezug** zu einem bestimmten Land und, wenn ja, aufgrund welcher Kriterien? ☑

Anwendbares Deliktsrecht ☑

- Welche Dateien sind betroffen? ☑
- Ist der **Schädiger bekannt**? Wenn ja: Lässt sich mit ihm eine Rechtswahl vereinbaren? ☑
- In welchen Staaten stehen die **Cloud-Server**, auf denen sich diese Dateien befanden? ☑

- Besteht eine **Vereinbarung** zwischen Cloud-Nutzer und -Anbieter über die **Serverstandorte**? ☑
- Welches **Vertragsstatut** gilt zwischen dem Cloud-Nutzer und -Anbieter? ☑

Gerichtsstand bei vertraglichen Ansprüchen ☑

- Hat eine Partei oder haben beide Parteien ihren Geschäftssitz in einem EU-Mitgliedstaat? ☑
- Ist der Cloud-Nutzer **Unternehmer** oder **Verbraucher**? ☑
- Gibt es eine **Gerichtsstandsvereinbarung**? ☑
- Wird der Vertrag in **Schriftform** oder **elektronischer Form** angeschlossen (Art. 23 EuGVVO)? ☑
- Gibt es **kollidierende AGB**, die zu einer „Neutralisierung" der Gerichtsstandsvereinbarungen führen? ☑
- Bei Verbraucherverträgen: Sind die Voraussetzungen der Art. 15 ff. EuGVVO erfüllt? ☑
- Bei Abwesenheit oder Unwirksamkeit einer Gerichtsstandsvereinbarung: Überwiegt der **Dienstleistungscharakter** des Vertrags? ☑
- Wenn ja (z.B. reine Supportleistung): An welchem Ort wird die Dienstleistung nach dem Willen der Parteien erbracht? ☑
- Wenn nein (typische Situation bei SaaS, PaaS und IaaS): Welche Leistung wird eingeklagt? ☑
- Zahlungspflicht: Wo liegt der **faktische Erfüllungsort** der Zahlungspflicht? ☑
- Cloud-Leistung: Wo liegt der **Erfüllungsort**? ☑
- Hat sich der Beklagte **rügelos eingelassen**? ☑

Gerichtsstand bei deliktischen Ansprüchen ☑

- Welche Dateien sind betroffen? ☑
- In welchen Staaten stehen die **Cloud-Server**, auf denen sich diese Dateien befanden? ☑
- Besteht eine **Vereinbarung** zwischen Cloud-Nutzer und Anbieter über die **Serverstandorte**? ☑
- Welcher dieser Staaten hat die aus meiner Sicht günstigste Rechtsordnung? ☑
- Hat sich der Beklagte **rügelos eingelassen**? ☑

D. Vertragsgestaltung

Rechtswahl ☑ 7

Gesetzliche Ausgangslage:
- Rechtswahl ist zulässig ☑
- Rom I-VO ☑

Regelungsmöglichkeit:
- Rechtswahl, insbesondere bei grenzüberschreitenden Vertragsbeziehungen ☑

Einschränkungen durch AGB-Recht:
- kein Klauselverbot ☑
- muss transparent sein muss transparent sein ☑

Mangels Rechtswahl anwendbares Recht ☑

Gesetzliche Ausgangslage:
- Rom I-VO ☑

Regelungsmöglichkeit:
- besteht (siehe Rechtswahl), jedoch keine Regelung getroffen ☑
Einschränkungen durch AGB-Recht:
- entfällt ☑

Verbraucherverträge: Fernabsatzrecht ☑

Gesetzliche Ausgangslage:
- Fernabsatzrecht, §§ 312c ff. BGB ☑
- insbesondere Widerrufsrecht, § 312g BGB ☑
Regelungsmöglichkeit:
- zwingendes Recht, Umgehungsverbot, §§ 312k Abs. 1, 361 Abs. 1 BGB ☑
Einschränkungen durch AGB-Recht:
- entfällt ☑

Einseitige Leistungsänderungen durch den Cloud-Anbieter ☑

Gesetzliche Ausgangslage:
- keine spezifische Regelung – Grundsatz: pacta sunt servanda ☑
Regelungsmöglichkeit:
- einseitiges Recht des Cloud-Anbieters, Änderungen der Leistungen vornehmen zu können ☑
Einschränkungen durch AGB-Recht:
- Klauselverbot, § 308 Nr. 4 BGB ☑
- Transparenzgebot zu beachten ☑
- Änderungsrecht darf nicht überraschend sein ☑

Leistungs- und Vertragsänderungen – Änderungsverlangen des Kunden ☑

Gesetzliche Ausgangslage:
- keine Regelung ☑
Regelungsmöglichkeit: ☑
- Recht, Änderungen der Leistungen und/oder des Vertrages verlangen zu können
- Verfahren für die Änderungen ☑
Einschränkungen durch AGB-Recht:
- Transparenzgebot zu beachten ☑

Subunternehmer ☑

Gesetzliche Ausgangslage:
- § 613 BGB ☑
- § 631 BGB ☑
- § 664 BGB ☑
Regelungsmöglichkeit:
- Cloud-Anbieter erhält Recht, Dritten die Ausführung der Leistungen zu überlassen oder Dritte in die Ausführung des Vertrags mit einzubinden ☑
Einschränkungen durch AGB-Recht:
- Inhaltskontrolle ☑
- Regelung muss transparent sein ☑

Vergütungs- und Abrechnungsmodelle ☑

Gesetzliche Ausgangslage:
keine Vorgaben ☑

Auffangregelungen, wenn der Vertrag keine Vergütungsregelung enthält	☑
Regelungsmöglichkeit:	
– Vereinbarung der Vergütung für die vertragsgegenständlichen Leistungen	☑
– oft nutzungsabhängig (Pay per Use)	☑
– Pauschalen	☑
– Differenzierung anhand der Leistungen	☑
– Kombination verschiedener Modelle	☑
Einschränkungen durch AGB-Recht:	
– grundsätzlich keine Einschränkungen durch AGB-Recht	☑
– Regelung muss transparent sein	☑
– Nebenabreden zu Zahlungsmodalitäten oder Nebenleistungen unterliegen Inhaltskontrolle	☑
Pflichten des Cloud-Kunden	☑
Gesetzliche Ausgangslage:	
– Pflicht zur Entrichtung der vereinbarten Vergütung	☑
– Pflicht, Voraussetzungen schaffen und Hindernisse beseitigen, § 242–642 BGB	☑
– Pflicht zur Rücksichtnahme auf die Rechtsgüter und Interessen des Vertragspartners, § 241 Abs. 2 BGB	☑
Regelungsmöglichkeit:	
– Statuierung einzelner Pflichten des Cloud-Kunden	☑
– Benennung von Obliegenheiten	☑
Einschränkungen durch AGB-Recht:	
– Inhaltskontrolle	☑
– Pflichten des Cloud-Kunden dürfen eigentliche Leistungspflicht des Cloud-Anbieters nicht aushöhlen	☑
– keine Überraschungen	☑
Gewährleistung	☑
Gesetzliche Ausgangslage:	
– Katalog von Gewährleistungsrechten im Miet- und Werkvertragsrecht	☑
– keine Gewährleistung bei Dienstverträgen	☑
Regelungsmöglichkeit für Kunden:	
– Verpflichtung zur unbefristeten Fehlerbeseitigung durch Anbieter	☑
Regelungsmöglichkeit für Anbieter:	
– Beschränkung/Ausschluss der Gewährleistung (im Individualvertrag)	☑
– insbesondere AGB-Leistungsbeschreibung dem anpassen, für das er einstehen will	
– ggf. vorhandene Mängel offenbaren	
Einschränkungen durch AGB-Recht:	
– Mietrecht	☑
– § 307 BGB	☑
– keine Bestätigung der Mängelfreiheit	☑
– Gewährleistungsausschluss bedingt möglich, AGB-Festigkeit zweifelhaft	☑
– kein pauschaler Ausschluss des Minderungsrechts	☑
– Ausschluss des Selbstvornahmerechts möglich	☑
– Werkvertragsrecht	☑
– §§ 307, 309 Nr. 8 lit. b BGB	☑
– kein vollständiger Gewährleistungsausschluss	☑
– Beschränkung auf Rücktrittsrecht denkbar	☑

Haftungsklauseln	☑
Gesetzliche Ausgangslage:	
– Haftung für eigenes Verschulden, nämlich Vorsatz und Fahrlässigkeit (§ 276 Abs. 1 BGB)	☑
– in gesetzlich besonders geregelten Fällen verschuldensunabhängige Haftung	☑
Regelungsmöglichkeit:	
– verschuldensabhängige Haftung individualvertraglich bis auf Vorsatz (§ 276 Abs. 3 BGB) einschränkbar	☑
Einschränkungen durch AGB-Recht:	
– Weitgehende Klauselverbote	☑
– §§ 307, 309 Nr. 7 BGB	☑
– Lösung über Leistungsbeschreibung	☑

Urheberrechtliche Regelungen	☑
Gesetzliche Ausgangslage:	
– §§ 31 ff. UrhG, 276 Abs. 3 BGB	☑
Regelungsmöglichkeit:	
– Einräumung von Nutzungsrechten an Software und Inhalten, soweit für die Nutzung der Cloud-Dienste erforderlich	☑
– eventuell Darstellung von Konsequenzen aus Rechtsverletzungen	☑
Einschränkungen durch AGB-Recht:	
– keine Klauselverbote	☑
– Inhaltskontrolle anhand des UrhG	☑
– Grenzen für Haftungsbeschränkungen	☑
– Transparenzgebot zu beachten	☑

Datenschutz und Daten-/IT-Sicherheit	☑
Gesetzliche Ausgangslage:	
– im Bereich der Auftragsdatenverarbeitung Vorgabe der im Vertrag zu regelnden Bereiche	☑
– im Übrigen keine Vorgaben	☑
Regelungsmöglichkeit:	
– Beschreibung der im Zusammenhang mit Datenschutz und Datensicherheit erforderlichen Leistungen	☑
Einschränkungen durch AGB-Recht:	
– soweit Leistungsbeschreibung, keine Einschränkungen	☑
– im Übrigen: keine Klauselverbote	☑
– allgemeine Inhaltskontrolle	☑

Geheimhaltung	☑
Gesetzliche Ausgangslage:	
– keine Regelung	☑
– §§ 17 und 18 UWG behandeln Sonderfälle	☑
Regelungsmöglichkeit:	
– vertrauliche Behandlung ausgetauschter Informationen	☑
Einschränkungen durch AGB-Recht:	
– keine Klauselverbote	☑
– keine Inhaltskontrolle	☑
– Transparenzgebot zu beachten	☑

Regelungen zur Eskalation/Konfliktlösung	☑
Gesetzliche Ausgangslage:	
– keine Regelung	☑
Regelungsmöglichkeit:	
– Verfahren zur Beilegung von Streitigkeiten	☑
Einschränkungen durch AGB-Recht:	
– Transparenzgebot zu beachten	☑
Wechsel des Vertragspartners	☑
Gesetzliche Ausgangslage:	
– §§ 398, 414 ff. BGB	☑
– auch: § 613 BGB	☑
– § 631 BGB	☑
– § 664 BGB	☑
Regelungsmöglichkeit:	
– der Vertrag sieht die Möglichkeit vor, ihn insgesamt oder teilweise auf einen anderen zu übertragen	☑
Einschränkungen durch AGB-Recht:	
– Klauselverbot § 309 Nr. 10 BGB	☑
– Inhaltskontrolle	☑
– Transparenzgebot	☑
Laufzeit und Kündigung	☑
Gesetzliche Ausgangslage:	
– §§ 542, 580a BGB (Miete)	☑
– §§ 620 ff. BGB (Dienst)	☑
– § 649 BGB (Werk)	☑
– § 671 BGB (Auftrag)	☑
– § 314 BGB (außerordentliche Kündigung aus wichtigem Grund)	☑
Regelungsmöglichkeit:	
– keine Befristung	☑
– Festlegung bestimmter fester Laufzeiten	☑
– Mindestlaufzeiten	☑
– Regelungen zu Kündigungsfristen	☑
Einschränkungen durch AGB-Recht:	
– Klauselverbote bei Dienst- und Werkverträgen (§ 309 Nr. 9 BGB)	☑
– Inhaltskontrolle	☑
– Transparenzgebot	☑
Exit Management	☑
Gesetzliche Ausgangslage:	
– Herausgabepflicht, § 667 BGB	☑
Regelungsmöglichkeit:	
– Unterstützung der (Re-)Migration	☑
– Herausgabe der Daten	☑
– eventuell Fortführung der Leistungen	☑
– Löschung und Archivierung.	☑

Einschränkungen durch AGB-Recht:
- keine Klauselverbote ☑
- Transparenzgebot zu beachten ☑

E. Besonderheiten Öffentliche Hand

8 **Verfassungsrechtliche Grundfragen** ☑

- Funktionsvorbehalt beachtet? ☑
- Verbot der Mischverwaltung beachtet? ☑
- Gewaltenteilung und ggf. „Unabhängigkeit" nicht gefährdet?

Daten- und Geheimnisschutz beachtet ☑

- Allgemeine Anforderungen (z.B. § 11 BDSG o.ä.) eingehalten? ☑
- Können spezifische Anforderungen besonderer Geheimhaltungsverpflichtungen (z.B. § 30 AO) durch Auftragsdatenverarbeiter erfüllt werden? ☑
- Sind spezifische Anforderungen für Auftragsvergabe (z.B. § 80 Abs. 5 Nr. 2 SGB X) an Private erfüllt? ☑
- Auftragsvergabe an Private nicht ausgeschlossen? ☑

Rechtskonforme Beschaffung? ☑

- Muss Vergaberecht beachtet werden? Oder ist eine Beschaffung im Rahmen eines „Inhouse-Geschäftes" oder einer „Interkommunalen Zusammenarbeit" möglich? ☑
- Ordnungsgemäße, diskriminierungsfreie Ausschreibung (falls notwendig)? ☑

F. Arbeitsrecht[3]

9 **Regelungspunkte einer Home Office-Vereinbarung**

- Definition des Home Offices (Wohnort, Räumlichkeiten etc.); ☑
- Beginn, Dauer und etwaiges Ende (Kündigungsregeln); ☑
- Arbeitsanweisungen in Bezug auf Erfassung der Arbeitszeit, Anwesenheitszeiten und Erreichbarkeit, Kontrolle der Arbeitsergebnisse etc.; ☑
- Richtlinien zur Nutzung der IT und ggf. überlassener technischer Einrichtungen; ☑
- Absicherung des Heimarbeitsplatzes gegen unberechtigte Dritte, vor allem in Bezug auf Datenschutzvorgaben etc.; ☑
- Aufwendungsersatz (z.B. bei Nutzung des Internetzugangs des Arbeitnehmers) sowie ☑
- Zugangsrechte des Arbeitgebers zum Home Office zur Kontrolle oder im Konfliktfall. ☑

3 Muster Home Office-Vereinbarung Liebers/*Julis*, C.I.7. Rn 91 ff.

G. Telekommunikationsrecht

Anwendbarkeit von TK-Recht 10

- Wird Cloud-Dienst vom Anbieter gemeinsam mit Konnektivität (in die Cloud) angeboten? ☑
- Wird die Konnektivität vom Anbieter dem Kunden über eine Mietleitung oder Datendirektverbindung angeboten? ☑
- Wird die Konnektivität vom Anbieter dem Kunden über einen VPN-Tunnel ermöglicht? ☑
- Werden vom Anbieter mehrere Standorte des Kunden über Konnektivitätsangebote angebunden? ☑

Umfang TK-rechtlicher Compliance-Verpflichtungen

- Betrifft die angebotene Konnektivät eine beliebige Anzahl von Privat-, Geschäfts- oder Unternehmenskunden ☑
- Werden Cloud-Dienste und Konnektivät nur Geschäfts- und Unternehmenskunden oder auch Privatkunden (Verbrauchern) angeboten? ☑
- Wird die Konnektivität nach Zeit oder Volumen abgerechnet? ☑
- Werden auch Daten aus dem Konnektivitätsangebot (z.B. Verkehrsdaten, Standortdaten) erhoben und verwendet (z.B. für Abrechnungszwecke)? ☑
- Wird der angebotene Cloud-Dienst vom Kunden zur Erbringung von TK-Diensten genutzt? ☑
- Sind die ggf. erforderlichen TK-datenschutzrechtlichen Hinweise erfolgt und Einwilligungen eingeholt? ☑
- Ist ein Sicherheitsbeauftragter bestellt und das ggf. erforderliche Sicherheitskonzept erstellt? ☑
- Ist intern ein Ansprechpartner für etwaige (sicherheits)behördliche Anfragen oder Auskunftsersuchen bestellt? ☑

H. Kartellrecht

Prüfung von Vereinbarungen mit Wettbewerbern 11

- Beschränken die Vereinbarungen die kommerzielle Freiheit der Parteien? ☑
- Handelt es sich um eine sog. Kernbeschränkung? – Falls dies nicht der Fall ist: ☑
- Ist die Beschränkung „spürbar“? ☑
- Fällt die Vereinbarung in den Anwendungsbereich einer Gruppenfreistellungsverordnung? ☑
- Sind die Voraussetzungen für eine Freistellung nach Art. 101 Abs. 3 AEUV (bzw. § 2 GWB) erfüllt? ☑

Prüfung im Falle der Erhebung von Marktdaten durch einen Verband

- Sind die angefragten Daten für die Tätigkeit des Verbands objektiv erforderlich? ☑
- Nehmen mindestens fünf Unternehmen an der Erhebung teil? ☑
- Ist sichergestellt, dass die von einzelnen Unternehmen erhobenen Daten strikt vertraulich behandelt werden? ☑
- Ist sichergestellt, dass die Daten den Mitgliedern nur in aggregierter Form und in einer Gliederungstiefe zur Verfügung gestellt werden, die keine Rückschlüsse auf die Daten einzelner Mitglieder erlauben? ☑
- Sind die angefragten Daten für die Tätigkeit des Verbands objektiv erforderlich? ☑

I. Exportkontrollrecht

12	**Auslagerung der IT exportkontrollrechtlich relevant?**	☑
	– Internes Exportkontroll-Audit durchgeführt?	☑
	– (Falls keine Rechtsabteilung oder bei komplexen Sachverhalten): Externer Rechtsrat eingeholt?	☑
	– (Bei Zweifelsfragen): BAFA um Auskunft gebeten?	☑
	Mitarbeiter über exportkontrollrechtliche Relevanz instruiert?	☑
	– Interne Organisations- und Verfahrensanweisungen verfasst/ergänzt?	☑
	– Mitarbeiter entsprechend instruiert/geschult?	☑
	– Position geschaffen, die für Beantragung von Genehmigungen/Kontakt zum BAFA etc. zuständig ist?	☑
	– Vorsorge getroffen, dass Neuerungen der Exportkontrollgesetze – diese erfolgen häufig! – unverzüglich implementiert und beachtet werden?	☑
	– Hinreichende Exportkontroll-Compliance-Strukturen geschaffen (auf allen Unternehmensebenen: vom Sachbearbeiter bis zum Management)?	☑
	Cloud-Anbieter sorgfältig ausgewählt?	☑
	– Welches Cloud-Modell ist das „richtige“: Public Cloud, Private Cloud?	☑
	– Wohin wird die IT ausgelagert? In welchem Land befindet sich der Cloud-Anbieter?	☑
	– Welches Geschäftsmodell verfolgt der Cloud-Anbieter: Lagert er seinerseits aus? Bedient er sich Subunternehmer? In welchem Land befinden sich wiederum seine Subunternehmer?	☑
	– Welche Bedeutung misst der Cloud-Anbieter dem Exportkontrollrecht zu?	☑
	– Welche technischen Vorkehrungen trifft der Cloud-Anbieter, um unerlaubten Zugriff (ausländischer) Dritter zu unterbinden?	☑
	Exportkontrollrechtliche Risiken vertraglich abgesichert?	☑
	– Enthält der Vertrag eine Exportkontroll-Klausel?	☑
	– Ist die Exportkontroll-Klausel vom Cloud-Anbieter vorformuliert (Standard-Klausel)? In diesem Fall ist erhöhte Vorsicht geboten, da im Zweifel wenig kundenfreundlich.	☑
	– Ist die Exportkontroll-Klausel interessengerecht? Wer trägt nach der Klausel das exportkontrollrechtliche Risiko? Wer ist für das (weitere) Schicksal der ausgelagerten IT exportkontrollrechtlich verantwortlich?	☑
	– Enthält der Vertrag an anderer Stelle (versteckte) Regelungen zur exportkontrollrechtlichen Haftung?	☑
	– Ist die Exportkontroll-Klausel juristisch (Rechtsabteilung/externe Anwälte) abschließend geprüft und freigegeben worden?	☑

Stichwortverzeichnis

Die Zahlen und Buchstaben in Fettdruck beziehen sich auf die Kapitel des Werkes, die Ziffern beziehen sich auf die Randnummern innerhalb der Kapitel.

G

L

M

N

Printed and bound by CPI Group (UK) Ltd, Croydon, CR0 4YY

30/09/2026

14973063-0004